武进年鉴

WUJIN YEARBOOK

2015

（总第28卷）

武进年鉴编纂委员会 编

方志出版社
Publishing House of Local Records

图书在版编目（CIP）数据

武进年鉴．2015／《武进年鉴》编纂委员会编．－北京：方志出版社，2015.10
ISBN 978-7-5144-1715-9

Ⅰ.①武… Ⅱ.①武… Ⅲ.①区（城市）－常州市－2015－年鉴 Ⅳ.①Z525.33

中国版本图书馆CIP数据核字（2015）第232619号

武进年鉴（2015）

编　　者：《武进年鉴》编纂委员会
责任编辑：李静
出 版 人：冀祥德
出 版 者：方志出版社
地址　北京市朝阳区潘家园东里9号（国家方志馆4层）
邮编　100021
网址　http://www.fzph.org
发　　行：方志出版社发行中心
（010）67110500
经　　销：各地新华书店
印　　刷：常州市武进第三印刷有限公司
开　　本：889×1194　1/16
印　　张：21.25
字　　数：786千字
版　　次：2015年10月第1版　2015年10月第1次印刷
印　　数：0001～3200册

ISBN 978-7-5144-1715-9　**定价**：120.00元

武进年鉴编纂委员会

《武进年鉴》编辑部

地　址　江苏省常州市武进区行政中心1号楼东侧二楼　　邮政编码　213159
电　话　（0519）86310155　86310472　86312826　86310473（传真）
网　址　www.wjsz.org.cn　　邮　箱　wjnj88@163.com

各单位年鉴审稿人名单

（按姓氏笔画排列）

丁志峰	丁　欣	丁　涛	于　严	马伟清	卞曙光	尤霄峰
毛福群	王小虎	王才中	王云芬	王文展	王伟强	王全华
王　芳	王阿娣	王秋华	王腊美	韦仙芳	冯　民	冯越超
包寅峰	卢中英	史建华	叶明华	左小平	田伟杰	石雪瑾
龙万春	仲　胜	刘亚琴	刘亦民	刘宗凉	刘　鸣	刘祝全
孙泽新	孙　秦	庄春潮	朱　力	朱小平	朱正东	朱志伟
朱　敏	汤国强	许岳兴	许益新	阮俊龙	阮　靖	严　征
严　俊	吴为民	吴文军	吴志伟	张永波	张永璧	张宏茂
张彤韵	张国良	张建伟	张建刚	张建明	张　英	张金龙
张映霞	张浩新	张惠良	张　琪	李文俊	李再生	李洪兴
李　荣	杨华夏	杨欣婷	杨富春	沈丹萍	沈　俊	沈　勇
沈　轲	沙　芳	邹建中	陆飞跃	陆为农	陆炳云	陈宇辰
陈志斌	陈建荣	陈明霞	陈　勇	陈美琴	陈悦玥	陈晓龙
陈海元	陈银南	陈　鹰	周文彬	周伟成	周　芸	周法根
孟玉兰	林　江	林芝耀	武华忠	罗君贤	范正洪	金　峰
恽永忠	是　峰	柏琴雪	赵忠明	赵　英	倪晓谦	倪耀忠
奚向宁	徐　宁	徐克兴	柴正一	殷宏远	莫健新	钱文玉
钱江流	钱国金	陶　可	陶春健	高可锋	高立华	巢鸿泉
梅建中	章美娟	龚亚红	龚青大	龚　黎	曾文军	蒋亚东
蒋国强	蒋建平	蒋建明	蒋金标	蒋洪良	蒋新营	谢伟洪
谢国正	韩毅伟	路正峰	管向阳	操文伟	薛亚清	薛　鑫
戴国宁	戴彩莲					

编辑说明

1.《武进年鉴》是在中共武进区委员会、武进区人民政府领导下，由武进区地方志办公室承办的综合性资料工具书，创刊于1988年，一年一卷，国内外公开发行。其宗旨是全面系统记载武进年度经济社会的基本情况和发展状况，为各级领导决策提供参考依据，为社会多层面提供资讯，是了解武进、走进武进、研究武进的窗口。

2.《武进年鉴（2015）》采用分类法编辑，分为栏目、分目、子分目、条目4个层次，部分信息资料较少的行（事）业合设一个栏目，部分分目设子分目，以条目作为记述的主要形式。分目、子分目一般设概况条目，分目、子分目、条目字体，分别以四号黑体、小四号楷体、小五号宋体表示。本卷设有栏目40个、分目（子分目）227个，收录条目1132个、照片136幅、表格94个、图表4个。

3.《人物》栏目"新任区级领导"分目收录2014年3月31日至2015年3月31日任职的武进区委、人大、政府、政协领导。"新闻人物"分目收录在武进做出突出贡献，在2014年度受到国家部、委、办、局、行和江苏省委、省政府表彰的先进人物。"组织机构与领导人名录"收录时间下限为2015年3月31日。

4.本卷年鉴卷首编有目录（含英文要目），卷中编有横向参见，卷末编有主题分析索引及人名、地名、书名索引。

5.本卷年鉴稿件、资料全部由全区各级、各部门、驻武进单位提供，单位负责人审稿，经武进年鉴编纂委员会和区委保密委员会办公室审核。"统计资料"由武进区统计局提供，地区生产总值、增加值、工农业产值（除注明者外）均为按当年价计值。因统计口径原因，《武进年鉴（2015）》中部门提供的个别数据与区统计部门的统计数据或不一致。

西太湖医疗产业孵化园　　（陆新　摄）

安川（中国）机器人有限公司工人对即将出厂的成品机器人进行检验　　（高岷　摄）

江苏洛基木业有限公司开槽加工地板生产线
（高岷　摄）

常州东方特钢有限公司建成全球首条导轨轧线　（高岷　摄）

常州碳元科技发展有限公司模切车间　　（高岷　摄）

新誉集团高铁空调车车间生产场景　　（陆新　摄）

江苏龙城精锻有限公司自主研发汽车发电机用转子轴获成功 （王玲 耀珺 高岷 摄）

常州润源经编研究中心新项目——碳纤维多轴向经编机研发成功 （高岷 摄）

前黄镇大成丰产方水稻测数据设想:单产 784 千克 （陆新　摄）

郑陆镇查家湾生态林果专业合作社引进的新品种“夏美”蜜梨 （高岷　摄）

邹区现代农业产业园的大自然农庄有限公司鲥鱼养殖场 （高岷　祥荣　摄）

常州富民水芹专业合作社员收获水芹 （陆新　摄）

邹区镇灯具城市场一角　　（高岷　摄）

阿里巴巴在西太
湖智慧谷有个亲友团
（高岷　摄）

宽敞明亮、现代时尚的武进万达广场中庭一角　（高岷　摄）

横山桥镇商业圈

淹城宝林观音文化园区一期建成并对外开放　　（高岷　摄）

嘉泽镇晨山农业产业园绿草如茵，碧水如画　　（高岷　摄）

横林镇　　（陆新　摄）

邹区镇殷村村打造生态新农村　　（陆新　摄）

滆湖生态园　　（马叶星　摄）

低碳示范路——环湖东路　　（陆新　摄）

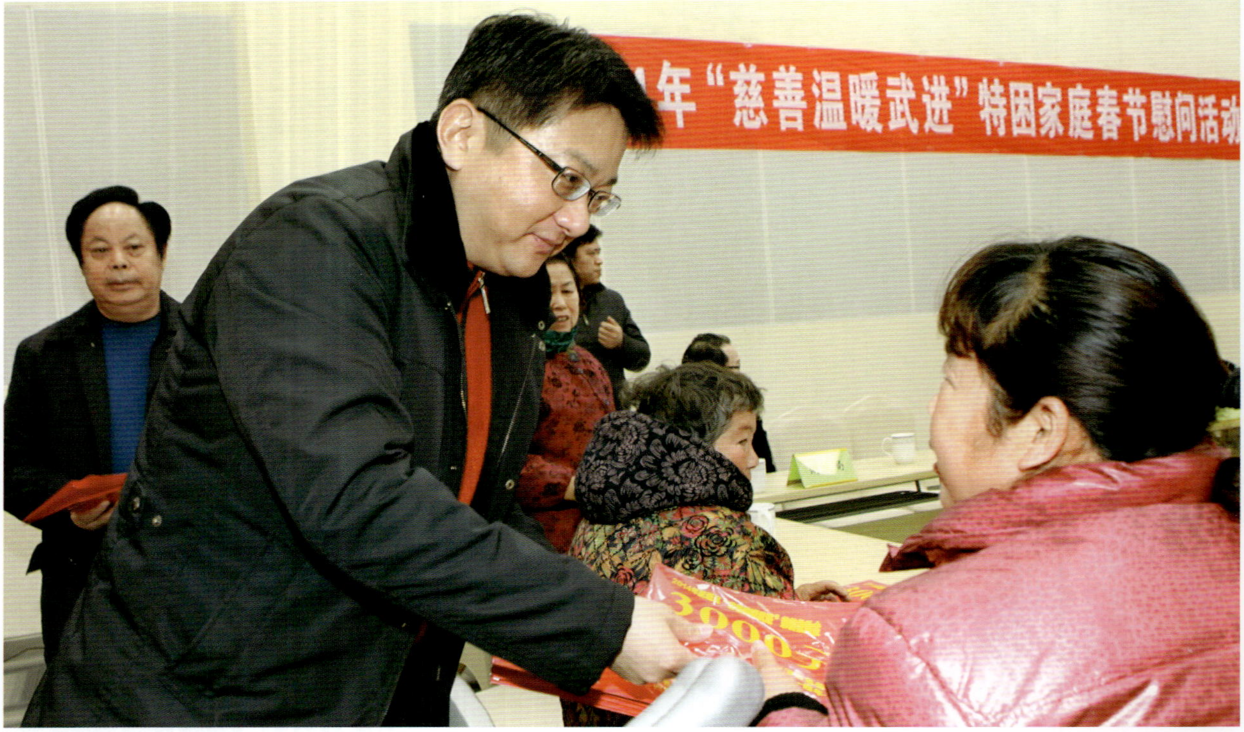

2014 年 1 月 18 日，区委书记周斌在嘉泽镇给特困家庭发放慈善慰问金　　（陆新　摄）

2014 年 8 月 1 日，区长臧建中（前右一）慰问新光纺织有限公司工人　　（高岷　摄）

2014 年 10 月 18 日，区工商联组织新一代企业家——厦门大学培训班学员到新市民学校捐赠图书
（陆新　摄）

2014 年 8 月 15 ~ 17 日，武进假日酒店举办第二届德国慕尼黑啤酒节　（马英　高岷　摄）

2014 年 9 月 21 日，爱益阳光助学协会联合武进团区委、区志愿者协会在湖塘乐购广场举行大型冬衣募捐、义卖活动

（李敏　诸丽琴　摄）

2014 年 5 月 18 日，武进顺发文明车队的“的哥”“的姐”看望蓝精灵儿童康复中心孩子们

（高岷　摄）

2014 年 8 月 14 日，“2014 武进区残疾人坐地排球赛”在区职教中心体育馆举行　（陆新　摄）

嘉泽镇农民闵浩焕的鸟天堂里，首批 3 万多只鹭鸟“回家”安营扎寨　（陆新　摄）

2014 年 5 月 29 日，《烟雨春秋》水影秀 （周健　摄）

2014 年 7 月 2 日，中国曲艺牡丹奖花开武进 （高岷　摄）

2014年8月24日，魅力武进、大爱武进"裕惠杯"中国常州国际体育舞蹈公开赛在武进体育馆举行
（陆新　摄）

2014年2月25日，前黄镇：全民健身总动员
（周游　摄）

2014 年 3 月 13 日晚，嘉泽首届花朝节花木民俗文化庙会盛况空前　　（高岷　摄）

2014 年 8 月 12 日，区青少年活动中心在湖塘桥中心小学天使剧场举办“圆梦蒲公英 快乐任我行”暑期公益演出　　（庞星慧　王燕　摄）

五彩缤纷的郁金香吸引众多游客驻足观赏　（高岷　摄）

2014 年 12 月 26 日，金东方颐养园，入住老人品尝营养配餐　（高岷　摄）

武进区主要机构全称、简称对照表

全　　称	简　称	全　　称	简　称
中共常州市武进区委员会	区委	武进区环境保护局	区环保局
常州市武进区人民代表大会常务委员会	区人大常委会	武进区安全生产监督管理局	区安监局
常州市武进区人民政府	区政府	武进区城市管理局	区城管局
政协常州市武进区委员会	区政协	武进区文化广电新闻出版局	区文广新局
中共常州市武进区纪律检查委员会	区纪委	中共武进高新技术产业开发区工作委员会	武进高新区党工委
武进区人民法院	区法院		
武进区人民检察院	区检察院	武进高新技术产业开发区管理委员会	武进高新区管委会
武进区人民武装部	区人武部	中共常州西太湖科技产业园（江苏武进经济开发区）工作委员会	西太湖科技产业园（武进经发区）党工委
武进区委办公室	区委办		
武进区委组织部	区委组织部	常州西太湖科技产业园（江苏武进经济开发区）管理委员会	西太湖科技产业园（武进经发区）管委会
武进区委宣传部	区委宣传部		
武进区委农村工作办公室	区委农工办	中共常州市武进绿色建筑产业集聚示范区工作委员会	武进绿建党工委
武进区精神文明建设指导委员会办公室	区文明办		
武进区委统一战线工作部	区委统战部	武进绿色建筑产业集聚示范区管理委员会	武进绿建管委会
武进区委政法委员会	区委政法委	中共江苏武进现代农业产业园区工作委员会	武进现代农业党工委
武进区机构编制委员会办公室	区编办		
武进区委区级机关工作委员会	区级机关工委	江苏武进现代农业产业园区管理委员会	武进现代农业管委会
武进区委党校	区委党校	常州市国土资源局武进分局	区国土局
武进区委党史工作委员会	区委党史工委	常州市规划局武进分局	区规划局
武进区地方志办公室	区地方志办	常州市武进工商行政管理局	区工商局
武进区关心下一代工作委员会	区关工委	常州市武进质量技术监督局	区质监局
武进区人大常委会办公室	区人大办	常州市武进区国家税务局	区国税局
武进区政府办公室	区政府办	常州市武进地方税务局	区地税局
武进区政府法制办公室	区法制办	共青团武进区委员会	团区委
武进区政府外事办公室	区外事办	武进区妇女联合会	区妇联
武进区政府侨务办公室	区侨办	武进区科学技术协会	区科协
武进区政府台湾事务办公室	区台办	武进区归侨侨眷联合会	区侨联
武进区民族宗教事务局	区民宗局	武进区文学艺术界联合会	区文联
武进区发展和改革局	区发改局	武进区工商业联合会	区工商联
武进区经济和信息化局	区经信局	武进区残疾人联合会	区残联
武进区信息化办公室	区信息化办	中国国民党革命委员会武进区支部	民革武进区支部
武进区科学技术局	区科技局	中国民主同盟武进区基层委员会	民盟武进区基层委员会
武进区人力资源和社会保障局	区人社局	中国民主建国会武进区基层委员会	民建武进区基层委员会
武进区住房和城乡建设局	区住建局	中国民主促进会武进区基层委员会	民进武进区基层委员会
武进区食品药品监督管理局	区药监局	中国农工民主党武进区委员会	农工党武进区委
武进区人口和计划生育局	区人口计生局	中国人民银行常州市武进支行	人民银行武进支行

武进旅游交通图
江阴市
丹阳市
金坛市
无锡市
宜兴市
常州市
西太湖
太湖
春秋淹城旅游区地图
淹城遗址
太湖湾旅游度假区地图
小椒山
大椒山
花博会地图
武进鸟瞰
"花都水城、浪漫武进"旅游节
淹城新春灯会
中华孝道园"孝心节"
杨桥庙会
夏溪花木市场
江南花都产业园
艺林园
玫瑰园
紫薇园
盆景园
武进在长三角区位简图
大小椒山
图例
市政府驻地
区政府驻地
街道、镇政府驻地
旅游景点
医院
学校
酒店宾馆
商场、市场
地级市界线
县(市)、区界线
镇界线
高速公路
国道
省道
高架
铁路
比例尺：1:100000
注：图中界线不作实地划界依据
常州市测绘院 武进区规划与测绘院 编制
审图号：苏S（2013）028

武进区地图

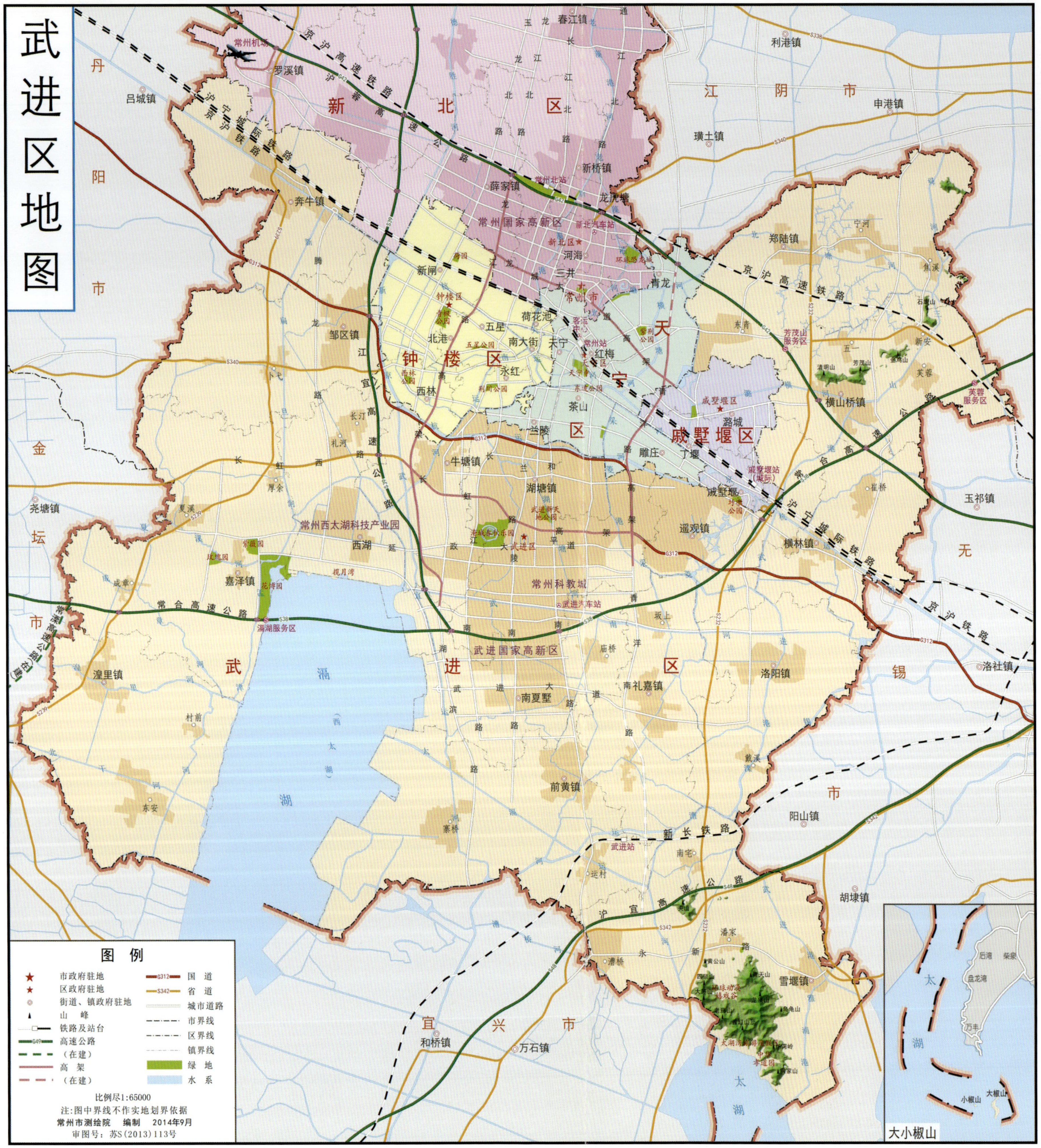
武进区地图
图例
市政府驻地
区政府驻地
街道、镇政府驻地
山峰
铁路及站台
高速公路
（在建）
高架
（在建）
国道
省道
城市道路
市界线
区界线
镇界线
绿地
水系
比例尺1:65000
注：图中界线不作实地划界依据
常州市测绘院 编制 2014年9月
审图号：苏S（2013）113号
大小椒山
新北区
钟楼区
天宁区
戚墅堰区
武进区
丹阳市
金坛市
宜兴市
江阴市
无锡市
滆湖
太湖
常州国家高新区
武进国家高新区
常州西太湖科技产业园
常州科教城
常州机场
常州北站
常州站
武进站
戚墅堰站
京沪高速铁路
沪宁城际铁路
京沪铁路
新长铁路
常合高速公路
沪宜高速公路
罗溪镇
春江镇
新桥镇
薛家镇
龙虎塘
河海
三井
青龙
新闸
五星
北港
荷花池
南大街
天宁
红梅
永红
西林
茶山
兰陵
雕庄
丁堰
潞城
戚墅堰
奔牛镇
邹区镇
吕城镇
牛塘镇
湖塘镇
遥观镇
横林镇
横山桥镇
郑陆镇
嘉泽镇
西湖
洛阳镇
南礼嘉镇
南夏墅
前黄镇
雪堰镇
湟里镇
尧塘镇
利港镇
申港镇
璜土镇
玉祁镇
洛社镇
阳山镇
胡埭镇
和桥镇
万石镇

目　　录

特　　载

Special Articles

武 进 概 况

大　事　记

Chronicle of Main Events

中共常州市武进区委员会
Changzhou Wujin District Committee of the Communist Party of China

常州市武进区人民代表大会
Changzou Wujin District Standing Committee of People's Congress

常州市武进区人民政府
Wujin District People's Government of Changzhou City

政协常州市武进区委员会
Changzhou Wujin District Committee of the Chinese People's Political Consultative Conference

民主党派 · 工商联 · 无党派人士联谊会
Democratic Parties the Association of Industry and Commerce the Association of Non-party Personages

人民团体
People's Organizations

武　装
Military Equipment

法 治
Government by law

产 业 园 区
Industry Park

工　业
Industry

农　　业

Agriculture

水利·水务
Water Conservancy　Water Affairs

生态环境保护
Protection of Natural Environment

城乡建设与管理
Construction and Management of the City and Towns

建筑业 · 房地产业

Construction Industry Real Estate

交　通

Communications

信息化建设
Information Construction

开放型经济
The Open Economy

商贸流通业
Commodity and Currency Trade

旅　游
Tourism

金　融
Financial Industry

财政 · 税务 · 审计
Finance Taxation Auditing

综合管理

Comprehensive Management

科学技术

Science & Technology

教　育
Education

文 化 艺 术
Culture Art

大 众 传 媒
Public Medium

体　育
Sports

医 疗 卫 生
Medical Treatment Health

社 会 生 活
Social Life

镇（街道）情要览
A General Look of Towns (Streets)

组织机构与领导人名录
Organizations and Name List of Leaders

人　物
Figures

荣　誉　栏
Honor Roll

文　献

附　录
Appendix

索　引
Index

全面打响“产业培育、城乡一体、生态文明和改革创新”四大战役

2014年3月，区委、区政府全面部署实施“产业培育、城乡一体、生态文明和改革创新”四大战役，推进产业转型升级，构建城乡新格局，建设美丽新武进，支撑区域率先发展。

产业培育战役

贯彻落实市委、市政府“重点项目突破年”的工作要求，区委、区政府于3月6日召开全区“加快产业培育，推进转型升级”动员大会，提出“打造重点产业、抓好重大项目、做强平台载体、培育实体经济、夯实发展保障”五方面工作意见，率先打响产业培育战役。

全区各部门、产业板块按照全区产业培育战役工作方案，全面实施《武进区工业经济“四十四百”提升计划》《武进区服务业“三四五”壮大计划》，推动全区经济发展加快转型，提升产业水平。工业经济加速提升，博盈斯太尔动力、德国西门子电机、中国香精香料等重大项目成功引进，全区十大产业链完成产值1345亿元，超额完成全年目标任务；瑞声科技控股有限公司加入百亿元企业行列，中天钢铁集团有限公司、亚邦投资控股集团有限公司、百兴集团有限公司、新城控股集团有限公司、常州东方特钢有限公司、江苏常发实业集团有限公司6家企业入选中国民企500强。服务业进一步壮大，实现服务业增加值808.83亿元，占GDP的比重提高到42.5%，旅游产业再攀新高，文化产业在全市继续保持领先。邹区现代农业产业园区升级为省级现代农业（渔业）产业园区，武进区成为全省首批基本实现农业机械化的地区。武进高新区被确定为苏南国家自主创新示范区“八区一园”之一，出口加工区申报综合保税区年末通过海关总署审批。西太湖科技产业园创成常州国家石墨烯新材料高新技术产业化基地，A股上市公司银基烯碳新材料股份有限公司在西太湖科技产业园设立石墨烯暨先进碳产业基金20亿元。绿建区绿色建筑创研中心维绿大厦项目被列入住建部2014年绿色建筑示范工程项目。

城乡一体战役

深入贯彻落实中共十八届三中全会、中共中央总书记习近平系列重要讲话和中央、省、市农村工作会议精神，区委、区政府于3月13日召开全区“深化农村改革，加力城乡一体”动员大会，总结《武进区城乡发展一体化三年行动纲要》实施情况，结合基本形成推进城乡发展一体化“武进模式”的实际，提出“整体推进出成效、改革攻坚出经验、特色培育出亮点”的总体要求，再次打响城乡一体战役。

全区各级、各部门按照《常州市武进区“加力城乡一体”工作实施方案》，实施“城乡规划引领、现代农业提升、新型城乡建设、村级经济提升、城乡要素互动、民生保障富民、公共服务均衡、社会治理创新”八大工程，深化农村改革，推进新型城镇建设。全区城乡共建实现统筹发展，城乡一体战役八大工程56项重点任务强势推进，武进区顺利通过全省农村改革试验区中期评估，成功跻身全国农村改革试验区，并被评为中国中小城市新型城镇化质量区前五强。城乡基础设施体系进一步完善，青洋路南延、武进大道东延、新沟河延伸拓浚等沟通城乡和衔接板块的重点基础设施工程加快实施，县道公路优良率达94%，名列全省第一。城区现代繁荣景象进一步凸显，地铁工程建设全面启动，老旧小区改造、城市环境综合整治有序推进，武进万达广场成功开业，湖塘镇定安路现代购物商圈、花园街综合消费商圈、人民路商圈三大商圈人气渐旺，全区消费品零售总额增长12%。镇村统筹发展水平进一步提升，加快东部发展三年行动计划全面启动，新一轮镇村体系布局规划通过市级审批，西太湖科技产业园“四规合一”（经济发展规划、城乡建设规划、土地利用规划与生态文明建设规划协调融合）编制探索推进，新型城镇、美丽乡村建设如火如荼，农村社区股份制改革界定股东49.3万人、量化集体资产19.6亿元，农村土地承包经营权确权登记颁证工作启动试点，农村产权交易所建设、土地承包经营权抵押贷款等改革试验项目取得突破，村级集体年收入基本超过100万元。

生态文明战役

按照中央生态文明建设的总体布局和省、市委的最新要求，区委、区政府于3月6日召开全区“加速生态文明，建设大美武进”动员大会，总结全区“迎接花博盛会，提升城乡环境”两年行动实施情况，明确加速生态文明的指导思想，提出“改善生态环境、发展生态经济、抓好生态创建、健全生态机制、繁荣生态文化”五方面工作意见，持续打响生态文明战役。

全区各级、各相关部门按照《武进区加速生态文明建设实施方案》，实施“大气污染防治、河湖环境治理、节能减排、工业点源整治、生态空间保护、生态绿城建设、城镇环境整治、生态示范创建、环境安全保障、生态宣教”十大工程，促进生态文明建设稳步发展。全区环境质量综合指数达到83.9分。大气污染防治和太湖水环境治理等治污减排工程深入实施，完成工业污染企业整治159家，全区饮用水源地水质达标率达到100%，万元GDP能耗同比下降5.5%。生态绿城建设“增核、扩绿、连网”三大行动全面推进，宋剑湖湿地郊野公园、常泰高速生态廊道等15项工程基本完成，创成省级生态村8个、省级绿化示范村22个。武进区与国务院发展研究中心资源与环境政策研究所、江苏省人民政府研究室签订战略合作协议，合力规划研究西太湖生态文明建设试验区。武进高新区、西太湖科技产业园顺利通过“国家生态工业示范园区”的考核验收。

改革创新战役

深入贯彻中共十八届三中全会和中央、省、市、区委全面深化改革领导小组相关会议精神，区委、区政府于3月13日召开全区“加强改革创新，促进领先发展”动员大会，明确推进改革创新战役的指导思想、基本原则和目标任务，提出“创新源头抓对接、发展根基强服务、开放平台争先机、第一生产力促共赢、发展资源拓思路、均衡发展谋布局、改善生态优机制、民生所需下苦功、民主法治促和谐、简政放权增效能”十大领域改革任务，打响改革创新战役。

全区各级、各部门按照《武进区改革创新战役实施方案》等相关文件，稳步推进以转变政府职能、完善现代市场体系、扶持民营经济发展等为重要内容的经济体制改革，促进全区经济社会持续保持领先发展态势。企业设立“四证联办”（工商营业执照、组织机构代码证、国税登记证、地税登记证，实行“一窗受理、一表填报、内部流转、统一发证”）和重点项目服务代办等机制创新全面实施，第六轮行政审批制度改革推行，行政审批事项由279项精简为156项，精简率达44%。科技、金融、人才等服务支持企业发展的渠道更加通畅，全区新增高新技术企业59家，累计388家，高新技术产业产值的比重提高到42.2%；新增金融机构8家、A股上市企业1家、新三板挂牌企业2家，金融机构本外币贷款余额比年初增加160亿元；新增中国驰名商标6件，累计49件，列全国县区第二；新引进领军人才项目67个，新落户国家“千人计划”项目20个，新增各类产业人才2.2万人。武进区还配合完成土地出让金收支和耕地保护专项审计，解决拆迁历史遗留问题263个，完成拆迁面积265万平方米，成功创成省国土资源节约集约模范区。

全区党的群众路线教育实践活动

按照中央和省、市委部署，武进区作为第二批党的群众路线教育实践活动单位，于2月20日召开动员大会，全面启动全区深入开展党的群众路线教育实践活动。

这次活动以中共十八大、十八届三中全会精神和中共中央总书记习近平系列重要讲话精神为指导，认真贯彻“照镜子、正衣冠、洗洗澡、治治病”的总要求和省、市委要求，针对武进实际，突出作风建设，贯彻整风精神，围绕“四查四争当”（查宗旨意识牢不牢，争当信念坚定、为民服务的表率；查工作作风实不实，争当勤政务实、敢于担当的表率；查精神状态振不振，争当改革创新、科学发展的表率；查廉洁自律严不严，争当勤俭节约、艰苦奋斗的表率），坚决反对形式主义、官僚主义、享乐主义和奢靡之风（简称“四风”），以聚焦解决“四风”突出问题、注重解决群众反映强烈的切身利益问题、着力解决联系服务群众“最后一公里”问题（密切党和群众的血肉联系，切实解决好让人民群众真正得实惠的问题）为重点任务，分“学习教育、听取意见”“查摆问题、开展批评”“整改落实、建章立制”3个环节进行，区级领导班子，区级机关部门、直属单位69个，镇（街道、开发区）19个和行政村245个、社区123个，非公企业和社会组织党组织2599个，及基层党组织4800多个，党员近7.2万名参加，到9月基本完成。

区委坚持高起点开局、高标准开展、高质量推进，认真学习贯彻中央部署和总书记习近平重要讲话精神，把开展教育实践活动作为重大政治任务切实抓紧抓好，努力做到规定动作不走样、做到位，自选动作有特色、见实效。(1) 突出领导带头，强化责任落实。区四套班子领导和各单位“一把手”率先垂范、以身作则，带头开展教育实践活动，为全区党员干部做出示范和表率。各单位主要负责人切实履行第一责任人的职责，亲自抓、主动抓，广大党员干部积极参与，有效形成上级带头、领导示范、以上率下的生动局面。(2) 突出学习教育，增强党性修养。坚持以知促行，着眼于增强思想和行动自觉，从思想认识抓起，从榜样典型学起，区四套班子领导带头学习，部门基层紧跟步伐，在全区上下营造学习教育的浓厚氛围，使党员干部普遍受到深刻的党性洗礼。(3) 突出严肃认真，规范组织生活。紧扣区委“四查四争当”活动要求，充分发扬整风精神，坚持严的标准、严的措施、严的纪律，进一步规范批评与自我批评、民主评议党员等党内组织生活制度，严格党内政治生活，切实提高各级党组织自我净化的能力。（4）突出即知即改，推进标本兼治。针对查摆出来的“四风”问题，坚持即知即改、立说立行，以踏石留印、抓铁有痕的韧劲，狠抓整改落实，狠抓建章立制，切实推动作风建设规范化、常态化、长效化发展。（5）突出分类指导，从严从实督导。按照“从严、从实、从紧督导”要求，区委各督导组发扬较真精神，坚持严格标准、严格把关，根据不同层级、领域、对象的特点，分类组织推进，分层组织实施，使活动收到谈心谈话入耳、对照检查入心、相互批评出汗、整改落实到位的良好效果。（6）突出固本强基，夯实基层基础。抓住基层党组织的薄弱环节和突出问题，有的放矢、对症下药，强化基层党组织带头人队伍建设，进一步强化基层导向，推动人、财、物向基层倾斜，有效整治软弱涣散基层党组织，切实提高基层党组织的服务能力和服务水平。

全区各级党组织积极教育引导广大党员干部进一步树牢群众观点，切实解决群众反映强烈的突出问题，在转变作风、服务群众、跨越发展上取得明显成效。

党员党性观念和宗旨意识进一步增强 全区各级党组织党员干部坚持把抓好学习教育作为坚定理想信念、加强理论武装的重要抓手，认真对照周恩来、焦裕禄等先辈榜样，扎实开展“三学三强”（学党章党史，强党性；学政策理论，强素质；学实用技术，强技能）、“为了谁、依靠谁、我是谁”等专题学习讨论活动，进一步健全完善区委中心组学习、区领导定期到区委党校讲课等制度，有效提升理论水平和思想觉悟。通过领导带头讲、专家辅导学、集中交流议等方式，组织引导广大党员干部学原文、读原著、悟原理，原原本本研读中央规定书目，认真学习总书记习近平系列重要讲话精神，深刻领会新时期党中央对践行群众路线的新论述、新要求，切实提升广大党员干部参加教育实践活动的政治自觉、思想自觉、行动自觉。活动期间，区级领导累计集中学习 17 次，各级领导班子集中学习 344 次，参加集中学习的党员干部达 11.8 万多人次。

“四风”顽疾进一步破解 这次活动自始至终把解决问题作为重中之重，对群众反映强烈的“四风”积弊出重拳、用重典，刹住“四风”蔓延势头，党风政风和社会风气为之一新。全区以区委、区政府名义召开的会议同比下降 21%，下发的文件同比下降 27%，调整清理办公用房 1000 多间面积 3 万多平方米，压缩“三公”经费 5363 万元，清理清退领导干部企业兼职 160 人次，全区因公出国境团组数、人数减少 23 批 76 人。坚决整治“会所中的歪风”“奢华浪费建设”和“培训疗养机构浪费及腐败”，严肃查处吃拿卡要、高高在上、挥霍浪费等问题，脱离群众现象明显扭转。坚持破立并举，注重建章立制，依照省委、市委相关文件精神，建立健全《武进区公务接待工作暂行规定》《关于完善党员干部直接联系群众制度的实施办法》等规章制度，形成长效管理机制。强化正风肃纪，严厉惩处违反作风建设规定的党员干部，起到显著的震慑效果，广大党员精神状态和作风形象明显改善，制度意识、“红线意识”和服务意识显著增强。

服务效能进一步提升 在坚持立说立行、即知即改中集中解决党员干部身上存在的“慵懒散拖、推诿扯皮”“中梗阻”等问题。活动期间，全区共制定即知即改事项 2486 项，完成整改 2037 项，完成率 81.9%。其中，区级层面三批共 92 项整改项目已完成 43 项，其他按序时进度抓紧落实。开展企业大走访、“赢在中层、评在基层”、巩固提升行政效能优化服务月等活动，全区行政审批速度和效能实现大提升，审批事项由清理前的 279 项精简为 184 项，精简率达 34%，进一步优化企业发展环境。积极创新 3D 惩防系统、“三合一”阳光政务等载体平台，充分发挥《武进政风热线》、“问政面对面”“透视窗”“12345”热线电话、网上行政投诉中心等监督渠道作用，切实加大对党员干部的问责力度。严格做好不合格党员处置工作，完成对 18 个单位 32 名工作人员违反作风规定情况的通报批评和效能问责。整治干部队伍中存在的“四风”突出问题，进一步提升人民群众对我们工作的满意度。广大群众反映，现在干部“官架子”少了，能多为他们考虑了，看面子、托关系、找路子的现象明显减少了。

党内政治生活进一步规范 全区各级党组织认真贯彻整风精神，进一步健全民主集中制，完善区委常委班子议事规则和程序。在专题民主生活会、专题组织生活会上，党员领导干部敞开心扉、坦诚相见、诚恳尖锐地进行批评与自我批评，增进了各级班子成员间、党员同志间的感情友谊，实现了“共同进步、共谋发展”的目的。全区 88 个领导班子和 698 位班子成员通过专题民主生活会，提出自我批评 7100 多条、相互批评 1300 多条，4264 个基层党支部全部召开专题组织生活会，92% 的党员参加组织生活会。

党群干群的关系进一步密切 积极回应群众关切，推动各级领导干部下基层、听民声、察民情，从解决就医难、上学难、增收难、办事难等现实问题抓起，从食品卫生、生态环境等具体问题改起，机关和窗口服务单位门难进、脸难看、事难办等突出问题得到有效整治，让广大群众感受到了作风建设的真切变化。围绕密切党群干群关系，解决联系服务群众“最后一公里”问题，推进“三解三促”（了解民情民意、破解发展难题、化解社会矛盾，促进干群关系融洽、促进基层发展稳定、促进机关作风转变）、“群众路线我践行”“双联双增”（机关联系基层、干部联系群众，增强干部服务意识、增强群众幸福感）、“党员干部进万家”和“邻里守望”党员志愿服务等联系服务群众五大载体建设，扎实开展机关“服务品牌提升行动”、农村“晋档升级行动”、社区“幸福建设行动”、两新组织“双强六好创建行动”四大行动。活动期间，全区 1170 名科级以上领导干部走访群众 4000 多户，办实事 2700 多件，各单位查处侵害群众利益问题 41 起，30 个软弱涣散基层党组织得到有效整顿。

事业发展动力进一步激发 全区各单位以教育实践活动为契机，开拓进取、真抓实干，坚持把开展教育实践活动与推进中心工作紧密结合，坚持注重发展速度与发展效益相统一，改变唯 GDP 的考核导向，切实以作风建设的新成效汇聚起推动经济社会发展的强大动力。全区上下锐意进取、攻坚克难，按照“加力城乡一体，加速生态文明”战略的总体要求，全面打响“产业培育、城乡一体、生态文明和改革创新”四大战役，一着不让狠抓项目，千方百计加速转型，扎实推进改革创新，实现经济增长稳中有升、城乡面貌不断优化、社会局面安定和谐的发展态势。1 ～ 9 月，全区地区生产总值、公共财政预算收入、规模以上工业总产值、全社会固定资产投资始终保持稳健增长的态势，部分指标增幅处于全省全市前列，27 个区重点社会事业项目顺利实施。

（栏目编辑 万向阳）

自然地理

【地理位置】 武进区位于长江三角洲太湖平原西北部，北纬 31° 20′ ～ 31° 54′、东经 119° 40′ ～ 120° 12′。濒太湖，衔滆湖，东邻江阴、无锡，西毗金坛、丹阳，南接宜兴，北靠常州天宁、钟楼、新北区，总面积 1245.84 平方千米。境内平原宽广，地势低平，河网稠密，是典型的江南水乡。至 2014 年年末，全区有耕地面积 4.13 万公顷。

【自然资源】 武进位于亚热带北缘，光温适宜，雨水充沛，土地肥沃，物产丰富，素有“鱼米之乡”之称。植物资源丰富，东部雪堰、潘家低山丘陵地区盛产茶叶和桃、梨、葡萄等水果。有滆湖、阳湖、宋剑湖等自然湖泊，河港汊荡纵横交错，淡水渔业资源丰富，适宜于鱼、蟹、虾、蚌等水产养殖。矿产资源主要有郑陆的石膏矿，焦溪和新安等地的白泥、紫砂、陶土等，以及潘家、芙蓉等地的优质矿泉水。

（方　志）

【气　候】 气　温　2014 年（1 ～ 12 月），全区平均气温 16.8℃，较常年偏高 0.7℃，属正常偏高年份。冬季（2013 年 12 月～ 2014 年 2 月）平均气温 5.4℃，比常年偏高 0.7℃；春季（3 ～ 5 月）平均气温 16.9℃，比常年偏高 1.7℃；夏季（6 ～ 8 月）平均气温 25.9℃，比常年偏低 1.1℃；秋季（9 ～ 11 月）平均气温 18.8℃，比常年偏高 1.0℃。一年中，1 月、3 月气温异常偏高，分别比常年偏高 2.4℃、2.5℃；5 月、11 月气温显著偏高，分别比常年偏高 1.7℃、1.5℃；10 月气温比常年偏高 1.1℃，8 月气温显著偏低 1.8℃；其余月份正常，偏值均小于 1℃。年极端最高气温 37.4℃，出现在 7 月 22 日；年极端最低气温 -4.5℃，出现在 2 月 11 日。日最高气温≥ 35.0℃的高温日 11 天，其中 5 月 1 天、7 月 6 天、8 月 4 天；日最低气温≤ 0℃的低温日为 24 天，其中 1 月 8 天、2 月 8 天、12 月 8 天。

降　水　2014 年（1 ～ 12 月），全区降水量 1301.3 毫米，比常年偏多 197 毫米，属正常偏多年份。冬季（2013 年 12 月～ 2014 年 2 月）降水量 168.9 毫米，比常年偏多 26.4 毫米；春季（3 ～ 5 月）降水量 249 毫米，比常年偏少 18.2 毫米；夏季（6 ～ 8 月）降水量 707.6 毫米，比常年偏多 205.2 毫米；秋季（9 ～ 11 月）降水量 181.9 毫米，比常年偏少 10.2 毫米。月降水分布不均匀。其中，1 月、10 月、12 月降水显著偏少，分别偏少 38.5 毫米、42.2 毫米、23.8 毫米；2 月、4 月、7 月、8 月、11 月降水显著或异常偏多，分别偏多 82.5 毫米、53.2 毫米、136.8 毫米、101.5 毫米、38.9 毫米；3 月、5 月降水偏少，分别偏少 33.1 毫米、6.9 毫米。一日降水量极大值为 85.1 毫米，出现在 8 月 7 日。6 月 20 日进入梅雨期，较常年偏迟 1 天，属正常年份；出梅时间在 7 月 17 日，较常年偏晚 7 天，属出梅偏迟年份；梅期 29 天，属偏长年份。梅雨量为 287.1 毫米，较常年偏多 53.1 毫米，属偏多年份。

日　照　2014 年（1 ～ 12 月），全区日照时数 2298.5 小时，比常年偏多 324.7 小时，属正常偏多年份。冬季（2013 年 12 月～ 2014 年 2 月）日照时数 441.4 小时，比常年偏多 43.9 小时；春季（3 ～ 5 月）日照总时数 587.5 小时，比常年偏多 87.8 小时；夏季（6 ～ 8 月）日照时数 378 小时，比常年偏多 199.2 小时；秋季（9 ～ 11 月）日照时数 453.7 小时，比常年偏少 45.7 小时。1 月、3 月、5 月、10 月、12 月日照偏多，6 月、7 月、8 月、9 月日照偏少，2 月、4 月、11 月日照正常。

（何靖宇）

历史文化

【建置沿革】 武进在 5000 多年前就有人类定居，繁衍生息。郑陆寺墩、横林青墩出土的文物表明，新石器时代武进境内已形成原始村落。到春秋时期已有城池出现，淹城（在今武进中心城区）是国内迄今为止保存最为完整的西周至春秋早期地面城池遗址。春秋战国时期武进称延陵邑，为吴国季札封地，秦置延陵县，汉改称毗陵县、毗坛县，晋太康二年（281 年）置毗陵郡、县，分丹徒、曲阿以东地区置武进县，晋永嘉五年（311 年）改称晋陵郡、县。此后，晋陵、武进两县时分时合，数易其名。清雍正四年（1726 年）分置武进、阳湖两县，清宣统三年九月（1911 年 11 月）合并为武进县。1949 年 4 月 23 日，武进解放，县城析出建立常州市。1983 年 3 月，实行市管县体制，武进属常州市管辖。1993 年 7 月 18 日，武进县政府驻地由常州市区迁至湖塘镇。1995 年 6 月 8 日，国务院批准武进撤县设市。2002 年 4 月，武进撤市设区，成为常州城市规划建设的南翼。

【武进地名由来】 三国吴大帝孙权崇尚武功，曾以统一大业为己任，于嘉禾三年（234 年）诏复丹徒为武进，取以武而进之意，故名。西晋太康二年（281 年），晋武帝恢复丹徒旧称，并分丹徒、曲阿以东地区置武进县。

【风景名胜】 武进水乡风情浓郁，文物古迹众多，花木园艺发达，旅游资源丰富。依托春秋淹城遗址、太湖湾湖光山色、横山桥清明山自然风光，以及嘉泽、夏溪“全国花木之乡”和农业观光项目，武进从 20 世纪 90 年代中期起开始推进旅游景区建设，2011 年 4 月入选第八届中国花卉博览会（简称花博会）举办地后，选址西太湖畔，全力筹备花博园区建设，实现 2013 年花博盛会如期举行，为武进增添了一个花卉主题公园。至此，全区形成太湖湾旅游度假区、春秋淹城旅游区、中国花卉博览园和横山风景旅游区等主要风景区。

太湖湾旅游度假区　位于武进区东南雪堰镇境内，东临国家旅游度假区无锡马山，西接陶都宜兴分水，南濒太湖，规划面积 39.6 平方千米。以低山丘陵为主，山丘占总面积的 66%。大气环境达国家一级标准，植物生长茂盛，植被良好，有乔木、灌木、草本植物百余种，鸟类 70 多种。太湖湾沿湖岸线长约 7 千米，有山头 19 座、山坞 11 个、大小水库 8 个，临湖山湾 7 个，湖中大、小椒山两座。文化底蕴深厚，有春秋战国遗址阖闾城、宋代龟山书院、蓼莪寺、王孝子墓、陈烈帝墓、梅堂和烟墩等古迹，以及董亦湘故居、吴稚晖故居。规划永丰水街区、龙湾度假区、河流文化区、盘古中心区、数字文化区和城市发展控制区六大功能区。2007 年获“国家旅游名片”称号，2009 年 5 月被授予“国家龙舟竞赛基地”称号，2012 年 8 月升级为省级旅游度假区，2013 年 5 月创成省级现代服务业集聚区。区内环球动漫嬉戏谷 2011 年 5 月开园，2012 年 11 月创成国家 AAAA 级景区；中华孝道园 2012 年 9 月开园，2014 年 12 月创成国家 AAAA 级景区。

春秋淹城旅游区　位于武进中心城区，占地面积 400 多公顷。以春秋淹城遗址为核心，分为淹城春秋乐园、春秋淹国古城池遗址、春秋文化休闲区、淹城野生动物园、淹城仿古商业街区、春秋文化旅游地产区六大功能区。春秋淹城遗址占地面积 300 公顷，为国内保存最为完整的春秋早期地面城池遗址，1988 年被列为全国重点文物保护单位，2007 年被国家旅游局命名为“中国第一水城”。淹城野生动物园占地面积 133.33 公顷，是以野生动物生态散养为特色，集动物野趣观赏、休闲娱乐、科普教育为一体的大型综合性主题公园。淹城仿古商业街区占地面积 15.67 公顷，总建筑面积 4.5 万平方米，建有中医一条街、文化一条街、美食一条街。淹城博物馆建筑面积 9000 平方米，设有“史河流韵”“馆藏书画”“春秋淹城”3 个基本陈列厅。淹城春秋乐园是一个以文化游乐与文化休闲相结合的人文主题公园，2010 年 4 月 29 日开园，景点淹城春秋王宫 2011 年 5 月 1 日建成开放，“春秋水战”水上互动游乐项目 2014 年 5 月 1 日开放。春秋淹城旅游区 2011 年创成国家 AAAA 级景区，2012 年 9 月获“全国低碳旅游示范区”称号。

中华孝道园全景　　（区委宣传部 供稿）

中国花卉博览园　位于武进西太湖畔，占地面积近 200 公顷，分为入口服务区、山水展区、室外展区、主展馆区、湿地展区五大功能片区，展馆由主展馆、科技馆、自然馆、艺术馆、雅集园组成。其中，入口服务区玉带花海，雅集园刘海粟、夏伊乔艺术馆和陈履生美术馆内陈列艺术大师真迹；山水展区高低错落、层次多变，科技馆科技应用各类花卉，艺术馆用于展示常州乱针绣、梳篦、留青竹刻、根雕等传统非遗工艺品；室外展区各展园匠心独运，亭台楼阁、繁花美景；湿地展区尽展武进春秋淹城“三河三城”古貌，自然馆热带雨林植物、沙生植物、水生植物等特色植物种类繁多，有 800 年珍稀油橄榄、直径 2 米的水生大王莲、3 米多高的“巨人柱”仙人掌等。该博览园 2013 年 9 月 28 日～10 月 27 日成功承接第八届中国花卉博览会，2014 年 3 月重新开园，成为集文化、花卉产业交流于一体的展示中心。

横山风景旅游区　位于武进区东部横山桥镇境内，古称芳茂山，东晋右军将军、散骑常侍曹横葬于此，改名横山。横山群山起伏，山势蜿蜒曲折；山间谷岭错杂，泉涧淙淙；山上青松翠竹，郁郁葱葱；坡地花果飘香，百亩竹海、千亩果园翠绿一片；山下河网密布，路林成行，村舍毗连。横山风景旅游区建于 1996 年，占地面积 156 公顷，有清明山、大林寺、白龙庙等名胜古迹，2004 年被评为全国首批农业旅游示范点。

【历史名人】 武进历史上曾出过 1500 多名进士（其中状元 10 名），名列全国县级前三名。春秋时期著名政治家、音乐鉴赏家季札受封武进，南朝齐高帝萧道成、梁武帝萧衍生于南兰陵，梁昭明太子萧统组织编纂集秦汉两晋诗歌精华的《昭明文选》。至清代，武进有以庄存与为代表的今文经学派、以恽敬为代表的阳湖文派、以张惠言为代表的常州词派、以恽南田为代表的常州画派等，中医孟河医派名家众多，清末民初有“吴中名医甲天下，孟河名医冠吴中”之说，赵翼、黄仲则诗作脍炙人口，洪亮吉精于史学、舆地学，李宝嘉的《官场现形记》开创中国近代谴责小说之先河。现代有中共早期领导人、革命活动家瞿秋白、张太雷、恽代英和中共早期革命活动家董亦湘，抗日救国“七君子”中的李公朴、史良，东北抗日联军著名将领冯仲云，著名外交活动家章汉夫、冯铉和谢启美，两院院士秦仁昌、吴阶平、许学彦等57位，著名画家刘海粟、谢稚柳、吴青霞，著名戏剧家洪深、吴祖光、阿甲，小说家高晓声、诗人严辰等，誉满中外。

（方　志）

区划·人口

【行政区划】 2014年年末，全区有镇14个、街道2个、行政村245个、社区123个。

【人　口】 2014年年末，全区户籍人口104万人，总户数363060户，人口密度835人/平方千米（按户籍人口计算）。总人口中男性511590人，女性528414人。年内出生10216人，人口出生率9.87‰，计划生育率99.5%。死亡7325人，死亡率7.08‰，人口自然增长率2.79‰。

表1　2014年武进区行政区划和人口情况

镇、街道	面　积（平方千米）	行政村（个）	社　区（个）	年末人口（人）
湖塘镇	80.90	0	44	147761
牛塘镇	42.21	9	5	41518
洛阳镇	55.75	18	3	52598
遥观镇	44.70	15	7	45284
横林镇	46.67	15	6	51405
横山桥镇	58.23	19	4	59425
郑陆镇	89.82	26	4	85474
雪堰镇	104.75	25	4	79269
前黄镇	107.15	20	4	67012
礼嘉镇	57.84	14	3	48301
邹区镇	60.86	17	4	58546
嘉泽镇	105.13	19	5	75463
湟里镇	86.10	16	3	63404
奔牛镇	56.31	12	4	52698
南夏墅街道	47.23	14	19	85879
西湖街道	39.84	6	4	25967

（方　志）

地方特产

【淡水鱼类】 武进是苏南著名的淡水鱼养殖基地，大水面鱼类养殖面积8300公顷，主要淡水鱼除扁、草、鲤、鲫、鲢等大宗鱼类外，还精养和温控养殖鲑鱼、鳝鱼、甲鱼、鲟鱼、鳗鱼等10多种名贵鱼类，温控养殖面积达数千公顷。2014年，生产成鱼55639吨，产值9.54亿元。

虾　类　养殖品种主要有青虾、罗氏虾、基围虾、龙虾等。2014年，全区青虾产量1223吨。

清水蟹　以中华绒螯蟹为主，郑陆黄天荡出产的“金爪玉脐”蟹最为名贵，曾为宫廷贡品。2014年，全区清水蟹产量4140吨。

【太湖“三白”】 太湖“三白”即银鱼、白鱼、白虾，为中国五大淡水湖之一的太湖特产。银鱼无刺，鲜嫩爽口，主要出口到日本和东南亚国家，供应沪宁杭等大中城市高档饭店。白鱼肉质细腻，刺软。白虾壳薄，晶莹味鲜。

【茶　叶】 主要产区为雪堰、潘家、漕桥、横山桥等地的丘陵地区。以产绿茶为主，品质高的有碧螺春茶、“阳湖新月”绿茶等。潘家城湾茶场的阳湖新月牌绿茶是江苏省名牌产品，雪堰牌碧螺春茶为中国名牌产品。2014年，全区茶园面积263.3公顷，茶叶产量225吨。

【水蜜桃】 主要产区为洛阳、雪堰、潘家、漕桥等地。雪堰、潘家两地在民国时期种植水蜜桃，色润汁丰，口感甜爽，因地近无锡被称为“无锡水蜜桃”。2014年，全区桃园面积1551.9公顷，桃产量25936吨。

【葡　萄】 全区各地普遍种植葡萄，主要产区为洛阳、焦溪、礼嘉等地。在推广种植“巨峰”“藤稔”等丰产品种的同时，引进种植“夏黑”“黑峰”等新品种，果肉坚实味甜。2014年，全区葡萄种植面积2202.6公顷，产量55950吨。

【农家招牌菜和特色菜】 招牌菜：寨桥老鹅、焦店扣肉、湟里牛肉、横山百页、黄天荡大闸蟹、雪山草鸡、芙蓉鲜螺、常州萝卜干、尊龙酱鸭、太湖银鱼。

特色菜：太湖白鱼、年洪羊肉、阿兴鸭头、名贵甲鱼、横山板鸡、戴溪青鱼、泰村鱼圆、长渔黄鳝。

（方　志）

经济建设

【经济总量】 2014年，全区各级、各部门全面落实“加力城乡一体，加速生态文明”的发展主题，统筹推进经济、政治、文化、社会和生态文明五大建设，全面打响“产业培育、城乡一体、生态文明和改革创新”四大战役，较好地完成年度各项目标任务。全年完成地区生产总值1905.33亿元，增长9.7%；完成一般公共预算收入129.63亿元，增长3%；完成规模以上工业产值4268.41亿元，增长8.2%；完成全社会固定资产投资1003.14亿元，增长12.2%；完成协议注册外资超13.91亿美元，实际到账注册外资 9.05 亿美元；完成进出口总额超 100 亿美元，其中自营出口总额 70.01 亿美元，位列苏南前茅。主要经济指标基本完成预期目标，武进区蝉联全国最具投资潜力中小城市百强区第一名，被评为中国综合实力百强区第三名。

【农　业】 2014 年，武进区推进现代农业发展，新增高效农业面积 666.67 公顷，新建高标准农田面积 1133.33 公顷，高效农业保险覆盖率达 68.7%，邹区现代农业产业园区升格为省级现代农业（渔业）产业园区。培育农业龙头企业，新增市级农业龙头企业 8 家，有国家级、省级、市级农业龙头企业分别为 3 家、14 家、10 家。新申报无公害农产品、绿色食品、有机农产品“三品”农产品 27 个，完成“三品”续报农产品 48 个，“三品”种植面积占耕地面积的 90% 以上。新增农民专业合作社 50 家、家庭农场 325 家和国家级农民合作社示范社 3 家，新型农业经济主体经营面积达 2.18 万公顷。实施科技入户培训，在 11 个镇遴选科技示范户 2550 户，建立林果重点专业村 8 个、畜禽特色专业村 3 个、渔业整村推进村 6 个。水稻育种连创佳绩，“武运粳 27 号”被农业部认定为超级稻示范推广品种，成为武进区育成的第三个超级稻品种，水稻新品种“武运粳 30 号”通过省主要农作物审定品种目录公示，“超高产粳稻武运粳 23 号的育成与推广”获省农业丰收奖一等奖。全区农业生产保持基本稳定，全年实现农业总产值 84.98 亿元、农业增加值 52.72 亿元，分别增长 5.1%、4.5%。

【工　业】 2014 年，武进区加快实施工业经济“四十四百”（发展十大行业、建设十大产业链、打造十大企业工业园、提升十大载体平台，培育 100 家工业大企业、推进 100 个工业重点项目、建成面积 100 万平方米标准厂房、培育 100 家创新型科技企业）提升计划，增强企业实力，促进工业平稳有序发展。新增工业销售超百亿元企业 1 家、超 50 亿元企业 2 家，累计分别达 6 家、13 家。中天钢铁集团有限公司、亚邦投资控股集团有限公司、百兴集团有限公司、新城控股集团有限公司、常州东方特钢有限公司、江苏常发实业集团有限公司 6 家企业入选中国民营企业 500 强，江苏恒立高压油缸股份有限公司、常州碳元科技发展有限公司等 4 家民营企业受到全省表彰，江苏润源控股集团有限公司获得市长质量奖。区内企业参与制（修）订并发布国家标准、行业标准各 8 项，新增中国驰名商标 6 件、江苏省著名商标 18 件，“三名”（驰名、著名、知名）商标数量继续保持全省县区领先。191 家个体工商户升级为企业，120 家小微企业升级为规模以上企业，全区规模以上工业企业达 1900 家；江苏亚邦染料股份有限公司在上海证券交易所上市，常州第六元素材料科技股份有限公司登陆新三板，43 家企业在区域性股权交易市场挂牌；新增创投资金 10 亿元，累计 79.2 亿元。全区实现规模以上工业增加值 962.67 亿元、规模以上工业总产值 4268.41 亿元，分别增长 10.5%、8.2%。完成省标战略性新兴产业产值 1250.24 亿元、高新技术产业产值 1803.04 亿元，分别占规模以上工业总产值的 29.3%、42.2%。

横山桥镇新安村草莓采摘　　（陆　新　摄）

【服务业】 2014 年，武进区推进服务业“三四五”（提升三大现代购物商圈、完善三大景区，做强四大现代服务业集聚区、推进 40 个服务业重点项目，做大五大物流园、培育 50 家服务业重点企业）壮大计划，促进服务业提档升级。全区实现服务业增加值 808.83 亿元，增长 14.1%，占地区生产总值的 42.5%。完成全社会消费品零售总额 449.09 亿元，增长 12%；成交额亿元以上市场实现成交额 1094.82 亿元，增长 10.8%。实现旅游接待人数 1468 万人次，完成旅游总收入 175 亿元，分别增长 10% 和 23%。完成文化产业增加值 108 亿元，增长 14%。万达广场、环球动漫嬉戏海等项目建成投运，中华孝道园创成国家 AAAA 级景区。年内，新增省服务业创新示范企业 1 家、省服务业重点培育企业 2 家，亚邦医药物流中心成为全市首家 AAAAA 级物流企业。横林镇崔北村成为全市首个省农村电子商务示范村。

【开放型经济】 2014 年，武进区引进投资近亿美元重大项目 6 个，中国香精香料有限公司投资项目和大族精工半导体科技（常州）有限公司、常州天合亚邦光能有限公司等行业龙头企业入驻，常州软银华龙创业投资企业、常州宝湾物流有限公司两家生产性服务业分别注册资本 3300 万美元、3600 万美元落户，顺风光电投资（中国）有限公司、联合光伏（常州）投资有限公司、瑞声（中国）投资有限公司分别到账 3.43 亿美元、5169 万美元、3024 万美元，巴西万高公司并购新亚电机项目交易金额达 2380 万美元。全年完成协议注册外资 13.91 亿美元，实际到账外资 9.05 亿美元，位列常州市各辖市（区）第一。对外贸易平稳运行，全年累计完成进出口总额 100.03 亿美元，占全市进出口总额的 34.7%。外经业务稳步提升，全区完成新签外经合同额 1.64 亿美元，完成外经营业额 1.05 亿美元，分别完成年计划的 164.2%、104.7%。

【产业园区建设】 2014 年，武进区着力培育产业园区，促进平台载体活力进发。武进高新区被国务院确定为苏南国家自主创新示范区，创成“国家生态工业示范园区”。西太湖科技产业园深化产城融合发展，中以两国政府首个共建园区——中以常州创新园落户，全国首个国家级石墨烯产业化基地——常州国家石墨烯新材料高新技术产业化基地获批落户。武进绿建区全面拉开发展框架，引领绿色建材、绿色制造行业发展。13个镇级重点工业集中区完成规模以上工业总产值900亿元。全区建成标准厂房面积100万平方米。全区开发区高新技术产业产值、省标战略性新兴产业产值、实际到账注册外资分别占全区的39%、50.5%和80%。

（方　志）

社会发展

【城镇建设与管理】 2014年，武进区深化城乡规划，完成新一轮镇村体系布局、绿色建筑发展的规划修编，探索推进西太湖科技产业园“四规合一”（经济发展规划、城乡建设规划、土地利用规划与生态文明建设规划协调融合）编制，启动实施东部发展三年行动计划，“地下管线普查和综合管理信息系统”项目获中国地理信息产业优秀工程金奖。完善基础设施，人民中路、大通东路等城市道路完成改造，延政西路西延、武进大道东延和金武路改造等交通工程按期推进；轨道交通武进段管线迁改基本完成，武进先行段启动建设；运河“四改三”横林段航道工程全面开工。在中心城区建成健身绿道里程16.3千米，新增公共停车场2个。新辟、调整优化公交线路26条，建成公交站棚111个，常州汽车客运东站、横林公交枢纽中心建成投用。加强城镇管理，牛塘镇纳入中心城区管理，“9313”（九整治、三规范、一提升、三创建，即对城郊结合部、城中村、棚户区、老旧小区、背街小巷、城市河道环境、低洼易淹易涝片区、建设工地、农贸市场进行整治；规范占道经营、车辆停放、户外广告设置；提高城市基础设施承载能力、城市环境和管理水平；创建国家生态文明示范市、国家生态园林城市、国家历史文化名城）城市环境综合整治行动有序推进，整治高架沿线城中村71个、重要节点85个。改善镇村面貌，嘉泽镇创成国家卫生镇，遥观镇、雪堰镇通过国家卫生镇复审，新增省级卫生村4个、省美丽乡村建设试点村1个。焦溪村入选中国传统村落。

【科技创新】 2014年，武进区深入实施创新驱动发展战略，推进科技创新，建设以常州科教城、武进高新区、武进经发区、武进绿建区、智能装备产业园、节能环保产业园、电子信息产业园、新材料产业园为核心的科技创新体系，推动全区重点产业、战略新兴产业发展和传统产业转型升级。全区研究与发展经费支出占地区生产总值的2.65%。新增高新技术企业59家、省级以上研发机构30家，新建科技孵化器、加速器共计面积38万平方米，万人有效发明专利拥有量达15件。深入实施万名产业英才集聚三年行动计划，新增各类产业人才2.2万名。新引进领军人才项目67个，落户国家千人计划项目20个；7名人才入选省双创计划，16名企业博士入选省博士计划。洛阳、礼嘉、湖塘3个镇成为省创新型试点乡镇。

【社会事业】 2014年，武进区加快推进奔牛高级中学新校区建设，有序实施无证幼托园所整治，获评“全国义务教育发展基本均衡区”“全国教育改革创新示范区”和第三批“全国社区教育示范区”。启动实施3家区级公立医院改革，40%的镇卫生院与三级医院组建医疗联合体。加快建设城乡一体10分钟体育健身圈，第五届环太湖国际公路自行车赛、中国热气球公开赛、中国女排职业联赛、中国乒乓球超级联赛等重大赛事在武进举行，武进区在江苏省第十八届运动会上蝉联县级金牌榜首位。实施文化惠民工程，开展“社区天天乐”等活动；广播剧《天佑中华》获省精神文明建设“五个一”工程奖。启动建设老年大学，推进金东方颐养园等养老服务项目，每千名老人机构养老床位数达43张，实现城镇社区居家养老服务中心全覆盖。

【人民生活】 2014年，武进区深入实施农民收入倍增计划，城镇居民、农村居民人均可支配收入分别达到41363元和21777元。健全就业服务体系，新增城镇就业2.9万人，城镇登记失业率控制在2%以内。进一步提高养老、医疗等社会保障标准，常武医保互通基本覆盖到位。建成公共租赁住房5693套、限价商品房1681套，向95户家庭发放廉租住房租金补贴；投放住房公积金贷款15.5亿元。全年新增慈善资金6100万元，发放慈善救助资金3500万元，救助1.3万人次；新增光彩协议资金1.1亿元，实施光彩项目150个。

（方　志）

花园街、龙城大桥夜景　　（区委宣传部 供稿）

文明创建

【概　况】 2014年，全区各级各部门围绕区委、区政府各项目标，以培育和践行社会主义核心价值观为主线，以提高城市长效管理水平为目标，实施公民思想道德建设深化工程、城市文明程度提升工程、立德树人基础工程、志愿服务创新工程、诚信建设推进工程、基础创建提质工程、常规工作达标工程七大工程，取得精神文明建设成效。全区道德讲堂建设形成区级总堂、镇（街道、开发区）分总堂、村（社区）讲堂三级网络架构，建立学雷锋志愿服务基地300多个，实现文明城市测评成绩在常州各辖市区中占前位的既定目标。郑陆镇牟家村获“全国文明村镇”称号，湖塘镇、郑陆镇、奔牛镇、牛塘镇、洛阳镇、遥观镇、横山桥镇、湟里镇、横林镇、礼嘉镇10个镇获“2014年度武进区文明镇”称号，全区申报省级文明单位56家和市级文明镇13个、文明村28个、文明社区12个、文明单位94家、文明窗口10个，党红、凌青、钱双喜、王根宝、肖正、朱孝良、岳孝获2014年“江苏好人”称号。

【巩固文明城市创建成果】 2014年，武进区积极迎接全国、省、市组织的公共文明指数测评检查，巩固文明城市创建成果。各级、各有关部门对照每季度《全国城市文明程度指数测评体系责任分解表》，明确职责，及时补缺补差，落实工作。区公安局加强交通文明建设，采取“软引导、硬约束”相结合的治理举措，增添各类文明交通提示牌1000多个，新增护栏、隔离带100多条和停车挡车器800多个，新增停车泊位500多个，有效改变交通乱象。区住建局等部门完善基础设施，及时组织修复和补建全区公共服务设施、市政设施和文化体育设施，安排专项资金用于修缮和更换社区外围破损道板、安置小区消防缺失设施等，保障和方便市民生活。区文明办加强日常督察和自查，组织召开文明城市长效管理推进会、每季度测评点评会等，通报发现问题，明确任务和整改重点。全区文明城市测评成绩逐步提升，第三季度在实地考察、未成年人工作、综合得分均位列全市各辖市区第一，全年综合得分位列全市第二，实现在常州各辖市区中占前位的既定目标。

“一元微公益”活动　　（武进日报社 供稿）

【深化道德讲堂建设】 区委宣传部、区文明办深入推进道德讲堂建设，于3月出台《关于2014年全区深化道德讲堂建设的实施意见》，健全区级总堂、镇（街道、开发区）分总堂、村（社区）讲堂三级网络架构，促进八类道德讲堂全面开讲。3月28日，“孝德润心、修身善行”道德讲堂在区道德讲堂总堂开讲，首次利用网络媒体现场直播，弘扬孝德，倡导文明。5月23日，娃娃道德讲堂首次在奔牛实验幼儿园开讲。11月21日，举办“道德讲堂·百姓视角”活动，通过情景剧展现百姓生活点滴，发动现场居民开展道德评议，引导大家成为道德建设的传播者和践行者。全年区级总堂开讲24场。

【“武进好人”评选】 2014年，武进区推进学习好人、评选好人的长效机制，依托武进新闻网“武进好人榜”投票平台，组织每月一次“武进好人”评选宣传。全区各级、各部门共推荐身边好人252人。其中，24人当选“武进好人”，21人当选“常州好人”，7人当选“江苏好人”，各级各类好人数居全市第一。

【推进志愿服务】 3月20日，武进区在全市率先出台《2014年志愿服务工作实施意见》，建立志愿者招募注册、培训管理、供需对接、服务记录、褒奖激励、政策保障6项制度，全面推进志愿服务。4月27日，开展“党员义工365”志愿服务集中行动日活动，推动全体党员“进基层、亮身份、做义工”。5月26日，常州大学城6所高校首批300多名志愿者，携手湖塘镇44个社区，启动“大爱武进、志愿相随”高校志愿者与社区文明共建结对。8～12月，全区集中开展“机关党员进社区，共建文明幸福城”活动，近80个机关单位与26个社区结成对子，通过宣传教育、志愿服务、入户调研、巡访督查等方式，协

表2　2014年武进区入选“江苏好人”名单

姓　名	类　别	所在单位及职务
党　红	助人为乐	武进区国通快递公司快递员
凌　青	助人为乐	武进区嘉泽派出所民警
钱双喜	助人为乐	武进区前黄镇寨桥村居民
王根宝	诚实守信	武进区雪堰镇漕桥社区居民
肖　正	诚实守信	武进职教中心校学生
朱孝良	见义勇为	武进区前黄镇农场村居民
岳孝荣	见义勇为	武进区前黄镇农场村居民

助社区共同塑造文明形象，提升居民文明素养。以党员干部为重点，推进志愿者注册和义工卡办理，全年在常州志愿者心网实名注册志愿者4.56万名。建立区、镇、社区（村）三级学雷锋志愿服务基地300多个，组织开展各类志愿服务活动1500多次，形成湖塘南都社区"先锋联盟"、地税"37°志愿服务"、西湖街道大学生村官"爱心快递社"、前黄"益米阳光"等志愿服务品牌。全区有专业性志愿者分会20个，拥有各类志愿者13万名；发展各类公益组织超过900个，涵盖志愿者15万名以上。

【未成年人思想道德建设】 2014年，区文明委组织全区中小学及有关学校开展"中国梦"读书教育系列活动、"红领巾相约中国梦"主题班队活动、"践行中国梦、三爱见行动"校外活动和未成年人文明礼仪养成教育系列活动，发动各校开展"寻找校园礼仪之星"、文明礼仪风采大赛等，组织"我们的节日"清明、端午、中秋等展演活动，推动全区未成年人思想道德建设。7月22日，在全市未成年人文明礼仪大赛中，武进区湖塘桥中心小学获得小学组一等奖，星辰实验学校以视频展示、知识竞赛和情景剧表演3个第一获得初中组特等奖，前黄高级中学获高中组一等奖。组织申报未成年人特色活动市级重点项目、创新项目共16项，其中5项入选，武进区位列辖市区之首。结合文明城市建设，采取看台账、作辅导、经验交流等方式，进一步明确乡村（城市）学校少年宫、家长学校等管理标准和要求，推进规范化建设。

（陈　伟）

生态建设

【概　况】 2014年，武进区深化生态文明创建，8个镇完成生态文明建设规划，武进高新区、西太湖科技产业园通过国家生态工业示范园区国家级考核验收。建设生态绿城，西太湖重要湿地保护区、宋剑湖湿地郊野公园等15个项目基本完工，新增造林绿化面积1200公顷，林木覆盖率23%。推进环境整治，全面启动新一轮清水工程，整治完成重点污染河道11条，新沟河拓浚延伸工程按序推进，武南污水处理厂二期建成投用，新建污水主管网长度62千米；太湖水环境治理13类、135项工程全面实施；饮用水源地水质达标率100%。推进大气污染防治，拆除懒汉炉1182台，改造工业炉窑54座，年用煤量减少2万吨；对建筑工地、企业319家开展扬尘整治，对轧钢、印染等企业共71家实施提标整治，实现空气质量优良率63.8%，细颗粒物（PM2.5）平均浓度下降4.3%。全面启动新一轮农村环境综合整治，洛阳镇农村环境连片整治项目主体完工。推进节能减排，停批退批高耗能、重污染项目39个，完成5家热电厂脱硫改造和45家电镀企业、21家印染企业、49家合成类化工企业整治，将285家企业纳入危废处置规范化管理体系。推广清洁能源，新增天然气用户2万户，车用天然气消费量超过2700万立方米。全年单位GDP综合能耗下降5.5%。

【生态文明战役实施】 参见《特载》栏目p2相关内容。

（方　志）

武进区领导人名录

（2014-04-01 ~ 2015-03-31）

中共武进区委员会

书　记　周　斌

副书记　臧建中　凌光耀

常　委　（书记、副书记在常委中不重复列名）

叶明华　江建文

查　艳※（~ 2014-12）

顾伟国　陈　虎（~ 2014-12）

孙金才　单骏初

杨国成　徐　萍※

傅宁汉（~ 2014-04）

刘亦鸣（2014-04 任）

崔　娟※（2014-05 任）

武进区人大常委会

主　任　周　斌

副主任　黄汉林（~ 2015-01）

陈　虎（2015-01 任）

邰建平（~ 2015-01）

张　美※　郭志贤

朱建康（2015-01 任）

武进区人民政府

区　长　臧建中

副区长　顾伟国　陈　虎（~ 2015-01）

王明昌　郑政平　陆雅芬※

谢国正　石旭涌（2015-01 任）

薛建忠　王朝晖（~ 2014-08）

上官小天（~ 2015-01）

崔　娟※（2014-05 任）

路宏伟（2014-08 任）

政协武进区委员会

主　席　张建新

副主席　王友诚　倪晓谦※

陆小玉（~ 2015-01）

张志朝　周耀南　王友东

说明：带※号者为女性

（宋志盘）

美丽家乡　（区委宣传部 供稿）

（栏目编辑　万向阳）

1月

3日 全区第三次经济普查登记工作开始。

8日 常州市阳光药业有限公司医药项目开工。该项目占地面积10公顷，总投资8亿元，分三期实施。

9日 爱科中国常州新工厂一期面积2.41万平方米标准厂房在武进高新区落成投运。该项目总投资2.18亿美元，注册资本9160万美元。

10日 “博爱天使 情暖武进”红十字博爱送万家活动启动。

12日 中国首条石墨烯基超级电容器生产线在常州立方能源技术有限公司建成，石墨烯基超级电容器样品成功下线。

14日 武进区政府与芬兰科凯迈基市在区行政中心签署建立国际友好城市意向书。

是日 武进区特殊教育学校通过省级残疾人文化创业示范基地验收。

是日 淮河水利委员会党组副书记、副主任肖幼带队水利部检查组对武进实施中央财政小型农田水利重点县项目开展专项检查。

14～15日 政协武进区第十三届委员会第三次会议在武进假日酒店召开。

15日 2014年全区第一批44个重点项目集中开工，项目总投资226亿元，其中单体规模10亿元以上项目7个，平均投资规模超过5亿元，计划完成年度投资83亿元。

是日 江苏省省委常委、副省长徐鸣视察新沟河（武进段）工程，实地察看该工程遥观北枢纽建设现场。

15～16日 武进区第十五届人民代表大会第三次会议在武进假日酒店召开。

2月

9日 凤凰谷大剧院（武进影艺宫）工程获2013年度全省绿色建筑创新一等奖。

11日 福建省宁德市委书记廖小军率党政代表团在武进交流考察。

17日 第八批援疆干部人才欢送会在武进区行政中心举行。

18日 以色列经济部首席科学家艾维·哈桑一行在武进就合作共建中以国际创新园进行实地考察。

19日 2014武进（上海）经贸活动周启动。

20日 全区党的群众路线教育实践活动动员大会在区行政中心召开，全面部署教育实践活动。

3月

15日 全国政协常委、九三学社中央副主席赖明调研绿建区，参加全国新型城镇化背景下绿色建筑产业发展研讨会，并参观凤凰谷、绿色建筑研发中心和建筑垃圾资源化利用项目现场。

26日 湖北博盈投资斯太尔动力项目签约入驻武进高新区。该项目注册资本5亿元，总投资70亿元，其中一期投资15亿元。

是日 湖北省潜江市市委书记张桂华带领党政代表团在武进交流考察。

是日 武进区与美国河滨市在区行政中心签订友好城市定向协议。

28日 首场“万名高校学子武进名企行”活动在区人力资源市场举行，高职院校老师和学生代表100余名参加活动。

28日 江苏省省长李学勇在武进调研经济社会发展和产城融合建设情况。

是日 武进区首批农村土地承包经营权抵押贷款签约发放仪式举行。

29日 武进区首个“驿动花蕾·安全有加”社工服务项目“驿动花蕾”流动儿童之家在湖塘镇周家巷社区成立。

是日 刘海粟118周年诞辰暨刘海粟夏伊乔艺术馆开馆仪式在区行政中心举行。

4 月

1 日 区长臧建中会见中国工程院院士、钢铁研究总院名誉院长殷瑞钰一行。

是日 全国农村门球大联动 2014 武进区“湟里镇杯”门球联赛在博奥门球场开赛，甲乙两级 39 支球队共 400 多人参赛。

2 日 常州市首家经工商注册成立的足球俱乐部常州喜悦足球俱乐部有限公司成立。

16 日 中国城科会历史文化名城委员会专家组在武进现场考察焦溪古村、春秋淹城遗址。

19～20 日 2014 中华龙舟大赛第二站在武进太湖湾国家龙舟竞赛基地举行。

28 日 江苏省省委常委、常务副省长李云峰在武进高新区和绿建区调研，指导党的群众路线教育实践活动，实地考察新誉集团有限公司。

5 月

4 日 江苏省政协副主席、省委统战部部长罗一民在武进调研非公有制经济健康发展和非公有制经济代表人士健康成长工作，实地考察江苏龙城精锻有限公司、江苏恒立高压油缸股份有限公司和新誉集团有限公司。

6 日 江苏省侨办与武进区政府在区行政中心签署战略合作协议。

7 日 江苏省省委书记罗志军在武进区调研先进碳材料发展状况，实地考察常州碳元科技股份有限公司。

9 日 团中央检查督导组一行实地考察位于礼嘉镇的区检察院“金球驿站”观护矫正工作站，督查武进区重点青少年群体服务管理和预防犯罪工作。

12 日 江苏省副省长许津荣在武进考察太湖安全度夏应急防控以及农村环境连片整治工作。

13 日 全国总工会加强基层工会建设调研组在武进调研。

16 日 纪念季子 2590 周年诞辰活动在郑陆镇举行。

19 日 文化部副部长励小捷在武进专题调研春秋淹城遗址。

22 日 区委书记周斌在区行政中心会见德国埃森市经济发展局局长堆登一行。

是日 辽宁省副省长谭作钧率辽宁省党政代表团在武进高新区考察工业经济发展情况，参观江苏恒立高压油缸股份有限公司。

6 月

19 日 武进高新区、西太湖科技产业园创建“国家生态工业示范园区”通过省级验收。

20 日 武进绿建区与芬兰 FIAC 投资集团在区行政中心签约，共同打造中芬绿色科技产业园。

27 日 “花都水城·浪漫武进”武进区第二届市民艺术节开幕式暨武进印象特色文艺专场演出在凤凰谷大剧院举行。

7 月

4 日 由团省委、省监狱管理局等单位组成的督导组督导武进区青少年群体“成长护航工程”工作。

9 日 全国人大常委会副委员长、民建中央主席陈昌智在武进高新区调研民建基层组织建设和中小型民营企业发展情况，考察江苏智思机械集团有限公司。

10 日 区长臧建中率武进区党政代表团赴新疆尼勒克县考察援建工作。

12 日 国侨办主任裘援平率调研组在武进高新区津通集团有限公司调研。

15 日 武进高新区科技企业加速器一期面积 16.5 万平方米启用。该项目总投资 10 亿元，规划建筑面积 38.4 万平方米。

24 日 中央第三巡回督导组副组长刘上洋一行在牛塘镇丫河村调研，并指导基层党组织群众路线教育实践活动开展。

25 日 江苏省副省长许津荣一行在武进调研太湖治理工作。

26 日 区委十一届八次全体（扩大）会议召开，区委书记周斌作题为《深入践行群众路线，积极推进改革创新——全力夺取“四大战役”阶段性胜利》的报告。

30 日 31 个科技项目集中入驻西太湖科技产业园，项目涵盖先进碳材料、医疗器械、电子商务等行业。

8 月

27 日 中共中央候补委员，中国航天科工集团副总经理、党组成员刘石泉在西太湖科技产业园考察石墨烯产业，先后参观常州碳元科技股份有限公司、常州第六元素材料科技股份有限公司、常州二维碳素科技有限公司、常州黑玛新碳科技有限公司、江南石墨烯研究院。

29 日 山东省寿光市市委书记朱兰玺带领党政代表团在武进考察产业转型升级、科技人才创新等方面的工作。

9 月

3 日 团中央、团省委调研组在武进调研青少年权益工作，重点察看区青武家园青少年服务中心及职业体验中心。

12 日 “孙国华奖励基金”首次发放，200 余名师生获得奖励、资助。

13 日 江苏省中西医结合学会灾害与救援医学协同创新研究基地在武进人民医院成立。

17 日 武进区以 99.5 分的成绩列常州市质量工作年度绩效考核第一名。

19日 武进区农村产权交易所挂牌运行。

20日 江苏省省长李学勇调研武进产城融合发展情况，先后走访今创集团有限公司、南湖家苑社区、新誉集团有限公司。

27日 武进—尼勒克对接洽谈会在区行政中心举行，双方交流对口支援工作情况，对接落实援疆项目。

10月

15～16日 第十五次全国地州区县年鉴研讨会在武进锦海国际大酒店召开。

21～23日 省专家组开展对武进区创建省义务教育优质均衡发展区的现场考察评估。

24日 省经信委与武进区政府在南京国家领军人才创业园签订合作协议共建武进工业设计园。

25日 2014常州武进西太湖国际半程马拉松赛暨“欢乐跑中国”常州站在武进西太湖畔开赛，8215名选手参赛。

29日 科技部党组书记、副部长王志刚在武进高新区调研创新驱动战略实施情况，实地考察江苏恒立高压油缸股份有限公司。

是日 太湖治理新沟河工程协调推进会在武进召开，江苏省副省长徐鸣现场查看新沟河工程武进段建设情况。

11月

6日 2014年第五届环太湖国际公路自行车赛武进赛段（春秋淹城—西太湖）开赛，15个国家和地区的20支车队、200余名运动员参赛。

8日 2014中国（夏溪）花木节在夏溪花木市场开幕。

11日 香港澳门爱国工会江苏参访团近50人参观考察位于武进高新区的新誉集团有限公司工会小组建设现场，并交流探讨企业工会组织建设、职工权益维护等工作。

14日 武进区与英国埃克塞特市在区行政中心签订建立友好城市关系协议书。

16～18日 武进区通过国家节水型城市考核验收。

18日 江苏省副省长许津荣在武进深入调研金东方颐养园建设运营情况。

22日 中国书法家协会武进创作培训基地在西太湖畔的紫薇园成立。

25日 中国画学会常州西太湖创作基地在花博园雅集园成立。

28日 江苏省副省长张雷在武进调研绿色建筑产业集聚发展项目，考察建筑垃圾资源化利用、绿色建筑博览园、万科生态城和凤凰谷项目。

29日 武进区成为全国第二批农村改革试验区。

12月

5日 民政部副部长窦玉沛、江苏省副省长许津荣在武进考察常武地区首个养老地产项目金东方颐养园。

24日 金武路改建工程（武进段）跨S239高架桥144片箱梁全部安装结束，主体结构实现贯通。

24～25日 武进高新区、西太湖科技产业园通过“国家生态工业示范园区”验收考核。

25日 江苏省委书记、省人大常委会主任罗志军在武进调研建筑垃圾资源化利用项目和石墨烯产业发展情况，实地考察江南石墨烯研究院。

26日 连云港市市委常委、市政府党组成员、港口管理局局长吴以桥率团在武进考察建筑垃圾资源化处理及防尘设施建设情况。

28日 区委十一届九次全体（扩大）会议在区行政中心召开，区委书记周斌作题为《坚持两加战略、深化四大战役——奋力推动经济社会发展迈上新台阶》的报告。

（栏目编辑　蒋　聆）

区委重要会议

【区委中心组群众路线教育实践活动专题学习会】 2月27日在区行政中心举行，周斌、臧建中、凌光耀、张建新、黄汉林等四套班子领导参加。区委书记周斌在学习会上强调，党的群众路线教育实践活动与延安整风运动之间既一脉相承又与时俱进，既一以贯之又发扬光大。此次教育实践活动要借鉴延安整风经验，开展批评与自我批评，切实纠正“四风”问题。领导同志不仅要表态，更要做出表率，从自己做起，从现在改起，努力形成领导示范、以上率下的生动局面，引领教育实践活动有力有序有效地开展，确保取得预期成效。要在党的群众路线教育实践活动中，把维护群众利益作为“第一责任”，把倾听群众呼声作为“第一信号”，把满足群众实际需要作为“第一动力”，把提高群众幸福指数作为“第一追求”，把提高群众满意度作为“第一标准”，真正让改革发展的成果更多更好地惠及全区人民。会上，南京大学政治管理学院教授李永刚应邀作了题为《党的群众路线教育实践活动时代背景与基本要求》的专题讲座。

【区委十一届八次全体（扩大）会议】 7月26日在区行政中心召开，区委委员27人、候补委员4人出席会议，区纪委委员及有关方面负责人列席会议。区委书记周斌代表区委常委会作《深入践行群众路线，积极推进改革创新，全力夺取“四大战役”阶段性胜利》报告。会议深入学习贯彻省委十二届七次全会、全省民营经济发展表彰大会和市委十一届七次全体（扩大）会议精神，回顾总结上半年工作，研究部署下半年任务，动员全区各级党组织和广大干部群众，进一步认清形势，坚定信心，以更加昂扬的斗志、更加优良的作风、更加扎实的举措，全力推进改革创新，全面完成年度任务，确保实现“四大战役”阶段性胜利，为推动武进经济社会又好又快发展作出新的更大贡献。

【区委领导干部研讨会】 11月30日在区行政中心召开，区委、区政府全体领导，区人大、政协及有关方面主要负责人参加会议。会议要求深入贯彻中共十八届四中全会精神，以“坚持两加战略，深化四大战役”为总要求，主动适应形势变化，全力做好“稳、转、先、进”四字文章：主动适应形势变化，着力强化“稳”的基础，力求经济稳、人心稳、大局稳；突出体现“转”的追求，切实推动干部转观念、政府转职能、发展转动力，让为民务实清廉深深扎根，让依法高效服务贯彻始终，让改革创新驱动全面发力；更加强调“先”的侧重，进一步突出社会民生优先、突出生态环保优先、突出集聚集约优先；用激励昂扬“进”的精神，促使武进在各项工作中奋发进取、克难求进、豪迈奋进。

【区委十一届九次全体（扩大）会议】 12月28日在区行政中心召开，区委委员27人、候补委员4人出席会议，区纪委委员及有关方面负责人列席会议。区委书记周斌代表区委常委会作《坚持两加战略，深化四大战役，奋力推动经济社会发展迈上新台阶》报告。会议以中共中央总书记习近平视察江苏时的重要讲话精神为引领，学习贯彻中共十八届三中、四中全会和中央经济工作会议及省、市委全会精神，回顾总结全年工作成绩，研究部署明年工作目标任务，动员全区各级党组织和广大党员干部，进一步认清形势，提振精神，以更加昂扬的斗志，更加果敢的担当，更加扎实的工作，抢抓机遇，同心同德，开拓奋进，全力打赢“四大战役”，全面完成“十二五”发展目标，奋力开创武进改革发展和法治建设新局面，为“迈上新台阶，建设新武进”作出更大贡献。

（吴柯霖）

区委重要活动

【全区党的群众路线教育实践活动】 参见《特载》栏目p2相关内容。

【部署实施“产业培育、城乡一体、生态文明、改革创新”四大战役】 参见《特载》栏目p1相关内容。

【推进中央、省委巡视反馈意见整改】 7月29日至9月30日，中央第十二巡视组对江苏省进行全面巡视；11月21至12月20日，省委第七巡视组对常州市进行全面巡视。武进区分别召开动员会议、推进会议，对照要求成立整改落实工作领导小组。根据省委、市委部署，对照中央第十二巡视组对江苏省巡视情况的反馈意见和省委第七巡视组对常州市巡视情况的反馈意见，结合实际，分别梳理出中央巡视整改工作的四方面25项整改任务和省委巡视整改工作的三方面12项整改任务，分别制定下发相应的整改落实分工方案和整改工作方案，将整改任务逐项逐级落实。在完成中央巡视整改任务的114条整改措施中，明确2014年完成的80条已全面完成，明确2014年后完成的23条和需待上级文件出台后实施的11条均已制定落实相应工作计划和实施方案并积极抓紧推进。在完成省委巡视整改任务的89条整改措施中，明确2014年完成的66条已全面完成，明确2014年后完成的18条和需待上级文件出台后实施的5条均已制定落实相应工作计划和实施方案，在积极推进实施。

（吴柯霖）

纪检监察

【概　况】 2014年，全区各级纪检监察机关主动适应党风廉政建设和反腐败工作新要求，转职能、转方式、转作风，深入推进全区党风廉政建设和反腐败工作，为全区实施“加力城乡一体，加速生态文明”战略和“产业培育、城乡一体、生态文明和改革创新”四大战役提供坚强纪律保障。全年接受初信初访448件次，立案查处各类违纪违法案件157件，给予党、政纪处分148人。区纪委（监察局）围绕能力提升、资格准入、离任交接、监督制约出台一系列制度，首次聘请10位纪检监察工作监督员，参与的议事协调机构减至10个。

【落实党风廉政建设“四项”制度】 5月9日，区落实党风廉政建设责任制领导小组办公室出台《关于进一步加强党风廉政建设责任制落实的工作意见》，提出建立“工作报告、常态评估、问询质询、督责问责”四项制度，强化落实“两个责任”（党委负主体责任、纪委负监督责任）制度保障。6月6日，区委在全市率先召开落实党风廉政建设责任制“两个责任”工作推进会。区委书记周斌专题调研全区党风廉政建设工作情况，并就主体责任落实约谈相关单位主要负责人。全区92个单位如期上报落实“两个责任”情况，区纪委点评通报落实不到位的单位7个。武进高新区、郑陆镇、礼嘉镇、湟里镇、水利局、卫生局、国土资源分局等7个单位开展问询质询试点工作。区纪委先后约谈15个单位的纪委书记（纪检组长），督促下级纪委落实监督责任。调整3D惩防系统考核指标为五大类13项26个，精简率达80%以上，有效增强“两个责任”考核评价的科学性、针对性和可操作性。

【“四风”整治深化】 贯彻落实武进区《关于深入开展党的群众路线教育实践活动的实施意见》和全区践行群众路线正风肃纪大会精神，区纪检监察部门深化“四风”（形式主义、官僚主义、享乐主义和奢靡之风）整治，牵头推进加强干部日常监督、解决“中梗阻”问题等三批5个整改项目和公款大吃大喝、违规公务接待、公款送礼，执法监管部门、窗口单位、服务行业“庸懒散、不作为、乱作为”两大专项治理行动，深入开展反浪费反奢侈专项整治行动。编发廉洁自律规定，制播“正风肃纪、激浊扬清”警示教育短片。围绕重要时间节点，开展专项检查22批次，督查66个单位和48家大型商场、酒店，提出整改意见25条；开展暗访83批次，暗访酒店、休闲娱乐等场所64处；查处违反中央八项规定精神问题22起，处理22人，其中党纪、政纪处分的6人。利用电视媒体开展“问政面对面”活动，完成6个场次问政活动的实况转播，对97个问题进行反馈并督办；全面调整和改进《武进政风热线》栏目的话题范围、问题剖析、跟踪督办等，全年播出节目335档，接受群众来电咨询投诉1453个，回复率98.6%，满意率95%；开设《透视窗》专栏，围绕干部作风建设、城市长效管理、水环境治理、路边设摊整治等热点问题播出10期。做好省政风热线群众诉求办理平台转办件的办理，办结群众投诉和咨询28件。

【效能建设升级】 贯彻落实《关于打造武进效能建设升级版的实施意见》和全区“建设三型机关，争当先行表率”动员大会精神，区“三型”办开展“赢在中层、评在基层”活动、“人民满意好站所”创建工作，于年底评选出创优服务十佳科室、规范执法十佳科室、队伍建设十佳科室和区级驻行政服务中心优胜窗口5个、区“人民满意好站所”134个。围绕100个效能监察监测点和100件行政处罚案件，开展提速提效专项行动，推进效能明察暗访常态化、办案化，通报批评和问责存在问题的单位24个和人员44人，取消8个单位年度评先评优资格。

【纪律审查】 4月、7月，区纪委先后出台《关于进一步加强案件查办工作的意见》《关于建立案件检查工作“五支队伍”的通知》，于7月17日召开全区纪检监察机关办信办案工作会议，推进案件查办工作。年内，立案的157件违纪违法案件中，10万元以上案件23件、100万元以上案件2件、1000万元以上案件1件，涉及乡科级领导干部10人，涉嫌犯罪被移送司法机关处理6人，挽

3月5日，基层纪检监察组织负责人与区纪委签订监督责任书　（区纪委 供稿）

回直接经济损失1200余万元。提升信访件办理质效，全区问题查实率同比上升365%，严格按要求办理中央巡视组和省委巡视组下转的信访件184件，发放各类纪检监察信访监督卡3张、信访通知书9份，提出建议落实整改措施20条，通过信访核查为党员干部59人澄清了事实。开展审理助辩，全区完成助辩制案件12件，采纳助辩意见19条，通过助辩获减轻或从轻处分的当事人4人。开展“深化查案治本功能，促进源头治理”专项行动，下发纪律检查建议书和监察建议书4份，撰写的“专项资金领域腐败案件易发多发现象”系列调研分析文章获市纪委、区委领导批示。

【廉政巡查】 2014年，区纪委（监察局）对镇级公共资源交易平台建设转为督促推进，将“廉洁示范工程”创建活动转为集中廉政巡查在建工程。开展对太湖水污染防治工作督查中发现5个问题的实地调查和倒查追责，约谈区环保局、农业局等部门人员；开展对两个政府采购项目违规行为的调查，对4人实行诫勉谈话，限制两名评委评审资格一年；打击拆迁领域行贿行为，对两家拆迁公司分别给予永久限制和限制3年进入区拆迁市场、没收20万元廉政保证金处罚，对拆迁公司相关人员分别给予永久限制和限制2年进入区拆迁市场处罚；会同区财政局开展2013年度预算执行情况检查，立案调查区体育局财务人员严重违反财经纪律等问题；会同区农业局等部门开展涉农资金专项检查，检查2012～2013年农机补贴额较大的前黄镇等8个镇政策落实情况，发现问题7个，提出整改建议3条；参与调查礼嘉镇违章建筑施工坍塌事故等15起生产安全事故，问责追究3人，实现一般生产事故追责工作零突破。

【预防腐败】 2014年，区纪委（监察局）开展行政执法评议，检查区环保局等6个部门发生的120件行政处罚案件，发现证据收集不完整、自由裁量权运用不合理等七大类45个问题，一对一发放整改通知书。加强“三合一”平台电子监察，全年累计发出督办督查通知书1167封，督查督办率达98.1%，反馈及时率达94.61%；受理各类投诉131件，按期办结率100%。全面加速区廉政教育基地建设，清廉馆奠基，凤凰谷青少年廉洁诚信教育基地建成。在第六个反腐倡廉宣传教育月中，区纪检监察部门组织“四破四立扬新风”廉政漫画创作、汇编、巡展，深入24个重点部门和基层单位开展案例剖析警示教育宣讲活动19次，受教育2000余人。加强反腐倡廉“三支队伍”建设，全区有党风廉政辅导员27人、反腐倡廉宣传员69人、廉洁文化导航员45人。

【实行监审联动和“三问”工作制度】 区纪委（监察局）以建立监审联动工作机制和“三问”（问效、问廉、问责）工作制度为重点，联合区审计局印发《武进区农村党风廉政建设“监审联动”工作机制》，出台《关于建立“问效问廉问责”工作制度的意见》，成立农村审计工作室（为区审计局派驻机构），与农村纪检监察工作室合署办公，深入推进农村基层党风廉政建设。年内，开展监审联动54次，举办廉政道德讲坛46次，廉政约谈200余人次。实施武进清风工程，联合区委组织部、农工办和区民政局命名首批46个村（社区）为勤政廉政示范点，验收评比第二批42个创建单位，撤销1个村勤政廉政示范点称号。实施“村居廉线”长效工程，推进农村权力公开透明运行，重点加强对农村“三务”公开情况的监督检查，对公开不到位的在武进电视台《透视窗》栏目予以曝光。

（蒋黎国）

组　织

【概　况】 2014年，区委组织部按照区委确定的党的建设和组织工作各项目标任务，突出重点、开拓创新、求真务实，统筹干部工作、基层党组织建设和人才工作与全区经济社会发展互融互动，扎实开展党的群众路线教育实践活动，完善干部选用机制，提升基层党组织服务功能，为全区实施“加力城乡一体、加速生态文明”战略、推进“产业培育、城乡一体、生态文明、改革创新”四大战役提供坚强的组织保证和人才支撑。全区有基层党委136个、党工委10个、党总支361个、党支部3222个。年内发展党员871名，共有党员73535名，其中女党员17662名，占24.02%。

【全区党的群众路线教育实践活动】 参见《特载》栏目p2相关内容。

【干部监管】 2014年，区委组织部完善拟提拔领导干部廉政报告制度，明确家庭基本情况、投资经商、配偶子女移居国（境）外情况和廉洁自律等方面报告内容，对24名拟提拔对象实行廉政报告。从紧从严治理超职数配备干部，按照严控增量、消化存量要求，全年消化超职数配备干部140名。会同区审计局制定《常州市武进区党政领导干部和国有企业领导人员经济责任审计办法》，对10名领导干部实施离任经济责任审计。加大对领导干部在企业兼职情况的清理力

3月12日，区委组织部召开开展“双联双增”活动动员大会（区委组织部 供稿）

度，共清理领导干部在企业（社团）兼职500多人次。全年备案因公出国（境）77批次、266人次，审批因私出国（境）116人次，未发生违反出国（境）管理规定和外事纪律现象。

【实施“干部提质计划”】 2014年，区委组织部规范干部提拔、民主推荐、组织考察工作流程，坚持好干部标准，配强党政正职领导干部，调整区管领导班子党政正职27名；统筹推进区级机关和基层乡镇（街道）干部交流，选派54名机关干部参加拆迁安置工作，选派33名机关中层干部、重点板块招商干部开展交流互挂，选派10名优秀年轻干部到省及国家部委和上海自贸区跟学锻炼；与浙江大学合作开办行政管理硕士班，定向培养新型领导干部人才60名。全年举办各类培训主体班次15个、专题班次24个，参训6000余人次。

【实施“服务提优计划”】 2014年，区委组织部系统开展基层服务型党组织建设“四大行动”，即农村开展“晋档升级”行动，社区开展“幸福社区”行动，非公企业和社会组织开展“双强六好创建”行动，机关和事业单位开展“服务品牌提升”行动。开展“双联双增”活动，选派48名机关干部赴48个经济薄弱村挂职，帮助群众解决实际问题376项，引进各类项目120个。开展“党员干部进万家”活动，8670名镇、村干部走村入户访民情。开展“邻里守望”党员志愿服务活动，共招募党员志愿者13358名。

【实施“人才提速计划”】 2014年，根据区委人才工作领导小组《关于全面深化“武进英才计划”，加快推进“人才强区”建设的意见》，全区完成领军人才项目注册落户57个，其中国家“千人计划”专家项目20个；完成有股权投资的A、B、D类人才项目申报24个，引进领军型人才项目67个（累计708个），其中国家“千人计划”项目7个（累计88人）；有序推进“万名产业英才集聚三年行动计划”，全年新增各类产业人才2.7万人。完成国家“千人计划”项目申报10个。新增省级人才项目32个，其中“双创计划”人才项目7个，“博士计划”人才项目16个，“科技副总”项目4个、“六大人才高峰”项目5个。

（罗　杨）

宣　传

【概　况】 2014年，全区思想文化系统认真学习宣传中共十八大和十八届三中、四中全会精神，围绕中心、服务大局，指导理论研究、理论学习、理论宣传，推进全区文化艺术发展繁荣，积极稳妥做好新闻宣传和舆情管控，凝聚发展合力，为实施“加力城乡一体，加速生态文明”战略营造良好舆论氛围，提供精神文化力量。广播剧《天佑中华》获省“五个一工程”奖，歌曲《花之约》《幸福家园》，电视剧《常州麻辣老妈》《纪萍女检察官手记》，文艺图书《清流飞花——女法官办案纪实》《走近真实的雷锋》《女检察官手记》《江南旧闻录》获市“五个一工程”奖。武进区获省“基层党员冬训工作2013～2014年度示范县（区）”称号，郑陆镇牟家村获“全国文明村镇”称号。

【党的群众路线教育实践活动系列宣传】 2月20日，区委召开动员大会，全面部署全区党的群众路线教育实践活动。区委宣传部组织区各新闻媒体统一开设“践行群众路线，争当先行表率”专题专栏，密集报道活动开展情况，全景式反映各级、各部门开展活动情况，连续刊发评论、言论，引导推动活动健康深入发展。发挥“武进讲坛”“道德讲堂”宣传平台作用，邀请专家学者、优秀基层党务工作者作践行党的群众路线专题宣讲，在市级以上媒体发稿近百篇，并汇编成册。武进新闻网、武进党建网开设“武进区群众路线教育实践活动”专题，新浪官方微博“武进在线”开通“教育实践活动”专题，发表微博90多篇，推介区法院、人社局和湖塘镇等7个典型，收集整理有关开展教育实践活动的帖子36个，回复率100%。

【理论学习】 2014年，区委宣传部利用“武进讲坛”，邀请中国高新区研究中心执行主任刘会武等专家学者，举办“传统产业借力移动互联网”“实施创新驱动、助推园区发展、推动城市创新驱动和转型升级”等大型专题报告会11场；发挥“理论网苑”互动学习功能，更新上传高端视频和理论文章280多篇，全年点击量达50多万次。做好《“十三五”期间打造区域文化品牌的调查与思考》《推进志愿服务制度化的实践与思考》等课题研究，推动区委中心组成员、基层党委（党组）成员、宣传文化干部的课题调研，形成调研文集3本。

【舆论宣传引导】 2014年，区委宣传部下发“产业培育、城乡一体、生态文明、改革创新”四大战役宣传方案，印发宣传报道要点9期，组织区各新闻媒体刊播有关报道200多篇。典型人物宣传继续保持全省领先地位。4月10日，江苏卫视、新华日报社等18家媒体组成采访团，集中采访郑陆镇牟家村省“最美基层干部”——村党委书记袁洪度先进事迹；9月4日，省委宣传部在常州举办孙国华与媒体记者见面会，新华日报社、扬子晚报社、省教育频道等18家媒体集中采访报道“江苏最美人物之最美教师”孙国华先进事迹。区委宣传部推出龙城先锋典型袁洪度、孙国华、陈静3人，组织开展全区五一劳模系列宣传活动，全面展示武进基层干部良好形象。依托“聚焦武进”新闻报道活动平台，在市级以上媒体发稿2000多篇。广播电视“武进在线”专栏和道德讲堂微博的收视率、点击率均居全市第一。全年编发《舆情专报》22期，处理回复常州网络发言人网络诉求600多条，回复率100%。

【文化工作】 （1）发展文化产业。区委宣传部加大扶持力度，加强对上衔接，开展申报培训，协助企业做好项目包装、资料编写、数据确认等基础工作，最大限度帮助企业争取资金扶持。嬉戏谷获国家文化产业发展专项资金补助330万元，环太湖艺术城、鸿邮绿色再生专利包装袋获省级文化产业发展专项资金补助170万元，数字文化科技创意项目、城市文化衍生品设计与开发等14个项目获市级扶持资金390万元。年内，全区完成总投资35亿元，文化产业增加值占GDP比重6%。（2）推进文化惠民。8月18日，区委宣传部下发《关于加强和改进“文明社区天天乐”活动的意见》，组建文化服务队伍，加大扶持力度。年内，组织开展“群众特色文化展演年”

活动，演出32场；举办“文明社区天天乐”活动2400多场，近百个基层文艺团队演出特色文艺节目6000多个，3000多个家庭参与其中，近百万人次享受“文化大餐”。牛塘镇卢家巷舞蹈队夺得市广场舞大赛总决赛冠军。

（陈　伟）

统　战

【概　况】 2014年，全区统战部门以深化“爱国爱党爱家乡，同心共建现代化”主题活动为抓手，充分发挥统一战线优势和作用，扎实推进多党合作、光彩事业、社会组织培育、企业和谐文化建设，全力促进政党、民族、宗教、阶层、海内外同胞关系，加强和改进非公有制经济人士思想政治工作，拓展海外统战领域，为武进争创苏南现代化示范区凝聚力量，为全区经济社会又好又快发展提供广泛力量支撑。区委统战部被中国统一战线杂志社评为“中国统一战线宣传先进单位”，被市委统战部授予2014年度“统战工作目标管理考核综合奖”。

【深化“爱国爱党爱家乡，同心共建现代化”主题活动】 2014年，区委统战部组织实施“政治共识凝聚、理想信念教育、社会责任培育”三大工程，动员广大统战成员及社会各界人士积极投身现代化建设。（1）主题教育活动。全年举办专题培训、组织读书活动共20余次。围绕增强企业家信念、信任、信心、信誉“四信”教育，印发《武进区非公有制经济人士“四信”教育实践活动实施方案》，召开全区“爱国敬业诚信守法贡献”大会、非公有制经济人士理想信念报告暨企业和谐文化建设推进会，增强企业发展信心，营造典型引领、示范带动良好发展氛围。组织举办全区统战理论政策培训班，聘请复旦大学教授作《国学与当代生活》《国内经济形势与社会问题点评》专题讲座，参训180余人。（2）主题实践活动。坚持项目管理，确立内容涉及光彩事业、社会服务、转型升级、企业和谐文化建设、少数民族致富等有特色有影响项目57个。开展新一代企业家教育实践活动，设立青年企业家爱心光彩基金，首期募集资金20万元，用于助残、助教、帮扶弱势困难群体。联合武进电视台推出“青春派”节目，组织27名青年企业家走进电视访谈现场，树立青年企业家良好社会形象。高新区服务产业转型升级、洛阳镇同心大舞台等特色项目受到社会广泛关注，白龙观道教文化、宝林寺观音文化节、《陆涛声剧作》获常州同心文化重大成果奖，嘉泽花神宫、郑陆南城寺、雪堰南宅小学（农工党常州市党史教育基地）被评为常州同心文化示范基地。

【“三进三送”社会服务行动】 3月27日，以“进社区送服务、进企业送培训、进家庭送温暖”为主题，在西湖街道聚湖家园举行全区统一战线“三进三送”社会服务暨光彩惠民行动启动仪式，全区统一战线全面启动“三进三送”社会服务行动。年内，统战成员与25个村（社区）结对共建，实施义诊义演、健康讲座、心理咨询、文化共建、法律援助等项目45个，开展社会服务活动40余场次，受益5000人次。各行业商会、基层商会，围绕道德建设、企业文化、心理健康、安全知识、法律法规宣传等方面，开展企业培训服务43场次。引导光彩资金进一步向基层一线倾斜，支持条件成熟的村、社区、企业设立爱心帮扶基金，高新区东庄古银杏爱心光彩基金、嘉泽镇士桥村爱心光彩基金相继成立。结合开展“邻里守望”党员志愿服务活动，成立爱心志愿服务队，结对嘉泽镇晨山村贫困家庭35户，筹集爱心基金5万元，开展爱老、助残社会志愿服务活动。

3月27日，举行“三进三送”社会服务暨光彩惠民行动启动仪式

（区委统战部　供稿）

【民营经济活力激发行动】 2014年，区委统战部在全区部署开展民营经济活力激发行动。1月23日，区工商联与江苏恒泰保险经纪公司签署战略合作协议，推动企业尝试保险经纪服务，帮助企业分担经营风险。4～7月，郑陆镇、礼嘉镇、前黄镇商会相继成立，全区镇级商会累计11家。5月19日，召开全区企业和谐文化建设推进会，表彰2013年和谐文化建设标兵企业，并对2014年企业和谐文化建设进行再发动。6月7～13日，联合区工商联在厦门大学举办第三期新一代企业家培训班，参训45人。武进电子业、医药医疗器械业商会和洛阳镇商会、邹区镇青商会等根据企业需求，分赴浙江大学、江苏省农科院等高校院所，开展产学研对接活动。礼嘉镇商会、武进电子业商会等组织企业与10余家金融单位沟通对接，帮助企业争取金融支持。

【推进同心共建光彩行动】 2014年，区委统战部推进“同心共建光彩行动”。全面启动全区光彩惠民行动，年内实施社区惠民项目22个，下拨扶持资金37万元，受益群众超过1万人次。4月，区光彩事业促进会与各镇、开发区签订2014年同心共建光彩行动协议，会同区纪委等6个部门联合开展“同心共建光彩行动”专项督查，对镇、开发区2013年度实施的118个同心共建光彩项目和相关专项资金使用情况进行专题督查，形成《武进区“同心共建光彩行动”项目和资金管理实施细则》，由区委办下发。5月，启动光彩爱心新疆行三年行动计划，将中天钢铁集团、新誉集团、国茂减速机集团和前黄青商会捐赠的首批资金150万元，送到尼勒克县204名贫困人员和818名贫困学生手中。9月11日，成立武进光彩事业公益行暨全区统一战线同心公益联盟。年内，新建同心健康驿站、关爱新市民子女同心驿站等专项公益社团6家，扶持发展村(社区)公益组织8家。全区年内新增同心共建光彩协议资金1.1亿元，新组建千万光彩基金2个、百万光彩基金18个，实际到账光彩资金7700余万元，实施共建项目150个，投入资金8600万元。

【香港武进同乡会成立】 11月16日，经区委统战部牵头筹备，香港武进同乡会成立庆典暨第一届会员大会在香港九龙香格里拉大酒店举行，中央政府驻香港联络办巡视员李载林，香港各界联合会首席会长、香港各界妇女联合协进会名誉会长丁毓珠，长江实业集团执行董事、香港常州商会会长赵国雄，常州市、武进区领导张跃、周斌、查艳、薛建忠等出席庆典，会员120余人参加。大会选举产生第一届理事会，江苏九洲投资控股集团董事长兼总裁刘灿放当选为会长，武进区委书记周斌、区长臧建中被聘为名誉会长。同时设立“武港同心百万光彩基金”。

（余　海）

老干部工作

【概　况】 2014年，区委老干部局以提高工作效能为切入点，坚持务实创新，完善服务管理体制机制，全面落实老干部政治生活待遇，持续深化老干部“两项建设”，广泛开展适合老干部身心特点的文体活动，着力提升离退休干部积极科学养老水平。向全区离退休干部发出向钮中一同志学习的倡议，大力营造学先进、赶先进、当先进的浓厚氛围。积极指导湖塘镇花园社区成功创建首批“江苏省服务离退休干部精品社区”。在老干部工作者中全面推行“日常工作量化考核”，启动“争创全国老干部工作先进集体三年行动计划”。

【开展“两项建设”】 区委老干部局组织全区离退休干部党支部在老干部中开展“践行群众路线，促进改革发展”主题活动，完成主题征文155篇，其中优秀征文30篇在《武进日报》专栏“我看十八大以来新变化”中陆续刊登。发动全区离退休干部党支部开展“支部品牌”创建，通过挖掘、提炼、展示各支部特色亮点，提升党员老干部群体活力和党支部生命力、凝聚力。年内，命名区经信局离退休干部第二党支部的“夕阳赞歌”等第一批“支部品牌”23个、评选“十佳支部品牌”10个，创成市级“五好示范”老干部党支部4个、“五好”老干部党支部10个、“三星级老干部活动室”8个。

【老干部文体活动】 区委老干部局与区各类涉老组织联合举办戏曲演唱、棋牌、乒乓球、门球等活动50多场次，在凤凰谷大剧院承办“晚霞舞台武进行”活动。举办太极拳、乒乓球和紧急救护培训班各1期。选送优秀作品参加市委老干部局组织的书画摄影展和“我心中的中国梦”主题征文评选，获评优秀征文2篇。10月，与区老干部书画协会联合举办“庆祝国庆65周年”书画展，展示老干部老有所学、老有所乐、老有所为的精神风貌。12月，举办老干部“喜洋洋”迎新年游园活动，丰富老干部精神文化生活。

（王　敏）

农村工作

【概　况】 2014年，武进区实施“加力城乡一体，加速生态文明”战略，突出强村富民基调，深化农村改革创新，落实为民实事工程，取得各项工作新进展。城乡一体化改革试验初见成效，农村土地承包经营权确权试点全面开展，农村产权制度改革全面启动，全市首个农村产权交易所组建运行，村级集体经济和村级“四有一责”建设持续加强，农民合作社规范发展。全区被征地农民第四年龄段保养金标准从每人每月450元提高到500元。年内，新增被征地农民3500人，纳入保障体系人数累计26.90万人。全区政策性农业保险新增育肥猪、种（蛋）鸡和肉鸡险种3个，累计五类16种。高效农业保险覆盖率68.7%，签单保费合计2066.5万元，理赔金额384.4万元。全区农林牧渔业收入50.44亿元，增长9.49%；农民人均可支配收入达2.18万元，增长10.9%。全区新型农业经营主体面积累计2.19万公顷，占家庭承包经营耕地面积的73.8%。

【城乡一体化改革试验】 参见“体制改革”分目p26同名条目。

【农村土地承包经营权确权试点工作全面开展】 2014年7月，武进区成立农村土地承包经营权确权登记颁证工作领导小组，下设办公室和业务指导、矛盾调处、工作督查3个小组。8月，区委、区政府出台《关于开展农村土地承包经营权确权登记颁证工作的实施意见》，明确“13457”路径，即明确“一个目标任务”，力争确权登记颁证率达到90%以上；“三个时间阶段”——年内为先行试点阶段，2015年为整体推进阶段，2016年上半年为检查验收阶段；“四项工作原则”——依法规范、因地制宜、民主协商、保持稳定；“五大关键问题”——工作质量、纠纷调处、政策把握、权益维护、成果运用；“七步操作流程”——前期准备、入户调查、测量制图、公示审核、登记发证、建档入库、总结验收，并确定奔牛镇和12个村为试点。8月29日，召开全区农村土地承包经营权确权登记颁证工作动员会，启动全区农村土地承包经营权确权登记颁证试点工作。9月5日，区委农工办举办业务培训。同时，通过公开招标确定测绘公司，并聘请监理单位实施项目化管理，确保试点工作顺利推进。年底，奔牛镇整体推进顺利，12个试点村基本完成任务。

【农村产权制度改革全面启动】 参见“体制改革”分目p27同名条目

【农业新型经营主体发展】 7月，武进区农民专业合作社联合会成立，首批登记会员83个。联合会通过优势组合、强强联手，有效克服单个农民专业合作社生产规模偏小、服务领域狭窄、带动能力偏弱、抵御市场风险能力较低的缺陷，实现合作共赢。11月，区委农工办举办全区农民专业合作社财务管理培训班，重点强化农民合作社财务规范管理能力。年内，全区新增农民专业合作社50家，累计590家，入社农户27.4万户；新增家庭农场325家，累计405家。创成国家级农民合作社示范社3家、市级“三好三强”示范社17家，创成省级示范家庭农场1家、市级示范家庭农场8家。新增新型农业经营主体面积1467公顷，累计2.19万公顷。

【村级集体经济建设】 2014年，武进区完善政策举措，加大物业扶持力度，全面启动第八轮经济一般村扶持工作。全区13个镇、79个村物业扶持项目总面积8万多平方米，总投资达2.7亿元，遥观、郑陆、邹区、嘉泽、奔牛5个镇率先完成区镇共建物业项目建设任务，全区共完成标准厂房建设和商铺购建面积2.9万平方米，项目招租工作全面推进，项目实施运营后预计增加经济一般村年收益总量1600万元。加快落实生态保护补偿政策，提高土地年租金村级分成比例，明确对收入不足100万元村实行年租金留成80%的倾斜政策。加大机关部门挂钩帮扶力度，65个区级机关部门挂钩帮扶79个经济一般村，组织镇村申报市级扶持村级经济发展项目18个，争取市级财政奖补资金510万元。区委农工办以农村“三资”管理为重点，严格规范村级费用开支；加强村级财务监管，按季开展财务检查；牵头开展村干部经济审计，完成村集体经济责任审计102个，启动村级债务清理化解试点3个，用信息化手段严格控制村级预算收支，实行“刚性化”管理。全区村级经济发展取得新成效，新增村级年收入千万元村2个，如期实现所有村集体年收入超100万元的年度目标。年底，全区农村集体净资产142.68亿元（经营性净资产111.68亿元、非经营性净资产31亿元），增长7.6%。其中，镇级40.38亿元、村级59.05亿元、组级43.27亿元，分别占总额的28.3%、41.38%、30.32%。全区村级集体总收入8.21亿元。

【推进村级“四有一责”建设】 2014年，区委组织部、农工办依托党的群众路线教育实践活动，创新开展“双联双增”（机关联系基层、党员联系群众、增强服务能力、增进党群关系）活动，抽调48名区级机关干部“一对一”挂职帮扶经济一般村，为结对村协调解决物业发展资金、技术等困难。13个镇实施村级公益事业“一事一议”项目97个、总投资4500多万元，年内所有项目均竣工，有35个项目获市级财政“二次奖补”。开展村综合服务中心“晋档升级”行动，为村级“四有一责”示范创建增加新亮点。创成“四有一责”建设市级示范村10个，累计20个；雪堰、横山桥、湟里3个镇创成“四有一责”建设市级示范镇。

【武进区农村产权交易所组建运行】 3月21日，经区委农工办筹建，区机构编制委员会批复同意成立常州市武进区农村产权交易所（简称区产交所），为全额拨款事业单位，成为全市首个农村产权交易所。该交易所按照《武进区农村产权交易管理办法（试行）》《武进区农村产权交易规则（试行）》，制订农村集体土地承包经营权、农村集体经营性资产产权、农村集体养殖水面、农村集体林权交易实施细则和农村产权交易工作标准文本，于9月19日挂牌运行，并启用农村产权交易网络平台。10～11月，湖塘、洛阳、湟里、郑陆、横山桥5个试点镇农村产权交易站先后运行，逐步形成区、镇（街道）两级农村产权交易网络。年内，区产交所组织湖塘镇大华村、洛阳镇东尖村、南夏墅街道南周村将到期的部分商铺和厂房租赁权及养殖水面等42宗产权进行交易，实现交易总额324.91万元，比原价增长18.29%。

（庄新颜）

10月28日，举行区农村产权交易站揭牌仪式　　（区委农工办 供稿）

机构编制

【概　况】 2014年，区编办按照“改革、管理、法制化”三位一体协调推进要求，深化行政管理体制和事业单位改革，调整职能配置，理顺职责关系，合理设置机构，核定人员编制，确定领导职数，建立与社会主义市场经济和民主法治建设相适应的廉洁高效、运转协调、行为规范的党政管理体制和工作机制。年内，印发机构或编制调整通知102个、批复53个；完成事业单位分类434家，设立登记6家，变更登记74家，注销登记3家。

【行政审批制度改革深化】 参见“体制改革”分目p27同名条目

【行政管理体制调整优化】 2月，按照市委、市政府《关于推进市级中心镇扩权强镇工作的意见》，区编办牵头召开中心镇扩权强镇工作座谈会，听取基层对管理权限范围及下放权力承接工作等方面意见建议，组织试点镇外出考察学习先进地区运作经验，并指导试点镇结合自身实际拟订工作方案，慎重调整行政机构设置。同时，调整区纪检监察机构设置，增设预防腐败室，挂案件监督管理室牌子，撤销执法监察室、党风廉政建设室、效能监察室，成立执法和效能监督室、党风政风监督室，将干部教育管理室调整为干部管理室和宣传教育室，强化监督检查职能和独立办案能力。3月，区财政局增设资源和债务管理科，履行投融资和政府性债务管理职责。7月，区旅游局规划发展科增挂市场开发科牌子，开展市场推介和外联，促进全区旅游业发展。10月，区教育局设置学前教育科，加强全区学前教育规范管理。调整基层派出所内设机构设置，明确内设机构规格，理顺运行机制。

【事业单位管理】 3月，区编办确立武进人民医院为区事业单位法人治理结构首批试点单位，会同区卫生局与试点单位一起探索建立决策、执行、监督相互分工、相互制衡运行机制。4月，梳理，调整区环境卫生管理处、区农村产权交易所、常州市幼儿师范学校等单位职责职能、内设机构设置，合理配置人员编制，制定出台“三定”（定部门职能、定内设机构、定人员编制）规定。9月，撤销区汽车检测站，推进汽车检验机构管办分离。

【落实机构编制“只减不增”意见】 2月，区编办依照《常州市委办公室、市政府办公室关于严格机构编制管理确保财政供养人员只减不增的意见》，在不突破机构编制“红线”的基础上，研究制定全区五年内机构编制总量控制目标的具体实施措施。核增区安监执法大队事业编制3名，核减住建局下属事业单位编制5名，调剂核定农村产权交易所编制3名；镇财经办公室挂牌成立镇级公共资源交易管理站，推动公共资源交易管理工作向镇级延伸，实现区、镇两级公共资源交易管理全覆盖。

【机构编制督查】 3月，区编办推进政务和公益中文域名注册管理，完成政务域名注册66家、公益域名注册377家（不含暂不具备条件和不宜注册的机关事业单位），注册覆盖率达100%。5月，开展江苏省武进现代农业产业园区管委会及其下属事业单位的评估，并出具报告，会同组织、审计部门开展对武进日报社的“三责联审”，增强监督实效。6月，开展机构编制核查，对全区机关事业单位机构编制和实有人员信息进一步核实、修改和完善，夯实机构编制基础，提升实名制管理水平。加强机构编制信息化建设，自主研发区机关事业单位法人信息系统，完成事业单位法人年检418家。

（蒋　伟）

编史修志

【概　况】 2014年，区委党史工委、区地方志办坚持以“科学记载历史、服务当代发展”为宗旨，集结全区各单位编史修志力量，开展“党史征编攻坚年”“年鉴编纂创新年”活动，推进编史修志各项工作。深入落实《中共武进地方史》（简称武进党史）征编任务，党史资料征编如期完成，党史卷本编写全面推进，至年末基本形成一卷本初稿、二卷本送审稿，完成三卷本编写任务的80%。坚持年鉴常编常新原则，以“提升质量、提前出版、压缩篇幅”为年鉴编纂目标，优化框架结构，完善体例规范，着重在条目更新方面下功夫，提高年鉴条目更新率，《武进年鉴（2014）》于9月出版发行，获第五届全国年鉴编纂出版质量评比特等奖。做好二轮修志完成后的后续工作，完成《武进史话》编写，报送参加首届江苏省优秀乡镇（街道）、村志评选的镇（街道、开发区）志16部、村志10部，向市地方志办统计上报武进首轮、二轮修志成果，帮助征集到首轮修志缺漏志书10多部，并提交一套全区二轮修志成果。承担完成《常州年鉴（2014）》供稿任务，成功承办第十五次全国地州区县年鉴研讨会。全年发行《武进年鉴（2014）》2000多册，完成省、市年鉴发行任务；向外界提供党史查询资料10万字，赠送党史书刊200多份（册）。

【武进党史征编高效推进】 2014年，按照武进党史征编工作方案，结合新时期党史业务工作的特点，区委党史工委、党史征编工作室采取资料征编和卷本编写两手抓的办法，高效推进武进党史征编工作。围绕突出武进党史的主线、主题和地方特色，发动全区104个部门参与党史资料征编工作，广泛征集资料，统一思想认识，及时完成对征集资料的汇总、上报、归档、存档。按照武进党史3个卷本编写纲目，组织编纂人员深入到区档案馆和部门档案室，调阅党报、党刊，征集党史档案和文献资料，并走访重要历史当事人。全体党史编纂人员累计查阅资料150多万份，复印5万多份，摘录1000多万字；集存党史专题261个300多万字，主题条目1000多个150多万字，全国劳模及先进典型人物近百个，专记近60万字，口述史及附录资料近30万字，发现并征集珍贵历史图照300多张。坚持每月工作例会和每周小组工作研讨会制度，总结交流党史征编情况，协调解决党史征编过程中遇到的理论和业务问题，提升工作能力和卷本编写质量。贯彻中央、省委有关党史工作要求，学习理论知识，加速理论到实践的动能传递和转化。至年末，基本形成一卷本初稿、二卷本送审稿，完成三卷本编写任务的80%。

【《武进年鉴（2014）》获全国年鉴编纂出版质量评比特等奖】 12月，《武进年鉴（2014）》获评第五届全国年鉴编纂出版质量评比综合特等奖、框架设计特等奖、条目编写特等奖、装帧设计特等奖4个奖项。至此，《武进年鉴》成为连续五届获得全国年鉴编纂出版质量评比特等奖的县（市、区）级年鉴。全国年鉴编纂出版质量评比由中国出版协会主办、年鉴工作委员会承办，始于1994年，之后每5年举行一次，至今连续举办5届，是中国年鉴界最具权威性和美誉度的评比。此次获奖的《武进年鉴（2014）》，设置栏目40个，围绕“全力办好花博会，全面推进现代化”主题，全面翔实地记载武进区政治、经济、文化、社会和生态文明建设基本情况，突出反映深入实施“产业转型加速、创新强区建设、资源要素整合、重点园区提升、城乡环境美丽和社会管理创新”六大工程，以及第八届花博会在武进成功举行的盛况和2013年度30件为民办实事。全书收录条目1228个、照片156幅、表格98个、图表4个，其中百科栏目收录条目1196个，动态性条目占比达69.2%。与上年相比，压缩篇幅字数6万多字，条目更新率97.2%。

【第十五次全国地州区县年鉴研讨会在武进召开】 10月15～16日，由中国版协年鉴工作委员会主办、常州市武进区地方志办公室承办的第十五次全国地州区县年鉴研讨会在武进锦海国际大酒店召开，全国26个省（直辖市、自治区）的地州区县年鉴编纂单位代表共248人参加。副区长陆雅芬和常务副主任王守亚分别代表武进区政府和中国版协年鉴工委致开幕词。围绕“规范为本、创新为要”的研讨会主题，中国版协年鉴工委主任许家康作题为《地方年鉴公共出版的现状与展望》的讲话，中国版协年鉴工委副主任莫秀吉作《努力增强县级年鉴实用性》的主题报告，江苏省南京市栖霞区、常州市武进区、盐城市大丰市和上海市宝山区、辽宁省大连市金州新区、四川省绵阳市梓潼县6个年鉴编纂单位分别作大会交流发言。会议还组织5个讨论小组，围绕年鉴规范创新重要性的认识和实践开展深入讨论，消化吸收会议精神，促进相互学习、取长补短，增进友谊、共同提高。

（万向阳）

党校

【概　况】 2014年，区委党校、区行政学校发挥干部教育培训主渠道作用，提升干部培训和教学理论研讨水平，扩大社会办学规模。全年举办干部培训41期，参训7015人次；承接会议及社会办班189场次，服务40407人次。

【干部教育培训】 按照全区干部（人才）教育培训工作要点，区委党校、区行政学校与相关部门协调配合，为培养高素质干部队伍服务。

区领导骨干专题强化班　11月3～18日举办，参训40人。该培训班开设《毛泽东思想概论》《改革开放与中国特色社会主义》《习近平总书记系列讲话精神解读》《十八届四中全会精神解读》《领导力与执行力》《创新思维与科学决策》《演讲与口才》《领导干部学哲学与用哲学》《当前中国社会热点问题分析》等专题，着力培养提高领导干部的综合能力。

机关干部开放式讲座　5～9月，围绕区委、区政府中心工作和干部群众关心的热点、难点，开设《坚持党的群众路线》《弘扬党的优良作风》《积极稳妥推进城镇化》《贯彻四中全会精神，全面推进依法治国》4个专题，邀请中央党校、江苏省委党校、上海市委党校知名专家、学者、教授主讲。通过全区视频网络平台和武进组织工作视频会议系统，组织区级机关和镇（街道、开发区）公务员、大学生村官、市挂职干部、“515工程”对象、海归人才及部分企业家听课，听众达2320人次。

【理论宣讲与研讨】 （1）理论宣讲。区委党校围绕区委、区政府中心工作，在原有专题基础上，精心准备理论宣讲专题130个，选派骨干教师深入机关部门、基层单位作专题宣讲。成立道德讲堂宣讲团，推出17个专题，全年宣讲200多场，听众2万人次。（2）理论研讨。12月16日，举办“十八届四中全会精神”理论研讨会，围绕全面推进依法治国、依法行政、促进公民学法遵法守法用法等专题展开研讨交流，收到研讨文章17篇。年内，全校教师公开发表或获奖论文17篇，其中在省级以上刊物和研讨会上发表论文15篇。《学习参考》于3月创刊，年内发行8期。

【承办苏锡常县（市、区）党校第三期中国特色社会主义理论研修班】 11月7～9日，由区委党校承办，来自江浙沪粤滇五省、市、区的17家党校86名教师参加。该研修班开设“马克思主义大众化的探索与实践”“毛泽东思想和列宁晚年思想”等专题，邀请中央党校等3名教授专题授课，拓宽理论视野，加深对马克思主义中国化的理解，坚定走中国特色社会主义道路的政治信仰。

（杨凌云）

区级机关党建

【概　况】 2014年，区直机关党委全面加强机关党的思想、组织、作风、反腐倡廉和制度建设，着力提升党员干部综合素质，提高机关党的建设科学化水平。在落实党委（党组）中心组学习日制度的基础上，发挥“武进讲坛”“理论网苑”、机关干部开放式讲座、机关党建网作用，开通“武进机关党建”新浪微博，丰富学习内容。推进机关“服务品牌提升行动”和“党群一体化”建设，组织部分机关部门联合举办“践行群众路线道德讲堂”“贯彻群众路线，做好群众工作”专题辅导报告会。以“深化‘六民’行动，共享文明幸福”为主题，深入开展68个机关党组织与50个社区党组织结对共建活动。年内，区直机关党委新建党组织9个，撤销党组织3个，督促指导党组织换届选举35个。确认达标党支部90个，评定达标党支部4个。评选出机关优胜单位25个，“三型”（学习型、服务性、创新型）机关12个。表彰年度先进党组织20个、优秀共产党员134名、优秀党务工作者21名。举办机关党组织书记、党务工作者、入党积极分子、机关群团干部等培训班5期。与区纪委联合做好服务品牌“问政面对面”电视节目，评审、命名区级机关优秀服务品牌16个。

【“书香机关”读书活动】 结合“4·23”世界读书日，区机关党委开展“书香机关”读书活动，组织机关党员干部学习领会中共十八大、十八届三中、四中全会和中共中央总书记习近平系列重要讲话精神。全年向机关党群组织和干部群众赠送图书千余册，推荐图书数十种，邀请教授王敬瑞作“为民、务实、清廉”专题讲座。在机关党建网站《读书》栏目开设“好书荐读”“读书分享”专栏，为机关党员读书提供便利。推动职工书屋建设，举办“阅读点亮青春”五四青年读书分享会、“阅读越青春”读书漂流等活动，营造“爱读书、勤读书、善读书”学习氛围。

【党员志愿服务行动】 区机关党委组织区级机关开展“学雷锋文明交通志愿服务周周行”活动，由机关各单位每周五安排数名志愿者到指定路口维护交通秩序，参与文明城市创建，全年累计超千人次。招募49名机关党员志愿者开展“春暖人心，为爱而行”玫瑰义卖活动，筹集义卖款7000余元；联合区红十字会等部门开展“博爱天使、大爱武进”献血、献造血干细胞活动；面向区直机关党群组织发出“蓝色关爱行动”倡议，呼吁关注“自闭症儿童”；组织44名入党积极分子开展“星火圆梦”志愿服务活动，帮助32户困难家庭实现微心愿；组织53个机关党组织开展“捐书献爱、寄梦未来”志愿服务活动，募集图书6000余册，赠予区内5所新市民小学；组织“大爱武进，情暖夕阳”敬老志愿服务活动，在牛塘镇卢家巷社区开展文艺汇演、科普知识宣传活动。

（符幸竹）

（栏目编辑　孔宪德）

人大重要会议

【武进区第十五届人民代表大会第三次会议】 1月15～16日，在武进假日酒店会议中心召开，应到代表373名，实到369名。会议听取审议《武进区人民政府工作报告》《武进区2013年国民经济和社会发展计划执行情况及2014年计划安排的报告（书面）》《武进区2013年财政预算执行情况和2014年财政预算安排意见的报告（书面）》《武进区人大常委会工作报告》《武进区人民法院工作报告》《武进区人民检察院工作报告》。会议批准以上报告并通过相应决议。

【区十五届人大常委会会议】 2014年，区人大常委会在人大会议室召开常委会会议7次，听取审议"一府两院"（区政府和区法院、检察院）工作报告18项，作出决议、决定7项，任免国家机关工作人员148人次，其中任免副区长4人。7个镇（街道）人大负责人、21名区人大代表及选民受邀分别列席会议。

第十二次会议 2月26日召开。审议通过区人大常委会2014年工作要点，审查批准2014年全区旧城改建计划，确定区人大常委会相关工委委员调整名单。区人大常委会主任周斌在讲话中勉励常委会组成人员要勤学、善思、担当、实干、亲民、自律；对新一年人大工作要积极履职、善于履职、能动履职，围绕"两加战略"，全力服务"四大战役"，奋发进取、求真务实，齐心协力把人大工作提高到一个新水平。

第十三次会议 4月25日召开。讨论通过2011～2013年度武进区劳动模范名单，确定区法院人民陪审员名额并任命100名人民陪审员。通过其他人事任免事项和有关融资议案。

第十四次会议 5月30日召开。听取审议关于司法为民工作情况汇报；任命崔娟为区政府副区长并通过其他人事任免事项。

第十五次会议 7月30日召开。听取审议关于2014年上半年国民经济和社会发展计划执行情况汇报、区关于刑事检察工作情况汇报、关于2013年财政决算和2014年1～6月份财政预算执行情况汇报、关于2013年度本级预算执行及其他财政收支情况审计工作汇报。

第十六次会议 9月26日召开。听取审议关于区十五届人大三次会议代表建议办理情况汇报；通过《武进区人大常委会关于区人大代表联系人民群众依法履职的意见》。任命路宏伟为区政府副区长并通过其他人事任免事项。

第十七次会议 11月26日召开。听取审议关于《中华人民共和国招标投标法》贯彻执行情况汇报、关于《江苏省物业管理条例》贯彻执行情况汇报；通过人事任免事项。

第十八次会议 12月26日召开。接受部分区人大代表和人大常委会委员关于辞去职务的请求，审议通过区人大代表资格审查委员会关于补选区十五届人大代表的代表资格审查报告和代表变动情况报告；通过关于召开区十五届人民代表大会第四次会议的决定，讨论修改区人大常委会工作报告（草案）；免去上官小天区政府副区长职务，任命石旭涌为区政府副区长并通过其他人事任免事项。

（秦永正）

人大主要工作

【代表建议意见督办】 区十五届人大三次会议期间，代表提出建议、批评、意见104件，内容涉及综合经济、城市建设、社会管理、社会事业、社会保障等五方面。区人大常委会坚持领导督办、分工协办、全程跟踪，强调健全机制、规范程序、沟通配合，着力促进代表建议办理由提高满意率向提高办成率转变、由答复满意向办理满意转变。筛选"关于建立基本农田保护生态补偿长效机制的建议"等5件作为区人大常委会领导重点联系督办建议，与区政府采取"一周一统计核实、一周一交流分析"办法适时掌握建议办理进度，确保件件有答复、事事有回应。年内，全部办结104件建议并答复代表，对办理结果表示满意和基本满意率达98.1%。上年结转办理的41件建议，17件得到解决。

【执法情况检查】 7～9月，区人大常委会开展《中华人民共和国招标投标法》贯彻实施情况执法检查。在执法单位自查、随机抽查的基础上，区人大常委会对区发改局等8个部门和湖塘镇、横林镇、太湖湾旅游度假区管委会贯彻实施法律情况进行现场视察，针对存在问题，提出"提高思想认识、加强执法力度和监督管理、创新机制"等建议。

10～11月，开展《江苏省物业管

区人大常委会组成人员观摩法院庭审　　（区人大办 供稿）

理条例》贯彻执行情况执法检查。围绕《江苏省物业管理条例》《常州市物业管理办法》《常州市武进区人民政府关于深入推进物业管理工作的实施意见》贯彻执行情况开展调研，先后召集10多个职能部门座谈，全面了解物业管理执法进小区工作情况，深入湖塘镇等10个镇（街道）了解物业属地化管理工作落实情况及群众的意见建议，提出“加强培训宣传、完善工作机制和考核办法、认真做好基础工作、总结推广物业管理经验”等建议。

【专题调研】 2014年，区人大常委会围绕经济、司法、民生、生态环境，分别对残疾人保障、重点水利工程建设、司法为民、雪堰镇城西回民村建设、刑事检察工作、现代农业示范园区建设、农村集体经济增收、区级社会公共服务平台建设、环太湖艺术城建设等方面，组织开展9次专题调研，听取“一府两院”有关部门及镇（街道）情况汇报16项，召开有人大代表及相关人员参加的座谈会5次，针对存在问题，分别提出意见建议。调研全区重点水利工程建设情况时建议：政府要加大推进力度，确保政策资金到位；加强工程监管，确保工程质量到位；增强责任意识，确保队伍建设到位，让更大范围、更多人民群众共享水利建设成果。调研司法为民工作、刑事检察工作时建议：区法院、检察院要借助群众路线教育实践活动，进一步提升干警司法为民意识，更加注重便民利民；加强培训指导，提高做好群众工作的能力和水平；围绕司法需求，抓好司法公开工作；强化监督意识，关注群众呼声。调研残疾人保障工作时提出，要加大宣传力度、完善工作机制、深化工作举措、强化部门协作。调研雪堰镇城西回民村建设情况时提出，要继续以绿色农业、观光旅游发展定位，突出民族特色求发展，积极打造优秀旅游服务品牌，广泛借助区、镇、村及社会力量，建设更美城西回民村。调研环太湖艺术城建设项目时提出，建议区政府及有关部门加大政策兑现力度，建立项目推进机制，加强项目服务，为艺术城建设分忧解难。

【区人大代表集中大视察】 12月30日，区人大常委会组织全区人大代表开展集中大视察活动，先后视察武进城市规划展览馆、江苏恒立液压有限公司、江苏武进绿和环保建材科技有限公司、曲棍球基地、网球馆、江南花都产业园等。代表们对区政府实施的一系列经济、民生项目高度认可，认为区政府顺应新形势、新变化，集中精力实施一批有影响、接地气的项目，取得成效有目共睹。代表们表示，人大代表在闭会期间，视察本行政区域内的国家机关和有关工作，是依法行使权利的重要方式，加强与选民联系、了解选民意愿和要求的重要渠道，参与管理国家和社会事务、督促和推进国家机关改进工作的重要途径。一定借助这次集中视察活动，人大代表能够不辱使命、不负重托，力尽人民信任之责；关注民生、关爱民众，力践造福群众之举；掌握情况、选准主题，力求反映区情之实。

【保障发挥代表履职作用】 年初，区人大常委会制定下发《2014年镇（街道）人大工作指导意见》，指导基层人大、区人大代表小组围绕全区工作中心，依法履行职责，有计划地开展活动，依托“人大代表之家”定期向选民述职，接待代表和选民，提升“一个载体、两项制度”建设水平。邀请代表、选民90多人次参加各项活动。坚持“主任接待代表日”“人大代表直通车”制度，出台《关于区人大代表依法履职，加强与人民群众联系的意见》，加强人大常委会与人大代表之间的联系沟通，多渠道了解、收集闭会期间代表的意见建议，及时转交相关部门办理并认真答复。坚持常委会组成人员分片联系制度，加强与镇（街道）人大和区代表小组的联系。推行“知政问政日”专题活动，通过代表、选民与政府各职能部门负责人面对面交流和沟通，拓宽代表知政问政渠道，发挥监督作用。结合党的群众路线教育实践活动，在全区各级人大代表中开展“践行群众路线，代表在你身边”主题月活动，加强人大代表与人民群众的直接联系。组织人大代表旁听庭审，拓宽人大代表在人代会闭会期间依法履职渠道，加强改进对司法工作的有效监督。

（秦永正）

（栏目编辑　孔宪德）

政府重要会议与活动

【区政府常务会议】 1月24日，2014年区政府第一次常务会议在区行政中心召开，会议听取区委农工办关于2013年各镇重点园区目标考核情况、区文明办关于2013年文明镇百分考核情况和洛阳镇关于常州市盛洲铜业有限公司重组情况汇报，讨论并原则通过2013年“十佳项目奖”“十佳工作奖”“十佳为民办实事工程目标管理组织奖”“目标管理突出贡献奖”名单、《武进区文明单位创建管理办法》和《武进区BT工程建设管理暂行办法》。

2月26日，区政府第二次常务会议在区行政中心召开，会议听取区发改局关于2014年主要经济指标指导计划情况汇报，讨论并原则通过《产业培育战役工作方案》《关于开展“重大项目突破年”活动的实施意见》《关于加强区级机关2014年度目标考核工作的意见》《区级国有企业经营业绩考核暂行办法》《武进区国有公司财务总监管理办法》《关于鼓励扩大对外开放加快转型升级的意见》《2014年全区开放型经济工作考核办法》《进一步完善政策性农业保险工作的通知》《武进区“加力城乡一体”工作实施方案》《关于建立武进区农村集体产权交易平台的意见》《关于加快推进新型城镇建设的实施意见》《武进区“加速生态文明”工作实施方案》《武进区2014年“清水工程”实施方案》《武进区2014年清洁能源替代改造工作方案》《武进区2014年主要污染物减排工作方案》《武进区2014年“生态绿城”建设实施方案》《关于加强畜禽规模养殖污染整治的意见》《武进区改革创新战役实施方案》《关于表彰2013年度经济工作先进集体和先进个人的决定》《关于进一步深化行政审批制度改革的实施意见》和《关于实施重点项目审批代办服务制度的意见》，专题研究区政府党组开展党的群众路线教育实践活动相关工作。

4月8日，区政府第三次常务会议在区行政中心召开，会议讨论并原则通过2011～2013年度武进区劳动模范名单、《武进区党政主要领导干部和国有企业领导人员经济审计规定》《关于推进秸秆禁烧和综合利用工作的意见》和《武进区大气污染防治行动计划实施方案》。

5月20日，区政府第四次常务会议在区行政中心召开，会议听取区发改局关于区级以上重点项目建设审批的有关情况、区教育局关于2014年镇属学校基本建设项目情况汇报，讨论并原则通过《关于深化全区污水处理工程建设与管理一体化的实施意见》《关于进一步完善设施农业附属设施用地管理的通知》《关于2014年武进区工业经济稳增长促转型的意见》《关于加快企业工业园建设的实施意见》《加快东部发展三年行动计划》《关于2014年镇目标考核奖励的意见》《关于2014年重点园区目标考核奖励的意见》和《关于2014年度区级机关综合考评工作的实施意见》。

7月8日，区政府第五次常务会议在区行政中心召开，会议听取区发改局关于2014年区重点项目调整情况和2014年武进区重点目标（一类目标）编制情况汇报，讨论并原则通过《武进区2014年文明镇考评办法》《关于推进全区志愿服务制度化的实施意见》《关于加快镇级公共资源交易平台建设的意见》《关于加快融资担保行业发展的意见》和《武进区中小企业金融服务中心组建方案》。

8月7日，区政府第六次常务会议在区行政中心召开，会议听取区行政审批改革办公室关于全区行政审批事项清理工作情况、区政府法制办关于2014年上半年依法行政工作报告和区安监局关于2014年上半年全区安全生产工作情况汇报，讨论并原则通过《武进区企业设立“四证一体”联合办证实施方案》《关于进一步提升工业建设项目审批效能的意见》《武进区党政机关厉行节约反对浪费实施办法》《关于开展农村土地承包经营权确权登记颁证工作的实施意见》《常州市武进区农村产权交易管理办法（试行）》《武进区农村产权交易规则》和《常州市武进区区级国有资产交易管理暂行办法》，学习《政府核准投资项目管理办法》。

9月11日，区政府第七次常务会议在区行政中心召开，会议讨论并原则通过《关于加快建设服务型政府的意见》《武进区开展农村集体建设用地流转和房屋确权登记发证试点工作方案》《武进区区级机关会议管理办法》《武进区党政机关办公用房管理暂行办法》《武进区公务接待工作暂行规定》《武进区商务接待工作暂行规定》和《武进区因公临时出国经费管理办法》。

10月17日，区政府第八次常务会议在区行政中心召开，会议讨论并原则通过《武进区安全生产“党政同责一岗双责”暂行办法》。

11 月 21 日，区政府第九次常务会议在区行政中心召开，会议讨论并原则通过《常州市武进区人民政府职能转变和机构改革方案》《关于区级国有企业领导人管理及薪酬改革的有关意见》《2014 年财政预算预备费动用草案》《武进区滆湖备用水源地一二级保护区内围网（捕捞）拆除工作实施方案》《关于进一步推进社会组织改革发展的意见》和《武进区住宅小区物业管理工作考核办法（试行）》。

12 月 11 日，区政府第十次常务会议在区行政中心召开，会议听取区政府办公室关于 2015 年为民办实事项目安排情况、区科技局关于科技镇长团工作情况、区安监局关于 2014 年全区安全生产工作情况汇报和区政府法制办关于 2014 年依法行政工作报告，讨论并原则通过《2015 年政府工作报告（讨论稿）》《关于建立全区农村生态补偿机制的意见（试行）》和《关于在全区推行政社互动，推动社会管理创新的意见》，学习《中共中央关于全面推进依法治国若干重大问题的决定》。

12 月 24 日，区政府第十一次常务会议在区行政中心召开，会议听取区发改局关于 2015 年区重点项目编制情况、区科技局关于 2014 年度常州市武进区科技进步奖评奖情况汇报，讨论并原则通过《关于 2014 年国民经济和社会发展计划执行情况及 2015 年计划安排的报告（草案）》《2015 年一般公共预算安排计划（草案）》《2015 年政府性基金预算安排计划（草案）》《2015 年国有资本预算安排计划（草案）》《2015 年社会保险基金预算安排计划（草案）》和《武进区征地补偿和被征地农民社会保障实施办法》。

【经济协作与招商活动】 2 月 21 日，2014 武进（上海）经贸活动周中外客商联谊会在上海举行，宣传武进投资环境和发展前景，开展专门招商，与西门子等世界 500 强企业高管洽谈合作事宜。

3 月 25 ~ 27 日，第八届（中国·横林）地板博览会在上海新国际博览中心举行，横林 50 家品牌地板企业参展，设置展会面积 3000 多平方米，参展产品 30 多个系列、600 多个花色，现场达成初步合作、贸易订单意向金额累计超 2 亿美元。

4 月 15 日，创业中华——2014 侨资侨智对接（武进）交流会在武进举行，来自 20 多个国家和地区的百余位海内外嘉宾出席。

5 月 17 日，2014 长三角地区（武进）人才交流会暨校企合作洽谈活动在武进人力资源市场举行，武进区与 46 所高校签署人力资源合作联盟协议，80 所高校与 210 家企业签订校企人才合作协议。

5 月 25 ~ 30 日，区长臧建中率武进经贸团参加台湾·江苏周活动，与光宝集团、中国钢铁股份有限公司、欣和生物科技有限公司、台湾兴勤电子工业股份有限公司、华新丽华股份有限公司、晶元光电股份有限公司等负责人洽谈交流。

6 月 8 日，中国科技大学走进绿建区暨武进绿建区——中国科大校友项目资本对接会举行，武进绿建区与中国科学院常州先进制造技术研发与产业化中心合作共建“常州中科绿色产业园”。

7 月 28 日，武进工业设计园举行二期启运仪式暨创新设计与制造企业对接会，工业设计单位与制造业企业代表开展现场对接。

9 月 19 日，常州市武进五洋纺织机械有限公司机举办“智能经编，智造未来”新品推介暨首批国家智能智造项目成果展示活动，1000 余名海内外客商与会。

9 月 23 ~ 25 日，副区长王明昌率领武进电子科技代表团在西安开展产学研对接活动，在西安电子科技大学和西安交通大学召开校企对接洽谈会，共达成项目（产品）合作意向 16 个。

9 月 26 日，2014 中国（常州）电子商务应用发展年会在武进召开，全国各地电子商务平台代表、电子商务专业服务商、风险投资机构、实体企业负责人共 1000 余人参加会议。26 日，2014 武进绿建区投资环境推介会召开，30 家客商参加，武进绿建区与格瑞力德空调有限公司、常州乾祥新材料科技有限公司、中国电子科技集团公司第十四研究所、上海爱屋安环境科技有限公司、卓达新材料科技集团、浙江大学、南京大学签订合作协议。

9 月 27 日，2014 海峡两岸（常州）健康产业交流对接会在武进召开，海峡两岸健康产业领域的企业家、专家学者近 130 人参加。台湾中华两岸医事交流与健康促进发展协会、台北市生物产业协会分别与常州西太湖科技产业园签订交流合作备忘录，上海山蓝投资管理有限公司与常州西太湖科技产业园签订交流合作协议。

9 月 28 日，在 2014 常州科技经贸洽谈会上，武进区有 3 个总投资超 1 亿美元的外资项目和 2 个总投资 50 亿元、1 个总投资 30 亿元、1 个总投资 10 亿元的内资项目成功签约。

（罗立昱）

体制改革

【城乡一体化改革试验】（1）实施城乡一体化战役。年初，区委农工办与各牵头部门协调会商，根据 2013 年度全区城乡发展一体化监测指标体系反映的突出问题，研究制定全区“加力城乡一体”工作实施方案，明确 2014 ~ 2015 年具体任务，并制作电视片广泛宣传。区委、区政府于 3 月 13 日召开全区“深化农村改革、加力城乡一体”动员大会，出台《关于印发常州市武进区加力推进城乡一体化工作实施方案的通知》等政策性文件 8 个，部署实施“城乡规划引领、现代农业提升、新型城乡建设、村级经济提升、城乡要素互动、民生保障富民、公共服务均衡、社会治理创新”八大工程。城乡一体战役八大工程 56 项任务中，49 项全面推进，其中 10 项已完成。（2）推进农村改革试验。根据全省统一部署，积极申报重点改革试验项目，武进区 8 月通过全省农村改革试验区中期评估，11 月被农业部等 13 个部委批准为第二批全国农村改革试验区，承担土地承包经营权流转管理和农产品目标价格保险试验。（3）创新农村金融服务。积极探索农村土地承包经营权抵押贷款试点，激发农村资源要素活力，满足农业增效、农民增收、农村发展需求。3 月，武进区举办首批贷款发放仪式暨银行和新型农业经营主体对接活动。7 月，区委农工办与区金融办、财政局、农业局、人民银行武进支行联合出台《农村土地承包经营权抵押贷款风险共担机制试行办法》，由区财政出资 400 万元成立风险基金，降低贷款风险，提高金融机构支持农业发展积极性。年内，全区发放农村土地承包经营权抵押贷款 14 笔，授信金额 1317.7 万元。（4）推进美丽乡村建设。区委农工办对照省、市建设标准，委托高资质规划设计院编制美丽乡村建设规划。按照建设规划方案，排出创建村重点建设项目；积极筹措建设资金，督促分步实施。会同区住建、环保、农业、旅游等部门开展“一对一”、面对面技术服务，实行部门联动、包片负责、联系到村、责任到人，培育各具特色的示范点，五一村、牟家村、雅浦村、城西回民村4个首批市级美丽乡村示范创建村全面启动示范项目建设；完善小城镇功能，根据镇（村）体系布局规划，在保护农村特色、提升居住环境的前提下，探索农民集中居住模式。

【农村产权制度改革全面启动】 2014年4月17日，武进区召开全区农村产权制度改革推进会，推进农村产权制度改革。各镇（街道）分层次举办这项改革业务培训班，区委农工办加强对相关镇、村的督查，全程掌握改革动态。在农村产权制度改革进程中，坚持“先易后难”思路，根据各行政村集体经济发展水平、征地拆迁等实际情况，因地制宜采取“折股量化”“固化不量化”办法操作；严格按照规程要求，分步分类实施；把握好清产核资、股东界定、股权设置、股份量化和机构组建等关键环节，严格履行民主决策程序，充分尊重民意。年内，新增社区股份合作社172个，累计组建农村社区股份合作社的村有222个，量化集体净资产28.2亿元，界定股东64.9万人，全区完成农村集体经济产权制度改革任务的行政村占91%。

（庄新颜）

3月13日，全区“深化农村改革，加力城乡一体”动员大会召开（区政府办 供稿）

【横山桥农村集体经济股份制改革率先完成】 参见《镇（街道）情要览》栏目p227同名条目。

【奔牛农村集体产权制度改革完成】 参见《镇（街道）情要览》栏目p242同名条目。

【行政审批制度改革深化】 8月5日，区委组织部和区人社局、财政局联合下发《关于归并常州市武进区机关公务员津贴补贴项目的通知》《关于调整常州市武进区事业单位退休人员补贴标准的通知》和《归并机关公务员津贴补贴项目的实施意见》，实施对全区6396名公务员(其中在职4266名、离退休2130名)津贴补贴项目归并、全区9126名事业单位退休人员补贴调整，调整后，全区公务员在职人员人均月增274元、离退休（职）人员人均月增117元；全区事业单位退休人员人均月增962元。4月23日，区人社局、财政局联合下发《常州市武进区事业单位绩效工资总量浮动管理暂行办法》《关于武进区事业单位绩效工资浮动管理实施中的有关问题的口径》。年内，申请实施增核绩效工资总量管理的单位68个，获同意66个。区人社局做好各主管部门对事业单位制定《综合目标绩效考核方案》指导工作。

【人事和分配制度改革调整】 4月23日，区人社局、区财政局联合下发《常州市武进区事业单位绩效工资总量浮动管理暂行办法》《关于武进区事业单位绩效工资浮动管理实施中的有关问题的口径》，申请增核单位68个，同意66个增核绩效工资总量管理，并做好各主管部门对事业单位制订《综合目标绩效考核方案》的指导工作。8月5日，区委组织部、区人社局、区财政局联合下发《关于归并常州市武进区机关公务员津贴补贴项目的通知》《关于调整常州市武进区事业单位退休人员补贴标准的通知》和《归并机关公务员津贴补贴项目的实施意见》，对全区6396名公务员（其中在职4266名、离退休2130名）津贴补贴项目进行归并。调整后，在职人员人均月增274元，离退休（职）人员人均月增117元；调整全区事业单位退休人员补贴9126人，人均月增962元。

（匡 瑾）

【部门预算管理改革深化】 参见《财政·税务·审计》栏目p145同名条目。

【税收管理改革深化】 参见《财政·税务·审计》栏目p147同名条目。

【征管改革深化】 参见《财政·税务·审计》栏目p148同名条目。

对口支援

援 疆

【概 况】 2014年2月，武进区组织7名党政干部和13名专业技术人员组成第八批援疆干部队伍。年内，武进区对口支援尼勒克县工作组（简称武进援疆工作组），开展新一轮援疆工作，实施项目、产业、人才、科技等援疆措施，促进尼勒克县经济社会发展。年内，该工作组被尼勒克县委、县政府表彰为“服务县域经济贡献奖”先进集体，副组长马建立入围新疆维吾尔自治区组织的“最美援疆干部”最终评选，张军亮、谢健、徐红芬被评为县先进工作者，4人被评为尼勒克县拔尖人才，9人被评为尼勒克县优秀骨干人才。

【项目援疆】 根据“十二五”规划后两年（2014～2015）武进区援疆计划，共投入援疆资金12998万元（6499万元/年），规划建设八大类16个重点项目，其中安排城乡居民住房、教育、医疗、就业及实用技术人员培训等民生项目援疆资金9706万元，占总额的74.7%。2014年4月，武进援疆工作组协调相关建设单位在当地气候符合施工条件的第一时间，开工加哈乌拉斯台乡安居富民工程，10月，1100户安居房全部建成。4月底动工的交钥匙项目——湿地古杨景区动感影院工程，7月全面竣工，投入援疆资金700万元确保在第二届中国·新疆"甜蜜尼勒克"蜜蜂文化旅游节前对外运营。尼勒克武进大道、尼勒克武进高级中学、农业科技示范园、畜牧科技示范园优质种牛养殖棚圈等基本建设类援建项目全面完工并通过验收，实现民生类基本建设项目两年任务一年完成的目标，2个跨年度项目也超额完成年度任务。

【产业援疆】 (1) 助推产业提升。武进援疆工作组推动尼勒克产业升级特别是农副产品深加工企业发展，以新兴产业带动衍生出更多就业机会。全年实现农村富余劳动力转移4.72万人次，创收3亿元。(2) 助推招商引资。牵头起草尼勒克县《关于进一步加强招商引资工作的实施意见》，做好哈洽会、西洽会和亚欧博览会等重要会展投资信息和重要意向项目的接洽，加强在谈招商引资项目的跟踪落实，组织10批68家江苏及内地企业到尼勒克实地考察，以小分队招商形式走访武进及周边地区5次、企业38家，成功引进产业援疆项目4个，总投资3.5亿元。其中，扬阳集团冷水鱼养殖项目填补伊犁哈萨克自治州产业空白。(3) 助推旅游产业。协助湿地古杨景区成功创建国家AAAA级旅游景区，牵头编制全县旅游产业全面提升三年行动计划，主动参与第二届中国·新疆"甜蜜尼勒克"文化旅游节筹备工作，在旅游产业发展、旅游产品推介、活动设计和组织实施等方面发挥武进经验优势，邀请专业旅游规划团队设计的唐布拉旅游景区整体规划和重要节点修建性详细规划顺利通过评审。武进旅游企业在《旅游时尚》杂志用10个版面免费宣传尼勒克旅游资源，精心安排"爱我中华·尼武交融"夏令营，促进两地学生交流交往。

【智力援疆】 2014年，武进援疆工作组以"1+X"形式开展"师徒帮带"活动。通过多方协调，以柔性人才形式增加主课教师参与教育援疆，高中"武进班"5月开办；武进11所重点学校与尼勒克县10所学校对接，组织11名优秀校长、教师到尼勒克执教，为全县2000名教育工作者提供菜单式培训。武进邹区中心小学向尼勒克第二小学赠送价值7万元的图书；武进职教中心帮助尼勒克职业学校编制修订《汽车运用与维修专业三年发展规划》，并派出业务骨干组建汽车运用与维修和计算机应用2个重点实训室。8月，武进区4名医疗专家到尼勒克县开展为期一个月的帮扶工作，为尼勒克县医院填补重症医学科和血液透析科空白。8月28日至9月1日，武进区卫生系统党政代表团在尼勒克考察交流，捐资援建医院示范教学室和医疗设备。4名援疆医生参与抢救危重病症200余例，其中手部巨大血管瘤切除等17项技术填补尼勒克县空白。首次在县妇幼保健院独立开展剖宫产术，全年完成15例。武进援疆农林专家协助完成尼勒克农业示范园绿化设计方案，指导播种花卉200万株，牵头参与全县"十三五"农业发展规划编制。援疆畜牧专家开展危害畜牧业发展重大疫病疫情普查，深入牧区开展重大疫情防治100多次，举办科学养殖、品种改良、重大疫情防治等业务讲座，372名专业技术人员和1.3万人次农牧民受益。参照武进标准制定的乡镇兽医站标准化建设方案已在全县推广。

【人才援疆】 2014年，武进援疆工作组引进柔性人才47名，其中中国社会科学院工业经济研究所教授、博士陈耀是尼勒克县引进的首位享受国务院特殊津贴的柔性人才。6月，组织尼勒克县29名专业技术人才到武进学习2个月；10月，组织31名党政干部、中青年骨干、优秀村党组织书记到江苏培训。以政法维稳、经济发展、教师医生、农林畜牧等干部人才为重点，开展就地培训，累计培训干部人才7000余人次。

【结对援疆】 2014年，通过"结对援疆"模式，武进区向尼勒克县资助各类钱物近500万元，募集扶贫帮困资金110余万元，定向资助贫困人员和贫困学生共1026名，少数民族占81.7%。全体援疆干部个人捐赠钱物14.7万元，资助当地贫困户和贫困学生。全区20多个单位部门在尼勒克走访对接，结对互助资金超过200万元。

（袁　涛）

南北挂钩·苏陕合作和三峡库区双对口支援

【概　况】 2014年，根据江苏省"五方挂钩"工作会议精神和江苏省政府要求，武进区财政落实帮扶资金200万元，帮扶对象涉及阜宁县8个镇12个贫困村，新修水泥路里程12.11千米、桥梁2座、电灌站1个，新建村卫生室1个、党群服务中心2个。武进高新区阜宁工业园在全省37个省级共建园区考核中名列第16名，获得江苏省财政奖励500万元。武进经发区射阳工业园在全省省级共建园区考核中合格，获得了江苏省财政奖励1500万元。

武进区认真落实省、市政府下达的苏陕合作和三峡库区双对口支援工作任务，出资30万元援建陕西省安康市汉滨区康泰老年公寓，出资30万元支持三峡库区重庆市云阳县，同时做好江苏省西北地区投资贸易洽谈会相关工作。

【武进经发区射阳共建园区通过省级共建园区合格考核】 2014年，武进经发区射阳共建园区各项工作有序推进。武进区牛塘、雪堰、邹区、横林4个镇先后组织镇区内20家企业到射阳考察，洽谈项目投资事宜。该园区在建的盐城志高轴承有限公司于8月投产，盐城正大激光设备有限公司主体建设完成。武进经发区射阳工业园在全省省级共建园区考核中合格，获得了江苏省财政奖励1500万元。

（左喜平　于蓓丽）

人才·人事

【概　况】 2014年，区人社局先后举办"龙城英才"厦门、大连、郑州推介会，组织"龙城英才计划"第六批领军人才项目对接洽谈会，引进领军型创业团队67个，国家千人计划落户15个，入选省"双创计划"项目6个，入选省"博士"集聚计划13个。召开全区引进外国专家工作推进会，表彰龙城精锻等引进外国智力工作先进单位20家，推动企业引进来自美国、德国、日本、加拿大和奥地利等外国专家83名，引智项目数量和质量双双较上年有重大突破。对641个领军型团队创业绩效开展全面调查摸底，完成武进籍人才、武进人脉资源信息的筛选归类和汇总。推进“智慧人才1122培育工程”，组织高层次创新创业人才论坛和企业家沙龙等活动60余场。年末，全区人才资源总量达206626人，每万人人才拥有量提高到1950人。调整营职以下及技术级军转干部积分安置办法，接收安置军转干部31名和政策性安置随军家属8名。组织550名企业军转干部参加健康体检，兑现解困补贴2557.73万元，发放慰问金139.3万元、困难补助21.26万元。

【人才交流和校企合作模式创新】 5月17日，区人社局在成功举办前两次人才交流会暨校企合作洽谈会基础上，举办2014长三角（武进）人才交流会暨校企合作洽谈会，将“智慧就业”元素融入活动主题，整合资源优势，放大校企联动成果，打造辐射长三角“人才服务品牌”。启动2014武进首届人才网络招聘周，把现场招聘和网络招聘紧密结合，实现招聘求职智能化；开展“万名高校学子武进名企行”活动，组织省内8所重点高校数百名师生到武进重点企业对接洽谈；组织校企合作洽谈，全国120多所高校和380余家长三角地区重点企业开展现场交流，80所高校与210家企业签订校企人才合作协议；成立人力资源合作联盟，与东南大学、南京航空航天大学等46所高校签署合作协议。活动期间，共有6000余人进场洽谈，达成就业意向2000余人。

【“技行武进”系列技能大赛全面启动】 区人社局根据《武进区万名产业英才集聚三年行动计划》要求，加快实施“双技人才”振兴工程，全面启动“技行武进”系列技能大赛，授予获得第一名的选手“武进区技术能手”称号，获得前三名的选手晋升高级工职业资格；获得理论和实际操作双合格选手晋升职业资格一级。4～12月，举办“巾帼杯”育婴师、“江南杯”叉车工、“金陵杯”焊工、“武职杯”数控车、“夕阳红杯”老年人护理和明都汽摩集团岗位职业技能大赛，全区2302人报名，734人进入决赛，83人晋升为高级工，122人晋升为中级工。通过大赛，以赛促训，推动技术交流和岗位练兵，在全区营造“技能就业、技能光荣”的良好氛围。选手周晶获得第二届“江苏技能状元”称号，年末，每万名高技能人才数达到689人。

【国内外人才和智力引进】 7月10日，区人社局召开全区引进外国专家工作推进会，表彰江苏龙城精锻有限公司等引进外国智力工作先进单位20家。年内。全区企业引进来自美国、德国、日本、加拿大、奥地利等外国专家83名，引进数量较上年增加25名。协助亚邦药业集团有限公司建立高端研发平台——千人计划产业研究院，集聚国家千人计划专家及国内外医疗器械行业知名博士6名。协助江苏艾信兰生物医药科技有限公司、江苏南方轴承股份有限公司等9家企业申报国家级引智重点项目，江苏恒立高压油缸股份有限公司获批全市唯一一家省级引智示范单位，江苏华威世纪电子集团有限公司韦红余博士成为全市唯一获省博士后科研资助计划A类资助的科技人才。新誉集团有限公司、江苏华威世纪电子集团有限公司、江苏晨光涂料有限公司、江苏旷达汽车织物集团股份有限公司4名博士后获省博士后科研资助。

【公务员队伍建设】 2014年，全区计划招录公务员66个职位90人，录用90人。区人社局组织新录用公务员开展义工活动和下基层挂职锻炼。做好2013年度全区机关工作人员年度考核和行政奖励工作，区级机关4179名公务员参加考核，优秀等次、称职等次分别占考核总人数的19.6%、75.9%，不称职等次2人，不定等次184人。18个区级机关单位实施竞聘上岗，共推出竞聘岗位216个，通过竞聘上岗214人。3个单位的4名事业负责人被聘任为机关中层干部。会同区委组织部做好180名人员参公登记培训，其中142名参加市统一组织的过渡考试。全年办理政府人事任免手续52人次，办理公务员调动手续40人（其中区内调动11人，区外调入19人，调出10人），办理镇公务员辞职手续2人，办理开除公职手续2人。

【事业单位人事管理】 2014年，区人社局对全区事业单位工作人员聘用合同签订情况进行排查，做好教育、交通、卫生、农业等部门主管的下属事业单位岗位调整聘用备案和合同变更鉴证，向区住建、公安、卫生等部门下属22个事业单位下达调整岗位设置方案批复，做好武进医院专技二级岗位聘用条件认定申报工作，督促各单位采集完善事业单位人事管理系统信息，出台《关于专业技术人员因工作需要调动岗位历史遗留问题的答复口径》。做好2013年事业单位工作人员年度考核工作，全区16843人参加考核，优秀等次、合格等次分别占15%、81.6%，基本合格等次2人，不合格等次15人，不定等次403人。严格执行《常州市2014年事业单位公开招聘工作人员实施方案》，出台《常州市武进区事业单位公开招聘人员分类操作办法》，进一步提升事业单位人事管理科学化、制度化、规范化水平。

【人事和分配制度改革调整】 参见“体制改革”分目p27同名条目。

（匡　瑾）

信　访

【概　况】 2014年，全区信访部门以治理进京非正常上访攻坚年、矛盾纠纷排查化解专项行动和信访积案专项治理为抓手，坚持以法治思维和法治方式化解社会矛盾，提升服务水平，规范办事流程，推进信访工作适应新常态，实现进京正常访、进京非正常（非正常）上访、来区上访人次数“五下降”，重点信访积案化解率超50%，有效维护全区社会和谐稳定。年内，区信访局受理群众来访445批2610人次，受理群众来信、群众网上投诉件、省长和市长网络信箱1531件，“12345”政府公共服务平台受理群众来电2257件，全部按照信访程序规范办理到位。区领导在区社管中心接待上访群众40批200余人次，相关信访事项都得到妥善解决。

【治理进京非正常上访攻坚年活动】 从2月起，全区信访部门从重点稳控、攻坚化解、依法处置入手，开展治理进京非正常上访攻坚年活动。全面落实领导

12 月 17 日，省纪委常委朱俊友在区社会管理服务中心参观考察（区信访局 供稿）

接访、带案下访、主动约访制度，对重点信访积案，层层落实化解责任、化解方案和化解时间表，由包案领导与信访人一对一联络，通过会商、会办、督办，重点攻坚、逐个突破。对集访越访，在依法处置的同时，强化思想工作，规劝引导信访人回归理性，有效维护信访秩序。到年末，全区进京正常上访、非正常上访人次同比下降 23.4%、44%。

【信访积案专项治理行动】 4 ～ 9 月，全区信访积案专项治理与全区党的群众路线教育实践活动“八大专项治理行动”结合进行。针对时间跨度长、化解难度大、社会影响面广的信访事项，区委、区政府领导召集会商会办专题会议 56 次，分析研判信访情势，落实分步化解矛盾举措。年内，区领导接待重点信访事项 23 起，彻底化解 12 起。坚持常规性季度督查与专项督查相结合，加速信访事项化解进度。综合运用法律、政策、经济、行政手段和教育、调解、疏导办法，整合资源、凝聚力量，全力化解社会影响大的信访积案，信访秩序明显好转，没有发生因信访事项引发的群体性事件和个人极端事件。

【矛盾纠纷排查化解专项行动】 8 月，区信访局围绕信访矛盾高发区域、利益诉求活跃群体及新闻媒体关注的热点问题，排查矛盾隐患，根据区领导分工包片责任制，提出包案领导及化解、稳控责任单位方案，全力推动重点问题有效解决。对上级交办的重点信访案件，落实领导包案，制定化解方案，明确化解时限。在严格执行区领导周二信访接待日活动制度的同时，加大工作力度，通过提前约、随机接、重点谈，做到时间、地点、接访领导“三到位”。坚持重大信息 24 小时随有随报制度，全方位、多层次收集信息，强化信访矛盾点面结合的排查，力求从源头化解矛盾。

（颜燕华）

外　事

【概　况】 2014 年，区外事部门扎实履行外事职责，不断拓展外事工作领域，积极服务地方经济社会发展。全年审批办理因公出国（境）团组 55 批 151 人次，邀请接待外宾 21 批 262 人次，深化和落实友好城市关系 8 对，协助申办 APEC 商务旅行卡 44 批 78 人。区外事办被评为常州市“2014 年度友城工作先进单位”。

【因公出国（境）从严控制】 9 月，《武进区因公临时出国（境）经费管理办法》出台，加强内控管理，建立健全因公临时出国（境）计划与财务审批机制，建立因公出国（境）经费预先审核制度。区外事部门根据出国（境）管理要求，完善全年计划，从严控制因公出访人数总量，突出团组预审，提前介入团组筹备。会审过程中，按照因事定人原则，对必要性不足的人员坚决予以否决，保障重点经贸团组顺利出访，年内出访人员、次数均比上年明显下降。对区级自组团，按有关要求规范整理台账资料，做好团组出发前的行前教育，及时归档团组回国后的承诺书、反馈表、出访总结、出访明细表及护签资料复印件，未发生一起违规违纪事件。

【对外友好交流】 武进区加强与发达国家、新兴国家、发展中区域大国的资源和技术强市开展友好交往，拓展友城资源，优化友城布局。年内，德国驻华大使馆经济处副主任卜布博士、芬兰驻沪副总领事阿托哈皮先生、德国驻沪总领事莫布斯先生、法国汉斯大学医学院院长让保罗·爱斯夏尔德，以及芬兰科凯迈基、丹麦尼堡市、美国河滨市、日本东京都大田区友城代表团先后到

10 月 4 日，马来西亚驻华大使率经贸代表团出席马来西亚—武进商务交流对接会

（区外事办 供稿）

武进考察访问，推进友好城市关系。区委副书记，武进国家高新区党工委副书记、管委会副主任凌光耀和区委常委杨国成先后率团回访丹麦尼堡市、芬兰科凯迈基市。

【涉外服务管理】 2014年，区外事部门在上年建立涉外管理网络基础上，对联络员进一步梳理调整，举办专题培训班。根据统一部署，开展对区内境外非政府组织的摸底排查。全力服务企业对外合作交往，为常州远景数控设备有限公司、常州市五洋纺织机械公司等出国调试设备团组提供便利。3月，组织80多家企业参加常州市"三进三送三提高"服务企业专场活动。向企业推广并协助办理APEC商务旅行卡，保持全市领先水平。

（曾 成）

台湾事务

【概 况】 2014年，区台办认真贯彻中央对台工作大政方针和决策部署，积极参与全区统一战线"爱国爱党爱家乡，同心共建现代化"主题活动，稳步推进武进与台湾的经济文化交流合作，支持帮助台资企业发展，扩大对台宣传，促进两岸人员交往。

【武进与台湾合作交流】 2014年，全区赴台团组72批、195人次，其中经贸商务团组71批、187人次。区长臧建中带领武进经贸代表团访问台湾，与台湾欣和生物科技有限公司董事长游柏衔探讨合作共建绿建区建筑垃圾处理项目相关事宜，考察基隆、高雄游艇码头建设及运营项目，与台湾科技大学校长洽谈产学研合作事宜。6月15～21日，区政府选派29名招商骨干在台湾开展为期一周的学习交流活动，邀请台湾业界专家、教授和有经验的企业家讲授"台湾经济发展与投资环境以及产业转移趋势""ECFA协定对企业投资行为的影响""两岸经贸交流之挑战与展望""台湾电子、半导体照明产业岛内生存现状及转移趋势"等课程，结合日元贬值及当前中日关系对两岸经济领域的影响和对策、中国与东南亚投资环境比较、对制造业来说谁更有竞争力、台湾高科技产业成功解密等方面作深度交流。吸收国际先进地区招商引资的成熟经验和做法，切实提高一线招商骨干的理论知识水平和实践能力。6月12～18日，区文广新局率凤凰艺术团参加台北市"两岸儿童剧交流合作研讨会"，共同探讨交流大型儿童剧创作、推广的经验，洽谈合作演出事宜。

【招引台资】 2014年，全区接待台湾客商40多批、140人次。新批台资企业5家，增资企业1家，总投资1438.89万美元，到账台资1218万美元。2月，台湾中钢集团子公司中钢碳素化学股份有限公司投资的常州中碳新材料科技有限公司在西太湖科技产业园奠基。4月，台湾润泰集团下属的台湾康成公司在遥观镇独资开设第二家大润发超市，总投资420万美元，注册资本210万美元。光宝集团旗下两大项目签约入驻西太湖科技产业园，建兴科技股份有限公司在武进注册500万美元、租赁厂房面积3000平方米，专门从事诊断设备与试剂等产品的生产经营。常州光林新能源公司与武进签订新建道路照明安装项目协议，共同推进西太湖科技产业园LED城市道路照明系统改造。台湾中国钢铁股份有限公司、兴勤电子工业股份有限公司、华新丽华股份有限公司、光宝科技股份有限公司、晶元光电股份有限公司等高层负责人访问武进，洽谈合作事宜。

【台北武进同乡会寻根之旅】 8月，台北市武进同乡会组织二三代中青年子弟22人回乡开展寻根交流。活动期间，该同乡会参访团与区台谊会举办联谊餐会，叙谈亲情乡谊；游览春秋淹城乐园，参观武进高新区和城市规划展览馆，切身体验家乡变化。台北科技大学校长姚立德带领参访团成员与常州大学座谈交流，表达建立长效合作机制、推动优势互补、拓展合作领域的意愿。4名同乡会成员还参加了常州2014港澳台海外华裔青少年"同心文化"游学夏令营。

（朱小波）

侨 务

【概 况】 2014年，区侨办、侨联接待海外客商和人才30多批300多人次，主办、协办海外人才交流会2次，先后成立武进侨商联合会、侨界青年联谊会。持续打造"四季四送"品牌，募集侨爱基金，走访慰问困难侨眷、侨界代表人士。在各级侨网发布信息74条，编发《武进侨讯》4期。接待侨信访5件次，办结率100%。

【省侨办与武进区政府战略合作协议签订】 5月6日签订。按照这一战略合作协议，省侨办把武进区列为基层侨务工作联系点和开展国际经济科技合作示范点，武进区可以利用广泛的海外人脉资源，进一步拓展招商引资、招才引智渠道，引进相关产业、项目、技术，为辖内企业走出去寻求发展提供更多商机。

【以侨为桥引资引智】 2014年，区侨办、侨联对接上级侨务部门，承接中国侨商会、省侨联品牌活动——"创业中华、创新江苏"2014侨资侨智对接交流会，举办"相聚武进、共谋发展"海外人才创业论坛活动，参加省侨办品牌活动——相聚长三角，邀请来自20多个国家和地区的海内外侨商、海外高层次人才200多名，与武进开发区板块开展交流和项目对接，推介武进投资环境和人才政策，扩大武进影响。围绕武进经济板块发展需求，对接重点客商、人才，邀请日本亚洲投资公司、日本帝人公司、日本国际协力银行等考察武进高新区、西太湖科技产业园及绿建区，在高效节能、智慧城市建设、产业技术升级等方面开展深入交流。接待上海爱康维健公司、日本AE通商株式会社考察武进民营企业。

【武进区侨商联合会成立】 7月25日，武进区侨商联合会成立大会在区行政中心举行，江苏省、常州市侨务部门领导徐金亮、高文清、赵彤，武进区领导凌光耀、查艳、薛建忠、倪晓谦及全区68家侨商企业负责人出席大会。会议选举钱福卿为会长，徐成大、黄楚龙、潘政民、黄俊康、蔡荣星为常务副会长。区侨商联合会召开一届一次会长会议，会议讨论通过下半年工作计划和秘书处工作规则，与会人员就抱团互助、合作发展、反映诉求、提升服务等方面提出建设性意见。

省侨办副主任孙彬与武进区副区长薛建忠签订战略合作协议　（区侨办 供稿）

【武进区侨界青年联谊会成立】 9月20日，武进区侨界青年联谊会成立大会在区行政中心举行，区领导查艳、薛建忠、倪晓谦出席大会。会议审议通过《常州市武进区侨界青年联谊会工作规则》，选举屠江为会长、刘科、刘馨懋、杨美英、羌磊、徐锋、钱晓锦、项泳栋为副会长。

【“四季四送”品牌打造】 2014年，区侨办、侨联募集侨爱基金累计达百万元，走访慰问困难侨眷、侨界代表人士25人，资助前黄高中困难学生15人，发放困难补助、慰问金共9.6万元。组织侨务干部陪同印尼归侨戴安民老人欢度春节，送上新春祝福。开展“春送健康进侨企”活动，组织武进中医医院专家在津通国际工业园举办养生知识讲座，侨资企业、留学生企业、海归企业代表共40多人听讲。全年受理海外侨胞、港澳同胞和归侨侨眷眷属信访5件次，为全区符合条件的归侨青年、归侨子女和华侨子女高中考学生办理“三侨生”升学优惠照顾的身份认定。

（张　彭）

应急管理

【概　况】 2014年，区应急办按照《全区应急管理工作要点》，全面编修完善应急预案，提高应急救援能力；坚持应急值守制度，及时高效处置突发事件；加强应急队伍建设，扎实开展应急演练；广泛开展科普宣传教育，做到应急物资储备充足。全区总体应急预案和19个专项应急预案；46个部门应急预案、18个镇（街道、开发区）总体应急预案、368个村（社区）应急预案和1000多家规模企业及高危企业应急预案的修订工作加快推进，新增防台风应急、扫雪除冰应急专项预案2个。有针对性地做好防汛抢险、粮食供应、疫病控制类物资的储备，及时掌控帐篷、活动板房、生态移动厕所、医疗器械、发电机组等重要应急物资的生产储备情况，增强快速反应能力。全区建立各类应急救援队伍32支3000多人，其中区交通局组建公路抢险、航道抢险、危险货物运输事故应急救援局级专业队伍3支。

【应急演练】 2014年，全区各级、各部门、各单位先后组织各类应急演练近百次。3月，全国第十九个“中小学生安全教育日”期间，区应急办组织指导160多所学校、幼儿园集中开展以地震、火灾、校车交通事故等为假想的应急疏散演练；6月，组织开展嬉戏谷游乐设施应急救援演练和万丽酒店工程建筑施工应急演练；11月，在新奥燃气邹区加气站组织城市燃气应急救援演练。通过应急演练，促进各应急责任单位相互之间的协调配合，形成应急联动工作态势，提高现场处置能力，增强公众安全意识。

（罗立昱）

档案管理

【概　况】 2014年，区档案局按照“基础再强化、服务再优化、推进信息化”工作方向，全力推动档案工作实现新提升，为全区经济社会发展大局提供有效档案服务。实施档案全文数字化成果区内共享、区域共享工程，实施档案全文数字化成果区内共享和区域共享工程，分别实现与常州市档案馆、区民政局婚姻登记中心馆藏婚姻档案及新北区17个全宗全文数字化数据共享。面向社会提供档案利用服务，年内接待4000多人次，查阅5000卷（件）次，复制1.3万页。完善政府公开信息收集利用工作协调督查机制，全年接收整理纸质文件1.4万件。加强专兼职档案工作人员业务培训，举办业务培训班9期，受训1300多人次；参加省档案人员远程教育岗位培训157人，其中获合格证书78人、获上岗资格证书49人。区档案局获“全省档案宣传工作先进集体”称号。

【档案资源建设】 2014年，区档案局贯彻国家档案局第8号、9号、10号令，组织机关单位优化档案分类方案、编制审定文件材料归档范围和文书档案保管期限表。组织全区机关做好2013年度文件材料归档工作，重视数码照片的归档管理，全区100个立档单位共整理归档文书75981件（3226盒）、实物档案1161件、照片3401张及数码照片318张。推进教育、工商及住建、农业、交通等部门下属单位的档案工作规范化建设，确定为独立建档36家单位中已规范27家。组织接收原芙蓉、东安、卜弋、寨桥、潘家、漕桥、焦溪已撤销镇的7个全宗文书档案25433件（1047盒）、违纪案件档案133卷。征集家谱10套145册、乡镇和部门志4种8册、其他档案资料168种293册（件），丰富和优化馆藏。

【重要专业档案和重大活动档案管理】 2014年，区档案局指导区住建局档案馆、人社局档案管理中心、区检察院等重要专业档案收集保管单位，规划设计、实施馆（库）移、扩建。联合区交通局和公共资源交易中心指导镇交管所、镇级公共资源交易站的档案工作规范化建设。联合区委农工办制定农村集体经济组织股份制改革档案管理办法，探索农村集体土地承包权确权登记档案收集途径、保管方法。联合区委党的群众路线教育实践活动办公室下发《关于做好我

区档案局工作人员热情接待查档群众　　（区档案局 供稿）

区党的群众路线教育实践活动文件材料收集归档的通知》。协同区纪委、监察局下发《关于对全区纪检监察案件档案工作组织开展监督检查的通知》，检查指导全区违纪案件档案规范化建设情况。与区拆迁建设安置指挥部、区房屋征收与补偿办公室联合下发《武进区征迁安置档案管理暂行办法》，对全区拆迁安置过程中有关档案的收集整理进行督查并将其纳入专项工作考核内容。组织力量，对47个市级以上重点建设项目实施档案登记。

【档案工作规范化建设】 2014年，区档案局全方位推行《江苏省机关团体企业事业单位档案工作规范》，强化全社会档案意识，通过业务培训、现场服务，引导民营企业、农民专业合作社及市民家庭建档立案工作。指导28家通过省三星级规范测评、8家通过省三星级规范复查、2家通过省二星级规范测评。发挥示范基地作用，巩固区级涉农部门和镇（街道）、开发区、行政村（社区）档案工作规范化建设成果，强化长效管理。

【档案安全体系建设】 2014年，区档案局协调落实经费，区档案馆（库）房消防设施改造实施到位；完善制度，落实责任，对档案实物载体、内容信息实行严密管控，确保安全保密。严格执行档案事业统计年报制度，在组织实施区档案局（馆）和95个机关、6个事业单位档案年报的同时，组织力量开展对全区学校、卫生医疗机构及区级机关下属单位保管的各类档案的大调查，摸清全区国有档案资源家底。

【档案宣传教育】 2014年，区档案局以区第24届科普宣传周活动和“国际档案日”为契机，围绕“走进档案”主题，组织开展面向基层、服务群众宣传活动。制作宣传展板，发放宣传手册，利用电子屏幕、法制宣传微信平台等，滚动播放档案法规内容和有关知识。邀请区公安局等7部门共同举办《武进政风热线》户外直播节目，通过面对面问政互动，回应社会各界对档案服务的需求和期盼，接受社会团体、个人向区档案馆捐赠档案史料。

（施彩萍）

机关后勤管理服务

【概　况】 2014年，区机关管理服务中心深入开展“三型”机关建设活动，努力践行党的群众路线教育实践活动，以“四零四化”（服务零距离、设备零故障、保障零失误、安全零事故，工作标准化、精细化、特色化、品牌化）为标准，做好机关后勤管理、服务、保障工作。圆满完成“两会”后勤保障工作，服务各类会议1567次；维修行政中心屋面面积8300平方米，完成凤凰谷青少年活动中心装潢改造；加强行政中心绿化养护管理，分步改造机关食堂设备；更换车辆通行证800多张，编发《行政中心周边道路出行指南》，解决行政中心周边车辆堵塞问题。

【机关设施设备改造】 区机关管理服务中心实施行政中心配电间改造工程，历时半年，更新高压配电室设备5个，提高资源能源利用率。实施行政中心1号楼电梯改造，一次性通过常州特种设备检验院监督检验并领取安全使用证。组织实施区政府督办项目新苑宾馆消防整改工程，先后两次会同区消防大队、武进建筑设计院商讨论证方案，于8月启动消防整改工程，11月基本完工。

【机关办公用房清理】 4月，区委办、政府办、纪委及机关管理服务中心组成联合督查组，开展对全区各镇（街道）、开发区和区级机关各部门办公用房清理情况的实地督查，座谈听取清房情况汇报。共抽查党政机关83个、实地丈量办公用房463间。对抽查中发现的问题，提出限期整改意见，中心对行政中心内腾退的办公用房提出调整方案，回迁5家在外租房办公的事业单位下属部门。10月13日，区委办、区政府办下发《区级党政机关办公用房管理暂行办法》，进一步规范党政机关办公用房管理。

【机关节能降耗管理】 6月10日，区机关管理服务中心利用“全国低碳日”，组织区公共机构开展能源紧缺体验活动，通过OA办公系统和QQ群发送节能环保公益短信，利用电子显示屏宣传节能主题，倡导低碳出行。在行政中心5号楼空调改造时，同步安装智能化节能控制系统，统一控制、设置办公室温度，探索和实践节能技改。由值班人员按室外气温及时调节中央空调开启温度，比上年同期节约用气6.1万立方米，约24万元。洛阳镇对照《2014年江苏省公共机构节能示范单位创建评价验收细则》开展创建活动，举行公共机构绿色出行宣传活动暨绿色低碳出行小分队成立仪式，邀请常州市机关事务管理局节能处检查指导，于12月通过省级考核验收。

（谢丽娟）

（栏目编辑　孔宪德）

政协常州市武进区委员会

政协重要会议

【政协武进区第十三届委员会第三次会议】 1月13～15日在武进假日酒店召开，政协委员322人出席，在武进的省、市政协委员全程列席。区委书记周斌在开幕式上作《众志乘长风，同心创伟业，为争当现代化建设先行表率而努力奋斗》讲话。会议审议并通过区政协主席张建新代表区十三届政协常委会所作的工作报告和区政协副主席陆小玉代表区十三届政协常委会所作的提案工作报告。与会委员列席区十五届人大三次会议，赞同区长臧建中所作的《政府工作报告》和其他工作报告。

【区政协十三届委员会常委会会议】 1月14日，区政协召开十三届十三次常委会会议，听取中共武进区委关于增选区政协十三届委员会常委候选人提名情况介绍，协商讨论大会选举办法（草案）；协商通过人事任命事项。

1月15日，区政协召开十三届十四次常委会会议，听取各讨论组召集人对大会期间各组讨论情况的汇报，审议通过拟增选的区政协十三届委员会常委候选人建议名单，审议大会选举办法（草案）和大会选举工作人员建议名单，审议大会关于提案审查情况的报告（草案）和大会决议（草案）。

2月13日，区政协召开十三届十五次常委会会议，协商讨论《区政协常委会2014年工作要点（讨论稿）》。

6月20日，区政协召开十三届十六次常委会会议，协商讨论关于缓解全区中小企业融资难问题的专题调研和调整区政协各专委会兼职副主任人选的有关事项。

8月1日，区政协召开十三届十七次常委会会议，听取区政府关于上半年全区经济社会发展情况的通报。

9月28日，区政协召开十三届十八次常委会会议，学习中共中央总书记习近平在庆祝人民政协成立65周年大会上的重要讲话；协商讨论关于弘扬名人文化，发掘人脉资源，助推全区经济社会发展的专题调研；协商通过冯晖辞去政协委员职务的相关事项，通过增补王宏强为政协委员和相关人事任免事项；协商讨论区政协工作制度调整事项。

12月26日，区政协召开十三届十九次常委会会议，听取区政府关于区政协办理十三届三次会议提案情况的通报，协商讨论区政协十三届四次会议文件，协商讨论《区政协常委会工作报告（讨论稿）》和《区政协常委会关于十三届三次会议以来提案工作情况的报告（讨论稿）》；协商通过张朝晖、徐红、徐英杰、蒋金明、时锋、王宏强、张龙辞去政协委员职务的事项，协商通过撤销蒋华、王国际政协委员职务的事项，协商通过增补张璀、龚黎、陈永平、顾锁娟、龚建芬、武佳、贾玉平、林亮为政协委员的事项和其他人事任免事项。

（陈　萍）

1月14日，区政协十三届三次会议开幕　（区政协 供稿）

政协主要工作

【政协专题调研】 2014年上半年，以区政协主席张建新为组长的专题调研组，围绕缓解全区中小企业融资难题开展专题调研，形成《关于缓解全区中小企业融资难问题的调查和建议》。6月20日，区政协召开常委会会议，专题协商调研工作。8月，区政协围绕“弘扬名人文化，发掘人脉资源，助推全区经济社会发展”开展专题调研，形成《弘扬名人文化，发掘人脉资源，助推我区经济社会发展》。9月28日，区政协召开常委会会议，专题协商调研课题。

【政协提案督办】 区政协十三届三次会议期间共收到提案308件，经审查后立案286件，其中集体提案14件、委员联名提案52件。区政协提案委员会筛选出“关于加强我区食品药品安全管理的建议”等8个专题16件提案，由政协领导分工牵头、重点督办。5月，区政协与区人大常委会、区政府开展联合督查，对承办部门的提案办理情况的全面督查。10月，深入有关部门开展提案办理“回头看”活动，进行跟踪督查。政协委员对提案办理、答复情况表示满意和基本满意率达100%。年底，区政协评选出《关于加强滆湖围网管理的建议》等优秀提案30件，并集中予以表彰。

【政协专题视察】 2014年，区政协围绕体育设施建设、水利建设、城乡一体化建设、机构养老发展、城区教育发展、为民办实事项目落实、质监工作、区交通局办理提案情况、基层政协工委工作情况、工商行政管理工作等，开展专题视察活动10次。形成相关材料上报区委、区政府，其中《关于筹建武进区公共自行车服务系统的建议》受到区领导重视并予以采纳。

7月9日，区政协调研城乡一体化建设　　（区政协 供稿）

【政协社情民意】 2014年，区政协收到社情民意信息73条，经核实整理，将其中24条以简报形式报送区委、区政府，区领导对其中8期作出批示。向区交通局等部门直接转送社情民意信息20条，其中11条得到较好解决。向市政协报送社情民意信息13条，其中4条被录用。年底，评选出《关于加强对阳湖菜场周边环境整治的建议》等优秀社情民意10条。

10月23日，区政协调研交通建设　　（区政协 供稿）

【政协民主监督】 区政协实行对口联系制度，由6位区政协副主席分别联系18个民主监督小组。2月26日，召开各民主监督小组组长会议，部署全年民主监督工作。8月6～7日，召开民主监督工作座谈会，各小组组长和受派部门负责人商讨工作、交流心得。各民主监督小组通过参加部门工作会议、阅读工作台账、参与受派单位党的群众路线教育实践活动等方式开展民主监督，为部门改进工作提出意见和建议。

【政协听政议政】 4月16日，区政协邀请部分委员对全区治安管理工作开展听政议政活动，先后在区公安局交通指挥中心、马杭派出所了解智能交通系统和勤务指挥室建设及运行情况，观看运用勤务指挥平台快速解决治安问题的实战演练，听取区公安局相关工作情况汇报。政协委员结合视察所见与平日了解，对治安管理工作提出意见和建议。

【《武进历史文化丛书》出版】 12月，《武进历史文化丛书》之《古迹纵览》《先贤文选》《花都叠翠》3本书，由江苏人民出版社出版发行。这3本书分别选摘武进先贤传世文献，展示武进自然、人文风光，探寻武进文化古迹。

（陈　萍）

（栏目编辑　孔宪德）

民主党派·无党派人士联谊会

【概　况】 2014年，民革武进区支部、民盟武进区基层委员会、民建武进区基层委员会、民进武进区基层委员会、农工党武进区委、九三学社武进支社和武进区无党派人士联谊会，深入学习统一战线理论，践行社会主义核心价值观，围绕全区经济发展大局，选择重点课题，开展调研活动，积极建言献策、参政议政、服务社会。新发展成员37人，年末共有成员548人，其中，省人大代表1人（常委会委员1人）、省政协委员3人，市人大代表14人、市政协委员20人（常委4人），区人大代表13（副主任1人、常委会委员3人）、区政协委员94人（副主席3人、常委22人），特约人员63人，人民监督员2人。基层支部（委员会）受市级及以上表彰2次，被评为市级及以上优秀成员3人、优秀工作者5人。

参政议政　全区各民主党派、无党派人士联谊会共提出建议和提案128件，民革武进区支部《关于完善我区食品药品安全管理的建议》、民盟武进区基层委员会《关于保护利用武进名人资源的建议》、民建武进区基层委员会《关于加快我区现代物流业发展的建议》、民进武进区基层委员会《关于我区发展地铁经济的建议》、农工党武进区委《关于让建筑垃圾“变废为宝”资源再生的建议》《关于建立完善旅游资讯体系的建议》《关于改善提升我区空气质量的建议》《关于进一步推进政府购买公共服务的建议》和区无党派人士联谊会《关于加强滆湖围网管理的建议》被区政协评为优秀提案；民盟武进区基层委员会《关于加快发展我区职业教育的思考和建议》、民建武进区基层委员会《新常态下我区民营企业转型升级的思考》、民进武进区基层委员会《关于加强我区农村食品安全监管的思考和建议》、农工党武进区委《关于加强城区地下管网建设和管理的思考和建议》、区无党派人士联谊会《关于加快我区新型镇村体系建设的思考和建议》被列为区政协大会重点发言材料；上报社情民意信息164条，其中被市级以上单位部门录用64条，民进武进区基层委员会《关于加强对阳湖菜场周边环境整治的建议》《关于利用社区开办假期托管班的建议》、农工党武进区委《有关加强公共事业单位工作人员心肺复苏技能的专项培训》《关于取消武进区行政服务中心停车收费的建议》、九三学社武进支社《企业界对新商标法实施缺乏准备值得忧虑》、区无党派人士联谊会《关于我区老旧危楼的安全隐患堪忧的建议》被市、区政协分别评为优秀社情民意，许多社情民意受到省、市、区领导批示。

社会服务　2014年区各民主党派、无党派人士联谊会充分发挥党派团体资源优势，结合“爱国爱党爱家乡，同心共建新武进”主题，开展一系列活动，树立服务品牌。农工党的“同心健康讲堂”、民建和无党派人士联谊会的“法律共建”、民盟和民进的“送教下乡”、九三学社的“医卫专家工作站”等社会服务品牌影响力不断彰显。响应武进区委统战部“三进三送”社会服务行动要求，与湖塘镇、高新区等16个镇（开发区）的25个村（社区）结对共建，实施义诊义演、心理咨询、法律援助等共建项目45个，社会服务活动40余（场）次，受益人数5000余人次。

10月30日，民进武进区基层委员会开展送教助学活动　（区委统战部 供稿）

【打造助残公益服务品牌】 9月，民革武进区支部、九三学社武进区支社、致公党科教城支部共同发起成立常州市武进区同心助残驿站，募集善款11.2万元成立专项光彩基金，与9户残疾困难家庭结对帮扶，每月提供一次心灵关怀服务，发放慰问金1.6万元。

【打造文化、教育共建服务品牌】 民盟武进区基层委员会全年开展讲座2场，宣讲武进灿烂历史文化。3月21日，基层委员会综合支部赴安徽霍山开展捐资助学活动，捐赠价值6000多元的学习用品，盟员白文新、周金瑞等与3名贫困生结对，提供每人2000元的助学金。9月，成立常州市武进区关爱“空巢”同心驿站，募集8万元善款成立专项光彩基金，通过节日慰问、心理援助、亲情服务等形式关怀“空巢”老人。9月28日，到湖塘镇北建新村社区聚湖老年公寓开展慰问空巢老人活动，表达对老人们节日的慰问和良好的祝愿。10月14日，承办民盟江苏省委“烛光行动”教导主任研修班，为来自甘肃省天祝县、岷县和江苏省洪泽县农村初中学校的10位教导主任提供为期8天的培训。

【打造法律共建服务品牌】 民建武进区基层委员会和武进区无党派人士联谊会联合在《武进日报》开设两周一期的法律讲座专栏，全年开设20多期；结对基层商会，开展企业法律风险防范讲座3场，为80多家企业提供法律服务。9月，民建武进区基层委员会和武进区无党派人士联谊会发起成立常州市武进区同心护蕾驿站，在武进观护帮教工作站（金球驿站）成立工作室，聘请8位心理咨询师志愿者定点定期为帮扶对象开展心理咨询服务。驿站开通免费咨询热线，为未成年人提供法律和心理健康咨询服务。

11月19日，开展同心健康驿站系列健康行社区活动　　（区委统战部 供稿）

【开展“同心文化建设”系列活动】 民进武进区基层委员会文艺工作委员会在新誉集团开展送春联活动，教育工作委员会在聚新家园社区开展送心理咨询进社区活动。积极参与民进中央“彩虹行动”。会员张志朝、钱爱芙等优秀老师到贵州毕节金沙县沙土镇送教育报告和示范课。5月12日，民进“彩虹行动”武进教育实训基地在湖塘桥中心小学挂牌，邀请民进中央副主席、著名教育学家朱永新作讲座。发动会员捐款10万元成立常州市武进区关爱失独同心驿站，组织会员走访调查，慰问首批确定的4户家庭，帮助失独家庭重塑生活信心。

【打造健康、文化艺术服务品牌】 9月，农工党武进区委发起成立常州市武进区同心健康驿站，配套成立10万元“恒泰医药同心健康驿站光彩基金”，通过健康讲座、义诊等形式关爱大众健康，倡导健康生活。组织薛红良、罗春媛、郝冬琳、奚栋等专家深入津通国际智慧谷、前黄镇祝庄社区、运村村、嘉泽镇嘉新社区、南夏墅街道南淳社区、郑陆镇牟家村等开展6场关于夏季养生、糖尿病预防等健康知识讲座，500多人受益。5～6月，金磊、荆和平、王晓艳、陈捷、顾建新等农工党员到牛塘文汇小学上写作、舞蹈、书法、竹笛等课程，提高新市民子女艺术素养。9月，成立关爱新市民子女同心驿站，配套成立10万元“武房集团关爱新市民子女同心驿站光彩基金”，通过课程辅导、才艺培训，帮助新市民子女增长文艺知识，拓展视野。

（安永彬）

2014年武进区民主党派、无党派人士联谊会基本情况

表3

单位名称	成员							建议、提案		
	人数	人大代表			政协委员			件数	优秀提案	重点发言材料
		省	市	区	省	市	区			
民革武进区支部	29	—	—	—	—	—	1	1	1	—
民盟武进区基层委员会	90	1	—	3	—	6	15	18	1	1
民建武进区基层委员会	95	—	3	1	1	4	11	8	1	1
民进武进区基层委员会	87	—	3	4	—	1	18	25	1	1
农工党武进区委	162	—	3	3	2	6	25	40	4	1
九三学社武进区支社	25	—	—	—	—	1	4	13	—	—
区无党派人士联谊会	60	—	5	2	—	2	20	23	1	1

武进区工商业联合会

【概　况】 2014年，区工商联推进“组织建设提升年、商会服务创新年、社会管理推进年”三大行动，在加强组织建设、凝聚发展合力、服务发展大局、促进转型创新、推进光彩事业等方面扎实有效开展工作。广大会员企业围绕全区发展目标，坚定信心、克难求进、真抓实干，民营经济继续保持平稳健康发展的态势，中天钢铁集团有限公司等6家企业入选全国民营企业500强。年内，新组建行业商会1家、镇级青年企业家商会3家、同业公会1家，新增会员240家。年末，有镇（开发区）商会16家、行业商会21家、同业公会27家、异地商会2家，会员企业4677家，会员企业经济总量占全区经济总量的80%以上。区工商联（总商会）“探索行业商会助力区域经济发展新思路”工作被全国工商联、中华工商时报社评为“2014年度商会工作十佳服务典范”。

【“四信”教育深化】 4月2日，武进区召开“爱国敬业诚信守法贡献”先进事迹汇报表彰大会，表彰先进会员96家、先进基层商会6家、先进行业商会5家、先进异地商会1家、商会工作先进个人32人，组织企业家围绕科技创新、转型升级主题作典型交流发言，营造争先进位、竞相发展良好氛围。5月19日，区工商联联合区委统战部举办非公经济代表人士理想信念教育活动主题报告会，向全区非公经济人士发出“争当优秀中国特色社会主义事业建设者”倡议，坚定非公经济人士对中国特色社会主义的信念、对党和政府的信任、对企业发展的信心以及对社会的信誉（简称“四信”）。配合市工商联、区委统战部召开全市企业和谐文化建设现场会、推进会，鼓励引导企业重视、加强企业和谐文化建设，推进企业文化建设示范企业、标兵企业创建工作。年内，获区级标兵企业称号50家、市级示范企业称号9家。

【调研建言】 2014年，区工商联开展上规模民营企业调研，累计走访企业100余家，撰写上规模民营企业调研报告47个，为企业发展建言献策。牵头组织行业商会举办座谈会11场，梳理企业困难及需要政府协调解决的问题72条、意见建议101条，为区委、区政府及时协调解决企业矛盾困难，科学制定政策措施提供真实情况和数据信息。开展调查研究，组织行业商会撰写《关于加快我区电商产业发展的思考与建议》《化工产业发展在于科技创新、支持化工创新项目重在勇于担当》等调研报告，受到区委、区政府领导肯定，所提意见建议多被采纳。

【助力民营企业发展】 （1）组织产学研对接。区工商联利用基层行业商会平台，组织会员与浙江大学、南方医科大学、上海交通大学、西安交通大学、同济大学、江苏省农业科学院等国内数十所高校院所开展产学研对接活动。全年累计举办各类产学研对接活动30多场次，达成合作意向100余项，与国内近百家院所建立长期合作关系。（2）引进海外高端人才。争取省工商联支持，在常州实业发展有限公司集团、常州市武进五洋纺织机械有限公司承办德国专家项目现场会，为百兴集团有限公司、江苏龙城精锻有限公司等企业引进德国高级专家3名。（3）扩大对外交流合作。与澳大利亚国际商会签署战略合作协议，配合省工商联在武进举办中澳企业交流会，为武进企业拓展澳洲市场、促进武进—澳洲企业家交流搭建桥梁。（4）深化教育培训。建立常态化培训机制，完成第二十期厂长（经理）培训班，培训284人；加强青年企业家队伍建设，协助区委组织部、统战部举办清华武进总裁班和新一代企业家厦门大学培训班，培训45人；牵头各基层行业商会举办企业档案管理、药品经营、安全生产等培训，全年培训总人数1200人次。（5）推进民营非金融机构建设。牵头江苏江南实业集团有限公司、常州市润源经编机械有限公司组建设备融资租赁公司各1家，推动江苏明都汽车集团有限公司、江苏益联投资集团有限公司启动设备融资租赁公司筹备工作，协助区金融办成立西湖街道农村小额贷款公司，启动横山桥镇农村小额贷款公司筹备工作。协助引介总投资5亿美元的中国香精香料有限公司华东总部及生产基地项目落户武进绿建区。（6）探索保险经纪服务。与恒泰保险经纪有限公司、太平洋财产保险中国股份有限公司常州分公司签署战略合作协议，以行业商会为阵地，加强保险经纪服务宣传，推动企业引入保险经纪。为百兴集团有限公司、江苏常发实业集团有限公司、江苏佳尔科药业集团有限公司等企业引入保险经纪服务。

【行业组织建设】 (1)优化会员队伍结构。区工商联加大会员发展力度，全年新增会员企业240家，累计4677家，基本实现对规模企业全覆盖的目标。（2）加强基层行业组织建设。西太湖科技产业园商会、嘉泽镇商会先后换届，基层商会和社团法人登记工作全面完成。推进区电子商务协会筹建，开展会员调研走访、会员发展、班子搭建及相关会务准备。推进青年企业家商会建设，年内先后成立郑陆镇、礼嘉镇、前黄镇青年企业家商会。加强行业细分，成立区药品同业公会和郑陆镇医疗器械同业公会。（3）推进社团组织规范化建设。按照全国工商联、民政部要求，进一步完善社会法人治理结构，推进社会组织专业化评估。完成温州商会、高新区青商会AAA级，洛阳镇商会和区化工、电子、医药医疗器械商（协）会AAAA级，区总商会、轻工业商会、建筑业协会AAAAA级社团组织申报评估工作。

【发展光彩事业】 2014年，区工商联配合区委统战部，围绕“同心共建光彩行动”目标，动员引导非公企业参与城乡共建、文化教育、助学助教、扶贫帮困等民生事业。全年新组建千万光彩基金2个、百万光彩基金18个，新增同心共建光彩协议资金1.1亿元，实际到账光彩资金7600万元，实施共建项目160余个，投入资金8600万元。结合党的群众路线教育实践活动，引导光彩基金向基层一线倾斜，实施社区惠民项目22个，新组建村级百万光彩基金6个，投入光彩扶持资金37万元，促进社区公益理念传播和社区志愿服务发展。围绕援疆工程，倡议发起爱心新疆行三年行动计划，中天钢铁集团有限公司、新誉集团有限公司、国茂减速机集团有限公司等企业捐助的第一笔150万元善款已发放到位。

（许建勋）

（栏目编辑　孔宪德）

人民团体

武进区总工会

【概　况】 2014年，全区各级工会坚持把开展党的群众路线教育实践活动、建设武进职工服务中心、评选区级劳动模范、探索在村（社区）建立工会办公室、建立党政工联席会议制度、工会规范化建设示范单位创建等开展6个“十佳”作为重点工作推进，发展和谐劳动关系，加强工会自身建设，取得各项工作新的进展。年内，新增独立基层工会200家、联合基层工会17家，覆盖单位771家，发展会员3098人。年底，全区有镇（街道）、开发区总工会16个，系统(局)工会15个,村工会联合会325个。全区职工总数601496人，会员567486人，入会率94.3%。全年组织职工培训124期，惠及职工9285人；提出合理化建议7560件，被企业采纳2450件；完成宣传投稿1560件，被各类媒体采用1230件，第三届武进职工歌手大赛成功举办；走访慰问各级劳模223人，发放资金13.5万元；助学帮困职工家庭2196户，发放资金970.2万元。

【区级劳模评选】 从1月起,按照区委办、区政府办《关于认真做好2011～2013年度武进区劳动模范评选工作的意见》,区总工会积极营造学习劳模、争当劳模、弘扬劳模精神的良好氛围；坚持公开公正公平原则、劳模评选条件和标准，把好名额分配、推荐程序、材料审查、实绩考察等环节把关，做到好中选优、确保质量。经过层层筛选，到4月共评选出区级劳模77名，生产一线工人占劳模总数的46.8%。4月28日，武进区召开庆祝“五一”暨劳动模范表彰大会，表彰区级劳动模范77名、工会规范化建设示范单位28家和“6个十佳”先进单位（个人）。

【40家村（社区）工会办公室建立】 区总工会加强基层工会基础建设，于3月25日下发《关于在全区村级逐步建立工会办公室的通知》，要求拥有10家企业或百名外来职工以上的村（社区），均应逐步建立工会办公室，作为村（社区）工会联合会下设的一个办公机构，在村级党组织及上级工会的领导下开展工作,主要包括协助村（社区）、“两委”（村委会、居委会）做好企业职工和新老市民的思想工作、接待和处理村域内广大职工群众的诉求、做好村域内各类企业的工会组建及职工入会工作、围绕促进企业发展和提高职工素质开展各类活动等，适应工业化、城市化进程中新农村建设需求，增强组织凝聚力。经选择经发区长汀村、湟里镇香泉村、前黄镇运村村和遥观镇留道社区开展试点，6月24日召开全区村（社区）工会办公室建设现场推进会，推广试点成果。会后，全区各级工会领导班子深入一线，跟踪服务，指导创建工作开展。年内，全区共建立村（社区）工会办公室40家，累计40家。

【武进职工服务中心改建工程竣工】 2014年10月底，经区总工会筹建，武进职工服务中心改建工程竣工，计划于2015年年初投入运营。该中心位于延政路65号，总面积2万平方米，集职工体检中心、困难职工帮扶中心、职工健身中心和职工培训中心于一体，为全区职工提供全方位、多渠道、一站式、一条龙的服务。职工体检中心设在二楼，

5月13日，全国总工会刘迎祥（前中）调研武进村工会工作　（区总工会 供稿）

由区总工会和武进中医医院合作建立，面积1580平方米，各专科诊室、医技科室齐全，拥有高精尖设备，医师团队由武进中医医院医疗骨干组成，主要提供健康体检、慢性医疗咨询及中医药健康指导。困难职工帮扶中心设在三楼，内设特困职工帮扶部、法律援助服务部、心理健康服务部和职介婚介服务部4个，主要提供社会救助、医疗救助和助学救助，以及法律援助、心理咨询、职介婚介等服务。职工健身中心分布在三楼和四楼，由区总工会和常州蓝狐体育设施有限公司合作建立，面积有1600平方米，内设健身房、动感单车房、瑜伽房、乒乓室、台球室、羽毛球馆等，可同时容纳200多人健身锻炼。职工培训中心设在五楼，由区总工会和常州市工人文化宫合作建立，总面积2000多平方米，设有培训教室、音乐教室、舞蹈房、会议室等，主要用于工会干部培训、职工职业技能培训与岗位等级证书培训、就业创业培训、职工业余学历教育以及面向社会的市场化培训。

【武进区党政工联席会议首次召开】 3月19日，武进区召开首次党政工联席会议，听取区总工会关于2013年度工作情况和2014年主要工作任务汇报，审议通过《在区、镇两级建立党政工联席会议制度的实施意见》，强调切实加强党对工会工作的领导，充分发挥工会组织的积极作用，为工会工作提供“绿色通道”。会议对全区工会工作提出“牢牢接地气、精准贴需求、合力显成效、作为赢支持”的希望和要求。

【国家级职工书屋示范点新增1家】 2014年6月，新誉集团有限公司职工书屋被中华全国总工会评为职工书屋示范点，全区累计8家。该职工书屋始建于2002年，占地面积由最初12平方米发展到160平方米，有各类书籍1万多册、报刊32种、电子音像制品126种，配备书架10组，桌椅20套，专兼职管理人员4名。每年企业工会都拨出专门经费，根据职工阅读需求购置新书，丰富职工文化生活，保障职工学习权益，提高职工思想道德和科学文化素质。

（张　昀）

共青团武进区委员会

【概　况】 2014年，团区委全面实施“青武飞扬·竞”计划五大行动——“青武飞扬·竞学、竞贤、竞爱、竞善、竞优”，全力呈现共青团工作特色与品牌。抓住纪念建团92周年、五四运动95周年契机，以“青春助力现代化”五大行动为载体，助推全区“产业培育、城乡一体、生态文明和改革创新”四大战役。举办基层团干部培训班和优秀青年培训班，提升团干部工作能力。以少先队建队65周年为契机，全面深化“五彩靓武进”品牌打造。打造“五型”（学习型、活力型、服务型、公益型、互动型）青联，深入开展“青春携手进”工作，区青联委员黄小国获“全国乡村好青年”“全省最美新型青年农民”称号和“江苏青年五四奖章”，沈敏、方沛琪当选市十佳（优秀）青年。推进“两新”组织（新经济组织、新社会组织）团建，加强团干部队伍建设，新增非公企业团建76家、“两新”组织团建153家。推进农村基层团组织规范化建设和星级评定工作，常态化开展“十佳百优”重点项目优胜奖竞赛。联合区广播电视台、常州新华书店开展“阅读·越快乐”读书活动。以“青武飞扬”共青团工作品牌为统揽，实施团工作品牌培植计划。年末，全区有基层团委58个、团总支（二级团委）208个、团支部1962个，团员63414人。

【武进区第六次少代会】 5月29日，中国少年先锋队常州市武进区第六次代表大会在湖塘桥实验小学召开，出席代表198人。区领导周斌、张建新、黄汉林、江建文、孙金才、陆雅芬、薛建忠，团市委副书记、市少工委主任潘儒以及区有关部门负责人出席大会开幕式。区委书记周斌在开幕式上发表讲话，充分肯定全区少先队工作，对广大少先队员给予殷切希望和美好祝福。团区委副书记宋丹峰代表区第五届少工委作《服务少年成长，培育未来栋梁，为武进争创苏南现代化建设示范区做好全面准备》的工作报告。大会选举产生新一届少工委，宋丹峰、张世善当选为主任，阎舒展、孙雨青、龚莉娜当选为副主任。会议期间，开展“我是武进小主人”红领巾小提案活动，区环保局、妇联、教育局、文明办、科协和团区委领导现场答复提案。大会表彰区“十佳辅导员”“十佳少先队员”各10名，区“优秀辅导员”“优秀少先队员”各100名，聘任区、片少先队总辅导员共7名。

【第六届武进区十佳百优青年评选】 3～5月，团区委联合区委组织部、区委宣传部和武进日报社、武进广播电视台、武进新闻网、区青联开展第六届武进区十佳百优“我们身边的好青年”评选活动，在全区选树优秀青年典型，激励全区青年努力争当创新能手、创业先锋、创优标兵。评选期间，各单位按照推荐评选要求，积极推荐各类优秀青年。各单位

12月4日，“激情点亮梦想 奋斗成就青春”2014江苏好青年分享会现场

（团区委 供稿）

推荐名单汇总后，在主办单位投票、网络评选、现场评审的基础上，经区领导、评委投票，并在《武进日报》、武进共青团网站公示，评选出“十佳青年”“优秀青年”各10名，“我们身边的好青年”100名。5月7日，团区委举行纪念五四运动95周年主题团日活动，对全区“十佳青年”“优秀青年”分别予以表彰。

【助力青年就业创业】 2014年，武进青年“创业合伙人”三年行动计划启动。联合区人社局等部门打造“青年创新创业工场”，举办“创业在路上”青春创业分享会、创业项目路演推介、“改善你的企业”（IYB）培训专场12次，整合编印《“创业@武进”青年创业全攻略》。5月，组建区青联“梦想导师团”，走进大中专院校举办“奋斗的青春最美丽”分享会6场。常州好利医疗器械有限公司“新型第二代三维细胞培养仪”和常州市灵动智能设备有限公司“三维可变形多功能电动轮椅车”2个青年创业项目获全省创新创业大赛二等奖，并入围全国决赛。全年协助申请青年创业贷款21笔，申请金额1480万元，核发青年职业见习基地实习人员补助近15万元。

【青少年权益维护】 2月28日，全区重点青少年群体服务管理和预防犯罪工作推进会召开，全面实施“成长护航工程”。武进区流动人口子女积分入学管理办公室出台《流动人口子女积分入学管理实施细则》，添加志愿服务专项分值，全方位提高重点青少年服务管理工作的科学性和实效性。全年共建“青春加油站”4家、各级“青少年维权岗”34家，参演全市中小学生自我保护情景剧大赛获奖学校7所。区青少年服务中心被团中央认定为“全国首批青少年综合服务平台建设项目”，重点青少年群体“成长护航工程”被团中央调研督察组评定为优秀工程，被团省委确定为江苏“青少年权益工作创新”试点城市。

【青年志愿服务】 3月5日，区委组织部、区文明办、团区委和区志愿者协会在新天地公园广场举办武进志愿服务集中行动暨全区党员志愿服务启动仪式，开展学雷锋志愿服务。20余个志愿者分会和10余个青年志愿服务队350余人现场开展了家电维修、证件翻新、健康咨询、就业指导等便民志愿服务活动，累计发放资料3000余份，受益群众1600余人。组织近千名志愿者为全国文明城市复评、中华龙舟赛、中国乒乓球超级联赛、环太湖国际公路自行车赛等重大赛事提供服务保障。开展公益为民行动，全区希望工程“圆梦行动”累计捐资154.1万元，受助学生452名，获省希望工程“圆梦行动”十周年优秀组织奖。开展“捐出一张废纸，奉献一片爱心”活动，累计捐赠达2210吨，折合人民币近160万元，成功救助先天性心脏病患儿共计41名。共青团援疆工作扎实推进，累计援疆经费超15万元。年内，西湖街道“爱心快递社”获省优秀青年志愿服务项目奖，江苏城市职业学院武进学院获省青年志愿服务事业贡献奖，“第八届中国花博会志愿者”微博成功入选全市十大优秀政务微博公益奖，蔡华、符辛竹、魏尧、陈汝敏被评为省大型赛会、抗震救灾优秀青年志愿者。

【青武飞扬·新媒体服务发展中心成立】 7月，由团区委组织成立。该中心通过媒体发动、自主报名、资格审查和才艺展示，招募首批成员14名，并确定logo标识。年内，联合常州广播电台开展“莫声莫影”歌唱大赛、“郁金香宝宝”总动员、首届西太湖风筝节、“私人定制，星梦童缘”、寻找“签约小主播”等活动；联合武进广播电视台举办首届武进青年汉字听写大赛，邀请10名青年接受武进电视台《青春派》栏目独家专访；在凤凰谷影艺宫和武进万达影院建立全市首家“共青团剧场”“共青团影院”，开展公益观影活动4次；联合化龙巷网站开展“万人相亲会”。年底，“武进青年”微信粉丝超过7000人，微博粉丝超过13000人，网络宣传员队伍超过300人，《武进团讯》累计编发373期。

【青年社会组织建设】 团区委实施新市民子女“希望来吧”为民办实事工程，8月15日，全区首家“青武·希望来吧”在新天地社区揭牌，用作团员青年和青年志愿者为新市民子女和青少年提供经常性志愿服务的阵地。年内累计设立“青武·希望来吧”3个。9月，为青少年提供综合服务的民办非企业——青武家园青少年服务中心在凤凰谷B座一楼成立，推出“青春下午茶”、家长学堂等项目，“青春装点新龙城，生态文明我先行”项目入选首批常州市青少年事务公益项目，“一中心五纵三圈打造枢纽型‘青武家园’”项目获省共青团工作创新创优成果三等奖。12月，“武进青年综合服务云平台”启用，年内上线青年社会组织65家，促成常州大学等6所高校志愿者与花东社区等44个社区成功结对。同月23日，团区委、区教育局在区职教中心举办“践行核心价值观，闪亮青春我领秀”第九届武进区大中学生

区青少年服务中心被团中央认定为首批青少年综合服务平台建设项目

（团区委 供稿）

社团巡礼活动，通过现场展演、评委打分、媒体投票，评选出“十佳社团”10个和“优秀社团”6个。

【“服务农村青年月”活动】 5～8月，团区委组织团干部开展团课微讲堂、主题微分享、实现微心愿、青年微联系等“服务农村青年月”活动，累计开展青年群众文化活动23场次，扶贫济困送温暖活动19场次，青年恳谈分享会11场次，医疗体育活动3场次，美丽我家园活动2场次，参与活动近600人次，发放慰问金80多万元，覆盖青年群众近万人。

（金　婉）

武进区妇女联合会

【概　况】 2014年，全区镇（街道）、开发区妇联16个，基层妇代会365个，区级机关妇工委1个、机关妇委会34个。全区各级妇联立足服务，聚智聚力促进城乡发展；立足文明，崇文尚德弘扬和谐之风；立足关爱，规划引领办好民生实事；立足创新，依法维权筑牢稳定基石，促进妇女儿童事业全面发展。区妇联被评为“江苏省妇女儿童工作先进集体”，湖塘镇创建成“十二五”妇女儿童发展规划省级示范镇（街道）。

【武进区妇女第十六次代表大会】 3月5～6日，在区行政中心和武进党校召开，全区各条战线妇女代表300人出席大会，区领导周斌、臧建中、凌光耀、张建新、黄汉林等出席开幕式。区妇联主席杨华夏代表武进区妇联第十五届执委会作《激扬巾帼之志，同谱巾帼华章，团结引领全区妇女为加快苏南现代化示范区建设而努力奋斗》的工作报告。大会选举产生区妇联第十六届执委会，杨华夏当选为主席，刘寅姝、董建美、朱宏英当选为副主席。大会表彰武进区“三八”红旗集体25个、“三八”红旗手80名、妇女工作先进集体35个、妇女工作先进个人42名。

【助推妇女创业就业】 区妇联举办“三八”女性专场招聘会，128家用人单位与438名求职者达成合作意向；举办武进区“巾帼杯”育婴师职业技能大赛，促进育婴师技术交流和岗位练兵；联合区科协、烹饪协会举办“秀我厨艺展我风采——农家乐烹饪竞赛”，展示农村妇女烹饪技艺。全年完成妇女实用技术培训5000多人次，其中家政技能培训662人次；发放妇女小额贷款3715万元，其中贴息贷款2340万元，扶持82名妇女创业。

【“千岗联动服务行”活动】 围绕“巾帼建新功，共筑中国梦”主题，区妇联组织各级“巾帼文明岗”进乡村、进社区、进企业、进校园，开展结对共建。4月，承办常州市城镇妇女“巾帼建功”现场推进会。8月，举办“巾帼文明岗”创建工作交流会，5个文明岗负责人从不同行业、不同层面推介特色工作，交流经验做法。全区“巾帼文明岗”国家级9个、省级86个、市级229个、区级475个。

3月5日，区妇联第十六次妇女代表大会召开　　（区妇联 供稿）

【新型女农民培养工程启动】 区妇联举办水产养殖女能手专题产学研对接交流活动，组织种植女能手到常熟等地学习现代农业先进技术和科学管理、联合团区委等举办“创业合伙人计划”专场交流活动、举办新型女农民创业项目展示交流活动。年内，重点培养树立新型女农民22人，培养树立巾帼现代农业科技示范基地5个、巾帼优秀农民专业合作经济组织3个、巾帼农家乐示范基地5个、“巾帼创新业”优秀项目3个。双丰水产养殖专业合作社被评为全国巾帼现代农业科技示范基地，宏宏果品专业合作社被评为省级巾帼现代农业科技示范基地，新誉集团有限公司被评为省级巾帼科技创新示范基地。

【家庭文明风尚倡导】 区妇联以家庭为主阵地，实施“智慧女性·和美家庭”项目，在阳湖网、《武进日报》等主流媒体开展“最美家庭故事”征集活动。联合区文广新局举办“和美家庭”才艺大赛，为嘉泽镇捕捞村建立农家书屋。“和美家庭”创建活动中，史克元家庭、钱丽芳家庭被评为全国五好文明家庭，蒋小莉、蒋寒梅被评为江苏省十佳好妈妈和十佳好孩子，白英获十佳社会妈妈提名，还获评常州市十佳母亲1人、十佳好儿女1人和优秀母亲2人、优秀好儿女2人。招募各类巾帼使者180名，成立“巾帼家庭文化志愿服务队”10支，走进空巢老人、单亲母亲家庭特殊群体，开展志愿服务活动40多场次。年底，全区登记及备案各类女性社会组织469个，入选市民政局和市妇联公益创投项目女性社会组织5个。

【依法维护妇女儿童合法权益】 4月，区妇联实行家庭暴力告诫制度，推进“反家暴”家庭文明引导行动。9月，成立区金色百灵家庭暴力防护中心，引入社会专业机构，参与纠纷调解，为家庭幸福搭建平台。在新市民小学开设“关注儿童安全，保护儿童权益，创建平安家庭”预防未成年人遭受性侵害法制宣传活动课，提高未成年人自我保护意识。利用“三八”妇女维权周、“11·25”反家庭暴力日等节点，开展反家暴、禁毒等法律法规宣传活动。结合广播电视主持人进社区活动，播放未成年人防范性侵害动漫短片，开展法律知识有奖问答等24场次。

【“十二五”妇女儿童规划实施】 区妇联从妇女最关心、最直接、最现实的利益入手，争取资源、科学谋划、以点带面，为妇女办实事、解难题。落实社区家长学校规范化建设、女职工劳动保护专项检查、新一轮农村妇女两癌筛查、16周岁以下流动儿童信息登记等8项实事，9名两癌贫困妇女获全国专项基金救助，10名两癌贫困妇女获市专项基金救助。实施“驿动花蕾，安全有加”社工项目，为流动女童健康成长营造安全防护网。依托区妇儿活动中心“凤凰谷”儿童职业体验馆，全面实施“乐苗计划”，定期举办夏令营、家务能手比赛、义卖活动和弱势家庭公益免费体验活动，助推特殊家庭孩子健康成长。采用“社工＋妇工＋义工”模式，组织志愿者家访，开展一对一心理辅导。深化“科学家教进万家”系列活动，全年送家教下乡22场次。组织开展“让梦想飞”巾帼圆梦行动，全区各爱心协会组织和爱心人士捐资捐物共计30多万元。

（白　艳）

武进区科学技术协会

【概　况】 2014年，全区有镇、开发区科协16家，街道科协2家，区级学（协）会27家，企业科协2家。全年开展科普宣传、学术交流、科技对接等活动100余次，联合举办学术交流报告会20多场。创建村、社区科普示范基地39个，其中武进高新区北区邱墅社区被评为2014年全国社区科普益民计划先进社区。武进科普网发布科普信息300余条，被市级以上媒体录用200余条。武进区科协被评为省创新发展综合示范县级科协、市科协先进工作单位。

【“科普一日游”活动】 5月，区科协与区旅游局联合举办“爱科学、爱家乡”科普旅游活动，精心选择嬉戏谷、淹城野生动物世界、博物馆、动物标本馆等17个科普示范功能强、旅游条件好的科普教育基地（场馆）作为游览景点，开辟线路7条，通过《武进日报》和武进科普网、新闻网广泛宣传，组织全区近千名群众参加免费旅游，在旅游中学习科普知识，领略科技魅力，激发学科学、讲科学、爱科学、用科学的积极性。

【“携手共建大美武进”科普文艺作品创作比赛】 3月，区委宣传部、区科协等7个部门以“携手共建大美武进”为主题，围绕“低碳节约、绿色环保、科学生活、健康文明”等内容，在全区范围内征集以配乐语言艺术形式为主的原创科普文艺作品31件。经过评审，14件作品被评为优秀科普文艺作品。全国科普日活动期间，区科协利用“文化周末——武进水上舞台周周演”组织优秀科普文艺作品展示比赛，以寓教于乐形式，向公众传播科学思想、倡导科学方法、弘扬科学精神，助推全区民众科学素质提升。经过激烈角逐，评选出一等奖1个、二等奖2个、三等奖4个、优秀奖若干个。该次创作比赛被评为全国科普日优秀特色活动。

【“武进科普”微信公众平台开通】 区科协在维护更新科普宣传栏、科普电子屏、科普网站等传统科普宣传阵地的基础上，8月开通“武进科普”微信公众平台，围绕普及科学知识、倡导科学方法、传播科学思想、弘扬科学精神，开展对社会热点、突发事件、前沿科技的科学普及教育，推介科普活动、科普场馆，培养公众健康科学的生活习惯和工作方式，提升公众科学文明素质。9月26日，与武进电台、电视台联合举办的《科普新说》《科普小贴士》等科普栏目正式开播。《科普新说》栏目由相关领域权威专家主讲，配以大量视频、图片资料，增强了节目趣味性；《科普小贴士》栏目主要介绍生活中的小常识、小窍门，贴近群众、贴近实际、贴近生活。

【智力服务工程实施】 区科协依托武进高新区为创新创业载体的省级海智工作基地，结合武进经济发展、企业现状和产业培育实际，选择20多项省级海外科技项目向广大有需求的企业推荐、推广。6月，组织龙潭湖生态园等农业企业和相关科技人员参加省科协举办的赴台海智科技交流活动。9月25日，在区人才俱乐部举办“海峡两岸休闲创意农业研讨”海智科技咖啡馆活动，特邀台湾神农科技发展协会理事长廖树宏、台湾彰化县农会秘书和正点生技股份有限公司董事长萧义达等专家演讲，武进农业企业和农业科普基地人员近30人听讲。

（金　丹）

8月26日，举办科技辅导员培训班　（区科协　供稿）

（栏目编辑　孔宪德）

人民武装

【概　况】 2014年，区人武部贯彻落实常州军分区党委和区委、区政府决策部署，围绕强军目标、使命任务，拓展和深化军事斗争准备。加强思想政治建设，扎实开展党的群众路线教育实践活动。深化国防动员，完成退伍军人和服预备役登记、统计，按新要求开展民兵预备役整组工作，落实相关保障队伍。围绕提高战斗力标准要求，抓紧各项军事训练活动，高标准完成民兵高炮分队实弹战术演习任务。深化“双拥”工作和全民国防教育，广泛开展“送温暖、献爱心”活动，结合八一建军节、春节走访现役基层干部家庭和生活困难军属。组织地方党政干部、企事业单位领导225人次开展“军事日”活动，军训学生9000余人次；组织民兵预备役人员参与经济社会建设，配合公安机关维护社会治安。

【加强思想政治建设】 2014年，区人武部加强对中共十八届四中全会、全军和军区政治工作会议精神的贯彻学习，提升思想政治理论水平。牢固树立依法治军、从严治军理念，扎实开展“牢记强军目标，献身强军实践”专题教育活动，提升民兵预备役人员职责意识、使命意识。按照上级部署，扎实开展第二批党的群众路线教育实践活动。通过认真学习中共中央总书记、中央军委主席习近平重要讲话精神，查找存在问题，抓好整改落实，建立长效机制，研究出台《关于推进军民融合式发展的实施意见》《关于进一步加强专武干部队伍管理的实施意见》《武进人武部战备值班规定》《办公正规化管理制度》《关于进一步加强人武部财经管理的实施意见》5个文件，取得活动成果，部党委班子和全体干部作风建设得到明显改进，民兵预备役部队高举旗帜、听党指挥思想得到巩固。

【军事斗争准备质量提升】 (1) 高标准完成全省防空兵实弹战术演习考核。区人武部于2月底成立领导小组，筹建双37高炮连。4月初，雪堰、礼嘉、牛塘、郑陆、洛阳、湟里、嘉泽7个镇按编制组建以高炮专业退伍军人为主的参训参演队伍。4月中旬，高炮连集中在区国防教育训练中心开展高强度封闭式训练。5月15日，在常州市某重要防卫目标附近预设高炮阵地，接受省军区考核组对高炮连实战技术水平考核评估，获构工伪装全省第一名和三、四炮手操作全优等成绩。5月下旬，齐装满员在盐城市射阳县某演习场参加江苏省防空兵部(分)队实弹战术演习考核，获实弹射击命中目标奖。(2) 加强专职人民武装干部(简称专武干部)集训考核。4月，组织17名专武干部和5名高校专武干部参加全市专武干部集训考核，考核内容包括基础理论、业务知识、军事技能和体能训练，获得1个单项第一、2个单项第二、3个单项第三的成绩。5～8月，一名新任专武干部参加全省专武干部集训，顺利通过资格认证考核。

【国防动员工作深入开展】 2014年，区人武部深入开展国防动员潜力调查工作，核对全区重点化工企业和重点防卫目标数据，完成沿312国道建立车辆维修保障点任务，调整组建“道路抢修”“给养保障”“车辆装备维修”等保障队伍，点验全区首批兵员动员对象，退伍军人率、专业对口率均有提升。严格落实民

5月23日，双37高炮连三、四炮手在实弹射击前调整瞄准线（区人武部 供稿）

兵应急分队战备工作，于1月27日组织6个镇（开发区）民兵应急分队200余人，参与雪堰镇太湖湾西湾坞扑灭山林火灾行动，得到军地领导和当地群众高度肯定。

【征兵任务圆满完成】 从2014年5月起，征兵实行网上报名登记，征兵政治审查调整为征兵政治考核，简化征兵程序。全区1万余名适龄青年通过登录全国征兵网按要求登记，3000余名应征青年报名应征，圆满完成年度兵员征集任务。入伍新兵高中以上文化程度达95.1%，党团员比例达99.8%。国防教育日前夕，区人武部以“激扬青春，成就梦想”为主题的道德讲堂形式，在礼嘉、牛塘、郑陆、湟里四镇开展试点，欢送新战士光荣入伍。召开全区新兵入伍欢送大会，区领导、人武部领导及部分新兵家长参加。

（周建平）

人 民 武 警

【概 况】 2014年，武警武进区中队以学习中共中央总书记、中央军委主席习近平系列重要讲话为重点，结合第二批党的群众路线教育实践活动，开展“重学习、尽职责、讲道德、守法纪”“双学双提”（学理论、提境界，学业务、提本领）活动和密切内部关系教育，进一步坚定政治立场、改进工作作风，突出党员模范作用，提升支部队伍整体建设水平。加强官兵思想政治教育，在开展遵纪守法、安全、保密等经常性政治教育的同时，组织“强军风采”系列文化活动、“与雷锋同行”岗位实践活动，打造“听党指挥、能打胜仗、作风优良”的官兵队伍。围绕践行新形势下强军目标，贯彻落实《军队基层建设纲要》和《基层正规化管理规定》，圆满完成执勤看守、处突维稳和应急救援等任务，积极参加青奥会安保、“卫士—14”演习等大型活动，高标准实现“两个确保”（确保以执勤处置突发事件为中心的各项任务圆满完成，确保部队内部高度稳定和集中统一）。该中队三班被评为武警常州市支队先进班集体；二班班长钱帅被武警江苏省总队评为“青奥安保先进个人”，立三等功；9人被评为武警武进区中队优秀士兵。

【执勤目标安全无事故】 2014年，武警武进区中队抓住执勤看守、处突反恐，严格按大纲训练，坚持官兵分训、科学组训，鼓励官兵学习新知识、掌握新装备、提升新技能、研练新战法；坚持平战一体，贴近实战训练，年度各项考核总评均达优秀。突出做好青奥安保专勤专训，重点训练执勤基础动作、执勤器材操作使用、场馆警戒值守勤务情况处置、场馆警戒值守勤务四哨动作等5个科目，强化官兵处置突发事件应急能力。全年出勤临时勤务150余次，出动兵力1000余人次，累计行程1万余千米；做好固定勤务，实现执勤目标安全无事故。

（席伟新）

人 民 防 空

【概 况】 2014年，区民防局坚持融合发展工作理念和导向，推进民防融入城市建设、服务民生、应急管理，编制完成《武进区人防工程布局规划》初稿，全面落实常州市轨道交通1号线兼顾设防要求以及对沿线人防工程影响评估等工作，常态化开展社区民防知识普及、疏散演练等活动，提升全区社区居民防空意识和技能。发展民防事业，“武进版”民防疏散体系全面建设，人防工程维护管理“服务外包”全面实施，民防实战指挥系统研发完成。推进民防宣传教育，制作完成民防知识系列动漫短剧4集，联合武进电视台、武进电台开展“民防宣传教育进社区，民防文化惠万家”宣传教育活动，民防科普教育馆全年接待参观人员3万余人次。

【人防指挥通信建设】 2014年，区民防局加强人防专业队伍建设，于4月完成市属人防专业队伍队员整组。维护管理人防指挥所，启动区人防地下指挥中心升级改造，完成郑陆镇人防指挥所搬迁，定期开展与市民防局和镇（街道）人防指挥所联动调试，保障人防指挥所运行。研发民防实战指挥系统，提升信息化条件下民防组织指挥能力。加强机动指挥通信能力建设，参加市民防局组织的人防机动通信系统拉动训练，提高业务水平。加强民防应急演练，全区60个社区组织防空袭疏散演练活动，参与群众近4000人。

【“武进版”民防疏散体系建设】 2014年，区民防局着眼战时、灾时实现快速有效疏散，保障群众生命财产安全，于1月起建设“1+4+N”（“武进版”）民防疏散体系。“1”——常州市民防疏散基地，“4”——在全区东西南北4个片区各建一个中心区域疏散安置地域，“N”——在中心区域疏散安置地域之外的其他各镇（街道）、开发区建设一定数量的疏散地域，预计明年全面建成。年内，建成雪堰镇城西回民村、横林镇卫星村和邹区镇现代农业产业园3个片区民防疏散地域，镇（街道）民防疏散地域12个，每个疏散地域建有“一所、一站、两点、两中心”（人口疏散地域接收安置指挥所，村民防工作站，基本安置点、预备安置点，生活保障中心、医疗保障中心），水、电、气等基本设施齐全，民防应急器材按标准配备并设立相应标识、标牌。

【民防知识系列动漫短剧制作】 区民防局创新民防宣传教育形式，运用动漫短剧宣传防空防灾、自救互救等民防知识，于2013年5月面向社会公开征集剧本，从2014年9月开始组织制作武进区民防系列动漫短剧《旻旻宝典》。该剧由《空袭比萨城》（空袭疏散）、《纵火喜来楼》（火灾逃生）、《暴雨淹不掉》（暴雨防救）、《真假小乐乐》（食物中毒抢救）、《牛阿姨触电》（触电救护）、《憨小猪游泳》（溺水抢救）、《撞了汪点点》（交通事故救护）和《不倒的城堡》（地震救护）8个单集组成，每集单独成片。至年末，制作完成动漫短剧4集。

【人防工程维护管理“服务外包”】 2014年，区民防局按照政府向社会购买服务的思路，创新社会化参与人防工程专业设备设施维护管理途径，将人防工程专业设备设施维护管理委托外包给专业公司，与其签订“服务外包”协议，明确责任。按照协议，专业公司定期巡检人防工程，保养维修人防工程设备设施；区民防局考核委托给专业公司管理的人防工程维护管理情况，根据考核情况支付委托维护管理经费。全年完成巡查巡检人防工程114项，更换人防工程专业设备设施零部件700余个（件）。

（史红金）

（栏目编辑 张怡菁）

综　　述

【概　况】 2014年，全区政法部门围绕区委、区政府“加力城乡一体，加速生态文明”的总要求和打赢“产业培育、城乡一体、生态文明和改革创新”四大战役的总体部署，积极应对社会矛盾多样高发、维稳形势严峻复杂的困难局面，深入推进平安建设、法治建设和政法队伍建设，确保全区社会大局持续稳定。武进区被省综治委表彰为“全省社会管理综合治理先进县（市、区）”，连续第10年被评为“全省平安区”，武进区综治法治工作绩效在全市名列第一。

平安建设　(1)维护社会大局稳定。区委政法委注重源头预防，于10月修订完善《关于健全重大决策社会稳定风险评估机制的实施意见》，围绕征地拆迁、环境影响、改革改制、社会保障和区划调整等直接关系人民群众切身利益且涉及面广和容易引发社会稳定问题的重大决策事项，开展稳定风险评估（简称稳评）工作。年内完成重大稳评项目61件，未有因稳评工作不落实引发的群体性事件发生。加强社会矛盾滚动排查，掌握民生领域、经济领域、特殊群体中的不安定因素和矛盾。发挥区社会管理服务中心统筹协调作用，运用法律、经济和行政等手段，通过教育、调解和疏导等办法，推动矛盾纠纷排查化解。与区综治办、信访局联合开展信访积案专项治理和治理进京非正常上访攻坚年活动，依法惩治违法信访，规范信访秩序，控制信访增量、压降存量。全区赴京非正常上访总量下降44.4%。(2) 深化基层平安建设。于9月出台《关于深化城乡社区平安建设活动的实施方案》，召开深化城乡社区平安建设推进会，在全区推广湖塘镇湾里社区平安创建“五动”（党政推动、社区行动、公安主动、部门联动和群众齐动）模式和高新区北区东庄社区“五位一体”（网格长、信息员、楼道长、城管和联防充分整合）模式先进经验，提高社区治安防范能力。经年末考评，区级平安村（社区）创建率达100%。

法治建设　落实《关于开展“法治镇（街道）”创建活动的实施意见》《关于加强镇村法治组织建设的意见》精神，健全基层决策、管理、选举、议事、公开、述职和问责机制，以政府购买公共服务的方式，实现城乡社区法律顾问全覆盖。落实“四民主、两公开”（民主选举、民主决策、民主管理、民主监督，村务、财务公开）制度，完善城乡社区居民自治，巩固民主法治建设根基。雪堰镇太滆村和湖塘镇周家巷社区等19个基层单位被评为“全省民主法治示范村（社区）”。加强基层法治创建，建成湟里金水岸广场、遥观法治文化广场和湖塘晓柳法治文化社区等特色法治文化阵地，累计36个，其中省级示范点1个、市级示范点5个。推进普法宣传，制定年度领导干部学法工作计划，会同区委宣传部制定党委中心组法制报告会计划，提升领导干部运用法治思维和法治方式深化改革、推动发展、化解矛盾的能力。加强执法规范化建设，提高依法行政和公正司法水平。深化执法评查，对重点案件、重点环节、重点部门定期开展案件评议和执法督查，严格执法过错追究制度，提高执法办案质量。全年组织开展对政法办案部门的专项执法检查4次，执法监督成为常态化。

政法队伍建设　根据区委统一部署，在政法系统开展党的群众路线教育实践活动，深入查摆“四风”问题。全年走访群众3000多户，为民办实事1400多件。适应政法工作形势发展需要，举办形势报告会和法制讲座等系列教育培训，开展公正司法示范点和执法办案能手评选等活动，提升干警职业素养和专业水平。加强干部队伍管理，联合纪检和组织部门抽查区法院横山桥人民法庭、民二庭，区检察院奔牛检察室、反渎局，区公安局横山桥派出所、雪堰派出所、卜弋派出所、交警大队、禁毒大队，以及区司法局社区矫正科10个单位负责人履职尽责、廉洁从政和依法办事等情况，促进基层政法机关领导班子建设。

【“迎青奥、保稳定”百日会战】 7～9月，贯彻区委、区政府《关于集中开展“迎青奥、保稳定”百日会战的实施意见》，全区开展社会治安综合整治、矛盾纠纷排查化解、安全生产检查整改、环境保护和网上舆论引导五大专项行动。期间，全区排查化解信访突出问题40件，排查整改安全隐患350余个，实现“五个坚决防止”的工作目标，即坚决防止发生影响政治安全的重大敏感事件、发生暴力恐怖事件、发生重大群体性事件及个人极端事件、发生恶性刑事案件、发生重大公共安全事件。

【开展治安重点整治】 4月，区综治办下发《关于全面开展社会治安重点地区和突出治安问题整治工作的通知》，把重点关注对象违法设摊问题列为突出治安问题，将湖塘镇老街、乐购商圈分别列为市级和区级社会治安重点地区，把雪堰镇杜家塘等18个地区列为镇级社会治安重点地区，逐一细化制定整治方案，通过加强组织领导、排查摸底、联动执法、长效管理和宣传引导等措施，严格落实工作责任。经过为期半年的集中整治和长效管理，治安形势得到改善，突出治安问题有效解决率达62%，公众安全感超90%。

【实行流动人口子女入学积分制管理】 4月，《武进区流动人口子女积分入学管理暂行办法（试行）》《武进区流动人口子女积分入学管理实施细则（试行）》出台。在武进区办理居住证，并居住或工作1年以上（含1年），由本人申请并经相关部门核准的流动人员，可为其子女申请积分入学。流动人口子女入学积分由基础分、附加分和扣减分组成。其中，基础分包括家长个人素质、参加社会保险情况、居住情况和计划生育情况，附加分包括紧缺急需人才、投资纳税和社会贡献，扣减分包括违法犯罪等内容。根据积分高低，流动人口子女享受就读公办学校初始年级待遇，逐步解决流动儿童就学难题。经过半年多的筹备运作，全区受理首批申请人材料3871份，涉及儿童3888名，其中被公办学校录取3124名，被新市民小学录取502名。

（蒋王意）

法治政府建设

【概 况】 2014年，区政府法制办贯彻落实中共中央《关于全面推进依法治国若干重大问题的决定》，按照《2014年全区依法行政工作要点》，履行法制保障、法制监督职能，推进全区依法行政和法治政府建设。全年办理劳动工伤、环境保护和治安管理等方面行政复议案件41起，其中维持23起、驳回1起、调解撤回14起、不予受理3起，法定期限内结案率100%；代理区政府为被告的行政应诉案件12起，代理区政府为被申请人的行政复议案件6起；接待群众法律咨询80余人次，参与行政涉法纠纷调处20多起；全区行政诉讼案件行政首长出庭应诉率达98.1%。全程参与房屋征收补偿方案讨论和社会稳定风险评估，提供法律意见和建议，促进全区房屋征收工作合法、合理、公平和科学。建立行政调解工作统计月报、季报、年报制度，推动行政调解工作向日常化和规范化发展。加强行政执法监督，联合区依法治区领导小组、监察局对重点执法部门开展行政执法专项评议和依法行政考核，提高执法部门执法水平。通过区"三合一"阳光政务平台备案57件，平台外备案17件。建立行政执法人员资格考试平台，组织全区执法人员参加法律知识测试。

【服务行政审批制度改革】 2014年，区政府法制办按照区政府《关于进一步深化行政审批制度改革的实施意见》和《关于认真做好行政审批事项清理规范工作的通知》要求，参与全区行政审批制度改革，以"依法实施许可、规范权力运行"为清理原则，建立政府权力事项清单，服务企业发展，减轻群众负担，审核全区行政审批事项156项的法律依据，逐一提出法制意见。按照加快推进城乡发展一体化要求，以因地制宜、依法放权、权责一致和分步实施为原则，协调郑陆、湟里、横山桥和雪堰4个中心镇做好扩权强镇工作，通过下放事权、扩大财权、改革人事权、保障用地和优化机构设置等方式，提升中心镇的发展能动性。

（郑 喆）

流动人口子女积分入学受理登记现场 （区政法委 供稿）

公 安

【概 况】 2014年，全区公安机关以服务保障"两个率先"（率先全面建成小康社会，率先基本实现现代化）为目标，围绕完善立体化、现代化治安防控体系主线，践行民生警务，推进平安武进和法治公安建设，为全区经济社会发展创造稳定和谐的社会环境。实施维稳保民工程，完成中共十八届四中全会、南京青奥会、APEC会议和"12·13"国家公祭日等重大安保维稳任务，全年排摸各类不安定因素531个，妥善处置群体性事件276个，参与完成稳评项目61个，化解重点信访案件9起，化解各类社会性矛盾纠纷5881起。实施城市巡逻体制重组工程，推进立体化、现代化治安防控体系建设，通过重组城市巡逻体制、织密科技防范网络、拓展防范宣传阵地，提升社会治安防范能力。深入警务改革，实现社区警务信息运用、治安治理等方面质效提升。严厉打击刑事犯罪，全年破获刑事案件2677起，抓获刑事作案成员4822人，移送检察院提起公诉2589人，实现打处绩效和群众安全感双提升。创优发展环境，破获各类经济案件85起，挽回经济损失1.2亿元；出入境窗口群众平均等候时间缩短5分钟，护照、通行证办理平均缩短5天；指挥中心接警满意率达98.03%，全市排名第一；行政服务中心公安窗口群众评价满意率保持100%。年内，经侦大队、滆湖派出所被公安部分别评为"全国打假先进集体"和"全国执法示范所队"，有3人立二等功、47 人立三等功，涌现“中国好人”陈静、省公安厅“巾帼建功标兵”杨丽萍、“常州最美警察”张冬琴、“常州市劳动模范”姚晓君等先进典型。

【城市巡逻体制重组工程实施】 （1）重组城市巡逻体制。区公安局坚持警力下沉、屯兵街面，于 2 月建立武装巡逻和机关夜巡等工作制度，全区路面常态巡防警力 800 人，其中武装巡逻警力 50 人，配发警务通 198 个，日均盘查人库 4000 余人。购置移动式智能化卡口车 10 辆，在万达、乐购、金鹰和大学城设置屯兵点 4 个，全面强化城区社会面防范控制。建立街面警情实时研判、巡逻质态合成研判等工作机制，通过巡逻盘查抓获违法犯罪嫌疑人 2398 人。创新群防群治，新城派出所保安“抱团”巡逻工作经验在全市推广。全区抢劫、抢夺、入室盗窃、盗窃电动车发案同比分别下降 35.9%、41.7%、9.8%、6.1%。（2）织密科技防范网络。推进社会面高清监控建设，建成高清卡口和高清卡口式电子警察 133 套，新增高清监控 3868 个，完成指挥中心大屏显示系统升级改造，研发新一代指挥调度平台，与派出所勤务指挥室实现联网运作，实现对前端警力的扁平化、可视化指挥调度。深入实施技防入户工程，完成技防入户 78486 户、外延企业监控 1500 余路，安装“车卫士”系统 1.2 万辆，完成 42 个老小区、26 个城中村安防改造。（3）拓展防范宣传阵地。深入开展防范网络电信诈骗宣传活动，开展集中宣传活动 550 余场次，发布网络警方告示、微信、微博共 8.5 万条，科教城派出所安防考试学分制做法在全省推广。先后在马杭、邹区等地建成“市民防范体验中心”“安防驿站”“防范超市”等宣传阵地，将防范触角延伸到群众身边。

【公安专项行动】 区公安局开展打击“两盗一骗”（入室盗窃、盗窃电动车、电信网络诈骗）、百日破案竞赛专项行动 3～11 月，区公安部门破获抢劫、抢夺案件 56 起，入室盗窃案件 518 起，盗窃电动车案件 182 起。

防范网络电信诈骗专项行动 4～6 月，区公安部门发放宣传资料 50 万余份，协助各银行维护、增设监控探头 125 个，阻止网络电信诈骗案件 289 起。

“迎青奥”交通秩序百日整治行动 5～8 月底，区公安部门现场查处各类违法行为 7300 余起，其中违停帖单 4000 余起、酒驾 56 起、涉牌涉证违法行为 200 余起。

禁毒专项行动 6～9 月，区公安部门破获涉毒刑事案件 187 起，抓获涉毒犯罪嫌疑人 211 人，公诉 92 人，缴获毒品 35.3 千克，侦破公安部毒品目标案件 3 起、省公安厅毒品目标案件 2 起。

“清剿火患、打非治违”专项行动 8～12 月，区公安部门检查各类单位和场所 8500 余家次，发现火灾隐患和违法行为共 11751 处，下发责令改正通知书 1332 份。审查危险化学品单位从业人员资格 800 余人，完成对全区 120 家剧毒、28 家放射源单位的“三防”（人防、物防、技防）改造。

【警务改革深化】 （1）提升社区警务质量。区公安局开展全警大走访活动，组织全体民警进村入户下社区，采集基础信息，发放宣传资料，征求意见建议，社区见警率和窗口满意率分别达 83.93%、99.2%。走访群众 28 万余户、企业 1 万余家次，发放宣传资料 30 万余份，为群众解决实际困难 200 余件，社区警务绩效考核排名全市第一。开展标准和示范警务室创建活动，统一规范全区 180 个警务室的基础设施、勤务保障、台账资料和日常运行，创建市级示范警务室 3 个、区级示范警务室 27 个。深入推进流动人口服务管理会战，全年登记（变动）流动人员 72 万余人，新登记房屋出租户 3.2 万户，办理居住证 49.6 万张。（2）完善信息应用机制。建立合成研判制度，由情报中心牵头指挥中心、刑侦和网安等 11 个部门，每周分析研判全局主要工作数据、社区警务和技防建设等 6 项重点工作，为警务实战提供有力指导。全年召开合成研判会议 47 场，发布交办指令 82 期。加强合成作战平台建设应用，实现对各类数据资源的高度整合、深度应用和合成作战。（3）创新治安治理手段。完善游戏（游艺）场所“标签化”管理机制，对全区 63 家游艺室 1500 余台游戏机逐一鉴别、登记、张贴标签，实时监控游戏场所情况。创新行业场所等级化管理、管理与查处分离、异地检查等工作模式，有效规范全区行业场所经营秩序，全年查处各类行业场所 115 家。创新“民警＋网吧协会理事成员”管理模式，通过网吧管理抓获犯罪嫌疑人 61 人，其中逃犯 21 人。

（曹丽娜）

【道路交通治安管理】 2014 年，区交巡警大队围绕“一降两提升”（全区交通事故死亡人数同比下降 10% 以上；群众安全感满意度提升，农村道路防控能力提升）目标，紧扣“畅通、安全、规范、服务”主线，推进道路监控网建设、重点违法行为整治和道路安全隐患排查治理，加强交通安全宣传，实施道路交通畅通工程，加强执法规范化建设，创新服务，提升全区道路交通治安管理水平。开展农村道路交通秩序、城区显见性交

8 月 8 日，武进万达开业，交巡警维持秩序　　（区交巡警大队 供稿）

通违法行为，以及客运车辆、危化品运输车、飙车和非法改装车、违法大户系列专项整治，全警投入春运、青奥安保、APEC 安保、“六打六治”和文明城市创建等专项行动。全年查获各类交通违法行为 87.2 万起（非现场纠违 75.47 万起），其中酒驾 1264 起（醉酒 508 起），行政拘留 573 人次，扣留机动车 8535 辆，扣留驾驶证 6788 本；查获被盗抢车辆 32 辆，抓获网上逃犯 39 名，查获吸毒人员 5 名，收缴管制刀具 60 把；查协破各类案件 1928 起，抓获各类违法犯罪嫌疑人 865 名；报送全区交通安全形势情况通报 5 期 220 份，推动相关部门排查整改交通安全隐患 497 处，协同安监、交通、消防、教育部门和乡镇落实危化品运输车、客运车和校车监管；淘汰报废老旧机动车 18 万余辆，新车上牌 25450 辆；开展“五进”（进农村、进社区、进企业、进学校、进家庭）宣传活动 120 场次，会同区文明办等部门在餐饮行业实施“酒后驾车干预项目”文明工程，与武进电台联合开设《交巡警在线——畅通龙城路，城市早高峰》栏目平台，联办《上下班路上》节目 250 期。区交巡警大队 7 月被省公安厅交巡警总队评为全省“2013 年度交通安全宣传先进单位”。

【道路交通畅通工程实施】 (1) 科学组织交通。区交巡警大队优化辖区内国、省干线道路交通组织，科学渠化 312 国道横洛路口、340 省道腾龙路口等交通要道路口，有效组织校园、商业中心、大型集散市场（凌家塘农副产品批发市场、邹区灯具城）周边交通，精细轨道交通建设施工组织，有效保障市民安全、顺畅出行。(2) 建立城市主要节点、乱点、堵点日常管理机制。合理安排勤务，结合天气、节假日、上下班高峰交通特点和变化规律，实施不同级别的管控保畅机制和整治措施，全力确保商业圈、旅游景区景点、校园周边重点路段和节点路口的交通畅通。(3) 推进智能交通系统建设。发挥其在均衡交通流量、缓解交通拥堵和保障交通安全方面的作用，优化交叉路口基础配时 177 个 303 次，新建“绿波道路”29 条，合计 45 条，实现对国、省干线道路的绿波控制。对常武路广电路口等 19 个节点重新优化配时，将绿波线拓展为绿波面，建成城区区域绿波控制系统，提高整个路网使用效率和通行能力。(4) 整合静态交通资源。在长安路等背街小巷、支小道路和次干道设置便民停车点 500 余个。(5) 维护基础设施。在中心城区 11 条道路新增隔离护栏长度 69.6 千米，重新渠化定安路、府北路等路口 17 个，安装、调整、维修信号灯 554 处，漆划标线 148 处，新增、维修交通标志 361 处。(6) 创新“渣土车”管理“武进模式”。采取安装自动限速装置、GPS 实时监控、常态化全天候路面勤务管控等措施，全区涉及渣土车的交通事故下降 75%。

【交通事故办理机制创新】 区交巡警大队依托交通事故综合服务中心，联合区检察院、法院于 5 月首创轻微刑事案件快速办理“2+2+3”机制，即公安在 2 天内将案件侦查结束后移送起诉至检察院，检察院收到案件后在 2 天内审查结束后移送法院，法院在 3 天内对该案件作出处理。充分发挥交通事故损害赔偿案件联动调解机制作用，联合交通巡回法庭、人民调解工作室和保险公司在事故处理和调解过程中，根据需要相互协作配合，高效、低成本化解交通事故纠纷。该项创新工作得到市公安局、省公安厅肯定。2014 年，全区发生道路交通事故 510 起，死亡 130 人，伤 474 人，经济损失 69.09 万元。

（周燕敏）

【消防管理】 2014 年，武进区落实政府消防工作责任制，于年初召开全区消防工作会议，由区政府与镇、街道和开发区及相关职能部门签订年度消防工作目标责任书，明确基层政府消防工作职责。区消防部门根据区政府《市政消火栓管理办法》，结合中心城区两大地块改造工作推进老城区市政消火栓基础设施改造工程，修缮公共消防设施，新铺管网长度 5175 米，维修、更换水表 487 个，集中改造中心城区 14 个安置小区消防设施损坏和瘫痪等问题。推进青奥消防安保工作及“三项整治”（消防控制室、居民小区、三合一建筑）行动，开展“平安养老”“平安医院”“平安学校”、商场市场专项整治、易燃易爆单位专项检查、高考涉考场所专项检查和非法建筑排查整治等系列专项行动。全年检查单位 8532 家、政府挂牌督办重大火灾隐患单位 12 家，发现火灾隐患 1.1 万条，督促整改火灾隐患 1.09 万条，临时查封单位 7 家，“三停”（停止施工、停止使用、停止营业）单位 31 家，拘留消防违法行为人员 5 人。全区发生火灾 1084 起，死亡 13 人，受伤 9 人，直接财产损失 198.63 万元。全年接处警 3024 起，出动车次 6151 辆，警力 33053 人次，抢救被困人员 212 人，挽回财产价值 5100.62 万元。

（王钦仙）

检　察

【概　况】 2014 年，区检察院围绕维护社会大局稳定、促进社会公平正义、保障人民安居乐业三大主要任务，加强法律监督、自身监督和队伍建设，以“民生检察提升年”活动为抓手，履行宪法和法律赋予的职责，为全区改革发展和法治建设提供有力司法保障。刑事检察部门受理各类提请批捕案件 1057 件 1382 人，批准逮捕 928 件 1214 人；受理各类移送审查起诉案件 1961 件 2649 人，提起公诉 1956 件 2560 人，报市检察院审查起诉 24 件 66 人。监所检察部门依法监督看守所收押 3068 人，出所 3075 人；针对刑罚执行和监管活动中的违法违规情况，发出书面纠正违法行为 1 份、书面检察建议 1 份、监所检察建议 2 份，口头纠正违法行为 25 次，口头检察建议 35 次。控告申诉检察部门受理群众来信 286 件、来访 176 人，化解缠访闹访案件 7 起，保持无涉检赴省进京上访；办理刑事申诉案件 7 件，其中立案 5 件、审查结案 1 件、终止审查 1 件。民事行政检察部门办结各类民事行政检察监督案件 50 件，其中终结审查案件 24 件，发出各类检察建议 26 件。职务犯罪预防部门开展预防职务犯罪警示教育活动 119 次，预防咨询 30 次，以及个案剖析或类案分析 12 次，形成案例分析 12 份。案件监督管理部门公布法律文书 1387 份；通过抗诉程序为中天钢铁集团有限公司（简称中天钢铁集团）挽回直接经济损失 1795 万元。区检察院获“全国检察宣传先进单位”“江苏省检察机关先进集体”称号，反渎职侵权局被省检察院记“集体二等功”，未成年人犯罪检察室被团省委授予省级“青年文明号”称号。

【“民生检察提升年”活动】 2014年，区检察院顺应人民群众对公共安全、司法公正、权益保障和反腐倡廉的新期待，深入开展“民生检察提升年”活动，服务发展，保障民生。(1) 深化检察服务措施。于3月出台《充分发挥检察职能服务保障“两加”活动的实施意见》，服务全区经济转型升级。(2) 强化派驻检察室职能。依托派驻检察室贴近基层优势，探索建立派驻检察室与职务犯罪侦查部门一体化办案机制、与职务犯罪预防部门常态化教育机制、与民事行政检察科联合宣传制度和“巡诊式”服务机制。推进“三延伸三深入”：延伸反贪防腐触角，深入惩治民生领域职务犯罪；延伸诉讼监督触角，深入维护人民群众合法权益；延伸检察服务触角，深入有效化解社会矛盾。(3) 营造健康经济环境。参与整顿和规范市场秩序专项行动，查处金融诈骗、假冒注册商标等犯罪人员115人；于7月首次运用附条件逮捕措施，依法办理常州市凯宏铝业有限公司被骗2800余万元诈骗案。惩治影响经济建设的职务犯罪，深入工程建设领域查处贪污、受贿案9件；打击行贿犯罪，查处行贿案6件；开展行贿档案查询服务4971件，推进社会信用体系建设。(4) 注重维护民生民利。开展“高效农（渔）业领域”渎职犯罪侦查专项行动，查处市、区科技和农业部门受贿、渎职等大案4件5人。开展整治食品药品安全专项行动，打击破坏生态环境的犯罪，依法从快批捕、起诉利用工业盐生产有毒有害食品犯罪嫌疑人；提前侦查取证，及时批捕、起诉污染环境犯罪嫌疑人。维护涉案弱势群体合法权益，向30名刑事特困被害人或家属发放救助金8万余元，扶助贫困失学儿童10余名。

【反腐倡廉建设】 (1) 依法查办职务犯罪。2014年，根据上级统一部署，区检察院立案查处广电、司法等系统职务犯罪大要案34件35人，其中贪污、受贿等案件24件24人、渎职侵权案件10件11人，百万元以上特大案3件，查办处级干部3人、科级干部13人，通过办案挽回直接经济损失1200余万元。(2) 推进智慧反腐。利用侦查信息平台，通过数据恢复、轨迹分析和测谎仪等现代科技，构建“查个案、牵串案、挖窝案”的办案模式；运用执法跟踪监督、案件质量网上考评和办案风险预警等措施，确保办案安全、文明和规范。(3) 构建预防职务犯罪人民防线。抓好预防“四化”：个案预防常态化，采用检察建议、案例剖析会等形式，帮助案发单位建章立制；工程预防规范化，对区内10个重大建设项目实行动态廉政监督；预防协作具体化，与税务、国土等部门建立联席会议机制，开展预防宣传教育，协助完善防范机制；预防宣传立体化，区检察官走进质监、消防等部门上法制课18次，组织人社、民政等部门开展警示教育活动31次，受教育党员干部4500余人。

【观护矫正工作创新】 2014年，区检察院推行“评估案件性质、评估人身危险性、评估入驻期间表现”三项评估机制，提前研判入驻风险，跟踪记载入驻人员表现，为其量刑提供参考意见。量身打造观护方案，结合个人特点制定观护矫正方案，对入驻人员实行一人一档，记录观护、帮教等信息。强化细化职责分工，配置企业联络员、技术培训员、心理辅导员和法律服务员，有计划开展心理矫正、法律教育和文化辅导等活动。探索“一站一港”观护帮教模式，在深化“金球驿站”工作的基础上，于3月创设全市首个女子观护帮教工作站“嘉宝馨港”（位于湖塘纺织工业园嘉宝服饰有限公司内），被市委政法委确定为全市创新治理示范项目。年内，有142名外来犯罪嫌疑人入驻观护帮教工作站，其中8名女性入驻“嘉宝馨港”。

【“阳湖绿洲”品牌打造】 2014年，区检察院未成年人犯罪检察室打造“阳湖绿洲”品牌，以在校青少年犯罪预防、失足青少年矫正回归、涉案未成年被害人和特困青少年救助为重点，开展“育苗”“护苗”“助苗”系列行动，创建未成年人检察工作区，将感化教育、挽救和预防贯穿办案全过程。区检察院与市孔子思想研究会合作，用传统文化感化教育在押青少年；结合办案实际，运用典型案例，深入学校、社区开展法制教育活动16次；在全市率先设刑事特困被害人救助基金，年内向12名涉案未成年人发放救助金共计3万余元，帮助5名失学少年重返课堂；于1月出台《未成年人附条件不起诉制度实施办法》，分情况、有重点考察附条件不起诉未成年人，落实针对性帮教措施，年内不起诉未成年人9人，其中附条件不起诉5人。

【履行诉讼监督职能助企业挽回直接经济损失1795万元】 2014年7月，区检察院履行诉讼监督职能，对被告人谈某某职务侵占一案提请抗诉并获市中级人民法院改判，为受害单位中天钢铁集团挽回直接经济损失1795万元。2011年3月至2013年4月，被告人谈某某利用担任中天钢铁集团会计的职务便利，擅自为11个客户单位删除应付给公司的承兑汇票贴息款总值1795万元，索要或

5月9日，女检察官在“嘉宝馨港”工作站传授女红技艺　（区检察院 供稿）

收受好处费 211 万余元。区法院以犯非国家工作人员受贿罪判处被告人谈某某有期徒刑 10 年。该判决使中天钢铁集团从职务侵占的受害单位变为收受贿赂的涉案单位，被谈某某非法删除的款项无法追回。区检察院认为一审判决法律适用存在重大瑕疵、定性错误，依法启动审判监督程序，向市检察院提请抗诉并获支持。市中级人民法院认为检察机关抗诉理由成立，二审改判被告人谈某某犯职务侵占罪，责令其退还赃款 211 万余元。凭借二审刑事判决书，中天钢铁集团依法向相关单位追回被非法删除的 1795 万元款项。

（潘人杰）

法　　院

【概　况】 2014 年，区法院有行政编制干警 181 名（其中法官 117 名），事业编制工作人员 35 名，派遣制辅助人员 85 名。全年受理各类案件 20647 件（含旧存案件），审执结 18276 件，分别增长 7.5% 和 6.1%，解决争议标的额 47.1 亿元。其中：受理刑事案件 1987 件，审结 1961 件，生效判决罪犯 2611 人；受理民事案件 8255 件，审结 7413 件；受理商事案件 3297 件，审结 2809 件；受理知识产权案件 139 件，审结 135 件；受理行政案件 128 件，审结 115 件；受理执行案件 6270 件，结案 5326 件。区法院少年庭被省高院记“集体一等功”。

【内设机构调整】 （1）新设常州市武进区人民法院高新区人民法庭（简称高新区人民法庭）。2014 年 9 月，经省高院批准，高新区人民法庭设立。该法庭位于南夏墅派出所以东，龙须路以北地块内，总用地面积 6668 平方米，总建筑面积 3399 平方米，总投资 1062 万元，于 5 月奠基开工，计划明年 5 月竣工。（2）常州市武进区人民法院邹区人民法庭（简称邹区人民法庭）更名为常州市武进区人民法院嘉泽人民法庭（简称嘉泽人民法庭）。2014 年 9 月，撤销邹区人民法庭，设立嘉泽人民法庭。该法庭位于嘉泽镇人民路西侧、嘉成路北侧地块内，总用地面积 9738 平方米，总建筑面积 3277 平方米，总投资 1024 万元，于 3 月奠基开工，年内基本竣工。

【司法为民工程】 （1）创新机制促惠民。区法院对于交通事故、劳动争议和土地承包等多发群发类案，推行“专业化审理＋社会化调解”的集中化解模式，建立“一镇一村一企”联系点，推行下乡办案，就地开展立案咨询、现场调解、执行款物交接和信访化解等活动。利用热门网站、户外广告屏等载体，区法院于 6 月建立失信被执行人“黑名单”发布机制，加大失信惩戒力度。开展网络司法拍卖，实现资产变现“零佣金”，网拍成交额超亿元，为当事人节约佣金成本超 400 万元。（2）提升服务促便民。完善诉讼服务中心，细化服务事项，延长服务时间，建立中午值班制度，使当事人联系法官无时差。于 1 月完善网上诉讼服务中心，实现预立案申请、法律咨询和信访答疑等事项便捷办理。于 12 月建立“12368”语音系统、短信发送平台，为群众提供全方位的审判流程信息告知服务。（3）保障权益护民。在审理婚姻家庭、人身侵权等涉及人民群众切身利益案件的同时，建立涉农纠纷化解“绿色通道”，实现快立案、快审结和快执行，维护农村社会稳定。开展涉民生案件专项集中执行活动，执结涉民生案件 300 余件，发放执行款 2000 余万元。贯彻未成年人优先保护的司法理念，对未成年人犯罪档案实行封存，做好青少年被害人心理咨询和司法救助工作。

【公正司法工程】 （1）集中清案，实现收结案件动态平衡。区法院各部门干警利用休息日驻庭办公、集中通案，提高审执效率，主要业务部门一线法官人均结案数均超 200 件，其中刑事审判庭审理的刑事案件量占到全市的 1/3。庭领导主力办案，通过开示范庭或搭配年轻法官组成合议庭等方式办理案件。打破部门限制，协调各部门人员积极参与、保障办案，具有审判资格的综合部门人员全年共办理各类案件 562 件。（2）提升质量，推进案件专项评查顺利开展。区法院于 3 月出台《关于进一步规范审判组织、加强办案工作的实施意见》，建立健全防范错案工作机制。开展庭审专项评查，通过庭审观摩、庭后点评和交流反馈等方式，提高法官庭审驾驭能力。定期交流文书制作经验，开展文书质量评查，评选优秀裁判文书，其中吴文亮撰写的一份判决书在全省法院系统优秀裁判文书征文评比中获一等奖。完善对敏感案件、重大案件等的质量监控机制，加强信息沟通和情况反馈，通过定期通报、专门点评和集中学习等形式提高审判质量。（3）改革创新，健全审判权运行机制。10 月，以横林人民法庭为试点法庭，建立以主审法官办案责任制为核心、以审判团队管理为形式，权责统一、监督有序的审判权运行机制。推进以审判为中心的诉讼制度改革，完善主审法官、合议庭办案责任制，由审理者裁判、裁判者负责。深化审判委员会（简称审委会）制度改革，建立审委会讨论案件的过滤和分流机制，发挥审委会在统一法律适用、监督和指导审判工作方面的作用。

3 月 12 日，武进法院集中巡回审判“酒驾”案件　　（区法院 供稿）

【司法公信工程】 （1）促进司法公开。区法院以“无选择公开、常态化公开”为原则，打造审判流程、裁判文书和执行信息三大公开平台，实现“立案、审理、执行”全过程公开，做到“庭审、文书、审务”全方位公开。构建服务窗口查询、电子触摸屏查询、网络查询和手机短信查询“四位一体”的案件信息查询系统，实现审判流程全面公开；完善典型案例发布、案件卷宗同步扫描等制度，实现审判案件深入公开。以打造透明庭审为重心，落实庭审同步录音录像、同步记录、同步显示庭审记录“三同步”和庭审直播等工作，实现庭审常态化公开。（2）扩大司法民主。面向社会公开增补人民陪审员100名，其中基层群众代表占85%。扩大人民陪审员参审范围，全年参审案件3155件。发挥人民陪审员收集民意、监督审判和联系群众的作用，提高非常驻式陪审案件的数量和参陪率，扩大专家型人民陪审员在合议庭的比例和人数，使陪审员广泛参与案件调查、调解和执行等环节。（3）实现良性互动。完善“院庭长接待日”制度，健全初信初访工作机制。开展“法院开放日”活动，邀请社会各界群众79批2000余人参观法院，主动接受群众监督。开通法院官方微博，拓宽群众了解法院工作的渠道，年内粉丝量超万人。完善改造法院网站，实时更新动态信息，打造升级版法院官网。（4）构建涉环境资源类案件行政、民事和刑事“三审合一”制度。注重维护公共利益，对环境资源类案件，依法独立行使行政审判权，鼓励和支持行政机关对影响环境资源事件的行政执法；强化恢复性司法，将环境整治中发现的问题与公益诉讼相结合，加重环境资源类违法成本；加大对环境资源违法行为的处罚力度，严厉打击环境刑事违法犯罪，年内办理环境资源刑事案5件，22名被告人因破坏环境构成刑事犯罪被处以刑罚。

【知识产权庭审结首例刑事案】 经区法院知识产权庭审理，2011年11月至2013年4月，殷某夫妇未经亚牌、亚明牌注册商标所有人许可，擅自在其经营的灯具厂内生产假冒亚牌、亚明牌灯具，并销售到浙江、湖北、陕西、甘肃等地，销售数额较大。2014年7月，区法院知识产权庭根据侵犯知识产权民事、刑事和行政“三审合一”原则，以假冒注册商标罪，对殷某夫妇均判处有期徒刑1年6个月、缓刑2年并处罚金4万元。

【审结一起重大涉黑案件】 2014年10月，经过持续一周的庭审，区法院依法审结市中级人民法院指定审理的陈志相等18人重大涉黑案件。犯罪集团首要分子陈志相犯领导黑社会性质组织罪、开设赌场罪、聚众斗殴罪、寻衅滋事罪和非法拘禁罪，判处有期徒刑19年，并处没收个人财产100万元，罚金500万元。其余被告人分别被处刑罚。2003年12月至2012年11月，被告人陈志相为谋取非法利益，先后以被告人陈伟、黄国平和陈玉健等人为骨干成员，被告人吴鹏、黄三颜和孙峰等人为一般参加者，形成一个成员相对固定、分工明确、人数众多、组织较为严密的赌博犯罪组织，在常州市某地区开设地下赌场，以暴力、威胁等手段，多次有组织地实施聚众斗殴、寻衅滋事和非法拘禁等违法犯罪活动，谋取非法收入高达1200余万元。

（储春平）

司法行政

【概　况】 2014年，全区司法行政系统围绕区委、区政府“加力城乡一体，加速生态文明”发展主题，推进社会治理改革创新，夯实基层基础，主动提供优质法律服务，为全区经济社会协调发展提供良好法治环境和稳定社会环境。加强矛盾纠纷排查调处，全区各级调解组织共接待群众5123批次12302人，排查矛盾纠纷7065件，调解纠纷5944件，调解成功5917件；防矛盾激化45次250人，劝阻群体性上访15次230人，化解信访积案或有信访、集访隐患的重大矛盾纠纷160件。深入开展“六五”普法宣传教育，组织大型法治宣传教育活动50余次，送法下乡300余次，发放法治宣传材料10万余份。加强特殊人群管理教育，实行社区矫正调查评估，打造集刑罚执行、宣传教育、心理矫正和过渡安置等功能于一体的实战平台，实现全区社区服刑人员和刑释解教人员重新犯罪率的有效降低。初步建立城乡社区法律顾问制度，组织开展优质法律服务。全年顾问律师为村（社区）代理诉讼421件，为群众提供法律咨询2573次；区法律援助中心办理各类法律援助案件1336件，接待当事人来电、来访共3000余人次；区公证处办理各类公证事项7044件，其中国内4676件、涉外2293件、涉中国港澳台地区75件，实现零投诉、零错证。武进区被全国普法办、司法部授予“全国六五普法中期先进县（市、区）”称号，区司法局获“全省社区矫正工作先进集体”称号，区公证处被省公证协会评为“江苏省公证质量先进集体”。

【武进区获评“全国六五普法中期先进县（市、区）”】 2014年3月，被全国普法办、司法部授予“全国六五普法中期先进县（市、区）”称号。武进区围绕中共十八届四中全会关于法治宣传工作提出的新要求，以“六五”普法工作为抓手，加强法治文化建设。（1）推进

8月1日，区法治大讲堂启动仪式暨首讲活动在区委党校召开　（区司法局 供稿）

法治文化阵地全覆盖。11月，由区委政法委牵头，联合区司法局等18个普法成员单位，投入经费近200万元，依托武进中心城区公园建设区级法治文化阵地，年内完成设计方案。各镇（街道）、开发区全面推进法治文化阵地建设，结合“社区天天乐”文化惠民活动，利用法治宣传阵地播放法治电影。年末，全区建成各类法治文化阵地36个，在建或拟建文化阵地9个，创成省级示范点1个、市级示范点5个，命名“遥观镇法治天地”“雪堰回民法治展览馆”“湟里金水岸广场”等区级法治文化示范点7个。区教育部门指导建成学校法治文化阵地2个，区经信局、总工会和工商联指导建成企业法治文化阵地2个。(2)推进法治宣传媒介全覆盖。区司法局整合传统与新型媒体资源，在发挥主流媒体《武进日报》《漫画说法》和《一周案情》等栏目普法作用的同时，于6月开通“法治绽放幸福花”普法微信，与武进广播电视台合作开发《法治武进》高清智能点播电视栏目，利用社区电子屏和中心城区党报阅报宣传栏等宣传功能，滚动发布“六五”普法内容。(3)推进重点学法对象全覆盖。深入推进“法律六进”(法律进机关、进乡村、进社区、进学校、进企业、进单位)，开展“法润江苏·春风行动”“普法惠民村村行”和“普法惠民、服务三农”等专项活动，开展包括青少年法制宣讲等法治讲座活动300余场，启动“法治大讲堂”活动，推进民主法治示范村(社区)创建。全年发放《农民法律常识100问》等宣传资料4000余册，播放法治电影340余场，19个村(社区)通过省级民主法治示范村(社区)考核，省级、市级民主法治示范村(社区)创建率分别达31.2%和91%。

【人民调解】 2014年，区司法局在12个镇（街道）、开发区建立涵盖大型安置小区和农贸市场及工业园区等领域的新型调解组织19个，组建物业、劳动和医患纠纷等专业性调解组织45个。推进镇、村等传统人民调解组织规范化，于5月出台人民调解委员会规范化建设标准，全区镇、村调解组织规范化建设达标率分别达100%和80%。落实《关于贯彻落实矛盾纠纷排查调处“全覆盖、重攻坚”工程的意见的通知》，开展“下基层、追根源、解难题”活动，全面排查化解管控突出矛盾纠纷或隐患；建立重大矛盾纠纷信息预警制度，对重大疑难复杂矛盾纠纷信息及时收集上报；在元旦、春节、全国“两会”和青奥会等特殊节点，开展矛盾纠纷地毯式排查。完善人民调解和诉讼对接机制，健全人民调解和行政处理对接机制，全年利用诉调对接机制成功化解矛盾纠纷2043件，通过警民联调机制化解矛盾纠纷237件。

【社区矫正工作位列全省先进行列】 2014年12月，区司法局被省司法厅评为全省社区矫正工作先进集体。区司法局围绕预防和减少社区服刑、刑满释放人员重新违法犯罪，以构建特殊人群服务管理全覆盖体系为目标，全面加强社区矫正规范化、专业化、社会化和信息化建设。(1)提升服务管理规范化水平。于3月出台《武进区社区矫正调查评估实施办法》，明确规定准入标准等工作细节；规范社区服刑人员请假外出管理，完善社区矫正日常巡查、专项检查、重点督查和联合检查“四查”工作制度；引入人脸识别考勤仪和语音汇报系统等新型监管信息系统，扩大社区服刑人员手机定位监控率，提升矫正执法水平。全年接收社区矫正人员558名，安置率99%，帮教率100%，实现社区服刑人员和刑释解教人员重新违法犯罪率的有效降低。(2)加强矫正工作队伍建设。协助各基层司法所解决人员、设备和经费等问题，采取分片例会、现场观摩、座谈讨论和初任培训等形式，培训全区社区矫正执法者、工作者和志愿者，提升实务操作水平。(3)推进特殊人群管理服务中心建设。完成该中心改扩建，打造集刑罚执行、宣传教育、心理矫正和过渡安置等多功能于一体的实战平台。发挥公益劳动基地、矫正帮教基地和警示教育基地（区看守所）作用，开展社区服务、学习警示、过渡安置和技能培训等工作，有效增强社区专业培训服刑人员的责任意识。

【城乡社区法律顾问制度初步建立】 2014年，武进区法律服务执业人员履行社会责任与政府购买法律服务相结合的城乡社区法律顾问制度初步建立。全区14个律师事务所、12个基层法律服务所共计120名律师和40名基层法律服务工作者，与镇（街道）、开发区234个村和120个社区签订法律服务合同，形成以区法律服务中心为枢纽，覆盖全区的公益法律服务体系。顾问律师提供上门法律服务，配合地方政府重点排查企业改制、拖欠工资、医患纠纷和环境保护等问题，协助司法所调处疑难矛盾纠纷。全区律师办理各类案件5679件，其中刑事诉讼案件542件、民事诉讼案件4635件、行政诉讼案件33件、非诉讼法律事务91件，仲裁378件；担任政府法律顾问21家、企业法律顾问770家。

（陆　俊）

1月13日，受援助当事人到区法律援助中心送锦旗表示感谢 （区司法局 供稿）

（栏目编辑　张怡菁）

武进高新技术产业开发区

【概　况】 武进高新技术产业开发区（简称武进高新区）为国家级高新区，位于常州市南翼，紧邻西太湖和常州科教城，规划控制面积182平方千米。武进高新区坚持“集聚、集约、创新、开放、生态”的发展之路，已形成智能装备、节能环保、电子信息三大主导产业，拥有世界500强投资项目18个和上市公司8家（其中新三板挂牌企业1家），综合实力不断攀升，产城融合步伐加快，初步呈现一个规划科学、功能齐全、产业集聚、环境优美、生态和谐的现代产业开发区。2014年，武进高新区围绕“深化改革开放，加速二次创业”的主题，深入开展党的群众路线教育实践活动和“重大项目突破年”活动，推进“招商选资、创新驱动、转型升级、形态提升、民生幸福、效能建设”六大工程，保持经济社会稳中有进、健康协调发展势头。全年地区生产总值增长13.5%。其中，规模以上工业增加值增长11.2%，服务业增加值增长18.6%，全社会固定资产投资增长5%（其中工业投资增长3.4%、服务业投资增长18%），公共财政预算收入增长6.1%。武进高新区被国务院确定为苏南国家自主创新示范区“八区一园”（南京、苏州、无锡、常州、昆山、江阴、武进、镇江8个高新技术产业开发区和苏州工业园区）之一，创成“国家生态工业示范园区”，获得“江苏省知识产权示范园区”“全省特色产业园建设前十名”“全省第三次经济普查先进集体”“江苏省工会工作模范开发区”“江苏省模范劳动关系和谐工业园区”等称号。

招商选资　实施产业招商战略，组织境内外专题招商活动10余次，取得明显成效。全年完成协议注册外资8.84亿美元，实际到账外资5.89亿美元，分别占武进全区的64%和66%。世界500强德国西门子电机项目和大陆集团汽车内饰材料项目及武南物流园宝湾物流、丰树物流、嘉民物流等项目顺利落户，总投资70亿元的斯太尔投资股份有限公司汽车柴油机项目开工建设，江苏恒立液压有限公司一期、爱科（常州）农业机械有限公司一期、恩格尔注塑机械（常州）有限公司等项目建成投产，瑞声科技控股有限公司、新誉集团有限公司、国茂减速机集团有限公司、光宝科技（常州）有限公司等企业增资扩股。常州顺风光电投资（中国）有限公司和瑞声（中国）投资有限公司两家企业被省商务厅认定为江苏省第二批跨国公司地区总部和功能性机构。

科技创新　全年引进签约“龙城英才计划”项目42个，引进中高层次人才670名，其中海外人才190名；完成高新技术产业投入占工业投入的60%；新增高新技术企业22家，累计116家，高新技术产值占规模以上工业产值的79.9%；新增省级民营科技企业101家，新增高新技术产品114个，申请专利4522件（其中发明专利1326件），获授权1795件，净增有效发明专利192件。智能装备、节能环保、电子信息三大国家创新型科技园区入库企业全年实现营业收入增长24.2%。

金融服务创新　发展科技金融，有创业投资公司37家，累计资金管理规模达72.7亿元；有小额贷款公司2家、担保机构7家、上市公司8家，常州市武进区通利农村小额贷款股份有限公司成为全区首家新三板挂牌企业，也是全国第一批挂牌的小贷公司；常州紫寅电子电路有限公司等18家企业在上海股权托管交易中心挂牌。压缩融资成本，将融资成本控制在8.5%以下，全年节约融资成本2亿元。

产城融合　完善平台功能。武进出口加工区保持快速稳定发展，完成综合保税区申报，着力打造进口商品展示交易中心，有生产性企业9家、物流企业11家；武进工业设计园、信息产业园、天安数码城运行良好，武进高新区科技企业加速器一期建成投用。推进生态园区创建，建设环保基础设施，提升园区生态水平和治理水平，12月通过“国家生态工业示范园区”考核验收。优化基础配套设施，完成道路及河道建设里程9千米，绿化面积7.3万平方米，修缮桥梁7座，铺设雨污水管线长度14.4千米、电缆沟长度2.1千米。武进高新区综合指挥中心一期、二期建设完成，大学新村三社区便民服务中心建成交付，十里社区幼儿园、机关幼儿园武进高新区分园建成开园，庙桥中学教学楼原址重建项目完工，庙桥小学配套项目交付，滆湖公园一期建成开放。南隆家园三期、南隆家园四期、南淳家园三期安置房开工建设，其中南隆家园三期面积10万平方米安置房交付使用。

【领导考察和调研武进高新区】 参见《大事记》栏目p11～13相关内容。

【三大国家创新型科技园区建设】 2014年，武进高新区加快智能装备、节能环保、电子信息三大国家创新型科技园区建设，累计在建项目48个，完成投资86亿元；新批办外资项目25个，完成工商登记协议注册外资8.06亿美元，实际到账外资5.79亿美元；新增高新技术企业7家，累计68家；新增各类创新平台18家。武进高新区科技企业加速器一期7月建成投用，建筑面积16.5万平方米。三大产业园入库企业127家，实现营业收入510.4亿元，增长24.2%。其中，智能装备产业园实现营业收入339.5亿元，增长21.7%；节能环保产业园实现营业收入99.4亿元，增长22.6%；电子信息产业园实现营业收入71.5亿元，增长40.5%。

【武进高新区创成“国家生态工业示范园区”】 2014年12月24日，通过国家生态工业示范园区建设协调领导小组组织的现场验收，创成“国家生态工业示范园区”。武进高新区自2009年通过省级生态工业园区验收后，立足于增强园区竞争力、优化园区生态环境，于2010年启动“国家生态工业示范园区”创建工作，按照《国家生态工业示范园区建设实施方案》，采取高端产业引领、科技创新驱动、环保严格管控、物质能源循环的办法，聚焦园区产业结构优化调整、动静脉循环经济链条构建、低碳节能建筑基础设施等方面建设。到2014年，形成以智能装备、节能环保、电子信息三大产业集群为主导，现代商贸、科技服务等现代服务业为补充的生态产业体系，先后淘汰高耗能、高污染企业41家，每年减排废水量42万吨、化学需氧量（COD）21吨、二氧化硫（SO_2）45吨、氨氮1.9吨，减少综合能耗1.9万吨标煤，园区清洁能源利用率达100%，基本条件和指标达到《综合类生态工业示范园区标准（HJ274—2009）》和建设规划目标的要求，于2014年6月通过省级预验收，10月通过国家级技术核查。

【武进出口加工区实力增强】 2014年，武进出口加工区抢抓上海自贸区试点机遇，完善平台建设，做好综合保税区申报工作，年末通过海关总署审批；依托已有的常州进口食品检验检疫监管样板区，打造进口商品展示交易中心。拓展保税物流，打造大宗物资分拨中心，围绕进口棉花、塑料粒子、铜等大宗物资的仓储分拨开展招商，完成整体方案向省商务厅的报送。提升服务效率，联合海关采用先进的“物联网”技术，开发物流监控信息化管理系统，同时推行“分送集报”“分类通关”“区港联动”等配套业务，缩减通关流程，节约通关时间。年内，新增物流企业4家，光宝科技（常州）有限公司、晶品光电（常州）有限公司等区内重点企业发展态势良好，瑞声科技一期开工建设，累计有生产企业9家、物流企业11家，其中外资企业6家。全年完成工业总产值83.9亿元、工业产品销售额72.8亿元、实际进出口额8.9亿美元，分别增长30.1%、44.2%、30.1%；境内区外37.3亿美元，增长59%。全年区内保税物流业务实际进出口额2.5亿美元，增长33.8%；境内区外15.2亿美元，增长51%。区内面积3万平方米保税仓库满仓，涉及棉花、机器人、蓝宝石基板、机械零部件等货物种类。

【博盈斯太尔动力等项目签约入驻】 博盈斯太尔动力项目 3月26日签约入驻。该项目由湖北博盈投资股份有限公司及其收购的奥地利斯太尔动力公司实施，总投资70亿元，其中一期投资15亿元，注册资本5亿元。该项目将生产多缸柴油发动机及油电混合动力底盘，对于武进区乃至常州市发展汽车及零部件产业具有重大意义。

轨道交通信号系统合资公司组建 3月27日签约入驻。该项目由加拿大庞巴迪公司与新誉集团有限公司联合组建，主要从事轨道交通通信、信号和综合监控等业务，将引进、消化和吸收移动闭塞地铁信号系统技术，并在设定的区域内自主设计、制造及销售，有望成为全国轨道交通信号业务领先企业。

武南物流园三大项目 4月23日签约入驻。其中，新加坡丰树集团投资建设常州丰树物流园项目，总投资5000万美元，主要从事电商物流、第三方物流等；澳大利亚嘉民集团投资建设常州嘉民物流园项目，总投资7500万美元，将重点发展城市物流配送；宝湾物流控股有限公司投资建设常州宝湾物流园项目，主要从事物流零售业、设备租赁、仓储操作等业务。

奥地利TGW物流设备常州项目 8月7日签约入驻。该项目由奥地利TGW物流集团实施，总投资500万欧元，租用创新园区标准厂房进行生产。

武进高新区与东海证券签署战略合作协议 9月9日，在上海与东海证券有限责任公司（简称东海证券）签订战略合作协议，双方在推动园区产业发展、金融服务咨询、企业改制上市等方面开

滆湖公园一期建成开放 （武进高新区 供稿）

展广泛合作。

今创集团轨道交通项目　9月28日签约入驻。该项目由今创集团股份有限公司（简称今创集团）实施，总投资50亿元，将从事轨道交通车辆关键零部件、配套装备及牵引机车整车的研发与制造，并开展整车车厢OEM生产。

大陆集团汽车内饰材料项目　9月28日签约入驻。该项目由世界500强企业——德国大陆集团投资设立的贝内克长顺生态汽车内饰材料（常州）有限公司实施，总投资7300万欧元，从事高性能汽车内饰复合材料的研发与生产。

【环保型塑料检查井等项目奠基或开工】　环保型塑料检查井项目　1月18日奠基。该项目由江苏河马井股份有限公司实施，总投资6.5亿元，其中一期项目投资3亿元，一期项目达产后可实现年产100万套雨污水收集系统用塑料井。

瑞声科技高性能光学组件项目　5月19日开工。该项目由瑞声科技控股有限公司（简称瑞声科技）投资设立的瑞声光学科技（常州）有限公司实施，总投资5.25亿美元，规划建筑面积6.5万平方米。项目建成后将成为瑞声科技精密光学产品的研发和制造基地，全部达产后可实现年产高性能光学组件3亿个的生产规模，广泛应用于手机、笔记本电脑、数码相机等电子产品。

30万台斜齿轮减速电机项目　2014年9月27日奠基。该项目由国茂减速机集团有限公司全资子公司——常州市国茂立德传动设备有限公司实施，总投资10亿元，规划建筑面积11.38万平方米，购置数控加工中心、卧式镗床、磨齿机等国内外设备400余套，达产后可年产斜齿轮减速电机30万台。

【爱科中国常州新工厂一期等项目开业或投产】　爱科中国常州新工厂一期　1月9日落成投运。爱科中国常州新工厂由美国爱科集团投资设立的爱科（常州）农机有限公司实施，总投资2.18亿美元，建设标准厂房面积20万平方米，其中一期标准厂房面积24120平方米。全部建成后将形成年产拖拉机（含出口）2万台、发动机和变速箱3.6万台的生产能力，打造一个具有世界级领先工艺水平的生产制造及研发基地，为国内及海外市场提供顶级农业机械，预计项目达产后可实现年销售收入25亿元。

常发农机企业技术中心一期　1月建成投运。常州常发农业机械装备有限公司（简称常发农机）企业技术中心总投资超1.8亿元，建筑面积6万平方米。该技术中心拥有专业技术人员318人，其中享受国务院特殊津贴2人、具有博士学位的研发人员9人、外籍专家3人；研发领域从单一的柴油发动机延伸扩展到整机装备产业链，承担国家、省级项目7项，参加制定、修订国家标准3项和行业标准5项；获得授权专利130余件，其中发明专利16件；拥有各类高新技术产品80余种。

霍夫曼精密金属制品（常州）有限公司　4月16日开业。该公司是德国霍夫曼在中国的独资子公司，总投资约500万美元，主要从事制造电子产品的精密冲压配件，为博世、普利特等公司提供相关配套零部件。

通用电气常州公司新厂房　2014年5月28日投用。通用电气传感与检测(常州）有限公司（简称通用电气常州公司）于2007年11月在武进高新区成立，主要从事航空传感器、晶元芯片生产，是GE检测与传感部门在亚洲的唯一一家生产基地。该公司2013年增资至1300万美元，鉴于原有厂房不足以满足生产需求，由津通国际工业园10号厂房搬迁进9号厂房，面积扩至5800平方米，年内实现销售收入2.85亿元。

风凯换热器二期项目　2014年6月20日投产。该项目由德国风凯集团全资子公司风凯换热器制造（常州）有限公司实施，投资3000万元，建设标准厂房面积1.7万平方米，用于进一步提升生产能力。风凯换热器制造（常州）有限公司一期项目于2009年落户武进高新区，其产品覆盖工业及商业领域，主要包括壳管式换热器、板式换热器、钎焊式换热器、风冷换热器及换热集成系统等，年内实现销售收入约8400万元。

武进高新区科技企业加速器项目　7月15日，该项目一期建筑面积16.5万平方米启用，琉明电子（常州）有限公司、常州晶宇光电有限公司、兴勤（常州）电子有限公司等6家企业签约入驻。武进高新区科技企业加速器项目作为常州市“一核八园”重点工程，由常州武南标准厂房投资发展有限公司投资建设，总投资10亿元，规划建筑面积38.4万平方米，可满足智能装备、节能环保、电子信息等产业的科技型中小企业进驻发展。全部建成后，预计可入驻科技型企业100家，实现产值超50亿元。

武进工业设计园二期　2014年7月28日启运，引进智能装备设计、家具设计、服装设计、酒店用品设计、动画动漫设计等企业20家。武进工业设计园是首批省级工业设计示范园，2011年9月开园，到2014年年末入驻企业31家、设计师250余名，服务客户300余家，服务合同600多项，服务合同累计金额超1亿元，在全省工业设计园区中名列前茅，先后获得江苏省首批工业设计示范园、首批科技文化创意产业园等称号。

恩格尔注塑机械（常州）有限公司　2014年9月19日开业。该公司由奥地利恩格尔集团投资设立，专业从事注塑机的零件制造和整机组装，于2013年9月开工建设，一期投资2.7亿元，规划建筑面积2万平方米。项目达产后可形成年产300台注塑机的生产能力，预计可实现年销售收入5亿元。

创生3D打印研发中心　9月25日，由创生医疗器械（中国）有限公司（简称创生）投资成立。该中心完全吸收美国史赛克3D打印技术，从德国引进当前世界最先进、在中国骨科领域唯一使用金属粉末的3D打印机，还专门对3D打印机实施本土化改造，自主研发新一代骨骼多孔结构以及国内唯一的3D骨科数字化设计平台，投用后可使公司比原有传统制造节省30%的成本。

台正机床装备联盟体常州体验中心　9月26日启动。该中心位于武进高新区的常州创胜特尔数控机床设备有限公司内，是中国第一家数控机床产业集群终端产品体验中心，将带动常武地区数控机床行业和产业链的蓬勃发展，力争成为机器人和智能化装备产业的中坚力量。

迈进精密部件（常州）有限公司　2014年11月10日开业。该公司由日本迈进集团2013年投资成立，建筑面积4274平方米，主要生产各种电子接插件、高性能铰接件、塑料弹簧、精密机械齿轮、钢丝弹簧等，从2013年8月开始量产。2014年,实现销售收入约3600万元。

【武进高新区通过省知识产权试点园区验收】 2014年7月18日，通过省知识产权试点园区试点工作期满考核验收。武进高新区自2012年起创建省知识产权试点园区，健全知识产权体系，推行《企业知识产权管理规范》，实施高新技术企业知识产权培育工程、企业知识产权管理标准化示范创建工程、企业知识产权战略推进工程、自主品牌建设工程，加强企业知识产权制度和机构建设；出台科技奖励政策，鼓励企业自主创新；创新平台建设，依托江苏省产业知识产权公共技术服务中心，在智能装备、节能环保、电子信息三大主导产业中建立专利信息库，同时吸引专利、商标等中介服务机构进驻，搭建知识产权公共服务平台。到2014年，园区内高新技术企业、研发机构设立知识产权管理部门达80%，拥有有效发明专利490件、省级以上名牌18个和“三名”（驰名、著名、知名）商标74件。

【常州信息产业园获批省级科技产业园】 2014年12月，被省科技厅确认为第四批省级科技产业园。至此，武进高新区拥有省级科技产业园3家。常州信息产业园一期位于常州科教城内，建筑面积7万平方米，2011年9月开园；二期位于津通国际工业园内，建筑面积2.1万平方米，2013年7月开园。该产业园以电子信息产业为主导，发挥政府引导作用，拉动地区软件产业发展壮大，逐步向基础产业和传统产业及新兴产业渗透、辐射，在提高企业信息化水平、调整传统产业结构、提升产品市场竞争力等方面起到倍增器作用，成为常武地区信息化和经济建设的一个新亮点。该产业园有入驻企业42家，就业人数超过3000人，其中硕士以上高级职称人员120多人，大专以上学历人数占总人数的85%。

【承办全国性重大产学研活动】 *中科院—武进半导体照明产学研对接洽谈会暨“智慧城市智能照明”论坛* 7月25日，在武进假日酒店举行，来自美国、荷兰等国家半导体照明领域专家25人和国内相关企业负责人200余人参加。这次活动由武进区政府主办、武进高新区承办，结合中科院“璀璨行动”计划，集中展示中科院系统五大类LED技术成果，包括中科院长春光机所牵头研制的自然光谱拟合灯具、中科院福建物构所牵头研制的陶瓷封装技术高光效灯具等，同时征集半导体照明联合创新国家重点实验室（常州基地）高导热柔性基板的封装技术、智能LED灯具两大类LED技术成果，中科院半导体照明研发中心主任李晋闽在论坛上作主题报告，相关企业签订合作意向12项。这次活动，有助于企业进一步了解国内外半导体照明创新应用的最新动态、市场格局，提高企业应对市场风险的能力和增强市场竞争力。

2014常州机器人及智能制造国际技术交流会 9月26日，在常州金陵江南大饭店召开，相关机器人与智能装备专家受邀出席，国内外机器人行业嘉宾、业内人士近200人参加。这次交流会由常州市人民政府主办，武进国家高新技术产业开发区管理委员会、常州市科学技术局、江苏省机器人与智能装备产业技术创新战略联盟、江苏中科院智能科学技术应用研究院共同承办，围绕“机器人技术的自主创新、机器人产品的市场应用和示范”的主题，哈尔滨工业大学机电学院院长、“十二五”“863计划”先进制造领域智能机器人主题专家组组长、国家重点实验室学术委员会委员赵杰，韩国庆熙大学教授李顺奎，安川电机（中国）有限公司董事西川清吾，东南大学仪器科学与工程学院院长、教授徐宝国，燕山大学副校长、教授赵永生，浙江大学智能系统与控制研究所机器人实验室主任、教授熊蓉，安徽埃夫特智能装备有限公司副总工、博士肖永强，中国农业大学教授李伟，北京科技大学计算机与通信工程学院物联网与电子工程系副主任、教授解仑，分别作演讲，交流国内外机器人的发展现状和未来发展趋势以及国产工业机器人行业发展，重点分析、探讨机器人及智能装备相关技术研究，对于促进常州机器人及智能制造装备产业技术的国际合作与成果转化，带动机器人及智能制造装备产业发展发挥积极作用。

【新誉集团党建工作创出特色】 2014年，新誉集团有限公司（简称新誉集团）作为全国非公企业党建工作先进典型，继续开创党建工作特色，先后于2月15日、12月8日成立戈亚琴党代表工作室和新誉党校（新誉学院），打造传达党的声音和联系服务党员群众的品牌化阵地。新誉集团自2002年创办后，始终重视党建工作。到2014年年末，集团董事中三分之二为党员，管理层中党员比例超过70%，6名党委委员均担任集团公司或子公司高层管理职务，党员在人、财、物和工程、验工、后勤等关键岗位都发挥着核心骨干作用，使企业相继攻克高速动车、电力机车牵引传动控制系统和空调系统、兆瓦级风电机组整机等难点，领跑国内各相关领域。新誉集团先后获全国五一劳动奖状、江苏省创新型企业等荣誉，被中组部确定为“全国非公企业党建工作先进典型”。

【通利农贷挂牌新三板】 2014年8月15日，常州市武进区通利农村小额贷款股份有限公司（简称通利农贷）在全国中小企业股份转让系统（简称新三板）挂牌，代码“831098”，成为武进高新区首家在新三板挂牌的企业、全国首批获得证券代码的小额贷款公司之一。该公司成立于2010年11月，注册资本6亿元。到2014年8月底，公司累计发放涉农贷款近160亿元，为缓解“三农”（农村、农业、农民）和小微企业融资难，助推地方经济发展作出了积极贡献。

【学府东苑消费品综合市场投用】 1月3日建成投用。学府东苑消费品综合市场位于南夏墅街道学府东苑和学府家苑中间，经营面积超2000平方米，分上下两层。一层为菜场，设有经营摊位和店铺，分为鲜肉、蔬菜、禽蛋、干货、水果等经营区；二层为综合超市，提供各类日用品。

【武进高新区城管中队成立】 8月15日，武进区城市管理行政执法大队高新区中队（简称武进高新区城管中队）成立，将原南夏墅城管中队、北区城管中队统一纳入中队管理，相应成立高新区城管中队南夏墅分队和北区分队。该中队负责辖区内城市管理、市容市貌，着力解决渣土治理、“两违”巡查、乱设摊点、乱搭乱建等难点和热点问题。

（张向斌）

武进高新区北区

【概　况】 武进高新技术产业开发区北区（简称高新区北区）位于武进中心城区东北部，总面积近11平方千米，辖社区10个（含涉农社区7个），2014年年末总人口61050人（含暂住人口32792人）。

城市化建设　推进拆迁安置，完成广电东路地块民房、加油站的谈判签约和大孤岛地块企业、民房拆迁，以及450地块（常州金马炉业设备有限公司除外）、液压成套设备厂地块、大孤岛地块拆房和紫缘公寓分房。完善基础设施，完成老小区二期整治改造面积11.6万平方米，实施完成马杭社区菊花片区管道疏通和路面维修工程、马杭老街路灯改造工程、邱墅社区牛巷头水塘改造工程、贺北社区夏城花园截污管网建设工程，修复和维护辖区主次干道及配套设施，取缔懒汉炉336台。加强环卫整治，集中整治综合市场、商业密集区、主次干道、马路市场等60余次；依法开展"两违"整治，拆除违建面积2500平方米；加大督查力度，实现整改率99%以上，高新区北区城市长效管理评分位于全区前列。

社区建设与管理　健全社区管理体制，调整东庄等8个社区居委会区域，将中天名园社区居委会更名为喜盈门社区居委会，贺北、东庄、邱墅、古方、龚家、马杭6个社区调整党委下属党支部和居民小组设置，各社区均建立社区事务规范办理制度和社区重要事务听证制度，促进社区工作标准化、规范化、程序化。发展集体经济，贺北、十里、邱墅、古方、龚家、马杭、东庄7个涉农社区集体经济收入持续增长，其中贺北社区超过1000万元。落实民生实事，贺北社区丽华南村农贸市场建设、服务中心主体建设工程完成，十里幼儿园建成开园，邱墅社区创成"全国科普示范社区"，古方社区综合活动中心建成投用，东庄社区古银杏爱心光彩基金成立。深化为民服务，围绕名片发放、民生实事、工作规范、结对帮扶、便民利民、扶贫帮困六大方面，每月定期入户走访，组建为民服务志愿者队伍开展结对帮扶、便民利民等活动，全年发放便民服务名片3万余张，事项办结率达85%，群众满意率达95%。创新物业管理，东庄社区成立全区首家社区物业服务公司，提升物业管理水平。

（冯墨紫）

【邱墅社区创成"全国科普示范社区"】 2014年11月，被国家科协认定为"全国科普示范社区"，成为继湖塘长安大巷社区之后的全区第二家国家级科普示范社区。高新区北区邱墅社区辖城中花苑、芳草园、邱墅家园、邱墅南园、邱墅西园、天禄文渊居、糖果公寓及南洋广场8个小区，常住人口一万人以上，建有银杏林工作室、阳光驿站、市民学校、图书阅览室、道德讲堂等配套设施。该社区从2013年起开展全国科普示范社区创建，成立科普宣传工作小组，组建一支由40多名老干部、老教师组成的社区科普宣传队伍，经常性开展各类科普知识讲座；在城中花苑、邱墅家园等6个小区设置电子科普宣传栏共计60延米；开展社区科普示范家庭评比，引导社区居民人人参与，形成良好的科普氛围。

表4　2014年高新区北区各社区基本情况

社区名称	户　数（户）	户籍人口（人）	中共支部（总支、党委）书记	社区主任
贺北社区	1479	4347	蒋晓健	贺文龙
十里社区	623	1810	周小平	周建春
邱墅社区	1650	4477	华建坤	马　益
古方社区	1348	4094	周萍华	周萍华（兼）
龚家社区	745	2156	龚文忠	龚保兴
东庄社区	1949	5193	崔济安	华建钢
马杭社区	1250	2706	蒋元兴	蒋元兴（兼）
喜盈门社区	583	1492	孙春玲	马　江
新城域社区	1019	2079	殷利平	杨　春
香溢澜桥社区	123	419	贾　建	孙　燕

【十里幼儿园建成投用】 2014年8月30日落成，辖区142名幼儿报名入学。武进国家高新区十里幼儿园·常州幼儿师范学校第三附属幼儿园（简称十里幼儿园）位于高新区北区十里社区内，被列为2014年区政府30件为民办实事项目之一，由高新区北区十里社区与湖塘镇东华社区共同投入1500万元，从2013年开始建设，占地面积4000平方米，建筑面积3589平方米，可开设班级12个，容纳幼儿近500名。该幼儿园设奥尔夫音乐坊、美术创意室、角色游戏区、图书阅览室、多功能室等专用室，每班配备多媒体电教设备、空调、消毒柜等，设施新、功能全。

【常州东庄物业管理服务有限公司成立】 7月18日挂牌成立。高新区北区东庄社区针对辖区内包含自然村、无物业老小区和成熟商品房小区，且外来人口占社区五分之三的现状，结合原中天名园小区于6月划归管理的实际，创新社会管理，注册成立常州东庄物业管理服务有限公司，成为全区首家社区注册成立的物业管理服务公司。该公司注册资本10万元，并成立中天名园物业服务管理中心，坚持以集体经济为依托，秉持为民服务的原则，开展保洁、房屋修缮、房产中介、绿化工程设计与施工等服务，为小区居民提供价廉质优的服务。

（张向斌　冯墨紫）

常州西太湖科技产业园（江苏武进经济开发区）

【概　况】 常州西太湖科技产业园（江苏武进经济开发区）简称西太湖科技产业园（武进经发区），位于西太湖北侧核心地带，规划面积90平方千米，核心区面积5.5平方千米，近城临湖，风景优美。沿江高速、常泰高速、312国道等干线公路，常州高架、延政西路、长虹西路等城市主干道和京杭大运河穿境而过，交通便捷。2014年，西太湖科技产业园（武进经发区）牢固确立“科技驱动、金融创新、宜居宜业、产城融合”的发展理念，以深入开展党的群众路线教育实践活动和“重大项目突破年”为主线，实施“大拆大建向提升改造转变、政企一体向政企分开转变、国有投资主导向企业投资主导转变”的战略，基本建立先进碳材料产业、健康产业、互联网产业、生态文化旅游产业和中以国际合作的“4+1”特色产业格局。全年完成业务总收入231.7亿元，地区生产总值54.3亿元，工业总产值154.4亿元、规模以上工业产值131.2亿元、规模以上工业增加值33.2亿元，高新技术产业产值88.2亿元，重点服务业营业收入7.6亿元、服务业增加值20.3亿元，全社会固定资产投资109.6亿元（其中工业投资61.1亿元、服务业投资48.5亿元），注册外资1.38亿美元、到账外资0.67亿美元，一般预算收入8.6亿元。

特色产业　(1) 先进碳材料产业。武进区5月出台《关于加快先进碳材料产业发展的若干政策》，西太湖科技产业园与银基烯碳新材料股份有限公司筹建设立石墨烯暨先进碳产业基金，与清华大学、中国石墨烯产业技术创新战略联盟等国内知名石墨烯机构建立合作关系，先后举办中国国际石墨烯创新大会常州西太湖科技产业园投资说明会、中国石墨烯薄膜专题研讨会、中国·常州先进碳材料研讨会暨江苏省石墨烯产业技术战略联盟年会等活动，促进碳材料产业发展。常州国家石墨烯新材料高新技术产业化基地获批落户，全年引进先进碳材料项目24个，新增中超电力等石墨烯项目14个，累计31个。(2) 健康产业。西太湖医疗器械孵化园一期年初交付使用，常州医疗器械产业研究院5月成立，西太湖国际医疗产业园成为江苏省食品药品监督管理局与常州市人民政府共建园区，第二届中国国际骨科、生物材料和创伤管理产业与投资峰会，海峡两岸（常州）健康产业交流对接会等专题活动先后举办。全年引进金迈格诊断试剂等医械制造项目18个、注册型项目50个，累计企业350家；引进山蓝基金、国药基金和盛宇基金。(3) 互联网产业。国家智慧旅游公共服务平台成功落户，中国电子商务应用发展年会、全省传统专业市场转型升级电子商务大会等大型活动先后举办，引进网拍天下、华视网聚等电商项目25个，累计企业72家，全年实现销售收入9.22亿元、税收4497万元，分别增长172%、414%。完成服务业投资48.47亿元、服务业增加值20.3亿元，分别增长21.7%、39%，税源经济实现税收6.7亿元。(4) 生态文化旅游产业。西太湖揽月湾区域年游客量达110万人次，花博园先后举办首届郁金香节、向日葵节、西太湖国际车展、半程马拉松赛、热气球公开赛、环太湖国际公路自行车赛等活动，刘海粟夏伊乔艺术馆开馆，中国画学会常州西太湖创作基地揭牌。(5) 中以国际合作。中以常州国际创新园成为中以两国政府认可并签订共建协议的园区，协同中以创新基金8月26日成立，以色列生命科技中国巡回展洽会常州站成功举办，引进HOBART(霍巴特)等以资项目4个，累计以色列企业25家。

西太湖的亲水平台和游船码头　（高　岷　摄）

科技创新　全年引进科技型项目66个，签约“龙城英才项目”16个，其中千人计划团队1个；新增科技人才团队30个，累计102个；签订产学研合作意向48项，实施11项。新增高新技术企业10家，累计45家，跃居全区第二，完成高新技术产业产值88.2亿元，占工业总产值的67.2%；新增民营科技企业30家；新增市级工程技术研究中心7家、省级工程技术研究中心4家，分别累计20家、16家。科技计划项目立项63项，争取科技项目经费2474.5万元；申请专利1568件，获授权710件，其中有效发明专利净增41件。江南石墨烯研究院申报并立项项目9项，争取科技经费1265万元，转化省、市高新技术产品共5个，获准筹建全国钢标准化技术委员会炭素材料分技术委员会石墨烯工作组和江苏省先进碳材料技术检测平台；西太湖医疗产业孵化园、西太湖电商产业园，分别创成省级科技企业加速器、市级科技企业孵化器；上海交大科技园开园运行，引进科技型项目及团队18个，创成市级科技企业孵化器；常州大学科技园签约入驻，引进科技型项目及团队5个；常州医疗器械产业研究院引进科技型项目及团队3个。

金融服务创新　西太湖科技产业园于2013年12月出台《关于鼓励金融企业集聚发展和园区企业上市并购重组及加快新三板挂牌的若干意见》，初步建立“助保贷”体系。2014年，注册入驻创业投资机构10家，其中在省发改委备案企业5家，注册资本总额达11亿元。吸引金沙江、君联资本、力合创投等投资基金42个，直接投资额3.5亿元。江苏新材料产业创业投资公司获国家新兴产业创投计划的参股基金5000万元，成为常州首个获得国家参股项目的创投基金。成功举办常州企业成长与创新资本合作洽谈会暨第四届黑马赛常州赛，创成“江苏省创业投资集聚发展示范区”。建立上市企业后备库，上市后备企业达30多家，常州第六元素材料科技股份有限公司成功登陆新三板，常州克劳诺斯特种轴承制造有限公司等11家企业挂牌场外市场。

产城融合　坚持规划引领，完成孟津河南北区域、核心区及临湖片区的城市色彩规划，商业网点规划大纲和远期

一、二期级导示规划，以及水系规划、礼河工业集中区控规等规划文本。完善基础设施，建成祥云路、纵一路、果香路等市政道路里程5720米；完成河头村自来水改造，长虹路污水泵站启用；建成职工宿舍面积27万平方米、标准厂房面积25万平方米、聚新家园E地块安置房面积26万平方米。增加功能配套，家润多超市、菜根香、捷安特自行车俱乐部等项目入驻，绿地香奈商业街、津通国际风情街和临湖商业街，婚礼堂、观光塔、牛津国际学校等项目基本竣工，星河丹堤、世家别院、绿地香奈、翡丽蓝湾等高品质楼盘相继开盘。推进生态建设，完成对益丰电镀的专项整治，关停和拆迁华夏钢厂、苏南铁合金厂和礼河电镀厂等高污染、高能耗项目。实施水环境治理工程，开展西太湖蓝藻打捞，完成长汀污水接管，建立水面长效管理机制；提升绿化景观品质，确定稻香路、禾香路以及绿杨路人行道景观方案，邻里公园景观方案、石墨烯科技产业园景观方案等；开展生态文明宣教活动，创成市级绿色机关。

【领导考察和调研西太湖科技产业园】 参见《大事记》栏目p11～13相关内容。

【中以两国政府首个共建园区落户】 2014年5月20日，在第一届以色列创新大会上，中国科技部、江苏省人民政府与以色列经济部签署合作协议，共建中以常州创新园，落户西太湖科技产业园，成为中以两国政府首个共建园区。该园区始建于2009年，是西太湖科技产业园与以色列PTL公司联动开发的重点项目，也是首个在以色列工商业协会备案的工业基地，得到以色列上海总领事馆和以色列商会的授权，经过规划建设孵化器、加速器、产业园、综合配套区四大功能板块，于2012年5月被科技部国际合作司认定为“国际科技合作基地”，2013年10月被科技部认定为“常州国家医疗器械国际创新园”，2013年11月被国家发改委认定为“中以高技术产业合作重点区域”，到2014年已入驻乐康瑞德食品添加剂（常州）有限公司、腾氏（常州）医疗设备有限公司等以色列企业25家。这次中以两国政府签约共建后，西太湖科技产业园按照签订的具体实施意见，进一步建立健全运作机制，力争把中以常州创新园打造成国内规模大、机制灵活、影响力显著的中以高技术转移及产业化中心、人才集聚中心、金融资本服务中心和文化交流中心。

【全国首个国家级石墨烯产业化基地落户】 2014年12月，根据科技部《关于认定2014年国家高新技术产业化基地和现代服务业产业化基地的通知》，常州国家石墨烯新材料高新技术产业化基地获批，落户西太湖科技产业园，成为全国首个国家级石墨烯产业化基地。从2011年起，武进区按照苏南现代化示范区建设要求和部署，加速培育和壮大先进碳材料产业，取得平台载体优势明显、技术水平全国领先、企业集聚度全国最高、产业化应用率先突破、产业支撑体系日益健全等显著成绩。到2014年年末，西太湖科技产业园注册成立石墨烯相关企业31家，初步形成区域性的石墨烯产业集群，石墨烯专利申请总量达123件（其中发明专利84件），获授权21件；成功转化高性能人工石墨膜、石墨烯电容式触摸屏、高比表面积石墨烯、石墨烯电缆、石墨烯涂料5个石墨烯产品。江南石墨烯研究院获省质监局批准筹建全国钢标准化技术委员会炭素材料分技术委员会（TC183/SC15）石墨烯工作组。

【西太湖科技产业园创成“国家生态工业示范园”】 西太湖科技产业园（武进经发区）于2010年启动国家级生态工业示范园区创建，编制《江苏武进经济开发区国家生态工业示范园区建设规划》，并于2013年1月通过国家生态工业示范园区建设协调领导小组办公室组织的专家论证，同年4月获环境保护部、商务部、科技部三部委批准建设。在创建过程中，坚持以科技为先导、创新为动力，优化产业结构，推动经济转型升级；以清洁生产和节能减排为突破口，发展循环经济和低碳经济；以环境提升与生态建设为支撑，完善环境基础设施，优化区域环境。与2011年相比，该园区资源能源消耗、污染物排放强度均有显著下降，单位工业增加值综合能耗和新鲜水耗分别下降42.9%和44.3%；二氧化硫（SO_2）、化学需氧气量（COD）、氮氧化物排放强度分别下降77.4%、62.8%、59.9%，基本条件和指标达到《综合类生态工业园区标准（HJ274–2009）》和建设规划目标的要求，2014年6月18日通过江苏省生态工业园区建设协调领导小组组织的省级预验收，10月16日通过国家生态工业示范园区创建领导小组组织的专家组技术核查，12月25日通过国家生态工业示范园区建设协调领导小组组织的现场验收。

【华视网聚（常州）文化传媒有限公司等项目签约入驻】 华视网聚（常州）文化传媒有限公司 1月签约入驻。该公司专业从事新媒体版权整合运营，在北京设有分公司，拥有近4万小时的影视节目，包括中央电视台大部分动画片、新加坡电视剧、港台影视剧，以及9000集的韩剧、纪录片、综艺、音乐MV等，2014年实现销售收入1.3亿元。

常州中超石墨烯电力科技有限公司 2月25日签约入驻。该公司注册资本1000万元，由江苏中超电缆股份有限公司与江南石墨烯研究院、西安交大技术成果转移有限责任公司、常州第六元素材料科技股份有限公司共同出资成立，经营范围包括石墨烯电缆及其他特种电线电缆的设计、研发、制造、技术服务，电线电缆及电力行业用石墨烯材料和石墨烯复合材料的研发、制造、销售、技术服务等，年内实现销售收入623万元。

台湾光宝集团IVD医疗诊断项目 4月11日签约入驻。该项目由台湾光宝集团旗下子公司建兴电子（台湾挂牌上市企业）投资建设，注册资本500万美元，从事诊断设备与试剂等产品的生产及经营活动。

视觉（中国）文化发展有限公司 6月30日签约入驻。该公司是A股唯一互联网文化创意上市公司，拥有国内最大的视觉内容互联网版权交易平台，集聚全球供应商240多家与签约供稿人万余名，拥有图片3900万幅、视频105万条、音乐20万首，为媒体、政府机构、企业、广告创意及公关公司等用户提供优质视觉内容，包括行业咨询策划、定制委托拍摄、数字内容管理、品牌营销推广的全流程增值服务等。12月3日，该公司中标承接国家智慧旅游公共服务平台项目的建设运营。

常州宝莱特医用科技有限公司 6月

30日签约入驻。该公司由广东宝莱特医用科技股份有限公司投资成立，注册资本500万元，主要生产血液透析液，开发可穿戴医疗设备。

【新纶科技光电材料等项目开工】 新纶科技光电材料项目 1月15日开工。该项目总占地面积40公顷，计划总投资20亿元，其中一期投资5.43亿元、占地面积10公顷，达产后可形成年产OCA膜600万平方米、防爆膜400万平方米、导电膜100万平方米的生产规模。

唯德康医疗项目 5月20日开工。该项目由江苏唯德康医疗科技有限公司投资，目标是建设一个高端微创器械平台，总投资8500万元，达产后可实现年销售收入1亿元。

常州市科能电器智能电网研究院 7月22日开工。该研究院由常州市科能电器有限公司投资建设，旨在面向电力行业和军事装备的现代化、信息化和智能化研发产品，计划总投资2亿元，占地面积2.8公顷，建筑面积3.5万平方米，建成后可使企业具备年产配电网智能综合监控系统及其配套设备1000套的生产能力。

联德电子氧传感器项目 9月开工。该项目由常州联德电子有限公司投资建设，总投资6000万元，占地面积1.33公顷，一期建成后可实现年产200万个高端氧传感器，二期建成后可形成500万个高端氧传感器的生产能力。

永华医疗器械项目 11月开工。该项目由常州永华医疗器械有限公司投资建设，总投资1.5亿元，建成后可形成年产骨科手术工具器械包2.5万套的生产能力。

江苏省工人常州疗养院常州市康复医院 12月开工。该项目位于环湖北路南侧，云杉河东侧，分两期建设。项目一期规划用地面积6.09公顷，总建筑面积8.29万平方米，集康复中心、体检中心于一体，配备多功能康复设施等，建成后可形成床位517张。

【亚邦医药股份有限公司等项目开业或投产】 亚邦医药股份有限公司 2月投产。该公司由亚邦化工集团有限公司和江苏亚邦药业集团股份有限公司共同投资新建，注册资本3亿元，总投资35亿元，主要从事创新药物、保健食品与新型医疗器械的研发和生产，以及医药产品技术转让服务、医药营销咨询服务、生命科技项目投资等，年内实现销售收入16亿元。

福隆医疗产业园 5月9日开园。该产业园由福隆医用材料（中国）有限公司投资建设，占地面积18.67公顷，总投资超过5亿美元，聚集包括种植牙、口腔植入物、生物材料、抗菌材料制品、医用手术器械、胶原蛋白提取等在内的高科技医疗器械项目。

普罗斯照明（常州）有限公司 5月9日开业。该公司由普罗斯电器（香港）有限公司投资成立，注册资本5000万美元，总投资9.9亿元，总用地面积15.13公顷，其中一期用地面积3.33公顷，达产后可形成年产LED照明材料200万套的生产能力。

征图新视（江苏）科技有限公司 2014年6月30日开业。该公司成立于2009年8月，致力于图像检测解决方案，开发贯穿印刷全流程的多款独立质量检测设备及全流程质量检测控制体系，主要为印刷工厂提供印刷过程中的中间控制及成品出厂检验的完整图像检测解决方案和服务，年内实现销售收入7000万元。

【常州第六元素材料科技股份有限公司挂牌新三板】 2014年10月15日，在新三板挂牌上市，成为国内石墨烯行业首家新三板挂牌企业。常州第六元素材料科技股份有限公司成立于2011年，专业从事粉体石墨烯研发、生产和营销，是江苏省石墨烯产业技术创新战略联盟理事长单位，与江南石墨烯研究院、中国科技大学等开展产学研合作，2013年建成国内首条大规模制备、全自动控制的粉体石墨烯生产线。2014年，实现销售收入300万元。

【花博园吸引游客52万人次】 参见《旅游》栏目p133同名条目。

【刘海粟夏伊乔艺术馆开馆】 参见《文化艺术》栏目p192同名条目。

【中国画学会常州西太湖创作基地揭牌】 参见《文化艺术》栏目p192同名条目。

【承（协）办重大体育赛事3项】 2014年，西太湖科技产业园承（协）办2014常州武进西太湖国际半程马拉松赛暨“欢乐跑中国”常州站、第五届环太湖国际公路自行车赛武进（春秋淹城—西太湖）赛区、2014中国热气球公开赛。内容分别参见《体育》栏目p198、p199相关条目。

（徐舒洁）

江苏省武进现代农业产业园区

【概 况】 江苏省武进现代农业产业园区（简称武进现代农业产业园）位于武进区西部，是以嘉泽镇为核心区域的整个花木板块，是武进区加快西太湖板块建设、发展休闲旅游产业的重点园区，为全区八大重点板块之一。2014年，武进现代农业产业园以打造全国花木产业中心为目标，做长、做全、做强花木产业链，提升花木产业竞争力。加强花木市场发展规划引导，优化市场功能布局。投入6000多万元，实施花木市场东扩工程，新增交易面积20万平方米。成功承办第九届中国花卉产业论坛、2014中国（夏溪）花木节，以及第二届全国网络会员小型、微型盆景精品展暨山水盆景、花卉园艺展，促进花木产业新理念、新思维、新品种、新技术汇聚嘉泽，助推花木产业持续发展。夏溪花木市场首摘中国驰名商标，成为全国首个获此殊荣的花木市场，并与《中国花卉报》签订战略合作协议，全年完成交易额145亿元。江南花都产业园运营管理成效明显，入驻企业5家，建成投用智能温室大棚面积22万平方米。园区分布大型苗圃和大树观光园共达100多家，年内完成花木合作社改造18家。嘉泽镇花木种植协会于5月23日成立，首批入会会员60名。发展花木特色旅游和餐饮，成功举办嘉泽味道暨“十大特色农家菜”评选活动，艺林园、成塘书院、晨山农庄获评“武进十佳放心消费农家乐”。

【花木市场东扩工程实施】 夏溪花木市场结合市场整体发展规划，建设华东地区最大的花卉绿植批零中心，满足更多商户经营需求，投入6000多万元，从2014年1月起实施花木市场东扩工程，计划到2015年3月基本竣工、4月营业。该工程占地面积43.33公顷，共计铺位

145个，包括花卉、绿植、盆景、资材等，新增交易面积20万平方米。

【“夏溪花木市场及图”商标被评为中国驰名商标】 2014年12月16日，由夏溪花木市场控股有限公司注册的“夏溪花木市场及图”商标被国家工商总局商标局评为中国驰名商标。夏溪花木市场隶属于夏溪花木市场控股有限公司，建于1994年，2012年南扩，是一个集新品研发、培育、推广、展示、交易为一体，融合科普教育、旅游观光等配套服务的综合型一站式交易平台，总占地面积133.33公顷，其中建成区占地面积46.67公顷、发展区占地面积86.66公顷，有商家1600户，聚集花木经纪人2万余人，带动花农13万余户，内联花木生产基地2万公顷，外联上海、浙江、广东、福建、山东、安徽等全国20多个省市的花木产销中心，是全国花卉苗木的重要交易集散地，2012年完成市场交易额115.6亿元，成为全国首家跻身“百亿市场”行列的花木类交易市场，承接中国花卉交易会暨首届中国（夏溪）花木节、2014年中国（夏溪）花木节，2014年完成市场交易额145亿元。

【第九届中国花卉产业论坛在武进举行】 11月7～8日在武进西太湖畔举行。第九届中国花卉产业论坛由中国花卉协会、常州市人民政府主办，中国花卉园艺杂志社、常州市农业委员会、武进区人民政府承办，江苏省林业局、江苏省花木协会协办，国家林业局造林司、保护司、新品办、规划院等有关领导，国家发展和改革委员会、质量监督检验检疫总局、海关总署等有关部门领导，以及全国各省市花卉专家，全国大中型花卉企业中高层、企业代表等200多人参加。该届论坛年度主题是“让花卉走进千家万户”，中国花卉协会副会长赵光华在开幕式上作了主旨报告，重点产区和重点企业代表就中国花卉苗木生产、研发、市场、流通、外贸、税收、检验检疫等环节存在的主要问题及政策建议等方面发言，开展“当前我国宏观经济形势”“国内外花卉种质资源、新品种培育最新进展及未来趋势展望”“我国花卉产销形势解读及未来形势研判”“花卉文化喜相逢，滋润寻常百姓家——中国花文化及其产业发展”“产业互联网，花卉领域的领跑者”5场主题报告，举行“花卉商业模式与大众消费”“花卉品种创新与大众消费”“资本进入与产业发展”等专题研讨，对于推动国内外花卉业各领域的交流与合作、提升中国花卉产业水平发挥积极作用。

【2014年中国（夏溪）花木节】 11月7～9日在夏溪花木市场举行。该花木节由中国花卉协会、江苏省花木协会联合主办，常州市农业委员会和武进区人民政府共同承办，武进区农业局和夏溪花木市场控股有限公司共同协办，围绕“花木展销、新品发布、产销对接、花木论坛、电商趋势”五大主题展开，包括中国（夏溪）花木大讲堂、花木产业基地实地考察、展览展示、花木产销对接会、花木课题讲解会和花木诚信联盟启动仪式 & 中国（夏溪）花木大讲堂总结会六大板块，江苏、浙江、山东、福建、安徽、四川等近20个省市的展商和客商8万余人参加，花农、花木经纪人500余人参训。这次花木产销对接会设展位近5000个，其中标准展位1000个、农户展位2000余个、市场常年展位近2000个，签订合同以及达成意向成交额达30.2亿元，相比上年增长126%。夏溪花木市场以此次花木节为契机，努力成为花木行业优质的服务方、可信的第三方以及坚实的同盟方，为行业参与者提供一个更大的平台与便捷的渠道，共享花木财富。

【第二届全国网络会员小型、微型盆景精品展暨山水盆景、花卉园艺展在嘉泽举行】 9月28～30日在三鑫重工机械有限公司（简称三鑫重工）沁鑫园举行。该届展览由三鑫重工沁鑫园、花木盆景杂志社、上海盆景赏石协会、盆景乐园网站联合举办，全国各地110组近800盆小型、微型盆景参展，吸引国际盆栽联盟主席、中国盆景艺术家协会会长、花木盆景杂志社社长等国内盆景界领导和专家，美国、德国、法国、英国、日本、韩国、波兰、立陶宛、捷克等国家和中国台湾地区的盆景界领导和专家，以及相应企业和广大盆景爱好者观展。此次盆景精品展通过展示当地盆景制作工艺和园林绿化造景水平，倡导和引领当地盆景爱好者提升盆景制作档次。

【江南花都产业园运营管理成效明显】 江南花都产业园位于嘉泽镇跃进村，紧靠夏溪花木市场，一期项目占地面积40公顷，于2009年启动建设，到2014年共建成投用智能温室大棚面积22万平方米，入驻企业5家（含台资企业2家），分别是常州家绿林果园艺有限公司、常州花海种苗科技有限公司、常州文亮园林绿化有限公司、常州优净美园林绿化有限公司和常州世华花卉科技有限公司。该产业园成功引进蝴蝶兰组培、观叶植物水培等技术，引进、培育和生产铁皮石斛、火龙珠、长寿花等优良新品种10多个，常州家绿林果园艺有限公司从荷兰引进的全套植物工厂生产设备已投入花卉、蔬菜种苗的培育和生产，年内成功申报市级农业项目2个、市级科技项目2个、区级科技项目2个，以及常州市花木科技示范园，接待浙江、安徽、山东、北京、台湾等省市及周边地区参观代表团50多批3000多人次。

【“花木源”电子商务平台实现年交易额2800余万元】 “花木源”电子商务平台由夏溪花木市场网站开发建设，始建于2011年，发展至2014年已建成集苗木标准化信息管理、客服后台管理、前台订单管理、CRM、财务报表于一体的苗木交易管理系统，承担起整个平台的苗木标准化信息管理和客户数据维护，通过对数据的分析提炼，借助夏溪花木市场网站、手机微信、手机App等线上方式以及半月一期的夏溪花木采购指南等线下方式向用户发布及推送，年底累计注册用户数达6万多人，日均点击量达18万人次，2014年实现交易额2800余万元。

（蒋　洁）

住房和城乡建设部（武进）绿色建筑产业集聚示范区

【概　况】 住房和城乡建设部（武进）绿色建筑产业集聚示范区（简称武进绿建区），位于武进中心城区西南部、美丽的西太湖东岸线，东至东宝路、武宜路、湖滨路，西至新武宜运河，南至沿江高速，北至虹西路、滆湖路，一期启动区面积15.62平方千米。2014年，武进绿建区围绕“产业集聚和示范引领”

两大目标，创新思路促招商，攻坚克难抓项目，集中精力建园区，保持健康、稳定、快速、有序的发展态势。推进招商引资，先后举办中国科技大学走进绿建区暨武进绿建区—中国科大校友项目资本对接会、2014年武进绿建区投资环境推介会、中芬绿色科技产业园推介会，全年累计签约项目30个，其中内资项目23个、外资项目7个，主要集中在绿色建筑科技与服务业、绿色建筑制造业和建造业等领域，项目总投资超过265亿元，实际到账外资269万美元。到年末，在武进绿建区注册的绿色建材、绿色制造企业共有59家，项目总投资超过100亿元。保障重点项目建设，完成土地利用规划和发展备用地调整，向上报批土地面积48公顷，拆迁面积31.5万平方米，融资14.7亿元。加强园区宣传，先后成功举办全国新型城镇化背景下绿色建筑产业发展研讨会、住建部认证产品技术（江苏、安徽）交流会、江苏省建筑垃圾资源再利用现场观摩会等大型会议，为宣传武进、扩大园区影响起到了积极作用。绿色建筑产业技术创新产业联盟6月16日成立，绿色建筑创研中心维绿大厦项目被列入住建部2014年绿色建筑示范工程项目。

【领导考察和调研武进绿建区】 参见《大事记》栏目p11～13相关内容。

【中国香精香料有限公司等项目签约入驻】 天合低碳技术中国市场集成创新园区项目　3月6日签约。该项目由武进绿建区与常州天合光能集团共同打造，旨在将海外成熟的，具备在中国进行市场化和产业化的技术、产品和企业吸引到武进绿建区落户发展，培育高质量、高科技、高附加值的低碳技术领军型企业。

中国香精香料有限公司项目　5月27日签约入驻。该项目由中国香精香料有限公司投资建设，计划总投资5亿美元，注册资本1.7亿美元，在武进绿建区内设立华东总部及生产基地，包括中国绿色三星香料博物馆、中国香料研究院、室内生物空气净化香料工程技术研发中心，以及香料种植、香料养生、香精香料生产基地，集香精香料研发、生产、展示、交易中心于一体。

中建材应用技术研究院项目　6月19日签约。该项目由中建材蚌埠玻璃工业设计研究院投资建设，主要从事新能源、新材料、新型房屋应用的研发，还将中国电子工业标准化技术协会薄膜太阳能电池标准工作委员会、浮法玻璃新技术国家重点实验室新能源材料研究中心、中国建筑学会建筑材料分会太阳能建筑材料及构件一体化专业技术委员会、中国投资协会能源发展研究中心新能源专业委员会4个国家级学术机构落户武进绿建区。

圣戈班（中国）零碳体验中心项目　6月19日签约。该项目由法国圣戈班集团投资建设，成为其在中国内地设立的首个零碳建筑体验项目，建成后可承担展示中心、研发中心、培训中心等功能。圣戈班集团还将亚太区结算中心搬迁至武进绿建博览园。

中芬绿色科技产业园项目　6月20日签约。该项目由芬兰FIAC投资集团投资建设，首期总投资2.13亿欧元，用地面积18.27公顷，包含“天禧港”商住开发和住宅产业化基地2个项目。其中，“天禧港”项目总投资2亿欧元，占地面积10.4公顷，计划由芬兰FIAC投资集团全资打造一个集总部经济、科技研发、餐饮购物、休闲娱乐、五星级酒店、高档住宅于一体的“北欧城”，所有建筑按中国三星级绿色建筑标准建造；住宅产业化基地项目总投资1300万欧元，用地面积7.87公顷，由芬兰FIAC投资集团联合芬兰住宅产业化企业Elematic及欧洲水泥制品生产商Consolis，按欧洲最高标准建设自动化、高精度、高效率建筑预制件生产线，主要生产预应力空心楼板、建筑梁柱、外墙、内墙、楼梯间、电梯间等建筑预制产品。

江苏国家绿色建筑涂料工程技术研究中心项目　10月9日签约。该项目由住建部科技与产业化发展中心、武进绿建区、软银中国创业投资有限公司、宜昌市三峡天润纳米材料工程技术研究中心有限公司四方共同组建，以此吸引更多国内外技术先进和资本雄厚的绿色建筑、建材相关企业参与国内绿色建筑产业发展，引进具有国际知名度的检测认证机构，从绿色建筑涂料等绿色建材评价标准的制定、评价及检测角度，推动中国绿色建材行业发展进程。

港科大霍英东研究院常州绿色研发中心项目　11月17～19日，武进绿建区随常州经贸代表团在香港开展经贸活动期间，与香港科技大学（简称港科大）签订“港科大霍英东研究院常州绿色研发中心”战略合作协议。该项目由武进绿建区与港科大共建，研发并改进绿色制冷、节能散热、新型发电、环保电池、新型建材等前沿技术，组建绿色建筑材料检测试验中心，同时引进港科大孵化培育的高新技术企业，打造具有国际影响力的产学研基地。

日本亚洲投资株式会社项目　12月27～28日，在北京举行的第八届中日节能环保综合论坛上，武进绿建区与日本亚洲投资株式会社、上海清环环保科技有限公司签署合作协议，三方将在合同能源管理等方面加强沟通，开展相关合作。

【绿色建筑博览园等项目开工】 绿色建筑博览园项目　3月底开工。该项目位于延政西路南侧、龙江南路高架东侧，总占地面积13.73公顷，一期总投资1亿元。通过吸收运用美国、德国、芬兰等国际绿色建筑形态和技术，以及国内木结构、轻钢结构、砖结构、混凝土结构等方面的先进技术，打造节能、节地、节水、节材的绿色建筑之园。年内，该博览园内南京旭建示范楼及中建材新农村建设双拼示范楼竣工。

工业园区标准厂房项目　11月1日开工。该项目东至漕溪路、西至龙江南路、北至虹西路，占地面积6.73公顷，总建筑面积10万平方米，总投资3.4亿元。计划以绿色建筑产业园区为依托，工业厂房全部达到绿色建筑一星级标准以上，采用生态屋面系统、太阳能光伏系统、溶液调湿新风系统、人工湿地处理系统等国内外领先的绿色建筑建材技术，实现园区办公楼及厂房的“绿色革命”。年内完成基础施工。

万科生态城项目　6月1日开工。该项目位于滆湖中路南侧、长沟河西侧，占地面积41.73公顷，总建筑面积119万平方米，总投资50亿元。主要建设住宅、商业及公建配套，计划建设一星级标准以上绿色社区（二星级标准达50%，三星级标准达20%），引领绿色节能建筑发展。年内，完成30万平方米绿色住宅施工至13层。

美国诺森轻钢结构集成房屋项目　12月底开工。该项目计划用地面积4.67公顷，总投资5000万美元，注册资本2000万美元，主要生产和经营钢结构集成房屋，销往美国及周边国家。一期生产基地占地面积2.67公顷，达产后可实现年销售收入4亿元。

【绿建软银常州基金组建运行】　3月29日，武进绿建区与软银集团在北京签署协议，合作成立绿建软银常州基金，成为国内首个绿建基金。该基金总规模10亿元，首期3亿元，通过资本运作、人才技术支持、行业资源整合等金融创新增值服务，培育高精尖企业，提升武进绿建区整体实力。11月3日，软银集团在武进绿建区设立的常州软银华龙创业投资企业获得省商务厅批准。该公司注册资本3300万美元，主要投资方向为常武地区节能环保及绿色建筑材料行业。

【绿色建筑产业电子商务平台建立】　5月31日，住建部科技与产业化发展中心、武进绿建区、江苏唯绿电子商务有限公司三方签约，合作打造以“绿色建筑产业电商平台”为主体，以“绿色建筑技术和产品展示交易”为特色，集绿色建筑“宣导交流”“展销仓配”“认证服务”和“融资支付”等多元服务为一体，具有市场信息更透明、集约采供更节约、全链协同更规范等互联网特征的电子商务平台。年底，该平台业务基础、市场基础、技术基础、管理基础建立，唯绿网正式运营。建成后，有利于促进中国绿色建筑产业全链实现环节消耗减少、交易成本降低、采供效率提高，“绿色用材，绿色流通”目标的实现。

【常州市武进区绿色建筑技术创新产业联盟成立】　6月16日，在区行政中心召开常州市武进区绿色建筑技术创新产业联盟成立大会，推举产生该联盟理事会班子，选举江苏长海复合材料股份有限公司董事长杨国文担任首届理事长。该联盟有成员单位220家，由武进绿建区及其周边地区从事绿色建筑产业相关的企业、研发单位，按照“自愿、平等、合作、互助、互惠”的原则自发组成，集联合性、专业性和行业性于一体，目标是以联盟成员单位为骨干，依托武进绿建区发展平台和政策优势，加大市场拓展力度，促进产业链整合和完善，实现绿色建筑产业跨越式发展。年内，该联盟积极服务企业发展，协助企业畅通产学研的对接渠道和开展相关产业配套及调研工作，分别与各乡镇企管科建立日常沟通渠道，与地板协会、玻钢协会、制冷协会等同业协会建立联络制度，努力实现政、产、学、研多方合作共赢的良好局面。

【建筑垃圾资源化利用工艺技术及装备集成示范项目通过省科技成果鉴定】　12月11日，经省住建厅组织中国工程院院士缪昌文，东南大学、同济大学、苏州大学、南京工业大学等单位共7位专家组成的鉴定委员会鉴定，通过省科技成果鉴定。建筑垃圾资源化利用工艺技术及装备集成示范项目由武进绿建区组织实施，创新性地提出多种环保节能技术与措施有机复合的整体解决方案，改变传统粗放式的建筑垃圾再生处理方式，实现建筑垃圾再生处理的绿色生产，在国内同类项目中具有显著的示范效应，为中国开展建筑垃圾资源化利用提供成功经验，成果达到国内领先水平。

【绿色建筑创研中心维绿大厦项目被列入住建部2014年绿色建筑示范工程项目】　7月，被列入住建部2014年科学技术项目计划——绿色建筑示范工程项目。武进绿建区绿色建筑创研中心项目位于延政路以北、湖滨路以西，总用地面积6.67公顷，建设科研用房10万平方米，集科研、企业孵化、企业总部于一体，打造国内超三星级标准绿色建筑群。该项目吸收运用绿色建筑“四节一环保”（节能、节地、节水、节材和室内外环保）的领先技术，主要包括双层窗中置遮阳、生态屋面、垂直绿化、自然通风，以及中庭吹拨通风、导光管技术、太阳能光伏系统、热源热泵、溶液调湿新风机、人工湿地系统、透水地面、毛细管辐射系统、虹吸式屋面排水系统等绿建技术21项，12月底通过竣工验收。

【承办全国性绿色建筑产业研讨交流活动】　全国新型城镇化背景下绿色建筑产业发展研讨会　3月15日，在武进绿建区召开，全国政协常委、九三学社中央副主席赖明，住建部及省住建厅相关领导，市、区领导朱晓敏和陈虎参加。会上，围绕“全国新型城镇化背景下绿色建筑产业发展”这一主题，国务院发展研究中心和同济大学、清华大学、中国人民大学等院校专家，以及住建部、省住建厅相关负责人开展研究讨论，认为在新型城镇化的大时代背景下，绿色建筑将成为未来发展的趋势，为新型城镇化开启一条永续发展的道路。

住房和城乡建设部认证产品技术（江苏、安徽）交流会　7月13日，在武进区行政中心召开。这次交流会由住建部科技与产业化发展中心与江苏省住建厅科技发展中心、江苏省住建厅住宅与房地产业促进中心及安徽省住宅产业

绿色建筑创研中心维绿大厦　　（武进绿建区　供稿）

化促进中心联合举办，通过北京康居认证中心康居认证的逾百家注册企业与江苏、安徽房地产开发公司代表参加。会上，安徽省住宅中心主任刘宇和江苏省住建厅副厅长顾小平分别代表安徽省住建厅、江苏省住建厅，介绍安徽、江苏两省房地产形势和当前房地产产品技术，住建部科技与产业化发展中心副主任梁俊强阐述此次交流会的目的、意义和在建材领域开展认证的必要性和紧迫性。贵州黔中铁旅文化产业发展有限公司、唐山冀东发展燕东建设有限公司分别介绍在建房地产项目，康居认证企业安徽朗凯奇建材有限公司、力诺瑞特工程公司、北京海林节能设备股份有限公司等近30家优秀部品生产企业介绍认证产品技术特点和企业概况，并就如何保证工程质量发言。

（苏　溪）

镇工业集中区

【概　况】 2014年，全区有镇工业集中区13个，开发面积6068公顷，建成面积5356万平方米。全区各镇以工业集中区为载体，依托国际国内知名度高、有科技含量的大型骨干企业为龙头，建设遥观轨道交通、郑陆不锈钢、横林强化木地板等产业集群。年内，郑陆武澄工业园通过省中小企业产业集聚示范区认定，西太湖医疗产业孵化园通过省重点培育小企业创业基地认定，常州信息产业园通过省小企业创业示范基地认定，全区省级中小企业产业集聚示范区累计5个。全区镇工业集中区完成产值2179.17亿元，实现销售收入2058.49亿元，创利税161.15亿元，分别占全区总量的44%、40.5%、40.16%。有10个镇工业集中区总产值均超100亿元，其中湖塘、遥观、横林、横山桥、湟里5个镇工业集中区总产值均超200亿元。

【郑陆武澄工业园通过省中小企业产业集聚示范区认定】 12月，通过省经信委认定，成为全区第五个“江苏省中小企业产业集聚示范区”。郑陆武澄工业园按照省级经济开发区标准配套建设，以新材料、新能源、干燥设备制造等新兴产业为主，规划面积6.49平方千米，有企业458家，其中新材料企业8家、干燥制造企业423家（工商登记），规模以上干燥制造企业29家，常州一步干燥设备有限公司、江苏省范群干燥设备厂有限公司、江苏先锋干燥工程有限公司、江苏宇通干燥工程有限公司等6家企业年产值超亿元。该集聚区产品涉及食品、医药、环保化工新材料、农产品深加工等领域，远销美国、日本、法国、南非等30多个国家，在国际、国内市场占有首席之位。2014年，实现销售收入52.7亿元。

【新增省级小企业创业基地2个】 12月，西太湖医疗产业孵化园、常州信息产业园分别被省经信委认定为“江苏省重点培育小企业创业基地”“江苏省小企业创业示范基地”。

西太湖医疗产业孵化园位于西太湖科技产业园，规划面积11.86公顷，建筑面积24.4万平方米，其中公共服务面积3万平方米。入驻企业34家，其中规模以上企业6家；就业人数1155人，创业成功率85%。

常州信息产业园位于武进高新区，规划占地面积10公顷，开发面积5.33公顷，建筑面积5万平方米。入驻企业53家，其中规模以上企业3家；就业人数2548人，创业成功率95%。

表5　**2014年武进区各镇工业集中区建设基本情况**

所在镇	总面积（公顷）	开发面积（公顷）	建成面积（公顷）	企业总数（家）	当年新增企业数（家）	累计总投入（万元）	当年新增投入（万元）	工业总产值（万元）	销售（营业）总收入（万元）	利税总额（万元）	实现利润（万元）	实交税金（万元）
雪　堰	740	740	740	933	58	1370435	62850	1225224	1202768	59676	36200	23476
前　黄	956	350	350	203	7	922248	135370	808772	796596	38583	20546	18037
礼　嘉	333	333	333	201	0	745500	20000	1310000	1260000	114000	85000	29000
湖　塘	804	732	732	279	0	2345073	199628	2507847	2487908	208075	118643	89432
牛　塘	932	432	292	279	3	503350	250	963300	936211	78529	38269	5358
洛　阳	766	332	332	152	4	545175	39020	901560	883300	28130	13970	14160
遥　观	559	546	479	375	5	840808	102000	2683700	2562950	271044	179700	91344
横　林	2131	783	562	931	3	2000767	248378	2308212	2238966	145532	78363	62691
横山桥	865	455	449	304	0	2294830	305630	2716550	2621470	258480	123440	125060
郑　陆	736	516	439	297	2	568500	242700	1278200	1150380	102870	52271	27232
奔　牛	176	97	91	58	4	161750	12500	1068745	1033780	85439	31845	52841
邹　区	536	253	205	270	2	1092370	167260	1145630	1128350	56415	28200	28215
湟　里	1065	499	352	116	2	2177817	215003	2874009	2282245	164684	59295	105389
合　计	10599	6068	5356	4398	90	15568623	1750589	21791749	20584924	1611457	865742	672235

（李伟华）

（栏目编辑　万向阳）

综 述

【概 况】 2014年，武进区工业涵盖机械、冶金、纺织、化工、金属制品、电气机械及器材制造、电子及通信设备制造7个行业，省标战略性新兴产业有新能源、新材料、生物技术和新医药、节能环保、新一代信息技术和软件、高端装备制造、新能源汽车、智能电网和海洋工程装备9个门类。全区有国家级、省级工业园区各1个，镇工业集中区13个。有工业企业近2万家，其中年销售收入2000万元及以上（简称规模以上）工业企业1783家、超十亿元企业39家、超百亿元企业6家、超千亿元企业1家。瑞声科技控股有限公司成为年销售收入超百亿元企业，中天钢铁集团有限公司等6家工业企业入选中国民企500强。全区工业企业新增企业技术中心省级11家、市级11家，累计国家级1家、省级51家、市级73家；新增2014年度国家重点新产品计划项目5个、省重点推广应用新技术新产品19个，新技术新产品通过省级鉴定20个；新增"中韩"等中国驰名商标5件、阳湖牌郑陆不锈钢管等江苏名牌产品11个；参与制（修）订并发布国家标准10项、行业标准14项；获"江苏省优秀民营企业"称号企业3家，获"江苏省五星级数字企业"称号企业1家。

武进区围绕"稳中求进"主基调，积极应对工业经济运行下行压力，深入实施工业经济"四十四百"提升计划，围绕重点制造业，加快有效投入，推动技术创新，加强资源保障，优化企业服务，工业经济基本保持稳定增长的良好态势。年内完成工业投入580.3亿元，增长5%；全区规模以上工业企业实现工业增加值962.67亿元，增长10.5%。全区工业企业完成总产值4950.81亿元，实现销售收入5082.54亿元、利税382.19亿元、利润232.82亿元，分别增长8.39%、7.69%、11.33%、13.88%。其中，全区规模以上工业企业完成产值4268.41亿元，实现销售收入4402.38亿元、利税347.77亿元、利润208.9亿元，分别增长8.2%、7.2%、13.2%、14.5%。全区省标战略性新兴产业企业完成工业总产值1250.24亿元，增长19.55%。

2014年，全区工业经济运行特点：(1) 主要经济指标保持增长。全区工业企业产值、销售收入、工业增加值持续攀升，分别增长8.39%、7.69%和2.88%，工业用电量达142.33亿千瓦时，增长1.11%。(2) 新增长点企业拉动有力。100家工业经济新增长点企业完成产值1839.4亿元，增长18.9%，高于全区规模以上工业企业产值增幅10.7个百分点。全区培育的100家工业大企业完成产值2692.64亿元，入库税收47.01亿元，分别增长10.2%、27.8%，分别高于全区工业企业增幅1.81个和16.47个百分点。(3) 重点投资项目取得突破。全区投资千万元以上工业项目实施472个，2014年计划投资399.1亿元，完成投资399.2亿元，占全区工业投入的68.79%，单个项目当年平均投资达8457.63万元。实施市"双百"（百强龙头骨干企业和百项重点技改项目）行动计划重点项目53个、区重点项目178个，分别完成投资104.08亿元、227.05亿元；区重点新建项目开工108个、竣工投产83个。(4) 特色行业实现稳步发展。新兴产业发展迅速，规模以上工业企业产值、销售收入分别占全区规模以上工业的29.29%和27.78%；冶金业、化工医药制造业、机械制造业三大重点行业规模以上工业企业产值和销售收入持续增长，分别占全区规模以上工业企业产值的28.77%、15.48%和14.93%，占全区规模以上工业企业销售收入的33.31%、14.71%和13.88%。

（张杏阳）

【工业经济"四十四百"提升计划实施】 3月4日，区委、区政府发布《产业培育战役工作方案》，部署实施工业经济"四十四百"提升计划，做强做优重点制造业。"四十"指大力发展智能装备、新能源、医药医疗器械、新材料、电子信息、绿色建筑、金属制造、精细化工、纺织、电机电器十大行业，重点建设轨道交通、汽车及零部件、农机和工程机械、太阳能光伏、碳材料、新医药、新光源、智能数控和机器人、绿色家电产业链、绿色建筑产业链十条产业链，打造中天钢铁工业园、恒立工业园、长海玻纤产业园、国茂产业园、华大国际住宅产业园、东方金属新材料产业园、亚邦生命科技产业园、新纶光电产业园、福隆医疗企业产业园、不锈钢管产业园十个企业工业园，提升石墨烯科技产业园、西太湖大学科技园、武进科创中心、半导体照明联合创新国家重点实验室（常州基地）、绿色建筑产业集聚示范区、武澄工业园、武进工业设计园、常州信息产业园、创新产业园、医疗器械孵化园十大载体平台。"四百"即培育

100 家工业大企业、100 家创新型科技企业，推进 100 个重点工业项目，加速建成面积 100 万平方米标准厂房。年内，全区十大行业企业完成工业产值 3870.6 亿元；十条产业链企业完成规模以上工业产值 1239 亿元（含市级通用航空和智能电网产业），增长 14.6%；十个企业工业园完成工业投资 56.4 亿元，建设各类厂房、库房等总面积 82.2 万平方米，实现营业收入 1388 亿元；十大载体平台完成投资 35.3 亿元，实现营业收入 71.3 亿元。100 家工业大企业完成产值 2692.64 亿元，实现销售收入 3264.02 亿元、利税 219.75 亿元、利润 134.28 亿元，分别增长 10.22%、9.9%、13.2% 和 11.32%；100 家科技创新型企业新增研发项目 1150 项，投入经费 17 亿元，培养企业知识产权工程师 100 名，新建产学研基地和研发中心 3 家；100 个重点工业项目完成投资 180.78 亿元；完成建设面积 100 万平方米标准厂房目标，竣工面积 106.7 万平方米。2014 年，常州市十大产业链建设的 100 家重点企业和 150 个重点项目中，武进区分别入选 41 家企业、53 个项目。

【区重点项目完成投资 227.05 亿元】 2014 年，全区调整确定重点工业项目 178 个，完成投资 227.05 亿元，完成年度目标的 105.34%。其中，列入市十大产业链和区十条产业链项目 105 个，完成投资 128.52 亿元，占区重点项目投资额的 56.6%。常州市武进广宇花辊机械有限公司实施的机械项目、常州市河马塑胶有限公司实施的环保型塑料检查井项目、今创集团股份有限公司实施的工业设计中心建设项目等 158 个项目完成或超额完成年度投资计划，天合亚邦新能源有限公司实施的太阳能电池片及组件项目、江苏江南创佳型材有限公司实施的节能型彩铝型材扩能项目、江苏瓯堡纺织染整有限公司实施的高档织物面料项目等 83 个项目竣工投产。

（倪文达）

【入选省重点推广应用的新技术新产品 19 项（个）】 3 月 28 日、4 月 24 日，省新技术新产品推广应用工作联席会议办公室先后发布省重点推广应用的新技术新产品第四批和第五批目录，武进区 18 家工业企业的 1 项新技术和 18 个新产品被收录。其中，装备制造业产品 5 个，节能环保业产品 3 个，新材料、纺织业产品各 2 个，常州强力电子新材料股份有限公司 2 个制剂获重点推广应用。这些新技术、新产品可优先享受省相关政策支持，有效期为 3 年。

2014 年武进区获省重点推广应用的新技术新产品情况

表 6

行业领域	新技术新产品名称	企业名称	证书编号
新能源	高温高效槽式太阳能集热系统	常州龙腾太阳能热电设备有限公司	No.201401013
新材料	TM 高强级反光膜	常州华日升反光材料股份有限公司	No.201303006
新材料	低重稀土低磁损钕铁硼永磁材料	江苏东瑞磁材科技有限公司	No.201303007
生物技术和新医药	新型髓内钉	创生医疗器械（中国）有限公司	No.201303030
节能环保	新一代高效节能无极荧光灯	常州华岳电子有限公司	No.201401084
节能环保	汽车用改性再生专用料	常州塑金高分子科技有限公司	No.201401085
节能环保	全自动生物质燃烧装置	常州金马炉业设备有限公司	No.201401086
高端装备	数控刮削滚光机组	常州市腾田液压机械有限公司	No.201401140
高端装备	吊钩用轴承	常州克劳诺斯特种轴承制造有限公司	No.201401141
智能电网	低压有源电力滤波器（APF）	江苏博力电气科技有限公司	No.201303108
装备制造	RSJ5/1 贾卡成圈型电子提花经编机	常州市润源经编机械有限公司	No.201303122
装备制造	非织造布高速热轧粘合机	常州市武进广宇花辊机械有限公司	No.201401207
装备制造	全闭环双针床电子贾卡经编机	常州市中迈源纺织机械有限公司	No.201401208
电子信息	车用雨量阳光传感控制系统	江苏日盈电子股份有限公司	No.201401225
石　化	高感度咔唑肟酯类光引发剂 PBG304	常州强力电子新材料股份有限公司	No.201401236
石　化	高感度酮肟酯类光引发剂 PBG305	常州强力电子新材料股份有限公司	No.201401237
纺　织	GE2266 高速经编机	常州市武进五洋纺织机械有限公司	No.201401252
纺　织	RSJ43/1/24F 压纱型多梳电子提花经编机	常州市润源经编机械有限公司	No.201401253
轻　工	节能型对开门冰箱	中韩科技有限公司	No.201303158

（杨　燕）

【万元GDP能耗下降5%】 2014年，武进区加快推进节能降耗，助推绿色经济发展，万元GDP能耗下降5%。(1) 推进节能与循环经济项目。培育43个节能项目进入节能与循环经济项目库，年内竣工投运39个，实现年节约标煤25.7万吨。淘汰常州市武进恒通金属钢丝有限公司等11家工业企业的落后设备60台（套）。中天钢铁集团有限公司等7家年耗标煤万吨以上的工业企业开展能源管理体系建设，年内全部通过能源管理体系认证。(2) 发展循环经济。完成20家企业清洁生产审核，实施清洁生产中费、高费方案共49个，总投资5449万元，节约标煤2320吨，产生经济效益2273万元。常州翔宇资源再生科技有限公司建设废旧家电回收门店11个，月均回收废弃电器1.03万台。(3) 加强节能监察执法。持续监控年耗标煤3000吨以上企业96家，规范用能管理。监察24家重点用能企业的设备和工艺，责令5家企业限期淘汰落后电机、锅炉。9月，常州东方特钢有限公司实施的转炉工序超能耗项目通过省节能监察中心验收。(4) 节能评估强化源头控制。区经信局全年完成中天钢铁集团有限公司等11家企业承担的13个技术改造项目节能评估审查，源头控制高能耗行业盲目扩张及落后设备使用。(5) 推广节能产品。推广高效照明产品4.65万个，其中紧凑型荧光灯4.25万个、直管型荧光灯0.4万个。常州市武进金宝电机有限公司生产的三相交流永磁同步伺服电机被列入国家第六批节能产品惠民工程高效电机推广目录。

（沈　伟）

【武进工业设计园入围首批省区共建工业设计园】 2014年10月24日，在第九届中国工业设计周暨首届江苏工业设计周活动开幕式上，区政府与省经信委签约共建武进工业设计园。武进工业设计园位于武进高新区，是中国工业设计协会会员、省工业设计理事会成员单位，一期于2011年9月开园，二期于2013年7月开园，建筑总面积9.1万平方米，至2014年7月入驻企业42家，拥有各类自主知识产权180余项，服务业务拓展至工业产品设计研发、平面摄影设计、产品包装设计、影视传媒广告设计、城市规划设计、智能装备设计等20多个门类，先后被评为省级工业设计示范园、省文化科技产业园、省重点培育小企业创业基地等。省区共建过程中，由省经信委重点支持武进工业设计园的工业创新设计成果设计基地、设计创新成果转化基地、工业设计产学研合作基地、设计创新人才培育基地、工业设计信息发布和交流平台、工业设计企业和重点项目等，由区政府制定出台支持武进工业设计园发展的优惠政策，并在年度财政预算中安排专项资金支持工业设计产业发展。计划至2016年，园区累计有入驻企业60多家、设计师600多名、专利100多件，服务客户600家，年服务合同额达6000万元，基本建成工业设计数据标准查询平台、快速成型技术平台、工业设计投融资平台、国际交流平台、知识产权保护服务平台、网络技术交易平台等服务外包的平台体系，为武进乃至苏南地区的设计企业、制造企业提供全方位的集成服务。

（吴志坚）

表7　2014年武进区100家工业大企业主要经济指标完成情况

单位：万元

序号	企业名称	产值		销售收入		利税		利润	
		2014年	比上年（±%）	2014年	比上年（±%）	2014年	比上年（±%）	2014年	比上年（±%）
1	中天钢铁集团有限公司	6000824.36	-0.24	10520501.89	0.11	134747.91	33.18	61503.50	2.25
2	瑞声科技控股有限公司	752906.10	24.61	1060287.00	19.72	146463.00	9.92	105990.00	12.93
3	新誉集团有限公司	906103.80	16.31	822055.50	5.00	112002.00	4.49	89536.50	5.00
4	国茂减速机集团有限公司	766792.60	33.18	755475.70	33.10	94341.90	76.46	62345.20	66.44
5	光宝科技常州有限公司	720100.80	20.02	618979.70	26.23	21575.10	34.93	21575.10	34.93
6	江苏顺风光电科技有限公司	331152.37	80.41	320716.90	68.41	21546.30	-26.33	12974.90	-6.18
7	江苏恒立高压油缸股份有限公司	105848.10	-8.71	99631.40	-8.61	16385.90	-47.66	13684.80	-51.70
8	柳工常州挖掘机有限公司	65972.66	-10.68	57469.20	-21.12	11763.00	-14.46	9533.50	-25.08
9	卡尔迈耶（中国）有限公司	186775.20	7.96	178491.70	9.72	40363.60	-22.72	32499.70	-16.34
10	江苏龙城精锻有限公司	97322.60	6.53	92755.50	3.47	17642.50	15.79	12542.00	11.67
11	博世力士乐（常州）有限公司	100232.96	-5.67	99731.70	-5.38	-4655.60	/	-8685.00	/
12	常州市国宇环保科技有限公司	96377.90	17.17	94355.00	9.95	872.20	-33.70	180.30	-74.88
13	安费诺（常州）高端连接器有限公司	78451.60	0.39	90753.00	5.41	29174.30	-12.93	28313.10	-13.22
14	江苏胜大石油设备制造股份有限公司	38004.60	-16.26	26854.10	-33.49	3223.00	20.82	194.10	-86.37
15	安费诺（常州）连接系统有限公司	65808.50	-9.75	62538.30	-5.66	10194.80	-14.33	5618.50	45.52
16	江苏智思机械集团有限公司	87832.30	7.01	83687.60	7.12	16272.50	3.69	11098.10	5.33
17	江苏南方轴承股份有限公司	30555.50	12.35	30053.90	12.09	9173.90	8.68	7700.70	27.63
18	利优比压铸（常州）有限公司	32733.80	62.48	32381.60	73.29	-9621.70	/	-9621.70	/
19	创生医疗器械（中国）有限公司	32128.50	52.75	30268.00	24.22	13408.40	25.60	9586.30	36.47

续表 7

序号	企业名称	产值 2014年	产值 比上年（±%）	销售收入 2014年	销售收入 比上年（±%）	利税 2014年	利税 比上年（±%）	利润 2014年	利润 比上年（±%）
20	贝尔金电器（常州）有限公司	53987.30	-11.03	53273.00	-13.77	3496.50	30.80	3237.90	29.37
21	爱科（常州）农业机械有限公司	55384.87	172.61	44759.10	117.18	-17541.90	/	-17541.90	/
22	常州东南联发彩屏电子有限公司	15207.00	10.67	16568.70	22.85	-333.00	/	-546.10	/
23	江苏格林保尔光伏有限公司	100699.90	16.92	97350.80	21.84	4391.50	10.49	-427.30	/
24	常州市武进五洋纺织机械有限公司	47267.48	0.53	44745.50	2.69	4132.10	4.23	3446.40	5.08
25	江苏安格特科技发展有限公司	249867.00	-5.41	253451.80	-9.55	20200.10	3.73	11339.80	-5.44
26	常州市亚达铜业有限公司	185157.10	-37.15	167645.70	-47.82	15872.80	-49.75	15853.40	-49.36
27	常州晶雪冷冻设备有限公司	38702.80	29.79	49044.80	25.90	6171.80	28.16	4166.10	9.28
28	腾龙科技集团有限公司	54281.50	22.66	59376.30	24.23	11464.50	29.76	8506.50	33.77
29	江苏南方卫材医药股份有限公司	45105.70	-15.31	49421.10	-8.14	10097.40	3.94	7418.80	15.52
30	常州碳元科技股份有限公司	32629.50	31.73	33589.70	29.11	19742.50	27.62	17190.90	20.50
31	江苏润源控股集团有限公司	88161.60	-18.59	79351.20	-29.37	5315.80	-72.85	3275.40	-79.56
32	江苏常虹钢结构工程有限公司	36978.00	-12.66	40978.30	-17.63	988.60	-37.65	20.00	-94.09
33	江苏海鸥冷却塔股份有限公司	35038.80	-7.79	45653.40	3.95	6957.10	3.51	4841.30	8.29
34	常州中钢精密锻材有限公司	37354.50	94.08	42612.00	72.02	971.80	425.30	971.80	425.30
35	福隆医用材料（中国）有限公司★								
36	新纶科技（常州）有限公司★								
37	常州南海铜业有限公司	1304280.60	2.60	1271673.50	3.29	152030.40	10.90	106951.00	11.35
38	常州市蓝托金属制品有限公司	46712.50	44.55	40149.40	45.92	6174.60	9.79	3285.80	1.09
39	常州亚通杰威电机有限公司	47937.10	2.45	46572.10	-10.21	3025.10	-14.35	-63.20	/
40	江苏新洛凯机电有限公司	51130.00	9.51	50884.40	7.59	7422.00	7.31	4875.40	3.81
41	江苏南方通信科技有限公司	42503.90	-2.85	40902.90	-2.56	1656.50	3.60	1082.30	-3.37
42	江苏新科科技有限公司	61242.60	205.07	61068.30	245.61	6656.20	/	3406.90	3253.25
43	常州市永安电机有限公司	65466.10	14.52	57137.80	22.49	6240.40	2.60	3183.20	4.04
44	今创集团	966607.20	42.22	964414.80	44.98	148095.60	48.56	112929.10	74.92
45	新华昌集团有限公司	657307.10	9.26	651216.00	8.26	87987.00	13.54	22979.00	13.04
46	江苏长海复合材料股份有限公司	127657.10	40.20	126550.80	54.56	23324.90	39.86	16219.40	49.16
47	中韩科技有限公司	124915.20	-19.55	123168.90	-20.60	13603.20	-30.02	7989.20	-33.05
48	江苏中友精密制管有限公司	38329.90	10.34	34082.00	5.37	83.90	-38.80	-36.90	/
49	常州乐士雷利电机有限公司	281257.30	0.97	267952.50	1.13	48457.40	30.02	35475.40	30.37
50	常州华通焊业股份有限公司	72641.40	14.87	75021.50	9.31	8010.00	88.75	4628.00	81.21
51	灵通展览系统股份有限公司	67649.70	-1.33	66782.00	-0.19	7171.10	27.40	3431.00	4.00
52	常州市奥通车辆配件有限公司	74312.10	3.17	72426.60	4.93	11443.70	21.86	7853.60	1.66
53	常州强力电子新材料股份有限公司	57665.30	32.26	47381.80	29.96	15419.90	52.52	13497.50	53.48
54	江苏大欧铝业有限公司	70297.00	128.89	69731.00	122.74	6995.00	112.68	3988.00	129.20
55	江苏贝尔装饰材料有限公司	110930.00	12.52	110206.00	12.94	13883.00	10.30	8175.00	8.61
56	江苏华大集成房屋有限公司★								
57	江苏赛拉弗光伏系统有限公司	55162.00	26.85	54188.00	27.03	7282.00	206.48	3906.00	961.41
58	江苏江南实业集团有限公司	851035.40	6.27	848984.30	6.56	80415.30	4.53	43478.90	3.63
59	江苏兰陵化工集团有限公司	120196.00	0.04	115461.00	2.04	15786.40	6.66	11162.20	8.83
60	常州市薛巷电讯元件有限公司	148001.10	12.72	142020.30	13.63	8651.80	76.58	6984.10	115.10
61	江苏兆峰晶精钢管有限公司	50105.10	11.33	49329.00	12.50	5378.00	30.98	3670.00	37.87

续表 7

序号	企业名称	产值		销售收入		利税		利润	
		2014 年	比上年（±%）	2014 年	比上年（±%）	2014 年	比上年（±%）	2014 年	比上年（±%）
62	常州市金邦铝业有限公司	78011.00	-1.11	78011.00	-1.11	6652.80	-20.69	4589.70	-25.84
63	常州金阳冶金集团有限公司	97880.50	8.75	95160.10	6.89	6628.10	19.37	3810.30	16.96
64	常州市赛力木业有限公司	81998.00	6.61	79538.00	6.61	8064.50	4.02	4647.00	-1.67
65	江苏昌盛电缆集团有限公司	55215.00	24.07	55058.00	23.55	4212.00	4.72	2699.00	25.83
66	江苏武进不锈股份有限公司	257814.30	3.11	157526.20	-1.52	24574.30	-15.48	18202.40	-18.80
67	江苏吉春集团有限公司	78276.00	12.20	78277.00	12.20	10169.00	1.90	6995.00	1.61
68	常州市华立液压润滑设备有限公司	43709.00	6.88	39746.60	5.36	5166.50	15.29	3017.70	-5.24
69	江苏悦达卡特新能源有限公司	100038.70	64.46	80666.30	50.96	9274.10	81.03	897.70	1.78
70	江海环保股份有限公司	57593.80	10.93	55760.20	7.58	10746.50	-0.84	8758.60	6.99
71	江苏佳尔科药业集团有限公司	89777.10	6.17	74648.00	-9.33	10395.00	33.13	6155.00	18.30
72	江苏瓯堡纺织染整有限公司	90178.80	11.95	90721.60	15.16	11402.40	49.33	4512.00	115.25
73	常州市武进广宇花辊机械有限公司	41492.20	21.72	41067.60	21.59	4202.80	26.69	2425.00	43.87
74	亚邦投资控股集团有限公司	2685501.00	16.09	4012780.00	25.20	166204.70	14.52	86738.60	27.22
75	常州迪邦纺织有限公司	57176.30	-19.61	55020.70	-21.50	5173.70	-29.20	3033.80	-34.37
76	常州市牛塘化工厂有限公司	153577.00	5.51	150366.00	3.11	10891.00	27.16	4820.00	26.97
77	常州龙腾太阳能热电设备有限公司★								
78	常州翔宇资源再生科技有限公司	85345.70	12.30	85345.60	14.56	-425.70	/	-1092.40	/
79	常州群达纺织原料有限公司	45472.30	-27.71	44587.20	-24.93	3431.40	-28.47	565.20	-29.88
80	旷达控股集团有限公司	502955.00	22.80	507286.40	23.04	31323.50	-49.63	19032.00	-57.88
81	中铁建电气化局集团轨道交通器材有限公司	37060.00	2.54	36855.00	23.25	2343.10	-42.18	1424.30	-28.21
82	江苏鑫和泰机械集团有限公司	57605.00	-20.97	57196.00	-15.81	4811.00	67.40	2873.00	268.81
83	江苏常发实业集团有限公司	556180.00	-0.75	1200889.00	3.25	61911.00	-15.70	44870.00	-19.12
84	江苏丰润电器集团有限公司	412212.30	63.69	391264.20	66.26	45891.00	83.75	20772.80	146.40
85	百兴集团有限公司	352863.00	7.58	348335.00	7.90	40300.00	5.56	19793.00	2.90
86	常州华日升反光材料股份有限公司	122088.00	7.26	121987.00	9.39	8502.00	2.43	6989.00	19.53
87	江苏华威世纪电子集团有限公司	145885.00	1.45	142157.00	1.50	12867.00	-3.15	8760.00	-7.33
88	侨裕控股集团有限公司	120597.10	6.80	119200.00	8.60	13664.60	9.32	8676.30	0.84
89	常州盛德无缝钢管有限公司	100012.00	7.99	98947.30	0.93	8127.30	17.56	4278.30	3.18
90	三鑫重工机械有限公司	47380.10	28.06	46607.00	23.74	2535.10	60.47	-465.70	/
91	东方润安集团有限公司	2356989.00	15.55	1822752.00	10.25	129300.00	67.02	40741.00	118.43
92	常州市长润石油有限公司	43326.00	-11.40	42689.00	-4.24	674.00	-46.25	-99.00	/
93	江苏亚飞电线电缆有限公司	98167.00	-10.20	86434.00	-15.84	5056.00	6.58	1686.00	2.49
94	江苏金鼎电动工具集团有限公司	74733.00	4.78	74248.00	12.31	5390.00	-30.47	2448.00	-53.86
95	江苏东方龙机车集团有限公司	39597.00	-3.85	38474.00	-0.52	1336.00	-27.23	354.00	-59.03
96	江苏中再生投资开发有限公司	333113.30	79.05	336029.50	74.94	43468.60	304.60	29326.70	3470.33
97	江苏金牛线缆集团有限公司	151209.20	-0.73	148353.30	-4.83	3146.50	49.28	1845.80	43.04
98	江苏裕成电子有限公司	76800.40	-13.26	76059.90	-14.10	6843.40	19.81	4346.40	39.09
99	江苏联凯农业装备集团有限公司	82163.20	2.11	77543.70	2.68	8618.60	-12.51	4759.60	4.83
100	常州苏耐冶金耐火材料有限公司	51373.60	1.30	50491.00	1.25	2638.20	660.95	2225.60	9880.27
合计		26926454.89	10.22	32640192.39	9.90	2197504.01	13.20	1342785.20	11.32
占全区规模以上工业比重（%）		63.08		74.10		63.19		64.28	

说明：①表内企业按区委、区政府《关于印发产业培育战役工作方案的通知》100 家工业大企业培育名单排序；②“/”表示本期或同期为负数；③带“★”企业未列入规模以上工业企业统计数据库，经济指标年末未作统计

（陈名恭）

新 兴 产 业

【概　况】 2014年，全区有省标战略性新兴产业规模以上工业企业377家，涵盖新能源、新材料、生物技术和新医药、节能环保、新一代信息技术和软件、高端装备制造、新能源汽车、智能电网和海洋工程装备9个门类。全年完成投资230亿元，增长10.05%，占全口径工业投资的39.5%。全区新兴产业规模以上工业企业完成总产值1250.24亿元，实现销售收入1223.12亿元、利税138.02亿元、利润95.44亿元，分别增长19.55%、21.17%、13.57%和15.87%，四项指标分别占全区规模以上工业的29.29%、27.78%、39.7%和45.7%。其中，高端装备制造、新材料、新一代信息技术和软件产业贡献突出，分别完成产值460.18亿元、214.03亿元和299.18亿元，分别增长19.06%、28.2%和17.13%；合计完成产值973.39亿元、利税近110亿元，分别占全区新兴产业规模以上工业企业的77.87%和79.1%，占全区规模以上工业企业的22.8%和31.6%。区经信局全年组织申报省级战略性新兴产业发展专项资金项目16个，涉及新能源集成应用示范重大工程、环保技术装备与产品产业化重大工程、重要资源循环利用重大工程等，项目总投资16.97亿元，申请资金1.79亿元，主要分布在绿色建筑产业集聚示范区和遥观、牛塘、邹区、嘉泽等镇。年内，全国首条石墨烯基超级电容器生产线在武进建成；全国钢标准化技术委员会炭素材料分技术委员会薄层石墨材料工作组落户武进，江南石墨烯研究院为组长单位；江苏顺风光电科技有限公司、常州顺风光电材料有限公司、江苏格林保尔光伏有限公司被工信部确认为第二批符合《光伏制造行业规范条件》企业；常州碳元科技股份有限公司被省委、省政府授予"江苏省优秀民营企业"称号，常州铭赛机器人科技有限公司被省经信委评为"江苏省五星级数字企业"。

【石墨烯基超级电容器生产线建成】 1月10日，由常州立方能源技术有限公司投资建成，为国内首创。该生产线拥有完全自主知识产权，以厚度小于2纳米的石墨烯粉体为原料生产超级电容器，达产后可年产单体容量3000法拉的石墨烯基超级电容器5万个。超级电容器作为一种新型储能装置，可提供超大电流的电力，全部或部分替代传统蓄电池，具有充电时间短、使用寿命长、温度特性好、节约能源和绿色环保等优点，广泛应用于电动汽车领域。

（吴志坚）

【高导热石墨膜项目竣工】 2014年12月竣工。该项目由常州碳元科技发展有限公司于2013～2014年度实施，总投资2.9亿元，新增用地面积5.51公顷，新建厂房面积7万平方米，购置膜切机、压延机等设备，达产后可年产高导热石墨膜面积30万平方米。

（倪文达）

常州碳元科技发展有限公司高导热石墨膜生产线　　（区经信局 供稿）

【特种不锈钢管项目获省专项补助资金1000万元】 9月，被省发改委列入2014年度省级战略性新兴产业发展专项计划，获专项投资补助资金1000万元。该项目由江苏武进不锈股份有限公司实施，新建厂房面积1.26万平方米，新增LG720环孔型冷轧管机、LG30型高速精密轧机、THT1200高压水压试验机等设备32台（套），目标产品为核电站用核级不锈钢无缝管、不锈钢管道配件、核级传热管、核动力蒸汽发生器传热管用I−690型管材等，建成投产后可年产特种不锈钢管3500吨。

【江南石墨烯研究院—东南大学先进碳材料应用联合研发中心成立】 2014年5月18日在江南石墨烯研究院成立。该中心由江南石墨烯研究院与东南大学共同出资500万元建立，是江南石墨烯研究院首个与国内高校合作共建的实验室。江南石墨烯研究院成立于2011年，是石墨烯材料及应用的重要技术转移平台、企业孵化平台。合作共建中，江南石墨烯研究院利用专业优势提供技术需求、经费支持、应用推广平台等，东南大学发挥学科优势提供研发支持、项目申报和学术资源，双方主要开展科技创新、人才培养、产业化及学术交流等工作，重点进行先进碳基材料在水污染处理、大气雾霾治理、土壤治理、噪声与电磁波吸附等方面的应用研究，计划三年内创办2～3家高科技企业。

（石　敏）

电子及通信设备制造业

【概　况】 2014年，武进区电子及通信设备制造业有规模以上工业企业129家，主要产品有激光视盘机、液晶电视机、电子元件、印制电路板等，年产液晶电视机63.63万台、电子元件106.91亿个。该行业规模以上工业企业全年完成产值374.58亿元，实现销售收入357.63亿元，分别占全区规模以上工业企业的8.78%和8.12%。瑞声科技控股有限公司年销售收入106.03亿元，成为全区第6家百亿元企业。5月，江苏远宇电子集团有限公司被省委、省政府评为"江苏省优秀民营企业"。11月8日，常州市常超电子研究所有限公司生产的3个产品通过省级新产品鉴定。11月13日，常州新超电子科技有限公司被工信部复审认定为国家级集成电路设计企业。

（吴志坚）

【常超电子公司3个产品通过省级新产品鉴定】 11月8日，常州市常超电子研究所有限公司（简称常超电子公司）生产的TOFP超声衍射法探头、WHT型双晶纵波斜探头和TRH型测厚探头3个新产品通过省经信委组织的新产品鉴定。TOFP超声衍射法探头选用1—3型压电复合材料制成晶体，实现换能器的声电性能匹配，谐振频率、反谐振频率等主要指标满足超声波衍射时差检测法需求，具有频率误差小、灵敏度高、频带宽的优点。WHT型双晶纵波斜探头晶片选用1—3型压电复合材料制成，楔块选用耐磨性好、透声性好、温度变化系数小的材料制成，具有频带宽、灵敏度高、信噪比高的优点。TRH型测厚探头晶片采用压电陶瓷材料制成，楔块采用耐磨性好、透声性好、温度变化系数小的材料制成，隔声层材料性能良好，隔声效果大于50分贝。经检索，3个产品主要技术性能指标达国内领先水平。

（杨　燕）

【蓝宝石衬底片项目竣工】 2014年12月竣工投产。该项目由江苏中晶光电有限公司于2012～2014年度实施，总投资5亿元，新增用地面积8.4公顷，新建厂房面积8万平方米，购置拉晶炉等生产设备300台（套），建成后可年产蓝宝石晶棒500万毫米、蓝宝石晶片和图形化晶片各500万片。

（倪文达）

纺织业

【概　况】 2014年，武进区纺织业有规模以上工业企业212家，主要产品有纱、混纺纱、绒线、布、印染布、服装等，年产纱2.77万吨、布5.48亿米。该行业规模以上工业企业全年完成产值257.08亿元，实现销售收入254.5亿元，分别占全区规模以上工业企业的6.02%和5.78%。旷达控股集团有限公司年销售收入50.73亿元，生产的旷达牌汽车内饰面料被评为江苏名牌产品。

【旷达牌汽车内饰面料连续13年被评为江苏名牌产品】 2014年1月17日被省名牌战略推进委员会评为2013年江苏名牌产品，连续13年获此称号。该产品由旷达控股集团有限公司生产，依靠从有色差别化纤维生产到座套成品的完整产业链生产体系和先进的生产技术装备，具备质地紧密、吸水吸湿、抗菌阻燃、耐光照、耐摩擦等优点，应用于汽车座椅、车顶、门板、扶手、行李架等内部装饰，为一汽—大众、上海大众等国内外知名企业提供汽车内饰面料，曾获中国国际与品牌博览会金奖。公司创建于1988年，专业生产车用内饰面料等，为40多家汽车制造商提供产品配套，建有省级工程技术中心、企业技术中心和省级博士后工作站，拥有专利31件，“旷达”商标被评为中国驰名商标、江苏省著名商标。2014年，公司被评为2012～2013年度中国产业用纺织品行业竞争力10强企业，与北京汽车股份有限公司合作开发内饰面料产品，全年完成产值50.3亿元，增长22.8%。

（吴志坚）

【高档针织面布项目竣工】 10月竣工。该项目由江苏旷吉汽车附件有限公司于2014年度实施，总投资6600万元，用地面积2公顷，新建厂房面积2万平方米，购置圆织机、加工中心仪器等生产设备。项目达产后可年产高档针织面布500万米、针织底布5000万米、纺织品2000万米、车用零部件2000套，可新增年销售收入1.5亿元。

【高支纱专用毛条扩能项目投产】 2014年12月竣工投产。该项目由常州英泰纺织品有限公司于2013～2014年度实施，总投资6860万元，利用厂区原有土地新建厂房面积1.4万平方米，购置和毛机、梳毛机、精梳机等组成两条制条生产线，达产后可年产高支纱专用毛条5000吨。

（倪文达）

化工医药制造业

【概　况】 2014年，武进区化工医药制造业有规模以上工业企业234家，主要产品有涂料、颜料、润滑油、农用化肥、化学纤维、化学药品原药等，年产建筑涂料11.88万吨、化学纤维3.85万吨。该行业规模以上工业企业全年完成产值660.63亿元，实现销售收入647.37亿元，分别占全区规模以上工业企业的15.48%和14.71%。亚邦投资控股集团有限公司年销售收入401.28亿元。江苏亚邦染料股份有限公司承担的“年产2万吨蒽醌型染料清洁生产成套工艺技术研发及产业化”项目和常州佳尔科药业集团有限公司承担的“新一代醛固酮抑制剂类抗高血压药物依普利酮的研发和产业化”项目获2014年度省科技成果转化资金项目立项。

【化工医药制造业2个项目获省科技成果转化资金项目立项】 参见《科技》栏目p173相关条目。

（吴志坚）

【三维打印成型机（SRP-150）通过省级新技术鉴定】 3月19日通过鉴定。该产品是一款骨骼专用三维打印机，由常州华森三维打印研究院公司研发，结合3D打印技术和医学影像处理重建技术，将传统骨科影像（CT或MRI影像）数据1∶1转化制作为伤（病）骨骼的三维实体模型，有利于临床医生进行诊断和制定手术规划。该产品获发明专利2件、实用新型专利3件，其中关于仿真骨模型材料的发明专利，在材料的机械性能和外观特征上很好地模拟人体骨骼的实体特性，并利用数字化定制骨科植入物，为手术方案预演提供有价值的实物参照模型。

（杨　燕）

【废油加氢精制装置技改项目竣工】 2014年12月竣工。该项目由常州市长润石油有限公司于2013～2014年度实施，总投资1.5亿元，利用原有土地建设厂房面积3000平方米，购置反应器、压缩机、分馏塔等设备，达产后可年产各类成品油5万吨。

【一次性医疗用品项目竣工投产】 2014年12月竣工投产。该项目由江苏康华医疗器材有限公司于2013～2014年度实施，总投资1亿元，新增用地面积1.2

公顷，新建厂房面积3万平方米，购置注塑机等设备50台（套），达产后可年产一次性注射器30亿支。

【诊断试剂、泌尿外科医疗器械和耗材项目投产】 12月竣工投产。该项目由江苏诺瑞思医疗器械有限公司于2014年度实施，总投资5000万元，租用西太湖科技产业园标准厂房面积2000平方米，购置粒子分析仪、隧道显微镜等设备，进行帕金森病诊断试剂、加氧清创、肺癌肿瘤标记物以及泌尿外科医疗器械和耗材等项目研发和生产。达产后可年产诊断试剂、泌尿外科医疗器械和耗材等医疗用品50万套。

（倪文达）

【创生3D打印研发中心成立】 参见《产业园区》栏目p56相关条目。

（吴志坚）

冶 金 业

【概　况】 2014年，武进区冶金业有规模以上工业企业121家，主要产品有粗钢、成品钢材、铁合金、生铁、无缝钢管、冷轧薄板、电解铜等，年产粗钢1049.98万吨、成品钢材1144.34万吨、铁合金14.15万吨、冷轧薄板3.15万吨。该行业规模以上工业企业全年完成产值1227.85亿元，实现销售收入1466.27亿元，分别占全区规模以上工业企业的28.77%和33.31%。中天钢铁集团有限公司年销售收入1052.05亿元，东方润安集团有限公司年销售收入182.28亿元。区经信局组织冶金企业化解过剩产能，常州华夏钢铁有限公司的50万吨炼铁和70万吨炼钢产能被列入2014年国家化解过剩产能计划，年内拆除180立方米高炉2座、40吨转炉1台。

【东方特钢精品型材生产线全线贯通生产】 2014年2月25日全线贯通生产。东方特钢精品型材生产线项目由常州东方特钢有限公司（简称东方特钢）从2013年起实施，是T型导轨全自动全连轧专用轧制生产线，主辅设备由意大利达涅利冶金设备有限公司设计制造，总投资4.5亿元，设计年产能80万吨，以T型电梯导轨钢为主产品，兼具H型钢轧制能力。该项目投运后，能为50万吨新型高速电梯导轨项目提供配套的优质型材，还能形成电梯导轨生产成本的领先优势，促进公司在产品结构调整、产业链延伸上的战略进程。2014年，实现产值235.7亿元。

【烧结机余热利用合同能源管理项目启动】 2014年12月30日，由常州供电公司与中天钢铁集团有限公司（简称中天钢铁集团）签约启动。该项目由常州供电公司推动实施，总投资约3330万元，利用中天钢铁集团3台烧结机工作过程中产生的余热通过新建余热锅炉产生水蒸汽，进而能量转换成电能并入电网，是全省年内最大的合同能源管理项目，计划于2015年6月底竣工。项目建成投运后，可年增供蒸气19.25万吨，节约标准煤1.76万吨，减少二氧化碳排放4.4万吨。

（吴志坚）

【轧辊铸造项目竣工】 2014年12月竣工。该项目由常州市昌吉冶金轧辊有限公司于2013～2014年度实施，总投资1.1亿元，新增用地面积2.45公顷，新建厂房面积2.8万平方米，引进中频电子炉生产线6台（套），达产后可年产冶金轧辊8000吨。

（倪文达）

【节能型彩铝型材扩能项目竣工】 参见《镇（街道）情要览》栏目p236相关条目。

（郑佑雄）

金属制品业

【概　况】 2014年，武进区金属制品业有规模以上工业企业93家，主要产品有金属集装箱、锁具、钢芯铝绞线等，其中金属集装箱年产量1729.73万立方米。该行业规模以上工业企业全年完成产值176.16亿元，实现销售收入169.63亿元，分别占全区规模以上工业企业的4.13%和3.85%，新华昌集团有限公司年销售收入65.12亿元。

【超超临界机组锅炉用关键耐高温、耐腐蚀特种不锈钢管制造项目获评省技术改造示范项目】 2014年4月，被省经信委评为2013年度省技术改造示范项目。该项目由江苏武进不锈股份有限公司实施，总投资1.3亿元，2010年1月开工，2012年6月建成投产。项目采用耐高温、耐腐蚀新材料热穿孔成型技术和极限大变形量的冷轧加工工艺，大幅提高不锈钢管产品抗蠕变、抗氧化、抗腐蚀能力及力学性能，可使产品长期在蒸汽温度600摄氏度和压力30兆帕的极端环境下工作，年产大型电站超超临界发电机组锅炉用特种不锈钢钢管及管件1万多吨。

（吴志坚）

【5个气弹簧产品通过省级新产品鉴定】 7月4日，由常州气弹簧有限公司研制的5个产品通过省级新产品鉴定。经检索，5个产品技术性能均属国内领先。

BQ13型变阻尼气弹簧　该产品结构新颖，改变传统活塞孔节流方法，制作缸筒内壁节流槽，确保减速、阻尼、停止的过程变为渐变过程，密闭环匀速槽部分采用复合材料制成，可减少冲击，避免产品受膨胀变形。

YQ102（300N）型清洁气弹簧　该产品选材合理，重金属元素含量符合欧盟RoHS指令（《关于限制在电子电器设备中使用某些有害成分的指令》）要求，采用低噪声环保型加工工艺，经过自动清洗硅烷、静电油漆喷涂等生产线，减少磷、酸等有害物质。

KQ51型高速车辆座椅用气弹簧　该产品采用即开可控活门，开启行程0.5毫米，开启力为常规气弹簧的50%。操纵座和后接头采用锌合金压铸技术制成一体结构，确保同轴度控制精度提高50%以上。

KQ678-301型套管可锁定气弹簧　该产品在缸筒内加设内套管，将油液分放至内管、外管，缩小气弹簧体积，增长气弹簧行程，属国内首创。该型号伸展长度680毫米的套管可锁定行程300毫米，比常规产品长60毫米。刚性锁定力大于1300牛顿，极限锁定力可达7000牛顿，比常规产品高7倍多。

YQ47型-40℃低温高防腐气弹簧　该产品采用改进耐低温型丁腈橡胶制成U型密封件，使用L-HS32型低凝液压油，通过自主创新的特殊阻尼结构制成气弹簧产品，在零下40摄氏度低温和80摄

氏度高温环境下动态循环寿命试验各1000次后，公称力的衰减量低于0.5%。

（杨　燕）

【气弹簧项目竣工】 2014年12月竣工。该项目由斯泰必鲁斯（江苏）有限公司于2013～2014年度实施，总投资1.92亿元，利用原有土地新建厂房面积5000平方米，购置压力管加工设备和活塞组装设备50台（套），达产后可年产气弹簧等产品1.3亿个。

【内燃机缸体项目竣工】 2014年12月竣工。该项目由江苏鑫和泰机械集团有限公司于2013～2014年度实施，总投资9000万元，利用原有土地新建厂房面积1万平方米，购置静压铸造线等设备，达产后可年产内燃机缸体15万台。

【汽车铝合金零部件技改项目竣工投产】 12月竣工投产。该项目由利优比压铸（常州）有限公司于2014年度实施，总投资8000万元，利用厂区原有土地和厂房，购置熔化炉、压铸机、保温炉等生产设备，建设汽车发动机铝合金外壳生产线，达产后可年产汽车铝合金零部件100万件。

（倪文达）

机械制造业

【概　况】 2014年，武进区机械制造业有规模以上工业企业411家，主要产品有减速机、电动工具、电动自行车、大中型拖拉机、小型拖拉机、紧固件、金属锻件等，年产减速机90.08万台、自行车42.22万辆、电动自行车19.87万辆。该行业规模以上工业企业全年完成产值637.27亿元，实现销售收入611.01亿元，分别占全区规模以上工业企业的14.93%和13.88%。江苏常发实业集团有限公司年销售收入120.09亿元、新誉集团有限公司年销售收入82.21亿元。年内，江苏恒立高压油缸股份有限公司、常州钜苓铸造有限公司、江苏鑫和泰机械集团有限公司、常州市常协柴油机机体有限公司、三鑫重工机械有限公司、常州市常牛机械有限公司、常州凯达重工科技有限公司7家企业被工信部批准成为第二批符合《铸造行业准入条件》企业；江苏恒立高压油缸股份有限公司被省委、省政府评为“江苏省优秀民营企业”；常州市润源经编机械有限公司被省经信委认定为“2013年度江苏省科技小巨人企业”；江苏润源控股集团有限公司获2014年常州市“市长质量奖”，成为全区首家获此荣誉的企业。

【挖掘机专用高压柱塞泵和多路控制阀项目入选国家工业转型升级强基工程】 6月被工信部、财政部列入国家工业转型升级强基工程。该项目由江苏恒立液压有限公司实施，总投资15亿元，规划建筑面积17.8万平方米，采用高精度油压平衡等工艺技术，购置棒材、铸锻件毛坯等主要原辅材料，引进卧式加工中心、数控车铣复合中心、制齿机、滚齿机等设备，建成达产后可年产通用高性能液压控制阀199万件、电液比例伺服阀1万件、挖掘机用高压柱塞泵2万件和液压多路阀2万件，产品性能和质量可达同类进口产品。

（吴志坚）

【高效节能型汽车发电机精锻爪极生产线技改项目获省级专项资金400万元】 2014年5月，被省经信委列入2014年度工业和信息化产业转型升级专项引导资金项目，获专项资金400万元。该项目由江苏龙城精锻有限公司于2013年度实施，总投资1.1亿元，购置先进生产设备160台（套），运用企业自主研发的各类专利技术50余件，产品生产工序由13道简化至3道，大大减少钢材消耗，降低生产成本，提高产品产量及质量，达产后可年产汽车发电机爪极2000万件。

（郑佑雄）

【3个机械产品通过省级首台（套）重大装备及关键部件认定】 6月13日，武进区3家机械制造企业生产的3个机械产品被省经信委认定为“2014年度江苏省首台（套）重大装备及关键部件”，分别为光大环保设备制造（常州）有限公司研制的500t/d多级液压机械式生活垃圾焚烧炉排炉，常州金马炉业设备有限公司研制的SRFZ-60型气动式炉排翻转生物质燃烧装置，常州市腾田液压机械有限公司研制的GG50X2200型精密数控深度刮削滚光机。3个产品均由企业自主研发，具有高端化、智能化、节能环保特点，具有首创性和先进性。至年末，全区获省级首台（套）重大装备及关键部件认定的产品累计18个，数量居全市第一。

（石　敏）

【4个机械产品通过省级新产品鉴定】 2014年，武进区3家机械制造企业生产的4个产品通过省经信委组织的新产品鉴定。经检索，4个产品的技术和性能均达国际同类产品先进水平。

GE2266高速拉舍尔经编机　由常州市武进五洋纺织机械有限公司研制，运行平稳、生产效率高、使用维护方便，用于生产涤纶、锦纶、氨纶等弹力网眼和非弹力网眼类织物，多项技术具备自

江苏龙腾精锻有限公司高效节能型汽车发电机精锻爪机生产线（区经信局 供稿）

主知识产权，获实用新型专利4件。

GE2296A *超柔织物经编机* 由常州市武进五洋纺织机械有限公司研制，运行平稳、生产效率高、变换花型品种快捷、使用维护方便，可用于编织服装、家纺等高档面料及产业用布，所生产的织物具有毛绒致密、细腻柔软、不易脱散、吸湿透气、耐磨保暖、适应性广等优点，获发明专利1件、实用新型专利19件、软件著作权2件。

RSM3/3-CF *碳纤维多轴向经编机* 由江苏润源控股集团有限公司研制，采用自主研发的热熔展纤、恒张力展纤导纱、低损耗铺纬、电气控制系统高压防爆等技术，以碳纤维为主要原料生产高性能复合材料，设计速度达500转/分，所生产的织物具备优越的力学性能，可用于航空航天、车船制造、风力发电、建筑工程、国防军用等领域，获授权发明专利1件、实用新型专利6件。

压电贾卡梳 由常州市斯威芙特制针科技有限公司研制，采用自主研发的新型五元系压电陶瓷材料、新型耐磨导纱针、分体式压电贾卡梳等先进技术制造，是经编机的关键部件，具有使用寿命长、工作速度快、更换方便等优点，获发明专利1件、实用新型专利6件。

（杨 燕）

【轴向经编机项目竣工】 2014年12月竣工。该项目由常州市润源经编机械有限公司于2013～2014年度实施，总投资3.5亿元，新增用地面积6.67公顷，新建厂房面积4.24万平方米，购置卧式加工中心等研发生产设备50台（套），达产后可年产各类机型经编机200台。

【腾龙汽车零部件项目（一期）竣工投产】 2014年12月竣工投产。该项目由常州腾龙汽车零部件股份有限公司于2012～2014年度实施，总投资2.2亿元，新增用地面积4公顷，新建厂房面积1.2万平方米，购置管端成形机等生产设备，达产后可年产汽车空调管路120万套、热交换器连接管和热交换系统附件各1500万件。

【摩托车转向器项目竣工】 2014年12月竣工。该项目由常州豪乐金业机械有限公司于2013～2014年度实施，总投资2亿元，新增用地面积3公顷，新建各类厂房和辅房面积3万平方米，购置数控加工中心、数控镗床等设备共265台（套），达产后可年产摩托车转向器总成等产品500万套。

（倪文达）

电气机械及器材制造业

【概 况】 2014年，武进区电气机械及器材制造业有规模以上工业企业202家，主要产品有通信电缆、电力电缆、交流电动机、通信光缆、灯具、变压器等，年产交流电动机33.93万千瓦、通讯光缆193.92万芯千米、灯具4710万个、变压器529240千伏安、房间空调79.27万台、洗衣机40万台。该行业规模以上工业企业全年完成产值415.46亿元，实现销售收入390.11亿元，分别占全区规模以上工业企业的9.73%和8.86%。5月，金石机器人常州有限公司生产的桁架式机械手和常州市华立液压润滑设备有限公司生产的风电叶片翻转系统被省经信委认定为2014年度江苏省中小企业专精特新产品，为全市仅有。6月，常州博赢模具有限公司生产的汽车D柱注塑装饰板被中国模具协会授予精模奖二等奖。

（吴志坚）

【复合材料及制品项目（一期）竣工】 2014年12月竣工。该项目由江苏长海复合材料股份有限公司于2013～2014年度实施，总投资5.5亿元，新增用地面积10公顷，新建厂房面积6万平方米，购置薄毡生产线及配套设备，达产后可年产玻纤制品及复合材料12.5万吨。

（倪文达）

【2个电气机械产品通过省级新产品鉴定】 11月29日，由常州汇托科技有限公司（简称汇托科技公司）研发的智能泵盖旋盖机（SPCR-8）和全自动导流盖压盖机（SPDY8）通过省经信委组织的新产品鉴定。智能泵盖旋盖机（SPCR-8）采用PLC（可编程逻辑控制器）电气控制技术，与机械、传感器技术组合，实现泵盖全自动智能旋转，保证旋盖后泵盖嘴朝向一致，并与灌装机、理盖机组成全自动化生产线，具有自动旋盖与检测、速度可调、定位准确、可靠性高、噪音低、盖损率低等优点。全自动导流盖压盖机（SPDY8）可实现多种导流盖自动放盖、定向、压盖生产全流程智能控制，八头压盖机生产效率可超4000瓶/时。经鉴定，2个产品均属国内首创，主要性能指标达国际同类产品先进水平。

（杨 燕）

地板制造业

【概 况】 武进区地板制造业主要分布在横林、湖塘、郑陆、横山桥等镇，以横林镇最为集中，建成横林强化木地板产业集群，形成以强化木地板为中心，钢地板、防火板、铝塑板为配套的特色板材产业，横林强化木地板产业集群先

江苏长海复合材料股份有限公司玻纤复合材料及制品生产线 （区经信局 供稿）

后获“中国强化木地板之都”“中国强化木地板出口基地”“中国出口地板产业集群监管示范区”“国家外贸转型升级专业型示范基地”等称号，多个木地板品牌获评江苏省区域名牌。集群内有强化木地板终端企业175家、行业配套企业230家，每年推出花色品种上百种，营销网络覆盖国内300多个大中城市和县市、农村市场，拓展至美国、俄罗斯、巴西等150个国家和地区，PVC、木塑地板出口量逐年增加。全区地板制造业企业拥有授权专利400多件，参与起草或修订国家标准7个、行业标准4个。2014年，全区生产实木地板面积75万平方米、复合地板面积8979万平方米，地板制造业企业全力投入国家级“常州出口木质地板质量安全示范区”创建，完成工业产值167亿元，实现销售收入165.4亿元、利税9.9亿元、利润4.96亿元，出口创汇8.52亿美元。其中，江苏贝尔装饰材料有限公司和江苏洛基木业有限公司分别完成工业产值7.86亿元和5.31亿元。3月18日，横林镇第三次蝉联“中国强化木地板之都”称号。3月25日，第八届（中国·横林）国际地板博览会成功举办，参展企业50家，达成合资合作、贸易订单意向金额超2亿美元。

【横林镇地板出口创汇超8亿美元】 2014年，全区地板制造业企业积极创建国家级“常州出口地板质量安全示范区”，形成以企业为龙头、示范区为依托、标准为核心、品牌为引领、市场为导向的出口地板质量安全示范区发展模式。面对异常严峻的宏观经济形势，横林镇地板制造业企业努力提升产品质量，加大技改投入，翻新花色品种。镇政府成功举办第八届（中国·横林）国际地板博览会，组织上百家企业参加美国、加拿大、俄罗斯、南非、波兰等10多个国家的地板展会，提升横林地板在国际市场的影响力。全镇地板企业出口地板31427批次，出口额达8.52亿美元，分别增长8.17%、12.14%。

【负离子地板研制成功】 2014年年初，由江苏贝尔装饰材料有限公司（简称贝尔公司）研制成功能自行持续释放负离子，清除室内多种有害气体，净化室内环境的负离子地板。贝尔公司自2013年起研发，投资200多万元，从新加坡引进生产设备，在生产过程中把一层带有正负电极的负离子催化剂附着在地板表面，使空气中的水分子在电场中转化成负离子，吸附分解室内空气中的甲醛、苯、氨和香烟等产生的有害物质，中和带正电的空气飘尘，使其无电荷后沉降，具有祛除异味、防霉抗菌、防水透气等优点。经检测，每平方厘米负离子地板每秒可增加负离子1303个。

（吴志坚）

重点企业选介

【中天钢铁集团有限公司】 成立于2001年9月，是一家以钢铁产业为主，物流、酒店、地产、教育、投资、外贸、港口、研发、体育等多元产业并举的国家级钢铁联合企业集团，总资产500亿元，总占地面积800多公顷，员工1.4万余人。该集团拥有西门子—奥钢联连铸机、摩根轧钢线、考克斯轧机、阿特拉斯制氧机组、GEA干法除尘等国际知名企业生产的先进装备，依托钢铁研究总院—研究应用基地、院士工作站、省级技术中心、东北大学中天钢铁研究院、国家实验室等科技创新平台，专业生产轴承钢、焊丝钢、硬线钢、弹簧钢、锚链钢、冷镦钢等高技术优特钢，炼铁、炼钢、轧钢产能均超1000万吨。产品广泛用于建筑、汽车、石油化工、船舶海洋等领域，远销东南亚、美洲、非洲等地区。2014年，集团完成产值600.08亿元，实现销售收入1052.05亿元、利税13.47亿元、利润6.15亿元，“ZENITH及图”商标被认定为中国驰名商标。集团连续十年名列中国企业500强，2014年位居中国企业500强第127位、中国制造业500强第50位、中国民营企业500强第15位、中国钢铁企业综合竞争力第19位。

【亚邦投资控股集团有限公司】 成立于1984年，是一家集科技研发、工业生产、营销贸易于一体的大型综合性民营股份制现代企业集团，从事精细化工、医药、物流、房地产等十大行业产业，参、控股企业达60余家，总资产70亿元，总占地面积约550公顷，员工1.5万余人，在江苏、天津、安徽、福建等地建有生产基地。该集团为国家级高新技术企业，设有博士后科研工作站和省级技术中心，先后承担国家重大科技创新项目、省科技支撑计划项目、省成果转化专项资金项目和市级攻关项目的科研工作，主要产品为分散染料与还原染料、酞菁系列有机颜料、油漆、涂料、不饱和聚酯树脂、苯酐、苯乙烯、顺酐等化工原料，兽药、农药、化学原料药、药品制剂和中成药等医药产品，太阳能利用（光伏）产品等，拥有重点医药物流基地和综合性物流基地，开发建成楼盘和高档养老公寓20多个。集团累计获专利151件，其中发明专利139件；主持或参与起草行业标准37项、国家标准10项；有国家重点新产品5个、省高新技术产品65个。2014年9月，亚邦股份在上海证券交易所上市。该集团全年完成产值268.55亿元，实现销售收入401.28亿元、利税16.62亿元、利润8.67亿元，位居2014年中国企业500强第360位、中国制造企业500强第184位、中国民营企业500强第101位、中国化工企业第35位。

【东方润安集团有限公司】 成立于2014年2月，是一家集钢铁联合生产、钢铁制品加工、现代工业化服务为一体的产业集团，主要从事优特钢冶炼、机械加工制造、电梯导轨和新材料配套、电梯安装和工程技术服务，有常州东方特钢有限公司、常州东方高精新材料股份有限公司、江苏润安电梯工程技术服务有限公司等分公司5家，生产制造分厂11家，总资产65亿元，员工4500人。2014年，该集团产业转型升级、管理变革提升、技改按步推进、产能全面发力，钢铁制造、机械加工、工业服务三大业务齐头并进，完成产值235.7亿元，实现销售收入182.28亿元、利税12.93亿元、利润4.07亿元，位居2014年中国民营企业500强第243位、中国民营制造业500强第159位。

【常州南海铜业有限公司】 成立于1988年8月，专业从事铜加工产业，总资产33亿元，占地面积12公顷，员工700余人，拥有世界领先水平的美国南方线材SCR7000连铸连轧生产线、德国尼霍夫铜线生产线和成熟稳定的电解铜生产系统，主要产品为顺统丰盛牌阳极板、高纯阴极铜、光亮圆铜杆和各类铜线材等。2010 ~ 2012 年，该公司连续三年入榜中国民营企业 500 强。2014 年，完成产值 130.43 亿元，实现销售收入 127.17 亿元、利税 15.2 亿元、利润 10.7 亿元。

【今创集团有限公司】 成立于 1988 年，是中国轨道交通装备定点生产企业、国家级重点高新技术企业、省轨道交通装备产业化基地骨干企业，固定资产 10 多亿元，占地面积 70 多公顷，厂房面积 60 万平方米，员工 7000 多人。该集团以轨道交通装备为主业，为铁路、地铁轻轨生产配套产品，建有江苏省企业院士工作站和轨道车辆技术装备工程技术研究中心，拥有发明专利 7 件、实用新型专利 79 件，先后与加拿大庞巴迪公司、德国西门子股份公司、法国阿尔斯通公司、日本川崎重工业株式会社等国际著名公司建立长期战略伙伴关系，并成为其优秀供应商。集团有下属子公司和中外合资公司 20 余家，涉及高铁及地铁车辆配件、新能源新材料、核电设备、工矿车辆、矿山机械、对外贸易、房地产等行业。该集团参与实施的大尺寸铝合金超塑气胀成型技术项目和先进地铁列车铝合金件精密制造技术与自动化装备项目，先后于 2008 年、2011 年获省科技进步奖三等奖和二等奖。2014 年，完成产值 96.66 亿元，实现销售收入 94.44 亿元、利税 14.81 亿元、利润 12.29 亿元。

【新誉集团有限公司】 成立于 2002 年，前身为常州轨道车辆牵引传动工程技术研究中心，拥有子公司 20 家，总资产 80 亿元，总占地面积近 120 公顷，员工 4000 余人。该集团专业从事轨道交通、新能源、数控设备、现代物流、办公用品、通用航空六大业务，拥有国家级 EMC（电磁兼容）实验室、3.8 兆瓦风力发电机组出厂地面全性能检测试验台和国家级风力发电重点试验室，设国家级博士后科研工作站、省级工程技术研究中心、省级风电装备技术研究院，是国家级高新技术企业、国家火炬计划轨道产业基地骨干企业和交通运输部机车车辆配套重点生产企业。2014 年，完成产值 90.61 亿元，实现销售收入 82.21 亿元、利税 11.2 亿元、利润 8.95 亿元，位居 2014 年中国民营企业制造业 500 强第 405 位。

【江苏江南实业集团有限公司】 成立于 1994 年 7 月，为首批全国乡镇工业集团之一，是江苏省百强民营企业（集团），拥有子公司 10 家，占地面积 50 公顷，员工 2000 多人。该集团专业生产铁合金、冷轧薄板、铝型材等产品，覆盖冶金、钢铁、建材、家电等行业，拥有自主知识产权发明专利 22 件，下属子公司中有省级高新技术企业 2 家。2014 年，集团下属子公司江苏江南创佳型材有限公司承担的节能型彩铝型材扩能项目建成达产，应用范围拓展至信息技术、太阳能、轨道交通、航空航天、集装箱等领域。全年集团完成产值 85.1 亿元，实现销售收入 84.9 亿元、利税 8.04 亿元、利润 4.35 亿元，位居 2014 年中国制造业 500 强第 324 位。

【国茂减速机集团有限公司】 成立于 1993 年，是专业生产并销售国茂牌系列减速机、电机的综合型国家级民营企业集团，为省高新技术企业，总资产 28 亿元，占地面积 63 公顷，员工 3500 人，在全国有销售公司近 100 家。该集团建有省级企业技术中心，拥有德国 Niles 成形磨齿机、日本 OKUMA 卧式加工中心、齿轮检测中心和三坐标测量仪等国内外先进设备和检测仪器，具备非标减速机研发、设计、制造的全套技术能力和测试手段，年产各类工业减速机 120 万台、Y2 系列鼠笼式三相异步电动机 80 万台。2014 年，集团投资 8 亿元，实施常州市国茂立德传动设备有限公司 30 万台斜齿轮减速电机项目；全年完成产值 76.68 亿元，实现销售收入 75.55 亿元、利税 9.43 亿元、利润 6.23 亿元，位居 2014 年中国制造业 500 强第 426 位。

【瑞声光电科技（常州）有限公司】 成立于 2006 年，是瑞声科技控股有限公司的子公司，有员工 8370 人，其中工程技术人员 550 人、研发设计人员 312 人、技术型员工 2000 多人。公司主要产品为精密微型电声器件、微型振动电机、射频模块、微型摄像头、陶瓷传感器等，涉及微型声学、微型光学、新材料等领域，应用于移动通信、信息技术产品、消费电子、汽车和医疗器械等行业。公司有自主知识产权专利 500 余件，为谷歌、微软、三星、诺基亚、华为、联想、小米、中兴等国内外近 30 个知名品牌企业提供产品和技术方案服务，市场份额占全球的 35%。2014 年，完成产值 75.29 亿元，实现销售收入 74.63 亿元、利税 14.65 亿元、净利润 10.6 亿元。

【江苏常发实业集团有限公司】 成立于 2001 年，是一家横跨内燃机、农业装备、制冷器材、房地产的综合型股份制民营企业集团，拥有江苏常发农业装备股份有限公司、江苏常发制冷股份有限公司、江苏常发地产股份有限公司三大主体公司，总占地面积 80 多公顷，总建筑面积 50 万平方米，总资产 30 多亿元，有员工 1 万余人，其中专业技术人员 1500 余人、高级工程师 200 余人。该集团主导产品为常发牌农业机械装备，包括农机配套用单缸（多缸）水冷系列柴油机、大中型轮式拖拉机、高性能风冷式系列柴油机，以及汽油机、小型发电机组、水泵机组和其他农机配套机具，年产单缸柴油机 150 万台、拖拉机 15 万台，其中常发牌单缸柴油机为中国名牌产品。子公司江苏常发制冷股份有限公司年产冰箱、空调用蒸发器、冷凝器 3000 多万套，为伊莱克斯、西门子、GE、松下、三星、LG、海尔等知名品牌电器企业提供定点配套。集团在全国建立一级经销机构 600 多个、二级经销机构 2000 多个，产品 10% 销往欧洲、美洲、非洲、中东、东南亚等地区的 60 多个国家。2014 年，集团完成产值 55.62 亿元，实现销售收入 120.09 亿元、利税 6.19 亿元、利润 4.49 亿元，位居 2014 年中国民营企业 500 强第 371 位、中国民营制造企业 500 强第 229 位。

（陈名恭）

（栏目编辑 陈 蓉）

农业

综述

【概　况】 2014年，武进区实施“加力城乡一体，加速生态文明”的发展战略，坚持稳定粮食等重要农产品生产和确保农产品质量安全的基本要求，努力建设全省现代农业发展先行区，夯实农业基础，打造农业亮点，加快转型升级，现代农业保持稳健向上的发展态势。全区耕地面积4.13万公顷、养殖水域面积8333.33公顷，新增高效设施农业面积46.7公顷，累计7886.7公顷，占耕地面积的19.1%。全年完成农林牧渔业总产值84.98亿元，增长5.12%。其中，完成农业产值50.74亿元、林业产值0.22亿元、牧业产值13.39亿元、渔业产值15.06亿元、农林牧渔服务业产值5.58亿元，分别占农林牧渔业总产值的59.71%、0.26%、15.76%、17.72%和6.57%。实现农林牧渔业增加值52.72亿元，农民人均年纯收入21777元，分别增长4.5%和5.86%。新增“三品”（无公害农产品、绿色食品、有机食品）认证农产品54个、市级名优农产品6个，分别累计377个和39个，“夏溪花木市场及图”成为中国驰名商标。有区级及以上重点农业龙头企业45家，其中国家级3家、省级14家。区农业部门积极组织粮食丰产竞赛活动，引进推广花卉、水产、蔬果新品种，促进产业结构调整。全年实施农业项目87个，其中综合开发项目7个，“农业部菜果茶标准化优质葡萄标准园建设”项目通过市级验收，“超高产粳稻武运粳23号的育成与推广”项目获2012～2013年度江苏省农业丰收一等奖；推广应用农业新技术21项，举办农业实用技术、专项技术和农民培训班217期，培训农民近1.5万人次；实施农产品质量和农机安全常态化监管，开展植物检疫宣传活动和“农机安全生产月”活动，农产品抽检合格率96%，全区农业综合机械化水平达90%，武进区成为全省率先基本实现农业机械化地区。年内，“武运粳27号”被农业部认定为超级稻品种，武进区水稻单产在全市保持“九连冠”，两家单位成为全国休闲渔业示范基地，郑陆镇黄天荡村获“全国一村一品示范村”称号，横林镇获“中国林业产业示范基地”称号，邹区现代农业产业园区被认定为“江苏省现代农业（渔业）产业园区”。

表8　2014年武进区工商、民间资本投资农业项目情况

企业名称	所在地	项目建设内容与规模	总投资（万元）
江苏凌家塘市场发展有限公司	邹区镇	建设物流专线大棚、商业街二期项目、万吨冷库项目和物流中心信息化一期工程，完善江凌路东侧停车场	18300
江苏名仁农业发展有限公司	邹区镇	建设优质农产品加工基地，完成生产和办公用房面积1.7万平方米，建成冷库仓储面积1.5万平方米	8000
常州家绿林果园艺有限公司	嘉泽镇	新建玻璃育苗智能温室面积5000平方米、加温系统面积5000平方米、催芽室面积200平方米及其他配套基础设施，增加灌溉系统1套，开发建设“植物工厂”内部物联网系统	3200
常州市祝庄园艺有限公司	前黄镇	新建智能塑膜温室面积8000平方米，引进花卉优良新品种	1300
常州市康乐农牧有限公司	嘉泽镇	实施现代核心原种猪扩建工程建设项目，新建猪舍及配套设施、环保设施等	1000
常州市津津乐食品有限公司	横林镇	扩建标准生产厂房面积7450平方米	1000
常州市蒋记食品有限公司	遥观镇	扩建生产车间面积3000平方米，引进复合气调包装（MAP）生产流水线	800
江苏太湖雪堰水产科技有限公司	雪堰镇	建设休闲垂钓基地面积3.3公顷，开挖国家级高标准垂钓鱼池5个，建设池塘护坡长1800米、道路和停车场面积8000余平方米、生产用房面积700多平方米	700
夏溪花木市场控股有限公司	嘉泽镇	实施花木市场面积10万平方米的东扩项目、3000万株花木流通扩建项目，构建“花木源”平台，实施平面媒体推广等	500

【农业综合开发项目实施 7 个】 2014 年，区农业部门实施农业综合开发项目 7 个，共投资 1.34 亿元，获各级财政补助资金 2110 万元。其中，土地治理项目 2 个，实施单位分别为湟里镇北隍村、嘉泽镇三星村、横山桥镇东周村，总投资 1385.59 万元，获财政补助资金 1170 万元；产业化经营补助项目 1 个，为夏溪花木市场控股有限公司在嘉泽镇组织实施的 3000 万株花木流通扩建项目，总投资 612.98 万元，获财政补助资金 240 万元；产业化经营贴息项目 1 个，为江苏凌家塘物流有限公司在邹区镇组织实施的 5 万吨农副产品流通扩建项目，总投资 1.09 亿元，获财政贴息 300 万元；市级高标准农田建设项目 3 个，实施单位分别为常州龙泉山家庭农产有限公司、嘉泽镇闵市村、横山桥镇朝阳村，总投资 539.7 万元，获财政补助资金 400 万元，建设总面积 266.7 公顷，新建 U 形渠、地下管道、砖砌渠道等农田水利设施。

【品牌农产品新增 60 个】 2014 年，武进区新增品牌农产品 60 个，其中无公害农产品 20 个、绿色食品 7 个、有机食品 27 个和市级名优农产品 6 个，分别累计 263 个、85 个、29 个和 39 个。区农业部门完成“三品”认证农产品续报 48 个，全区“三品”认证农产品累计 464 个，种植面积 4.02 万公顷，占耕地面积的 97.34%。焦溪二花脸猪通过农业部地理标志产品年检审查并获保护。区农业部门组织农业企业和合作社等参加首届“迎新春·武进花市”农产品展销、首届郁金香节、常州第二届“乡村年货大街”农产品展销、第九届无锡现代农业博览会、第十二届江苏名特优农产品（上海）交易会、首届江苏省消费者最喜爱绿色食品评选活动等，拓宽农产品销售渠道，扩大武进农产品品牌知名度。常州市常洛果品专业合作社种植的苏常鲜牌哈密瓜、猕猴桃和武进区横山桥仰华家庭农场种植的仰华牌砂梨 3 个产品获评江苏省消费者最喜爱绿色食品。

表 9　2014 年武进区通过认证的无公害农产品、绿色食品、有机食品情况

类别	单　　位	商　标	产　品	标准产量（吨）	认证书编号
无公害农产品	常州市禹城果品专业合作社	无	葡　萄	1275.00	WNCR-JS14-50053
	常州礼新果品专业合作社	无	葡　萄	1500.00	WNCR-JS14-50054
			水蜜桃	750.00	WNCR-JS14-50054
	常州市磨盘墩果品专业合作社	无	水蜜桃	1125.00	WNCR-JS14-50055
	常州市汤氏葡萄专业合作社	无	葡　萄	600.00	WNCR-JS14-50056
	常州市四季新果品专业合作社	无	葡　萄	1950.00	WNCR-JS14-50057
	常州市枫华牧业有限公司	无	生　猪	6000.00	WNCR-JS14-60043
	常州小飞葡萄专业合作社	无	葡　萄	740.00	WNCR-JS14-50058
	常州市郭飞农机专业合作社	无	稻　谷	310.00	WNCR-JS14-00095
	常州市乐丰源蔬菜专业合作社	无	番　茄	120.00	WNCR-JS14-20094
			豇　豆	120.00	WNCR-JS14-20094
			辣　椒	50.00	WNCR-JS14-20094
			香　瓜	30.00	WNCR-JS14-20094
	江苏太湖雪堰水产科技有限公司	无	龟	100.00	WNCR-JS14-81922
	常州市龙兴湖水产专业合作社	无	绒螯蟹	17.50	WNCR-JS14-81923
			沼　虾	5.25	WNCR-JS14-81923
	常州沙泉生态养殖专业合作社	无	绒螯蟹	19.14	WNCR-JS14-81924
			沼　虾	6.47	WNCR-JS14-81924
	常州市白洋桥水产养殖专业合作社	无	绒螯蟹	42.00	WNCR-JS14-81925
			沼　虾	10.50	WNCR-JS14-81925
绿色食品	常州市佳佳农业有限公司		番　茄	37.50	*
			黄　瓜	32.00	*
			玉　米	41.00	*
			南　瓜	27.00	*
	常州市常洛果品专业合作社	苏常鲜 Suchangxian	葡　萄	120.00	*
	常州市夹山果品专业合作社	浃　南	水蜜桃	300.00	*
	常州市佰盛果品专业合作社	昌润鲜	水蜜桃	120.00	*
有机食品	江苏临溪农业发展有限公司	临　溪	中国南瓜	9.00	115OP1401603
			豇　豆	7.00	115OP1401603
			菜豆（四季豆）	4.00	115OP1401603
			玉　米	3.75	115OP1401603

续表 9

类别	单　　位	商　标	产　品	标准产量（吨）	认证书编号
有机食品	江苏临溪农业发展有限公司	临　溪	茄　子	10.60	115OP1401603
			辣　椒	9.60	115OP1401603
			甘　蓝	8.00	115OP1401603
			黄　瓜	8.75	115OP1401603
			白　菜	8.00	115OP1401603
			芥　蓝	1.50	115OP1401603
			云　薹	2.25	115OP1401603
			叶芋菜	0.50	115OP1401603
			散叶莴苣（生菜）	1.00	115OP1401603
			茼　蒿	5.70	115OP1401603
			芹　菜	0.13	115OP1401603
			苋　菜	2.90	115OP1401603
			胡萝卜	3.75	*
			大　蒜	3.00	*
			草　莓	12.00	*
			萝　卜	10.00	*
			花菜（白花菜、西兰花）	5.00	*
			西　瓜	6.00	*
			水　稻	30.00	*
			雍菜（空心菜）	2.25	*
			火龙果	0.00	*
	常州市一帆生态园有限公司	无	稻　谷	625.00	015OP1400059
			大　米	411.00	015OP1400060

说明：带“*”为已通过认证但尚未取得认证书编号

2014 年武进区新增市级名优农产品情况

表 10

产品名称	注册商标	生产企业	企业地址
城湾牌葡萄	城湾	常州市兴叶果品专业合作社联社	雪堰镇城西村
常天牌鱼松	常天	常州市天水食品有限公司	湖塘镇三勤社区
阳湖红牌武育香大米	阳湖红	常州希望粮食购销有限公司	横山桥镇
堵家塘铺牌芝麻糖	堵家塘铺	常州堵军食品厂	邹区镇前王工业园区
堵家塘铺牌花生糖	堵家塘铺	常州堵军食品厂	邹区镇前王工业园区
金英牌番茄	金英	常州金英王生态农业有限公司	邹区镇新屋村
舜南牌夏黑葡萄★	舜南	常州市金剑蜜梨专业合作社	郑陆镇舜南村
舜南牌翠冠梨★	舜南	常州市金剑蜜梨专业合作社	郑陆镇舜南村
尊龙牌珍珠酱鸭★	尊龙	常州市尊龙食品有限公司	前黄镇
尊龙牌素火腿★	尊龙	常州市尊龙食品有限公司	前黄镇
水乡牌葡萄★	水乡	常州市夏庄果品专业合作	雪堰镇夏庄村
春晖牌纯牛奶★	春晖	江苏春晖乳业有限公司	经发区
洛丰牌水蜜桃★	洛丰	常州市洛丰果品专业合作社	洛阳镇
戴溪青渔牌青鱼★	戴溪青渔	常州市杨程禹渔业专业合作社	洛阳镇
中东牌商品猪★	中东	常州市康乐农牧有限公司	经发区
芳茂山牌大蒜★	芳茂山	江苏龙潭湖农业生态园有限公司	横山桥镇东城湾
芳茂山牌绿芦笋★	芳茂山	江苏龙潭湖农业生态园有限公司	横山桥镇东城湾
城湾牌鲜梨★	城湾	常州市兴叶果品专业合作社联社	雪堰镇城西村

说明：带“★”产品为续报产品

【开展农业产学研对接14次】 2014年，区农业部门结合“科技创新推进月”活动，采用“走出去”和“请进来”方式多途径开展农业产学研对接14次，参与对接人员200余人。5月9日，组织全区蔬菜园区、企业负责人约40人在常熟参加2014年中国蔬菜产业大会（博览会），了解行业和产品革新动向，初步达成蔬菜贮藏与保鲜技术、农机设备等合作意向10多项。7月18～19日，邀请南京农业大学、扬州大学、省农科院园艺所、无锡淡水渔业研究中心等高等院校及科研单位专家13人，深入农业园区、种养殖基地、农业企业，开展粮食生产、设施园艺等方面对接洽谈，实现业内外的互动互通。

【农业新技术推广应用21项】 2014年，武进区11个镇实施农业科技入户工程，调整遴选科技示范户2550户，建立林果重点专业村8个、畜禽特色专业村3个、渔业整村推进村6个，采用整村推进办法推广应用新技术21项。水稻生产方面推广水稻机插高产栽培技术、水稻精确定量栽培技术、测土配方施肥技术、水稻无公害优质高产高效生产技术、水稻病虫害综合防治技术5项节本增效新技术；林果业主推葡萄水平棚架“H形”栽培技术、水蜜桃长梢修剪技术、梨树人工授粉促进座果技术、果园机械化应用技术、病虫害综合防治技术、树体营养科学调控技术6项；水产养殖方面推广微生物制剂的应用、微孔管道增氧技术、虾蟹混养生态健康养殖技术、病害防治与渔用药物安全使用技术、水产品质量安全控制技术5项；畜禽业示范推广二花脸猪种质资源保护及生猪标准化规模养殖技术、畜禽粪便生态利用无害化处理技术、病死畜禽无害化处理技术、畜禽产品质量安全监管及无公害畜禽产品生产技术、畜禽疫病综合防控和综合饲养技术5项。

【农产品抽检合格率达96%】 4月，针对南京等地蔬菜企业芽苗菜被检出违法添加4-氯苯氧乙酸钠和6-苄基腺嘌呤等有毒成分事件，区农业部门开展农产品质量安全大检查，通过实施检打联动机制，营造打击不法行为的高压态势，提高蔬菜商等被监管对象的自律意识和诚信意识。在专项整治和安全大检查中，全区出动检查人员2768人次，检查农产品生产经营主体1060家、投入品生产经营主体293家，查处制售假冒伪劣案件3起。年内，各镇和相关部门开展春、夏、秋季农资打假，饲料企业生产许可清查，禁用限用高毒农药专项整治，禁用限用高毒兽药专项整治，禁用限用高毒饲料专项整治五大专项行动，坚决打击经营假冒伪劣农资的违法行为，维护农资市场秩序，保护农民利益。经整治，农产品抽样检测合格率达96%。

【农产品质量网格化信息化监管】 2014年，全区镇村两级配强农产品质量监管队伍，充分借助村级协管员的力量，全面建成农产品质量网格化监管模式，强化日常监管、巡查、考核，形成横向到边、纵向到底的无缝监管。区农业部门组织监管员使用农产品质量移动监管平台，通过手机全面跟踪、监管区域内农产品质量管控情况，全年查阅检测数据4232条，上传监管记录763条。5月，常州金英王生态农业有限公司、常州焦溪二花脸猪专业合作社、武进区横山桥仰华家庭农场3家单位实施省“放心吃”网农产品质量安全追溯管理项目，常州市润源生态农场、黄天荡螃蟹专业合作社、临溪农业发展有限公司等5家单位实施市农产品质量安全追溯体系项目，8家企业的农产品均通过标记二维码，实现产地环境、投入品采购、生产管理、包装标识等环节的全程监管与可追溯。

【农村实用人才培养1.5万人次】 2014年，区农业部门按照农业现代化和城乡发展一体化总体要求，围绕全省农业重大技术推广计划、优势主导产业、绿色增产模式、新型种养结构、农产品质量控制和农业可持续发展等方面，组织农业专业化生产人员和农业社会化服务人员，开展农业生产技术相关知识和技能培训。全区举办各项实用人才培训217期，参训1.5万人次。其中，农业专项技术培训班85期，参训1.2万人次；省级农民培训40期，参训1000人次；农业部新型职业农民培训12期，参训350人次；区级新型职业农民培训80期，参训1500人次。

【植物检疫宣传活动】 9月，武进区植保植检站在夏溪花木市场、凌家塘农贸市场、江苏（武进）水稻研究所、常州武进三农种业公司等大型批发市场和稻种繁育经营单位开展植物检疫宣传活动，促进粮食作物和蔬菜、果树、花木等经济作物生产安全。植保植检站悬挂横幅、张贴宣传标语12条（块），通过“12316”为农热线公益服务电话发布信息4.1万余条，开办安全生产培训班3期，发放宣传彩图2100多份，通过《武进日报》和《武进政风热线》开展宣传各1期，普及植物检疫法规、规章及植物检疫基础知识，强化群众疫情防控知识和意识，提升植物检疫监管水平，逐渐形成全社会共同参与、多部门联动、合力阻截重大植物疫情的良好格局。

【黄天荡村被评为“全国一村一品示范村”】 2014年7月31日，被农业部认定为第四批“全国一村一品示范村（镇）”之一，成为全区第二个获此荣誉的村。黄天荡村位于郑陆镇东北面，芦蒲港河南北向穿过全村，水陆交通便捷，村域面积5.43平方千米，耕地面积456.67公顷。该村依托水资源优势，发展特色螃蟹养殖产业。2004年，成立常州市黄天荡螃蟹专业合作社，推广运用生态高效养殖技术，发展养殖户200多户，养殖面积达400公顷。合作社螃蟹产品注册“金爪玉脐”商标，先后被认定为无公害农产品、有机食品、市名优产品，是武进区十大农家招牌菜之一。2010年5月，村委规划建设螃蟹养殖示范园，至2014年已形成集螃蟹规范养殖、优质名品营销和农业休闲服务于一体的农业示范园，河蟹养殖面积343.33公顷，占全村耕地面积的75.18%，河蟹养殖户542户，占全村农户数的54.5%。2014年，黄天荡村实现河蟹销售额5763万元，占全村农业经济收入的90%，每亩效益5000多元，农户户均收入2.5万元。此外，辐射带动郑陆镇新沟村、羌家村、三河口村及江阴市农户350余户从事螃蟹养殖。

（李　萍）

粮油作物种植业

【概　况】 2014年，区农业部门积极应对长期阴雨、低温寡照、病虫灾害等不利条件，大力推广水稻精确定量栽培、测土配方施肥、病虫害综合防治、专业化统防统治等技术，保证粮食生产保持较高产量，水稻单产在全市保持“九连冠”。全区粮食播种面积2.23万公顷，减少0.11万公顷，总产1.62亿千克。夏熟作物种植面积0.96万公顷，减少0.04万公顷，夏粮平均单产333.54千克，增加14.64千克，增长4.59%。秋粮作物种植面积1.26万公顷，减少0.08万公顷，秋粮平均单产603.11千克，减少3.19千克，下降0.53%。区农业部门组织各镇开展“万、千、百亩方”粮食丰产竞赛活动，落实部级、省级水稻万亩示范区各2个，单产均超700千克；推广“武运粳23号”“武运粳24号”和以扬麦系列为主的大粒稳产型中筋小麦专用品种，稻麦良种覆盖率98%以上；引导农民种植以紫云英为主的有机绿肥面积673.59公顷；推广机插稻面积14.88万公顷，提供商品有机肥600万千克、秸秆腐熟剂41.66万千克；推广高效低毒低残留农药和生物农药面积8.32万公顷次，采用药剂浸种、精选种子等技术防治恶苗病和干尖线虫病等水稻种传病害面积1.13万公顷；示范应用植保飞行喷雾器防治小麦赤霉病面积8公顷，防治水稻病虫面积12公顷。江苏（武进）水稻研究所全年提供优质高产水稻新品种15万千克，在前黄、礼嘉、雪堰3个镇建立水稻特色村5个，与前黄镇益农农机服务专业合作社合作建立良种繁育基地和优质稻米种植示范基地。江苏（武进）水稻研究所利用品种和技术优势，组织专家在礼嘉镇万顷良田统一品种、统一育苗、统一管理，打造科技示范基地，带动全区优质稻产业化发展。年内，“武运粳27号”被农业部认定为超级稻品种，“超高产粳稻武运粳23号的育成与推广”项目获2012～2013年度江苏省农业丰收奖一等奖，“武运粳23号”“武运粳24号”和“武运粳27号”被省农委评为江苏好品种。

表11

2014年武进区粮油作物生产情况

类　别	面　积（万公顷）	比2013年（±%）	总　产（万千克）	比2013年（±%）	单　产（千克）	比2013年（±%）
全年粮食	2.23	-4.70	16240.60	-4.34	486.46	0.67
夏　粮	0.96	-3.99	4818.30	0.41	333.54	4.59
小　麦	0.93	-4.14	4738.50	0.41	338.82	4.74
秋　粮	1.26	-5.73	11422.30	-6.21	603.11	-0.53
稻　谷	1.13	-6.33	10905.40	-6.55	645.08	-0.24
油　料	0.08	3.78	163.30	7.72	140.10	3.79
油菜籽	0.07	4.26	141.00	8.88	143.02	4.43

【“武运29154”更名为“武运粳30号”】 2014年6月，“武运29154”通过江苏省农作物品种审定委员会审定，更名为“武运粳30号”，作为全省水稻主推品种在沿江及苏南地区中等以上肥力地块种植。该品种由江苏（武进）水稻研究所将葵风/98-3和台0206亲本组合而成，2009年育成，属早熟晚粳稻品种。该品种全生育期160天左右，株高100厘米～105厘米，叶色淡绿，茎秆韧性好，抗倒伏，分蘖后期、拔节期长粗明显，每穗145～160粒，结实率90%以上。2010～2013年，经苏南地区多点试种鉴定，大面积单产达650千克～750千克，成为水稻示范方、超高产方的首选品种之一。“武运29154”适口性好，2012年12月获江苏省第四届优质稻米食味评比一等奖。

【“武运粳27号”被认定为超级稻品种】 2014年3月获农业部认定，成为武进区育成的第三个超级稻品种。2007年，“武运粳27号”由江苏（武进）水稻研究所育成，属中熟中粳稻品种。该品种株型较紧凑，群体整齐度好，抗倒伏性强，后期转色好，落粒性中等，分蘖力较强，叶色较绿，米质达国标三级优质稻谷标准。2012年3月通过江苏省农作物品种审定委员会审定，适宜在江苏省中部地区作迟播种植。2012年和2013年，省测产专家组先后对大丰市方强农场面积12公顷示范方和兴化市海南镇娄子村面积13.67公顷示范方进行实割测产，平均单产分别为796.3千克和810.4千克。

【“超高产粳稻武运粳23号的育成与推广”项目获省农业丰收奖一等奖】 2014年1月获2012～2013年度江苏省农业丰收奖一等奖。“武运粳23号”是江苏（武进）水稻研究所2006年育成的早熟晚粳稻品种，株型紧凑，具有高产稳产、优质抗病、适应性广等特点，综合性状较好，稻米外观品质达国标三级米标准。经省测产专家组实割测产，每穗约150粒，单产为650千克～750千克。2010年，该品种通过江苏省农作物品种审定委员会审定，成为江苏省沿江及苏南地区种植面积最大的主栽品种，在常州市推广率达90%。2011～2013年，在江苏沿江稻区年均覆盖率38.9%，增加农业经济效益7.5亿元。

【环境友好型农药示范推广】 2014年，区农业部门在水稻生产中推广环境友好型农药，主推品种有防治水稻恶苗病的高效种子处理剂氰烯菌酯，防治水稻纹枯病的长效药剂噻呋·戊唑醇、噻呋酰胺、嘧苷素，防治稻飞虱的烯啶虫胺、吡蚜酮，防治稻纵卷叶螟的优良药剂阿维·苏云金芽孢杆菌、甲维·茚虫威等。全区高效低毒低残留农药使用面积4.71万公顷次，生物农药使用面积3.61万公顷次，使用量分别占农药使用总量的58.5%和40%，为水稻安全生产提供有力保障。全区没有出现大面积连片白叶和稻飞虱“透天”等现象，水稻病虫害损失率0.16%。

【植保飞行喷雾器首次应用】 2014年，区农业部门首次在粮食作物上试验植保飞行喷雾器喷洒农药、防病治虫，防治小麦赤霉病面积8公顷，防治水稻病虫面积12公顷。经试验，植保飞行喷雾器每小时可完成喷药面积4公顷，作业效率高，人员劳动强度低，彻底做到人

洛阳镇圻庄村运用植保飞行器防治病虫　　（区农业局 供稿）

药分离，缓解专业化防治组织用工难的问题，适应现代农业发展需求。

（李　萍）

花 木 业

【概　况】 2014年，武进区基本形成集花木品种繁殖、花木培育、园林设计、市场交易、物流运输、信息交流、旅游休闲等于一体的花卉苗木产业链，产品辐射全国各地。全区花木种植总面积1.29万公顷，其中苗木种植面积8142公顷、花卉种植面积645公顷、盆景种植面积146公顷、草坪种植面积3922公顷。年产苗木1.05亿株、盆栽植物1.94亿盆、草坪面积3940万平方米。嘉泽镇、湟里镇、奔牛镇、邹区镇四大花木板块镇花木面积1.15万公顷，占全区花木总面积的89.15%。全区有花木种植专业村（花木种植面积占全村耕地总面积70%以上）34个，各类花木专业组织64个，花木专业大户（花木种植面积2公顷以上）1000多户，花木专业村、合作社和专业大户种植面积占全区花木总面积的80%以上；有花木经纪人1万余人，花木园林企业300余家，花木市场中间商4000多人，从业总人数达11万人；二级资质以上（含二级）园林绿化企业64家，其中一级19家、二级45家。年内，区农业部门应对高档花木难销滞销困难，组织花卉企业和单位代表参加中国（夏溪）花木节、第九届中国花卉产业论坛、花卉专题交流等花卉产业交易交流活动，加快花卉产业结构调整和品种创新。至年底，全区花木业完成产值20亿元、销售额（含园林绿化工程）近200亿元。夏溪花木市场完成交易额145亿元，“夏溪花木市场及图”商标被评为中国驰名商标。

【花卉新品繁育】 2014年，区农业部门积极引导花木种苗企业开展品种创新，升级生产模式，更新生产技术。3月，组织全区较大规模花卉生产企业代表14人参加专题交流会，与北京林业大学国家花卉工程技术研究中心主任程堂仁等花卉专家开展名贵花卉品种选育与栽培技术专题交流。年内，江南花都产业园、常州家绿林果园艺有限公司、常州市祝庄园艺有限公司等大型花卉生产园区和企业均建成标准化示范基地面积300多公顷，生产飘带兰、兜兰、蝴蝶兰、凤梨、红掌等高档盆花和鲜切花及盆景。常州家绿林果园艺有限公司通过实施“植物工厂”项目，增强科技管理水平，提高新品培育能力，实现花卉生产的自动控制，全年培育皇冠、国王、珍爱等红掌新品8种120万株，培育白雪公主、玉扇、芭芭拉等凤梨新品5种80万株。

【“夏溪花木市场及图”商标被评为中国驰名商标】 参见《产业园区》栏目p62同名条目。

【第九届中国花卉产业论坛在武进举行】 参见《产业园区》栏目p62同名条目。

【2014年中国（夏溪）花木节】 参见《产业园区》栏目p62同名条目。

（李　萍）

水 产 业

【概　况】 2014年，区渔业部门按照水产良种化、设施化、信息化、生态化的现代渔业建设目标，大力发展科技渔业、生态渔业，引进推广优良品种，保护地方种质资源，实现现代渔业又好又快发展。全区水产品养殖面积8333.33公顷，其中高效设施渔业面积2520公顷，占30.24%；水产品总产量6494万千克，其中捕捞产量400万千克；实现渔业产值15.06亿元。全区人工繁殖鱼苗15.2亿尾、青虾苗10亿尾，青鱼、草鱼、鲢鱼、鳙鱼四大家鱼亲本改良率40%，特种水产覆盖率85%；引进渔业新品梭鲈、仙姑鱼，实施“浦江一号”团头鲂亲本更新，共获财政补助经费8万元；推进老旧鱼池改造工程、池塘养殖水净化和循环利用工程，建设精养鱼池面积500公顷，常州市双丰水产养殖专业合作社、常州市武澄湖特种水产专业合作社等5家单位合作建设池塘循环水养殖系统面积246公顷。年内，区渔政部门坚持“严监管、保平安”工作思路，强化渔业生产监管，全区未发生水产品质量和较大渔业生产安全事故。

【全国休闲渔业示范基地新增2家】 2014年12月，常州市天水特种养殖渔业有限公司、武进经发区半陶山庄生态休闲度假村被农业部认定为第三批全国休闲渔业示范基地。

常州市天水特种养殖渔业有限公司　位于湖塘镇，2009年成立，是一家集生产、研发、养殖、观光休闲等多功能于一体的现代化渔业企业，占地面积18.67公顷，其中水产养殖基地面积13.33公顷、休闲种植区域面积3.33公顷，养殖笋壳鱼、锦鲤、鮰鱼、黄颡鱼等淡水鱼类，提供水果采摘、蔬菜种植等休闲娱乐项目，在鱼类深加工技术及产品上拥有发明型专利28件、实用新型专利22件、外观型专利9件。

武进经发区半陶山庄生态休闲度假村　依托官塘河水域，开发河塘养殖基地面积和生态种植养殖基地面积共15公顷，从2012年起进行鲥鱼养殖，2014年实现批量生产，成为全市从事鲥鱼淡水养殖的少数单位之一，度假村客房、

表 12　　2014 年武进区水产业主要指标完成情况

类别	项目		单位	指标	比 2013 年(±%)
基本情况	渔业产值		亿元	15.06	5.19
	养殖面积		公顷	8333.33	0.00
	其中：池塘养殖		公顷	7460.00	0.00
	围网养殖		公顷	666.67	-10.00
	河沟养殖		公顷	133.33	100.00
	水产品产量		万千克	6493.80	-4.65
	投放斤两鱼种		万千克	337.00	0.00
	投放仔口鱼种		万千克	610.00	-13.35
	鱼池改造		公顷	65.00	0.00
特种水产养殖	特种水产养殖面积		公顷	3507.00	2.04
	特种水产养殖总产量		万千克	676.00	11.55
	河蟹	产量	万千克	414.00	22.48
		面积	公顷	2977.00	2.58
	青虾	产量	万千克	48.70	12.99
		面积	公顷	1350.00	8.00
		其中：单养	公顷	150.00	-1.32
		产量	万千克	22.50	25.00
	龟鳖	控温面积	公顷	3.50	0.00
		养殖面积	公顷	53.00	10.42
	黄颡鱼		公顷	57.00	0.00
	鳜鱼		公顷	227.00	-0.44
苗种生产	四大家鱼		亿尾	15.20	1.33
	稚鳖		万只	22.20	11.00
	稚龟		万只	5.10	2.00

会议室、餐厅等设施完备，集餐饮、垂钓、休闲于一体，游客可体验水上高尔夫、生态采摘等项目。

【渔业亲本更新及新品引进】 2014 年，区财政局拨出专项经费 8 万元用于渔业亲本更新及新品引进。其中，常州市技丰水产良种繁育场使用经费 4 万元，更新水产良种“浦江一号”团头鲂亲本 400 千克，使新种生长速度比原种快 30%，催产率和出苗率较原种提高 20% 以上，因生长迅速，上市提早 1 个月，经济回报率显著提高，深受养殖者欢迎。区渔业部门使用经费 4 万元，引进渔业新品梭鲈 5000 尾、仙姑鱼 5000 尾。梭鲈抗病能力极强，生长速度快，肉质细嫩，肌间刺少，营养价值极高，有“淡水鱼王”之称；仙姑鱼是鳙鱼的突变种，头部特大，体短起节，肉质鲜美，售价较高。两种渔业新品可进一步提高水产苗种总体质量，增加农民收入。

【首届宋剑湖渔业资源增殖放流活动】 7 月 13 日在宋剑湖畔举行。该活动由今创集团有限公司主办，区农业局、遥观镇政府、区外商投资企业协会协办，投放长 5 厘米以上的花白鲢、青鱼和黄颡鱼鱼苗 150 余万尾。宋剑湖地处武进遥观镇，受水域环境影响，渔业资源日益匮乏，区农业部门和遥观镇政府采取截污治理、建设湿地工程等生态修复措施，促进水体环境改善。此次投放的鱼苗属滤食性鱼类，可改善水质，降低湖区藻类暴发几率，维护水域生态环境安全。

【渔业安全生产监管】 2014 年，区渔政部门做好渔业安全生产监督管理工作，全区未发生水产品质量和较大渔业生产安全事故。(1) 作业许可。签发渔业捕捞许可证 154 本、内河渔业船舶证书 1386 本，发证率均达 100%。(2) 保险补助。全区渔业互助保险投保 1549 人，签订保单 12392 份、保额 1.28 亿元，投保人缴纳保费 32 万元，获省级财政补贴 8 万元；区渔业部门向 1322 艘机动渔船船户发放 2013 年度渔业燃油补助资金 787.15 万元。(3)“打非治违”。开展渔政执法和安全检查 45 次，检查渔船 1300 余艘，出动执法艇（船）55 次、执法人员 200 余人次。查处电力捕鱼 2 起，罚款 2300 元；拆除违法设置渔簖 1 塘、扒网及相关设施 49 个。(4) 事故预防。太滆村委委托区公共资源交易管理中心进行政府招标采购，由区渔政监督大队出资，购买价值 23.82 万元半封闭消防艇 1 艘，完善太滆渔港港区消防设施，降低捕捞渔船和码头的安全隐患。

（李　萍）

畜牧业

【概　况】 2014 年，武进区畜牧生产保持总体稳定，畜禽养殖效益稳步提升，奶牛养殖受市场影响有较大萎缩，重大动物疫病防控成效显著，畜产品质量安全监管水平提升。全年实现畜牧业总产值 13.39 亿元，增长 3.63%。其中，生猪养殖产值 4.33 亿元，家禽养殖产值 8.7 亿元。全区生猪、肉禽、蛋禽、奶牛实施规模化养殖，规模化程度分别达 87%、93.98%、99.42% 和 97.49%。区畜牧兽医部门组织实施畜禽科技入户工程、全国基层农技推广等畜牧类项目 5 个，累计争取扶持资金 132.6 万元；省级财政落实生猪良种补贴 48 万元、奶牛良种补贴 6.6 万元；市、区两级财政补贴能繁母猪 125.21 万元，补贴后备奶牛 39.78 万元。3 月，区动物疫病预防控制中心落实区政府办《关于进一步完善政策性农业保险工作的通知》要求，将育肥猪、种（蛋）鸡和肉鸡列入政策性农业保险品种，调整保费补贴。全年承保育肥猪 5.1 万头、种（蛋）鸡和肉鸡 1215.08 万羽，累计签单保费 476 万元。区畜牧兽医部门持续开展动物疫病防

表 13 2014 年武进区畜牧业主要指标完成情况

项 目	单 位	指 标	比 2013 年(±%)
生猪出栏	万 头	30.07	-13.81
生猪存栏	万 头	18.13	-2.47
家禽出栏	万 羽	2263.20	4.44
家禽存栏	万 羽	502.04	15.58
奶牛存栏	头	2019.00	-26.04
羊存栏	万 头	0.77	1.32
兔存栏	万 只	0.38	90.00
猪肉产量	万千克	2119.75	-14.81
禽肉产量	万千克	3516.34	4.63
牛奶产量	万千克	686.04	-30.60

控，部署小反刍兽疫病毒、家禽 H7N9 流感等应急防控；根据市生猪屠宰场布局规划，撤并不符合定点屠宰要求的屠宰场点 5 个，剩余 10 个；落实病死畜禽无害化处理，8 个公共无害化处理井（池）和 20 个养殖场自建无害化处理井（池）全年无害化处理病死生猪 2.95 万头。年内，全区未发生重大动物疫情和重大畜产品质量安全事故。郑陆镇畜牧兽医站职工朱克林获"常州市动物防治员技能状元"称号，区动物卫生监督所防疫员周波、区动物疫病预防控制中心防疫员陈丹清均获"江苏省优秀动物防疫员"称号。

【重大动物疫病防控实现连续五年"零疫情"】 2014 年，区畜牧兽医部门加强对规模养殖户的防疫分级监管，层层落实防疫监管责任，指导规模养殖户常年按程序实施免疫，对散养畜禽开展春、夏、秋季防疫突击行动，各病种免疫密度 100%，完成血清抗体样品监测 1.95 万份，各病种免疫抗体合格率常年保持在 85% 以上。根据《常州市家禽 H7N9 流感剔除计划实施方案》要求，监测家禽 H7N9 流感血清学样品 3227 份，采集禽棉拭样品进行病原 PCR 检测 2881 份，结果均为阴性。全年累计使用小反刍兽疫病毒疫苗 2.8 万份，免疫羊 2.11 万头次，采集检测羊血清样品 90 份，免疫抗体合格 77 份，合格率 85.6%。全区未发生家禽 H7N9 流感和小反刍兽疫病毒疫情。武进区实施疫病防控程序化、信息化，确保防疫与监测同步进行，实现 2010 ～ 2014 年连续五年重大动物疫病防控"零疫情"。

【市级标准畜牧兽医站建成率 100%】 2012 年起，区农业部门按照省农委创建"五有"（有先进的服务手段、有优良的专业队伍、有严格的责任制度、有稳定的财政保障、有科学的管理机制）基层站和市农委推进标准站建设的要求，制定乡镇畜牧兽医站标准化建设计划，推进标准站建设项目，完善各镇（街道）畜牧兽医站的基础设施与功能配置，提高各站办公服务信息化程度。2014 年，横林镇畜牧兽医站、邹区镇畜牧兽医站、前黄镇畜牧兽医站共投入 157.25 万元，改造和完善站内设施。牛塘镇畜牧兽医站、郑陆镇畜牧兽医站、南夏墅街道畜牧兽医站通过市级标准畜牧兽医站验收，推动乡镇畜牧兽医站实现管理规范化、运作制度化、工作标准化、队伍形象化。至 2014 年年底，全区 15 家畜牧兽医站均建达到市级标准，建成率 100%。

（李 萍）

林果蔬菜业

【概 况】 2014 年，武进区全面推进常州市国家森林城市创建工作，完成造林绿化面积 1538.57 公顷，其中成片造林面积 745.33 公顷、四旁植树折合面积 793.24 公顷，完成四旁植树 229.57 万株，义务植树 80 余万株，全区森林覆盖率 20.18%、林木覆盖率 23.01%。新增南环线、武宜南路、南湖路、淹城路、环湖东路、工业大道、广电东路道路绿化工程 7 项，实施了河路绿地、大通河滨河绿地绿化景观工程，建成村庄绿化省级示范村 30 个，其中绿化示范村 24 个、森林生态村 6 个。年内，区林业植物检疫执法检查组抽查常州市华辰园林绿化工程有限公司、江苏艺林园花木有限公司等苗木经营单位，检查林木种子、苗木、花卉和繁殖材料的产地检疫和调运检疫及复检情况，查验木材加工利用企业的检疫监管登记和检疫监管告知制度的执行情况等，未发现违法行为。4 月，横林镇获"中国林业产业示范基地"称号。10 月，雪堰镇森林消防专业队获省第五届森林消防技能竞赛团体三等奖。

全区主要果品品种 15 种，果园面积 4833.21 公顷，其中桃树种植面积 1494.3 公顷、梨树种植面积 591.6 公

区林业部门工作人员在嘉泽、湟里等镇开展林业检疫 （区农业局 供稿）

表 14　2014 年武进区林木果品主要指标完成情况

项　目	单　位	目标数	完成数	完成率（%）
四旁植树	万株	180.00	229.57	127.54
造林绿化	公顷	1000.00	1538.57	153.86
其中：成片造林	公顷	400.00	745.33	186.33
四旁植树	公顷	—	793.24	—
茶树种植面积	公顷	250.00	240.67	96.27
茶叶产量	万千克	7.00	7.12	101.71
果树种植面积	公顷	4500.00	4833.21	107.40
果品产量	万千克	7000.00	8320.35	118.86

顷、葡萄种植面积 2399.6 公顷。年产果品 8320.35 万千克，产值 5.8 亿元。雪堰镇、礼嘉镇、洛阳镇、郑陆镇、前黄镇为全区果品重点生产区域，共有果园面积 3721.4 公顷，占全区果园总面积的 77%。2014 年，受茶园面积减小等影响，茶叶产量减少，售价上升。茶叶总产量 7.12 万千克，产值 2380.7 万元。其中，春茶产量 5.42 万千克，下降 4.91%，产值2176.7万元，增长54.4%。8月2～3日，第六届中国武进“阳湖”果品节在莱蒙都会广场举行，设展位 70 多个，全面宣传推广武进地产名优水果。常州礼新果品专业合作社实施的“农业部菜果茶标准化优质葡萄标准园建设”项目建成优质葡萄标准园面积 66.7 公顷，12 月通过市级验收。

全区推进“菜篮子”工程建设，建设蔬菜生产设施，增加蔬菜种植面积和产量。全区蔬菜播种（含复种）面积 7800.8 公顷，其中常年性播种蔬菜面积 3802.9 公顷、季节性播种蔬菜面积 1659.7 公顷。完成蔬菜总产量 2.7 亿千克、总产值 5.13 亿元，分别增长 8.43% 和 11.52%，邹区蔬菜生产基地年产蔬菜 30 万千克。全区蔬菜年销量 3.42 亿千克，自给率 78.7%。

【横林镇获“中国林业产业示范基地”称号】 2014 年 4 月 22 日，武进区横林镇被中国林业产业联合会授予“中国林业产业示范基地”称号，成为全国唯一一家镇级产业示范基地，常州市地板协会会长、江苏洛基木业有限公司董事长沈鸣生获中国林业产业突出贡献奖。横林镇位于武进区东部，总面积 46.67 平方千米，辖行政村 14 个、社区 5 个，总人口（含外来人口）约 12 万人。该镇以地板加工制造业为地区经济主要组成部分，形成横林强化木地板产业集群，有强化木地板终端企业 175 家、行业配套企业 230 家，具备开槽、浸渍、压贴、印刷等完整产业链，带动植树、稻麦秸秆回收、刀具制造等相关产业门类数十个，设立南京林业大学木材科学与技术常州博士后工作站、南京林业大学（常州）木制品工程研发中心等科技平台，部分企业在云南昆明、河南商丘和江苏沭阳、泗阳、宝应等地建有速生林原材料基地，实现经济效益和生态效益双赢。集群企业年产强化木地板面积约 2 亿平方米，与实木地板相比，单位强化木地板可少消耗三分之二的森林资源。集群内江苏洛基木业有限公司实施“稻 / 麦秸秆人造板制造技术与产业化”项目，生产秸秆地板，促进秸秆综合利用，保护生态环境，促进农民增收，获 2009 年度国家科技进步奖二等奖。横林镇先后三次被中国林产工业协会授予“中国强化木地板之都”称号，连续承办八届（中国 · 横林）国际地板博览会。2011 年，横林镇与江苏洛基木业有限公司同获中国林业产业突出贡献奖。

【助推常州市国家森林城市创建】 2014 年，武进区按照国家林业局制定的《国家森林城市评价指标》要求，于 5 月成立常州市创建国家森林城市工作武进区指挥部，制定《常州市创建国家森林城市武进区建设方案》，组织实施森林生态屏障、城乡绿色家园、生态景观廊道、湿地保护修复、生态公益林保护五大工程，全力助推常州市创建国家森林城市。年内，全区新建环滆湖生态防护林面积 190.5 公顷，高标准农田林网控制面积 1200 多公顷，恢复丘陵岗地森林植被面积 14.7 公顷；建成省级森林生态村 6 个、省级绿化示范村 24 个，围村林带面积达 320 公顷，城镇森林面积达 20.1 公顷；提升改造道路绿化里程 101.5 千米、河道绿化里程 22.5 千米；新建湿地保护小区 2 个，自然湿地保护率达 46.5%；完成森林抚育面积 320 公顷。

【湿地保护工程启动】 武进区湿地资源丰富、种类多样，总面积 2.56 万公顷，包括草本沼泽、水产养殖场、输水河、永久性淡水湖、永久性河流及运河等湿地类型。2014 年 6 月，成立区湿地保护管理站，启动湿地保护工程，加强生态资源的可持续开发利用，维护区域生态安全。区农业局联合省林业科学研究院编制完成《武进区 2014 ～ 2020 年湿地规划》《滆湖、太湖湿地保护小区实施方案》，计划新建滆湖低碳湿地公园，实施太滆运河入湖口湿地工程，建立太湖湿地保护小区和滆湖湿地保护小区，面积分别为 1733.33 公顷和 1933.33 公顷。通过划定保护区域，开展湿地监测和科研，实施湿地保护与恢复工程，加强巡护宣传等工作，有效保护武进自然湿地。

【《常州市武进区森林防火规划（2015 ～ 2020 年）》通过评审】 2014 年 12 月 9 日通过区政府组织的专家组评审。该规划由南京森林警察学院编制，根据雪堰镇、横山桥镇、郑陆镇森林防火情况，计划于 2015 ～ 2020 年投资 3618.85 万元，整合森林防火资源，统一规划森林防火基础设施，按轻重缓急程度分步采取“封、通、隔、水、监、瞭、护”措施，即设置铁丝阻隔网，开辟防火通道，种植生物隔离带，引水上山，实施防火监控，利用瞭望塔、护林哨等，全面提高全区森林火灾预防和扑救的综合能力。

【植物“防火墙”林带建成面积 20 多公顷】 4 月，区林业部门在雪堰镇、横山桥镇山林区域首次引种具有耐寒和抗火特性的木荷，配置冬青、桂花、红叶石楠、杨梅等防火景观树种，设置植物“防火墙”，建成主林带宽 20 米～ 30 米，面积20多公顷。植物“防火墙”采用森林生物防火技术，在林区种植常绿阔叶防火树种，把集中连片的森林割块、封边，划分成若干封闭区，有阻隔火源和防止林火蔓延作用，可避免发生大面积森林火灾。

【阳湖牌葡萄获中国南方“中山杯”优质葡萄评比奖项4个】 8月18日，中国南方“中山杯”优质葡萄评比在连云港市灌南县举行，武进地产葡萄获金奖、银奖各2个。其中，常州市夏庄果品专业合作社和常州市庄志尚葡萄园2家单位种植的阳湖牌夏黑葡萄均获金奖，常州市夹山果品合作社种植的阳湖牌金田美指葡萄和阳湖牌金田翡翠葡萄均获银奖。阳湖牌葡萄在种植过程中严格按照标准化管理，其口感、糖度、色泽均属上乘，曾多次在全国评比中获奖。

【邹区蔬菜生产基地“菜篮子”工程推进】 2014年，邹区蔬菜生产基地深入开展“菜篮子”工程建设，整体建设面积355.07公顷，完成道路硬化面积3.68公顷，开挖沟渠长度12.8千米，搭建钢架大棚区域面积33.33公顷，建设标准化池塘面积66.67公顷，建成工厂化养殖基地面积0.32公顷，新增冷库设施36套。与江苏省农业科学院经济作物研究所合作，建设有机红香芋基地面积6.7公顷，组织红香芋轻简有机型栽培技术培训班3期，培训农民100人次。推广种植芦笋、广岛野菜、芥蓝3个新品种，推广应用黄瓜嫁接换根长季节栽培技术、红香芋轻简有机型栽培技术2项实用技术，年产蔬菜30万千克。

【良绿农园牌免洗蔬菜上市】 2014年，由常州家绿林果园艺公司（简称家绿公司）培育成功，并进入市场。家绿公司年内注册“良绿农园”商标，利用“植物工厂”项目的先进设备和技术，以高温处理的进口天然有机质为生长土壤，用反渗透过滤系统和消毒设备处理过的雨水灌溉，在干净无尘的全自动智能温室自主培育生产生菜、小番茄等免洗蔬菜，播种、催芽、育苗、栽培、采收环节均由机器人完成，无农药残留，不用清洗即可食用。年内，培育生菜、番茄等免洗蔬菜10万盆，于12月进入全市绿农生鲜超市的7家门店和“良绿农园”新品种展示中心销售。

（李　萍）

农业产业化

【概　况】 2014年，武进区农业龙头企业发展壮大，管理水平不断提高，休闲观光农业稳步发展，农业产业化水平持续提升。区农业部门开展农业龙头企业动态监测，新增市级8家、区级10家，累计国家级3家、省级14家、市级10家、区级18家，45家区级及以上农业龙头企业总资产73.34亿元，全年实现销售额530亿元，增长12.3%。常州市邹区现代农业产业园区被认定为省现代农业（渔业）产业园区。区农业部门开展农业龙头企业“五个一”（创建一个基地、致富一方农民、振兴一个产业、对接一个农民合作组织、打造一个优势品牌）示范创建工作，年内，新增市级“五个一”示范企业3家，分别为常州市枫华牧业有限公司、江苏科力农业资源科技有限公司、常州市金英王生态农业有限公司，累计市级15家、省级4家。全区新增休闲观光农业园区3个，累计30个，占地面积1866.7公顷，全年共接待游客150万人次，直接经济收入10.4亿元，其中农产品销售收入7.4亿元、餐饮收入3亿元。7月，雪堰镇雅浦村被评为2014年“江苏最具魅力休闲乡村”。

【邹区现代农业产业园区被认定为“江苏省现代农业（渔业）产业园区”】 2014年3月，经省政府批准，被认定为“江苏省现代农业（渔业）产业园区”。邹区现代农业产业园区东起239省道、西至新孟河、南至340省道、北临支溪河，涉及琵琶墩、泰村、刘巷、卜弋4个行政村，总规划面积821.73公顷，其中一期面积355.07公顷，2008年10月开工建设，至2014年年初实现基础设施配套齐全、主要道路全面硬化、田间砂石路铺设到位、高标准灌排渠全面畅通，设置专门园区管理服务机构。整个园区分为特色蔬菜生产示范区、高效林果生产示范区、现代农业管理服务区、科技农业展示区和农业休闲观光区5个产业功能区，采用“政府引导、企业参与”的发展模式，与南京农业大学、江苏省农业科学院、中国科学院南京土壤研究所、上海交通大学农业与生物学院

表15　**2014年武进区重点农业龙头企业情况**

级　别	企　业　名　称	销售收入（亿元）
国家级	江苏凌家塘市场发展有限公司	275.69
	常州市武进夏溪花木市场发展有限公司	147.20
	江苏中东集团有限公司	16.86
省级	常州市立华畜禽有限公司	40.71
	常州市横山桥农副产品批发市场有限公司	23.46
	江苏春晖乳业有限公司	2.75
	常州市康乐农牧有限公司	2.57
	常州市尊龙食品有限公司	2.20
	江苏好太太食品有限公司	2.19
	江苏艺林园花木有限公司	1.76
	常州市武进盛隆皮业有限公司	1.37
	常州市津津乐食品有限公司	1.36
	常州市红太阳生物工程有限公司	1.32
	常州市祝庄园艺有限公司	1.32
	常州市武进华夏花木园林集团有限公司	1.28
	常州家绿林果园艺有限公司	1.08
	江苏太湖雪堰水产科技有限公司	0.77

等科研院所、大专院校建立合作关系，承担实施富硒杏鲍菇工厂化生产配套技术应用、菌渣（废料）开发的农业良性循环及其配套技术运用、水产品种苗培育研究等科技成果转化项目、技术示范推广项目，引进推广农业新、特、优品种，带动园区科技创新。年内，新招入园企业2家，入驻建成企业累计13家，建成面积超过240公顷，全年实现产值6268万元。该产业园先后获“常州市科普教育基地”“常州市农机示范基地和全国绿色食品产业示范基地”称号。

【雪堰镇雅浦村获评2014年“江苏省最具魅力休闲乡村”】 2014年7月，被省休闲观光农业协会评为2014年“江苏省最具魅力休闲乡村”。雪堰镇雅浦村位于太湖之滨，辖区面积5.2平方千米，有村民小组21个、农户800多户，总人口（含外来人口）2810人。全村柑橘种植面积25.33公顷、水蜜桃种植面积73.33公顷、茶树种植面积10公顷。在新农村建设中，该村不搞大拆大建，以原生态模式开展村庄整治，农民住宅整旧出新，家前屋后清杂植绿，河塘道路清淤平整，村庄呈现“村在林中、房在树中、人在绿中”的文明生态景象，先后获全国生态文化村、国家级生态村、全国绿色小康村、江苏省社会主义新农村建设先进村等称号，被誉为江苏社会主义新农村建设的“雅浦版本”，年接待游客15万人次。2014年，全村经济总收入4.1亿元，农民人均纯收入达2.3万元。

（李　萍）

生态农业

【概　况】 2014年，区农业部门按照武进区“加力城乡一体，加速生态文明”战略要求，实施太湖水环境治理七期项目、省级农业废弃物资源化利用项目和市级生态农业项目，全面推进农村环境及农业面源综合治理工程、畜禽养殖场废弃物处理工程、秸秆多种形式利用工程、生态循环农业工程、池塘循环水清洁养殖工程、水葫芦种养打捞及资源化利用工程等，实现生态效益、社会效益双增长。年内，全区建设乡村生活污水生态净化处理工程41个，处理规模1800吨/天，受益用户4500余户；在雪堰镇、奔牛镇建设完成生态循环农业工程2个，基地建设面积66.7公顷；建成300立方米沼气工程4个、秸秆多种形式规模利用项目1个；打捞太湖蓝藻10.08万吨，回收生产藻泥3740吨，控制性种养水葫芦面积166.7公顷，有效减轻农业面源污染。

【规模畜禽场粪污“三分离一净化”处理工程新增2个】 2014年，区农业局落实区政府办公室《关于加强畜禽规模养殖污染整治的意见》精神，制定出台《加快推进全区畜禽养殖污染整治的实施方案》，开展畜禽养殖污染整治，建设一批畜禽养殖污染治理样板工程，示范带动各地畜禽养殖污染治理工作。年内，区农业局借助太湖水环境治理第七期省级专项资金实施项目的实施，在奔牛镇、横林镇建成大中型规模畜禽场粪污“三分离一净化”（雨污分离、干湿分离、固液分离，生态净化）处理工程2个，铺设雨水、污水收集渠道，建设污水收集池、干粪堆积房、生态氧化塘等，购置设备、车辆，建成“三分离一净化”处理系统，对3000头存栏商品猪和1.2万羽种鹅产生的粪污进行无害化处理和综合利用，大大减少氨氮等有害物质排入水体，实现养殖场废弃物良性循环。

雪堰镇雅浦村果农柑橘进入成熟期　　（高　岷　摄）

【水葫芦控制性种养面积166.7公顷】 2014年，区农业部门在滆湖采用化浪式浮床结构控制性种养水葫芦，种植面积166.7公顷。5月5日～7月11日，投放水葫芦苗种1044吨，发挥生物净化功能，吸收水体中氮8.87吨、磷1.03吨，有效改善水质。11月14日～12月30日，打捞水葫芦5万吨，在农业废弃物资源利用中心经过破碎、固液分离、挤压脱水等工序制成固体物残株，利用江苏省科力农业资源科技有限公司研发的微生物高温好氧发酵堆肥技术，在残株中添加功能菌，制成生物有机肥添加剂，实现水葫芦的资源化利用。

【常州市第二届“爱鸟周”活动在武进举办】 4月20日，常州市第二届“爱鸟周”启动仪式在淹城野生动物世界举行。该活动由常州市野生动物保护协会主办，武进区农业局、江苏淹城野生动物世界有限公司联合承办，以“保护野生动植物，建设鸟语花香的美丽常州”为主题，通过播放纪录片《鸟的迁徙》，展示摄影绘画作品，宣读《爱护鸟类保护野生动物倡议书》，展示鸟类科普展板等公益活动，普及爱鸟护鸟知识，加强群众自然生态保护意识，吸引学生志愿者、游客等500余人参与。

【秸秆综合利用率95%】 2014年，区农业局先后发出《关于推进秸秆禁烧和综合利用工作的意见》《武进区秸秆综合利用试行工作考核办法》，对秸秆机械还田、打捆收运、堆放场建设、运送环节、企业综合利用等方面予以扶持，进一步提高秸秆综合利用水平。在礼嘉镇、前黄镇开展秸秆综合利用试点，建成秸秆堆放场31个。落实常州市益农农机服务专业合作社、常州市君辰农业服务专业

常州市汉伟农机专业合作社配套使用中型拖拉机进行秸秆还田（区农业局 供稿）

合作社等7家农机合作社负责田间作业，购置打捆机110台，配套新增中型拖拉机30台。试点中，区农业局摸索并试行秸秆收、运、用有效办法，逐步建成一套完整的秸秆综合利用体系并加以推广。年内，全区秸秆综合利用达95%。

（李 萍）

农业机械化

【概 况】 2014年，区农业部门按照加快提高全区农业综合机械化水平的目标，落实强农惠农政策，示范推广关键技术装备，推进社会化服务主体能力建设，农机装备水平、作业水平、管理服务水平进一步提升，全区农业综合机械化水平达90%，武进区成为全省率先基本实现农业机械化地区。全区农机总动力达47.87万千瓦，其中柴油机动力21.9万千瓦、汽油机动力3.17万千瓦、电动机动力22.8万千瓦。拥有大中型拖拉机1153台、联合收割机716台、乘坐式插秧机309台、各类植保机械5699台、田园管理机1466台，有育秧流水线55套、微孔曝气式增氧机745套、喷（滴）灌设备1177套。新办拖拉机、联合收割机牌证143份，拖拉机、联合收割机驾驶员新办驾驶证158份，更换驾驶证267份；年检上道路拖拉机2234台、自走式联合收割机302台、大中型拖拉机730台；办理上道路拖拉机1008台、农用大中型拖拉机333台、联合收割机141台及驾驶人1137人的政策性保险，发放农机优先、优惠专用加油IC卡1287张。全区有各类农机服务组织70家，农机服务组织作业面积占机械作业总面积的80.6%，有省级“平安农机”示范镇13个，新增市级“平安农机”示范合作社5家，累计30家。年内，区农业局联合区公安局、安监局等部门开展执法检查20次，检查备案拖拉机350台次，查纠各类违章58起；专项整治花木专业运输用拖拉机119台、村级环卫用拖拉机21台，实行跟踪管理、牌证管理。全区未发生道路外重大农机责任事故。

【农业综合机械化水平达90%】 2014年7月10日，农业部农机化司、省委研究室、省委农工办、省农委、省统计局、省农机局等单位组织专家考察验收武进区农业机械化发展情况，按照江苏省农业机械化水平评价标准，综合评议武进区农业综合机械化水平达90%，武进区与张家港市、江阴市成为全省率先基本实现农业机械化的地区。从2008年起，按照省农机局提出的在苏南有选择地进行率先实现农业机械化试点要求，武进区完善扶持政策，加大资金投入，化解用地难题，培养专业人才，扎实推进基本实现农业机械化进程，至2010年成功创建为全国“平安农机”示范区。2011～2014年，区委、区政府先后出台《基本实现农业机械化实施方案》《武进农机化发展扶持办法》等文件，区财政每年投入1000余万元保障农机化发展，对农机合作社、机插秧考核、高效设施农业机械发展等实行以奖代补。武进区在全省率先制定农机专业合作社贷款政策，先后有20家农机专业合作社从江南农村商业银行获得低息贷款近800万元。全区将农机具仓库作为设施用地，按农用地管理免予办理农用地转用审批手续，缓解农机专业合作社和农机大户库棚建设用地审批难的问题。区农业科技培训教育站、农业技术推广站、植保植检站等，定期组织农机服务组织、农机大户和农机职业技能人员参加农机新技术培训，每年组织农机专业合作社和农机大户与科研院所、大专院校专家教授面对面对接。全区高效设施农业机械发展快速，机插秧普遍采用规模化、商品化集中育供秧模式，全面推行基质育秧，示范推广机插秧硬地育秧、果树套作喷（滴）灌育秧新技术。2013年，区农机公共服务中心投入运行，提供农机审批服务、技术培训、维修检测、展示销售等一站式便捷服务。至2014年，全区农机总动力达47.87万千瓦，农机装备水平、作业水平和管理水平不断提升，主要农作物生产机械化水平在全省居领先地位。

【农机报废更新获各级财政补贴447.19万元】 2014年，区农业部门引导农民购置先进适用、技术成熟的节能环保型农业机械，实行农机报废更新补贴政策，推进农机报废更新工作。全区新增大中型拖拉机73台、高效植保机57台、秸秆还田机70台、秸秆打捆机106台、田园管理机119台、粮食烘干机14台、投饵机62台、叶轮式增氧机114台、微孔曝气增氧设备169台、喷滴灌设备29套，累计购置各类补贴农机866台（套），获中央和省级财政补贴资金387.69万元。全年更新报废大中型拖拉机和收割机共42台，发放区级报废更新财政补贴资金59.5万元。

【“农机安全生产月”活动】 6～9月，区农业局联合区安监局、公安局、质监局等部门开展“农机安全生产月”活动，督查全区16个镇（街道）、20个农机合作社、2个农机销售网点、4个农机维修场所及1个农机报废回收企业的农机安全生产工作，排查农机安全隐患6个，整改6个，整改率100%；检查登记上道路拖拉机56台，纠正违法违规行为10人次。全年未发生道路外重大农机责任事故。

（李 萍）

（栏目编辑 陈 蓉）

综　述

【概　况】 2014年，区水利局围绕武进区“加力城乡一体，加速生态文明”战略目标任务，以防洪保安、水利工程建设、水资源节约保护、改善城乡水环境为工作重点，实施新沟河延伸拓浚工程（武进段）、永安河拓浚整治工程、农田水利项目、武南污水处理厂二期等工程。全区完成水利水务建设投资13.38亿元，其中，水利工程投资10.76亿元、供水工程投资0.86亿元、污水处理工程投资1.76亿元。列入区政府6项重点工程和3项为民办实事项目全部完成。年内，区水利局获“全国水利系统先进集体”“2014年度全市水利目标管理先进单位”“全市水利工作先进单位”等称号。

【领导考察和调研武进水利（务）工作】 参见《大事记》栏目p11～13相关内容。

【水务一体化信息系统管理平台上线运行】 2014年9月上线运行。区水利局立足“三水合一”（传统水利、供水、排水业务一体化管理）理念，于2013年12月启动水务一体化信息系统管理平台建设工程。该工程以水务一体化信息资源共享服务平台和防汛防旱智能决策支持系统为核心，包含水务地理信息系统、防汛防旱决策系统、水利工程管理系统、圩区排涝泵站集群管理系统、水资源综合管理系统、水利工程建设信息管理系统、供水管理系统、排水管理系统、政务办公系统9个业务系统，其中防汛防旱决策系统由水雨情信息、工情信息、防汛物资管理等6个子系统组成，具备防汛组织管理、防汛预案、短信预警等功能，总投资约1000万元。至2014年年末，建成该工程九大业务板块和17套视频会商系统，包括新增水位计39个、雨量计4个、视频终端109个、排涝泵站自动化控制设备28个、污水提升泵站自动化控制设备12个、城区闸泵站数据自动采集设备11个、网络专线74条，完成礼嘉、洛阳、横林3个水利站分中心改造。

（陈南贵）

10月29日，江苏省委常委、副省长徐鸣一行视察新沟河（武进段）工程

（区水利局 供稿）

防汛抗旱

【概　况】 2014年，全区汛期（5～9月）总降雨量741毫米，为历年平均值的1.24倍，主要强降雨有6月1日、6月26日、7月1～2日、7月4～5日、8月29日共5轮，阴雨天数、降水量、梅雨期雨量较常年偏多，整个汛期汛情总体平稳。6月20日入梅，7月17日出梅，梅雨量287.1毫米，是常年梅雨量的1.11倍，呈现入梅、出梅时间正常，雨日较常年偏多的特点。7月1～2日的强降雨，造成局部低洼老小区、企业和农田一度短时间受涝，312国道新龙大桥、武进大桥下出现较严重积水，影响过路车辆正常通行。区防汛防旱指挥部（简称区防指）及时调度，排除积水。7月27日，受强雷击影响，洛阳、横林和遥观三镇多条供电线路停电，洛阳镇4座、横林镇2座、遥观镇1座排涝站无法排涝，造成相关片区居民、企业、农田等一度短时间受涝。经组织协调抢修受损线路，出动临时机泵抢排，疏通管道，至28日8时，除个别小块低洼农田仍有涝水外，其余受涝片区涝水全部排出。全年无明显旱情。

【防　汛】（1）汛前准备。全区各镇（街道）、开发区共成立防汛工作领导小组20个，组成防汛抗旱抢险队伍252支、人员5056人，做好汛前袋类、桩木、毛竹、铁丝、元钉、块石、土工布、救生衣、钢管、铁铲、移动机泵的储存工作。区防指开展汛前大检查3个轮次，共查出险工隐患20处。其中堤防险工11处、病险闸站5处和河湖障碍、淤积4处，涉及单位12个，于3月下旬向相关责任单位发出险工隐患整改通知书，在主汛期前将各类险工隐患整改到位。（2）防汛调度。区防指及时将预警信息通知各防汛责任单位、区防指成员单位以及防汛相关部门，做好预降河道水位、开闸泄洪准备工作。7月1～2日和7月27日两次强降雨造成全区防汛形势严峻，区防指及时申请，经省、市防指同意，调度武进港和雅浦港开闸向太湖泄洪，降低武进东南部外河水位，化解险情。根据汛情，及时调度区城防处开机排涝，开启雅浦港闸6次、武进港闸5次。（3）汛后检查。区防指统一部署全区各防汛责任单位组织自查后，区防办于11月10～17日组织实地复查，查出险工隐患23处（堤防险工4处、病险闸站7处、河湖障碍12处），涉及10个镇（街道）。对涉险工单位下发整改通知书，要求结合冬春水利工程建设实施整改，重点跟踪督查个别突出隐患；对各防汛责任单位防汛组织、防汛规章制度落实、防汛协调、险工隐患排查整改和汛期日常巡查五方面实施定量考核。

（陈南贵）

水利建设

【概　况】2014年，武进水利建设以水安全、水资源、水环境统筹，大中小工程配套、工程措施和非工程措施结合为重点，城乡一体协调推进，新沟河延伸拓浚工程武进段超额完成年度目标任务，永安河拓浚整治工程通过省级初步设计评审，采菱港治理二期工程、北塘河（西、中段）整治工程完工。全年完成农田水利建设投资1.8亿元，开挖土石方5.6万立方米，2013年度中央财政小型农田水利重点县项目完工并通过区级验收。

新沟河遥观北枢纽　　（区水利局 供稿）

【新沟河延伸拓浚工程武进段超额完成年度目标任务】2014年，区水利局按照新沟河延伸拓浚工程领导小组办公室制定的工程建设实施办法，有序推进新沟河延伸拓浚工程武进段。征地拆迁签约率达93%；完成遥观北枢纽投资5208万元，包括土方20万立方米、桩基3626根、混凝土浇筑2万立方米；推进遥观南枢纽工程代建制各项工作，完成围堰填筑及场地平整；优化武进港段河道施工设计方案，完成第一批桥梁施工图设计，运河以北施工图设计等逐步开展。全年完成投资7.74亿元，超额完成省水利厅下达的6.8亿元目标任务，累计完成总投资12.54亿元。

【中小河流治理工程】2014年，武进中小河流治理工程有采菱港治理二期工程和北塘河治理西段、中段、东段工程共4个项目，采菱港治理二期工程、北塘河（西、中段）整治工程年内完工。采菱港治理二期工程，2013年9月开工，2014年12月30日通过竣工验收，完成投资2784万元，开挖及清淤土方12087立方米，土方回填82570立方米，浇筑混凝土15040立方米，提升采菱港排涝、防洪能力，河道排涝能力达到二十年一遇、防洪能力达到一百年一遇标准。北塘河（西、中段）整治工程，2014年1月开工，至年底基本完工，完成投资5820万元，浇筑水下混凝土19015立方米、底板混凝土18885立方米，墙身18145立方米，提高片区防洪标准，改善沿线生态环境。北塘河（东段）整治工程，概算总投资2898万元，2014年11月开工，分两个标段施工，年内完成投资870万元，浇筑河道工程底板混凝土170立方米，墙身90立方米，黄家浜闸站、中心河闸站及韩宕圩排涝站的基坑开挖。

【农田水利工程】（1）2013年度中央财政小型农田水利重点县项目。全区新建灌溉站1座、排涝站5座、排涝闸站2座，修砌灌溉渠里程5.4千米、排涝沟里程5千米，均于2014年7月完工，完成投资5000万元。其中，横林蓉丰排涝站、横塊桥排涝站、横山桥下圩泵站在汛期和农田灌溉中发挥了重要作用。（2）其他小农水项目。雪堰、前黄、礼嘉等11个镇共完成电灌站标准化改造191座，湟里镇市级高标准农田水利设施建设项目完工，建成标准良田面积200公顷，翻建电灌站1座，建设地下渠和节水明渠里程22千米。（3）河道疏浚整治工程。完成礼嘉镇十车浜、庞家浜省级农村河道疏浚整治项目，清淤河道里程3335米，完成土方3.94万立方米，并完成两岸生态护岸。此外，全年共疏浚其他农村河道里程62千米，清淤土方76万立方米；疏浚整治村庄河塘769个，清淤土方230万立方米。

（陈南贵）

水利工程与河湖管理

【概　况】至2014年年末，全区有河道1070条，总长2035.6千米，其中区级以上河道22条总长277.7千米、镇级河道288条总长1010.3千米、村级河道760条总长747.6千米；境内环太湖岸线长6.1千米，环滆湖岸线长43千米，辖湖区面积117平方千米。

水利工程管理　2014年，区水利局对太湖堤闸工程管理处、城区防洪工程管理处所辖各闸站的直属水利工程和西控制线口门工程实施季度检查考核，做好水利设施、机电设备设施的修缮和绿化等养护工作。实施对全区机电排灌设施的年度动态管理，按季度开展检查4次，巩固机电排灌设施长效管护成果。4月底前，完成全区机电排灌设施的春修检查和维修保养，保障农田灌溉和汛期排涝。落实管护资金，将机电排灌设施长效管护经费统一纳入专项账户，专款专用。

河道管理　区水利局推进落实全区28条骨干河道“河长制”管理，完成潞横河、扁担河和太滆运河沿线堤界界桩和管护公示牌的安装设立。加强涉河建设项目监管，逐步建立档案资料。在实行区级河道长效管护社会化运作的基础上，推行镇级河道长效管护社会化运作，全区镇（街道）完成镇级河道社会化招投标，于12月实行市场化专业管理。在礼嘉、前黄、横山桥三镇，开展河道、机电排灌设施、达标圩堤“三位一体”长效管护模式试点。年末，全区纳入长效管护的机电排灌站1055座，其中灌溉站699座、排涝站356座；纳入长效管护试点的达标圩堤总长99.16千米。太湖堤闸工程管理处高分通过省级水利工程管理单位复核。

湖泊管理　区河湖管理处年初与嘉泽、湟里、西湖、南夏墅、前黄、雪堰6个沿太湖和滆湖的镇（街道）签订湖泊管理设施保护委托管理协议，落实太湖、滆湖界桩及岸线管理。全年开展湖泊岸线全线巡查12次，完成滆湖北大堤加固及线型调整后的界桩调整和安装设立。巡查监管滆湖保护范围内的违法行为11处和太湖保护范围内的违法行为1处，现场核查滆湖保护范围线内水域和滩地情况变化25处。根据区《关于规范滆湖湖泊保护范围内的建设项目的通告》，联合查处湟里和嘉泽两镇及西湖街道在滆湖保护范围非法填湖造地行为3处、湟里非法圈圩养殖1处。

【镇级河道长效管护实行社会化运作】 2014年，武进在对区级河道实行长效管护社会化运作的基础上，探索推行对镇、村河道长效管护社会化运作方式。4月，区水利局联合区财政局与各镇（街道）签订《常州市武进区达标圩堤长效管护责任书》，将河道、圩堤、机电排灌设施等管护工作作为一个管护项目，实行社会化运作。依据属地管理原则，各镇（街道）负责管理镇级河道，通过招投标确定实施镇级河道长效管护单位。至年底，全区288条镇级河道全部实现社会化、专业化长效管护。

【河道、圩堤、泵站“三位一体”长效管护模式试点】 2014年，武进实施农田水利工程长效管护，在初步形成河道长效管护全面化、泵站管护长效化、圩堤长效管护标准化的基础上，探索河道、泵站、圩堤“三位一体”管护模式。整合受益范围相同、管理主体一致、功能区域相近的河道、泵站、圩堤，实行统一管理、统一招标、统一考核，减少管护成本，提高管护效益。河道、泵站、圩堤“三位一体”长效管护由镇政府通过向社会公开招标选定管护公司，实行市场化运作。各水利站逐月检查考核管护情况，区水利局每季度开展明察暗访，落实管理、考核、奖励制度，确保管护效果。12月，在礼嘉、前黄、横山桥三镇开展“三位一体”管理模式试点。

（陈南贵）

达标圩堤　（区水利局 供稿）

水政水资源管理

【概　况】 2014年，区水利局严格执行水资源管理制度，征收水资源费764万元、南水北调基金331万元，办结水行政许可项目16件，协调对接道路、桥梁施工方案审查备案项目8件，新办许可项目征收河道堤防占用补偿费381.1万元，滆湖备用水源地达标建设方案7月6日通过省级评审。全面推行涉水建设项目施工保证金制度，常州湖滨置业有限公司、上海四建集团等施工单位交纳施工项目保证金49.5万元。建立水资源管理用水总量、用水效率、水功能区限制纳污3条控制红线，创建全省水资源管理现代化试点，提升办理水行政许可服务效能。加强水政执法巡查，加大水政执法查处力度，全年立案查处涉水案件8起，处罚款9.5万元；发出“责令停止水事违法行为通知书”35份；夜查污水接管企业17次，检查排污企业近200家次；配合牛塘镇政府强制拆除严重影响行洪的半夜浜，督查滆湖违法复耕项目52次，出动人员260人次；受理群众举报、信访47起。加强计划用水定额管理，新增计划管理用户近400家，抽查近150家用水单位计划用水执行和用水定额管理情况，落实计划用水执行和用水定额管理；结合“世界水日”“中国水周”开展节水宣传，发放水法宣传单2000多份、节水环保袋1000多个，张贴悬挂宣传标语和横幅600余张。11月16～18日，武进区通过国家节水型城市现场考核验收。

【武进区通过国家节水型城市专家组考核验收】 2014年11月16～18日，通过由住建部、国家发改委组成的国家节水型城市专家组现场考核验收。武进区依据《国家节水型城市申报与考核办法》和《国家节水型城市考核标准》，从2012年4月起配合常州市启动国家节水型城市创建，于当年12月通过省级节水型城市验收。2014年，武进区采取示范引导、典型带动的方法，加大节水资金投入，加强节水“三同时”（节水设施与主体工程同时设计、同时施工、同时投产）管理，先后建成以中天钢铁集团有限公司为代表的节水型企业20家、湖塘实验初级中学为代表的节水型校园25所、阳湖名城为代表的节水型小区5个，于6月通过国家节水型城市省级预审。11月，通过省级节水型学校验收2所、市级节水型学校验收10所、省级节水型企业验收4家、市级水平衡测试企业验收7家。

【开展涉水专项执法】 2月21日～3月3日，区水政监察大队开展对北塘河整治范围内厂房、仓库、吊机、码头等涉河建筑物的专项调查，重点查处侵占河道、违法违规占用岸线等行为。从12月8日起，按照区政府整治物料堆场专项行动的统一部署，区水政监察大队抽派人员逐户调查湖塘镇内近30家物料堆场情况，全面了解物料堆场的土地租赁、堆场面积、建筑物面积、经营情况。到年末，发现未上报在建堆场2个，涉及采菱港、长沟河、永安河和相关河道支浜，并对当事人和村委负责人开展执法宣传和整治发动。

（陈南贵）

供 水 排 水

【概　况】 2014年，区水利局推进供排水主干管网建设，投资3300万元，铺设龙墅路、龙资路等市政供水主管道里程28千米，完善环状供水管网格局。投资9600万元，建成城区纺织工业园二期、横林镇新横崔路等DN400以上污水主管网里程62千米。实施滆湖应急备用水源地扩建工程配套工程建设，完成部分乡镇农村自来水一体化改造工程扫尾工程，全区自来水日供水能力达70万吨/日，全年完成供水量13643万立方米、售水量12346万立方米。于7月出台《关于深化全区污水处理工程建设与管理的实施意见》等政策，明确建设主体、理顺管理体制、创新运行模式。《武进中心城区雨水管网及易涝区改造实施规划》编制完成，武南污水处理厂扩建工程进水试运行。年内，新建污水泵站3座，推进太湖湾污水处理厂、横山桥污水处理厂、洛阳污水处理厂、戴溪污水处理厂提升改造。至年末，累计建成污水主管网里程1194千米、污水提升泵站74座、污水处理厂16座，集中污水处理能力达34.4万吨/日。城区生活污水集中处理率达98%，集镇区生活污水处理率达85%。投资4500万元，配合区环保局实施清水工程，综合整治黑臭河道11条。全年受理排水许可申请408户次。

【污水处理厂建设和提标改造】 (1) 武南污水处理厂扩建及改造工程。该工程扩建规模为污水处理能力6万吨/日，新建高密澄清池、V形滤池、二氧化氯消毒池，深度处理能力10万吨/日，于2012年10月开工，2014年年底基本建成并试运行，完成总投资1.5亿元。(2) 太湖湾污水处理厂提升改造工程。该工程总投资300万元，新建曝气沉砂池、消毒渠，完成办公楼改造等，于2014年7月开工，至年末完成投资200万元，土建工程完工。(3) 横山桥污水处理厂改造工程。该工程总投资1500万元，新建2.5万吨/日的曝气沉砂池1座、1万吨/日的A2/O生化池1座、1.5万吨/日的二沉池1座及污泥泵房等，于2014年12月开工，年内完成投资400万元，完成土建工程的50%。

（陈南贵）

武南污水处理厂　　（区水利局 供稿）

（栏目编辑　张新辉）

环境保护

【概　况】 2014年，区环保局贯彻区委、区政府"加速生态文明，建设大美武进"战略，实施大气污染防治，河湖环境治理、节能减排、工业点源整治、生态空间保护、生态绿城建设、城镇环境整治、生态示范创建、环境安全保障、生态宣教十大工程，促进生态文明建设稳步发展。加强建设项目审批，全年审批项目638个，退批及暂缓项目53个，上报上级部门审批项目17个，审批项目数下降近15%，预审率、环境影响评价执行率、审批率均达100%。落实环保措施，加强环保执法。全年出动35768人次，检查12806厂次，立案274件，下发行政处罚决定书241件，决定罚款1033.62万元，停产停建项目134个，报请区政府实施停产整治4家。全区环境质量综合指数达89分，全年雾霾天数133天，比上年减少16天，空气质量优良率(AQI)63.6%，较上年提高4.4%。$PM_{2.5}$（粒径小于2.5微米的可吸入颗粒物）、NO_2（二氧化氮）、PM_{10}（粒径小于10微米的可吸入颗粒物）、SO_2（二氧化硫）分别下降12.2%、10.6%、1.03、6.1%。功能区环境噪声达标率100%，饮用水源地水质达标率100%，水环境质量进一步好转，与上年同期相比，武进港、太滆运河、漕桥河3条入太湖河道水质综合污染指数持续下降。区环保局被评为"江苏省环保系统先进集体"。

【大气污染防治】 2014年，按照《武进区大气污染防治行动计划实施方案》和区政府办公室《关于开展2014年武进区建设工地和堆场扬尘专项整治行动的通知》《关于建立武进区大气污染防治联席会议制度的通知》《关于切实做好青奥会环境质量保障临时管控工作的通知》要求，区环保部门全面推进大气污染防治。（1）开展环境专项治理。实施对钢铁轧钢、水泥、热电、挥发性有机物、纺织定型等86家企业的环境专项治理。（2）推进扬尘污染防治。开展对在建工地300余家、混凝土搅拌企业20家、重点工业企业堆场13个、有证港口码头堆场14个及无证无照堆场200余家的扬尘整治。年内，13个重点工业企业堆场完成整治，建设工地实施围挡及道路硬化等防尘措施。（3）加强大气监测。建成投运武澄工业园下风向大气自动监测站、中天钢铁大气自动监测站、西太湖空气自动监测站3个，累计建成5个。（4）实施清洁能源替代。全年拆除"懒汉炉"1182台，改造工业炉窑54座，减少年用煤量约2万吨。（5）开展秸秆禁烧巡查。构建区、镇、村、组四级禁烧巡查网络，加强巡查，夏、秋两季共发现火点数44个，同比大幅减少。（6）落实应急管控。围绕保障南京青奥会期间空气质量，落实各项应急管控措施、改善空气质量方案，全区PM2.5指标下降12.2%。(7)加强机动车尾气治理。加强公共交通基础设施建设，倡导公众出行使用公共交通工具，同时加大对小排量汽车的扶持及黄标车淘汰力度，划定中心城区限行区域。通过政策引导、专项治理等措施，提升全区空气质量。

【污染减排】 根据国家、省、市"十二五"规划减排目标任务，区政府3月4日下发《2014年全区主要污染物减排方案》，

8月14日，区委书记周斌调研青奥会工作，查看太湖、三山港水质环境

（区环保局 供稿）

将减排任务分解落实到镇、部门及重点企业、重点项目。区环保局采取召开推进会、现场督查、严格环保执法等措施，推进污染减排。(1)结构减排。调整化工、印染等重污染行业结构，全部关闭列入方案的企业13家（化工企业6家、印染企业6家、电力企业1家）。(2) 工程减排。2014年，全区工程减排项目19个。其中，中天钢铁集团有限公司电厂2号炉、常州华伦热电有限公司4个脱硫工程共5个减排项目建成投运，中天钢铁集团有限公司电厂2号炉、常州亚太热电有限公司、常州绿色动力环保热电有限公司、常州华伦热电有限公司、常州市湖塘热电有限公司（新厂）5个脱硝工程建成投运，9个规模化畜禽养殖场（小区）项目完成规范化整治。(3) 管理减排。全区新增城镇污水主管网里程62千米，提高武南、郑陆、漕桥污水处理厂处理负荷；完成48家重点企业强制性清洁生产审核。

【河湖环境治理】（1）清水工程。武进区于3月下发2014年清水工程实施方案，全面整治全区黑臭河道城河浜、政平大河、邹家浜、跃进河、红桥河、长沟、观墩浜、西庄浜、钱家河、立新河、湾里河11条，涉及8个镇（开发区）共35项工程，总投入约5000万元。清除淤泥，疏浚河道。采用筑坝干河的清淤方式，清理底泥污泥和河坡河床垃圾，清淤里程18.1千米。管网覆盖，截流污水。完成管网覆盖区域内集镇区和居民小区的雨污分流和污水接管，对跃进河、观墩浜等河道铺设污水截流管道，建成截流污水泵站2座、污水处理设施1座。分流接管，整治点源。加强工业企业污染整治，对管网到达区域的162家企业实施雨污分流；管网未达区域则自建污水处理设施，要求达标排放，杜绝污水直排入河。岸线整理，整治环境。整治河道两侧环境卫生，建设生活垃圾收集及转运设施，在重要地段修建驳岸并实施绿化亮化。严格管护，加强监督。加强对排污企业的现场监督检查，从重处罚违法排污企业。建立常态换水保洁机制，增加水体自净能力，改善水环境质量。(2) 太湖治理。2014年，武进境内太湖治理目标任务共13类135项工作，涉及污水处理工程、污水管网建设、河网整治、清洁生产、污染点源治理、农业面源治理、节水减排等方面。年内，武进区全面落实省关于太湖水污染防治要求，完成所有项目。(3) 蓝藻打捞。区环保局配备5组专业蓝藻打捞队伍、4艘观测快艇、17艘机械化打捞船、4辆运藻车、1台车载式藻水分离设备，确保蓝藻打捞“日产日清”。全年出动8570人次、2964船次、334车次，打捞蓝藻10.08万吨，产藻泥量3740吨，均实行无害化处置，竺山湖未发生大面积湖泛。(4) 饮用水安全保障。3月，新扩建的滆湖备用水源取水工程投运，储水能力达到50万吨/日，全区形成“双源供水、双重保障”的供水格局。武进水厂具备“臭氧+碳滤”深度处理能力，保障全区供水安全。

【固废污染防治】 2014年，区环保局依托固废处置项目建设，加强固废污染防治。新建常州市盛帆容器有限公司废化工桶清洗项目和常州市永葆环保有限公司废酸、废乳化液处置项目各1个，年末完成许可证申领，进入正常经营。在建废物焚烧处置、废矿物油、化工废桶处置项目各1个。其中，常州市长润石油有限公司5万吨废油处置项目处于环评公示阶段，完成处理能力达到每年1万吨的废矿物油经营许可证换证，进入正常经营；常州市天耀桶业有限公司废桶清洗回收项目完成环评评审，处于基础建设阶段。推进危险废物规范处置，其中，含重金属污泥4782.97吨，化工残渣292.36吨，废酸60032.78吨，废矿物油1482.63吨，废乳化液2813.38吨，废化工包装桶15.08万个，废线路板559.06吨。完成危险废物企业管理计划备案665家，其中重点源企业管理计划备案278家。

【工业点源整治】（1）重点工业企业环境整治。区环保局于3月10日下发《关于下达2014年环境整治提升企业名单的通知》，将62家工业企业列入整治名单。各相关企业对照整治标准要求，排查问题，编制整治方案，组织实施。至年末，通过验收42家，完成整治待验收3家，关闭或搬迁3家，未完成整治待处罚企业14家。(2)合成类化工企业整治提升。根据省政府办公厅《关于印发全省开展第三轮化工生产企业专项整治方案的通知》《关于印发江苏省化工行业废气污染防治技术规范的通知》要求，区环保局牵头开展对全区58家合成类化工企业的提升整治专项行动。通过召开现场推进会、现场督查、指导服务等手段，加快企业整治。至年末，基本完成整治企业35家，其中申请验收监测企业27家；因拆迁、搬迁、转产等原因暂缓整治企业9家。(3) 电镀企业整治提升。根据省环保厅、省经信委《关于印发太湖流域电镀企业环保整治计划》要求，区环保局开展对全区电镀行业的整治提升。全区48家电镀企业中，通过验收39家，完成整治3家，关闭1家，长期停产3家，拆迁2家。

【环保专项执法检查】（1）三山港沿线专项检查。1月中下旬，区环保局组织10组检查队伍，全面检查横山桥镇三山港沿线企业218家。对检查中发现的环境基础设施建设和企业违法问题，向横山桥镇政府提出“加快企业转型升级、纠正企业环保责任不落实行为、规范企业排污行为、加强基础设施建设、加快完善环境保护长效管理制度”等建议，移交横山桥镇处理27厂次，移交局办案室24厂次。(2) 钢管酸洗企业专项检查。2月25～26日，区环保局组织5组检查队伍，开展对遥观镇41家钢管生产加工企业的突击检查，发现许多企业存在危险废物收集处置不规范、废水废气处理设施不正常运行、厂区雨污分流不彻底、雨水排放口设置不规范等问题，移交遥观镇处理1厂次。(3) 环保专项执法检查。根据省环保厅转发《环保部关于开展环境保护专项执法检查的紧急通知》、市环保局《关于印发环境保护专项检查工作方案的通知》要求，区环保局于3月制定环境保护专项检查方案，将钢铁生产、水泥生产、热电、省级以上信访涉及企业和滆湖备用水源保护区企业等128家企业列入检查名单。对水泥生产企业和热电、重点化工等企业开展专项抽查43厂次，要求水泥生产企业完善环保措施；加强对23家重点化工企业的监管，确保废气废水不超标排放。(4)“铁腕治污百日行动”。根据全区“铁腕治污百日行动”实施方案，区环保局在做好常规检查的同时，

4月2日、11日、19日、29日，分别开展对遥观镇酸洗企业45家、全区不饱和树脂废桶产生企业16家、横山桥镇有机硅及化工企业24家、全区环境问题突出企业39家的专项检查，移交公安机关处理7厂次；5月10日、24日和6月7日，分别检查全区重点危险废物产生单位31家、前黄镇永安河永胜河沿线企业16家、横山桥及郑陆片区重点企业30家，移交公安机关处理4厂次。

【城镇环境整治】 (1) 省级农村环境连片整治。武进区全面完成2013年度省级农村环境连片整治建设任务，范围为洛阳镇东部5个村，总投资约1600万元。建成农村分散式污水处理设施11座，并配套人工湿地和污水管网，2014年实现正常运行；更换压缩式垃圾收集中转箱体3个，购置中型垃圾清运车2辆；实施氮磷生态拦截工程，清淤土方9.2万立方米，建设河道生态拦截渠面积8.28万平方米、生态拦截沟面积1.83万平方米、生态护坡面积4.75万平方米。2014年11月末，以上工程项目通过区级验收。(2) 农村环境综合整治。根据《武进区农村环境综合整治规划（2013～2017)》，区环保局将郑陆、横山桥、横林、前黄、湟里、嘉泽、牛塘、邹区、奔牛、遥观10个镇共153个行政村列入整治范围，要求5年内分批完成整治。2014年，所涉各镇实施2013年度、2014年度项目，涉及52个行政村，包括建设分散式生活污水处理设施54套、截污接管工程12个和垃圾收集转运体系建设项目1个，总投资约6760万元。从2014年9月起开始施工，到年末完成工程量的80%以上，41套设施投运。奔牛、邹区、郑陆、遥观、嘉泽5个镇的项目通过区级验收。

【妥善处置环境突发事件9起】 2014年，全区发生突发环境事件9起，比上年下降25%。分别是：1月28日常州市武进振华化工厂污水泄漏事件，2月1日武宜运河双环戊二烯泄漏事件，4月12日常州市武进庙桥三化厂爆炸事故，8月19日常州双虎化工厂三氯化磷泄漏事故，9月3日常州市通旺塑料火灾事故，10月8日常州市国宇环保科技有限公司导热油泄漏事故，10月9日常州市强力化工有限公司火灾事故，10月19日232省道采菱港倾倒污水事件，11月10日江宜高速危险化学品交通事故。区环保局在接到事故报警后，立即启动环境突发事件应急预案，在第一时间赶到现场，会同区消防、安监等部门和当地镇政府，开展现场应急处置和救援。其中，武宜运河双环戊二烯泄漏事件的成功处置，受到省环保厅肯定和表扬。

【环境信访调处】 2014年，区环保局在实行信访旬报、点评、通报和局领导带案下访制度的常规模式外，依托区信访联席会议制度，建立环境信访联席会议制度，形成环境信访联动处置、环境信访定期研判会商及环境信访调处应急三大机制，促进重点环境信访调处。开展重点信访积案化解活动，加大对重点积案信访的梳理、化解。制定《网络舆情应急处置程序》，按照“速报事实，慎报原因，续报进展”要求，及时化解网上环保热点和环境信访矛盾。全年受理环境信访投诉4136件，处理率100%，结案率98%；“挂牌督办”突出环境问题20件。

（陈　岑）

5月13日，副省长许津荣查看雪堰、洛阳农村环境整治情况　（区环保局 供稿）

生态建设

【概　况】 2014年，围绕《武进区加速生态文明建设实施方案》，全区各级、各相关部门启动生态空间保护工程，实施生态绿城建设工程、生态示范创建工程，加强生态宣传教育，探索“西太湖生态文明建设试验区”，深入推进绿色细胞工程创建，取得生态建设阶段性成效。开展《武进区生态环境保护规划》修编，14个镇均完成生态文明建设规划评审稿，通过评审12个。武进高新区、西太湖科技产业园（经发区）通过“国家生态工业示范园区”国家级考核验收；创建国家级生态村2个、省级生态村10个，创成市级生态村20个、生态文明示范村4个；湖塘镇、经发区等9个单位创成市级绿色政府，累计10个。全年被《中国环境报》《江苏经济报》等媒体录用报道10篇，在《武进日报》《加速生态文明，建设大美武进》专栏上发表报道70余篇，参加《武进政风热线》2期和《问政面对面》3期，开展新环保法宣讲23场。编发《公众防护PM2.5科普宣传册》5100本、《中华人民共和国环境保护法》3000本、《环境保护法律法规选编》10000本，制作发放环保围裙2500个。

【生态空间保护工程启动】 3月启动。年内，全区完成省级生态红线保护区域标志标示建设工程，在滆湖重要湿地、滆湖备用水源地等8个生态红线保护区域设立标志牌40块。推进滆湖重要湿地保护区湿地建设工程，建成位于太滆运河北、油车港西的生态修复示范区面积95.37公顷，并树立相关标志牌。推进太湖重要岸线保护区山体复绿工程，完成雪堰镇四顶山废弃露采矿山环境整治项目复绿边坡斜面积79758.82平方米，实现两年任务提前一年完成。开展土壤修复工作，完成礼嘉镇1个污染场地、横山桥镇6个地块的土壤调查及报告评审。

【生态绿城建设工程实施】 2014年，武进区实施生态绿城建设工程，涉及六大类31个工程：生态源保护与建设工程4个，郊野公园建设工程2个，城镇公园绿地建设工程5个，生态细胞创建工程5个，生态廊道建设工程5个，生态绿道建设工程10个。至年末，全区完成或基本完成生态绿城建设工程20个，包括：西太湖重要湿地保护区湿地建设工程，太湖重要岸线保护区山体生态复绿工程，宋剑湖湿地郊野公园，郑陆郊野公园，淹城路—金鸡西路交叉口绿地，武进高新区低碳科普公园一期工程，320地块绿地，花园街沿线街头绿地，集镇绿化达标提升工程，生态农业园1个，生态工业园3个，生态系列创建工作，永安河综合整治工程，常泰高速生态廊道建设工程，延政路生态绿道工程，环湖东路生态绿道工程，环湖北路生态绿道工程，和平路生态绿道工程。

【"西太湖生态文明建设试验区"探索】 武进区贯彻中共中央总书记习近平对江苏提出的"深化产业结构调整，积极稳妥推进城镇化，扎实推进生态文明建设"三点要求，在推进西太湖整治、保护、开发、利用的基础上，于2013年10月提出建设西太湖生态文明建设试验区的设想。2014年2月，省政府研究室调研组调研武进区推进西太湖生态文明建设试验区的做法，并提出"在省级层面对武进的做法进行总结、完善和提升"的建议，得到省长李学勇的充分肯定，专门批示要求省环保厅等部门进一步调查研究。副省长许津荣高度重视武进生态红线区域保护和生态文明建设工作，先后多次到武进检查指导。7月6日，武进区政府、国务院发展研究中心资源与环境政策研究所、江苏省人民政府研究室签署战略合作协议，共同打造"西太湖生态文明建设试验区"。该试验区规划区域总面积350平方千米，包括西太湖生态红线保护区(面积150平方千米)、绿色建筑产业集聚示范区（面积16平方千米)、武进低碳示范区（面积23平方千米)、西太湖科技产业园（面积30平方千米)、武进现代农业产业园（面积101平方千米）以及水稻高产示范区（面积30平方千米）六大板块，目标是把西太湖区域打造成为全国一流的生态文明建设先行先试区域，成为生态体制创新基地、生态产业集聚基地、生态城镇示范基地、生态文化彰显基地。根据协议，三方将通过信息交流、政策解读、人员交流、合作研究、基地共建等方面开展合作，战略合作期共三年，为2014年7月1日至2017年6月30日。2014年，三方重点开展《武进区生态文明建设战略纲要》的研究与编制，明确武进区生态文明建设的战略方向、战略目标、总体思路、重点领域、重点地区、制度创新、关键措施等，特别围绕西太湖流域的生态文明建设方案，展开研究与设计。到年末，基本完成《武进区生态文明建设战略纲要》初稿。

生态绿城项目——西太湖低碳公园一角　（区环保局 供稿）

【"6·5"世界环境日系列宣传纪念活动】 2014年，区环保局以"向污染宣战"为主题，开展"6·5"世界环境日系列宣传纪念活动。联合武进新闻网站开设《加速生态文明，建设大美武进》专版，发布宣传报道60余篇。利用全区交通要道口及社区显示屏，播放"共建生态文明、低碳生活、秸秆禁烧"等宣传标语、短片，营造生态文明建设氛围。联合区妇联在南夏墅街道南河社区开展"微环保、微力量"庆六一主题活动，采取环保签名、观看环保微电影、发出环保倡议等形式，积极影响群众。举办生态文明知识图片展，制作展板24块，分别在区行政中心、图书馆等8个场所展出，每个场所展期一周。举办"生态文明，你我同行"文艺节目巡回演出，在全区150个社区巡回演出"在同一片蓝天下"环保小品等10余个，同时穿插环保知识问答，发放环保宣传品。开展环保电影送下乡活动，组织在相关镇、重点企业放映环保电影《消失的村庄》《太行骄子》《水灌》。发动乡镇组织环保宣传活动，遥观镇组织开展"低碳环保、向污染宣战"绿色骑行活动，湖塘镇开展文艺汇演宣传活动等。联合武进新闻网网友，开展"网友走进武进环保"活动，邀请市民参观区环境监测站和清水工程、生态村等项目，近距离接触、了解环保工作。联合常州信息职业技术学院软件学院团组织，开展"我为'雾'染'霾'单"暑期社会实践活动，15名大学生环保志愿者参加。通过系列宣传纪念活动，促进社会公众环保意识的增强。

（陈　岑）

（栏目编辑　张新辉）

城乡建设与管理

城区规划

【概　况】 2014年，区规划部门牢固树立超前意识、精品意识和特色意识，聚焦“完善、提升、做实”关键词，强化规划引领作用，提升规划服务品质。

规划编制　完成《宋剑湖创新园发展战略规划》《烈士陵园改造提升规划》《武进城区2013年城市建设发展报告》《武进城区交通需求管理规划研究》《武进城区可利用土地研究》《武进中心城区绿地、绿道及慢行系统实施规划》《地下管线政策研究》等编研项目；以西太湖科技产业园为试点，探索“四规合一”（国民经济和社会发展规划、城市总体规划、土地利用规划和产业布局规划）编制工作，年内形成初步成果。

规划管理　推进“服务品质提升”工程，全力打造规划效能升级版。完善“技术审查与行政审批分离制度”，技术审查的所有操作流程实现规范化、系统化、制度化，全年完成施工图审查报告47份、建设工程设计方案审查报告41份。做好规划事项的清理与规范工作，清理行政审批事项31项，其中行政事项26项。开展“规划四进”活动，主动走访市、区重点项目以及园区板块，实现规划工作从“上门后准备”到“准备后上门”的转变。全年平均每月走访单位1～2次，助推园区板块发展，加快重点项目审批。创新服务举措，建立板块规划联络员制度、项目回访制度，全面实行电子报批。组织“让我们做的更好”效能提升行动座谈会，在规划窗口推出“定制式服务”“延时服务”等服务措施。全年核发建设项目选址意见书39份，用地面积约267公顷；建设用地规划许可证107份，用地面积约684公顷；建设工程规划许可证160份，建筑面积约567万平方米，涉及管线长度约17千米。实施批后管理建设项目169个，面积1223万平方米。出具批后管理意见书66份，处理变更或违反规划许可内容建设的行为26起。

规划执法　办结武进中心城区行政执法立案7起，处罚面积约3.8万平方米。核实建设项目115个，面积461万平方米；处理信访事项20件，依法信息公开事项15件。

【《宋剑湖创新园发展战略规划》编制完成】 2014年，区规划部门依据区委、区政府关于促进东部地区发展的总体要求，编制《宋剑湖创新园发展战略规划》。该规划从战略层面指导东部地区整体转型和全面提升，通过宋剑湖创新园发展带动武进以及常州东部地区快速提升和均衡发展。规划范围包括武进东部遥观、洛阳、横林、横山桥、郑陆五镇，总面积约295平方千米。根据这一规划，东部地区按照核心引领、聚散适度、产城融合、完善联通的目标，总体构建“五区九点”（五区：郑陆—武澄工业园区、横山桥—江南工业园区、遥观—轨道交通工业园区、横林工业园区、洛阳工业园区，九点：东青、牟家、焦溪、芙蓉、崔桥、薛巷、塘桥、戴溪、坂上）多极网络化格局，形成“1+1+X”（1个主导产业集聚区、1个新型产业孵化园和多个弹性特色产业发展区）产业布局体系，构建东部地区整体生态格局，形成七大类（即：高端装备制造业、新一代信息技术产业、生物产业、节能环保产业、新能源汽车产业、新能源产业、新材料产业）土地全域管控单位。完善

莲花馆外景　（区规划局 供稿）

"四横三纵"（四横：S357省道、中吴大道、长虹路、S340省道，三纵：青洋路、S232省道、S261省道）交通网络格局，打造黄天荡（郑陆）、袁家村（郑陆）、东周村（横山桥）、建农村（遥观）、余巷村（横林）、岑村（洛阳）、杨巷村（洛阳）7个美丽乡村示范，形成从据点提升到网络一体的发展时序。创新园围绕东部地区产业升级优化提供支撑服务，在综合存量土地利用评估和多方案必选的基础上，提出"三心两带"（三心：北部居住配套中心、创新园综合服务中心、南部启动区产业配套中心，两带：长虹路功能串联带、今创路功能拓展带）发展格局，明确打造生态品牌、建立"主要用途单元"、完善路网体系、建设混合社区、形成发展时序等建设举措。

【地下管线普查和综合管理信息系统项目获奖项3个】 2014年，由区规划部门实施的武进地下管线普查和综合管理信息系统项目，获中国地理信息产业优秀工程金奖、住建部华夏建设科学技术奖三等奖和江苏省建设科学技术奖三等奖。武进地下管线普查工作始于2012年，分三期实施，共完成地下管线普查面积473.21平方千米，普查管线总长度4515.62千米。区规划部门将武进城区范围供水、排水、供电、燃气等八大类地下管线，按照分布坐标、口径大小、何时所建等信息建立三维图。该项目于2014年12月全部完工，投运后的武进地下管线综合管理信息系统，整合武进城区管线、规划、地形等数据，实现全区各部门综合管线和专业管线信息在线交互共享，为轨道交通一号线武进区9座场站管线迁建提供数据服务，提供轨道设计基础资料的基础数据、轨道交通优化设计的现状数据，有效防止盲目施工导致停水、停电等事故发生。

【武进城市规划展览馆对外开放】 7月4日，武进城市规划展览馆举行公众开放日活动，标志城市规划展览馆全面开放。该展览馆除每周星期一闭馆检修外，周二至周日均正常开放，方便市民了解武进城市历史变迁、发展现状和未来远景规划，增强对家乡的归属感和认同感。年内，接待参观121场次，市民逾4万人次。

武进城市规划展览馆位于武进市民广场东侧，建筑面积1.1万平方米，展区面积近8000平方米。一期工程部分为地下二层，于2004年建成，设有武进总体规划模型、历史文化展厅、廉政建设展厅，以及核心区、高新城、创新城、农林牧副渔、科教文卫、村镇建设、报告厅、绿色建筑产业集聚示范厅、太湖湾等展厅；二期工程即莲花馆，于2013年9月建成，建筑外形为钢结构的三朵莲花组成，设有西太湖科技城展厅、领导关怀及城市成就展厅、未来展厅等。该展览馆全面展现武进区"十二五"期间发展规划和战略构想，是一座集历史文化传承、规划成果展示、学术经验交流、项目招商洽谈于一体的现代化艺术建筑。

（朱　轶）

武进城市规划展览馆内景——城区总规模型　　（区规划局 供稿）

中心城区建设

【概　况】 2014年，区住建部门以提高城乡建设发展质量和效益为中心，推进城区市政基础设施建设，实施市政道路、景观提升、老小区改造等项目近40个，提升城市综合环境。全年完成建设投资10亿元，其中城区市政及旧区改造投资3亿元、地块拆迁投资3亿元、安置房工程4亿元。

建设市政道路　中心城区完成市政道路投资1.5亿元，新增通车里程5.8千米；绿化投资4350万元，新增绿化面积8.8万平方米；亮化投资1760万元，新增亮灯里程10.5千米。

提升环境景观　完成道路配套绿建项目8项，建成花园街景观、长河花园外墙绿化、生态绿道示范段等节点项目。

建设停车设施　建成花园街大桥南、北停车场2个，续建武进大桥北侧停车场，新增停车泊位160个。至年末，中心城区建成公共停车场12处，提供公共停车位843个。

【市政道路工程实施11项】 2014年，区住建部门实施大通路、文化路、茧行弄新建道路工程，道路里程728米，完成建安产值850万元。实施南洋路（邱墅路—常武路）改造工程，道路里程276米，道路车行道宽12米，两侧人行道宽分别为3米和2米，沥青混凝土面积3400平方米，完成建安产值约100万元。接转工程9项，即果香路、长沟路、社桥路、金鸡西路、长沟路改造、古方西路、人民路改造、玉塘路、周家巷路，累计摊铺沥青面积11.28万平方米，施工道路里程5.4千米，三跨桥梁1座，工程投资额1.34亿元。

【城市照明工程实施24项】 2014年，区住建部门新建城市照明工程17项，包括长沟路、大通东路、社桥路、米字弄、文化路、周华路、周家巷路、古方西路、花园街北桥下停车场、玉塘路、金鸡西路、南洋路、虹北路、府北路、果香路、夏雷路、武进大桥北侧停车场增补工程。完成照明工程7项，安装架杆灯191套、庭院灯90套，更换庭院灯灯具30套，投资额90万元。

【果香路竣工】 果香路（龙江路高架—凤苑路）于2013年11月28日开工，2014年12月30日竣工。道路全长1773米，施工项目包括雨水管道长度3478米、污水管道长度1738米、灰土回填工程75088立方米、水稳面积5.2万平方米、沥青混凝土上下面层摊铺面积5.2万平方米，铺装人行道板面积7120平方米。完成建安产值8500万元。

【景观工程完善】 2014年，区住建部门建成花园街景观工程上年未完成部分工程、聚湖路北新增地块绿化与美化工程，以及花园街地块定安路至古方路、聚湖路花园街东南角部分工程，完成市政铺装面积5726平方米、绿化面积1.69万平方米。实施聚湖路以北地块改造，包括市政场地面积1500平方米、绿化面积8610平方米；金鸡路以北铺设园路面积8016平方米，建设廊架等市政场地，新增绿化面积4.06万平方米，共完成投资额1550万元。整个工程实现花树亭台相结合，营造河景文化特色，为居民提供理想户外休闲场所。

【老小区改造】 6～12月，区住建部门组织实施老旧小区和城中村（不含高架整治涉及城中村）改造。由参建单位现场踏勘旧城改造目标情况，区住建部门组织综合管线专项协调，会商雨污管网实施方案，落实市政管网接入点。在推进沿街饭店隔油池整治时，先实地踏勘每家每户燃气管道，再确立施工方案。签订改造工程各标段施工合同及补充协议，并在交易中心备案。综合整治项目全部采用成片式推进，工程范围涉及湖塘镇南街社区、东方社区及花东社区面积65万平方米，建筑面积120万平方米，总投资6500万元。老小区改造后，直接受益家庭6000余户，惠及民众3万余人，有效改善居民生活质量，促进新老城区融合发展。

【"生态绿城"创建】 按照《常州市建设"生态绿城"三年计划》，于3月编制完成武进城区生态绿道总体方案，以"一心、一环、四横、四纵、多点"（即以淹城为中心，一环为环淹城，四纵为龙江路高架南延、青洋路、淹城路、常武路，两横为长虹路、延政路，多点是指多个景观节点）为生态绿道建设的规划结构，体现"低碳出行、旅游观光、体育健身、改善环境、发展经济"五大功能。武进首个自行车绿道项目位于武进中心城区长虹路沿线，投资900万元，于8月开工建设，年内建成，为常州市生态绿道示范段。该绿道隐藏在非机动车道旁的树林中，从淹城路到花园街总长3.4千米、宽2米，地面铺设彩色混凝土，两侧安装庭院灯，配建矮丛绿植和小公园设施等。此外，实施常武路、延政路及淹城环线道路生态绿道。至年末，累计喷涂地面标志里程16.3千米，安装绿道节点标志标牌13个，配建厕所6个。

【高架沿线环境综合整治】 2014年，根据《常州市高架环线周边地区综合整治规划》，武进区建立工作推进机制。武进段高架总长28.4千米，区住建局按照高架沿线环境综合整治"统一规划、集中整治、一体打造、营造特色"的思路，采取"因地制宜、分类整治、导则引导"的方法，建立整治进展情况定期巡查和不定期暗访、成果验收等制度，按照时序对各镇（开发区）进行督查考核，全年召开现场点评会4次、专项推进会1次，发现问题逐一落实解决，塑造"功能与生态相协调、建筑有序、景观有致、特色彰显"的常州高架景观廊道窗口新形象。其中，长虹路漕溪村段环境提升工程，绿化改造面积8000平方米，完成投资额150万元。

【地铁武进段开工建设】 2014年3月，武进区成立轨道交通工作领导小组，下设办公室在区住建局。区住建部门积极做好轨道交通武进区段相关工作，多次召开协调会，确保轨道交通武进段相关工作顺利实施。先行段龙跃路站及常州大学城南站10月开工建设，管线迁改年内完成。

（冷　阅　吴国成）

生态绿道　　（区住建局 供稿）

村镇建设

【概　况】 2014年，区住建部门围绕城乡一体发展，坚持规划引领，结合新型城镇化战略发展研究成果，在各镇已完成新一轮总体规划的基础上，主要针对交通、用地、基础设施、公共服务设施、生态保护、特色提炼等方面实施局部优化，逐步启动各镇总体规划优化编制工作，做好与经济发展规划、城乡建设规划、土地利用规划、生态文明建设规划的衔接。深化镇村体系布局规划研究，深入各镇、各村摸排梳理和调研交流，针对存在的问题进行现场重点踏勘，先后开展五轮下乡调研，力求做到远近结合、布局科学、体现民意，在此基础上按照特色村、重点村和一般村三类村庄要求，全面部署村庄平面布局规划及村庄规划编制。10月，新一轮镇村体系布局规划获得常州市政府批准。按照武进区"规划立镇、产业强镇、功能兴镇、特色活镇、生态建镇"的现代化小城镇建设总体思路，帮助各镇积极探索、合力推进，取得明显工作成效。年末，列入小城镇“十个一”工程重点项目大部分建成并投入使用，各镇城镇功能进一步完善。同时，以规划引领工程、特色名片工程、美丽村庄工程、产业支撑工程、基础设施工程、公共服务工程、生态景观工程、旧区改造工程、集聚集约工程、管理提升工程为工作重点，推进“新十类”工程。年末，全区12个乡镇初步排出具体实施项目。开展美丽乡村创建，9月出台《全区美丽乡村建设实施意见》，进一步明确目标任务，创新工作举措，营造推进氛围，培育示范典型，加快美丽乡村建设。年底，雪堰镇南山村被确定为2014年度省美丽乡村建设试点村。

【武进区新一轮镇村体系布局规划获市政府批准】 2014年10月，获得市政府批准。该规划自2013年4月起启动，区住建部门在逐一梳理武进中心城区外围12个乡镇3043个自然村基础信息基础上，确立分区分类、保护特色、适度规模等八项原则，保留村镇自然风貌，挖掘和传承传统文化，体现乡情，留住乡风，争取做到“一村一品”。各相关部门进一步加强基础设施建设，促推村落形成规模。该规划围绕集约利用土地、为远期发展预留空间，勾勒武进中心城区外围12个乡镇镇与村“望得见山、看得见水、留得住乡愁”的新蓝图。区住建部门进一步组织专家评审，落实规划审批事项，选择启动条件较好的村庄作为试点村，编制村庄平面布局规划，推动规划实施。

【美丽乡村创建】 2014年9月19日，武进区召开美丽乡村建设动员大会，部署市级美丽乡村示范村创建工作。区住建部门按照市级美丽乡村示范村建设要求和创建进度，组织力量开展专项调研分析，聘请上海、南京、常州等地规划设计单位编制美丽乡村规划，有5家规划设计单位派规划设计人员进村实地查看，走访农户、听取民意，形成规划设计草案。相关部门抽调人员组建东、南、西线3个工作小组，分片包干推进美丽乡村建设。雪堰、郑陆等镇组织干部群众外出参观，借鉴先进地区乡村建设成果。10月，雪堰镇南山村的“美丽乡村示范建设规划方案”，率先通过省级美丽乡村示范建设规划论证。各创建村共梳列环境整治提升、绿化景观、河塘生态修复、村庄建筑风貌提升、生产交通设施完善、公共服务完善、农业产业发展、旅游服务配套八大类150多项重点项目，明确项目建设规模、技术标准和时序进度。年内，全区美丽乡村示范建设投入6200多万元，建成和在建重点项目65个，占项目计划总量的43%以上。4个首批创建村建设工作基本完成，完成投资额5000万元。横山桥镇五一村投资3500多万元，高标准完成河塘生态修复工程，实施村主干道路“白改黑”，新建成村级公共服务中心、村史馆、老年活动中心、影剧院土建工程。雪堰镇城西回民村投资800多万元，实施村内河塘清淤和村域水系环通工程、陡门塘自然村天然气入户工程，基本完成“三线”(即电力、供水、电信三线)入地工程，实施民居改造工程200多户，回民建筑风貌全面呈现，民族风情篝火广场等乡村旅游设施初具规模。至年末，13个市级美丽乡村示范建设规划方案通过区级论证。

(冷　阅　吴国成)

房屋征收与补偿

【概　况】 2014年，武进区房屋征收与补偿办公室（简称区征收办）围绕“练内功、出新政、快分房、解难题、强队伍”目标，以深入开展党的群众路线教育实践活动为契机，逐步完善全区房屋征收与补偿工作机制，制定出台《全区征迁项目具体实施单位工作职责》《征迁安置工作考核办法》等规范性文件25个，严格执行国有土地“征收补偿决定”及集体土地“责交令”程序。实施轨道交通一号线、运河“四改三”河道整治、原武进电视大学地块3个国有土地房屋征收项目，完成20个省市区重点项目和53个拆迁遗留项目，为271户拆迁户解决遗留问题，占总遗留问题的66.7%。启动湖塘长河花园、南田家园、中奥花园和牛塘卢家新苑等安置小区分房，共分配安置房（商品房）1.6万套，完成征迁面积265万平方米。

【重点项目推进】 2014年，区征收办全面推行“花园街征迁模式”和“沟南模式”，启动轨道交通一号线、运河“四改三”河道整治、原武进电视大学地块3个国有土地征收项目，实行征收补偿安置资金专户存储、专款专用，确保区级资金及时、足额支付到位。完成新沟河拓浚项目、牛塘绿建区地块、高新区斯太尔项目、物流园区项目、消防中心地块、礼嘉工业园区、湖塘城西工业园区、前黄安置区地块，以及金武路、延政西路西延、常武路、青洋路、凤翔路、虹西路西延等20个省市区重点项目拆迁任务，确保各重点项目按时开工建设。

【征迁“百日会战”活动】 2014年年初，武进区尚存拆迁遗留问题的民房和企业406户，直接影响70个重点项目和地块建设。区拆迁指挥部、区征收办以各镇为实施主体，组织开展征迁“百日会战”活动。根据各项目情况，制定每户征地拆迁方案，针对性解决拆迁难题。还通过媒体宣传政策，编发短信营造氛围，集中精力推进武宜路沿线、运河“四改三”河道整治等拆迁遗留项目53个。至年底，全区拆迁遗留项目全部完成拆迁32个，部分完成拆迁21个，累计签约（腾空）民房和企业271户，占总遗留问题的66.7%。其中，湖塘镇启动常发地块、国泰地块、商会地块、小庙地块等项目，完成拆迁遗留项目民房119户；西湖街道完成拆迁遗留项目民房45户；高新区完成拆迁遗留项目民房16户、企业3户。

【分配安置房（商品房）1.6万套】 2014年，武进区全力保障安置房建设进程，拓宽安置渠道，推进拆迁安置工作。完成湖塘长河花园、南田家园、中奥花园，牛塘卢家新苑、牛塘花园和横山桥荷怡花苑，以及牛塘绿建区项目、西湖街道、横山桥镇、嘉泽镇等安置小区分房，分配安置房（商品房）1.6万套，有效保障被拆迁群众入住新居。至年底，全区在外过渡户降至8700户。3月21～23日，区征收办首次在长河花园安置房分配中启用电脑软件选房模式，确保操作过程公开、公正，提高工作效率，落实安置房及定向商品房1590套。

【房屋拆迁行业管理】 2014年，区征收办会同相关部门围绕营造公开、公平、公正的房屋拆迁市场环境，落实行业中介机构目标责任制和年度市场准入制。制定拆迁项目招投标制度和机械化拆房制度，实行全过程考核管理。严格执行对中介机构不良行为记录和“黑名单”制度，加强行业自律、考核激励和项目备案。将考核结果作为资格准入、业务承接的重要依据，进一步规范行业秩序。全年准入中介机构70个，完成拆迁、评估项目28个及拆除项目招标37个。备案项目有高新区斯太尔地块、前黄镇凤翔路拆迁等12个，办理项目拆除备案手续60份。组织拆房安全政策培训考试1次，开展全区拆房工地安全大检查2次，日常安全巡查项目83个，发放整改通知书60份，整改率100%。全年未发生重大拆房安全事故。

（许红霞）

公用事业

【供　气】 2014年，武进区新增天然气管线长度288千米，累计有高、中、低压天然气管线长度2548千米。全年天然气购气量3.48亿立方米、销售量3.4亿立方米，其中工业用天然气2.14亿立方米、居民用天然气0.64亿立方米，累计天然气用户28.5万户。组织液化天然气和额外气源1611万立方米，确保冬季用气高峰期间稳定供气。

推广天然气汽车　武进区拥有天然气汽车加气站6座，LNG加气站2座；全年销售车用压缩天然气2500多万立方米，车用天然气突破300万立方米。

天然气进村入户　全年新增天然气用户超过20个行政村2.5万户居民。武进新奥燃气公司按时完成武进万达广场、希尔顿酒店、嬉戏谷二期、城建学校、牛津公学等区重点项目燃气配套工程。

用气安全管理　区住建局按照《城镇燃气管理条例》规定，年检燃气经营企业16家。组织召开由常州市燃管站、消防及镇村建设管理服务中心燃气管理负责人和专管员等参加的协调会，加强瓶装燃气供应站（点）安全责任，确保全区液化气供应站（点）换证工作顺利实施。7～8月，梳理排查瓶装燃气非法供应点，取缔武进高新区北区、嘉泽镇等非法供应点9个，及时消除安全隐患。10月底，取缔聚星花园等安置区乱接天然气用户58户，消除民用燃气安全隐患。

（冷　阅　吴国成）

【供　水】 2014年，全区自来水日供水能力达70万吨，供水量13643万立方米，售水量12346万立方米。9月，武进水务一体化信息系统管理平台上线运行。全区实施滆湖应急备用水源地扩建工程配套工程，农村自来水一体化改造工程完成扫尾。推进供排水主干管网建设，铺设龙墅路、龙资路等市政供水主管道长度28千米。完善环状供水管网格局。

（陈南贵）

【供　电】 2014年，武进区全社会用电量167.32亿千瓦时，增长0.35%；工业用电量142.33亿千瓦时，增长1.11%。全年发电量18.11亿千瓦时，上网电量6.44亿千瓦时，对外供汽347.95万吨。区发改局推进220千伏顺通变、丫河变项目建设，建成投运220千伏高新变扩建工程、220千伏村前变扩建工程、110千伏竺山输变电工程、110千伏芙蓉输变电工程，共完成投资7.4亿元，投产变电容量50.3万千伏安，线路长度36.5千米。

（张思渊）

城市管理

【概　况】 武进区城市管理局、武进区城市管理行政执法局、武进区城市管理监督指挥中心实行一套班子合署办公，设置职能科室7个，辖区城市管理行政执法大队、区环境卫生管理处和区特种垃圾管理站3个事业单位，主要履行城区市容和环境卫生的管理和监督，负责城区户外广告的设置审批、环卫设施的建设管理、建筑渣土管理监督、城市长效综合管理考评等职能，行使城市管理相对集中处罚权。2014年，区城管部门围绕武进区“加力城乡一体，加速生态文明”的发展主题，以“争先进位”和“规范提升”为目标，完善城管体制机制，创新管理模式，统筹城乡协调发展，提升城镇管理水平。全区城市环境综合整治深入推进，武进区以年度总分94.5位列全市各辖市区第二名；执法管理推行网格巡查、装备升级、精细考评等新模式，全年各类行政执法立案638起，增长9%；大型转运站建设加速推进，城区垃圾运输车辆和箱体更新换代，环卫基础设施建设全面加强；渣土管理持续规范，城区建筑装潢垃圾实现资源化处置；实施户外广告整治，有效提升城市形象；城市长效管理稳中求进，武进区年终考评成绩在全市五区中排名第三（与戚墅堰区并列第三）。

【市容市貌管理】 （1）城区环境专项整治。区城管部门实施校园周边整治、重点关注对象整治及中心城区夜排档整治，持续清除乱张贴、乱吊挂、乱涂写，取缔乱设摊、流动摊贩，查处店外占道经营、作业，店外乱堆放等违章行为，规范中心城区早餐车经营行为，有效保障中心城区市容环境整洁有序。（2）渣土管理规范。严格运输审批，武进中心

城管队员文明执法　　（区城管局 供稿）

城区有符合渣土运输条件的渣土运输公司19家，全年签发渣土处置证6309张，处置渣土约180万立方米。优化车辆密闭装置，完成城区293辆渣土车辆密闭后盖板加密加固升级处理。强化渣土运输监管，完善诚信化经营考核细则，对渣土运输公司组织每月考核、通报。建立“武进渣土车管理”微信平台，定期开展渣土运输公司及驾驶员安全教育。及时公布考核信息、车辆违规情况并接受市民举报，全年查处渣土运输车辆违法行为110辆次，下降31%；处理渣土运输车辆超载违法行为23起，下降57%。(3) 户外广告整治。开展高架沿线户外广告专项整治，拆除大型广告13处、违章店招23处，整治提升楼顶广告6处，统一改造湖塘纺织城、湖塘纺织公寓等店招标牌195个。推进中心城区商业广告整治，户外商业广告拆除23处、提升20处。(4) 创建示范路和示范社区。湖塘镇永定社区创成全区第二个“江苏省城市管理示范社区”，奔牛镇南观路创成市级城市管理示范路，湖塘镇府南社区创成市级城市管理示范社区。至年末，全区有省级城市管理示范路2条，省级城市管理示范社区2个，市级城市管理示范路8条，市级城市管理示范社区1个。

【环境卫生管理】 (1) 编制城区环卫规划。区城管局联合区规划部门开展专题研究，着手编制2014～2030年城区环卫专项发展规划，针对完善城区生活垃圾收运体系进行详细的系统架构和专业设计。(2) 加强基础设施建管。推进大型生活垃圾转运站建设，完成城南、城北两座大型转运站项目前期准备。完成城区11座转运站压缩机技术改造，垃圾处理压缩能力提高60%。维护更新新城区26座公厕的基础设施，增加无障碍设施8套，新增慢行系统公厕6座。绘制“2014年主城区机械化收集桶投放位置CAD总图”，在中心城区新增机械化收集桶1000个。至年末，城区有垃圾转运站18座、果壳箱800余个、机械化收集桶1200余个，日收集、转运生活垃圾550余吨。(3) 规范垃圾收运处置。城区运输车辆和箱体实现更新换代，生活垃圾运输实时有效监控。全年处理生活垃圾53.87万吨、上网电量7743万千瓦时，供汽量7.69万吨。餐厨垃圾集中收运纳入常态管理，与城区116家餐饮单位签订收运责任书，全年收运餐厨废弃物1.2万吨、废弃油脂216吨。(4) 推进环卫管理城乡一体化。制定《关于加强全区环卫基础设施建设和管理的实施意见》，加大督查和指导力度，推进城镇环卫基础设施建管和生活垃圾运输车辆更新换代。前黄镇、遥观镇分别完成垃圾转运站改造并增加垃圾压缩机各1台，邹区镇垃圾运输车由拖拉机改为标准卡车，横山桥镇实现村庄公厕覆盖率100%。全区乡镇环卫基础设施得到显著改善，生活垃圾收集、转运能力提升。

【城镇长效综合管理】 (1) 理顺管理体制机制。区城管局与绿建区、牛塘镇、高新区等单位开展专题协商，通过派驻城管中队长或指导员的方式，理顺城管行政执法体制。与湖塘镇、高新区北区、牛塘镇等协调相关管理职能、管理区域。武进中心城区环卫“网格式”管理职责，由区城管局移交湖塘镇、高新区北区监管；牛塘镇移交区域主干道5条、垃圾转运站3座，纳入城区环卫管理；牛塘镇、绿建区渣土运输核准纳入城区一体化管理。区城管局、湖塘镇、高新区北区共同出资，设立住宅小区考核基金（84万元/年），推行小区环卫管理奖励措施。7月起，新城花苑、新城公馆别墅区、新城域、花东一村、丰乐公寓一期、红旗新村等小区，实现住宅小区样本管理零扣分。(2) 加大考评整改力度。区城管部门及时调整考核细则，加大市考评问题在各单位考核中所占比重，全面提升乡镇考核标准。城区城市长效管理考评重点针对日常保洁管理、“五小”行业管理、城市交通管理、道路容貌管理、住宅小区管理等13项管理内容，以及公共设施、道路交通、市容环境、园林绿化等7类内容，考评对象包括区公安局等13个责任单位；镇村长效管理考评重点针对集镇区管理、村庄家园管理、河道（塘）管理、镇村道路管理等内容，考评对象包括横山桥镇等13个责任单位。加大对市样本点考评频次，专项考评重点难点问题，加强对发现问题的跟踪督查。全年复查市考评及日常巡查问题8295个，完成整改8237个，整改率99.3%。推进长效管理考评，完善镇村指导、监督和考核机制，加强对镇村管理薄弱点和难点问题的考评督查，全年查出、整改各类问题4065个，整改率100%。(3) 加强沟通协调。针对群众举报和考评发现的疑难问题，及时召集相关部门现场勘查、召开专题协调会，明确责任主体，研究解决方案，共协调解决疑难案卷305个。

【城市环境综合整治】 2014年，全区计划实施城市环境综合整治项目7项，共201处。区城管局围绕目标任务，发挥指挥协调作用，牵头区住建局、水利局和湖塘镇等，全力推进整治工作。实施城中村整治，完成城中村（含高架沿线城中村71个）77个整治工作；实施老旧小区整治，完成老旧小区整治工程24个；实施城市河道整治，完成采菱港整治工程包括驳岸、墙身浇筑、防浪墙、墙后回填、清淤等共计里程5.23千米，以及龚巷河西段清淤工程；实施低洼易涝片区整治，完成花东五村的箱涵清淤、排涝站翻修、排水沟建设等；实施建设工地整治，完成10个建筑工地整治；规范占道经营，建成长虹疏导点1个；规范户外广告设置，集中拆除户外广告15块，提升户外广告71块。

【“两违”管控】 2014年，区城管部门共抽查发现新增“两违”（违法占地和违法建设）案件372起（违法建设349起、违法用地23起），立案行政处罚案件1起，行政强拆案件1起。配合区国土局等部门开展拆违行动9次，打击违法用地7宗，拆除违章建筑面积2万余平方米，退耕土地面积1.93公顷。整治违法建设案件9起，拆除违章建筑面积6782平方米。其中，违法建设民房8处，面积5832平方米。

【网格式巡查管理】 2014年，区城管局整合执法管理资源，将管辖范围划分若干责任区，以网格区域包干制形式落实责任，实行24小时不间断巡查，切实加强对大型户外广告、渣土运输、建筑垃圾、施工噪声、餐厨废弃物收运等方面的管理，提高管理质量和效益，保障武进中心城区市容环境整洁有序。全年拆除辖区内不规范、破损拼幅、围挡广告面积51383平方米，破损高炮广告面积14050平方米，督促整改中心城区路面渣土抛洒滴漏事件984起，处理擅自处置建筑垃圾行为121起，处理车轮带泥行驶行为33起，查获非法收运餐厨垃圾车11辆。

【建筑装潢垃圾资源化处置】 2月初，区城管局针对建筑垃圾无处可消纳的困局，开展多次实地考察、调研，探索推进建筑垃圾资源化处置工作。5月，建筑装潢垃圾资源化处置项目获区政府批准。区城管部门将中心城区无主建筑装潢垃圾经过垃圾中转站分拣，集中运往位于马杭东新工业园的常州春秋华城基础工程有限公司，由其消纳处置。建筑装潢垃圾经工业化处理，制成民用建筑砖块可用于低层建筑承重墙，以及建设工程非承重结构。年内，全区共资源化处理建筑装潢垃圾4.7万吨。

【数字化城管三级平台首接责任制实行】 1月，武进区按照市、区城市管理监督指挥中心平台工作流程，区城市管理监督指挥中心（二级平台）制定出台《武进区数字化城管三级平台首接责任制工作规范》，明确各长效管理责任单位在接到区平台案卷派遣后，按照“谁受理、谁负责”要求，自接到案卷30分钟内到达现场办理解决事项，按规定时限回复整改信息；在现场发现不属于本部门管辖，及时退区平台重新派遣。首接责任单位对案卷处理不力或推诿不处理的予以通报批评，并按照规定扣分。实行首接责任制，加强城管三级平台（13个区级职能部门和13个镇、街道、开发区共26个）规范化运行，提高案卷受理、处理及回复效率。区城市管理监督指挥中心平台全年受理电话44191个，处理案卷23464件，结办23416件，结办率99.8%。

（邵　霞）

房产管理

【概　况】 2014年，区房管部门推进改革创新，拓展房管业务，办好民生实事。

房产登记　从6月9日起，武进区运行常州市新的房屋登记信息管理系统。全年办理房产转移登记、初始登记、变更登记、预告登记共27854件，减少4.67%；抵押登记16950件，减少3.4%；抵押登记现场查勘87处，产权登记现场查勘201处。办理房产注销登记11014件，增长20%；受理法院查（解）封2233件，增长1.5%。回复人民来信107封，增长46.6%。

房产测绘　加强测绘成果审核，提高现场复核率。开展全区商品房房产跟踪测绘，探索超高层楼宇、异形建筑测绘方式。全年形式上审核房产测绘报告279份，建筑面积1115.72万平方米。其中，商品房面积536.43万平方米，综合楼面积248.37万平方米，工业厂房面积330.91万平方米。车库分割测量7309个，总面积26.43万平方米。

安置房产权证办理　3月，完成长安二村1153套安置房审核、缮证。4～5月，与相关部门协调沟通，解决前期安置房商铺办证问题，办理大学新村商铺办证139套。10月，解决原大学新村安置房14户遗留问题，予以收件办证。12月2日，组织税务、国土、公证等部门现场办公，启动湖塘镇采菱家园安置房办证。年内，完成大学新村、长安家园二期、湖滨花苑等31户安置房办证。

房屋安全管理　全年完成鉴定项目113个，面积11.8万平方米；公共场所房屋安全审定项目51个，面积9.1万平方米；非住宅改造项目57个，面积1.3万平方米；年检项目11个，面积3.4万平方米；房屋安全技术评价项目16个，面积0.2万平方米；住宅装饰装修审核项目2781个。

物业管理　加强省、市物业新条例（办法）宣传，推进部门综合执法、联动执法进小区，全面推行部门执法事项、联系人、联系电话小区公告制度，推进全区物业服务行业信用体系建设。2014年，全区有物业企业60家，其中一级资质4家、二级资质6家、三级资质36家、暂定三级资质14家，从业人员1.9万人。新成立业委会2个、物管会15个，年末有业委会12个、物管会16个。区房管部门完成前期物业招投标项目15个，物业合同备案34份，物业服务企业资质申报初审19件，收缴物业项目保证金80万元。至年底共归集维修基金9.41亿元，全年支出维修基金901.44万元。

直管公房管理　全年入网申报公房维修项目72个，投入维修金额118万元。完成直管公房线路改造127户，面积3.69万平方米。开展门牌标识方案设计，门牌设计采用白字蓝底，标有国家公房字样和对应区域的乡镇、产业号，共安装房屋门牌724块。全区直管公房管理实现零事故。

白蚁防治管理　修订“新建预防工程质量管理制度”，编写“区白蚁防治所预防工程质量管理制度”，录制白蚁防治宣传片。全年签订新建房屋白蚁预防合同（含正式、补办和增补合同）共计346项，面积995.7万平方米，完成收费1590.3万元。签订临时合同50项，面积185.3万平方米。施工预防接待373项，预防施工299项、施工面积663.6万平方米；组织新建预防现场勘查600余项，新建预防工程竣工186项、竣工面积465.2万平方米。白蚁危害报治485项，现场勘查和蚁害灭治施工449项；新建预防质量回访复查832项，灭治施工质量回访复查251项。完成横山桥镇清明山山林蚁害防治施工面积1万余平方米，解决区域60棵挂牌古树名木的白蚁危害。

【房屋安全专项排查治理】 2014年，武进区成立城市危房和老旧房屋安全排查治理工作组，区住建局（房管）作为成员单位牵头负责集中排查全区城镇危旧房安全状况。5～10月，发现建筑年代较长、建设标准偏低、失修失养严重的问题，及时向管理责任方反馈排查结果。共排查公共建筑（含医院、学校、超市、居民楼）426幢、厂房79幢、民房2102幢，排查列出C级和D级危房182幢，有500幢房屋被明确纳入安全鉴定范围。4月，配合区政府开展无证托幼点专项整治，完成对50所无证幼托点的房屋安全现场勘察、检测和鉴定，发现8家幼托点存在不同程度的安全隐患，及时要求办学机构整改。6～7月，配合区民政局开展养老机构房屋安全排查，排查5家养老机构建筑物，发现2家养老机构建筑物存在安全隐患。

【直管公房专项调查】 3月初至10月底，区房管部门开展全区直管公房空关房情况的专项调查，要求各房管所上报所属直管公房空置情况，提高直管公房利用效率，确保国有资产保值增值。经调查统计：全区有空关公房47户，面积4664.03平方米。其中，湖塘片区空关公房1户，面积36.22平方米；湟里片区空关公房15户，面积1347.51平方米；邹区片区空关公房8户，面积892.01平方米；前黄片区空关公房15户，面积1719.95平方米；郑陆片区空关公房3户，面积89.69平方米；横林片区空关公房5户，面积581.65平方米。

【物业属地化管理】 6月，《武进区住宅小区物业管理工作考核办法（试行）》和《武进区物业管理考核工作方案》出台，全面推进物业属地化管理。区房管部门通过召开会议、上门交流等方式，与全区镇（街道、开发区）逐一沟通协调，促进镇（街道、高新区北区）物业属地管理组织架构搭建。举办全区物业管理工作分管领导及工作人员培训班，推进物业属地管理工作开展。12月底，全区镇（街道）、高新区北区均成立物管科，建立物业管理联席会议制度和矛盾纠纷调解机制，构建起上下联动的管理网络。

【白蚁科研项目成果通过省级鉴定】 2014年12月23日，区白蚁防治所承担的“房屋白蚁预防微胶囊化药剂的应用技术及对地下水安全性评价”科技项目成果，通过省住建厅专家组鉴定，达到国内领先水平，为安全合理使用微胶囊药剂预防白蚁提供了科学依据。区白蚁防治所自2012年起投入大量人力物力，建立安徽宣城和江苏武进两个试验基地，到2014年累积进样6381次，处理样品2128个，实际工作时间超过5000小时，完成课题研究，撰写并发表科研论文2篇。2014年，区白蚁防治所还申报“常州市重要白蚁种类监测及DNA条形码快速分子诊断应用技术研究”项目，启动分子实验室完成164份标本DNA提取和PCR扩增、测序等，与安徽农业大学签订《白蚁种群分子标记技术研究》课题合作协议。12月，区白蚁防治所被中国物业管理协会白蚁防治专业委员会评选为2014年度“全国白蚁防治科技创新先进单位”。

（储东巍）

住房公积金管理

【概　况】 2014年，武进住房公积金分中心坚持“服务发展、服务企业、服务民生”的宗旨，开展“住房储金、用心用情”服务品牌活动，推进住房公积金扩面工作。全年为6586个单位、20.1万名职工结息6541.33万元；实现公积金增值收益7252.24万元，增长32.65%；提供廉租住房补充资金6296.9万元，增长40.3%。该中心被省总工会授予“江苏省五一巾帼标兵岗”称号。

【住房公积金新增缴存单位879家】 武进区将住房公积金扩面工作作为2014年度20件为民办实事之一纳入区政府年度考核目标，完善住房公积金扩面机制，由各镇将扩面任务分解到村及重点企业，任务落实分片包干到人，形成住房公积金分中心与各镇联动机制。武进住房公积金分中心不定期到各镇召开推进会，共发放催建函、律师函120余封，约谈企业29家次。年内，全区住房公积金新增缴存单位879家、缴存职工3.33万人，分别累计6267家、15.53万人；归集住房公积金14.17亿元，增长17.89%。当年归集率101%，全区住房公积金归集余额37.22亿元。

【住房公积金受益面扩大】 2014年，武进住房公积金分中心在优化扩面环境同时，增强资金风险控制，优化贷款结构。全年受理个人住房贷款申请5008笔、申请金额15.01亿元，其中办理公转商补息贷款业务1848笔、申请金额5.08亿元，回收贷款4.41亿元，有效分流资金流动性压力。办理职工住房公积金支取17.58万人次、金额7.78亿元，分别增长20.15%、16.29%；办理5383户职工家庭住房公积金贷款16.01亿元，分别增长29.87%、35.81%；支持职工购房面积40.46万平方米。其中，发放公转商补息贷款1595户、金额4.28亿元。至年末，全区公积金个贷户数2.66万户，贷款总额60.90亿元，贷款余额36.69亿元，个贷比率为98.59%。

（李　磊）

防震管理

【概　况】 2014年，区地震局推进地震监测、抗震设防、地震应急准备和防震减灾科普宣传工作，办理建设工程抗震设防要求审核227件，建设工程场地地震安全性评价登记备案2件。9～10月，组织中国地震局地震预测研究所等8家安评单位，开展对紫廷名苑、星河国际三期、路劲420地块3个项目的重大建设工程抗震设防要求执行情况检查，3个项目全部通过省、市专家组检评。完成湖塘镇新天地社区和北建社区2个省级地震安全示范社区申报工作。开展科普集市活动3次。在新天地社区布置宣传转轴4幅、北街社区布置活动图板23块，现场展出地震科普展板10块，发放地震科普宣传资料并接受市民咨询。苏19井监测站三项前兆手段监测数据实时报送，全年观测资料连续可靠，仪器设备和监测环境工作基本正常。清明山地震台数字测震和地壳形变试运行正常，全区范围内没有发生ML2.0级以上地震。

【地震应急准备】 2014年，区地震局加强对全区地震宏观观测员的业务指导和培训，保留区级群测群防观测点15个，确保各镇布点合理。落实区级地震宏观观测员工作津贴，上报市级群测群防观测点6个。组织地震应急预案培训，根据《常州市地震应急预案》要求，全面修订《武进区地震应急预案（2014版）》。年内，完成新天地公园应急避难场所应急水井2个、应急厕所和淋浴房各3处，设置应急导向标志标牌。组织湖塘镇新天地社区和北街社区居民共200余人次，开展应急疏散逃生演习2次。购置储备XJB-1型应急救援包50个、XJB-4型应急救援包10个、应急救援服10套、20平方米充气救灾帐篷等地震应急设备。市区两级地震应急视频会议系统设备、巡视链接正常，各群测群防观测点日常观测正常，没有出现地震宏观异常。

（蒋国斌）

（栏目编辑　周小红）

建筑业·房地产业

建筑业

【概　况】 2014年，武进区扶持培育建筑业龙头骨干企业，将市场竞争力强、发展前景好的企业纳入重点扶持企业名单。全区建筑行业获得准资质升级企业19家，其中升一级资质3家、升二级资质15家和增项升二级资质1家；取得三级资质32家，增项资质19家。至年末，武进共有建筑企业407家。其中，一级企业54家（总承包企业26家，专业承包企业28家），二级企业118家（总承包企业44家、专业承包企业74家），三级企业202家（总承包企业72家、专业承包企业130家），不分等级企业5家，劳务企业28家。武进建筑企业面对经济增速放缓、信贷政策收紧等负面影响，凭借自身实力，发挥优势，逆势而上求发展。全区建筑业平衡协调发展，完成施工总产值318.46亿元，增长2.6%；实现工程结算收入300亿元，增长2.04%；实现利税总额23.25亿元、建筑业增加值75.48亿元；全员劳动生产率28.58万元/人，期末从业人员19万人。全年累计施工面积2516.2万平方米，新开工面积953.1万平方米，分别下降2.2%和0.4%。

【规范建筑行业管理】 (1)施工许可。区住建部门严格建筑企业及建造师信用动态考核、外来队伍信用核查，全年核查外来施工企业信息409家次。严把建设工程合同审签和许可证发放关，全年办理监理合同备案130份。跟踪管理施工许可证的变更、延期及施工现场，加强施工许可动态管理。全年办理合同审签260份，建筑面积583.9万平方米，合同造价101亿元；发放施工许可证201份，建筑面积463.4万平方米，合同造价77.6亿元。(2)建筑市场监管。督促规范建设各方责任主体市场行为，与乡镇建管部门联动开展日常执法巡查，对发现违章工程当场发出“停工核查整改通知书”，到期整改不到位及时发出“责令停工通知书”。将检查信息与国土、规划、城管部门共享，提升违章建筑查处效能。全年查处违法违规工程214项，建筑面积116.77万平方米。建立健全建筑市场准入和清出机制，开展131个在建项目综合检查，包括项目承发包行为、施工单位和监理单位项目部管理人员到岗情况、农民工工资支付情况等。全年限制准入企业3家、重点监控企业2家、通报批评企业5家、诫勉谈话企业5家。农民工工资保证金累计915万元。(3)资质核查。开展建筑业企业资质网上动态核查，有388家企业通过核查，9家企业涉及建造师、技经人员、安全生产许可证等因素要整改，2家企业申请注销。信用考评建筑业企业280家，审核其上年度工程业绩、市场行为、工程质量、安全生产、队伍管理和奖惩等情况，并上报市城建局。江苏武进建工集团有限公司、常州成章建筑安装工程有限公司、常州华艺装饰工程有限公司等8家企业考评为优秀等级，占全市考评优秀企业总数的25%。

【绿色建筑持续发展】 4月，出台《武进区绿色建筑发展规划》，全面推进全区绿色建筑发展，推动城市建设发展转型升级。年内，全区获得绿色建筑设计标识项目26项，面积276.7万平方米。凤凰谷工程获江苏省绿色建筑创新奖，成为全省唯一获此奖项的工程。该工程利用太阳能光伏发电技术，安装多晶硅双玻组件组成的太阳能电池系统，所发电能全部用于建筑内部用电消耗，年发电量9万余度；利用中水处理技术，将收集雨水经净化处理后循环利用；利用坡屋顶绿化、外墙垂直绿化技术，加强城市“绿肺”功能，实现建筑节能保温和降低噪音作用。高新区低碳小镇建筑节能和绿色建筑示范区7月通过省住建厅验收，武进区申报国家绿色生态示范区规划方案通过住建部专家组初步审查。高新区低碳小镇示范区东至武宜路、西至西太湖、南至镜湖路、北至长虹路，规划面积约32.5平方千米，紧邻高新区低碳产业组团，区位优势显著。计划用10年左右时间，按照“微资源、微能耗、微污染、微排放、零工地、零距离”的标准，启动“四微两零”建筑示范系统。

【建设工程信息化管理平台投运】 10月8日，“武进区建设工程信息化管理平台”在区住建局网站上线运行。该平台为区住建局2014年度重点工程，经过前期需求调研、系统设计、内部测试以及试运行，年末基本达到系统管理要求，实现业务网上申报、审批和监督，对于提高建设管理效率，促进简政放权，建立和完善建设行业信用、管理体系，形成统一开放、公平竞争、规范有序的建设行业环境，具有积极作用。

（冷　阅　吴国成）

表16

2014年武进区建筑业产值超亿元企业

单位名称	资质等级	产值（亿元）	单位名称	资质等级	产值（亿元）
江苏武进建工集团有限公司	A101	42.19	江苏河口建设工程有限公司	A301	2.13
江苏成章建设集团有限公司	A101	15.10	江苏天一路桥有限公司	A202	2.11
江苏华盛建设工程有限公司	A101	10.14	江苏协创交通建设有限公司	A202	2.04
江苏恒基路桥有限公司	A101	8.15	常州市裕惠建设工程有限公司	A201	2.03
常州市戴溪建筑工程有限公司	A101	6.75	常州市佳程建设工程有限公司	A201	2.01
江苏伟业建设集团有限公司	A101	6.58	江苏武进星辰装饰有限公司	B103	2.00
常州晋陵电力实业有限公司	A206	6.33	江苏广亚建设集团有限公司	A110	1.93
江苏华盛装饰工程有限公司	B103	6.02	常州金建混凝土有限公司	B305	1.75
江苏天启建设有限公司	A101	4.63	江苏常舜建设投资有限公司	A110	1.71
江苏丰润建设有限公司	A101	4.40	常州通用幕墙装饰工程有限公司	B104	1.68
江苏雪湖建设工程有限公司	A201	4.24	绿美艺环境建设集团有限公司	A110	1.64
常州市武进新城建筑工程有限公司	A101	3.97	常州市金建路桥工程有限公司	A110	1.63
江苏武进欣达建设工程有限公司	A101	3.84	常州市通力市政工程有限公司	A110	1.61
江苏通达建设集团有限公司	A110	3.80	常州市神州园林建设有限公司	A201	1.57
江苏华艺装饰工程有限公司	B104	3.61	江苏茂业建设工程有限公司	A201	1.52
常州市华江建筑工程有限公司	A101	3.56	常州黎明玻璃幕墙工程有限公司	B104	1.39
常州市雪堰建筑工程有限公司	A101	3.52	江苏森洋环境建设集团有限公司	A210	1.36
江苏竣翔建设发展有限公司	A201	3.24	常州大唐建设发展有限公司	A201	1.35
江苏中间门路桥有限公司	B127	3.23	常州市武进市政工程有限公司	A110	1.30
常州市常武建设工程有限公司	A101	3.21	常州市横山建筑工程有限公司	A201	1.21
江苏常虹钢结构工程有限公司	B108	3.19	常州宏润交通建设工程有限公司	A202	1.19
江苏华宇建设有限公司	A101	3.15	常州市银洲建筑装饰工程有限公司	B103	1.18
常州市华中建筑工程有限公司	A201	3.06	常州市伟凝建材有限公司	B305	1.14
江苏八达路桥有限公司	A110	2.82	常州市湟里建筑工程有限公司	A201	1.12
江苏舜通路桥工程有限公司	B124	2.78	江苏东厦建设工程有限公司	A201	1.10
常州伟业混凝土有限公司	B305	2.63	常州皓盛建设发展有限公司	A301	1.07
江苏凯业建设工程有限公司	A101	2.52	常州市晶磊海峡建设工程有限公司	A201	1.06
常州市安峰建材有限公司	B305	2.50	常州金旺水利工程有限公司	A201	1.05
江苏滆湖建设发展有限公司	A101	2.45	常州市遥观剑湖建筑有限公司	A201	1.04
江苏环泰建设有限公司	A201	2.44	常州中泰装饰工程有限公司	B103	1.03
常州南天建设集团有限公司	A101	2.21	常州市武进雪堰第二建筑工程有限公司	A201	1.02
江苏亚隆路桥工程有限公司	B227	2.16	江苏鸿益兴泰建设工程有限公司	A201	1.01

表 17

武进高新区低碳小镇绿色建筑示范项目情况

项 目 名 称	建筑类型	建筑面积（万平方米）	绿建星级	标识获得情况
绿建研发中心维绿大厦	公 建	3.7	★★★	在申报
招商花园城公建	公 建	8	★★★	在申报
西太湖商办楼	公 建	2.7	★★	已获得
招商花园城一期	商品房	13.49	★★	已获得
长河花园	保障房	31.22	★	已获得
聚湖雅苑	保障房	38.26	★	已获得
金东方（公建）	公 建	7.82	★★	通过评审
金东方（住宅）	商品房	12.65	★★	已获得
南夏墅街道卫生院	公 建	2.2	★★★	已获得
便利中心一期	保障房	1.12	★	已获得
武进进出口加工区综合服务大楼	公 建	2.5	★★★	已获得

表 18

2014 年武进区获省级及以上建筑工程质量奖情况

奖 项	建 设 工 程	施 工 单 位
国家 AAA 级安全文明标准化工地	天宁科技促进中心	江苏武进建工集团有限公司
国家级工法	单层钢板剪力墙焊接工法	江苏武进建工集团有限公司
全国建筑工程装饰奖	常州科教城东区创研港 2 号、3 号楼幕墙工程二标段	常州黎明玻璃幕墙工程有限公司
	吴江人力资源和社会保障服务大厦工程	常州黎明玻璃幕墙工程有限公司
	武进传媒大厦装饰工程	常州中泰装饰工程有限公司
	常州市第二人民医院（阳湖医院）一期工程	常州中泰装饰工程有限公司
	常州创意产业基地二期 E 幢幕墙工程	江苏华艺装饰工程有限公司
	常州美吉特科技五金城二期北区幕墙及钢结构玻璃雨篷分包工程	江苏华艺装饰工程有限公司
	武进出口加工区综合服务大楼装饰工程	常州市银洲建筑装饰工程有限公司
全国市政金杯示范工程	中吴大道改扩建十四标段（常金线—玉龙路）	江苏通达建设集团有限公司
优秀园林绿化工程奖金奖	常州环球动漫嬉戏谷绿化工程（三标段——传奇天下区域绿化）	绿美艺环境建设集团有限公司
	重庆后勤工程学院新校区景观工程施工二标段（A 段）	绿美艺环境建设集团有限公司
全国园艺杯优秀景观工程	莱蒙湖项目景观湖景观绿化工程	江苏森洋环境建设集团有限公司
	重庆国际家纺城环境景观工程	江苏森洋环境建设集团有限公司
江苏省“扬子杯”优质工程奖	九洲花园 2.1.1 期	江苏武进建工集团有限公司
	九洲新世界 1 号、2 号、4 号房及地下室	江苏武进建工集团有限公司
	上书房一期 26 号～ 29 号房及 2 号地下车库	江苏武进建工集团有限公司
	天润园居住区 5 号、10 号房及地下室	江苏武进建工集团有限公司
	江苏信息职业技术学院图文信息中心	江苏武进建工集团有限公司
	新城金郡花园二标段（3 号、5 号、3 号商业）	江苏成章建设集团有限公司
	巨力塑料公司 B 地块 1 ～ 3 号房及地下室	江苏成章建设集团有限公司
	220 千伏洮湖变电站	江苏成章建设集团有限公司
	吴江人力资源和社会保障服务大厦工程	常州黎明玻璃幕墙工程有限公司
	镇江新区科创园核心服务区一期 2 号研发楼	江苏华艺装饰工程有限公司
	凤凰谷（武进影艺宫）	江苏华艺装饰工程有限公司
安徽省建设工程“黄山杯”奖	利辛县车辙沟综合治理工程景观及道路绿化工程	江苏锦盛园林建设工程有限公司
	芜湖汉爵阳明大酒店（二期）	常州市戴溪建筑工程有限公司

表 19

2014 年武进区获省级标准化文明示范工地情况

工　程　名　称	施　工　企　业	建设单位
常发御龙山三期（古方路南侧 06 地块）	常州市戴溪建筑工程有限公司	常发置业（江苏）有限公司
常州绿城玉兰广场 B 地块一标段	南京伟赫建筑安装工程有限公司	常州绿城置业有限公司
湖港名城开发项目 6 号～ 8 号、10 号及地下车库安装工程	常州二建建设有限公司	常州市湖港房地产开发有限公司
江苏省常州市建设高等职业技术学校七标段工程	常州第一建筑集团有限公司	江苏省常州建设高等职业技术学校
路劲城 1A 标段工程	江苏武进欣达建设工程有限公司	常州路劲房地产开发有限公司
聚湖半岛花园三期 25 号、地下车库及商业配套	河南五建建设集团有限公司	常州市翔宇置业有限公司
常州武进西太湖揽月湾南侧 D5 ～ D7 号楼	常州二建建设有限公司	常州侨裕溪湖房地产开发有限公司
聚通豪庭一标段 1 号～ 4 号	江苏武进欣达建设工程有限公司	常州市武进城镇建设开发有限公司
聚通豪庭二标段 5 号～ 6 号及人防地下室	上海华盛建设（集团）有限公司	常州市武进城镇建设开发有限公司
江苏省常州高等职业技术学校新校区建设项目——科技研发楼	江苏城东建设工程有限公司	江苏省常州建设高等职业技术学校
武进绿色建筑研发中心维绿大厦	江苏武进建工集团有限公司	江苏大盛企业控股集团有限公司
郑陆镇寺墩路西侧地块项目一标段（2 号～ 5 号）	菏泽市阳光建筑有限公司	常州市金洲房地产开发有限公司
郑陆镇寺墩路西侧地块项目二标段 1 号、6 号～ 17 号房住宅，S2 商业，1 号、2 号地下车库	菏泽市阳光建筑有限公司	常州市金洲房地产开发有限公司
江苏省常州建设高等职业技术学校新校区建设项目图文信息中心幕墙 . 门窗 . 装饰装修工程	常州华东装璜有限公司	江苏省常州建设高等职业技术学校
武进职工服务中心室内装修改造工程	江苏武进星辰装饰有限公司	常州市武进区工人文化宫
嬉戏谷皇冠大酒店内装饰工程一标段	江苏华盛装饰工程有限公司	常州华盛市政建设投资发展有限公司
嬉戏谷皇冠大酒店内装饰工程二标段	江苏华盛装饰工程有限公司	常州华盛市政建设投资发展有限公司
嬉戏谷二期（环球动漫嬉戏海）装饰一标段、二标段、三标段	江苏华盛装饰工程有限公司	常州华盛市政建设投资发展有限公司
雪堰中心镇核心区安置房一标段、二标段	江苏华盛建设工程有限公司	常州华盛市政建设投资发展有限公司

房地产开发

【概　况】 2014 年，武进区以健康楼市、和谐安居为总体目标，加强房地产企业诚信体系建设，推行商品房售楼说明书制度，建立预警预报机制，规范和整顿房地产市场，推动房地产行业健康有序发展。全区有房地产开发企业 114 家，其中一级资质 6 家、二级资质 9 家、暂二级 89 家、暂三级 10 家。全年完成房地产投资 179.16 亿元，增长 3.3%；批准预售面积 318.53 万平方米，下降 15.84%；商品房成交量面积 213.6 万平方米，其中住宅成交面积 174.95 万平方米，分别下降 17.05%、21.78%；商品房销售额 138.36 亿元，其中住宅销售额 108.63 亿元，分别下降 22.06%、27.8%；商品房销售均价 6478 元 / 平方米，其中住宅销售均价 6209 元 / 平方米，分别下降 6.02%、7.7%。中心城区批准预售面积 224.15 万平方米，下降 19.6%；商品房成交面积 168.57 万平方米，其中住宅销售面积 142.08 万平方米，分别下降 11.36%、15.7%；商品房销售额 111.97 亿元，其中住宅销售额 90.51 亿元，分别下降 18.33%、25%。商品房销售均价 6642 元 / 平方米，其中住宅销售均价 6370 元 / 平方米，分别下降 7.87%、11.03%。全年房地产新开工面积 331.35 万平方米，其中住宅新开工面积 234.89 万平方米，分别下降 28.95%、31.02%；竣工项目 56 个、竣工面积 344 万平方米，其中中心城区竣工项目 40 个、竣工面积 276 万平方米。

【房地产开发经营行为规范】 2014 年，区住建部门围绕促进房地产市场持续健康发展，规范房地产开发经营行为，树立行业新风。（1）倡导诚实守信。引导企业认识到开发经营过程中存在的不足，自觉改进并规范开发行为。（2）加强预售资金监管。建立工程进度每月上报备案制度、信息上传银行联系平台，监测开发项目工程进度与预售资金动态，控制开发风险。（3）房地产开发风险点排查。特别关注房地产项目交付矛盾与农民工工资支付等问题，分析预测可能发生的群发事件，要求所涉及企业做好风险防范预案。（4）规范销售市场行为。加强企业预售证的批后管理，严格督查售楼处公示的商品房预售许可证、土地及在建商品房权利状况、公司营业执照和资质证书等 12 项内容，建立执业人员培训、考核和淘汰机制，确保购房者明白消费，从源头上避免矛盾产生。（5）掌握企业开发资金运作情况。建立每半年一次的财务汇编制度，加强企业财务审核和交流，掌握企业经营状况，对资产负债率较高企业及时发出警告。

表 20　2014 年武进中心城区商品住宅销售前 10 名楼盘

楼盘名称	开 发 单 位	销售面积（平方米）	销售量（套）	销售金额（万元）	二房户（套）	三房户（套）
御　城	常州宏骏房地产开发有限公司	139955	1152	81630	202	908
星河城市花园	常州星河协通房地产开发有限公司	131885	1078	98189	267	476
香溢澜桥花园	常州新城房产开发有限公司	118871	1097	72904	410	683
绿城玉兰广场	常州绿城置业有限公司	92246	730	63825	200	387
新城春天里	常州悦盛房地产发展有限公司	78961	900	47073	602	298
路劲城	常州路劲房地产开发有限公司	67549	555	46372	71	445
紫金城	常州紫金房地产有限公司	66501	492	45592	68	333
莱蒙城	常州莱蒙水榭花都房地产开发有限公司	64657	473	39518	101	186
新城帝景花园	常州万方新城房地产开发有限公司	62687	522	61998	330	24
武进万达广场	常州武进万达广场投资有限公司	47552	401	31897	116	280

【武进万达项目建设】 武进万达项目位于花园街商圈，由大连万达商业地产股份有限公司投资开发，建设包括百货、超市、五星级酒店、影院、KTV、美食等商业设施，集办公、居住等功能于一体的城市综合体项目，总投资超过50亿元，由高层住宅15幢、商务楼1幢及沿街商铺组成，容积率4.0，规划用地面积11.57万平方米，总建筑面积59.38万平方米。其中，地上总建筑面积46.48万平方米，包括住宅建筑面积14.82万平方米、商业建筑面积16.92万平方米，办公建筑面积14.28万平方米；地下建筑面积12.9万平方米。

【翡丽蓝湾二期项目建设】 该项目是常州侨裕集团在西太湖板块打造的复合型地产项目，占地面积25万平方米，建筑面积38万平方米，总投资13亿元。该项目三面环伺西太湖，紧邻花博园场馆，集国宾馆、五星级酒店、高层住宅和别墅于一体，中央览湖王座于2014年6月开盘，首批房源132套。

【路劲城一期销售启动】 路劲城是香港路劲地产继御城、天隽峰、又一城、西林项目之后在常州开发的第五个项目，位于武进中心城区乐购商圈，东邻夏城路、西接火炬路、南临广电路、北到定安路，占地面积28万平方米，总建筑面积100万平方米，总投资46亿元。路劲城一期总投资9.7亿元，建设包括花园洋房和高层住宅，于2014年3月启动销售，其中一期高层住宅4号楼，销售均价为每平方米6500元。年内，路劲城项目完成投资13亿元，销售面积6.65万平方米，销售额4.56亿元。

（冷　阅　吴国成）

企 业 选 介

【常州万科房地产有限公司】 成立于2014年，注册资金5亿元。该公司开发的“魅力之城”项目，位于武进区滆湖中路南侧、长沟河西侧，占地面积9.38万平方米，总建筑面积29.95万平方米。其中，一期（常州万科城）建筑面积7万平方米，规划高层住宅7幢、情景洋房9幢和少量商铺。12月6日，常州万科城推出高层住宅2幢和情景洋房3幢，包括高层户型89～118平方

在建中的万科生态城　　（武进绿建区 供稿）

米195套、洋房户型120～140平方米108套，合计房源303套。常州万科城开盘当天，销售房源230套，销售额约1.9亿元。

【常州星河协通房地产开发有限公司】 是星河集团全资子公司，成立于2009年，注册资金10亿元，主营房地产开发与经营，为常州市武进房地产业商会理事单位。其开发的星河城市花园项目，位于武进中心城区武宜路西侧，占地面积70万平方米，总建筑面积180万平方米。2014年8月，星河国际商业街区——“金街”率先交付。年内，联华超市、新东方教育、西门子家电等数十家高品质商家入驻。

【江苏新城地产股份有限公司】 属于新城地产（集团）股份有限公司，主营住宅开发。2014年，该公司武进在建房地产项目有新城帝景花园、香溢澜桥花园、新城春天里、吾悦广场、新城公馆，销售业绩在全区名列前茅。

【常州绿城置业有限公司】 是上海融创绿城投资控股有限公司子公司，于2010年成立，注册资金83750万元。其开发的绿城玉兰广场项目，位于武进区武宜路板块核心位置，占地面积41.3万平方米，总建筑面积140万平方米。该项目分五期开发，涵盖高层住宅和特色商业街区、幼儿园、颐养学堂等物业类型，到2014年年末，开工建设面积55万平方米，楼盘首期1051户、面积近20万平方米交付。

【常州成章建筑安装工程有限公司】 成立于1969年，具有房屋建筑工程施工总承包一级、园林古建筑工程专业承包一级、建筑装修装饰工程专业承包二级、机电设备安装工程专业承包二级、市政公用工程施工总承包三级、电力施工工程专业承包三级、消防设施工程专业承包二级资质，拥有大型施工机械250台套，年施工能力达建筑面积300万平方米。企业资信等级AAA级，通过ISO 9000质量、安全、职业健康三合一管理体系标准论证，连续七年被评为“江苏省AAA级重合同守信用单位”。2014年，实现建筑业产值15.25亿元，拥有职工8000多名，其中中、高级职称技经人员300名；取得江苏省文明工地10项和市级金龙杯9项、市级文明工地3项奖项；获“江苏省最具成长性百强企业”“常州市四星级明星企业”“武进区建筑业十佳企业”等称号。

【江苏武进建工集团有限公司】 原为江苏武进建筑安装工程有限公司，2012年9月组建集团公司，投资控股常州金建混凝土有限公司、常州市武建投资有限公司、常州武建项目管理有限公司、常州武建建筑科技有限公司4家子公司，注册资本3亿元。具备房屋建筑工程、市政公用工程施工总承包一级资质，建筑装饰装修工程设计与施工一体化壹级资质，电力工程施工总承包三级资质，地基与基础工程、机电设备安装工程专业承包一级资质，消防设施工程、钢结构工程专业承包二级资质以及五级电力承装设施许可证，拥有对外签约权。通过ISO 9001:2008质量管理体系认证、ISO 14001:2004环境管理体系认证和GB/T 28001-2001职业健康安全管理体系认证。2014年，拥有下属分公司30个、直属项目部5个，业务涉及上海、浙江、山东、天津、东北、青海、新疆等10余个省（区）20余个市，实现销售总额35.82亿元、利税21461.51万元。

【江苏华艺装饰工程有限公司】 位于武进区郑陆镇黄天荡村，成立于1986年，占地面积6万多平方米。具有建筑幕墙工程专业承包一级资质、金属门窗工程专业承包一级资质、钢结构工程专业承包二级资质、建筑装饰装修工程专业承包三级资质、建筑幕墙工程设计专项甲级资质，拥有从德国引进的铝合金型材加工中心、从德国和美国进口的铝合金门窗建筑幕墙加工设备。获国家专利10项，是全国建筑幕墙行业50强企业。2014年，投入500多万元引进德国威格玛公司一系列单元式幕墙加工设备，完善企业产品类型，成为常州市产能最大的单元式幕墙生产中心；承接常州九洲新世界广场、美吉特工业品牌博览城、金坛市滨湖新城金广场等重大工程；获全国建筑装饰优质工程2项，参建的凤凰谷（武进影艺宫）、常州（紫薇园）民防疏散基地一期幕墙工程、嘉泽镇花木综合服务中心工程、上海西子联合总部综合楼办公室项目外装饰幕墙工程等9项工程，分别获省、市级优质工程奖，2014年完成产值3.16亿元，实现利税1266万元。

【江苏常虹钢结构工程有限公司】 位于武进经发区，占地面积10万平方米。具备钢结构专项工程设计甲级资质、钢结构工程专业承包一级资质，从事钢结构、网架结构、压型钢板、铝镁锰板设计与施工，形成超重（型）钢结构、大口径钢管结构、大型箱梁结构、大跨网架结构、索结构、异形和曲面结构的稳定生产能力，部分异形结构产品附加值较高。2014年，完成产值3.9亿元，实现利税1036.6万元。

（冷　阅　吴国成）

【江苏恒基路桥有限公司】 2014年，江苏恒基路桥有限公司创新经营思路，加强市场开发，充实经营队伍力量，做好目标市场项目信息的收集和跟踪，深化市场战略合作，积极参与市场竞争。参与江苏、江西、广东、安徽、内蒙古、河南6个省份共90个项目170个标段的资格审查和投标。新承接项目10个，合同金额总计11.8亿元。其中：省外项目3个共计7.2亿元，分别是深圳疏港道路高架桥路面工程、江西修水至平江高速路面AP1标、江西安远至定南高速AP2标；省内项目7个共计4.6亿元，分别是235国道盱眙北段及绕城段改扩建工程，武进区内武澄路、北寨桥改建工程、嘉东线大修改善工程、嘉东线提档升级工程、农村公路提档升级工程、农奔线平交道口车辙处治工程。

（王智聪）

（栏目编辑　周小红）

交通建设

【概　况】 2014年，区交通运输部门秉持“交通先行、适度超前、稳中有进”的发展理念，紧扣工程时序进度，推行现代工程管理模式，构建现代化交通基础设施体系，实施公路、航道、机场三大类交通基础设施建设项目，推进“常金一体化”道路基础设施西进工程（简称“常金一体化”工程）、区重点交通基础设施项目和航道、通用机场建设，组织实施农路农桥工程。全年完成交通基础设施建设投资15.8亿元，其中公路完成投资11.7亿元、航道完成投资4.1亿元。全区新增公路里程3.1千米，累计3481.7千米。其中，高速公路里程112.27千米，一级公路里程527.95千米，二级公路里程559.07千米，三级公路里程572.77千米，四级公路里程1708.97千米；国省干线公路里程255.7千米，农村公路里程3226千米（县道里程456.19千米、乡道里程874.63千米、村道里程1895.18千米）。公路面积密度2.79千米/平方千米，公路人口密度33.8千米/万人。全区航道总里程429.92千米，其中三级航道里程42.29千米、六级航道里程101.28千米、七级航道里程88千米、等外级航道里程198.35千米。全区有港口（码头）193个，其中企业港口（码头）65个、私人散货码头126个，码头泊位421个，总延长12.66千米。

【苏南运河常州东段航道整治】 苏南运河常州东段航道整治工程为2014年省、市重点航道建设项目，整治航段位于横林镇境内，起于武进大众钢铁公司，止于常州市与无锡市交界处的直湖港，全长5.7千米，其中横林镇区段长2.4千米、非集镇段长3.3千米，计划开挖土方80.6万立方米，新建驳岸里程5.67千米，加固驳岸里程4.97千米，改建横林大桥，新建横林东桥和横林新桥，工程计划投资8亿元，预计工期为2014年4月～2016年2月。这次航道整治采取运河北岸拓宽、南岸利用现有护岸加固处理形式，分航道、桥梁两个标段实施。2014年，完成桥梁标横林东桥下部结构和横林新桥灌注桩55根，完成施工产值5364万元；新建航道标护岸里程2.81千米，加固驳岸里程4.97千米，完成施工产值6410万元，驳岸加固工程通过省交通厅交工验收。

7月30日，常州市市长费高云视察苏南运河常州东段航道整治工程

（区交通局 供稿）

【“常金一体化”工程推进】 “常金一体化”工程主要由金武路改扩建工程（武进段）和延政西路西延工程（武进段）工程组成。金武路改扩建工程（武进段）全长6.24千米，起于长虹西路，沿原金武路向西，跨越239省道、朝阳河、花海大道、森庄浜河、小夏溪河，止于金坛市界，按照主线采用城市快速路标准、辅道采用城市主干路标准设计，计划投资6.6亿元，工期为2014年1月～2015年8月。该工程2014年投资3.54亿元，完成土方填筑61%、10%灰土填筑22%、排水管道铺设93%、人行通道建设43%和桥梁工程80%。延政西路西延工程（武进段）全长1.05千米，起于239省道，止于金坛市界，按照一级公路标准设计，总投资8000万元，工期为2014年9月～2015年5月。该工程2014年投资5600万元，完成便道建设和土方填筑65%。

【区重点交通基础设施项目建设】 （1）青洋路快速化工程。全长13.2千米，起于武进大道，途经雪堰、前黄和礼嘉三镇，止于老342省道。该工程计划投资16.7亿元，工期为2013年7月～2016年7月，全线不设置红绿灯，架设主要桥梁7座，采用双向六车道一级公路标准，设计行车速度100千米/小时。2014年，投资3.2亿元，累计投资6.2亿元，完成便道便桥建设80%、路基土方15%、桥梁工程43%。（2）武进大道（礼毛路—无锡界）。是规划调整中的340省道一部分，全长7.3千米，起于武进大道与礼毛路交叉口，途经洛阳岑村、阳湖，跨锡溧漕河，止于常州市与无锡市交界处，按照双向六车道一级公路标准设计。该工程计划投资7.3亿元，工期为2013年8月～2016年8月。2014年，投资1.87亿元，累计投资2.89亿元，完成便道便桥建设和土方填筑48%、桥梁工程43%。（3）工业大道。全长3.24千米，起于跨北塘河桥，止于常焦路，新建跨河桥梁（北塘河桥、大泽沟桥、大闸河桥）3座，按照城市次干路标准设计。该工程计划投资1.7亿元，工期为2013年9月～2015年6月。2014年，投资5850万元，累计投资1.19亿元，完成便道便桥建设和跨北塘河桥建设46%。

【县道养护名列全省第一】 2014年，区交通运输部门实施县道大中修工程，完成北寨桥改建工程等大修项目5个、常戚线等中修项目5个，总里程35千米，整体工程优良率100%。结合文明样板路创建，提升路况质量，完善安保设施，净化路域环境，打造绿色通道，清除脏乱差现象，县道公路优良率达94%以上；对全区县道管养实行城市长效综合管理，安排专人专车负责公路保洁、路面修复、路肩整平、绿化养护和标志标线维护等工作，县道公路保洁时间达8小时/日以上。9月，武进县道养护在全省养护检查考核中位列全省第一。

【文明样板路创建】 2014年，围绕农村公路文明样板路“畅、洁、绿、美、安、舒”要求，区交通运输部门通过招投标确定

2014年武进区农村公路文明样板路创建情况

表21

创建主体	路线名称	起点名称	终点名称	里程（米）
交通运输局	焦芙线	大桥头	宕口村	1435
	嘉东线	嘉尧线	安欢渎桥	5290
	嘉新线	湟里	南星村	5451
	湟水线	宏图桥	村前村	4064
	环湖西路	239省道	塘桥中桥	6301
	环湖东路	环湖北路	武进大道	4155
	武宜南路	镜湖路	潘寨线	4260
雪堰镇	避风港线	雅浦桥	太隔	1298
	园区线	342省道	雪西村	751
礼嘉镇	礼小线	礼坂路	小元上	500
前黄镇	灵园线	高梅村委	寨坊线	1100
	运东线	运农线	东埝村	550
横林镇	新工线	新312国道	老虎埂桥	790
洛阳镇	横东线	彭家头	横汤线	3736
	武高线	武澄路	惠诺商贸有限公司	1332
遥观镇	剑马线	通济线	剑遥线	2675
	回公线	回车场	公墓	670
	观湖路	剑马线	剑遥线	1586
郑陆镇	溪河路	朝阳路	焦潞线	1412
	舜平线	朝阳路	中心河线	728
横山桥镇	西钱线	芙蓉蓉联线	芙蓉玉祁线	1988
	梁郭线	西周村入点	郭家村入点	2183
	梁中路	芙蓉双庙	芙蓉玉祁	992
邹区镇	邹东线	工业大道	腾龙路	768
	岳津桥线	312国道	东方大道	1207
奔牛镇	东桥线	中天路	奔发路	2252
	黄大线	黄泥河	大运河	1581
湟里镇	小下线	小庄子	下场村	1035
	东方路	香泉线	东方特钢	833
	葛庄线	葛延线	新瑞线	684
嘉泽镇	夏殷线	环镇路	塘农线	2400
		周庄村委	三星村委	1800
	夏湟线	夏溪北桥	239线	1470
		239线	王家塘（239线）	2001
	跃金线	羊薛线	花都线	1280
		金鸡入点	239线	3012
	观厚线	239省道	厚余村委	250
	史池线	池头寸	金周线	1136
	大名路	嘉东线	环湖西路	1666
	塘农线（原三星线部分）	库塘村	北片主干道	1122
	三星线	夏殷线	塘农线	1200
	前项庄线	砖瓦厂	前项	1074
	羊薛线	羊毛庄桥	薛家村	1316
	王甘线	王家塘	上渎电灌站	800
	大有路	环湖西路	嘉东路	1600
	马塘线	跃进村	花海大道	771
	人民路	嘉成线	嘉泽镇	945
	大圩塘线	大圩塘	嘉村线	1550
	花溪线	239线	夏湟线	922
	农博园线	安置区	花海大道	1029

专业养护队伍，经常性开展养护技术人员培训，全面开展道路精细化整治管理，整治提升路肩边坡、桥梁涵洞等构造物和公路绿化、交通设施、平交道口环境。全区完成投资2004万元，新创建省级文明样板路1条长10千米，市级文明样板路124条总长191千米。其中，惠民客运类公路长52.52千米，安保达标类公路长99.55千米，花博艺术型公路长18.33千米，农家风情型公路长8.18千米，提档升级类公路长12.21千米。区级文明样板路47条总长88.95千米。其中，县道文明样板路4条总长16.24千米，乡道文明样板路17条总长46.2千米，村道文明样板路26条总长26.51千米。至年末，全区县道、乡道文明样板路示范率分别为66%和29.7%，村道文明样板路覆盖率38%。

【农村公路提档升级工程实施】 2013～2015年，是全区农村公路提档升级年，对辖区内道路破损严重、群众反响大、交通位置重要的道路实施大中修改造，并同步完善沿线标志标线等安全设施。2014年，全区投资9550万元，重点实施农村公路大中修工程和交通安全设施工程。其中，县道大修工程有嘉东线大修工程、潘寨线北寨桥抢修、农奔线大修工程、嘉东线提档升级工程、南星桥大修工程5个，中修工程有常芙线、农奔线、芙潞线、常戚线、潘寨线5个。县、乡、村道提档升级道路21条总长54.05千米，涉及12个镇，完成投资1.21亿元。通过提档升级，保障镇村公交、校车及城乡客运班车安全通行，提升农村公路通畅水平、沿线环境和安全条件。

2014年武进区农村公路提档升级工程情况

表22

所属乡镇（单位）	线路名称	路线编号	路面类型	起点	讫点	路面宽（米）	里程（米）
交通局	嘉东线	X211	沥青砼	嘉尧线	安欢渎桥	6	5363
	嘉东线	X211	沥青砼	东安镇	庄河港桥头	12～16	2771
	农奔线	X210	沥青砼	叶家码头桥南侧南观路	经发区城镇渐变段	18	9230
雪堰镇	雪旺线	Y106	水泥砼	秀衣村	旺庄村	6～8	1805
	雪雅线	Y110	水泥砼	南山村	雅浦村	7	3865
礼嘉镇	震农线	Y005	沥青砼	虎渡桥	洛夏线	10～12	773
	于家线	C857	沥青砼	于附线	震农线	7～9	1205
洛阳镇	戴毛线	Y033	沥青砼	马虎线	礼嘉界	7	2259
横林镇	新横林崔桥线	C140	沥青砼	横崔线	横南线	15	2105
遥观镇	通济线	Y271	沥青砼	通济村	剑马线	7	1462
	遥坂线	Y035	沥青砼	312国道	太平桥	7	1922
郑陆镇	中心河线	CG16	水泥砼	锁石村	省岸村	6～8	4394
横山桥镇	新庄路	C030	沥青砼	新村路	龙新线	7	793
	西柳塘线	CE45	沥青砼	芙潞线	常芙线	7.5～8	2151
	省庄南路	C098	水泥砼	戚金线	方家塘路	8	282
湟里镇	嘉东线	X211	沥青砼	村前村	湖上村	5.5～6	2691
嘉泽镇	夏湟线	Y039	沥青砼	239省道	甘荡村	5～12	3232
	厚余线	C461	水泥砼	厚余村	延政路	6	3328
牛塘镇	陶井王家线	CD28	水泥砼	厚恕线	江宜高速	5～7	1867
邹区镇	泰文线	Y502	沥青砼	创新桥	文昌村	6～9	1424
奔牛镇	前南线	C991	沥青砼	东桥线	南观村	9	1129

（王智聪）

交通运输

【概　况】 2014年，区交通运输部门加强运输行业监管，推进公交惠民工程，提高全区交通运输服务质量。全区全社会完成旅客周转量24077万人千米，下降2%；完成货物周转量85054万吨千米，下降2.2%；专业港口完成货物吞吐量308.2万吨，下降15.9%；完成货物操作量1532万吨，下降12.6%。圩塘汽渡全年渡运车辆71.38万辆。“春运”期间（1月16日～2月24日），武进汽车客运站安全运送旅客9.74万人次，圩塘汽渡安全渡运3410航次、渡运车辆7.94万辆次，实现“平安春运”目标。

【公交惠民工程】 2014年，武进区推进公交惠民工程，新辟、调整优化公交线路26条，开通常州市主城区至西太湖花博园的B15公交线、西林公交枢纽至环湖路的326路公交线、常州客运中心至郑陆农场的1211路公交线、洛阳公交枢纽至洛阳镇天井村委的3311路公交线，完成310路公交无人售票制改革，配合做好花博园首届郁金香节期间的交通保障。完善公交设施建设，横林公交枢纽中心于1月建成投用，前黄、牛塘两镇的公交场站设施协调推进；全区新建、迁移公交站棚111个，完成站棚小修224个，实施对1287个公交站棚的长效管理。至年末，公交线路覆盖全区各行政村（社区）。

【常州汽车客运东站投运】 2014年9月15日投运。常州汽车客运东站位于武进区横山桥镇，紧临232省道及沪蓉高速，距常州市客运中心约13千米，于2013年9月25日开工建设，总投资约5000万元，占地面积2.1万平方米，建筑面积6000平方米，建有汽车站站房、辅房和站前广场、停车场等综合配套设施，其中站房建筑面积5695.49平方米，为地上三层建筑。该站为二级客运站，站内客车停车位108个、发车位13个，检票窗口11个，售票窗口6个，可满足日发旅客5000人次～10000人次的需求。该站投运后，共有46条班线256个班次进东站配载，有效缓解常州东部横山桥、戚墅堰地区居民出行需求的压力。年内，该站发车2.14万个班次，输送旅客3.21万人次。

（王智聪）

交 通 管 理

【概　况】 2014年，区交通运输部门转变行业管理方式，加快构建决策、执行、监督三位一体管理新体制，消除制约综合运输体系发展的体制机制性障碍。开展普法宣传，根据新《中华人民共和国安全生产法》，强化红线意识，落实安全责任，与所属10家企事业单位签订安全责任书，江苏恒基路桥有限公司等3家企业创成区安全文化建设示范企业。加强依法行政，推行执法例会制、案卷评议制、重大案件备案制和执法回访制4项制度；24人取得交通运输行政执法证。开展隐患排查治理，排查整改事故隐患1478处；依托区安全生产联席会议，定期开展客运、危险货运、工程建设项目等高危领域安全监管，联合约谈危险货运企业6家，吊销经营许可客运企业1家；开展交通运输应急演练19场，完成节假日及区重要活动期间的运输保障，未发生一起重大安全责任事故。依托交通警务室，加强路政、航政（港政）和运政管理，结合“六打六治”“打非治违”、港口码头扬尘治理、超限治理和城市长效管理等专项行动，清除公路障碍物面积1380平方米、各类非交通标志903个、违法摊点560个；查处“黑车”15起、危险品运输违章行为83起、班线旅游等客运违章行为178起；查纠航道违章行为61起，控制17家码头堆场扬尘；查处违法超限车辆889辆；查处维修市场无证经营业户7家，暂扣设备63台（套），未发生“三乱”（乱设卡、乱罚款、乱收费）现象。取消行政许可事项1项，修订航道许可服务指南；办结行政许可2847件、非行政许可20927件；办结行政处罚（理）案件2522件，未发生行政复议案件；发生行政诉讼案件1起，结果胜诉。

【区交通质监站运行良好】 区交通工程质量监督站（简称区交通质监站）成立于2012年9月，是隶属于区交通运输局的全民事业单位，核定编制5人。2014年，该站履行对辖区内新建和改扩建交通建设工程项目及附属工程的质量监督、安全监管职责，受监工业大道等工程建设项目2个、嘉东线等县道大修工程5个、南寨桥等旧危桥改造工程43个，实现对辖区内除乡镇实施乡村道外的质量监督全覆盖。全年开展综合检查4次、专项检查10次、飞行检查5次、工地巡查5次，下达监督整改通知书35份；开展商供混凝土质量专项治理，建立商品混凝土供应商信息档案；开展内业资料专项审查，受监工程合格率100%；发放《一线工人必读》等学习资料200册。

【交管所规范化建设】 2014年，区交通运输部门加强对交管所管理工作的指导和监督，细化明确交管所管理职责，完善交管所台账和考核办法。投入资金200余万元，购置执法车辆15辆，为每个交管所更新一辆。新招录交管所工作人员13名，组织新进人员参加交通部执法证培训，均取得交通运输行政执法证。开展轮岗交流、行政执法培训和专管员培训。按照标准化统一外观形象要求，完成雪堰、横林、遥观、郑陆、邹区、奔牛、嘉泽7家交管所标准化建设，牛塘、洛阳、郑陆、湟里4家交管所被评为区“人民满意好站所”。

（王智聪）

交管所人员整装待发　　（区交通局 供稿）

（栏目编辑　张新辉）

信息化建设

综　述

【概　况】 2014年，围绕苏南现代化示范区和智慧城市建设要求，武进区加大信息基础设施投入，推广信息化应用。依托移动、电信、联通、广电四大运营商，年内投入3.13亿元，新建移动通信基站2310个，累计7054个。其中，4G基站由上年386个增至2378个，3G/4G网络覆盖率达95%。重点普及无线宽带应用，“无线武进”免费Wi-Fi上网工程7月开通运行，实现武进区人力资源市场等九大公共区域信号覆盖，年内累计登陆20.09万人次。推进两化深度融合，依托

表23　2014年武进区新增省级两化融合示范（试验）区、转型升级示范（试点）企业和市级两化融合管理体系贯标试点企业、智慧企业

类　别	单　位
江苏省两化融合示范区	常州西太湖科技产业园（江苏武进经济开发区）
江苏省两化融合试验区	武进纺织工业园
江苏省两化融合转型升级示范企业	常州乐士雷利电机有限公司
	常州克劳诺斯特种轴承制造有限公司
	常州快克锡焊股份有限公司
江苏省两化融合转型升级试点企业	常州市良久机械制造有限公司
	常州腾跃不锈钢管有限公司
	江苏南方卫材医药股份有限公司
	光大环保设备制造（常州）有限公司
	江苏双辉环境科技有限公司
	常州强力先端电子材料有限公司
	常州中进医疗器材有限公司
	常州胜威塑料有限公司
	常州科普动力机械有限公司
	江苏华阳电器有限公司
	常州市中迈源纺织机械有限公司
	常州市盈能电气有限公司
	卡尔迈耶（中国）有限公司
	江苏日盈电子股份有限公司
	金石机器人常州有限公司
	江苏常州赛华汉诚电子有限公司
江苏省两化融合转型升级试点企业	中铁建电气化局集团轨道交通器材有限公司
	江苏银盛电缆科技有限公司
	常州市传动输送机械有限公司
	常州电站辅机总厂有限公司
	江苏佳华新材料科技有限公司
常州市智慧企业	中天钢铁集团有限公司
	常州腾龙汽车零部件股份有限公司
	江苏龙城精锻有限公司
常州市初级智慧企业	江苏润源控股集团有限公司
	江苏瓯堡纺织染整有限公司
	常州克劳诺斯特种轴承制造有限公司
	江苏恒立高压油缸股份有限公司
	常州市钱璟康复器材有限公司
	常州东方特钢有限公司
	常州快克锡焊股份有限公司
常州市两化融合管理体系贯标试点企业	中天钢铁集团有限公司
	江苏润源控股集团有限公司
	江苏欧堡纺织染整有限公司
	江苏新洛凯机电有限公司
	江苏武进不锈股份有限公司

“无线武进”政府免费WIFI开通（区经信局 供稿）

两化融合示范试点项目，推动企业信息化建设，新增省级两化融合示范区1个、省级两化融合试验区1个、省级两化融合转型升级示范企业3家、省级两化融合转型升级试点企业21家，分别累计4个、1个、15家、89家；培育智慧企业，创成市智慧企业3家、初级智慧企业7家，分别累计5家，13家；规范企业信息化建设，5家企业入选常州市首批两化融合管理体系贯标试点企业；开展两化融合网上自评估，有570家规模以上企业被列入省两化融合自评估数据库，150家企业参与工信部组织的区域两化融合水平评估。推进农村信息化建设，于7月完成农村综合信息服务平台与常州市网上（城乡）社区平台数据的共享技术对接，礼嘉镇武阳村创成省级农村信息化应用示范基地。全年争取到省、市工业和信息产业转型升级专项引导资金共1175万元，获批省促进信息消费应用试点平台1个、省信息基础设施建设试点工程1个。全区新增移动电话用户21.97万户、3G/4G用户29.25万户，分别累计240.89万户、116.93万户；宽带接入水平逐步提升，光纤到户（FFTH）覆盖用户达88.38万户，增长104%；固定宽带用户累计50.3万户，移动互联网用户累计198.03万户；数字电视用户累计36.2万户，高清电视用户累计9.9万户，有线电视入户率保持100%，IPTV、手机电视、CMMB等流媒体用户累计112.86万户，比上年增加2成多。

【“无线武进”免费Wi-Fi上网工程开通运行】 2014年，区经信局按照智慧城市建设要求，联合相关部门和电信、移动等单位，在重点商业集群区域、行政服务及公共服务区域、公共活动中心等区域，建设“无线武进”免费Wi-Fi上网工程，安装无线信号设备173台，布设室内天线1080副、大功率室外天线32副，Wi-Fi信号覆盖面积达20万平方米，先后于5月和7月分两期开通，共开通武进区行政服务中心、人力资源市场、人才俱乐部、武进人民医院（南院）、武进中医医院、新天地公园、淹城公园广场、金鹰大润发广场、乐购广场9个区域的“无线武进”免费Wi-Fi信号。年内，累计成功登陆人数达20.09万人次，累计使用网络流量18150.71GB，平均每人次使用网络流量92.5MB。

【礼嘉镇武阳村创成省农村信息化应用示范基地】 12月，被省经信委、省委农工办、省农委和省商务厅联合认定为“2014年度江苏省农村信息化应用示范基地”。礼嘉镇武阳村围绕“以信息化助推社会主义新农村建设”，完善农村信息基础设施建设。至年末，全村实现农村“新三通”（行政村通光缆，自然村通宽带、通有线电视），有线电视入户率100%、光纤覆盖率100%、家庭宽带普及率98%，平均带宽达到4M。依托区农村综合信息服务平台，创新农村管理模式，利用农村经济发展、社会管理和公共服务板块，为村民提供涉农信息公开、农村经营管理、民生信息查询等综合信息服务，信息技术在农村管理、农业生产经营等领域应用日趋广泛，形成有武阳特色的网上村委会。

【网络与信息安全管理】 2014年，区网络与信息安全协调小组办公室落实网络与信息安全年度工作要求，全面开展政务网站信息安全测评，及时处置信息安全事件，部署网络与信息安全保障工作，保障全区网络与信息安全总体平稳。年内，完成全区政务网站安全测评81家，向存在高危漏洞单位寄发网络与信息安全事件处置通知67份，发现并及时整改相关高危漏洞202处，提供针对性整改建议260余条，提供远程技术指导30余次、现场技术支撑5次，协调处置网络与信息安全事件8起。

（庄伟锋）

信 息 产 业

【概　况】 至2014年年末，全区有规模以上电子信息产品制造业企业184家，实现主营业务收入717.8亿元，增长19.7%；有软件企业和嵌入式软件企业84家，实现软件业务收入100亿元，增长42.9%。新增通过软件和信息技术服务业资质企业6家，累计53家，实现主营业务收入2000万元以上软件企业4家。

【江苏振邦智慧城市信息系统有限公司通过省级ITSS初级评估】 2014年11月通过江苏省电子信息产品质量监督检验研究院的ITSS《信息技术服务运行维护第I部分：通用要求》符合性评估。江苏振邦智慧城市信息系统有限公司位于武进区牛塘工业园，成立于2011年3月，注册资金5000万元，有工作人员114人，其中研究生学历10人、本科学历72人，从事智慧城市以及智慧医疗整体规划、咨询设计、解决方案、信息化软件与服务等业务。2014年，该公司承建大型项目有武进区区域卫生信息化工程项目、黑龙江省绥芬河市应急指挥系统工程一期项目。武进区区域卫生信息化工程项目包括建设和完善卫生专网1个、区域卫生信息中心1个、基础服务平台3个和涉及五大领域的区域卫生信息化系统1个，建成基础支撑、医疗服务、社会保障、公共卫生服务、药品管理、卫生综合管理、安全及标准规范和IT运维服务共8个体系，全年实现业务收入8140万元。该公司2014

年5月通过CMMI4级认证，并获“2014年常州市软件和信息服务业十强企业”称号。

（唐淑华）

电子政务

【概　况】 2014年，区经信局按照《武进智慧城市总体规划》《关于进一步加快我区信息化建设的实施意见》相关要求，合理部署，分步实施，统筹全区政务信息化建设，推进智慧城市试点建设。根据《武进区信息化建设项目管理暂行办法》，依托区信息化发展专家咨询委员会，加强政府信息化项目审核管理，组织评审区征收办的武进区房屋征收（搬迁）信息管理系统、区人社局的武进金保工程硬件系统升级改造及常武医保定点互通建设项目、区环保局的武进区环境监测站实验室信息管理系统、区规划局的武进智慧城市规划云服务平台5个项目，就项目建设方案、项目实施细节、资源共用共享、网络信息安全等方面提出合理建议。成功实施“工商e键通”网上工商登记工程、武进智慧旅游公共信息服务平台（一期）、电子政务外网延伸工程等智慧城市建设项目。建成全区经信系统协同工作平台，提高政府管理、行政便民、民生服务等方面信息化水平。

（庄伟锋）

【政务平台功能提升】 （1）深化区“三合一”阳光政务平台运行。“三合一”阳光政务镇级服务平台2月开通运行，行政代理和便民服务类事项共计645项被定制入网。“三合一”阳光政务平台法制平台在线考试培训系统11月建成，满足行政执法人员、法制工作人员参加在线培训和考试需求。全年通过平台办件116万余件，其中镇（街道）办件1万余件，接受咨询、投诉建议共775件。（2）完善政府门户网站部分系统和模块功能。12月，代表建议、委员提案网上办理系统升级改版完成，实现人大代表建议和政协委员提案内容数据化、办理网络化、督办在线化、结果公开化目标。区信息中心完善信息公开平台相关功能模块，在收件箱和办件箱中增加依申请公开办理表单导出功能，满足依申请信息公开规范流程操作需求。区政府门户网站全年发布信息4万余条，被省、市政府网站录用信息1400余条，开展政民互动活动223次。（3）完成区协同工作平台（公文电子化传输系统）改版。7月，完成改版并启用。该平台新增网络热点、公文拟文、电子公文库、通讯簿等功能模块，满足个性化需求。全年通过平台发文8004份，签收203971次，发布信息4100条。区信息中心配合区委办完成平台数字证书与部门用户绑定和数字证书延期工作。

【区电子政务网络平台向村（社区）延伸工程基本完成】 8月，区政府出台《武进区电子政务网络平台向村（社区）延伸工作方案》，区信息化工作领导小组办公室建立工作联动机制，组织推进该工程实施。区信息中心整合各部门（单位）到村（社区）的网络专线（不含社保专线），调整至区电子政务网络平台，负责区电子政务网络平台的延伸、管理和维护工作；各镇（街道、开发区）组织村（社区）配合开展村级各类网络应用的转换整合和日常应用管理。至年末，全区350个村（社区）完成接入目标，实现电子政务网络平台区、镇（街道）、村（社区）三级互联互通，区级部门各类应用平台均可通过区电子政务网络平台延伸到各村（社区）。按照方案，每年运行经费由区财政统一承担，各村（社区）免费使用。

（刘丽群）

电子商务

【概　况】 2014年，根据国家《电子商务“十二五”发展规划》《“十二五”电子商务发展指导意见》，武进区于10月出台《常州市武进区电子商务发展指导意见》，成立电子商务发展工作领导小组，建立全区电子商务工作联络员制度，组建电子商务协会，在全区实施农村电子商务示范工程、电子商务服务外包示范工程、传统制造业电商转型示范工程、传统商业线上线下融合示范工程、传统专业市场电商升级示范工程、社区生活服务电子商务示范工程、电商技术模式创新发展工程七大工程，加快推进电子商务在全社会多领域的广泛应用和创新发展，助推经济转型升级，促进电子商务持续发展。全区有工业、农业、旅游业、物流等产业实现在线支付功能电子商务平台10多个，引进和建立电子商务服务企业70多家，全年实现电子商务交易额510亿元、零售额30亿元，分别增长38.6%、42.9%。区商务局履行电子商务管理与服务职能，开展电子商务示范争创，组织企业参加电子商务培训和2014中国（常州）电子商务应用发展年会。武进区通过“江苏省农村电子商务示范县”初审、复审，横林镇崔北村成为全市首个省农村电子商务示范村，江苏蓝火翼网络科技有限公司等6家企业被评为“2014年度常州市电子商务示范企业”。

【崔北村成为全市首个省农村电子商务示范村】 2014年6月30日，省商务厅公示“江苏省首批农村电子商务示范村名单”，横林镇崔北村名列其中，成为全市首个省农村电子商务示范村。该村位于横林镇西北部，由原梅巷、塘头、莕胜3个行政村合并而成，总面积3.7平方千米，农户1037户共3452人；有企业300多家，其中地板企业及其配套企业占70%以上，享有“地板村”之誉。随着互联网的高速发展，传统品牌营销逐步被电子商务所替代。该村产生首批进入电子商务市场的企业始于2009年，一些龙头企业开始建立网站，与相关电子商务平台建立合作关系，由此带动村民在淘宝网站上开设网店。到2014年，在京东、阿里巴巴、淘宝、天猫等电子商务平台开设网店数量达200多家；从事电子商务的农户达382户，占全村总户数的36.8%；实现年电子商务交易额3.2亿元，占全村总产值的10%。

【武进区电子商务协会组建】 该协会于2013年年底开始筹建，2014年11月成立，由江苏蓝火翼网络科技有限公司负责人段振担任会长，聘请常州纺织服装职业技术学院经贸系电子商务专业讲师唐勇兼任秘书长。成员由电商平台、电商服务及物流、农业、旅游和工业等电商发展代表性企业共53家企业负责人组成。该协会将在电商调研、政策咨询、市场开拓、技术支持、业务培训等方面开展相关工作，为政府决策、企业发展、人才引进等方面提供服务。

【2014 中国（常州）电子商务应用发展年会在武进召开】 9 月 26 日，在武进假日酒店召开，商务部中国国际电子商务中心研究院副院长李鸣涛等 37 名国内电子商务领域知名专家和重点企业代表应邀参加，武进区有 120 多家单位共 230 多人参会，共计参会 1000 多人。该年会由亿邦动力网、常州市商务局、西太湖电子商务产业园联合主办，主题为“实体经济借势电商”，由开幕式主论坛和“传统企业跨境电商实战”“中小企业电商专业外包实战”“中小企业电商可持续发展思路探讨”3 个分论坛组成。武进区企业代表江苏贝尔装饰材料有限公司总裁张小玲、江苏蓝火翼网络科技有限公司副总经理易豪在年会上作了经验交流发言。

（庄振东）

通信与邮政

【电信通信建设与服务】 2014 年，区电信局按照武进智慧城市建设总体规划，创新创优，加大投入，建设基础设施，增强综合通信能力。新建 4G 基站 532 个，累计 747 个，覆盖小区 18 个；加快网络光纤化改造，投入 8 亿多元，新增管道长度 71.28 千米，新增光缆长度 31493.01 芯千米，实现光纤带宽 100 兆和 4G 手机带宽 100 兆的“电信双百兆”传输目标。依托信息化项目建设，完成年度为民办实事项目—“无线武进”免费 Wi-Fi 上网工程建设，承接室内分布系统建设项目 92 个。做好中高考和中华龙舟大赛（常州武进站）、环太湖国际公路自行车赛武进赛段等重要时期的通信保障，在公安部门和运输企业中推广使用天翼产品手机对讲功能。健全客户回访制度，实现 24 小时内答复客户，推出微信公众号和易信服务号，积极为用户服务。全区设有实体门店、合作店、中小卖场、专营店、直营店等电信营业厅 217 家。

（仲文虎）

【移动通信建设与服务】 2014 年，中国移动通信集团江苏有限公司武进分公司（简称武进移动）把握 4G 建设发展契机，推进基础设施建设。建设 4G 网络 TD-LTE 一期、二期、三期，建成开通 4G 基站 1000 多个，实现武进移动 4G 网络全覆盖目标；新建光缆长度 2993 皮长千米、杆路长度 402 杆程千米、光交 167 座、管道长度 128 沟千米，完成汇聚光缆长度 332 皮长千米、综合接入区 16 个、自然集镇 18 个的传输网改造；交付宽带信息点 10.1 万个，具备服务宽带客户 41.6 万户的能力。新增 ONU 设备 570 台，接入视频监控点 158 个。承接和服务“武进建设局路灯照明及绿地设施监控”“武进太湖湾客源分析系统”“司法社区矫正语音汇报（声纹验证）系统”等项目，做好中高考、郁金香节、国际车展、中华龙舟赛等重要时期的通信保障，开展“优质服务 10 分满意”服务进集团、进社区活动，为用户提供免费 4G 换卡、手机保养服务。年末，客户总数超 140 万户，4G 用户达 50 万户，完成运营收入超 12 亿元。武进移动下属的鸣凰镇区域营销中心被评为省级标杆班组。

（钱　洵）

开展“优质服务 10 分满意”服务进集团、进社区活动　　（武进移动　供稿）

【邮政服务】 武进有城东、城南、城西邮政分局 3 个，有邮政服务网点 43 个、投递点 43 个、邮路 16 条，代理金融服务网点 39 个。2014 年，武进邮政部门完成南夏墅邮政网点内部设施、服务环境标准化改造，对全区代理金融网点实施销售化转型，组织 200 多名金融从业人员开展培训。在各邮政网点开设水、电、燃气费代缴和汽车票、飞机票代售等业务，代办相关车险业务。推进电子商务平台建设，“惠民优选”电子商务平台 10 月建成投运，为客户提供咨询、代购、寄递、自提、退换货等服务。全年实现邮政业务收入 2.01 亿元，增长 15.5%。其中，代理金融业务收入 1.66 亿元，增长 31.75%；邮务类业务（函件、国内普通包裹、报刊发行、集邮、电子商务）收入 0.35 亿元，下降 18%。此外，组织各邮政网点开展“送电影下乡”活动 20 余次，深入社区宣传金融安全知识、健康养生知识。开展“爱心包裹”捐赠活动，向贫困山区学生捐赠爱心包裹 102 个，捐款金额 1.02 万元。

（张香娟）

（栏目编辑　张新辉）

开放型经济

对外及港台贸易

【概　况】 2014年，区商务部门围绕服务企业转型升级，着力提升对外经贸竞争力。

创新服务举措，助推企业发展 积极争取外贸扶持政策和资金，引导企业开展结构优化和产业转型。指导85家企业注册中小企业国际市场开拓资金，组织19家企业22个项目申报2013年度国家级、省级进口贴息资金，413家企业开展小微企业平台参保。全年争取到省、市商务发展资金共3669.17万元，下拨区级外向型经济专项资金716.7万元，惠及企业145家。坚持深度开拓欧盟和美国、日本等传统市场，大力开拓东欧、非洲等新兴市场，组织企业参加境内外优质展会8次，帮助和协调贸易摩擦涉案项目3起。

建设重点平台，优化外贸环境 加快出口基地建设，武进区被省商务厅认定为“江苏省面料出口基地”，江苏瓯堡纺织染织有限公司等10家纺织企业被认定为该基地骨干企业。至年末，全区累计2个国家级外贸基地和3个省级出口基地通过各级商务部门验收。发挥武进出口加工区保税物流功能，跟踪服务潜力项目，申报进口消费品展示交易中心、武进有色金属进口交易中心等。深入企业推广“华贸通”业务和出口信贷政策，扶持外贸企业发展。培育具有自主知识产权、自主品牌的出口产品，引导传统优势产品提高附加值，获批重点培育和发展的国际知名品牌企业省级20家、市级23家。

全区有自营进出口实绩企业1720家，比上年增加215家。其中，出口实绩企业1621家，增加198家；进口实绩企业587家，增加55家。全年完成进出口总额100.03亿美元，占全市进出口总额的34.72%。其中，出口总额70.01亿美元，进口总额30.02亿美元。对美贸易逆势增长，累计进出口总额17.1亿美元，增长13.7%；机电产品占据主导地位，全年机电产品进出口总额47.43亿美元，增长13.48%，占全区出口总额的47.42%；一般商品贸易累计进出口总额81.03亿美元，占全区进出口总额的81.01%。常州中天钢铁有限公司、光宝科技（常州）有限公司、瑞声光电科技（常州）有限公司3家规模进出口企业，分别实现进出口总额超2亿美元。

2014年武进区进出口额前20位企业情况

表24

企业名称	进出口额（万美元）	比2013年（±%）
常州中天钢铁有限公司	120919.81	-40.83
光宝科技（常州）有限公司	33689.55	12.99
瑞声光电科技（常州）有限公司	24277.54	-7.30
卡尔迈耶（中国）有限公司	19642.22	9.74
常州亨通海晨物流有限公司	17838.63	38.67
晶品光电（常州）有限公司	13297.97	105.84
常州新华昌国际集装箱有限公司	12923.44	37.56
光宝光电（常州）有限公司	12763.9	17.49
安费诺（常州）连接系统有限公司	12254.2	5.81
贝尔金电器（常州）有限公司	11606.73	-21.93
安费诺（常州）高端连接器有限公司	10896.39	11.82
江苏友奥电器有限公司	10868.15	18.82
江苏亚邦进出口有限公司	10045.15	13.39
爱科（常州）农业机械有限公司	9491.75	90.36
江苏贝尔装饰材料有限公司	8432.28	38.16
常州市佳尔科药业集团有限公司	8359.16	1.51
江苏常牵庞巴迪牵引系统有限公司	6985.11	100.53
江苏顺风光电科技有限公司	6984.01	80.97
常州市苏星世纪服饰有限公司	6911.52	6.54
常州倍科电器有限公司	6835.11	43.91

表 25　2014 年武进区出口及销往香港地区贸易情况

项　　目	出口金额（亿美元）	比 2013 年（±%）	占出口总额（%）
自营出口总额	70.01	9.4	—
自营出口国家（地区）			
美　国	16.11	18.75	23.01
欧　盟	11.89	18.53	16.99
东　盟	6.76	8.99	9.66
中国香港	3.81	-45.41	5.45
日　本	2.87	5.74	4.10
出口产品类别			
机电产品	50.00	15.66	71.42
纺织服装	7.85	9.59	11.21
化工、塑料及制品	7.71	13.20	11.01
轻工产品及其他	4.45	0.13	6.36

【武进区被认定为省面料出口基地】 2014 年 12 月，武进区被省商务厅认定为“江苏省面料出口基地”，江苏瓯堡纺织染整有限公司、常州市武进马杭色织布有限公司、江苏新光纺织有限公司、江苏华申申龙纺织集团有限公司、常州骏嘉纺织染整有限公司、武进佳宏纺织品有限公司、常州嘉宝印染制衣有限公司、武进洋泽织造有限公司、常州市武进大元色织布有限公司、常州市荣恒纺织有限公司 10 家企业被认定为该基地骨干企业。武进纺织产业发展基础良好，产业集聚度较高，主要生产经营企业集中在湖塘镇，拥有坚实的纺织产业基础、较强的纺织品品牌实力和科技实力，着力打造全省知名的纺织品交易市场——湖塘纺织城，搭建有全国纺织业领先的公共服务平台，并制定行业规划和配套扶持政策。2014 年，全区纺织业规模以上工业企业 212 家，完成规模以上工业产值 257.08 亿元，实现销售收入 254.5 亿元。旷达牌汽车内饰面料被评为江苏名牌产品。

（沈建波）

利用外资及港澳台资

【概　况】 2014 年，区商务部门着重做好推介武进和寻找“资缘”工作，引导重点企业与外资“嫁接”，鼓励企业“以民引外”“以外引外”。与仲量联行、戴德梁行等软银、国泰君安等行业知名中介和投行建立战略合作关系，多渠道收集投资项目信息。在上海、深圳等地成立武进籍金融投资人士联谊会、武进同乡会。11 月，挂牌成立武进区驻德经贸联络处。全区常设驻外机构 4 个，全(兼)职人员 16 名。发挥经贸联络处招商作用，全年获取有效项目信息 49 条。按照“承接上海、提升港台、强化日韩、主攻欧美”的策略，组织和参与中澳企业家对接会、日本经贸拜访行、德国经贸活动、美港经贸拜访、“9 · 28”科技经贸洽谈会等境内外重点专题招商活动 27 场，推介投资环境、积累客商资源、捕捉项目信息，提升武进区的知名度和影响力。主动对接上海自贸区，抽调业务骨干充实武进设上海经贸联络处，组织武进（上海）重点客商新春联谊会、武进（上海）产业专项推介会、武进（上海）经贸活动周、武进（上海）对外文化贸易年会等活动。牵头建立机器人产业联盟，编制产业招商指南和专案，针对十大产业链开展“补链、建链、强链”的工作，促成产业集聚、企业集群。全年累计完成各类企业和机构拜访 580 余家次。全年批办外商投资项目 74 个，完成协议注册外资 13.91 亿美元，实际到账外资 9.05 亿美元，引进投资近亿美元项目 6 个，中国香精香料有限公司项目等签约入驻。以软银华龙创投、宝湾物流为代表的生产性服务业项目，分别以注册资本 3300 万美元、3600 万美元落户武进。投资性公司投资提速，顺风光电投资（中国）有限公司、联合光伏（常州）投资有限公司、瑞声中国（投资）有限公司分别到账外资金额 3.43 亿美元、5169 万美元、3024 万美元。外资并购成为年度企业投资增长亮点，巴西新亚电机并购项目交易金额 2380 万美元，成为巴西在武进区最大投资项目。

【外资跨国公司地区总部新增 2 家】 3 月，省商务厅发布江苏省第二批跨国公司地区总部和功能性机构认定结果，顺风光电投资（中国）有限公司和瑞声（中国）投资有限公司被认定为外资跨国公司地区总部，全区累计 3 家。按照省有关扶持政策规定，经认定的外资跨国公司地区总部和功能性机构可享受资金补助、

表 26　2014 年武进区新增“荣誉市民”情况

姓　名	公　司　名　称	国别（地区）
彼特 · 欧赢格	恩格尔注塑机械（常州）有限公司	奥地利
阿丁 · 利维	常州乐康瑞德公司	以色列
何欧立	牛津国际公学常州学校	英　国
荒木伸弥	安川（中国）机器人有限公司	日　本
尤哈 · 泰尔瓦拉	爱科农业机械有限公司	芬　兰
裘礼安	Beko 倍科电器	意大利
御子神诚	大和精工机械（常州）有限公司	日　本
张祖山	法福来医疗科技有限公司	新加坡

用房、经营等方面政策支持。2014 年，武进区共争取到扶持资金 432.16 万元，占全市的 91.11%。其中，顺风光电投资（中国）有限公司、瑞声（中国）投资有限公司分别获得跨国公司地区总部扶持资金 200 万元，爱科（常州）农业机械有限公司获得跨国公司功能性机构扶持资金 32.16 万元。

【重大外资项目引进】 2014 年，全区新增投资近亿美元重大投资项目 6 个和世界 500 强企业投资项目 1 个。（1）引进中国香港投资的规模项目 4 个。分别为常州宝湾物流有限公司入驻武进高新区，投资总额 9980 万美元，注册资本 3600 万美元，从事物流业；江苏龙王生物科技有限公司入驻牛塘镇，投资总额 9980 万美元，注册资本 6800 万美元，从事天然香料、香精、精油、合成香料、医药中间体生产和销售；顺风光电投资（中国）有限公司增资项目入驻武进高新区，新增注册资本 3.78 亿美元，从事光伏发电领域投资；贤永（常州）投资有限公司入驻西太湖科技产业园，注册资本 8 亿港元，从事光伏发电领域投资。（2）引进规模外资项目 2 个。分别为亚太（中国）投资管理有限公司入驻武进高新区，投资总额 9980 万美元，注册资本 5000 万美元，从事投资管理咨询、商务信息咨询；爱科（常州）农业机械有限公司增资项目入驻武进高新区，新增投资总额 9800 万美元，注册资本 1500 万美元，从事农用机械设备、拖拉机、发动机、发电机组及零部件的生产和销售。（3）引进世界 500 强企业投资项目 1 个。11 月，世界 500 强企业德国大陆集团投资的贝内克长顺生态汽车内饰材料（常州）有限公司入驻武进高新区，项目总投资 9190 万美元，注册资本 3147 万美元，主要从事汽车内饰材料研发和生产。项目占地面积 7.2 万平方米，一期建设厂房面积 1.8 万平方米，将形成年产 1000 万平方米生态皮革的生产能力。至年末，全区有 18 家世界 500 强企业落户，共设立外商投资企业 25 家。

表 27

2014 年武进区协议注册外资及港台资前 10 位国家和地区

国　别（地区）	投资金额（万美元）	占总额（%）
中国香港	91883.94	66.05
英属维尔京群岛	7904.43	5.68
投资性公司（中国）	7787.83	5.60
巴　西	3064.28	2.20
德　国	2672.03	1.92
荷　兰	2388.32	1.72
新西兰	1057.58	0.76
新加坡	1047	0.75
中国台湾	766.48	0.55
丹　麦	400	0.29

表 28

2014 年武进区到账外资及港台资前 10 位国家和地区

国　别（地区）	项　目（个）	到账外资（万美元）	占总额（%）
中国香港	81	66662	73.66
英属维尔京群岛	6	3219	3.56
投资性公司（中国）	4	2446	2.7
巴西	1	2328	2.57
日本	13	1839	2.03
新加坡	5	975	1.08
奥地利	1	750	0.83
中国台湾	2	678	0.75
德国	13	543	0.6
丹麦	1	390	0.43

【增资扩股企业 47 家】 2014 年，全区有 47 家企业实现增资扩股，新增协议外资 7.11 亿美元，增长 52.58%，占全区外资总额的 51.12%。其中，顺风光电投资（中国）有限公司新增协议外资 3.78 亿美元；瑞声（中国）投资有限公司等 3 家企业，共新增协议外资 6000 万美元；常州顺风光电材料有限公司和常州华威电子有限公司，分别新增协议外资 3500 万美元、2160 万美元。

（沈建波）

外经合作

【概　况】 2014 年，区商务部门完善“走出去”网络，加大企业扶持力度。组织企业参加泰国投资研讨会、香港法律服务研讨会、常州外经协会年会、中新合作论坛、中国（常州）电子商务应用发展年会等活动，为企业境外投资提供全方位信息服务。走访对外工程承包企业和境外投资企业、拟境外投资企业 30 多家次，现场为企业提供政策咨询、业务指导等服务。组织有境外投资意向企业参与省商务厅组织的对外工程承包培训和电子商务专题培训，促进相关企业健康发展。全年新签外经合同额 1.64 亿美元，增长 30.79%，实现外经营业额 1.05 亿美元。其中，斯太尔动力（江苏）投资有限公司在奥地利投资柴油发动机生产项目，涉及中方协议投资额 8204 万美元；江苏强塑新材料科技有限公司斥资 1000 万美元，在乍得共和国设立塑料制品生产项目，为武进首个在非洲中部投资项目。今创集团获批对外承包工

表 29

2014 年武进区境外投资情况

国 别（地区）	项 目（个）	比 2013（±%）	中方协议投资（万美元）	比 2013（±%）
亚 洲	14	27.27	10165.14	105.52
缅 甸	0	-100	0	-100
柬埔寨	1	—	70	—
中国香港	10	42.86	8735.14	136.08
印度尼西亚	1	—	500	—
日 本	0	-100	0	-100
马来西亚	1	0	600	0
新加坡	1	—	260	—
泰 国	0	-100	0	-100
非 洲	2	0	3000	445.45
乍得共和国	1	—	1000	—
肯尼亚	1	—	2000	—
南 非	0	-100	0	-100
赞比亚	0	-100	0	—
欧 洲	5	66.67	8374.35	664.78
德 国	2	—	131.23	—
法 国	1	—	14.62	—
卢森堡	0	-100	0	-100
荷 兰	1	—	24.5	—
奥地利	1	—	8204	—
挪 威	0	-100	0	-100
瑞 典	0	-100	0	-100
拉丁美洲	1	0	700	-53.33
智 利	1	—	700	—
英属维尔京群岛	0	-100	0	-100
北美洲	5	-16.67	1366	-38.69
美 国	5	-16.67	1366	-38.69
合 计	27	17.39	23605.48	128.76

程经营资格，全区累计有对外承包工程经营资格企业 10 家。

【今创集团取得对外工程承包经营资格】 5 月，今创集团股份有限公司获省商务厅批复成为有对外工程承包经营资格企业。该集团为中国轨道交通装备定点生产企业，江苏省、常州市轨道交通装备产业化基地骨干企业，产品有高速动车组、城市轨道交通车辆和普通列车内饰装备等 10 多个系列 1000 余种，产品质量及售后服务得到客户高度认可。与庞巴迪、阿尔斯通等世界 500 强企业建立长期战略合作伙伴关系，产品出口到英国、法国、德国、日本和东南亚等国家和地区。

（沈建波）

海关 · 出入境检验检疫

常州海关驻武进办事处

【概 况】 2014 年，常州海关驻武进办事处围绕海关总署“两化两先”（优化管理、深化改革、争先领先）总体要求，创新管理，推进通关作业无纸化改革，开展长江经济带海关区域通关一体改革试点，主动对接上海自贸区改革，提升业务监管质量。全年监管货物 23.8 万吨、货值 43.5 亿美元，分别增长 38.3% 和 52.5%；审核报关单 6.4 万份，征税 3.2 亿元，分别增长 25.2% 和 54.9%。是年，常州海关驻武进办事处报关厅被团省委评为省级青年文明号，张明山、朱莉两人获南京关区“优秀共产党员”称号。

【复制推广上海自贸区 14 项措施】 2014 年，常州海关驻武进办事处探索创新特殊区域监管模式，复制推广上海自贸区 14 项措施，进一步完善卡口智能化改造方案、风险防控联动工作机制、进出加工区执行贸易管制措施等操作规程。开展保税展示交易、境内外维修等功能拓展项目的管理办法研究，同步完善分送集报、自行运输、简化统一进出境备案清单等试点项目操作规程。升级卡口的智能化管理系统，推进流程优化、风险防控、系统升级、设备更新四方面工作，逐步实现自动验放、风险可控、信息共享的工作目标。货运通道转运车辆过卡时，实现系统一次完成相关信息核销、货物信息扫描验核以及卡口自动抬杠验放，货物过卡平均时间由 6 分钟缩短至 30 秒，极大提升通关效率。梳理出口加工区账册备案、核销业务等环节，将业务环节从 39 个简化至 29 个，计算机自动处理环节从 5 个增至 18 个，海关业务自动化作业率从 12% 上升至 50%。

【通关作业无纸化改革】 2014 年，常州海关驻武进办事处在 2013 年开展通关作业无纸化试点的基础上，深入推进通关作业无纸化改革。总结试行阶段经验及通关作业规程，及时向上级反馈改革过程的难点问题，进一步完善改革举措。加快报关单和随附单证无纸化进程，出口报关单一般不要求企业提供随附单证。同步推进税单无纸化、转关无纸化和加工贸易业务无纸化工作，推广物流信息化系统，大部分进出口货物实现“提前申报、运抵自动放行”。至年末，无纸化通关比例达 92%，通关效率提高 20% 以上。

【长江经济带海关区域通关一体化改革试点】 按照海关总署区域通关一体化改革目标，企业可自主选择向经营单位注册地、货物实际进出境地海关或其直属海关集中报关点办理申报、纳税和查验放行手续，同时取消报关企业跨关区从事报关服务的限制，允许报关企业在“一地注册、多地报关”。常州海关驻武进办事处于9月启动长江经济带海关区域通关一体化改革试点。摸底辖区内企业，对符合条件企业建立基础档案。针对性开展上门服务，指导企业实施企业类别调整，开展现场办公10多次，举办培训和政策宣讲会5次，确保企业享受区域通关的优惠政策。同时，加强报关员业务技能培训，开展岗位练兵。在业务现场设立专门窗口，接受咨询和办理通关业务，提升通关效率。年内，长江经济带海关区域通关一体化改革整体运作平稳有序，提放货速度同比节省一天时间，物流企业车辆利用率提高近1倍，进出口企业减少往返口岸海关现场次数，可节约费用27%。

【贸易便利化举措落实】 （1）推进税费电子支付系统运行。2014年，常州海关驻武进办事处采取送政策下厂、召开关企座谈会以及联合推介等方式，促进企业实施电子支付。根据企业分类管理要求，适用范围由前期海关较为熟悉的商品和企业，扩展到经海关认可的信誉较好企业。沟通银行、国库等相关部门，确保税款及时入库和税单及时核销。（2）推进担保放行制度。在此制度下，企业可凭其高信用享受先提取进口货物、暂缓缴纳税款等优惠待遇，缓解企业资金周转压力。（3）深化关检合作。与检验检疫部门密切配合，优化业务操作流程，逐步扩大试点商品范围，推行跨部门“信息互换、监管互认、执法互助”试点等，提高口岸通关效率。（4）开展“属报属放”业务。根据海关总署发布的《区域通关业务改革作业流程》，将AA类企业的“属地申报、口岸验放”进一步简化成“属地申报、属地验放”，并将“属地申报、口岸验放”范围扩展到B类企业。为辖区内重点企业开通此项业务，极大地提高企业进出口速度，降低进出口成本，获得企业好评。

（周学文）

常州出入境检验检疫局武进办事处

【概　况】 2014年，常州出入境检验检疫局武进办事处（简称国检武进办事处）围绕服务武进经济发展主题，把控质量、优化服务、提升能力。7月1日，轻纺科和机电科融合设立机电科，主要负责武进辖区内进出口工业品检验监管。按照国家质检总局两次调整《法检目录》规定，对1773个HS编码项下的一般工业制成品不再实行出口商品检验。全年报检出入境货物0.5万批，货值3.93亿美元，分别下降87.53%和74.98%。签发普惠制、一般原产地及区域性优惠证书1.32万份，签证金额6.37亿美元，分别增长5.83%和9.61%；为企业减免进口国关税3000万美元，减免检验检疫规费2290余万元；检出不合格商品249批，总货值6300万美元；截获各类疫情63种/97种次，分别增长58%和70%。

【出入境商品质量把控】 （1）出口产品监管前移。2014年，国检武进办事处梳理辖区涉及政府协议装运前检验企业的信息，收集企业及出口产品的检验标准70余条，整理成册并免费发放相关企业。（2）进口产品后续服务。全年检出进口商品不合格229批，不合格率9.21%。为企业出具对外索赔证书60份，涉及金额0.62亿美元，为企业挽回直接经济损失632.23万美元。在进口产品检验中，首次发现不合格LED路灯千套，查获自美国进口未经3C认证的电加热太阳能热水器11台，查获一批自日本进口存在高风险安全隐患X射线诊断系统设备。10月16日，检测发现卡尔迈耶（中国）有限公司进口的286台电机不合格，国检武进办事处紧急办理对外索赔证书37份，为企业挽回直接经济损失170.3万美元。

【出入境检验检疫服务优化】 （1）检地合作。国检武进办事处走访区发改局、经信局、商务局和武进高新区等职能部门，制定实施《国检武进办全力支持武进重大项目建设工作方案》。依据质检总局《自由贸易园区检验检疫监督管理办法（试行）》和上海检验检疫局推出的18项具体举措，从7月1日起，实施对接上海自贸区服务武进出口加工区六项具体举措，惠及武进出口加工区内企业10余家。（2）创新服务载体。推进企业诚信管理，梳理纳入企业诚信管理系统的武进企业300余家，企业评级率100%。5月初，进口工业产品质量风险监管系统试运行，通过该监管系统完成武进地区进口产品分类和企业风险分级。推进出境货物无纸化通关建设，全年出境货物无纸化通关率100%。（3）优化服务举措。开展进口设备预申报，对武进区重大项目企业实施一企一策贴身服务，协助区内相关企业完成6000余万美元设备的进口预申报。输非产品检验试点采信第三方检测结果，根据收集数据进行分析，拟定政府协议装运前检验试点采信第三方检测机构合格评定作业指导书。

【1项上报案例被国家质检总局采用】 10月11日，国检武进办事处上报的“进口韩国通用牌彩色超声诊断仪存在多处不符合我国医用电气设备国家标准”案例，被国家质检总局发布为2014年第89号警示通报，成为常州地区发现进口不合格设备案例首次被采用案例。该台彩色超声诊断仪为礼嘉镇卫生院从上海外高桥自贸区进口产品，在现场检验发现该仪器缺少中文警告标签、说明书中缺少警告性声明解释，存在严重安全隐患，产品投用后容易造成操作者操作不当致消费者受到危害。

【疫情截获取得突破】 2014年，国检武进办事处截获各类疫情63种/97种次，分别比上年增长58%和70%，疫情截获率连续四年出现两位数增长。涉及疫情进口产品主要来自印度、土耳其、墨西哥等国家的未梳棉花，其中属于全国口岸首次截获的有害生物长枝木霉，属于常州口岸首次截获的蜥蜴尸体。此外，在入境棉花中，截获国家明令禁止的检疫性有害生物鹰嘴豆象、班皮蠹属（非中国种）、北美苍耳等，为保护地方生态环境、保障人民健康与安全发挥屏障作用。

（曹　丹）

（栏目编辑　周小红）

商贸流通业

综　述

【概　况】 2014年，区商务部门按照"大开放、大产业、大企业、大流通"的发展目标，着力构建现代流通网络体系，营造和谐的商贸发展环境。夯实惠民扩需举措，"汽车下乡""保供促销"等活动深入开展，商贸业态结构逐步优化，三大商圈建设步入正轨，市场流通网络完善提升。"放心肉""放心酒""放心卡"工程实施成效明显，肉菜、酒类、药品追溯体系初步形成，商贸市场总体保持繁荣稳定。全年实现社会消费品零售总额449亿元，增长12%。30个年成交额超亿元市场全年成交总额超1000亿元，400家限额以上商贸企业实现销售总额700亿元，连锁经营完成销售总额60亿元，均增长12%以上。典当、融资租赁和商业保理等行业，营业总额突破25亿元。

【"放心肉"工程推进】 2014年，区商务部门开展屠宰执法检查，出动执法人员162人次，整治重点区域4个，检查和整改屠宰企业73家次。5月8～29日，开展"注水肉"专项整治，拉网式检查郑陆、横山万庄等屠宰场8家和凌家塘市场等农贸市场3个，从源头保证肉品品质。按计划关闭礼嘉、雪堰、横山桥手工屠宰场点3家，实现生猪屠宰机械化、规模化、正规化目标。常州众恒肉联有限公司（简称众恒肉联）与武进食品公司前黄分公司建成冷链配送体系，实现机械屠宰、集中检疫、统一配送的一条龙服务，配送区域覆盖武进中心城区、湟桥、前黄、运村等7个市场，日生猪肉品配送量近300头，有效提升市场肉品供应效率与肉品安全。区商务部门全面加强冷鲜肉管理，严格落实超市经营冷鲜肉标准，监督管理冷鲜肉经营企业160余家，组织冷鲜肉经营企业专项检查27次，排除货证不符、卫生不良、售卖病害猪等情况，杜绝食品隐患，保证肉品质量。至年末，全区拥有生猪定点屠宰场10家，其中众恒肉联、横山万庄、湟里、漕桥4家生猪屠宰场配备全省统一安装的屠宰监控系统，市场年销售量逾5万吨。

【商贸市场秩序规范】 （1）酒类流通管理。区商务部门全面推行酒类备案登记制度和溯源制度，将酒类流通监督检查工作逐步由中心城区向乡镇延伸，深入横林镇、洛阳镇等酒类经营单位执法检查。全年开展专项整治活动7次，出动酒类市场稽查人员76人次，开具酒类经营责令改正通知书34份，办理酒类备案登记157家，发放宣传资料2000多份。（2）预付卡管理。严格规范全区单用途商务预付卡管理，摸底调查区域发卡企业11家，初步建立预付卡长效管理机制。（3）"双打"联动开展。按照"总体推进、部门联动、集中整治"的思路，牵头区"双打"成员单位开展打击侵犯知识产权和制售假冒伪劣商品专项行动。开展执法活动95次，出动执法人员1571人次，检查经营主体284家。在国庆假日期间，武进中心城区12家限额以上批零企业生意兴隆，实现销售额1.32亿元，增长12%。

【肉菜追溯体系初步形成】 根据《商务部建设部关于做好地级城市商业网点规划工作的通知》《商务部关于印发〈城市商业网点规划编制规范〉的通知》要求，2014年，区商务局将蔬菜直营店纳入商业网点规划。围绕消除社区蔬菜供应网点空白、发展蔬菜批发零售直销对接新模式，优化商业资源配置，提升城市商业竞争能力和综合服务能力，鼓励外埠和本地蔬菜生产基地、农村合作社组织、农产品批发市场建立社区直营菜市场和社区直营菜店，建立完善以规范化社区菜市场为主体，社区菜店、生鲜超市为重要补充，网络直销为新生力量的多业态发展格局，提高蔬菜零售网络水平。12月17日，武进区超市（卖场）肉菜追溯系统运行，纳入该系统管理的商户有信特超市和新怡华超市2家。该系统运行后，消费者可通过购物小票的肉菜追溯码，查询超市名称、供应商名称、进场日期等信息，初步形成肉菜"来源可查、去向可追、责任可究"的追溯信息链条，发挥促进诚信经营、提升消费信心、优化政府服务等作用。

【武进区葡萄酒协会成立】 5月17日成立。该协会设址武进区淹城常乐坊57号，拥有个人及团体会员78名（家），是区商务局主管、区民政局批准的专业性社会团体，旨在弘扬和推广葡萄酒文化，提升葡萄酒相关行业服务水平，促进行业交流、规范行业自律。年内，举办各类葡萄酒品鉴会13次，开展酒类培训班4期，参与酒类宣传活动5次。

【第二届武进汽车下乡活动】 4～6月，在武进区洛阳镇举办。这次活动由区商务局协调组织，主题为“名车进名镇、好车好生活”，旨在改善农村居民生活质量，促进农村消费升级。活动期间，展出汽车品牌23个70多款，共销售汽车127辆、总价值2500余万元，比上届汽车下乡活动分别增长8.5%和14.3%。

【三大商圈建设步入正轨】 2014年，区商务局多次调研走访并召开商务工作推进会，配合区服务业办起草《武进区服务业“三四五”壮大计划工作推进方案》，合理规划人民路、花园街、定安路三大商圈建设，科学指导商贸发展。

定安路现代购物商圈 位于定安路、常武路沿线，商业区集购物、餐饮、休闲娱乐功能于一体，通过优化富克斯流行广场、乐购超市、苏宁电器广场、武进购物中心（八佰伴购物中心）等现代购物商圈消费环境，规划目标形成富有现代流行特色、经营品种品类齐全、满足周边居民购物需求的商业区。发展重点为加强道路、绿化景观和交通设施建设，改善商业环境，引进国内外一流品牌、专业店和专卖店。富克斯流行广场完成品牌调整和外立面提升工程。

花园街轨道交通型商业综合消费商圈 打造武进金鹰购物中心、大润发超市、新天地不夜城、新城上街、茂业百货、四季青服装城、武进万达广场等花园街综合消费商圈，拟建轨道型商业商圈。年内，武进万达广场进驻企业加紧装修工程，新天地不夜城婚庆市场实施装修提升并启动招商，金鹰购物中心、新城上街、茂业百货配合地铁建设开展沿街店面改造和商品调整。

人民路商圈 培育新城吾悦广场、家乐福超市、人民商场、阳湖广场等商业企业，稳妥推进相关节点提升计划。

（沈建波）

【工贸资产经营管理】 2014年，武进工贸资产经营管理有限公司履行区政府授权的管理职能，做好原武进供销总社、物资资产公司、商业资产公司、经贸总公司，以及部分区属工业企业国有（集体）资产产权管理、资产经营、人事管理、财务监督的职责。(1)存量资产管理。加强博爱路6号、100号等大楼空余房产的经营和维护，确保资产安全。妥善推进国有土地权属调查，履行相关资产处置协调工作。(2)日常服务。该公司党委下辖二级党委2个、党总支3个和党支部58个，离退休人员326名（含离休55名）。加强基层组织建设，围绕政治学习、座谈慰问、外出参观、文体娱乐、医药费定期报销等方面，落实老干部政治待遇和生活待遇，确保离退休干部安享幸福晚年。

（李　君）

供销合作

【概　况】 2014年，区供销总社承担农业生产资料经营、管理和重要农产品购销职责，参与市场管理；承担重要农业生产资料、应急农业生产物资储备任务，适时调控市场；实施再生资源回收利用网络体系工程。重点开展农资保供，“二社”（为农服务社、专业合作社）创建和项目建设工程。其中，明都汽车集团建设品牌4S店5家，完成投资额超2亿元，建成运行品牌4S店4家。至年末，拥有品牌4S店50家。江苏明都超市有限公司在横林镇筹建商贸中心，营业面积9000平方米。常州信特超市有限公司在常州市区新增直营店3家，新增营业面积5500平方米。全年供销系统完成销售总额107.89亿元，实现利润5974万元。

【为农服务】 2014年，全区新增农资网点10家，年末拥有农资网点170余家，全年农资销售总额1.58亿元。武农农资有限公司发挥网络资源优势，根据市场需求合理组织货源，确保农资商品的供应和储备，推进放心农资商品下乡进村，为农民购买放心肥、优质肥提供保障。区供销总社牵头举办果农培训班24场、水稻培训班10场，培训农民1900人次，指导农户掌握最新的植物播种、施肥、病虫害防治等科技知识，增强为农服务的深度和广度，促进农户增产增收。通过短信方式向农户提供农作物管理信息，全年发送涉农类短信10万条。

【农村放心店工程】 2014年，武进区推进连锁经营为主体的现代化商品流通体系建设，着力打造安全、放心、实惠的消费市场环境。江苏明都超市有限公司新建商贸中心1家、加盟店2家，调整改造直营店9家，年末拥有直营店52家、加盟店36家。常州信特超市有限公司新增直营店3家、加盟店5家，调整改造直营店5家，年末拥有直营店34家、加盟店92家。这两家规模企业全年分别实现销售额3.58亿元和2.81亿元。武进食品发展总公司严格生猪定点屠宰管理，严格执行《中华人民共和国食品安全法》，严把入口关，保证消费者吃上“安全肉、放心肉”，全年生猪零售18.5万头、生猪批发29.3万头。

【基层社重建】 2014年，区供销总社贯彻落实江苏省供销合作社恢复重建基层社精神，按照常州市供销合作社恢复重建基层社目标任务，以日用品连锁超市为平台，在江苏明都超市有限公司的奔牛店、湖塘中天名苑店、前黄店，常州信特超市有限公司的春江店、牛塘店、邹区店，创建常州市合作经济组织联合会工作站，均通过挂牌验收。重建基层社，进一步夯牢供销合作社发展根基，做实为农服务基础。

（李　君）

烟草专卖

【概　况】 2014年，武进区烟草专卖局（分公司）辖横林、前黄、厚余市场服务部3个和机动稽查中队1个，拥有员工121名。围绕烟草专营“规范、创新、发展”的目标，推进营销网络建设，规范企业管理，提升队伍素质，实现经济效益稳中有进。全年销售卷烟5.61万箱，单箱销售额3.16万元，实现利税4.44亿元，分别增长5.08%、2.18%和6.8%。

【烟草专卖管理】 2014年，区烟草专卖局（分公司）树立全员打假、全员破网的“一盘棋”思路，制定出台稽查中队打假破网专项考核办法，重点展开“端窝点、断源头、破网络、抓主犯”合力打假，保持专卖管理高压态势。(1)市场监管。在日常监管的同时，实施分类监管，运用“APCD”市场检查工作法，加强重点区域整治，创建“卷烟放心消费一条街”，开展无证清理等活动，确保市场净化率96%以上。开展“闪电15

号”“百日会战”“闪电16号”“连锁店专项整治”“走私烟专项治理”专项行动，查处各类涉烟案件414起。(2)依法行政。优化许可证办证流程，及时公示行政许可内容。开展法律进社区活动，深入城市广场、社区、店堂等人流密集场所开展法律法规宣传。加强烟草经营许可证后续管理，将内管部门备案环节融入许可证管理工作后续流程，将零售户照片资料融入户籍员走访台账。成立许可证后续监管创新小组，提高许可证异常情况处理准确率。开展许可情况专项清理，全区停业烟草经营户451个，发放零售许可证623份，年末拥有有效零售户5830个。

【卷烟营销】 2014年，区烟草专卖局(分公司)按照市场需求导向，以稍紧平衡为目标，以价格稳健为标准，确保市场平衡运行。(1)零售终端建设。强化终端形象展示、宣传促销、品牌培育、信息采集、消费跟踪等营销功能，培育功能店客户，提升客户配合度。与189家标准店重新签订柜台使用合同，开展客户柜台免费维修服务。有序推进体验区建设，全面更新店堂服务公示栏，提供卷烟消费者真实感受烟草动态、品牌文化等元素的场所，在辖区内建成卷烟消费体验区30家。(2)品牌培育。注重在调整市场状态上下功夫，把握需求、货源的宏观调控能力，合理控制市场投放节奏，增强均衡供货能力，确保价格稳定。提升品牌精细化水平，选定重点培育品规21个，每月根据销售情况，评出品牌培育能手。与福建中烟、河南中烟等公司开展市场走访和卷烟培育宣介及促销等活动，促进品牌健康发展，武进辖区市场共引入卷烟新品25个。(3)客户服务。携手建设银行武进支行开展信用卡结算增值服务，拓宽电子结算渠道。推进“同心”服务品牌活动，组织服务质量月活动，向烟草零售经营户提供烟草零售经营预约拜访、降低零售终端卷烟标价签缺损率、微信营销等新型商务服务。是年，该局(分公司)“同心”服务品牌获武进区级机关“优秀服务品牌”。

(闵　怡)

粮食购销

【概　况】 2014年，区粮食局通过发布收购许可证核查公告，审核粮食经营企业44家，其中从事粮食收购的法人企业26家(含国有企业及国有控股企业5家)、个体工商户18家，符合条件审核通过企业40家，注销4家。新办粮食收购许可证企业5家，年末有具备粮食收购资质企业45家，其中法人企业25家、个体工商户20家。推进“放心粮油”工程建设，新增区级放心粮油销售店8家、市级放心粮油销售企业2家，全区获中国粮食行业协会认定示范加工企业1家和常州市级示范加工企业6家、示范销售店6家。全年地方储备粮轮换小麦627.1万千克、粳稻2700万千克，地方储备粮数量真实、质量良好、轮换及时、储存安全。

常州希望粮食购销有限公司绿色食品基地　　(区粮食局 供稿)

【夏秋两季粮食收购】 2014年，区粮食部门组织3家粮食经营企业参加粮食产销对接洽谈会，建立粮食协作平台，实施与粮食生产基地零距离衔接。这3家粮食企业均找到合作伙伴，签订协议购销粮食1.15亿千克。各类粮食收购主体理性参与粮食市场收购，2014年夏季收购小麦8750万千克，完成年度夏粮收购任务的124.3%；秋季收购粳稻8171.5万千克，完成年度秋粮收购任务的116.7%。全区粮食购销总量增长，区粮食部门全力组织外埠粮源，增加市场粮油有效供给，军粮供应任务如期完成。粮食经营企业全年完成粮食购销总量15.67亿千克。

(吴曙萍)

物流业

【概　况】 2014年，区物流办根据区政府《关于印发产业培育战役工作方案的通知》及《2014年服务业“三四五”壮大计划工作推进方案》，年初，明确武南物流园区、奔牛港综合物流园、亚邦物流园、恒耐物流园、邹区物流园五大物流园布局，按照完善武南物流园区发展规划、物流统计调查方法和指标体系。6月，组建江苏武南物流有限公司，加快推进青洋电商园和原武南物流园整合。配合凌家塘物流中心建成专线大棚面积3.9万平方米，恒耐物流园建成投运，有4家物流企业实施主辅分离。全区新增AAAAA级物流企业1家，年末有物流企业55家，全年兑现44家物流企业奖励资金1563.2万元。全区实现物流业增加值127.8亿元，增长19.3%；实现税收1.16亿元，其中国税7974万元、地税3589万元，分别增长6.4%和4.76%。

【武南物流园区建设启动】 8月12日，区政府下发《关于同意设立常州武南物流园区的批复》，启动武南物流园区建设。武进高新区和区交通运输部门联合成立武南物流有限公司，负责该园区具体运作。武南物流园区由青洋园区及运村园区合并组成，规划用地面积433公顷，配套有高速公路、铁路、航空、海运四位一体现代交通网络，采用“政府为平台、市场为主导、企业为主体”的综合运作模式，为武进境内及周边地区提供物流基础服务和增值服务。年内，青洋园区签约引进新加坡丰树集团、澳大利亚嘉民集团、宝湾物流控股有限公司投资项目3个，计划总投资2.3亿美元，一期累计注册资本8700万美元。运村园区筹建粮食物流园，项目占地面积10.7公顷，选址基本确定，计划投资1.9亿元。

【亚邦物流成为常州首个国家AAAAA级物流企业】 2014年8月19日，亚邦医药物流中心有限公司（简称亚邦物流）经中国物流与采购联合会物流企业综合评估委员会审定，成为常州首个国家AAAAA级物流企业。亚邦物流园业务板块有物流、电商、信息中心等，占地面积133.33公顷，是江苏省内最大综合物流园之一，2006～2014年，建设总投资逾20亿元。2014年，亚邦物流与相关公司合作开发干线配货平台系统（I配货）和同城物流平台系统（货运宝），成为国内首个形成公路货运商业生态闭环系统的物流企业。年末，亚邦物流园入驻专业物流运输企业200余家，拥有物流专线600余条，物流网络覆盖全国绝大多数地区和城市。

【武进港务获郑商所锰硅和硅铁指定期货交割仓库资质】 8月1日，郑州商品交易所发出第22号通告，江苏武进港务有限公司（简称武进港务）取得该所锰硅和硅铁指定期货交割仓库资质，成为华东地区唯一获取两项期货交割仓库资质单位，自10月8日起开展铁合金期货交割业务。2014年，武进港务辖分公司7家和全资子公司4家，主要从事港口和铁路装卸、多式联运、仓储配送等物流服务，旗下江苏奔牛港物流中心是全国交通运输行业重点联系物流园区、江苏省重点物流基地、常州市物流示范基地和常州市物流信息化示范企业，立足港口综合物流平台，实施“物流＋市场”发展模式，着眼差异化竞争，整合物流资源，拓展期货仓储业务规模。年内，完成基础设施建设投资1400多万元、机械设备更新投资610万元，助推企业转型升级。年内，该公司胶合板、纤维板仓储进出库量83万多张，创收185万元。全年完成车皮量26850个，占年计划71%，下降21%；中转量829万吨，占年计划104%，增长22%；操作量1516万吨，占年计划98%，增长11%。

【凌家塘物流中心投运】 2014年10月投入试营运。凌家塘物流中心地处常金公路、西绕城高速公路和312国道交汇处，位于江苏凌家塘农副产品批发市场板块北端，该市场始建于2011年，总投资2.45亿元，占地面积20万平方米，总建筑面积10万平方米，设有专线大棚装卸作业区、停车场、信息服务及配载中心、商业配套服务区四大区域，其中专线大棚装卸作业区面积8万平方米、停车场面积10万平方米于年初建成试营运，信息服务及配载中心和商业配套服务区计划2015年下半年投用。到2014年年底，该物流中心除西藏线路外，建成点到点物流专线100多条，每条线路日货运周转量最多超过200吨，入驻物流企业90多家。

武南物流园区鸟瞰　　（区交通运输局 供稿）

【恒耐物流园开园】 2014年4月4日建成运营。恒耐物流园位于横山桥镇省庄村内，离沪宁高速和沿江高速横山桥道口不到1千米，于2012年5月开工建设，分三期建设，其中一期投资1.8亿元，占地面积9.67公顷，建设包括“货运配载交易区2.67公顷、耐火材料物流配送中心2公顷、公共仓储区4公顷、现代物流与商务配套服务区1公顷”在内的“一心三区”四大功能板块，总建筑面积6.5万平方米，总计摊位170个，开设通往全国各地专线140多条，填补常州市东部地区大型物流的空白。该物流园区以工业物流和商业物流为重点，打造华东地区耐火材料及原材料采购交易、物流服务平台，成为集信息服务、货运配载、耐火材料与原料交易、工业仓储、流通加工、供应链配送、高端耐材展示等物流服务功能的专业性现代物流园区。年内完成交易额1.5亿元。

（王智聪）

餐 饮 业

【概　况】 2014年，武进区有各类餐饮单位4750家（企业160家、个体户4590家），从业人员3万多人。中心城区拥有餐饮企业140家，从业人员4000多人；餐饮个体户1600家，从业人员6100人。全年餐饮营业总收入26亿元，实现税收1.03亿元。

全区餐饮行业受大环境影响，规模酒店盈利能力大幅下降、经营成本上升，餐饮企业在艰难中经营发展。区酒店业商会在5月调研20余个会员企业经营情况，发现酒店经营面临着公务消费、商务宴请、会议招待、团拜聚餐明显减少，且会议规模宴请标准明显降低、营业额和利润明显降低的状况。据20家会员企业统计：2013年营业额比2012年平均下降25%，一线酒店下降达30%。武进区淹城美食一条街的餐饮店关门歇业过半，品牌酒店营业水平比2013年略有增长，但盈利水平较差。全区餐饮行业与2013年相比未有起色。

表 30

2014 年武进区主要餐饮企业情况

企业名称	地　　址	设　施　配　套	餐　位（人）	营业收入（万元）	联系电话
武进假日酒店	湖塘镇延政中路 33 号	西餐厅 1 个、宴会厅 2 个、包厢 6 个	1000	6700	86313888
华美达森林公园酒店	淹城旅游区	自助餐厅、宴会厅各 1 个、包厢 9 个	330	4339	89852777
夏岩三勤生态园酒店	湖塘镇马杭	宴会厅 3 个、包厢 35 个	1000	3607	86328777
锦海国际大酒店	湖塘镇常武中路 89 号	宴会厅 1 个、包厢 10 个	1000	7607	86309888
金龙大酒店	湖塘镇人民路 1 号	宴会大厅 1 个、包厢 25 个	800	1626	86550978
福记皇宫大饭店	湖塘镇府西路 2 号	宴会大厅 1 个、包厢 20 个	500	1692	86521177
常州嬉戏谷开元度假村	雪堰镇太湖湾旅游度假区	湖景餐厅 4 个、宴会厅 2 个、包厢 7 个	2000	3757	85239699
九洲喜来登酒店	武进区延政中路	宴会厅 2 个、自助餐厅 1 个、包厢 9 个	1900	8300	69968888
金色南都大酒店	武进区行政中心东侧	宴会厅 2 个、包厢 37 个	1000	5086	86319777
兰新国际大酒店	湖塘镇人民路口	宴会厅 3 个、包厢 19 个	1000	689	86569888
淹城喜来登大酒店	淹城美食街	宴会厅 3 个、包厢 16 个	500	1120	86529999
金鼎明都国际大酒店	湟里镇	宴会厅 6 个、包厢 27 个	1100	5970	83347777
国瑞宾馆	横山桥镇	宴会厅 2 个、包厢 19 个	840	4808	88603888
明都红太阳大酒店	横山桥镇	包厢 31 个	600	820	89810777
鸣凰大酒店	湖塘镇鸣凰	宴会厅 4 个、包厢 35 个	980	1500	89810777
明都豪格酒店	湖塘镇永胜路 99 号	宴会厅 2 个、包厢 16 个	600	1035	86337777
枫泽山庄大酒店	嘉泽镇章庄	特色包厢 18 个	450	585	83689777
明都国际会议中心	武进经发区凤苑北路 18 号	宴会厅 3 个、包厢 25 个	1300	3778	89857777
豪庭皇悦大饭店	湖塘镇府东路 9 号	宴会厅 2 个、包厢 50 个	1000	3495	68868888

（李焕冷　刘吉润）

【嬉戏谷维景国际大酒店开业】 12 月 24 日开业。常州嬉戏谷维景国际大酒店位于环球动漫嬉戏谷旁，由常州竺山湖置业有限公司投资兴建，占地面积 5 万平方米，拥有客房与套房 344 间、大小会议室 6 个，以及餐厅 3 个。该酒店特色菜肴有太湖三白（白鱼、白虾、银鱼）等，餐饮接待能力超强，宴会厅加中餐包厢可容纳餐位 6500 个，宴会厅加会议室可容纳餐位 1088 个，自助餐厅加特色餐厅可容纳餐位 220 个。

（邹利华）

【明都紫薇花园酒店通过国家级绿色饭店验收】 11 月 5 日，明都紫薇花园酒店以独特建筑设计、园林式环境、智能化管理及创绿意识等获好评，并通过国家级绿色饭店专家组评审验收。该酒店位于武进区环湖西路 98 号（西太湖景区），于 2013 年 9 月开业，是第八届中国花卉博览会主要接待场所。明都紫薇花园酒店建筑外形设计为紫薇花，主楼高 5 层、辅楼高 8 层，主、辅楼体以甬道相连，主楼四面环水，寓意水上盛开紫薇花。酒店装潢格调雅致温馨，客房位于主楼两侧，酒店拥有豪华客房 208 间（套）和会议厅 9 间；屋顶绿植采用滴灌技术浇灌，部分酒店用电采取地源热泵供给，配套室外迷你高尔夫球场、露天泳池、网球场、水上吧台；酒店餐饮接待能力超群，高 4 层的无柱式宴会厅可承办酒宴 50 桌，紫薇婚庆广场是举办草坪婚礼、水上婚礼和空中婚礼的理想场地。

（沈建波）

商　业　街

【概　况】 武进中心城区纵向由东而西有常武路、花园街、武宜路 3 条主干道路，横向由北向南有人民路、广电路、定安路 3 条主干道，在这些道路交织点分布有城市综合体商业项目，富克斯流行广场、武进购物中心、常州八佰伴（商城）、万博生活广场组成乐购生活商圈，武进万达广场、地壹街、新天地不夜城、新城上街、路劲又一城（金鹰百货公司、大润发超市）组成花园街商业街区，吾悦广场、家乐福超市和星河国际“金街”组成武宜路商业街区。2014 年年末，武进中心城区人民路、花园街、定安路三大规模商业区初步成型。

【花园街商业街】 2014 年，随着常州地铁一号线武进花园街地铁工程开工建设，武进花园街向北延伸，成为连接常州市主城区的南北轴线。位于花园街北端的武进万达广场于 8 月开业，与茂业泰富城、新天地不夜城、地壹街（时尚地下街区）、武进金鹰购物中心（又一

武进万达广场建成投运　　（高　岷　摄）

城）、新城上街等商业项目组成花园街商业街区。

茂业泰富城　拥有茂业奥特莱斯、永辉超市、茂溢假日酒店、耀莱国际影城、苏宁电器等主力店。

新天地不夜城　有1912时尚街区、五星电器、瑞和泰商场、名苑国都连锁俱乐部、家缘大酒店、大地影院数字影院、莫泰168连锁酒店，以及近百家餐饮娱乐品牌商家。

又一城　有金鹰购物中心、大润发超市、金逸影城、水调歌头KTV、奇迹健身等七大主力店。武进金鹰购物中心集购物、餐饮、娱乐、休闲、康体、商务等功能于一体，拥有品牌商家近800个，2014年实现营业额4亿元，增长15%。

新城上街　街面为地上五层和地下一层连廊式欧美风格建筑，各层商铺以观光电梯、景观走廊相连，南北两个商业街区长度660米、东西宽40米，汇集国内外知名商家和连锁品牌店近百家。

（沈建波）

商品交易市场

市场建设

【概　况】 2014年，位于横山桥镇的常州海神王海鲜市场有限公司经工商部门登记成立，从事海鲜批发销售，该市场占地面积2600平方米。年末，全区有各类消费品及专业市场86个，其中农贸市场79个、专业市场7个，总占地面积29.11万平方米，全年完成市场成交额827.76亿元。有年成交额超亿元市场40个，全年完成成交总额810.21亿元。

【武进汽车城实现销售额129.79亿元】 武进汽车城位于中心城区，东起夏城路、西至常武路、南越永胜路、北临延政东路，总用地面积100公顷，分设品牌汽车4S店集中区、二手车交易市场、汽车配件市场、配套商业服务区四大板块。2014年，武进汽车城新增玛莎拉蒂、克莱斯勒品牌汽车4S店2家。玛莎拉蒂4S店位于永胜路与星火路交叉口东南角，占地面积7000平方米，投资2000万元，6月投用。克莱斯勒4S店（含JEEP）位于汽车城6号地块（原名爵4S店场地），占地面积1万平方米，8月营业。至年末，武进汽车城拥有在售汽车品牌58个，全年完成销售额129.79亿元，增长9.25%。品牌4S店销售汽车4.96万辆，增长10.22%。二手车交易市场正常营业，进驻商户200家，入驻率达95%，全年完成交易车辆19953台、交易额11.31亿元。高力汽配城进驻商户600家，入驻率90%，全年实现销售额5.8亿元。东华服务板块建成，总建筑面积5万平方米。武进汽车城于8月通过环保、安全、消防、城管等部门检查验收。年内，武进汽车城建成大型停车场面积3万平方米，大型运输车装卸得到规范。汽车城警务室由马杭派出所增配专门人员，全年协调解决市场纠纷80余起，有效维护汽车城市场经营秩序。

（周　毅）

【大润发超市落户遥观镇】 3月27日，江苏常州遥观大润发商业有限公司取得商务部门颁发的台商投资企业批准证书，正式落户遥观镇。该公司由台湾润泰集团下属康成投资（中国）有限公司独资设立，总投资420万美元，注册资本210万美元，采用租赁场地开设大型综合超市，营业面积约9000平方米，是在武进开设的第二家大润发超市。第一家大润发超市2007年在武进中心城区营业，已发展成为武进区最优秀零售企业之一。大润发遥观店将进一步优化武进区的商业网点布局，并直接创造就业岗位1000余个。

（方志天）

市场管理

【市场食品安全监管】 区工商部门按照《2014年市场规范管理工作部署》要求，年初与各市场主体签订《市场企业食品安全管理责任书》《市场经营食品安全承诺书》《市场食品安全责任合同》，签订率均达100%。开展禽流感防控、肉制品专项整治，向60家农贸市场发出行政指导意见书，严格按要求内容开展行政指导，督促市场举办者履行责任。针对凌家塘市场是全市活禽交易总源头，禽流感疫情出现后第一时间做好市场行政指导工作，完善休市制度和消毒制度等，及时阻断问题源头。同时，发出行政告知通知书，要求各市场自查自纠，督促落实主体责任。全年查办市场类案件15件。

【市场诚信体系建设】 (1)“平安市场”“文明诚信市场”创建。8月，区工商局牵头公安、环保等8个部门联合发文，深化全区“平安市场”创建。全年召开“平安市场”协调会35次，开展“平安市场”督查75次。组织78家市场开展场内经营户信用评定，评出“星”经营户11318户。推行信用助贷，江苏湖塘纺织城投资发展有限公司、常州市武进邹区灯具城等4家市场共获授信5亿元，获得贷款1.8亿元。(2)信用企业复查。

表 31　2014 年武进区成交额超亿元市场情况

市　场　名　称	法人代表	成交额（亿元）
江苏凌家塘市场发展有限公司	张建方	282.00
江苏湖塘纺织城投资发展有限公司	茹伯兴	226.61
常州市武进夏溪花木市场发展有限公司	史亚飞	100.95
常州市武进钢材市场有限公司	白　科	32.44
常州市武进邹区灯具城	陈敖生	26.8
常州市江南石材市场	姜甫明	14.19
常州市横山桥农副产品批发市场有限公司	周志军	11.22
常州市常鹏装饰材料市场有限公司	费林森	10.77
常州亚邦物流市场有限公司	程　峰	10.53
江苏九洲投资集团有限公司常州服装城分公司	刘建英	10.2
常州市湖塘消费品综合市场管理有限公司	戴东安	9.48
江苏光辉灯具市场有限公司	徐光军	9.35
常州益联汽贸市场有限公司	白　科	8.31
常州九龙小商品批发市场有限公司	董新红	8.07
常州邹区发得灯具广场有限公司	蒋仁全	6.10
江苏省滆湖水产品批发市场有限公司	马祖华	4.66
常州市武进奔牛港木材交易市场有限公司	封云虎	3.09
常州市武进奔牛消费品综合市场	眭文兴	2.83
常州市华拓物资再生有限公司	是伟德	2.58
常州市武进区横林消费品综合市场	沈国武	2.32
常州市武进湟里消费品综合市场	汤建跃	2.26
常州市武进洛阳消费品综合市场	马全兴	2.10
常州市武进区礼嘉消费品市场	徐洪其	1.74
常州市武进区横山桥消费品综合市场	张友兴	1.67
常州市武进牛塘消费品综合市场	蒋文伟	1.51
常州市前黄农贸综合市场有限公司	王伟明	1.46
常州市武进郑陆消费品综合市场	陈亚良	1.45
常州市新时代家俱市场有限公司	王议萱	1.39
常州市武进区横林崔桥消费品综合市场	周　平	1.39
江苏武进横林国际地板家具城投资发展有限公司	孟忠杰	1.37
常州市武进遥观消费品综合市场	杜南风	1.30
江苏高力汽博城有限公司常州分公司	尹传保	1.27
常州市武进焦溪三河口消费品综合市场	李德友	1.17
常州市武进横山桥镇新安消费品综合市场	刘德祥	1.14
常州市武进焦溪江南消费品综合市场	顾忠晓	1.13
常州市武进区芙蓉消费品综合市场有限公司	朱明辉	1.13
常州市武进郑陆东方消费品综合市场	陈亚良	1.12
常州市武进区废金属交易市场	朱效良	1.05
常州市武进牛塘卢家巷消费品综合市场	卢志东	1.05
常州市武进洛阳戴溪消费品综合市场	贺建伟	1.01

说明：表内数据由区工商部门提供

2014 年，全区有信用企业 804 家，其中市级 A 级信用企业 190 家、AAA 级信用企业 513 家、国家和省级 AAA 级信用企业共 101 家。参加年度复检企业 703 家，实际年检企业 703 家，年检率 100%。经复检，市级 A 级信用企业 167 家通过年检，有 23 家自愿放弃；AAA 级信用企业 495 家通过年检，有 18 家自愿放弃；年末有信用等级企业 763 家。(3)“重合同、守信用”企业培育发展。区工商局完成 2013 年度“重合同、守信用”企业数据分析的调研，制定《武进区“重合同、守信用”企业三年发展规划》。年内，举办信用等级企业培训 7 期，受训 300 人次。区内 7 家重点龙头企业被推荐为国家级“重合同、守信用”企业，25 家企业列为 AAA 级信用企业培育对象。

【网络市场监管】 2014 年，区工商部门健全网络监管体系，加强网络监管。(1) 打击网络违法行为。全年查处企业网络销售质量不合格服装案，网络销售侵权食品、发布违法食品广告及虚假宣传案等 18 件，查结 17 件，案值 116.5 万元。配合公安部门开展网上打假专项行动，及时移送网络销售假冒宝马自行车案 1 件，销售金额逾 22 万元，涉案货值 377 万元。查处某网络交易平台违法电子格式条款案，某餐饮店通过微信集赞营销的违法合同案等新型网络合同案件 3 件，依法报停涉嫌虚假宣传欺诈消费者的化工经营网站 1 家。(2) 规范网络交易。开展网络交易平台交易规则规范行动、2014 红盾网剑等网络专项行动，加强法规宣传和行政指导，处罚和教育结合，提高网络经营者守法诚信意识，净化网络购物环境，维护消费者和经营者双方合法权益。(3) 完善网络监管体系。探索跨区域协作网络监管机制，与新北区工商局联动，成功查处网络销售侵权童装案 2 件，涉案货值逾 80 万元。(4) 推进电子营业执照申领。2014 年，全区发放电子营业执照副本 676 份（含外资企业 47 份）。

（杨浩鹏）

（栏目编辑　周小红）

旅　游

综　述

【概　况】 2014年，武进旅游部门秉承“延续精彩、再攀新高”的理念，实施重点项目带动产业升级，策划主题活动培育特色旅游品牌，塑造形象抢占重点市场份额，提档行业水平培养优质服务能手。完善旅游经济结构体系，完成太湖湾度假区总体规划修编评审，编制太湖湾乡村游规划。推进市级重点旅游项目2个，太湖湾“二日游”提升工程、春秋淹城创AAAAA级提升工程，共完成投资6.65亿元；推进区级重点项目2个，嬉戏谷维景国际大酒店项目、太湖湾数字文化创意产业项目，共完成投资5.05亿元；推进其他旅游重点项目15个，共完成投资15.64亿元。全区旅游产业链逐步拉长，旅游设施功能继续完善。7月，嬉戏谷二期项目嬉戏海开园，武进智慧旅游公共信息服务平台上线运行。8月，淹城野生动物世界熊猫馆竣工。12月，淹城春秋乐园双子塔土建工程建成。12月24日，嬉戏谷维景国际大酒店开业。中华孝道园创成国家AAAA级景区，武进区被评为“最美人文休闲旅游目的地”，环球动漫嬉戏谷获得“江苏旅游十大新地标”称号。年内，新增省级乡村旅游点2个，年末有国家A级景区8个、省级旅游度假区1个、各类乡村旅游点11个。全年接待旅客总数超1468万人次，实现旅游总收入175亿元、旅游增加值84亿元，分别比上年增长10%、23%和23%。

【武进区获评“第20届亚洲旅游业金旅奖·最美人文休闲旅游目的地”】 5月6日，在第20届亚洲旅游业金旅奖盛典暨2014大中华区旅游文化榜发布会上，武进区获“第20届亚洲旅游业金旅奖·最美人文休闲旅游目的地”称号。该活动由亚洲旅游文化联合会、亚洲旅游业CSR研究中心、亚洲旅游业品牌研究会

表32　　2014年武进区主要旅游景区景点情况

名　　称	地　　址	电　话
太湖湾旅游度假区（省级旅游度假区）	武进区雪堰镇	86543001
环球动漫嬉戏谷（国家AAAA级景区）	武进区雪堰镇	4001868888
春秋淹城旅游区（国家AAAA级景区）	武进区湖塘镇	86565493
淹城春秋乐园（国家AAAA级景区）	武进区湖塘镇	4001880005
淹城野生动物世界（国家AAAA级景区）	武进区湖塘镇	86312345
中华孝道园（国家AAAA级景区）	武进区雪堰镇环太湖路101号	4008606081
常州艺林园（国家AAA级景区）	武进区嘉泽镇	83681109
宋剑湖生态旅游区（国家AAA级景区）	武进区遥观镇	68786868
三勤生态园（国家AA级景区）	武进区湖塘镇马杭村	86320002
横山桥白龙观（国家AA级景区）	武进区横山风景旅游区内	88600083
武进邹区中国灯具城（国家AA级景区）	武进区邹区镇	83833108
横山桥龙潭湖农业生态园（省四星级乡村旅游点、省级自驾游基地）	武进区横山桥镇东城湾村	88612277
牟家农业旅游观光园（省四星级乡村旅游点）	武进区郑陆镇牟家村	88675230
郑陆镇锦涛生态园（省四星级乡村旅游点）	武进区郑陆镇徐家村	81230777
嘉泽镇成塘书院（省四星级乡村旅游点）	武进区嘉泽镇成章村	13813693386
嘉泽镇舍园盆景园（省四星级乡村旅游点）	武进区经发区禾香路6号	69695995
雪堰镇城西回民村（省三星级乡村旅游点）	武进区雪堰镇城西回民村	86547732
邹区现代农业产业园区（省三星级乡村旅游点）	武进区邹区镇琵琶墩村等	85781611
雪堰镇太滆村（省二星级乡村旅游点）	武进区雪堰镇太滆村	86151168
春秋淹城旅游区（省级自驾游基地）	武进区武宜南路588号	86312802
三勤农业生态园（省级自驾游基地）	武进区湖塘马杭	83030898
中华孝道园	武进区雪堰镇环湖路101号	4008606081
宝林禅寺	武进区虹西路98号	83821032
新天地公园	武进区湖塘镇广电路	86596819
横山风景旅游区	武进区横山桥镇	88605967
横山桥大林寺	武进区横山风景旅游区内	88601755

联合主办，是国内最具影响力和权威性的旅游专业活动。2014年，武进区围绕“顺畅、舒畅、欢畅”的旅游业愿景，秉承“智慧化管理、人性化服务”的理念，适应新常态，打造新亮点，推出新服务，全面开拓新市场。深入打造“花都水城·浪漫武进”旅游品牌，构建长三角特色休闲度假旅游目的地，取得旅游接待人数和经济收入双丰收。

【花博园吸引游客52万人次】 中国花卉博览园（简称花博园）位于武进西太湖畔，占地面积近200公顷，分为入口服务区、山水展区、室外展区、主展馆区、湿地展区五大功能片区，展馆由主展馆、科技馆、自然馆、艺术馆、雅集园组成。2014年3月，花博园重新开园后，相继举办郁金香节、国际车展、向日葵节等大型特色活动。园内雅集园改造升级后，刘海粟夏伊乔艺术馆、陈履生油灯博物馆、中国画学会常州西太湖创作基地等先后落户。全年入园游客达52万人次，接待各地书画名家、社会名流等200余人，以及省市领导、国内外嘉宾120余批次。

首届郁金香节 3月29日至5月初举行。首届郁金香节展出郁金香品种超过200种、数量逾300万株，分布在主展馆、科技馆、艺术馆、自然馆、雅集园周边，形成面积约3万平方米的郁金香花海，向游客呈现出一场融观赏性、艺术性、专业性、商业性、趣味性和知识性于一体的综合性展会。3月29日开幕首日，吸引游客超过1.6万人次。

向日葵节 9月27日开幕。此次向日葵节展出来自日本、美国、德国等国家的向日葵品种20余个、数量150余万株，主要有文森特系列、火星系列、高杆多头系列等高杆品种，有富阳系列、惊艳系列、阳光小姐系列等中杆品种，有美丽微笑系列、小熊系列、民谣系列等矮生品种，并分早中晚三期种植，集中分布在园区北入口广场、科技馆、自然馆及花溪两侧，展区面积累计2万平方米，向游客呈现出连绵起伏的向日葵花海。

2014中国（常州）西太湖国际汽车展览会 4月29日至5月3日在花博园主场馆举行。该展会由常州广播电视台主办，参展汽车厂商和经销商共70多家，展示面积近3万平方米，展出劳斯莱斯、迈凯轮、保时捷、捷豹、路虎、英菲尼迪等豪华汽车品牌，以及经济适用车型，满足不同层次市民购车需求。中国好歌曲冠军霍尊、中国第一车模兽兽应邀参与活动，吸引众多汽车爱好者观展。

（徐舒洁）

【中华孝道园创成AAAA级景区】 2014年12月1日，被国家旅游局授予AAAA级旅游景区。中华孝道园是国内唯一以“孝”文化为主旨的主题公园，为武进太湖湾旅游度假区综合性旅游文化景区之一，于2012年9月16日开园，占地面积57公顷，建成蓼莪禅寺、观音胜境、先祖庙堂、中华孝道博物馆和普光山庄五大景点。园内最高建筑物正法明大殿高度31米，建筑面积2190平方米，是仿明永乐年间风格建筑。中华孝道园从2013年起开展景区创建，整改环境，制作形象宣传片，建造孝子长廊等新景点，着实提高服务质量，举办女人缘·孝道圆、微孝在行动等重点活动，实现旅游接待人数持续增加。2014年，共接待游客58万人次，实现总营业收入2100万元。

花博园举办首届郁金香节 （高 岷 摄）

【武进智慧旅游公共信息服务平台上线运行】 7月5日上线运行。武进智慧旅游公共信息服务平台是武进区政府2014年度为民办实事工程之一，由区旅游局牵头负责，江苏甲子网络科技有限公司提供技术支持，打造覆盖“吃、住、行、游、购、娱”旅游六要素的公共信息平台。平台采用云计算、互联网等新技术，开发手机等移动终端上网设备及其他媒介的智慧化服务功能，提供在线订票、订房、购物，实时导航、导览、分享，电子叫车等服务，实现智慧景区、饭店、门票、导游等服务需求一“网”打尽，保障游客体验更便捷快乐的武进旅游。

【省级乡村旅游点新增2个】 12月，邹区现代农业产业园区、雪堰镇太滆村分别被省旅游局评为江苏省三星级、二星级乡村旅游点。至年末，全区拥有四星级乡村旅游点5个、三星级乡村旅游点2个、二星级乡村旅游点1个、自驾游基地3个。

邹区现代农业产业园区 位于邹区镇，涉及琵琶墩、泰村、刘巷、卜弋4个行政村，总规划面积821.73公顷，规划投资12亿元，建成特色蔬菜生产示范区、高效林果生产示范区、现代农业管理服务区、科技农业展示区和农业休闲观光区五大功能区。2014年，该产业园区累计完成投资6.5亿元，形成特色蔬菜种植为主，提供蔬果采摘、垂钓、户外烧烤、干农家活等农家乐项目，建有科普园、晒稻场、白鸟园、蝴蝶谷、昆虫之家、棋牌室等旅游配套设施，是游客体验农家生活、赏识乡村田野、水乡野居的农业休闲观光旅游景点。

雪堰镇太滆村 位于太湖湾旅游度假区，邻近武进唯一太湖岛屿资源的大、小椒山。太滆村是武进唯一的太湖渔村，拥有湖光山色美景、丰富农业和水产资源，邻近环球动漫嬉戏谷、中华孝道园和无锡灵山大佛景区，配套有餐饮酒店、垂钓基地、鲜果采摘农庄等旅游设施。2014年，太滆村成为游客品尝太湖河鲜和休闲度假的理想场所，当地从事旅游业人数达900多人，拥有餐饮业单位20家，停车场面积5000平方米，年接待游客逾40万人次。

【《武进春秋淹城旅游区总体规划(2010～2025)》获省优秀旅游规划设计成果三等奖】 1月，《武进春秋淹城旅游区总体规划（2010～2025)》被省旅游局和省旅游学会评为第三届江苏省优秀旅游规划设计成果三等奖。该项规划旨在加强淹城遗址保护，系统整合淹城遗址公园、淹城春秋乐园、淹城野生动物世界和宝林寺等旅游资源，塑造统一的旅游形象，增强旅游区可持续发展能力和综合竞争力，完善提升旅游区品牌影响力和综合效益，通过创新和拓展，将春秋淹城打造成国际知名、国内唯一的春秋文化旅游胜地和国家AAAAA级旅游景区。

【环球动漫嬉戏谷获评“美丽江苏·旅游十大新地标”】 2014年2月末，“美丽江苏·旅游十大新地标”大型公益推选活动获奖名单揭晓，环球动漫嬉戏谷名列其中。该项推选活动由新华日报社、中国国家地理杂志社、中国江苏网联合举办，设立“江苏旅游十大新地标”“江苏新锐景区榜”和“江苏魅力酒店榜”若干名。环球动漫嬉戏谷自2011年开园至2014年，建成嬉戏谷数字文化动漫游戏体验博览园、数字文化电竞博览中心、嬉戏谷大剧院、嬉戏海等主题体验区，先后获得中国少年儿童动漫活动体验基地、全国电子竞技运动基地、中国创意产业最佳园区、韩国游戏文化交流中心、江苏省科普教育基地、国家AAAA级旅游景区等称号。

（邹利华）

太湖湾旅游度假区

【概　况】 2014年，太湖湾旅游度假区把握稳中求进、又好又快的发展总基调，着力推进旅游规划、项目建设、环境提升、宣传推广和队伍建设，进一步加快度假区建设及园区创建。环球动漫嬉戏谷AAAAA级景区创建启动，中华孝道园于12月被国家旅游局授予AAAA级旅游景区。全年完成融资28.8亿元、固定资产投入6.5亿元，游客接待355万人次，实现旅游总收入30.2亿元、旅游增加值13.6亿元，分别增长16.4%、19.6%、9.5%。环球动漫嬉戏谷获评“江苏旅游十大新地标”，在首届中国旅行者大会暨2014年度最佳旅游目的地颁奖典礼上，被公布为“国内最受网友欢迎旅游景区”。

旅游规划　在原规划编制基础上，修编总体规划，深化、细化太湖湾大椒山休闲岛建设规划。编制太湖湾乡村游规划，开展武进太湖湾旅游度假区城市设计规划。

开发建设　环球动漫嬉戏海总投资5亿元，建筑面积4万平方米，于7月5日开园迎客。嬉戏谷维景国际大酒店总投资5.5亿元，建筑面积5万平方米，于12月24日开业。云中部落度假村工程建设如期推进。中华孝道园二十四孝长廊总投资600万元，工程主体于9月全部建成。

宣传营销　4月19～20日，2014中华龙舟大赛在太湖湾龙舟竞赛基地举行，中央电视台全程直播这次大赛决赛实况。5月2日，环球动漫嬉戏谷举行开园3周年庆典，ChinaJoyCosplay华东总决赛五强团队表演舞台斗秀节目，人气偶像袁成杰现场演绎经典曲目。“五一”小长假3天，环球动漫嬉戏谷景区接待游客10余万人。11月22日至12月21日，举办太湖湾首届农渔生态美食节，太湖湾旅游度假区品牌形象提升，促进乡村旅游发展。

环境提升　建成城湾盘山公路观景平台，提升区内照明设施、节点绿化和环卫保洁水平。发展智慧旅游，掌上嬉戏于1月5日上线。太湖湾旅游在线应用、旅游集散中心电子商务平台、智慧数据分析管理应用平台等功能年末推出。9月，环球动漫嬉戏谷入选首批省智慧旅游示范基地。年内，太湖湾旅游度假区启动智慧旅游示范区申报工作。

【环球动漫嬉戏海开园】 7月5日，环球动漫嬉戏谷二期项目——嬉戏海开园。该项目占地面积18.7万平方米，总投资5亿元，分设完美水世界、洛克王国、幻想森林、太湖吧街四大主题体验区，游乐设施囊括国内唯一可公转兼自转摩天轮、动感座舱式秋千“飞天火箭塔”，室内体验项目梦幻封神及斗战西游等，其中数十项游乐项目为国内罕见，能够提供世界顶级主题文化娱乐体验。嬉戏海投运后，环球动漫嬉戏谷成为长三角区域面积最大的主题乐园，吸引游客前来体验。

【太湖湾乡村游】 太湖湾旅游度假区于5月启动乡村游规划编制，经过反复调研和论证，于9月通过专家评审。太湖湾乡村游规划挖掘雪堰镇乡村秀美且各具特色的优势，有苏南唯一的少数民族聚居村城西回民村、新农村建设“雅浦版本”雅浦村、太湖湖鲜资源丰富的“第一渔村”太滆村，以及谢家村水蜜桃、南山村南山寺和禅茶文化等特色乡村旅游资源，由区旅游局引进经营团队专业策划。区旅游局开通旅游专线，将太湖湾旅游度假区周边乡村特色资源与太湖湾旅游资源连点成线，形成环球动漫嬉戏谷主题公园、乡村旅游相得益彰的旅游亮点。

【“太湖湾·微度假”推广活动】 2014年，太湖湾旅游度假区确立“太湖湾·微度假”理念，开展推广活动。3～5月，举办太湖湾旅游宣传口号征集活动，共征集宣传口号用语5000余条，评出获奖宣传口号10条。3月27日至4月30日，举办“微度假·美在太湖湾”摄影大赛，收到反映太湖湾旅游度假区自然山水风光、田园特色、民俗风情、人文景观等参赛作品1601幅,评出获奖作品108幅。5月，推出“太湖湾·微度假”精品二日游线路3条，满足现代都市人休闲旅游需求。7～9月，完成“太湖湾·微度假”宣传片制作，在武进电视台、户外大屏等媒体推广，该宣传片时长约3分钟，受到广泛好评。

（韩　琦）

春秋淹城旅游区

【概　况】 2014年，春秋淹城旅游区围绕国家AAAAA级旅游景区创建，推进宝林文化园建设，规范旅游区运营管理，加强旅游营销宣传，丰富园区主题活动。全年接待游客320万人次，实现营业总收入3.89亿元。

项目建设　推进宝林文化园工程建设，一期工程建成，配套市政工程和停车场建成投运，完成观音塔土建主体工

程；二期工程主体完工。实施完成春秋乐园绿化环境综合整治，增设“春秋水战”体验项目，新建鉴湖九曲桥景观，设置锦鲤观赏项目。提升“梦回春秋”穹幕影院和“铁血春秋”仿真乘骑设施，按照AAAAA级旅游景区创建标准查漏补缺、整改提升。

主题活动 打造景区品牌活动，先后举办第四届新春灯会、春季“淹城武林风”、暑期水世界夜公园、国庆黄金周主题活动（变形金刚巡回展览）、第二届实景聊斋节等活动。组织景区品牌演艺活动，提升“烟雨春秋”水影秀、“星光噢嘶咔”晚会、“春秋路秀”演出效果。推出佛教主题活动，举办宝林寺放生节、观音生日法会、水陆法会。营造景区文化，在淹城博物馆举办书法绘画作品展览，在淹城美食街和淹城（三勤）生态旅游度假村举办第二届龙虾美食节等活动，丰富淹城旅游品牌内涵。

加强营销 实施资源整合，通过2014中国常州（香港）产城融合发展推介对接会和中国常州（澳门）旅游推介会等平台，促销宣传淹城春秋乐园、宝林文化园和三勤生态旅游度假村，推介淹城旅游文化。加强网络营销，与携程网、同城网和驴妈网等网站洽谈合作，发展电子商务。

【“春秋水战”游乐项目建成开放】 5月1日建成开放。该项目占地面积2000平方米，采用国内领先游乐设备技术的法国泰勒公司“拖动供电系统”，为华东地区技术先进、互动娱乐性超高的水上项目。游戏设备分水、陆两部分，水上设备包括10艘古战船、眺望台、炮台、行进轨道、古战船残骸、水寨门、水兵校场及水面景观等；陆上设备有站台、水炮等，古战船沿轨道行进，经眺望台、水寨门、水上动物世界、开阔水面地带。每条船可容纳游客4人，分别控制4台摇把水炮，可向眺望台及岸上游人模拟射击出强劲水柱。眺望台及岸上游客可利用陆上水炮，向战船游客发射水柱模拟射击，形成水面、陆上互动。该游乐项目操作性、趣味性为同类项目首屈一指，深受年轻游客喜爱。

【2014淹城暑期夜公园】 淹城春秋乐园暑期夜公园自6月28日至8月31日，以“这夏有戏”为活动主题，推出别具特色“星光噢嘶咔”夜场演艺和清凉有趣“百灵水世界”。张靓颖、陶喆、关诗敏三大明星应邀加盟，三大明星在淹城献唱期间，景区单日客流量超过2万人次。“百灵水世界”为华东地区唯一免费项目的水公园，日平均参与玩水游客逾3000人。

【变形金刚主题巡展】 10月1～7日，在淹城春秋乐园举办。变形金刚主题巡展为电影《变形金刚4》主题嘉年华中国巡游（常州淹城站）活动，设变形金刚道具核心展区、电影体验区、亲子互动区、衍生物售卖区、餐饮休闲区五大展区，展示变形金刚30年精彩历程。其中，核心展区有汽车人领袖擎天柱和大黄蜂模型高8米、重5吨，并有惊破天、钢索、威震天、铁皮、声波，以及钢铁侠、绿巨人、雷神、美国队长、蜘蛛侠、超人等超级英雄形象展示。同时，淹城春秋乐园安排即兴表演，包括怪物史莱克、小黄人、蓝精灵等卖萌，上演变形金刚真人秀、英雄联盟真人秀、英雄联盟卡通童话剧，以及升级版的“魔幻噢嘶咔”演艺节目等。国庆黄金周期间，春秋淹城旅游区接待游客超过36万人次，实现营业收入3955万元。

【首届观音文化节】 11月28～30日，在宝林寺举办。首届观音文化节活动包括素食体验、书画展览、梵乐晚会、放生护生、祈福传灯等。28日晚，在宝林寺大雄宝殿前广场举行“观音大爱”慈善晚会，宝林慈善基金会慈善大使、佛教信徒、当红歌星李玉刚领衔，国内十多位歌手共同参与。整台晚会以观音文化为主题，通过音乐、歌唱、舞蹈等形式，展现新颖梵呗音乐会。

（章子英）

旅游促销

【概　况】 2014年，武进旅游部门围绕“城市即旅游，旅游即城市”塑造形象，将武进整个城市作为旅游作品进行包装和宣传。借助报纸、网络、电台等媒体宣传武进，编发《花都》杂志12期共12万册。举办2014“花都水城·浪漫武进”旅游节，组织策划系列活动18项。在央视《早间新闻》广告时段播出武进旅游宣传片，在武进交通沿线设立旅游宣传广告牌，拓展城际铁路沪宁高铁常州段广告宣传，提升武进旅游文化影响力。与全国知名旅游电商同程网签订合作协议，重点推荐武进旅游产品。联合浙风旅行社举办推介活动，邀请“长三角”千家旅行社走进武进，了解和宣传武进旅游。参与境内外旅游推介会等活动10多场，增强武进旅游美誉度。全年“二日游”地接人数10.3万人次。

【2014“花都水城·浪漫武进”旅游节】 7月1日至8月31日举办。整个旅游节本着“节俭、隆重、精彩、热烈”的理念，以城市与农村互动、品牌与特色融合为主题，推出2014“花都水城·浪漫武进”旅游节开幕式、嬉戏谷二期嬉戏海开园、第四届太湖电子音乐节、第六届“阳湖”果品节、凤凰谷大剧院专场演出、“百灵水世界”淹城夜狂欢、淹城动物园夏日冰雪奇园冰雕滑雪魔幻夜、中国花卉博览园纳凉夜公园、中华孝道园微孝在行动系列活动、“秀我厨艺、展我风采”厨艺大赛、“牵手童心快乐同行”青春携手之旅、第六届“阳湖”果品节、佳农探趣休闲生态园开园、嘉泽镇十大农家菜评选活动、武进区第二届旅游服务技能大赛、武进旅游业十佳服务明星评选活动、武进区文明城市暨文明旅游百题有奖知识竞赛等活动18项，积极营造旅游氛围，丰富武进旅游内涵。

【冰雪奇园暨冰雕滑雪魔幻夜】 7月1日至8月31日，在淹城野生动物世界举办。项目包括冰冻活人挑战、冰雕作品展示、极速滑雪体验，观看原汁原味的佤族原生态舞蹈、梦幻震撼的国际大马戏、绚丽多彩的花车巡游。冰雕馆占地面积2000平方米，展出冰雕作品100多件。夜公园开放期间，共接待游客近5万人。

【中华孝道园微孝在行动】 7月，中华孝道园携手旷达地产集团举办以“孝心义卖”为主题的孝道公益活动，帮扶一加爱心社、西艺坊、兰陵社区双虎鞋业等8家公益组织。通过在中华孝道园园区特设义卖平台，售卖由贫困、残疾手工艺者制作工艺品，所获资金全部返还工艺品制作者。同时，中华孝道园员工将“孝心义卖”活动推广到常州市17个社区现场，让广大市民了解如虎头鞋、留青竹刻等传统手工技艺。这次活动共售出手工艺品209件，总价6406元，资助23人次。

【佳农探趣休闲生态园开园】 6月29日开园，并举行“生态旅游示范园”授牌仪式。该生态园位于邹区镇，占地面积42.5公顷，规划为休闲生态园和科普体验园，集农业特色体验、科普教育、农家餐饮等功能于一体，由佳农探趣休闲生态园与中华全国供销合作总社、南京野生植物综合利用研究院合作打造“玩着学”的农业主题乐园。游客在民俗大观园体验项目有踩水车、滚铁环、喂家禽和参观农村风俗器具展览，在昆虫之家体验项目有捉蝴蝶、捕金蝉、制作昆虫标本，在稻香渔场体验稻田捕鱼以及在开心农场租种蔬果等。

【武进区第二届市民艺术节】 参见《文化艺术》栏目p191同名条目。

【“秀我厨艺、展我风采”厨艺大赛】 7月23日，在雪堰乐山休闲农庄举办。参赛队分为女能手经营的生态农庄和农业科普基地农家乐9个团队，每个团队有队员3名（其中农庄女能手1名）。各参赛队自带材料，在90分钟内完成主菜3道和水果拼盘1道作业，回答评委提出的烹饪科普知识问题。这次比赛评出最佳特色奖、创意奖、组合奖、团体优胜奖和优秀农家菜等若干奖项。

（邹利华）

旅游服务

【概　况】 2014年，武进旅游部门深入贯彻《中华人民共和国旅游法》，加强景点景区安全检查和服务质量检查，引导旅行社等规范经营，全年未发生安全责任事故。7月，武进旅游协会成立，搭起武进旅游企业交流发展的共享平台。开展文明旅游暨文明城市创建百题有奖知识竞赛、十佳服务明星评选、第二届旅游技能大赛等，借助媒介开展武进旅游30道本帮菜评选、推举武进“必玩、必购、必看”的精品、推荐武进10个不可不玩的旅游景点。组织绿色酒店创建，金色南都国际大酒店等4家饭店创成“武进区绿色酒店”。区旅游局全年受理并妥善处理游客投诉59起，游客反馈满意率100%。至年末，全区拥有星级饭店18家，其中五星级1家、四星级5家、三星级12家，旅行社15家。

【武进区旅游协会成立】 7月18日，在明都国际会议中心召开成立大会。该协

表33　2014年武进三星级以上旅游饭店情况

名　称	星级	床位（张）	地　址	电　话
九洲喜来登酒店	五	391	武进区延政西大道1号	69968888
金陵明都大饭店	四	372	常州市和平北路39号	88118888
金鼎明都国际大酒店	四	208	武进区湟里镇金鼎路28号	83349898
金色南都国际大酒店	四	100	武进区行政中心东侧	86319588
明都国际会议中心	四	183	武进经济开发区凤苑北路18号	89852888
嬉戏谷开元度假村	四	318	武进区太湖湾旅游度假区	83590001
新苑宾馆	三	312	武进区行政中心	86312888
国瑞宾馆	三	297	武进区横山桥镇	88603888
苏南枫泽山庄大酒店	三	108	武进区夏溪章庄	83680777
金龙大酒店	三	163	武进区湖塘人民中路1号	86550978
新锦江商旅酒店	三	328	常州市新丰街14号	88101710
锦海城市大酒店	三	120	常州市会馆浜路11号	86856577
竺山湖小镇度假酒店	三	271	武进区太湖湾旅游度假区	83591000
锦海假日大酒店	三	117	武进区长虹路88号湖塘针纺城F1幢	86325888
舜杰明都大酒店	三	82	武进区郑陆镇焦溪常焦路2号	81238777
常州艺林园森林酒店	三	79	武进区嘉泽镇艺林园内	83680008
湖塘逸都宾馆	三	135	武进区武宜路165号	81198119
雪堰漕桥石头大酒店	三	54	武进区雪堰镇漕桥金三角东路61号	81182000

表34　2014年武进国内旅行社情况

名　称	地　址	电　话
常州中瑞旅行社	武进区横山桥镇国瑞宾馆内	86561265
常州明都国际旅行社	武进区广电中路19号茂业泰富城27楼	86591998
武进交通国际旅行社	常州市广化街丰臣海悦901室	86971112
武进群星旅行社	常州市劳动中路56号丽宝地花园17幢甲901室	86574785
常州晨风国际旅行社	武进区永胜路103号康居大厦301室	86531739
武进广电高塔国际旅行社	武进区广电中路1号传媒大厦3楼	86558181
常州嬉戏族国际旅行社	武进区太湾旅游度假区太北路1号	68866333
常州淹城旅行社	武进区武宜南路588号	86318988
江苏卡麦国际旅行社	武进区世贸大厦A座710室	89811811
常州凤凰国际旅行社	武进区湖塘镇武宜路3号	86312778
常州阳光国际旅行社	武进区永胜路103号康居大厦307室	81882929
常州市广电大陆国际旅行社	武进区湖塘镇定安中路613号	86558181
常州市乐橙旅行社	武进区湖塘丰乐公寓北侧19号	86053616
常州市国通旅行社	武进区延政中大道16号世贸中心A2204室	88998078
常州市蓝春旅行社	武进区湖塘镇中源大厦东大门2楼	83707637

会由江苏华怡明都酒店管理有限公司、西太湖明都国际会议中心、金色南都国际大酒店、春秋乐园旅游发展有限公司、广电大陆国际旅行社 5 家单位发起，会员包括武进区的景区（点）、星级宾馆、旅行社、农村旅游示范点四类企业，江苏华怡明都酒店管理有限公司董事长沈益锋当选会长。年内，该协会开展星级宾馆评定、旅游企业等级评定，组织会员企业开展业务交流和外出考察学习、举办各种技能比赛，提升会员企业员工素质，促进全区旅游业发展。

【武进旅游业十佳服务明星评选】 5 ～ 9 月，武进区在全区旅游服务行业开展服务明星评选活动，30 多个基层单位参加。经过基层推荐申报、组委会初选、现场考察、评审公示等环节，从 50 多名旅游业工作者中评选出十佳服务明星 10 名，分别是常州九洲花园大酒店张名丹、武进假日酒店刘海峰、金色南都国际大酒店李芳芳、明都大饭店姜洪琴、武进太湖蓼莪山旅游发展有限公司朱春花、嬉戏谷有限公司白晓丹、春秋乐园旅游发展有限公司张翼洪、锦湖酒店管理有限公司许道丽、明都国际旅行社张丹、广电大陆国际旅行社赵红举。

【武进区第二届旅游服务技能大赛】 6 月 30 日，在常州轻工职业技术学院举行。这次大赛由区旅游局主办、常州轻工职业技术学院协办，28 家旅游服务企业 54 名选手参赛。比赛项目分餐厅服务、客房服务、导游服务 3 项，比赛内容较上年增加餐厅斟酒、客房铺床、创意欢迎词等环节。每个项目评出单项奖 3 个、团体奖 3 个和优秀组织奖 4 个。奥体明都国际饭店、锦湖武进宾馆、明都枫泽山庄大酒店分获团体奖前三名。

【武进区文明旅游暨文明城市创建百题知识竞赛】 8 月 1 ～ 10 日，由区旅游局和区文明办联合举办。这次活动以书面答题方式，将题目公布在武进旅游网和《武进日报》上，全区有 800 多名市民通过网络答题和邮寄答题卡参与活动。经专家组阅卷、公证处公证抽奖，公布一等奖 10 名、二等奖 20 名、三等奖 30 名和纪念奖 50 名。通过活动，增强武进市民旅游文明意识，营造文明热情、友善大度、尊重谦让、关爱他人、奉献社会的旅游氛围，提升武进旅游整体形象。

【“放心消费十佳农家乐”评选】 参见《综合管理》栏目 p156 ～ 157 相关条目。

【武进不可不玩的 10 个景点评选】 11 月，由区旅游局、武进日报社和武进新闻网联合举办。这次评选活动通过在武进旅游资讯网、武进新闻网、武进日报网开设投票平台，以图片展示武进区旅游开发建设成就和最美武进风光，让游客和网民了解、认识、欣赏武进旅游美景，吸引 1.5 万余人参与。经过网络投票和相关专家评审，从 24 家候选单位中评选出 10 个景(区)点。春秋淹城旅游区、环球动漫嬉戏谷、太湖湾竺山湖、中国花卉博览园、中华孝道园、宋剑湖生态旅游区、西太湖揽月湾、横山旅游风景区、焦溪古镇、嘉泽明都紫薇园，获得“武进不可不玩的 10 个景点”称号。

表 35　　2014 年武进区旅游线路

类别	线　路　安　排
特色线路	1. 情侣甜蜜游（亲子天伦游）:（1）环球动漫嬉戏谷—中华孝道园—竺山湖小镇—太滆渔村—城西回民村；（2）淹城春秋乐园—淹城野生动物世界—春秋淹城遗址公园—淹城传统商业街—花博园 2. 现代城乡游：横山桥旅游风景区—新天地公园—春秋淹城旅游区—花博园 3. 农家欢乐游：（1）嘉泽紫薇园—玫瑰园—夏溪花木市场—艺林园；（2）三勤生态园—雪堰镇谢家村—雪堰镇城西回民村—太滆渔村；（3）横山桥旅游风景区—龙潭湖农业生态园—牟家农业旅游观光园—锦涛生态园 4. 文物古迹游：横山桥大林寺、白龙观—福寿庵—宝林寺—武进博物馆—春秋淹城遗址公园—杨桥古村—中华孝道园 5. 度假休闲游：太湖湾旅游度假区—淹城春秋旅游度假区 6. 春光烂漫游：花博园—淹城春秋乐园（樱花）—潘家林果园（桃花、梨花）—雪堰镇谢家村（桃花）—雪堰镇费巷茶场（摘茶、品茶） 7. 个性骑行游：(1) 环球动漫嬉戏谷—环山路—太滆渔村—竺山湖小镇—中华孝道园—环湖路；(2) 淹城—延政西路—环湖北路—云杉路—西太湖揽月湾
自驾乡村游线路	东线 A：锦涛生态园—牟家农业旅游观光园—龙潭湖农业生态园 东线 B：圩墩遗址公园—三勤生态园—春秋淹城遗址公园 南线：雪堰镇城西回民村—雪堰镇谢家村—雪堰水产科技有限公司—太滆渔村 西线：西太湖揽月湾—花鸟园—艺林园—紫薇园—夏溪花木市场—花博园
太湖湾旅游度假区“微度假”路线	动感之旅：环球动漫嬉戏谷—全国龙舟竞赛基地—城西回民村农家乐—竺山湖小镇 静心之旅：中华孝道园—竺山湖小镇—吴都阖闾城遗址—城西回民村农家乐 微度假体验：竺山湖小镇—环球动漫嬉戏谷—中华孝道园—城西回民村农家乐—全国龙舟竞赛基地—吴都阖闾城遗址
综合线路	武进一日游：（1）淹城春秋乐园—淹城野生动物世界—淹城传统商业街；（2）环球动漫嬉戏谷—中华孝道园—竺山湖小镇 武进二日游：（1）淹城春秋乐园—淹城野生动物世界—淹城传统商业街—花博园—紫薇园—玫瑰园—艺林园—夏溪花木市场；（2）环球动漫嬉戏谷—中华孝道园—竺山湖小镇—太湖湾旅游度假区—雪堰镇城西回民村

（邹利华）

（栏目编辑　周小红）

综 述

【概 况】 2014年，武进辖区新增银行金融机构3家，平安银行常州分行于10月25日在武宜中路155号试营业，广发银行武进支行和上海银行常州分行完成选址。年末，全区有银行金融机构21家、分理处8家，合计银行金融分支机构293家、在册从业人员3772名。新增小贷公司1家，累计12家。

各金融机构本外币年末存款余额2050.29亿元，比年初增加118.94亿元，增长6.16%；本外币年末贷款余额1476.99亿元，比年初增加91.79亿元，增长6.63%。各金融机构人民币单位年末存款余额998.06亿元，比年初增加53.56亿元，增长5.67%；人民币个人年末存款余额945.07亿元，比年初增加60.95亿元，增长6.89%。全年签发承兑汇票余额299.29亿元，增加50.21亿元；各银行年末存、贷款余额比例为74.14%，比年初增加3.52个百分点；全辖本外币年末不良贷款（五级分类）余额15.05亿元，比年初减少0.4亿元，不良贷款率为1.02%，比年初下降0.1个百分点。全年银行结益39.07亿元，下降10.9%。6家县级保险机构实现保费收入15.23亿元，各类理赔、给付等金额9.53亿元。证券类机构新增证券分公司1家、营业部5家，年末共有11家证券交易机构年内新开账户6685个，全年证券交易量1801.55亿元，增长90%。

【金融维稳】 2014年，人民银行武进支行加强对金融机构的政策引导和业务指导，完善金融生态创建工作台账和考核机制，推进金融生态环境持续优化。各镇（开发区）建立健全以镇政府（管委会）为主导、驻地金融机构为主体，财政、工商、税务等部门多方联动、密切协作的工作机制，创新管理和服务措施，形成建设良好金融生态的合力。开展金融机构从业人员相关政策学习和宣传，引导各金融机构完善内控机制，强化自律意识和廉政教育，防范操作风险和道德风险。切实做好重点领域的风险管控，对出现苗头性风险的企业，主动加强与地方政府及相关行业主管部门协调，抢抓风险化解和处置有利时机。发放48家企业264笔应急转贷资金，金额32.71亿元，有效遏制金融风险蔓延。落实金融监管措施，开展人民银行执行政策综合评价，评定A类银行8家、B类银行10家。完成21家银行网点申请加入支付系统、电子商业汇票系统和支票影像交换系统的资格审查，加大现场核查和非现场核查力度，保障外汇经营秩序稳定。做好社会性金融宣传，通过“3·15”金融消费权益日等活动向群众宣传金融维权、征信、人民币反假、支付结算、反洗钱、国债等知识，受到社会各界好评。

（郭 芸）

【农村土地承包经营权抵押贷款模式探索】 武进区根据《城乡发展一体化工作实施方案》要求，区委农工办组织开展农村土地承包经营权抵押贷款试点。2月，下发《关于印发常州市武进区农村土地承包经营权抵押贷款试行办法的通知》，明确抵押贷款对象及条件，农村土地承包经营权的价值认定、抵押登记、抵押贷款限期和利率等。7月，下发《关于印发常州市武进区农村土地承包经营权抵押贷款风险共担机制试行办法的通知》，由政府、银行、保险公司等构建合作平台和风险共担机制，切实保障抵押双方利益。7月，武进区农村土地承包经营权确权登记颁证工作领导小组成立，工作组成员有区委办、区政府办、区委政法委、区委农工办等部门负责人担任。8月，武进区委《关于开展农村土地承包经营权确权登记颁证工作的实施意见》出台，为统筹城乡协调发展和农村和谐稳定提供有效保障。根据相关文件精神，常州首批农村土地承包经营权抵押贷款，由江苏武进建信村镇银行等4家金融机构于3月28日签约发放，共发放土地承包经营权抵押贷款240万元，达成贷款意向金额150万元。至年末，武进区发放农村土地承包经营权抵押贷款16笔、合计金额1540万元。

【小贷公司稳健发展】 2014年年初，新增开业小贷公司1家（常州市武进区西湖农村小额贷款股份有限公司），全区有小贷公司12家，注册资本35.8亿元，年末贷款余额43.85亿元，累计发放贷款118.61亿元，累计发放客户942户，平均年化利率控制在15%左右，服务三农比例100%，缴纳税金0.94亿元。8月15日，常州市武进区通利农村小额贷款股份有限公司在新三板挂牌，成为全市首家进入资本市场的小贷公司，发行总股本6亿股。区金融办对小贷公司开展合规性检查，检查重点包括资金来源合法性、公司业务合规性、财务数据

表 36

2014 年武进区银行业金融机构网点情况

机构名称	支行（分行）		机构名称	支行（分行）	
	机构（个）	人员（人）		机构（个）	人员（人）
人民银行	1	37	浦发银行	1	14
工商银行	24	333	兴业银行	2	31
农业银行	45	626	民生银行	1	36
中国银行	23	375	江苏银行	6	101
建设银行	40	561	南京银行	1	109
交通银行	8	96	苏州银行	1	51
中信银行	1	28	农发银行	1	22
光大银行	2	23	江南银行	66	788
华夏银行	3	42	邮储银行	63	436
平安银行	2	16	村镇银行	1	21
招商银行	1	26	合 计	293	3772

说明：建设银行机构包含分理处 8 个，村镇银行机构为分行

真实性、公司内部治理规范性 4 个方面，全年小贷公司经营合规情况总体良好。

【新设金融及类金融机构 10 家】 2014 年，武进区推动金融机构集聚发展，新设金融及类金融机构 10 家。1 月 6 日，常州市武进区西湖农村小额贷款股份有限公司在西湖街道开业。2 月 7 日，华泰证券常州延政中大道营业部在常州世贸中心开业。4 月，江苏益联鑫典当有限公司和江苏天乙悦典当有限公司开业。5 月 18 日，海通证券股份有限公司常州广电西路证券营业部在武进区广电西路开业。5 月 19 日，东北证券股份有限公司江苏分公司在武进高新区注册设立，是武进区第一家证券公司分公司。6 月，信达证券股份有限公司常州花园街营业部开业。8 月 28 日，宏信证券有限责任公司常州花园街证券营业部开业。9 月 22 日，招商证券常州常武中路营业部开业。12 月，平安银行武进支行在武进区武宜路开业。

【企业上市形成梯队】 2014 年，全区新增上市企业 1 家。9 月 9 日，江苏亚邦染料股份有限公司（简称亚邦股份）在上交所主板 A 股上市，首次公开发行股票 7200 万股，募集资金 14.75 亿元。新三板及场外市场挂牌取得突破，常州市武进区通利农村小额贷款股份有限公司、常州第六元素材料科技股份有限公司 2 家企业，先后在新三板挂牌，在区域性场外市场挂牌 57 家企业。新增上市报会企业 2 家，分别是江苏武进不锈股份有限公司和常州快克锡焊股份有限公司。年末，在证监会有待审企业 4 家。

（马 先）

银 行

【人民银行武进支行】 2014 年，人民银行武进支行按照货币政策“不宜收紧、不能放松”的总体要求，主动适应经济发展新常态，加大对实体经济的信贷支持，优化信贷资源配置，保证重点项目和优势项目的信贷资金需求，发挥好金融在促进经济发展方式转变和经济结构调整中的作用。制定《武进区货币信贷窗口指导意见》《武进区金融系统目标管理考核办法》，引导金融机构锁定增长目标，明确金融支持重点。引导各银行深入基层乡镇开展银企对接活动，为政银企合作牵线搭桥，助推融资“资管保”“资托管”等模式。全力满足农村经济发展资金需求，联手区委农工办在辖区建信村镇银行、江南银行、华夏银行以及邮政储蓄银行，推进农村土地承包经营权抵押贷款试点，加推区政府出台的《常州市武进区农村土地承包经营权抵押贷款风险共担机制试行办法》。至年末，向 15 家农业经营主体发放贷款 1540 万元。

经理国库 高效办理预算收入入库、划分、报解和库款支拨等业务，深入推进地方财政国库集中支付制度改革，切实强化国库监管，做好支付结算管理，办理核准类账户的开立、变更、撤销等业务 11117 份。推动辖区江南农商行建设农村金融综合服务站，年内建成 254 家。优化农村支付服务环境，深化人民币流通满意工程建设，推进 ATM 机冠字号码记录存储查询、现金收付“两条线”、残损人民币回收和反假货币等工作。全年收缴假货币 8567 张，金额 77.8 万元。

征信建设 推进农村青年示范户创建及融资试点，建立信用档案 3071 户，评定青年信用示范户 702 户，为建立信用档案农村青年累计发放贷款 337420 万元，其中发放农村青年信用示范户贷款 91557.82 万元。规范企业和个人信用报告查询及异议处理等，推进个人信用报告多渠道查询服务。开展个人信用报告有偿查询服务，办理 822 笔、累计金额 20550 元，全年为企业和个人查询信用报告 10171 笔。完成机构信用代码证发放，共办理机构信用代码证 6792 张。

外汇管理 密切监测跨境资金异常流动，加强国际收支统计监测预警。加强货物贸易流入与流出管理，加强非现场监测和现场核查，提升外汇监管的有效性。贯彻落实新的资本项目政策，简化行政审批程序，缩减事前审批环节，实现以登记为主的外商直接投资外汇管理。年内，人民银行武进支行（外管局）共约见 32 家企业负责人谈话，全辖有 33 家企业被降成 B 类企业，其中 3 家企业被降成 C 类企业。

（郭 芸）

【工商银行武进支行】 2014 年，工商银行武进支行实施营业部原址改造，将环府路、前黄、嘉盛苑 3 个分理处升格为二级支行，新设公司业务二科，集中管理信贷业务。年末有内设机构 7 个，辖营业网点 24 个（营业部 1 个、二级支行 23 个），拥有自助设备 110 台套。低柜业务网点由 7 个增至 14 个，新增“自助 + 理财”网点 3 个、离行式自助银行 2 个，全年更新自助设备 16 台套。围绕打造一流金融服务、建设人民满意银行的目标，组织全行员工开展“客户在我心中”大讨论，推进“送金融知识下乡”和“普及金融知识万里行”活动。深入武进高新区、乐购广场、吾悦广场、常州大学

城、湖塘镇部分社区等，开展“让服务与您更近，让快乐与您同在”主题宣传，“投百亿、访万户、金融服务送上门”活动。主动对接地方政府和审批表内外项目12单、金额21.47亿元，项目贷款余额比年初增加8.02亿元。支持小微企业发展，票据贴现累计金额4.02亿元，供应链融资新增金额1.75亿元。发放常州市首单小企业网贷通，支持郑陆医疗产业集群发展的营销方案获得通过。成立信用卡分期团队，集中办理汽车、家装、消费信贷分期项目。发展私人银行业务，私人银行客户理财产品年末余额8.5亿元。年末，各项存款余额203.86亿元，新增1.46亿元；各项贷款余额182.95亿元，新增8.19亿元。该支行营业部获中国银行业协会“千佳”（五星级）网点称号。

（杨元忠）

【农业银行武进支行】 2014年，农业银行武进支行升级金融便利店5个，年末辖营业网点45个（含“智慧银行”网点14个）、离行式自助银行15个，银行自助发卡机34台。创新业务，为江苏常发农业装备股份有限公司办理全省农行系统首笔保兑仓业务，为新誉集团有限公司、前黄中学国际分校分别办理银关通和银校通产品；拓展汇添富基金管理有限公司同业融入类业务5亿元、平安银行同业融出类业务4.5亿元；营销江苏常发制冷股份有限公司和江苏江南实业集团有限公司票据池业务，托管票额1.2亿元；发放首笔“金农贷”500万元，办理首笔电子银行承兑汇票签发、贴现业务，办理全省首笔比率远期购汇、日历期权和全市首笔应收账款池融资、国内订单融资、双币种结汇。扩大常规业务规模，办理汽车分期贷款1.48亿元、消费分期贷款8330万元，新增手机银行客户7.42万个、金科通授信客户39个，金科通贷款余额比年初增加7231万元。年末，各项存款余额352亿元。其中，个人存款日均余额213.4亿元，比年初增加12.34亿元；人民币对公存款日均余额114亿元，比年初增加5.1亿元。各项贷款总量203.46亿元，其中人民币贷款余额199.44亿元，比年初增加3.17亿元。国际结算总量39.87亿美元。存贷款总量保持武进区四大行（工商银行、农业银行、中国银行、建设银行）首位，国际结算量、资本金开户及到账总额连续三年居武进区首位。

（王佳丽）

【中国银行武进支行】 2014年，中国银行武进支行有内设部门5个、营业部1个，辖营业网点22个、自助银行4个，以及离行式自助区11个。贯彻实施“转型进位、创新强行、提升三力”的经营战略，推进双基建设，取得经营发展成效。重点项目开发客户有武进区土地储备中心、江苏武进高新投资控股有限公司等，通过中国银行海外分行等渠道支持企业发展，叙做国内信用证融资业务超8亿元，国际结算量35.49亿美元，跨境人民币结算量10.29亿元。开展“惠民金融”主题服务活动，参与武进区城镇化和新农村建设，推进“农村市场”“中银E社区”“专业市场”三大项目。携手邹区镇政府、凌家塘市场发展有限公司，开展“助小微，强市场，惠民生”金融服务交流会，在惠民、利民金融服务上“打通最后一千米”。开展“客户大走访，风险大排查”专项整治等活动，深化风险预警。负债业务稳中有升。年末，本外币日均存款余额144.6亿元，较年初增加6.98亿元。本外币存款时点余额144.78亿元，占据武进区四大银行市场份额的14.56%，增长0.44个百分点。资产业务快速推进。年末，本外币贷款时点余额88.85亿元，增长6.86亿元，其中公司贷款增加6.62亿元、零售贷款增加0.23亿元。本外币各项贷款占据武进区四大银行市场份额的12.87%，增长1.05个百分点。该支行营业部创成“江苏省银行业文明规范服务百佳示范单位”，潘家支行创成“中国银行江苏省分行模范职工小家”。牛塘支行成功堵截一起电信诈骗案，该案例年内被中央电视台等媒体报道。

（胡　佳）

【建设银行武进支行】 2014年，建设银行武进支行新设定安西路、阳湖世纪苑、花东、南湖家苑自助银行4个，年末辖营业部1个、营业网点39个，有离行式自助银行5个。围绕“抓基础、强管理、增份额、保平安”的总体目标，全面推进转型创新，主动适应经济新常态，取得各项业务和经营管理成效。组织存款，做好利率市场化、存款理财化应对工作，抓好业务推动、产品带动以及激励考核，实现稳存增存目标。加强大项目投放和储备，完成西太湖沿江高速以北绿化工程、湖塘镇长沟河片区城镇化改造一期、南夏墅小城镇建设工程一期、新沟河延伸拓浚工程等重点项目的银团贷款。推行产品、服务、流程创新，办理汇贷宝总额6.87亿元，仅存汇盈产品一项累计创收914万元，共吸收外汇存款40亿元。完成江苏高齿传动机械有限公司“油田齿轮系列产品的研发及产业化”项目的“苏科贷Ⅵ.3”业务备案，成为建设银行常州分行首笔及2014年唯一一笔苏科贷业务。年末，一般性存款余额289.78亿元，较年初新增13.68亿元。其中，个人存款余额161.08亿元，新增17.27亿元；对公存款余额128.69亿元，下降3.69亿元。各项贷款余额210.8亿元，新增11.35亿元。个人住房贷款余额10.94亿

3月5日，开展“走进乡镇”金融知识普及活动　（中国银行武进支行 供稿）

元，新增1.15亿元，新增市场份额居武进区第一。

（季秋洁）

【交通银行武进支行】 2014年，交通银行武进支行辖营业部1个、二级支行7个，配套自助银行7个、有ATM机23台。围绕“抓存款、稳利润、控风险”工作主线，夯实客户基础，优化调整结构，做到稳健合规、严控风险发展。全年销售理财产品6.53亿元，销售保险0.34亿元；新增贷记卡活卡客户1168户、交银客户779户、对公开户19户。年末，人民币存款余额48.08亿元，外币存款0.33万美元；人民币贷款余额44.01亿元，不良资产率1.44%；国际结算量6.92亿美元。完成中间业务收入0.27亿元，实现经营利润1.82亿元。

（周冬英）

【农发行武进区支行】 2014年，农发行武进区支行坚持做精做细传统业务，拓展涉农领域支持农业产业新格局形成，发展中长期业务弥补传统业务萎缩影响。完成常州奔牛国家粮食储备库县级储备粮贷款10192.7万元，中央储备粮常州直属库国家临储油脂贷款2404.28万元。确保2014年秋粮托市收购资金及时到位，发放最低收购价小麦贷款26123万元。支持企业自营粮食收购，发放购销贸易企业小麦收购贷款2490万元。全年担保贷款占比73.95%，对应存量抵质押贷款的抵押率51.19%。获批贷款项目2个，分别是武进经发区水系整治项目11亿元和武进大道建设项目3亿元，完成投放金额13980万元。年末，各项贷款余额33.32亿元、各项存款余额7.56亿元，分别下降13.13%和30.23%；实现账面利润9071万元。

（徐 斌）

【中信银行武进支行】 2014年，中信银行武进支行内设营业部、公司业务部、零售业务部等部门，辖营业网点1个，拥有自助银行设备3套。遵循“又快又好、创新转型”的发展理念，抓好负债业务营销及结构调整，做好客户开发及经营。按照贷款规模控制值、承兑汇票总量控制等刚性指标，创新探索应用结构化融资、信托受益权、短融、中票等产品，建设贴现、票据库、电子银行等渠道，促进业务快速发展。按照新资本管理要求，推动业务转型，控制成本，增加中收，提高资产质量和效益。年末，各项存款余额51亿元，增加5.74亿元；各项贷款余额37.42亿元，增加11.68亿元；国际结算量5.25亿美元，新增2.54亿美元；实现中间业务收入2552万元。该支行获中信银行常州分行综合考评第一名。

（史晓勇）

【江苏银行武进支行】 2014年，江苏银行武进支行在武进区开展机构优化，将郑陆支行、常州大学城科技支行2个网点与原长虹路支行、邹区支行、横林支行3个网点，统一归属武进支行管辖，共辖支行网点5个。围绕提升市场份额的目标，抓基础、建机制，严管理、保平安，拓客户、调结构，全面增强综合竞争力。8月，常州大学城科技支行挂牌，与常州科教城、武进高新区、西太湖科技产业园等联手合作，破解科技型中小企业融资门槛高、利率高、审批时间长等难题，累计发放科技贷款11025万元。年末，本外币各项存款时点余额431032万元，其中对公存款362406万元、储蓄存款68626万元；各项贷款余额339089万元，其中公司贷款299899万元、零售贷款39190万元。中间业务收入845万元，国际业务结算24914万美元。实现账面利润6965万元。

（奚 源）

【招商银行武进支行】 2014年，招商银行武进支行为招商银行常州分行在武进区设立的网点，有自助银行3个和ATM单点机1个。围绕武进区“城镇化、消费、医疗、文化旅游”四大主题，加大对小微企业、“三农”、区重点企业及项目信贷支持，及时拓展城乡一体化项目。发挥资金价格差异动态管理机制作用，对区重点企业、项目的贷款价格放至基准或适当上浮，对银行承兑汇票、信用证等表外业务的保证金按定期存款计息，减轻企业融资成本。拓展投行业务，创新业务初见成果，叙做非标业务2笔共计金额6亿元。国际业务运用“存汇盈”“购汇通”和内保外贷等产品，吸收外币存款，实现中收增长。零售业务以“收付易”为突破口，积分排名在系统内大幅提升。年末，人民币自营存款余额25.53亿元，其中公司存款余额21.78亿元、居民储蓄存款余额3.75亿元；自营贷款余额20.31亿元，其中对公一般性贷款14.55亿元、个人贷款2.26亿元。

（庄 悰）

【华夏银行武进支行】 2014年，华夏银行常州分行在武进区设置武进支行（本部）、横林支行、邹区支行3个网点，布设依附式ATM机6台、离行ATM机式2台。华夏银行武进支行以打造“中小企业特色金融服务商”为目标，作为武进区政府“英才计划”指定合作银行，推出金融产品“年审制”“智力贷”“租金贷”等，解决中小企业融资难问题。新增小企业贷款户数117户，贷款金额3.58亿元。发展武进英才“智力贷”小微企业199户，贷款余额1.75亿元。年末，存款余额37.96亿元，贷款余额64.5亿元，分别增加7.86亿元和15.97亿元，不良贷款率0.94%。

（蒋 蓓）

【邮政储蓄银行武进区支行】 11月，邮政储蓄银行武进区支行增设业务拓展一部、二部，拥有自营网点8个、代理网点38个。该行坚持存款立行，以负债业务为重点，完善经营结构，合理产品布局和城乡布局，推进业务经营与服务质量协调提升。12月，邮政储蓄湟里支行办理国内首笔信用证项下议付业务，开创邮储新业务。年末，各项存款余额99.59亿元，各项贷款余额27.54亿元，分别增加13.79亿元和4.12亿元。

（朱 力）

【江南银行】 2014年，江南农村商业银行（简称江南银行）在武进区设置一级一类支行3家，一级二类支行8家，二级一类支行20家，二级二类支行15家，二级三类支行25家，共有银行机构71家。围绕服务“三农”、中小企业和城乡一体化，坚持差异化、有特色发展。推进经营战略转型，立足零售银行、社区银行，着力服务“两小”客户，实施精细化管理，强化品牌经营意识，加大电子产品和财富管理推广力度；推进经营模式由传统“部门银行”向“流程银行”转变，由追求规模速度向规模、质量和效益并重转变，由单一盈利向多元盈利转变；推进服务方式转型，做优做强公司业务，突破国际业务，深挖零售业务，加快电子银行业务。各支行推行传统手段稳存，创新手段增存，推出“周转融”“周转易”等创新业务，专项解决中小企业流动资金贷款临时性转贷资金缺口难题，拓展信贷支持中小企业的广度与深度。其中，江南银行武进支行新增存款 27.05 亿元，新开对公结算 1082 户，存款 10 万元以上客户扩面 2134 户，累计销售保本理财产品金额 1.31 亿元、非保本理财产品金额 1.25 亿元，新增中小微贷款客户 1470 户、贷款余额 41.41 亿元。江南银行武进支行位居武进区社保卡 5 家发卡银行之首，并成为农村集体土地承包经营权抵押贷款试点银行，办理两笔贷款共 250 万元。年末，江南银行在武进区合计各项存款余额 490.15 亿元，各项贷款余额 319.95 亿元，分别增长 14.52% 和 5.71%。贷款收息率 99%，国际结算量 21.21 亿美元，结售汇总额 20.15 亿美元，新增有效客户 115 户；实现资产利润率 1.63%。

（诸冬梅）

【武进建信村镇银行】 2014 年，武进建信村镇银行下设综合管理部、风险管理部、业务发展部和营业部。围绕服务“三农”，推动业务创新，实施“支农支小”惠客户，发放常州市首笔农村土地承包经营权抵押贷款，保持零案件、零事故、零不良贷款的稳健发展态势。至年末，资产总额 4.56 亿元，一般性存款余额 2.43 亿元，各类贷款余额 3.6 亿元，实现营业收入 2249 万元，完成拨备前利润 1263 万元、净利润 680 万元。该银行被人民银行武进支行评为“执行人民银行政策 A 类银行”和“金融目标管理优秀管理单位”。

（蒋洪良）

【苏州银行常州分行】 2013 年 12 月 26 日，在武进区延政中路 19 号开业。2014 年，该分行设置行长室、公司业务部、零售业务部、风险合规部、财务会计部及综合管理部，下辖分行营业部，拥有银行自助设备 3 套。贯彻实施“以小为美，以民唯美”战略，围绕客户和存款推进业务模式转变，提高客户综合回报。采取上门营销已授信客户，营销非授信户特色理财产品等，调整对公业务结构，优化存款结构，降低保证金存款占比，提升结算存款和绿色存款。至年末，本外币存款余额 37.2 亿元，其中对公存款余额 35.23 亿元，分别增加 22.57 亿元、20.61 亿元；对私存款余额 1.96 亿元，增加 1.85 亿元。贷款余额 32.84 亿元，增加 28.93 亿元。其中，对公贷款余额 28.03 亿元（含“三农”，不含票据贴现和苏式微贷），对私贷款余额 4.60 亿元，分别增加 24.11 亿元和 4.57 亿元。对公贷款收益率 7.65%，较年初上升 0.43%；对私贷款收益率 7.91%，高于目标收益率 7.8%。承兑汇票余额 25.88 亿元，银

2014 年武进区银行业务情况

表 37

类别	项目	人民银行	工商银行	农业银行	中国银行	建设银行	农发银行	交通银行	中信银行	江苏银行	招商银行	江南银行	华夏银行	浦发银行	民生银行	兴业银行	光大银行	建信银行	邮储银行	南京银行	苏州银行	平安银行	合计
人民币业务（万元）	一、各项存款余额	71702	2038721	3340508	1214216	2664149	75556	480825	505139	431033	255328	4901516	379565	213942	474392	283704	238228	24310	995987	746008	356494	7364	19698687
	比年初	42912	-341315	-78860	-84525	-87130	-32737	-96744	108870	-84300	52589	621498	78646	26576	65840	-96856	29642	6950	137904	451595	356494	7364	1084413
	1. 企业存款余额	—	1157341	1172853	602471	1057696	29053	285894	456344	361400	217581	2183297	303946	202855	424444	233984	182898	18111	24732	724249	334997	6412	9980558
	比年初	—	-332402	-58064	-85126	-153104	6116	-75898	108530	-67887	61086	232935	63207	27203	59179	-87869	28891	4361	18761	444318	334997	6412	535646
	储蓄存款余额	—	879266	2139899	560590	1606106	—	194931	38593	68626	35572	2708163	71456	11045	48941	46055	20413	6200	971255	21759	21334	459	9450663
	比年初	—	-9957	31288	2209	65648	—	-20846	6527	-16390	4907	386359	16358	-327	6259	-12653	-945	2590	119142	7527	21334	459	609490
	二、各项贷款余额	—	1833724	1994425	870778	2101834	333154	440068	449959	342562	203116	3199468	645025	150290	446107	236540	358349	35968	275394	367832	319119	—	14603712
	比年初	—	72098	31698	115012	194332	-50352	-7621	97757	-84582	22732	172874	159670	32231	31414	30900	118700	6989	41225	133862	319119	—	1438058
	1. 短期贷款余额	—	1070866	922631	381686	657036	104117	218980	395310	246827	157731	2506454	563746	114490	115623	70452	112299	30307	104286	291978	313122	—	8377941
	比年初	—	-29439	-136251	18238	-15109	2893	-927	99347	-54016	-17264	144793	113203	17731	-25647	-54319	4000	1700	48339	113369	313122	—	543763
	2. 中长期贷款余额	—	728044	1017241	473840	1299861	229037	220774	54649	92262	45385	616352	81229	35800	330484	165509	141500	2288	171108	75854	5997	—	5787214
	比年初	—	77512	121120	100819	111359	-53245	-7008	-1590	2383	39996	1460	51407	15000	57061	84640	64500	2151	-7114	34543	5997	—	700991
	个人消费贷款余额	—	200253	455785	148348	361128	—	68944	11649	37538	5385	320031	22292	—	699	10207	—	288	139308	2552	2017	—	1786424
	比年初	—	5000	26564	11227	58917	—	11188	2010	-1713	-4	6711	4977	—	-234	5106	—	151	36086	2309	2017	—	170312
	3. 票据融资余额	—	34814	53570	15252	144937	—	314	—	3473	—	76662	50	—	—	—	104550	3373	—	—	—	—	436995
	比年初	—	24497	45846	-2090	98082	—	314	—	-32949	—	26621	-4940	-500	—	—	50200	3138	—	-14050	—	—	194169
外汇业务（万美元）	各项存款余额	—	6860	29494	38173	37653	—	3283	281	—	53	6125	104	3	—	8949	—	—	—	444	—	—	131422
	各项贷款余额	—	6124	6567	2894	989	—	312	—	—	—	7993	740	—	—	553	—	—	—	994	—	—	27166
	国际结算金额	—	206797	318371	354526	152131	—	46101	—	20150	—	187288	—	—	—	—	—	—	—	—	—	—	1285364
	结售汇总额	—	128449	166860	135275	139726	—	27694	—	6234	—	175022	—	—	—	—	—	—	—	—	—	—	779260

票敞口 9.99 亿元，票贷比 81%，较年初下降 413%；商票票面余额 16.3 亿元，银票敞口 12.1 亿元。12 月末，信托余额 17.2 亿元，较年初增加 8.2 亿元。授信有效户 562 户。其中，对公授信有效户 371 户，较年初增加 271 户；对私授信户 191 户，较年初增加 190 户。无不良资产。

（禹小珺）

【光大银行武进支行】 位于武进区武宜路 108 号，成立于 2012 年 7 月 12 日。2014 年 8 月 8 日，光大银行花园街社区支行开业。光大银行武进支行注重满足客户财富与资产管理需求，通过抓“存款、利润、风险”经营重点，深挖客户群体，深耕服务创新，以优质、创新的金融服务享誉业内。年末，存款余额 23.82 亿元，比年初增加 2.96 亿元；贷款余额 35.83 亿元，比年初增加 11.87 亿元，无不良贷款发生。

（薛嘉春）

【南京银行常州分行】 位于武进区常武北路 274 号，于 2013 年 4 月 8 日开业，是南京银行设在常州地区的一级分行，也是武进区首家城市商业银行。2014 年，南京银行常州分行建成金坛支行网点 1 个，获批筹建溧阳支行网点 1 个，内设计划财务、风险管理、法律合规、营运管理、公司金融管理、投行与同业、贸易融资、小企业金融、个人金融和营业部等部门 16 个。以服务地方为己任，持续创新金融产品、提升服务质量，取得各项业务稳健快速发展。年末，各项存款余额 81.2 亿元，较年初增加 51.03 亿元，列常州市股份制商业银行存款净增额第二位；各项贷款余额 38.2 亿元，较年初增加 13.57 亿元；投行业务全年投放 33 笔共 123.8 亿元，实现中间业务收入 5075 万元；同业金融资产规模 87.58 亿元，实现同业利润 1.1 亿元。

（徐 洁 王 佳）

【浦发银行武进支行】 位于武进区定安东路 35 号，于 2011 年 2 月 18 日开业，设置行长室、办公室、信贷管理科、个人金融业务科，营业面积 700 平方米。2014 年，浦东发银行武进支行设营业网点 1 个。围绕经营发展的转型升级，以负债业务为重点、资产业务为抓手、产品创新为龙头，推进业务经营协调发展。年末，各项存款余额 18.74 亿元，比年初增加 6.93 亿元；各项贷款余额 21.4 亿元，比年初增加 6.37 亿元；实现账面利润 0.67 亿元，增长 9.56%。

（杨 乾）

【民生银行武进支行】 位于武进区延政中路 3 号财富广场，于 2011 年 2 月 28 日开业。2014 年，民生银行武进支行辖营业网点 1 个和社区服务网点 4 个，立足武进区，公司业务重点拓展发债、理财等直接融资业务，推广交易链融资、企业上市直通车、民生金融管家、贸易金融家、中小企业财富罗盘系列金融产品。小微业务实行多样化担保、信贷产品工厂化运作，新增客户近 400 个。向区政府融资平台、实体经济企业等发放贷款余额 35 亿元。年末各项存款余额 50 亿元，其中对公存款 44 亿元、储蓄存款 6 亿元。

（袁国会）

保 险

【人保财险武进支公司】 2014 年，人保财险武进支公司辖营业网点 7 个、专业营销团队 2 个，有展业人员 92 名。围绕“超越市场”的目标，全面提升业务发展能力、内部运营能力和内生发展动力。加强产品创新和渗透，推动高效设施农业保险发展。全年实现车险保费收入 13826 万元，增长 13.31%，承保利润达 704 万元，实现扭亏为盈。完成农险保费收入 1033 万元。完成非车非农保费收入 9144 万元，增长 22.72%，占据武进区市场份额的 61.44%，比上年提高 3.26 个百分点。全年实收保费 24013 万元，增长 16.7%。

（冯建锋）

2014 年武进区保险业务情况

表 38

项目 / 险种	保险业务总收入（万元）				保险业务总支出（万元）			
	本期累计	其中			本期累计	其中		
		人 保	太 保	平 保		人 保	太 保	平 保
一、财产小计	43968.79	20736.53	14350.26	8882.00	26222.29	12554.94	8427.35	5240.00
企财险	8097.13	5259.48	2392.65	445.00	3621.52	2254.62	1131.90	235.00
运输工具及责任险	32956.21	13826.18	10693.03	8437.00	21435.97	9903.57	6527.40	5005.00
货运险	557.64	397.29	160.35	—	249.09	49.22	199.87	—
家财险	145.19	133.98	11.21	—	95.84	92.47	3.37	—
其他	2212.62	1119.60	1093.02	—	819.87	255.06	564.81	—
二、责任保险	2356.10	2356.10	—	—	1169.10	1169.10	—	—
三、人身保险	105946.59	56289.89	36385.10	13271.60	67890.81	51198.75	12534.26	4157.80
养老年金险类	8689.90	8056.75	—	633.15	4188.52	4188.52	—	—
意外短期险类	3557.72	2743.42	745.95	68.35	1856.92	1744.97	111.95	—
健康险类	6146.23	4284.96	338.29	1522.98	6727.60	2161.33	408.47	4157.80
寿险类	87552.74	41204.76	35300.86	11047.12	55117.77	43103.93	12013.84	—
总 计	152271.48	79382.52	50735.36	22153.60	95282.20	64922.79	20961.61	9397.80

【太保寿险武进支公司】 2014年，太保寿险武进支公司辖前黄、湖塘、礼嘉、洛阳、卜弋、横林6个营销服务部，有营销持证业务员893名。奉行“诚信天下、稳健一生、追求卓越”的经营理念，全面整合资源，凝心聚力、提速发展、合规经营。全年实现保费收入3.64亿元，给付养老、满期年金、定期年金等3.33万件，金额4298.08万元；受理各类理赔案2474件，赔付总额1036.11万元。12月8日，经保监会批准，太保寿险武进支公司升格为中心支公司。

（刘　丹）

【中国人寿武进支公司】 2014年，中国人寿武进支公司内设综合管理部、个险销售部、团体业务部、银行保险部、客户服务中心5个职能部门，辖郑陆、前黄、雪堰、夏溪、湟里、奔牛、横林7个网点，拥有员工63名和保险执业人员814名。该公司围绕“镇有据点，村有人员，服务全覆盖”的目标，启动6个人寿保险重点单乡镇筹建。年末建成人寿保险重点单乡镇（洛阳、礼嘉、遥观、郑陆）4个，实现全区人寿保险乡镇覆盖率78%。营销具有保费低廉、投保简单且理赔快捷的特色产品——农村小额人身保险，全区10万名农民参保，实现总保费5.45亿元，增长6.65%。全年完成首年期交金额8738万元，增长16.53%。其中，十年期及以上期交金额3708万元，短险金额3430万元，意外险金额1928万元，分别增长6.6%、5.24%和7.34%。

（陈　贝）

【太保财险武进支公司】 2014年，太保财险武进支公司辖湖塘、横林、郑陆、前黄、卜弋5个营销服务部，有员工38名。坚持抓服务、促转型、谋发展，稳固续保业务、发展新保业务，全年实现保费收入14350万元，增长3.6%。其中，机动车保费10531.74万元，企财险保费2392.65万元，人身意外险保费1011.74万元，货运险保费160.35万元，责任险保费161.31万元，船舶险保费0.2万元。全年支付赔款7040.82万元。

（施　敏）

【平安产险武进支公司】 2014年，平安产险武进支公司有拥有持证工作人员22名。围绕“一个客户、多个产品、一站式服务”的综合金融战略目标，推出“新高铁个人承保系统”项目，个人客户承保作业由“产品”向“客户”模式转变。推广“E理赔、电话直赔”手持终端产品，为客户提供即时交互信息，提升客户满意度。全年完成保费收入8881万元，增长31.2%。其中，车险保费8120万元，财产险保费761万元。该公司获“江苏省放心消费创建活动先进单位”、全国“优秀门店”称号。

（章佳英）

证　券

【中信证券常州环府路证券营业部】 2014年，该营业部完善传统证券交易服务功能，推进财富管理和投行类业务。以专业能力满足客户各类投资理财需求，主动对接当地政府和企业，提供资本市场服务与支持，实现经营业绩稳中有升态势。提供IPO服务企业5户、新三板服务企业10户，完成首个债券类产品“五矿信托——融智稳赢”债券集合管理计划。新增财富管理账户1285户，新增各类资产10.34亿元；期末客户总资产130亿元，股票基金市场占有率0.0535%，年交易总量588亿元。销售各类金融产品总额近10亿元。

（郑　欢）

【中银国际证券常州花园街证券营业部】 位于武进区花园街155号，营业场所面积800平方米。2014年，该营业部秉承“追求卓越，创造价值”的经营理念，立足差异化的目标市场和定位，发展非现场客户及中高端客户的业务模式。依托投研、资讯及理财品牌价值，构建专业化投资顾问团队，为客户提供高品质、专业化、个性化证券理财服务。年末，有员工24名，客户近6000户。

（龚　萍）

【光大证券股份有限公司常州武宜北路证券营业部】 该营业部于2011年7月落户武进，主要代理上海（A/B股）、深圳（A/B股）、创业板、新三板、国债、融资融券、港股、开放式基金的股东开户及各类委托交易。2014年，开展约定式回购、市值管理（大小非解禁）、股权质押融资、新三板推介、私募产品托管等创新业务，每周举行收市解盘2次，为客户分析大盘热点与趋势。基金理财中心为偏向于开放式基金的投资者提供特色服务。该营业部获“常州市服务业五星级企业”称号。

（吴健雄）

【东海证券常州延政中路证券营业部】 2014年，该营业部设运营、理财、营销3个部门，有员工13名（投资顾问5名）。加快业务转型，推出融资融券、新三板、股权质押等理财业务，全面满足各类客户投资需求。推出“盈多多”系列固定收益、“翔龙”系列定增、基金专户理财等理财产品，投资收益获得市场认可。全年销售金融产品标准券1.2亿元。

（杨欣婷）

【东北证券常州花园街证券营业部】 位于武进区花园街168号，营业面积1400平方米，具备经纪业务、融资融券、股权质押、港股通、约定购回、IB介绍、个股期权等业务资格。2014年，该营业部推出企业投融资项目、新三板业务，协助客户申请网下配售资格等新业务。实施营业部非现场转型和改造，降低运营成本。机构部开展中小企业私募债、新三板等融资。财富中心开展融资融券，办理股权质押、IB介绍等，及港股通、新三板和个股期权业务。年末，有非营销序列员工12名、营销序列员工11名；拥有投资者2000余户，托管资产12亿元。

（陆大荣）

【华泰证券常州延政中大道证券营业部】 2013年8月6日入驻武进区，2014年2月7日开业，是华泰证券设在常州地区设立的第六家营业部，位于常州世贸中心A座710室，营业面积200平方米，有员工4名。该营业部依托华泰证券强大资源及专业能力，在发展传统证券交易同时，推进中高端客户财富管理等的创新型业务经营模式，提供客户专业投资咨询类服务、上市企业限售股票质押融资及签订新三板企业保密协议等。至年末，累计客户数量400户，新增各类资产6亿元，各项经营指标位列同批设立营业部首位。

（殷　会）

（栏目编辑　周小红）

财　　政

【概　况】 2014年，区财政部门围绕区委、区政府“加力城乡一体，加速生态文明”发展主题，全面落实中央经济政策和财政政策，依法组织财政收入，科学安排财政支出，推动全区经济社会平稳发展。加强征收管理，积极排查税源，采取有效措施组织收入，增强财政保障能力。发挥财政政策功能，整合全区产业发展优惠政策，安排财政专项资金，争取各项发展资金，落实税收优惠政策，助推产业培育战役。优化支出结构，推进“三农”建设，完善社会保障体系，加大社会事业投入，推进生态文明建设，提高民生保障水平。加强财政监督管理，深化部门预算管理改革，推行公务卡结算，加强镇级财政管理、投融资和债务管理、政府采购管理、基本建设财务管理，提高财政管理效能。全区公共财政预算收入完成129.63亿元，增收3.79亿元，增长3.01%。其中，国税部门组织收入32.77亿元，增长11.99%；地税部门组织收入73.29亿元，下降2.55%；财政及其他部门组织收入23.57亿元，增长10.29%。完成政府性基金收入141.96亿元，增长30.13%。全区公共财政预算支出124.04亿元，增长3.46%。政府性基金支出140.07亿元，增长27.31%。

【加强征收管理】 2014年，区财政局根据年初各镇（开发区）财政收入目标任务测算计划，按月核实收入完成情况，落实针对性措施，做好征收工作。财税部门协调联动，按月审核企业入库税收级次等基础信息，加强重点产业、重点企业税收征管；排查耕、契两税税源，对发现的征管问题，提出解决措施或建议。区财政部门加强土地出让金征收管理，开展土地出让金清欠工作，全年征收入库各类土地出让金共计133.7亿元。加大非税收入征管力度，实施镇级非税收入征管改革，全年入库镇级非税收入6.57亿元。做好协税护税工作，加强纳税大户管理、税务登记管理、发票管理，清理无证无照个体户，开展发票专项治理，全年入库个体私营税收3.49亿元。加强国有资产收益收缴管理，收缴国有资产收益3.3亿元。

【财政政策助推产业培育战役】 2014年，区财政局根据武进区产业培育战役“扶优、扶强、扶新”原则，整合全区产业发展优惠政策，发挥财政资金的政策引导功能，促进全区产业结构调整。制定出台《2014年武进区工业经济稳增长促转型的意见》《关于鼓励社会资本投资建设标准厂房的实施意见》《关于鼓励和促进科技创新加快创新型武进建设的若干政策》等文件，扶持产业培育重点对象，提高财政资金使用效益。安排专项资金共3.2亿元，用于全区实施工业经济“四十四百”提升计划和服务业“三四五”壮大计划，培育行业龙头企业，打造产业集聚基地；安排资金2952万元用于具有自主知识产权的重大科技成果转化及产业化项目。向上争取到各类发展资金共9.68亿元，用于区工业、商业服务业、节能环保及农林水等方面建设，支持全区经济发展。落实“营改增”税制改革政策，制定主辅分离扶持政策，减轻生产性服务业税负；落实资源综合利用税收优惠政策，对资源综合利用企业缴纳的增值税实行先征后退，鼓励企业节能减排，发展循环经济。

【部门预算管理改革深化】 2014年，区财政局进一步规范部门预算编制、执行、决算工作。按照“厉行节约、勤俭办事业”要求，开展预算编制，妥善处理部门需求与财政供给矛盾，从严控制公务接待、用车、会议等一般性支出，确保重点支出。组织开展部门预算执行情况检查，重点检查全区70个行政事业单位2013年度预算执行情况和公务支出情况，加强预算约束力。全区区级“三公”经费比上年减少支出2304万元。

【全面推行公务卡结算】 2014年，区财政局按照区政府《关于在全区推行公务卡结算方式的实施意见的通知》要求，在总结第一批区级试点单位公务卡结算工作的基础上，从9月1日起，在区、镇两级行政事业单位全面推行公务卡结算。至年末，全区有723个单位办理公务卡4333张，经公务卡结算的公务消费总金额291万元。推行公务卡结算，有利于提高公务支出透明度、控制行政事业单位现金流量和现金风险。

【投融资和债务管理】 2014年，区财政局对全区投融资公司实行财务收支预算管理，下达年度财务收支预算，监督考核预算执行情况。制定区级国有企业经营业绩考核、财务总监管理等办法，明确区级国有企业在职级、管理权限、人员管理、薪酬管理等方面规定。建立债务预警和化解机制，防范债务风险。加强债务源头控制，逐一审核区、镇两级2014年政府性投资项目，根据债务承受能力和资金来源，按照轻重缓急原则安排政府性投资项目资金。按照国务院《关于加强地方政府性债务管理的意见》和财政部《地方政府存量债务纳入预算管理清理甄别办法》要求，组织开展全区政府性存量债务纳入预算管理清理甄别工作，科学界定甄别债务性质，合理划分政府性和经营性债务。

【基本建设财务管理】 2014年，区财政局按照“未列入计划项目和超概算项目一律不得实施”规定，会同区发改局审核确定区、镇两级政府性投资项目计划，增强投资计划严肃性。当年度全区区级政府性投资项目申报金额88亿元，审定投资金额40亿元，压缩48亿元，压缩率54.5%。委托社会中介机构开展区级政府性投资项目的跟踪审计、工程结算及财务决算工作，有效控制政府投资资金使用。开展镇级基本建设财务管理检查，范围包括全区14个镇、2个开发区，以及太湖湾旅游渡假区、绿色建筑产业集聚示范区、春秋淹城旅游区3个板块共19个单位，重点检查制度建设、资金监控、建设程序、财务管理四方面，督促各单位制定或修订本单位政府性投资项目管理的相关文件，加强资金监管，促进镇级基本建设项目财政财务管理工作规范化，年内各单位均完成文件制定。

2014年武进区财政收入情况

表39　　单位：万元

收入项目	金额	比2013年（±%）	收入项目	金额	比2013年（±%）
一、公共财政预算收入	1296317	3.01	11. 耕地占用税	5726	-42.99
1. 增值税(25%)	233737	13.79	12. 契　税	74581	-13.7
2. 营业税	257928	2.02	13. 专项收入	39866	12.2
3. 城建税	69228	13.41	14. 行政性收费收入	43890	12.18
4. 个人所得税(40%)	73432	-0.97	15. 罚没收入	23073	24.92
5. 企业所得税(40%)	151361	2.31	16. 其他收入	128881	6.88
6. 房产税	50502	15.75	二、基金收入	1564767	12.08
7. 印花税	19009	8.65	1. 政府性基金收入	1419651	30.13
8. 城镇土地使用税	61206	1.14	2. 社会保险基金	145116	-52.45
9. 土地增值税	60840	-25.48	三、上划中央收入	967282	7.81
10. 车船使用和牌照税	3057	-15.39	四、全口径财政收入	3828366	7.79

2014年武进区财政分项支出情况

表40　　单位：万元

支出项目	金额	比2013年（±%）	支出项目	金额	比2013年（±%）
一、一般公共服务	124220	-1.48	十四、商业服务业等事务	8854	-48.80
二、国防	12930	-3.46	十五、金融支出	120	
三、公共安全	58783	12.30	十六、援助其他地区支出	5226	8.02
四、教育	193799	0.53	十七、国土资源气象等事务	4291	-45.96
五、科学技术	83585	2.93	十八、住房保障支出	13893	-23.97
六、文化体育与传媒	9915	15.01	十九、粮油物资储备管理事务	1601	28.18
七、社会保障和就业	86834	10.14	二十、国债还本付息支出	1074	30.50
八、医疗卫生	68214	-2.55	二十一、其他支出	18615	441.13
九、节能环保	27737	-28.94	公共财政支出	1240363	3.46
十、城乡社区事务	344147	15.02	二十一、政府性基金支出	1400708	27.31
十一、农林水事务	135878	6.15	二十二、社会保险基金	145116	-52.45
十二、交通运输	21980	-35.16	总支出	2786187	6.98
十三、资源勘探电力信息等事务	18667	-13.62			

（赵　青）

国家税务

【概　况】 2014年，区国税局面对宏观经济下行压力不减、减税规模不断扩大的形势，围绕“纳税服务”“税收征管”两大核心业务，推进税收管理改革，初步形成专业化管理格局，实现依法行政能力、工作效能提升。贯彻落实“稳增长、促改革、调机构、惠民生”税收政策，深化税源专业化管理，开展风险应对，改进收入分析方法，加强稽查检查，依法征税；实施铁路运输、邮政和电信业“营改增”试点扩围，落实小微企业税收优惠政策。全年完成各项税收收入（含调库）119.15亿元，其中公共财政预算收入32.94亿元，分别增长11.64%、12.54%；兑现税收优惠总额63.42亿元，约占全年总收入的一半以上。开发的重点企业月度税源预测系统12月获市国税局“突出贡献奖”。

【税收管理改革深化】 区国税局落实省、市国税局关于全面深化税收管理改革的部署和要求，于6月出台《武进区国家税务局深化税收管理改革2014年实施方案》，从7月1日起，全面运行“执法＋服务＝遵从”的现代化税收管理体系，构建以纳税服务机构为载体面向全区纳税人的“一体化”纳税服务板块和以局机关业务科室转型为载体的“一条龙”中小纳税人风险管理板块。将原区国税局第八税务分局转型为区国税局纳税服务机构，形成以区国税办税服务厅（鑫都大厦）为主、各便民服务延伸点和协税办自助办税服务点为辅的三级纳税服务网络。同时，推行网上办税、网上认证和网上申报等在线服务方式，提高服务业务量，缓解实体办税压力。将区国税局征收管理科转型为风险综合管理部门，第一至第七税务分局转型为专业风险应对部门，形成“一条龙”纳税人风险管理体系，建立风险管理规划整合工作机制，实现税收检查任务扎口管理。落实税收职责清单改革，取消审批节点46个，通过授权或职能转移，调整到办税服务前台办理审批事项49项。通过改革，区国税部门依法行政能力和工作效能实现有效提升。全年完成企业风险应对1337户，应对综合成效30936万元，其中直接入库7931万元，应对户数、综合成效和直接入库总额均位列全市第一。全区国税风险应对实地检查率8.89%。涉税事项审批办结时限提速超30%，纳税人满意度调查综合指数85.86%。

【依法治税】 2014年，区国税局将高风险企业列为重点对象，重点查处出口骗税、虚开增值税专用发票行为，查处60万元～10000万元以上的大案要案13件，补税10058万元；开展高风险重点税源企业专项检查，查补税收527万元。依托大要案审委会办公室初审职能，开展重大税务案件集体审理，受理各类检查案件60件，追缴增值税1852万元、所得税108万元，罚款209万元。开展对2014年新纳入“营改增”范围的铁路运输、邮政和电信业纳税人的调查，确保顺利过渡；开展对2013年享受各类免税、即征即退等税收优惠政策纳税人的年度清查；规范增值税红字发票管理系统、抵扣凭证核查系统操作；规范核定征收管理，开展对2013年新办纳税人及2012年前（含）的查账征收纳税人征收方式的鉴定；开展高新技术企业认定和复审，完成90户高新技术企业认定的初审。加强对审批类受益所有人的综合判定，规范银行按月报送“银行办理对外支付情况报告表”，全年备案合同190份，出具对外支付证明430份。全年非居民企业所得税入库税款1.4亿元，增值税入库4000万元。

5月27日，召开深化税收管理改革专题培训班　　（区国税局 供稿）

【重点企业月度税源预测系统上线运行】 2014年，区国税局按照市国税局重点工作项目化管理要求，投入资金5000元，研发完成重点企业月度税源预测系统，于7月上线运行。该系统由企业端和税务端两部分组成，纳税人每月通过企业端填报销售额、增值税、企业所得税3项数据，税务征收单位通过税务端的查询统计、企业信息维护、数据比对分析3大模块处理数据和管理企业信息，实现税收预测时间缩短一半以上，预测平均偏差率下降至1.04%，控制在省国税局要求的3%以内。年内，录入该系统的重点企业856家。12月，该系统获市国税局“突出贡献奖”。推广使用该系统，有利于地方政府掌握地区经济税收波动、科学决策，同时促进重点企业做好税收资金准备，合理安排财务支出，确保企业经营稳健。

（张　鹏）

地方税务

【概　况】 2014年，区地税局面对严峻经济形势和税收收入压力，以“提质增量”为目标，加强税源管控，深化税收征管改革，提升专业化管理水平。规范日常征管，严打涉税违法行为，推进依法治税。优化纳税服务，拓宽税收宣传阵地，落实首问负责制和纳税人诉求快速响应机制，开展“便民办税春风行动”，提升服务水平。全年组织各项税费收入145.87亿元，增长1.75%。其中，税收收入97.5亿元，下降1.8%；非税收入

48.37 亿元（含社保费 38.21 亿元），增长 17.24%。公共财政预算收入 73.29 亿元，下降 2.54%。落实各项税收优惠政策，全年减免各项税收 14 亿元。区地税局被评为省级依法行政示范单位，办税服务一股被省总工会授予“江苏省工人先锋号”称号。

【加强税源监控】 2014 年，区地税局对重点税源企业实行跟踪式管理，纳入重点预测的企业 239 户，入库税收 40.96 亿元，占税收总量的 42.01%；成立税源摸排小组 33 个，摸排企业 115 户、重点项目 23 项，摸排入库税款 5971 万元。采取税务机关为主、中介机构为辅模式，开展建筑业项目清算，入库营业税 30.38 亿元，增长 4.24%；提高汇缴复审精准度，入库企业所得税 14.35 亿元，下降 5.47%；开展拟上市后备企业转增资本、股权转让、多处工资薪金所得个人所得税核查，入库个人所得税 18.36 亿元，下降 0.97%；推进房产税、城镇土地使用税明细申报软件上线，加强土地增值税交叉评估，实现应对绩效 1.19 亿元，位居全市第一，评估案例获市地税局评比二等奖；完善社保征收机制，组织征缴社保费 38.21 亿元，增长 17.24%，累计征缴率达 99.53%；加强个体税收动态管理，打造“政府主导、税务主抓、部门协作、信息支撑、联合征收”个体税收管理格局，入库个体税收 1.66 亿元，增长 4.72%。

【征管改革深化】 2014 年，区地税局立足于形成专业化管理新格局，于 4 月设立纳税服务局 1 个、风险监控分局 1 个、基础管理分局 3 个、中等风险应对分局 5 个、稽查局 1 个、督查内审分局 1 个，分别履行纳税服务职能、风险监控职能、基础管理职能、中（高）等风险应对职能、执法督查和内审职能。构建基础管理与风险应对外分管理体制，建立督查纠错机制。完善中等风险应对绩效评价办法及指标评价体系，建立 50 万元以上大案报告机制。加强数据质量管理，全年审计江苏省大集中税收管理信息系统规则错误 3219 条，修改准期率达 99.85%。拓展本局第三方数据获取渠道，改造财税信息共享系统，获取并加工有效数据 5.2 万余条。加强风险任务统筹，组织中等风险任务推送 1488 户次，入库税款及滞纳金共计 5.85 亿元，税收贡献率 6.14%。其中，自行发起推送任务入库税款 3.66 亿元，占全部中等风险入库税款的 62.56%。加强风险指标和风险模型建设，建立的房产税风险模型效果显著，补税 2209.27 万元。

【依法治税】 2014 年，区地税局规范日常征管，加强税务登记不完整信息管理，核实 205 户税务登记户管迁移情况；推行发票查询、发票入账认证制度，共认证发票 3.38 万份；加大欠税清理力度，清缴欠税 544.94 万元。加强依法行政，建立法律顾问制度，完善税收法律执行事务协助工作机制。发挥税务稽查“以查促管、以查促收”作用，应用电子查账技术，利用涉税共享信息和举报线索，开展对专业市场和建筑业、医疗卫生行业的检查，以及对建筑安装、货物运输、餐饮业等行业的发票专项检查，查处非法发票 144 份。查处涉税违法案件，全年查补税款、滞纳金合计 1.2 亿元，查处大要案 2 件。年内，区地税局创成省级依法行政示范单位、市地税局法治税务示范基地。

7 月 4 日，举办“问税面对面 夏日送清凉”活动　　（区地税局 供稿）

【地税纳税服务品牌打造】 （1）拓宽税收宣传阵地。区地税局着力打造“春风行动到武进，D 税快车来便民”服务品牌，以税收宣传月活动为契机，举办“问税面对面”系列活动，借助纳税人学堂、纳税人之家、地税网站等平台，借力微博、微信、公益广告等媒体，宣传最新税收政策。协助市地税局推进“12366”热线系统建设，提升热线接通率，及时跟进解决纳税人咨询问题。（2）理顺接访投诉关系。全面落实首问负责制和纳税人诉求快速响应机制，接待来访 200 人次。处理信访案件 12 件、举报案件 55 件，按期办结率均达 100%。（3）健全纳税服务格局。紧扣“便民办税春风行动”主题，推出“智能办税、集约办税、阳光办税、绿色办税、诚信办税”五大举措，优化网上办税模块，网上申报率 98.37%；开通网购发票 EMS 速递业务，此举被国家税务总局微博转发，并得到省地税局肯定；推广自助办税服务系统，实现全覆盖；推行“一窗统办”业务，优化工作流程，推广“免填单”服务，统一各类表证单书 27 项，减少报送资料 69 类，精简率 39%，办税时限平均缩短 56%。办税服务一股被省总工会授予“江苏省工人先锋号”称号。

（张希建）

审　　计

【概　况】 2014 年，区审计局依法履行审计监督职能，加大审计力度，加强重点领域、重点项目、重点资金的审计监督。完成财政预决算审计、基本建设投资项目审计、拆迁项目审计、领导干部经济责任审计、专项资金审计等审计项目 29 个，查出管理不规范资金 6.94 亿元，核减政府建设投资和拆迁项目补偿金额 1.25 亿元。8 ~ 10 月，配合审计署驻南京特派员办事处在南京市浦口区开展土地出让金审计，做好审计署常州土地审计工作组在武进的土地出让金审计配合工作。全区有内审机构（在册登记的区级机关内审部门、镇审计所和大中型企业审计部）共87个，全年完成审计项目3062个，提出审计整改建议562条，促进增收节支总额9.37亿元。全年发布审计工作信息61篇，被审计署和省、市有关媒体采用累计46篇。

【财政预算执行情况审计】 2014年，区审计局坚持“揭露问题、规范管理、促进改革、提高绩效、维护安全”的总体思路，以财政收支真实性、合法性、效益性审计为基础，开展2013年度预算执行审计和部门预算审计。重点审查财政部门预算批复、调整及执行情况，关注政府性基金、社会保障基金及国有资本收益的预算管理和总体收支情况，对被审计单位在收入缴库、预算执行、票据管理等方面存在的不足，提出整改意见并得到落实。重点检查税收收入完成情况及结构分析、税收政策执行情况和税收征管情况，并延伸审计相关企业上年度缴纳税、费、基金情况，指出部分企业存在漏报、少缴税费情况，及时作出审计处理。审计区发改局、卫生局、经信局等部门的预算执行情况，延伸审计有关部门下属单位，发现被审计单位在预算管理、项目支出、专项经费管理等方面存在问题，从体制、机制层面提出整改建议，有关单位和部门均及时整改。

【政府投资项目和拆迁项目审计】 2014年，区审计局创新政府投资、拆迁审计管理，建立政府投资项目审计管理系统、社会审计机构信息库和黑名单制度，加强中介机构资格准入和过程管理，开展政府投资项目和拆迁项目审计。（1）重点工程跟踪审计。出具淹城森林公园、高架二期武进段、凤凰谷、花博园室外展区等重点工程阶段性审计报告90份，送审总金额114370万元，审定101878万元，核减12492万元。根据《关于规范区级政府性投资项目跟踪审计管理的实施意见》《关于规范区级政府性投资项目全过程跟踪审计服务收费的会议纪要》要求，建设单位扣减施工单位超额核减的审计费199万元。（2）拆迁项目审计。3月，与区拆迁指挥部、区征收办联合出台《关于进一步明确全区征收（拆迁）项目具体实施单位工作职责的通知》，明确职责分工，规范审计流程。年内，审计完成苏南运河横林段航道整治工程、高架沿线环境综合整治工程、绿建区牛塘片区征收拆迁项目3个，涉及拆迁面积30万平方米。开展对跨年度项目新沟河拓浚项目前期征地拆迁的审计，涉及拆除面积38.8万平方米，出具阶段性审计报告，审核拆迁面积29.61万平方米。（3）援疆项目跟踪审计。审计对口支援新疆尼勒克县六大类11项援建基建类项目管理情况，查出存在部分项目前期手续需要完善等问题，并向尼勒克县政府提出建议。

【党政领导干部经济责任审计】 2014年，区审计局贯彻落实“积极稳妥、量力而行、提高质量、防范风险”的经济责任审计原则，加强经济责任审计项目计划管理，突出审计工作重点、细化审计对象分类。与区纪委、区委组织部等区经济责任审计工作联席会议成员单位联合制定《常州市武进区经济责任审计对象分类管理办法》，与区委组织部联合制定《常州市武进区关于建立领导干部经济责任事项任前告知制度的通知》，明确告知对象、告知内容、告知方式和结果运用等方面，加强对领导干部的管理监督，正确评价领导干部经济责任，推进党风廉政建设。依据《常州市武进区党政领导干部和国有企业领导人员经济责任审计规定》，开展对嘉泽镇、横林镇、奔牛中学等15个单位党政领导干部的经济责任审计，发现有关单位存在税收申报不足、挂账未及时清理、工程项目不规范招投标等问题，提出整改建议和处理意见23条。

【保障性安居工程建设审计】 2014年1～2月，区审计局开展对全区2013年城镇保障性安居工程的投资、建设、分配、运营等情况的审计，重点调查区住建、财政等部门，延伸调查5个保障性安居工程项目融资、建设、勘察、设计、施工、监理等相关单位和企业，以及2个街道办（镇政府）、3个居（村）委会、256户家庭，检查3个保障性安居工程项目开工情况、1个项目基本建成情况、3个项目工程建设和质量管理情况，提出进一步监管保障性住房工程质量建设、完善保障住房管理制度、加大对保障性住房建设补助力度等审计建议。

【社会抚养费专项审计调查】 2014年5月9～23日，区审计局对全区2011～2013年社会抚养费征收使用管理情况开展专项审计调查，重点抽查1个开发区、14个镇和2个街道，着重核查征收程序是否合法、是否按规定标准征收、是否使用专用票据等方面。审计表明，2011～2013年，共向953人征收社会抚养费1619.5万元，社会抚养费制度的实施对稳定低生育水平、进一步规范计划生育执法行为有一定作用，但存在计划外生育情况不能及时发现、征收单位自由裁量权过大、征收实际到位率不高、管理不规范等突出问题，提出完善人口信息共享与交换机制、计划生育考核办法和建立规范管理长效机制等审计建议。

【农村审计工作室成立3个】 3月，根据《关于纪检监察机关与审计机关在惩治和预防腐败工作中的进一步加强协作配合的意见》，经区机构编制委员会同意，区审计局成立第一、第二、第三农村审计工作室3个，工作人员分别为区审计局经济责任审计与内部审计指导科、农业与环保审计科、财政审计科工作人员，配合区纪委（监察局）第一、第二、第三农村纪检监察室在责任区域开展相关审计工作，加强镇级审计监察。

（何惠燕）

（栏目编辑　张新辉）

发展计划管理

【概 况】 2014年，围绕武进区“加力城乡一体、加速生态文明”发展主题，区发改局履行宏观管理职能，加强发展统筹，编制下达2014年度地区生产总值、固定资产投资、工业产销、服务业增加值等指导性计划，编发《武进区2014年目标任务书》，牵头编制、提交《关于2013年国民经济和社会发展计划执行情况及2014年计划安排的报告》，修改完善《推进苏南现代化建设示范区建设行动方案》，制定出台《加快东部发展三年行动计划》，全面启动武进区“十三五”规划编制工作。推进项目建设，编发《2014年全区经济和社会事业重点项目建设计划》《2014年全区重点项目建设推进方案》，完善领导挂钩机制、项目推进机制、工作考核激励机制，提增有效投入。全区381个重点项目完成投资共计603.31亿元，全年完成固定资产投资1003.14亿元，增长12.2%。加快产业结构调整，发展现代农业，推进9个区农业重点项目和雪堰、湟里、横山桥、郑陆4个中心镇建设；发展新兴产业，被列入省重点项目6个、市重点项目47个；发展现代服务业，落实2014年度全区服务业发展优惠政策，实施全区服务业“三四五”壮大计划，促进三大商圈提升、三大景区完善、四大集聚区做大做强、五大物流园区建设。做好资金与指标争取工作，共争取到资金2.07亿元。加强能源保障，建成投运电力项目4个，推广清洁能源使用。开展行政审批服务，全年办理行政权力事项1094件，办件承诺时限累计提前1160天，件均提前1.06天。全年编发《发展和改革》（内刊）12期，完成调研课题95篇。其中，《关于武进产业升级的战略性思考》被评为2014年全区重点调研课题一等奖，并被市发改委内部刊物《决策参考》转载；撰写的《创新驱动、转型升级》《以率先基本实现现代化为指引、全力打造生态文明建设试点示范区》分别被《人民日报》特刊版、《2014年中国中小城市绿皮书》收录。

（陈　霞　邵　云　谢志峰）

【资金与指标争取】 2014年，区发改局共向上争取到资金2.07亿元。其中，新沟河项目获2014年省水利基本建设第一批资金6000万元；常州龙腾太阳能有限公司和江苏武进不锈股份有限公司共获省级战略性新兴产业专项资金2000万元；市级农村小型公益设施建设项目获批资金190万元；市级中心镇重点建设项目获批资金400万元；国家保障性安居工程配套基础设施和国家重点流域水污染治理项目分获中央预算内资金1432万元、4920万元；太湖治理获省级补助资金4341万元；获批省、市级服务业引导资金共1500万元。争取到玉米进口配额11500吨，棉花进口配额9279吨。江苏龙城精锻有限公司获批组建省级工程中心，常州市武进区半导体照明应用技术研究院获批组建省级工程实验室，武进高新区获批“工业机器人先进制造业基地”。武进区被评为2014年中国中小城市最具投资潜力百强区第一名、中国中小城市市辖区综合实力百强第三名、中国中小城市新型城镇化质量百强区第五名。

（陈　霞　王晓丰）

【全区固定资产投资增长12.2%】 2014年，全区完成固定资产投资1003.14亿元，增长12.2%。其中：第一产业完成投资0.78亿元，下降68.2%；第二产业完成投资580.34亿元，其中高新技术产业完成投资282.27亿元，分别增长5%、13.4%；第三产业完成投资422.02亿元，其中房地产开发完成投资191.96亿元，分别增长24.5%、12.3%。全区381个重点项目完成投资共计603.31亿元，完成年度投资计划的92.1%。曼地亚红豆杉培育基地、常发农业机械、斯泰必鲁斯气弹簧、郑陆商贸综合体等280个项目投资完成率超过100%，项目总体进展情况良好。宋剑湖农业生态园、斯太尔柴油机一期、新纶科技光电材料、万科商住项目等174个项目开工建设，开工率90.2%；创新园区加速器、中晶蓝宝石衬底片、碳元科技高导热石墨膜扩能、永华医疗器械项目等114个项目竣工投运，竣工率92.7%。9个农业项目开工建设3个、竣工投运2个，共完成投资3.93亿元，投资完成率103%。215个高新技术及工业项目开工建设120个、竣工93个，共完成投资279.1亿元，投资完成率105%。76个服务业项目开工建设16个、竣工4个，共完成投资243亿元，投资完成率87.2%。

（谢志峰）

【武进区“十三五”规划编制全面启动】 武进区于2014年6月成立“十三五”规划编制工作领导小组，下设领导小组办公室在区发改局，全面统筹协调全区“十三五”规划编制工作；制定出台《关于开展全区十三五规划编制工作的意见》工作方案，于7月9日召开全区“十三五”

规划编制工作会议，全面启动《武进区国民经济和社会发展第十三个五年规划纲要》(简称武进区“十三五”规划）编制工作。区发改局采取调研及征求意见等方式，下发前期研究课题28项，于10月末完成前期课题研究并形成书面报告；在各镇（开发区）和有关部门开展重要事项和重大项目的申报和排摸，梳理出拟纳入省级以上规划中的重要事项和重大项目31项，上报市发改委，并由市发改委梳理后上报省发改委，争取武进更多改革和发展事项纳入上级规划，增强区规划编制的针对性和有效性。该规划以回顾总结全区“十二五”时期发展经验、问题，展望全区“十三五”期间发展环境、发展形势为基础，确定全区“十三五”时期发展目标、发展战略、发展重点等内容，预计于2016年上半年编制完成。

（邵　云）

【目标管理】 2014年，区发改局贯彻落实区委、区政府年初下发的《关于加强区级机关2014年目标考核工作的意见》精神，按照区委扩大会议和区人代会提出的年度目标任务、全区现代化建设和“十二五”规划发展目标序时进度，结合市下达目标，组织全区72个部门编发《武进区2014年目标任务（蓝皮书）》。该目标任务书分为一类目标和二类目标：一类目标，即全区重点目标，包括10项重点工作、116个重点项目和20件为民办实事工程；二类目标，即部门工作任务目标，由72个党政部门的重点工作和

2014年武进区“优秀项目奖”“创新工作奖”情况

表41

类别	项目（工作）名称	牵头部门	配合镇（开发区）、部门
优秀项目奖	碳元科技高导热石墨膜扩能	经信局	西太湖科技产业园
	武南污水处理厂扩建改造及主管网建设	水利局	—
	道路交通畅通工程	公安局	—
	武进万达广场	发改局	住建局、湖塘镇
	2014年度区旧城改造	住建局	湖塘镇
	阳光政务	政府办	—
	企业家关爱民生光彩行动	统战部、工商联	—
	武进液压启闭机有限公司远程可感知高精度陶瓷活塞杆液压启闭装备的研发及产业化	科技局	奔牛镇
	金东方颐养园	发改局	牛塘镇
	区廉政教育基地建设	监察局	规划局
创新工作奖	科技创新促进转型升级，项目推进增添发展后劲（培育百家创新企业和十大载体平台、全社会固定资产投资1003.14亿元、注册外资实际到账8.2亿美元、加强对区重大工作的督查落实）	区委办、政府办、发改局、经信局、科技局、商务局	区委督查室、统计局
	扎实开展党的群众路线教育实践活动	组织部	区委办、纪委、宣传部
	全力集聚资源，打造发展高地（人才引育提速、顺利完成土地专项审计、土地资源盘活、公共财政预算收入129.62亿元、中国驰名商标稳居全省县级市区首位）	组织部、人社局、国土局、征收办、财政局、工商局	统战部、科技局、重点办、审计局、规划局、发改局、住建局、国税局、地税局、侨办（侨联）
	文明城市攀新高，城市环境再提升（文明城市建设全市领先、人居环境不断提升、交通水利燃气等基础设施日趋完善）	宣传部（文明办）、城管局、环保局、交通局、水利局、发改局	文明委各成员单位、城市环境综合整治领导小组成员单位
	实施改革创新，增强发展动力（积极实施集体经济产权制度改革、推行随迁子女入学积分制管理、深化卫生医疗体系改革、构建物业管理新机制）	区委办、农工办、法院、综治办、教育局、住建局、卫生局	改革创新战役指挥部成员单位
	深化平安法治建设，构建和谐稳定环境（建立立体化现代化治安防控体系、加强知识产权司法保护、建设城乡社区法律顾问制度）	政法委、公安局、法院、司法局	检察院、法制办、信访局
	建设数字城市，打造智慧武进（地下管线普查及综合管理信息系统工程获得国家工程金奖、成功实施“无线武进”免费Wi-Fi上网工程、智慧旅游工商“e键通”等信息服务平台顺利开通）	规划局、经信局、旅游局、工商局	—
	效能建设升级，服务发展增效（审批制度改革取得突破、机关服务品牌建设实现提升、镇级公共资源交易平台全面覆盖）	纪委、机关工委编办、行政服务中心、公共资源交易管理中心	区建设三型机关领导小组成员单位、广播电视台
	上市新突破，融资新佳绩（新增上市企业1家、直接债务融资112.44亿元、创投资本达43亿元、引入保险经纪机制）	政府办（金融办）发改局、工商联	人民银行、财政局，上市工作领导小组成员单位
	教育和体育事业得到提升（成功创建江苏省首批义务教育优质均衡发展区、积极建设公共体育服务体系示范区、重大体育赛事精彩纷呈）	教育局、体育局	政府办、太湖湾旅游度假区、西太湖科技产业园、春秋淹城旅游区、宣传部、公安局、财政局、卫生局、团区委、交通局、城管局

创新工作组成。区目标管理办公室定期跟踪目标进度，按季出刊目标管理简报，及时通报目标任务推进情况。年终，评选出武进区“优秀项目奖”“创新工作奖”，贾东、刘宗凉、朱志伟、潘桂林、王元兵、许勤丰、吕骏、丁荣良、沈振华、邹建中、周庆中、丁志峰、陈方根、赵和伟、是峰、于志明、冯旭江、何东、毛建东、吉晓阳、卢中英21人获2014年武进区目标管理“突出贡献奖”。

（黄 华）

【风险创业投资和债券管理】 2014年，武进区加强风险创业投资管理，加快各种创新资源集聚、金融资本和产业资本融合，推进实体经济发展。区发改局组织8家优秀企业参加2014常州企业成长与创新资本合作洽谈会，向广大投资机构推介。年内，新增江苏新材料产业创业投资企业（有限合伙）、常创天使（常州）创业投资合伙企业（有限合伙）、常州大道至简创业投资中心（有限合伙）、常州软银绿建创业投资合伙企业（有限合伙）、常州常房投资合伙企业（有限合伙）5家风创投机构，新增风创投资本10.6亿元。新增创业投资项目53个，投资规模3.68亿元；投资本土创业投资项目8个，投资规模1.45亿元。新增常州武进武岳峰创业投资合伙企业、江苏新材料产业创业投资企业（有限合伙）创业投资备案机构2家，累计52家（其中入驻科教城24家），总资本规模79.67亿元，累计投资辖区内企业资本11.99亿元、区外企业资本20.9亿元。加强政府性债务管理，严防企业债券兑付风险。全年“09武进城投债”涉及还本4.4亿元，发行人按要求及时提交自查报告，按时完成兑付。全区累计发行企业债券4个，发债总额76亿元。

（邗诚渊）

【能源物资管理】 （1）电力保障。2014年，区发改局加强协调力度，推进电力项目建设。年内，建成投运220千伏高新变扩建工程、220千伏村前变扩建工程、110千伏竺山输变电工程、110千伏芙蓉输变电工程4个，完成投资5.43亿元，投产变电容量50.3万千伏安，线路长度36.5千米。服务重点项目建设，开展全区年度重点项目用电需求调研，梳理出涉及变压器新上或增容的重点项目130个，涉及电力杆线迁移重点项目37个，与市供电公司联系落实解决方案，促进企业及时用电投产。开展2014～2016年区域用电需求调研，重点掌握镇（开发区）工业、服务业、居住区发展态势，为电网建设规划提供基础资料。全年全区全社会用电量167.32亿千瓦时，增长0.35%。其中，工业用电量142.33亿千瓦时，增长1.11%。地方（自备）热电厂可调出电力的9台热电机组（装机容量31.8万千瓦），全年发电量18.11亿千瓦时，上网电量6.44亿千瓦时，对外供汽量347.95万吨。（2）天然气推广使用。区发改局完成常州新奥燃气有限公司应急储配站扩建项目验收，协调该公司高压储气调峰管道建设，增加54万立方米天然气调峰储气能力。将水上加气站规划布点纳入省能源局牵头编制的《江苏省内河船用液化天然气加气站发展专项规划》。年内，新建管线共计长度288千米，新增工福用户267户、居民用户2.95万户。全年全区全社会天然气消费量3.4亿立方米，增长9.81%。其中，工业用天然气2.14亿立方米，商业用天然气3389.55万立方米，城乡居民用天然气6431.72万立方米，分别增长11.44%、17.12%、6.05%；LNG车用天然气消费量300.48万立方米，供辖区内118辆公共汽车、34辆混凝土搅拌车、12辆城际大巴、22辆货运大卡车使用。（3）成品油供应管理。中石油新科西路加油站11月建成运营。至2014年年末，全区有“成品油零售经营批准证书”且在有效期内的加油站（点）共152个。其中，加油站138个，加油点4个，加油船5个，城市便利加油点5个。

（张思渊）

【区服务业“三四五”壮大计划实施】 2014年3月6日，区委、区政府召开“加快产业培育、推进转型升级”动员大会，全面部署实施服务业“三四五”壮大计划，提出三大现代购物商圈（湖塘镇定安路现代购物商圈、花园街综合消费商圈、人民路商圈）、三大景区（太湖湾旅游度假区、春秋淹城旅游区、西太湖以及嘉泽相关片区）、四大现代服务业集聚区（西太湖电子商务产业集聚区、津通现代服务业集聚区、科教城现代服务业集聚区、延政路现代商务服务业集聚区）、40个服务业重点项目（武进万达广场、九洲金东方颐养园、捷成数字媒体中心、招商花园城、环太湖艺术城等）、五大物流园区（武南物流园、邹区物流园、奔牛港综合物流园、亚邦物流园、恒耐物流园）、50家服务业重点企业（江苏明都汽车集团、新城集团、百兴集团、江苏亚邦医药物流中心、江苏嬉戏族有限公司、环太湖艺术城有限公司等）建设规划。年内，三大购物商圈营业收入平均增长12%左右。富克斯流行广场品牌调整和外立面广场提升改造工程完成，招商入住率达100%；武进购物中心天禄海鲜城开业，招商入住率达100%；武进万达广场8月竣工投运，新天地婚庆市场改造完成，入驻商户50余家。三大景区实现营业收入约70亿元。春秋淹城旅游区宝林文化园一期工程9月投入试营运，动物园熊猫馆建设工程完工；嬉戏谷维景国际大酒店12月24日开业，环球动漫嬉戏海7月开园营业，中华孝道园创成国家AAAA级旅游景区。津通现代服务业集聚区，区内工业设计园一期入驻企业34家，二期基本建成，全年营业收入58亿元，增长16%；延政路现代商贸服务业集聚区，区内“世贸中国”（WTC.CN）平台5月发布运行，全年营业收入增长10%；常州科教城服务业集聚区，区内科教城金融服务中心基本建成，全年营业收入60亿元，增长33%；西太湖电子商务产业服务业集聚区，成功举办2014（常州）电子商务应用发展年会，入驻电商企业69家，全年营业收入超8亿元，增长500%。40个重点项目加快推进，33个在建项目全年完成投资140亿元，完成年度投资计划的93%。五大物流园新入驻物流企业55家，累计308家。武南物流园于8月启动建设，丰树物流、嘉民物流、宝湾物流三大项目签约入驻；邹区物流园凌家塘物流中心、志宏物流中心、豪凯物流中心投运；恒耐物流园4月竣工投运。50家服务业重点企业年营业收入（成交额）平均增长10%左右。新城集团、百兴集团、明都汽车集团3家企业被列为省服务业百强企业，夏溪花木市场控股有限公司、江苏蓝火翼电子商务有限公司等8家企业被列为省服务业重点培育企业，亚邦医药物流中心有限公司获评国家5A级物流企业，夏溪花木市场获得中国驰名商标。

（潘 凌）

国土资源管理

【概　况】 2014年，区国土局围绕省委、省政府“保护资源，节约集约，维护权益，改革创新”总要求，全面落实省国土资源厅节地水平和产出效益“双提升”行动要求，严格规范国土资源管理，推进国土资源利用与管理方式的根本性转变，促进全区经济转型升级和国土生态文明建设。落实耕地保护责任，加强土地开发整理，推进地质环境治理，强化土地执法监管，确保全区耕地面积4.19万公顷和基本农田面积4.05万公顷不减少。优化市场资源配置，采取编制规划调整方案、做强对上争取指标平台、加强批后监管等措施，确保全区重大产业项目顺利落地。推行节约集约用地，加强用地预审，严控项目用地，盘活存量土地，推动全区产业集聚集约发展。全年上报并获批部、省建设用地面积859.82公顷，争取到规划流量指标1246.67公顷；完成建设用地供地261宗，累计面积728.87公顷；核发各类土地权利证书28212本，完成土地抵押登记1929宗，抵押面积2777万平方米，抵押金额390.88亿元；受理行政审批事项2942件，按时办结率达100%。武进区被省国土资源厅评为“2012～2013年度江苏省国土资源节约集约模范县（市）”，区国土局土地执法大队执法案卷获全省执法案卷评比优秀奖，武进区地理信息公共服务平台获中国地理信息产业优秀工程金奖。

【重点建设用地保障】 2014年，区国土局合理安排年度用地指标，积极向上争取，加快用地项目报批速度；与区发改、经信、农工、商务等部门建立联动服务机制，切实帮助企业解决科学选地、合理用地、项目落地。全年落实各类用地计划面积473.6公顷。其中，城镇村用地计划面积107.33公顷，保障斯太尔多缸柴油发动机、中心镇建设等项目建设；废弃工矿和挂钩统筹面积70公顷，保障郑陆镇长青苑安置房续建工程、前黄镇运村安置区等项目建设；万顷良田挂钩建新指标面积42.67公顷，保障邹区镇泰村聚新花园安置区二期、邹区镇戴安花园安置小区（二期）等项目建设；省重点项目点供用地面积6.93公顷；向省国土资源厅争取到独立选址项目建设用地计划面积178.67公顷，保障永安河拓浚、川气东送江苏配套管线工程金武管道项目（常州段）、110千伏崔北输变电站工程建设；向市国土局争取到独立选址项目建设用地计划面积54.67公顷，保障横四路（长天路—霞飞路）新建工程、横林大桥接线工程等项目建设；2013年度节约集约模范区奖励用地面积13.33公顷，保障常州市科能电器有限公司年产1000套配电网智能综合系统及其配套设备生产项目、今创轨道交通产业园标准厂房（一期）等项目建设。

【耕地保护】 （1）落实耕地保护责任。2014年，区国土局开展新一轮基本农田保护划定工作，全区划定基本农田面积4.07万公顷，多预留规划基本农田面积220.27公顷，保障交通、水利等基础设施项目建设。开展调查，摸清全区耕地后备资源和高标准基本农田基本情况，建立数据库。联合区农业、水利部门，完成高标准基本农田建设面积3026.67公顷。（2）加强土地开发整理。把土地复垦整治作为占补平衡重点，从严从紧控制建设占用耕地，做到统筹规划、先建备补、占优补优。全年完成占补平衡项目48个，新增耕地面积106.45公顷；完成土地复垦整理项目47个，新增耕地面积103.03公顷。组织对全区2008～2013年农村土地整治复垦地块的复查，针对发现问题督查各镇（开发区）整改。（3）加强土地执法监管。全年巡查发现违法用地491宗、面积162.11公顷，下发责令停止土地违法行为通知书95份、限期恢复土地原状通知书45份，区、镇两级联合执法，拆除违法用地18宗，卫片执法确认违法用地61宗、面积30公顷。（4）推进地质环境治理。完成雪堰镇四顶山、郑陆镇京沪高铁沿线（常州段）鹤山治理区2个废弃露采矿山环境整治项目，治理总面积21.93公顷。实施夹山垃圾填埋场、郑陆镇梁庄桥、九洲红薯岭边坡治理项目3个。

【土地市场规范运行】 2014年，区国土局按照“有保有压、突出重点”供地原则，优化土地利用计划分配办法，确保年度新增建设用地计划重点投向新能源、新材料、高端装备制造等新兴产业和高新技术产业及生产性服务业，优先保障重大外资和重大民生项目用地。按照国土资源部《招标拍卖挂牌出让国有土地使用权规定》，全年举行国有建设用地挂牌交易45期，办理供地268宗、面积779.08公顷，合同金额182.04亿元。其中，挂牌出让工业用地136宗、面积332.84公顷，合同出让金12.32亿元；挂牌出让经营性土地73宗、面积250.76公顷，合同出让金22.86亿元；挂牌政府融资地块59宗、面积195.48公顷，合同出让金146.86亿元。

【武进区创成省国土资源节约集约模范区】 2014年10月，被省国土厅授予

10月28日，江苏省国土资源厅厅长李侃桢（前左三）调研武进区“双提升”行动推进情况
（区国土局 供稿）

“2012～2013年度江苏省国土资源节约集约模范县（市）”称号。武进区全面贯彻落实省国土厅节地水平和产出效益“双提升”行动要求，下发《武进区节约集约“双提升”行动方案》《国土资源节约集约模范区创建工作方案》，成立创建工作领导小组，开展国土资源节约集约模范区创建工作。区国土局加强用地预审，做到“提前介入”，严格审查项目性质、投资强度、容积率等是否符合规定标准，引导建设用地项目合理选址、合理规划，全年完成区级以上预审项目90个、面积555.67公顷。严格执行《江苏省建设用地指标》，落实项目用地竣工验收制度，全年完成全区工业用地项目综合验收21个、面积64.15公顷。按照城乡建设用地增减挂钩政策和工矿废弃地整治试点政策，开展农村宅基地和废弃工矿用地复垦整理，争取流量指标，优化建设用地布局，全年盘活各类存量土地面积共计462.87公顷。实施土地利用动态巡查系统常态化运作，开展对建设用地批后的全程监管，严格执行工业用地合同履约保证金制度，全区130个项目缴纳履约保证金总额5300万元。

【武进区通过国家土地专项审计】 2014年8～10月，国家审计署南京派驻办对武进区开展以土地出让和耕地保护为主要内容的专项审计，主要审计2008～2013年六年内土地出让金使用和建设用地审批、土地征收、土地储备、供应、抵押、整治、耕地保护等情况，重点审计武进高新区和武进经发区土地出让金使用、土地供应和闲置土地处置等情况。区国土局联合区审计、财政部门配合做好该项审计，完成土地审计的协调、沟通、衔接、资料汇总及进展情况上报等工作。针对专项审计组提出的69个问题，区国土局成立整改工作领导小组，制定整改方案，落实整改措施。

【武进区地理信息公共服务平台获中国地理信息产业优秀工程金奖】 2014年9月，被中国地理信息产业协会评为优秀工程金奖。武进区地理信息公共服务平台由区政府、省测绘地理信息局、市国土局三方合作共建，区国土局承建，于2011年1月开始建设，2013年8月上线运行，项目总投资2412万元，完成标准规范编制、数据生产与建库、软件体系开发、运行支撑环境搭建、应用示范工程建设等内容。该平台集基础地理数据共享交换平台、行业专题空间数据汇集平台、地理信息应用开发支撑平台于一体，首次实现大比例尺基础地理数据和公益性地理信息服务的城乡一体化全覆盖，为全区提供统一、权威的地理信息公共服务，同时满足政务应用和公众需求，是“智慧武进”的重要组成部分。利用该平台，建成政务版和公众版的多套电子地图，完成政务版和公众版（天地图·武进）两套软件产品及运行支持环境建设，公众版（天地图·武进）于2012年12月接入国家主节点，政务版于2013年8月16日通过省级专家组验收，实现纵向与国家、省、市节点，横向与区各委、办、局的互联互通。

（王铁成）

工商行政管理

【概　况】 2014年，全区工商部门以“改革调整”为主线，以“智慧工商”建设为中心，加强市场监督管理，打造“武进工商，心随您想”服务品牌，服务地方经济，维护市场公平有序，保护消费权益。实施注册资本登记制度改革，开展“四证联办”工作试点，落实放宽住所登记、企业年报、“先照后证”（工商营业执照、行政许可证）等改革举措，全区市场主体总量首次突破10万户。新认定中国驰名商标6件，累计49件，驰名商标数保持全省县（区）领先。新组建集团9家，累计86家；新增挂国名企业13家、省名企业332家，分别累计61家、2443家。结合食品安全管理、城市长效管理，开展证照规范化管理，清理无照经营户4194户，疏导办照3192户，取缔439户，全区经营户持照率、亮照率和相符率分别为97.71%、96.1%、98.6%。加强市场监督执法，开展专项执法行动，全年查处经济违法案件362件。把消费维权作为一项民生工程实施，开展放心消费创建，改善全区消费环境，全年调处各类投诉209件，为消费者挽回经济损失总额114万元。打造工商融资平台，帮助企业破解融资瓶颈。全年办理动产抵押登记295件，为企业融资125亿元；办理股权出质80件，融资额70.07亿元。区私营个体经济协会与邮储银行加强沟通，促成邮储银行为凌家塘市场提供授信10亿元；举办融资服务22场次，融资3亿元。区工商局获“全国青少年维权岗”称号，被评为“江苏省文明单位”。

【工商登记注册简政放权】 2014年，区工商局贯彻国务院《注册资本登记制度改革方案》精神，从3月起实施注册资本登记证制度改革。（1）推进“四证联办”。牵头制定《武进区企业设立“四证一体”联合办证方案》，在郑陆、奔牛两镇率先试点，授权工商分局为辖区内企业办理工商营业执照、组织机构代码证、国税登记证，地税登记证（简称

3月3日，区工商局发出注册资本登记制度改革后的第一张营业执照

（区工商局 供稿）

“四证”），实行“一窗受理、一表填报、内部流转、统一发证”。经推广，到10月底实现全区“四证联办”全覆盖，年内通过联办通道完成登记企业944家。(2)放宽住所登记。从7月1日起，根据《常州市放宽市场主体住所（经营场所）登记条件暂行规定》及《武进区放宽市场主体住所（经营场所）登记条件实施细则（试行）》，对涉及计算机系统服务、数据处理、软件开发、电子商务、广告策划、工程管理服务、装饰设计业务7类行业企业放宽住所登记条件，允许将住宅作为住所或经营场所登记。年内，办理将住宅登记为住所（经营场所）的市场主体50户。(3)实行“先照后证”。9月，根据《江苏省工商登记前置改后置审批事项目录（第一批）》要求，在全市率先实行“先照后证”。年内，为302户市场主体办理“先照”流程，并将“发照”信息抄告相关审批许可部门。(4)启用工商“e键通”。4月，由区工商局自主设计、开发的一个网上登记自助服务平台在常州科教城试点启用，实现营业执照登记注册电子化。至年末，在各镇（街道）及行政服务中心共设点20个。

工商登记注册简政放权，助推全区市场主体总量高增长。全区全年新设市场主体19081户，新增注册资本345.32亿元，分别增长15%，52.18%。其中，内资企业278户、私营企业5034户、个体工商户13687户，分别增长101.45%、42.36%、6.6%。私营企业中注册资本500万元～1000万元的347户、1000万元～10000万元的232户、超亿元的13户，分别增长51.42%、148.22%、18%。新设外资企业82家，增长5.13%；新设企业注册资本5.66亿美元，下降16.52%。至年末，全区市场主体（不含外资企业）累计107085户，注册资本总额2304.95亿元。其中，个体工商户70660户，注册资本42.45亿元；私营企业33769户，注册资本1238.25亿元。全区外资企业累计840家，注册资本82.72亿美元，认缴66.41亿美元。

【商标管理】（1）商标品牌培育。全区工商部门结合区重点项目、拟上市企业

表42　2014年武进区新增中国驰名商标、江苏省著名商标情况

类别	商标名称	生产企业	核定使用商品
中国驰名商标	夏溪花木市场及图	夏溪花木市场控股有限公司	市场研究，推销（替他人），组织商业或广告交易会
	中韩	中韩科技有限公司	冰柜、冰箱、饮水机
	ZENITH及图	中天钢铁集团有限公司	金属、铸钢
	科利达及图	江苏科利达装饰材料有限公司	木材、强化复合地板
	一步YIBU及图	常州一步干燥设备有限公司	食品工业用机械等
	华润HUARUN及图	常州市华立液压润滑设备有限公司	液压润滑设备
江苏省著名商标	大欧DAOU及图	常州市赛欧地板有限公司	地板、非金属地板，非金属建筑材料
	强力	常州强力电子新材料股份有限公司	照相用感光剂、显影剂、光引发剂
	LINTEL及图	常州灵特尔轻便展示系统有限公司	陈列架、支架（家具），金属家具
	化宝HUABAO及图	常州市龙鑫化工机械有限公司	化学工业用电动机械
	朝晖及图	江苏朝晖化工有限公司	油漆、防火漆、稀料
	永阳YONGYANG及图	江苏永阳涂料有限公司	油漆、涂料
	NBI	常州克劳诺斯特种轴承制造有限公司	轴承（机器零件）
	斯普佳及图	江苏佳华新材料科技有限公司	表面活性化学剂、乳化剂、防水浆消泡剂
	津通	津通集团有限公司	不动产出租、不动产管理、经纪
	（图形）	新誉集团有限公司	铁路车辆、牵引机、机车
	CHANGCHENG及图	常州武进长城工具有限公司	非手工操作手工具、电动螺丝刀、电动扳手
	SHINRI	江苏新瑞重工科技有限公司	金属加工机械、铸造机械、模压加工机械
	超凡CF及图	江苏超凡标牌股份有限公司	金属标志牌、金属纪念牌、金属识别牌
	查家湾及图	常州查家湾生态林果专业合作社	鲜水果、鲜葡萄、梨
	春江及图	常州科威天使环保科技有限公司	水净化化学品、工业用洗净剂、工业用化学品
	建雅JIANYA及图	江苏华艺装饰工程有限公司	金属百叶窗、金属门装置、建筑幕墙
	侨裕QIAOYU及图	侨裕控股集团有限公司	椅子、沙滩椅、床
	Gardensun及图	江苏佳得顺热能设备有限公司	炉子（取暖器具）、燃气炉、烤肉炉

走访活动，重点加强“一核四园”和大企业（集团）的商标培育，做好商标推荐工作，年内，新认定中国驰名商标6件、江苏省著名商标18件，“三名”（驰名、著名、知名）商标分别累计49件、129件、257件，分别占全市总数的55.1%、41%、33.2%，武进驰名商标数保持全省县（区）领先。全区自主品牌企业增加值占GDP比重达20.4%。（2）商标权保护。协助常州地板协会做好“横林地板”集体商标权益的争取工作，“横林地板”争议商标案获得北京中级人民法院一审判决的保护支持。联合兰陵集团等企业开展“打假护名牌”工作，保护企业合法权益。（3）商标理念引导。按照新商标法实施要求，特别是针对驰名商标禁止宣传的新要求，走访全区驰名商标企业和各大超市，引导企业依法使用驰名商标。开展涉农企业商标注册宣传辅导，指导常州市润土瓜蔬专业合作社、常州市桃花源家庭农场等涉农单位实施商标战略，协助做好农副产品商标的认定工作。

【企业诚信体系建设】（1）实行企业年度报告公示（简称年报）制度。从8月1日起，全区企业年检制度改为企业年报制度，市场主体无需到所在地工商部门年检，只需按照年报要求，将企业信息录入企业信用信息公示平台即可。至年末，全区共有33521家企业完成年报申报，内资企业申报率达94.2%。（2）“重合同守信用”企业培育。《武进区“重守”企业三年规划》于6月出台，明确未来三年全区“重合同守信用”企业发展目标。区工商部门完成辖区内92个市场的信用数据分类采集，对市场全面实行信用分类监管。年内，新增省级“重合同守信用”企业8家、市AAA信用企业25家，累计有国家级“重合同守信用”企业20家、省级“重合同守信用”企业69家、市AAA级信用企业473家，分别占全市总数的28.2%、29%、40.1%。

【市场监督执法】 2014年，区工商局以关注社会民生为重点，开展专项执法行动，维护市场经济秩序。结合全区实际，开展房地产领域专项执法行动，重点查处房地产合同欺诈、违法房地产广告、违法分包、建筑材料以次充好等违法行为，全年查处房地产领域商标权案件3件、使用假冒防水卷材案件1件、无照从事房地产建设施工案件1件和房地产广告案件10件。开展流通环节食品安全执法行动，结合食品安全百日执法行动，查处食品案件22件。开展商业贿赂执法行动，与区纪委、检察院形成“案源信息互通共享、调查取证联动互补、案件处理双向移送”的协作机制，查处商业贿赂案件12件。开展假冒伪劣和侵犯知识产权“双打”活动，查处相关案件114件。

【消费权益维护】 2014年，区工商局把消费维权作为一项民生工程来实施，发挥消协、“12345”平台作用，加强消费维权宣传。3月15日，围绕“新消法、新责任、新内涵”主题，联合团区委、区质监局等部门在吾悦广场开展“3·15”消费维权公益活动，成立全市首家消费者协会志愿服务队，开设《武进日报》消协专栏，开通消协微信公众号，通过具体案例、消费提醒、新法解读等形式，提升消费者合法维权意识。10月11日，在常州市地板协会成立全区首家行业协会监督站。组织开展消协进社区、进学校、进经营场所的“三进活动”，扩大消费教育普及面。开展消费调查、行业座谈活动，了解消费动态。全年受理消费投诉281起、咨询516起，调解成功209起，为消费者挽回经济损失总额114万元。

【放心消费创建】 2014年，按照武进区放心消费创建领导小组的统一部署，区工商局先后组织召开全区放心消费创建工作会议、全区放心消费联络员会议，推进全区放心消费创建活动。以“3·15”消费维权公益活动为契机，组织开展“诚信经营赢天下、放心消费乐万家”宣传活动，利用电子显示屏、传统媒体、网络平台等载体广泛宣传，提升群众对放心消费创建的知晓度、认同度。4～11月，联合区发改局、交通局、旅游局，开展行业放心消费创建活动，评选出江苏龙潭湖农业生态园有限公司等区“十大放心消费农家乐”、常州苏诺汽车销售服务有限公司等区首批“放心汽修店”12家。

【民营企业扶持发展】（1）鼓励企业提升规模。2014年，区工商局加强对区重点项目的登记辅导，主动介入和全程跟踪，辅导重点企业组建企业集团，发展规模型企业，新组建集团9家，累计86家。鼓励企业冠大名称，扩大企业知名度，提升企业市场竞争力，新增挂国名企业13户、省名企业332户，分别累计61家、2443家。（2）支持个体工商户升级为私营企业。落实武进区《关于加快培育个体工商户转型升级为企业的工作意见》，全年办理个体工商户升级173件，增加注册资金13165.74万元，分别增长246%、248.81%。（3）开展“红盾惠农”服务。结合地区特色，指导农户设立家庭农场、农业专业合作社。全区新设家庭农场37户、农业专业合作社58户，分别累计119户、700户。

3月15日，武进区成立首支消费者协会志愿服务队　（区工商局 供稿）

表43　2014年获评武进区“十大放心消费农家乐”、首批“放心汽修店”

类　　别	单　　位　　名　　称
十大放心消费农家乐	江苏龙潭湖农业生态园有限公司
	常州艺林园森林酒店
	武进经发区半陶山庄生态休闲度假村
	郑陆镇牟家村
	常州市金英王生态农业有限公司
	常州小成塘农业生态观光有限公司
	常州市佳侬科普体验服务有限公司
	常州丰灏园生态农庄有限公司
	常州市天长特种渔业有限公司
	常州晨山农业产业园发展有限公司
放心汽修店	常州苏诺汽车销售服务有限公司
	常州宝田汽修有限公司
	常州市凯旋汽车修理厂
	常州众成汽车销售服务有限公司
	江苏万邦汽车销售服务有限公司
	常州常通汽车销售服务有限公司
	常州市丰凌汽车维修有限公司
	常州路捷汽车销售服务有限公司
	常州市晨鑫汽修厂
	常州市长丰汽车服务有限公司
	常州市武进潘家汽车修配有限公司
	常州市达诚汽车维修有限公司

（杨浩鹏）

质量技术监督

【概　况】 2014年，区质监局围绕质量强区建设，创新质量管理，全区98家重点企业试点推行首席质量官制度，63名首席质量官持证上岗，企业“质量发展专项资金”累计24亿元；开展“区长质量奖”“市长质量奖”评选，灵通展览系统股份有限公司、中韩科技有限公司、江苏武进不锈股份有限公司3家企业获“区长质量奖”，江苏润源控股集团有限公司获“市长质量奖”，江苏洛基木业有限公司和常州市钱璟康复器材有限公司分别获批省、市级中小学质量教育社会实践基地；常州塑金高分子科技有限公司、江苏迪邦三星轴承有限公司、江苏恒立高压油缸股份有限公司、中铁建电气化局集团轨道交通器材有限公司、中天钢铁集团有限公司5家企业检测中心通过CNAS认定。推进名牌、标准化战略实施，全区新增江苏名牌产品12个、常州名牌产品35个，分别累计102个、182个；有市级以上优质产品生产示范区4个，其中国家级1个、省级1个；全区企业参与制定、修订并发布国家标准10项和行业标准15项。加强食品生产监管、特种设备安全监管、重点产品质量安全监管，实施助企惠民行动，促进全区经济转型质量安全。加强安全监管，筑牢特种设备、重点产品、食品生产安全三道防线。省质监部门监督抽查全区产品691批次，合格率95.51%。全年出动执法人员2200人次，检查生产、销售单位1100家，查办案件134起，货值金额508万元，其中货值金额15万元或销售额5万元以上大要案6起，捣毁黑窝点4个，移送公安部门立案侦查案件1起，申请法院强制执行3起。“12365”举报投诉中心受理举报投诉225起、质量申诉82起。6～12月，武进质监局官方网站公开制售假冒伪劣商品和侵犯知识产权行政处罚案件行政处罚信息13条。加强民生计量服务，免费检定67家集贸市场的衡器6673台、200个村级卫生室在用计量器具789台，合格率分别为97.5%、98.6%。举办工业产品生产许可证法律法规培训班16期，培训企业1100余家次，完成对550家许可证获证企业的年审。开展对辖区内681家许可证获证企业的分类分级监管，完成20家3C强制认证获证企业的监督检查。新增“工业产品生产许可证”企业86家，累计711家。全区获ISO 9001质量管理体系认证证书2804张，获ISO 14001环境管理体系认证证书781张，获职业健康安全管理体系认证证书306张。武进区在全市质量强市绩效考核中位列第一。

【企业质量信用等级评价】 2014年，按照江苏省质量技术监督局、江苏省社会信用体系建设领导小组办公室《关于组织开展企业质量信用评价工作的通知》要求，区质监局组织4家企业、11家企业和52家企业，分别参加江苏省质量信用AAA级、AA级和A级申报。通过对企业质量管理体系、质量保证能力、质量基础体系、质量效果等指标项目评分，反映企业质量信用程度。武进申报企业分获江苏省质量信用AAA级企业4家、AA级企业6家、A级企业52家，累计有江苏省质量信用AAA级企业4家、AA级企业15家、A级企业430家。

【标准化项目建设】 2014年，区质监部门加强标准化基础工作，指导企业开展标准化试点申报、立项，全年备案企业产品标准947项，有效期内的备案企业标准2846项，指导企业完成采标项目87项。全国钢标准化技术委员会碳素材料分技术委员会薄层石墨材料工作组落户武进。常州市润源经编机械有限公司的《数字化经编系列装备自主创新标准化试点》通过省级验收，今创集团股份有限公司申报的《先进地铁列车铝合金件精密制造技术与自动化装备高新技术自主创新标准化试点》获省级立项，灵通展览系统股份有限公司申报的《铝合金环保展具循环使用标准化试点》项目获省级循环经济标准化试点立项，常州市国宇环保科技有限公司承担的《CMC

表 44

2014 年武进区完成标准化项目情况

单位名称	标准名称	标准编号	类别	属地
常州常发农业装备工程技术研究有限公司	往复式内燃机安全第 2 部分：点燃式发动机	GB20651.2-2014	国标	礼嘉镇
江苏武进不锈钢管厂集团有限公司	石油裂化用无缝钢管	GB9948-2013	国标	郑陆镇
江苏武进不锈钢管厂集团有限公司	锅炉、热交换器用不锈钢无缝钢管	GB13296-2013	国标	郑陆镇
江苏武进不锈股份有限公司	核电站热交换器用奥氏体不锈钢无缝钢管	GB/T30073-2013	国标	郑陆镇
江苏武进不锈股份有限公司	核电站用奥氏体不锈钢焊接钢管	GB30813-2014	国标	郑陆镇
常州市武进江南安全装备有限公司	船用安全救生操作指示图	GB/T30487-2014	国标	横山桥镇
江苏亚邦染料股份有限公司	染料产品中重金属元素的限量及测定	GB20814-2014	国标	牛塘镇
常州华通焊业股份有限公司	钛及钛合金焊丝	GB/T30562-2014	国标	遥观镇
常州凯凯照明电器有限公司	数字可寻址照明接口第 206 部分：控制装置的特殊要求数字信号转换成直流电压（设备类型 5）	GB/T30104.206-2013	国标	礼嘉镇
江苏太阳宝新能源有限公司	全玻璃热管家用太阳能热水系统	GB/T30532-2014	国标	嘉泽镇
江苏常发农业装备股份有限公司	单缸直联传动轮式拖拉机通用技术条件	JB/T11318-2013	行标	礼嘉镇
常州市钱璟康复器材有限公司	减重步行训练台	YY0900-2013	行标	高新区
江苏伊思达纺织有限公司	精梳棉涤纶低弹丝包芯本色纱	FZ/T12044-2014	行标	湖塘镇
常州永立恒业织布厂	棉竹节本色布	FZ/T13029-2014	行标	湖塘镇
常州市汇森家用纺织品有限公司	棉强捻印染绉布	FZ/T14026-2013	行标	湖塘镇
江苏永盾机械有限公司	印刷机械真空压力复合气泵	JB/T5425-2013	行标	湖塘镇
江苏亚邦染料股份有限公司	1- 氨基蒽醌	HG/T2079-2014	行标	牛塘镇
江苏亚邦染料股份有限公司	分散红 FB200%(C.I. 分散红 60)	HG/T2667-2014	行标	牛塘镇
常州市武进洋泽织造有限公司	棉竹节印染布	FZ/T14027-2014	行标	湖塘镇
常州玉宇电光器件有限公司	超高压短弧汞灯	QB/T4540-2013	行标	经发区
常州凯凯照明电器有限公司	超高压短弧汞灯	QB/T4540-2013	行标	经发区
常州市武进区烟草专卖局	烟草商业企业车辆安全管理规范	YC/T486-2014	行标	—
江苏时空涂料有限公司	氯醚防腐涂料	HG/T4568-2013	行标	郑陆镇
常州精科实业有限公司	指针式石英钟机心与钟壳的配合尺寸	QB/T4777-2014	行标	洛阳镇
常州市科维机械制造有限公司	药用滚筒式混合机	JB/T20157-2013	行标	遥观镇
常州联发凯迪机械有限公司	拖拉机可靠性评价方法	NY/T2453-2013	行标	奔牛镇

工业生产废水无害化综合利用标准化试点》省级循环经济标准化试点通过省级验收。《LED 智能景观照明系统》联盟标准通过省级专家审定，省级地方标准《黄颡鱼后备亲本生产技术操作规程》通过省级专家审定，国家级《畜禽产业农业综合标准化示范区》项目建设启动。全区参与制订国家标准、行业标准企业有 35 家，共获区奖励资金 110 万元，其中 16 家企业获市技术标准奖励资金 189 万元。

【食品生产专项整顿】 全区有生产许可证的食品及食品添加剂、化妆品生产企业共 223 家。区质监局于 3 月组织全区食品及食品相关产品生产企业 230 余家参加质量安全培训，开展白酒塑化剂、元旦春节“双节”食品、食用明胶、大桶水、食品标签标识等专项整顿 21 次。全年出动人员 760 余人次，核查企业 372 家次，快速检测 100 批次，现场开具责令整改通知书 20 份，回访 20 家，移交稽查立案查处案件 33 起。与区食品药品安全委员会（简称区食安委）等相关成员单位加强沟通合作，处理食品安全投诉事件 123 起，会同区食药安委处理食品安全投诉事件 15 起。组织区域内食品生产领域的食品质量监督检查 800 批次，合格 790 批次，不合格 10 批次，合格率 98.8%。

【电梯应急救援平台启用】 10 月启用。电梯应急救援平台建设被纳入区政府 2014 年为民办实事和市社会管理创新项目，由区质监、消防部门联合实施，为全区 5551 台乘客电梯编制唯一的 5 位识别码。该平台具备三级响应：一级响应为使用单位和签约维保单位，在接到报警电话或 119 调度后，市区范围内必须 30 分钟内到达。二级响应为签约维保单位不能及时救援时，由志愿救援单位电梯公司或别的电梯维保单位实施救援。三级响应为志愿救援单位在规定时间内未能及时响应，119 将调度最近的消防救援队伍前往。当市民被困电梯，拨打电梯应急救援电话 119 后，通过 5 位识别码，可迅速定位故障电梯位置，启动三级响应机制。年内接到辖区内电梯应急救援呼救 50 多次，均成功处置。

【特种设备安全监管】 2014 年，全区新增特种设备 5048 台，累计 55412 台，其中锅炉 2380 台、压力容器 13760 台、起重机械 23940 台、电梯 11511 台、场

表 45 2014 年武进区获江苏名牌产品情况

获得年份	单位名称	产品名称	有效期	状态
2014	常州科威天使环保科技有限公司	天使牌水处理剂聚丙烯酰胺	2017.12	新增
2014	江苏南方通信科技有限公司	精科牌 GYTA53 层绞式通信用室外光缆	2017.12	新增
2014	常州华通新立地板有限公司	华通牌防静电活动地板	2017.12	新增
2014	常州华联保健敷料有限公司	华联牌创可贴	2017.12	新增
2014	常州市钱璟康复器材有限公司	钱璟牌康复训练器械	2017.12	新增
2014	江苏中友精密制管有限公司	中友牌直缝电焊钢管	2017.12	新增
2014	江苏恒耐炉料集团有限公司	恒耐牌水泥窑用高强度莫来石浇注料	2017.12	新增
2014	江苏众恒染整有限公司	众恒牌针织牛仔布	2017.12	新增
2014	江海环保股份有限公司	江海牌 JH- 水处理剂系列产品	2017.12	新增
2014	江苏江南创佳型材有限公司	创佳牌合金型材	2017.12	新增
2014	江苏光辉灯具市场有限公司	服务业	2017.12	新增
2014	武进区郑陆镇人民政府	郑陆不锈钢管	2017.12	新增
2011	江苏红日防静电地板有限公司	红日牌防静电活动地板	2017.12	复评
2011	武进区横林镇人民政府	横林强化木地板	2017.12	复评
2011	常州市春秋乐园旅游发展有限公司	服务业	2017.12	复评
2011	江苏友奥电器有限公司	友奥（YOAU）牌移动式空调器 / 除湿机（2 只）	2017.12	复评
2011	常州市常洛果品专业合作社	苏常鲜牌葡萄	2017.12	复评
2011	中韩科技有限公司	中韩牌家用冷藏冷冻箱	2017.12	复评
2011	江苏凌家塘市场发展有限公司	服务业	2017.12	复评
2008	江苏海鸥冷却塔股份有限公司	海鸥牌玻璃纤维增强塑料冷却塔	2017.12	复评
2008	江苏南方通信科技有限公司	精科牌铜芯聚烯烃绝缘铝塑综合护套市内通信电缆	2017.12	复评
2008	常州华通焊业股份有限公司	华通牌碳钢焊丝	2017.12	复评
2008	江苏康华医疗器材有限公司	常宝牌一次性使用无菌注射器、输液器	2017.12	复评
2008	常州华日升反光材料股份有限公司	通明牌反光膜	2017.12	复评
2008	江苏南洋木业有限公司	南洋（图形）牌实木地板	2017.12	复评
2008	常州市东家装饰材料有限公司	东家牌浸渍纸层压木质地板	2017.12	复评
2008	江苏新城房产股份有限公司	服务业	2017.12	复评

内专用机动车辆 3729 台、大型游乐设施 92 台，另有气瓶 495523 个。新增持证特种设备制造单位 8 家，累计 119 家（不含气瓶充装和电梯安装维保单位），其中锅炉制造单位 9 家、压力容器制造单位 30 家、压力管道元件制造单位 57 家、电梯制造单位 1 家、起重机制造单位 19 家、厂内机动车辆制造单位 3 家，有气瓶充装单位 37 家。年内，区质监局重点开展以消除隐患为重点的隐患大排查、“六打六治”专项行动、生产企业监督检查、气瓶长效管理、节假日特种设备专项检查，启用电梯应急救援平台，共出动人员 456 人次，现场监察特种设备使用单位 216 家、制造施工单位 20 家，查出事故隐患设备 120 余个，隐患整改率 100%。全面检查辖区内气瓶充装单位 37 家，监督率 100%。签发特种设备安全监察指令书 32 份，稽查立案查处 21 起。新增特种设备企业安全责任告知率 100%。举办司炉工、压力容器、起重机械操作工等特种设备作业人员以及管理人员培训班 42 期，培训 2597 人次，提高特种设备作业人员安全意识和专业技能，保障特种设备安全运行。

（承伟贤）

安全生产监督管理

【概　况】 2014 年，全区安监部门完善安全生产责任体系，出台《武进区安全生产“党政同责、一岗双责”暂行办法》，建立健全建筑施工安全、道路交通安全、消防安全、地下管线安全、校园安全、职业病防治专项联席会议制度，实行季度点评和年终考评相结合的安全生产年度目标考核。加强安全生产基层基础，创成安全生产标准化达标企业 368 家。开展安全生产专项整治、检查整改和“六打六治”打非治违行动，提升综合监管水平。全区通过国家安全生产监督管理总局职业病防治评估小组审查企业 21 家；新增职业病危害项目申报企业 580 家，累计 1992 家。推进安全生产教育、培训，区安监局获评“江苏省 2014 年安全生产新闻宣传工作先进单位”。

全区发生生产安全事故 1558 起，死亡 154 人，受伤 483 人，直接经济损失 953.66 万元，与上年相比，事故起数上升 7.6%，死亡人数上升 4.05%，受伤人数上升 4.09%，直接经济损失下降 11.44%。其中，道路交通事故发生 510 起，死亡 130 人，受伤 474 人，直接经济损失 69.09 万元，事故起数下降 0.97%，死亡人数持平，受伤人数上升1.07%，直接经济损失下降4.32%；火灾事故1038起，死亡13人，重伤9人，直接经济损失197.08万元，事故起数下降12.48%，死亡人数增加7人，直接经济损失下降42.89%；工矿商贸事故10起，死亡11人，直接经济损失687.49万元，事故起数上升66.7%，死亡人数持平，直接经济损失下降11.14%。

【安全生产责任体系完善】（1）贯彻落实党政同责制度。区委、区政府加强对安全生产工作的领导，区政府年初与各镇、街道、开发区和有关部门签订安全生产责任书，严格安全生产责任落实。11月，《武进区安全生产“党政同责、一岗双责”暂行办法》出台。（2）推行“一岗双责”制度。区安委会发挥综合协调职能作用，建立健全建筑施工安全、道路交通安全、消防安全、地下管线安全、校园安全、职业病防治专项联席会议制度，加强重点行业领域安全生产监管。各镇、街道、开发区按照“有目标、有协调、有落实”要求，推进重点行业领域的安全生产工作。（3）加强安全生产目标考核。按照季度点评占60%、年终考评占40%的考核机制，实行安全生产年度目标考核。加强安全生产过程控制和事前管理，完善“一票否决”制度，逐步建立适应新形势要求的安全生产目标考核体系。年末，经区安委会考核，武进高新区、西太湖科技产业园、雪堰镇、南夏墅街道、区交通局、区教育局、太湖湾旅游度假区7个单位被评为2014年度安全生产先进集体，前黄镇、牛塘镇、邹区镇、湖塘镇、区旅游局、区民宗局6个单位被评为2014年度安全生产达标优胜单位。

【安全生产基层基础强化】（1）安全生产监察执法。区安监局全年检查生产经营单位619家，查出隐患3655条，发出责令整改指令书180份、责令暂时停产停业（暂停使用）决定书7份，立案调查51起；查处隐患举报88起，办结85起；组织召开案审会6次和听证会1次，提出法制审核意见157条。（2）安全生产标准化企业创建。年初，区政府组织召开全区安全生产会议，并下达年度各镇企业标准化创建指标。区安监局在做好重点走访、督促推进工作的同时，复查涉及11个镇（街道）通过安全生产标准化创建的危险化学品企业27家，推动企业持续改进安全生产工作标准，建立隐患排查长效机制。全区申报安全生产标准化创建企业378家，其中申报创建二级企业10家。创成安全生产标准化达标企业368家，其中二级达标企业8家。（3）安全生产专项整治。开展危化品重点县区安全生产攻坚行动，完成全区化工企业设计诊断验收71家、备案41家。加强冶金行业安全监管，采取组织安委会专家在重点冶金企业之间互查的形式，提高安全检查质量。开展对礼嘉、前黄、雪堰、奔牛4个镇8家企业的有毒有害气体防范专项检查。开展铝镁制品机加工企业、涉爆粉尘企业专项治理，举办全区涉及粉尘作业工贸企业负责人和安全管理人员等业务培训，加强督查检查，检查企业145家，发现各类隐患400个，完成整改367个。

6月，区安监局到中天钢铁集团有限公司参观学习安全监管模式（图为监控指挥中心）

（区安监局 供稿）

【“六打六治”打非治违行动】 根据省、市安委会的部署要求，区安委会于9月制定下发《全区集中开展“六打六治”打非治违专项行动实施方案》，组织开展“六打六治”，并将粉尘作业场所安全生产专项整治纳入该项行动。打击破坏损害油气管道行为，整治管道周边乱建乱挖乱钻问题；打击危险化学品非法运输行为，整治无证经营、充装、运输，非法改装、认证，违法挂靠、外包，违规装载等问题；打击无资质施工行为，整治层层转包、违法分包问题；打击客车客船非法营运行为，整治无证经营、超范围经营、挂靠经营，及超速、超员、疲劳驾驶和长途客车夜间违规行驶等问题；打击“三合一”“多合一”场所违法生产经营行为，整治违规住人、消防设施缺失损坏、安全出口疏散通道堵塞封闭等问题。年内，全区出动执法检查人员3834人次、专家147人次，检查企事业单位和各类场所共1995家次，责令停产、停业、停止建设18家，暂扣或吊销从业资格证30个，实施行政处罚总额193.2万元。

【安全生产宣传教育培训】（1）安全生产教育培训。区安监部门加强全区安全生产监管业务培训，全年举办“三项人员”（主要负责人、安全管理人员、特种作业人员）培训班223期16374人次。其中，组织区、镇、村三级安全监管人员共800余人参训；组织危险化学品经营企业、化工生产企业、2013年各类安全生产事故单位、烟花爆竹经营（零售）单位等重点行业领域的主要负责人和安全管理人员参加专项教育培训。邀请国务院参事室特约研究员，国家安全生产监督管理总局新闻发言人黄毅作题为“强化红线意识，促进安全发展”专题讲座。7～9月，组织全区各类生产经营单位集中开展安全培训专项检查，纠正并查处培训不规范、不培训就上岗等违法行为，开出责令整改指令书11份，各单位均完成限期纠正和整改。（2）安全生产宣传。在《武进日报》开设《武进安监》专版,在武进广播电台开播《安监之窗》专栏,在武进新闻网开设《安全生产月》专题,利用《武进日报》党报阅报栏常年发布户外安全生产公益广告,与常武电影公司、凤凰谷艺术团合作,通过“电影下乡”“基层节目巡演”等活动播放安全教育片。开展以“强化红线意识、促进安全发展”为主题的“安全生产月”活动,宣传贯彻中共中央总书记习近平关于安全生产重要讲话精神,组织安全生产大型宣传咨询日、安全教育进校园、安全宣传进社区、安全文化推广等系列活动,在全区营造安全文化氛围。宣传贯彻新安全生产法,印发新安全生产法学习辅导资料2万份。10月31日,在全省安全生产新闻宣传工作座谈会上,区安监局被表彰为“2014年安全生产新闻宣传工作先进单位”。(3)安全生产示范创建。围绕安全生产示范创建的基本内容、方法步骤、创建标准以及持续改进等内容,做好对申报单位的宣传发动、组织培训、走访指导、培育典型和现场验收等环节工作,评定区级安全文化建设示范企业32家。10月23日,南夏墅街道“安全社区”创建工作通过省级达标验收,成为全市首个“江苏省安全社区”。

(姚静怡)

价格管理

【概　况】 2014年,区发改局坚持“稳中求进、改革创新”主线,加强价格总水平调控,完善主要由市场决定价格的机制,推进资源环境价格改革,提升价格监管和服务水平。全年CPI涨幅2.2%,实现物价上涨幅度控制在3.5%以内的价格调控目标。区价格认证中心完成鉴定、认证报告1998起,认定总金额4955万元。年内2家商店退出平价商店市场,全区运行平价商店35家。推进诚信市场建设,常州嬉戏族有限公司被评为省级价格诚信单位。

房价调控 针对全国房地产形势急剧变化、全区商品房存量及潜在供应量过剩、房价下行压力大的现状,区发改局落实国家和省、市政府房地产价格调控政策,加强市场信息监测和横向合作、上下联动,全区商品房价格稳中有降。全年办理商品房价格备案手续190个批次,面积439万平方米。全区普通住宅备案均价每平方米7142元,下降2.9%。

天然气价格调整 按照国家发改委大幅上调天然气上游价格政策,区发改局从6月5日起调整车用压缩天然气销售价格,中准销售价格由每立方米4.5元调整为4.8元,可下浮,但不得上浮;从10月1日起调整非民用天然气价格,中准销售价格由每立方米3.35元调整为3.65元,最高可上浮15%,下浮不限。

成品油及热力价格管理 区发改局根据国际原油价格连续下跌情况,落实国家每次调价政策,关注国际原油及市场动态,做好预警预报准备。全年调整成品油价格18次,油价总体下降近20%。根据煤炭价格持续疲软情况,严格按照煤热价格联动办法,4次调整蒸气到户中准价格,由第一季度每吨182元调整至第四季度每吨172元。按全年用气量220万吨测算,年降低用热企业成本2200万元。

价格监测 区发改局完善覆盖“菜篮子”、教育、医疗、房地产、水、电、汽、油,以及农资、生猪等价格和收费的价格监测网络,设立监测点43个,监测商品价格、服务收费共190余种。对省物价局规定的76种乡镇居民食品零售价格实施“五日一报”制度。按月上报生猪饲料、苗猪价格及饲养成本。定期监测农资、成品油、商品房、物业等价格和收费情况。针对生猪价格持续暴跌、横林花菜贱卖事件,及时开展相关商品动态监测,发现异常波动及时预警预报;指导、督促常州市众恒肉联有限公司(国家直报点)、中天钢铁集团(省直报点)等企业做好直报工作,及时掌握物价动态,应对价格异常波动。

(徐建春)

2014年武进区成品油价情况

表46　　单位:元/升

时间＼规格＼零售最高价格	90号Ⅳ汽油	93号Ⅳ汽油	97号Ⅳ汽油	0号柴油	89号苏Ⅴ汽油	92号苏Ⅴ汽油	95号苏Ⅴ汽油
1月10日	7.11	7.54	7.97	7.16	7.24	7.68	8.11
1月24日	7.02	7.44	7.86	7.06	7.14	7.57	8.00
2月26日	7.17	7.60	8.03	7.23	7.30	7.73	8.17
					89号国Ⅴ汽油	92号国Ⅴ汽油	95号国Ⅴ汽油
3月26日	7.07	7.49	7.92	7.12	7.20	7.63	8.06
4月24日	7.18	7.62	8.05	7.24	7.31	7.75	8.19
5月9日	7.15	7.58	8.00	7.20	7.27	7.71	8.26
5月23日	7.20	7.63	8.06	7.26	7.33	7.77	8.32
6月23日	7.32	7.76	8.20	7.40	7.45	7.90	8.46
7月21日	7.14	7.57	8.00	7.19	7.27	7.75	8.25
8月18日	7.00	7.42	7.84	7.04	7.12	7.60	8.09
9月1日	6.92	7.33	7.75	6.95	7.05	7.52	8.00
9月16日	6.81	7.22	7.63	6.84	6.94	7.41	7.88
9月29日	6.74	7.14	7.55	6.75	6.87	7.33	7.79
10月17日	6.52	6.91	7.30	6.51	6.64	7.09	7.54
10月31日	6.33	6.71	7.09	6.31	6.46	6.89	7.33
11月14日	6.19	6.56	6.93	6.15	6.32	6.74	7.17
12月12日	6.06	6.43	6.79	5.81	6.19	6.60	7.03
12月26日	5.67	6.01	6.35	5.38	5.80	6.19	6.58

【收费管理】 2014年,根据省财政厅、物价局《转发财政部、国家发展改革委关于公布取消314项行政事业性收费的通知》《关于公布取消和调整一批行政事业性收费项目的通知》精神,区发改局及时梳理文件涉及的收费项目和标准,取消和停止区质监、公安、教育、国土、建设5个部门共计6个行政事业性收费

项目，并监督收费部门和单位落实到位。根据省、市全面推进县级公立医院综合改革要求，自3月1日起，牵头组织武进人民医院、武进中医医院、武进第三人民医院实施区级公立医院医药价格改革，建立新型医疗服务定价机制和价格管理机制，缓解医疗服务价格结构性矛盾，控制医药费用不合理增长。围绕“收费许可证”合法性、收费政策执行情况、收费票据使用情况、收费管理制度执行情况，以及上年度年审发现的收费问题和违规行为的自纠、整改情况五方面，开展行政事业单位“收费许可证”年审换证和收费统计，年审正本271本、副本302本，换证101本，年审率100%。加强涉农收费公示，梳理全区涉农价格和收费项目，编制全区主要涉农价格收费目录，印发《武进区主要涉农价格和收费公示目录》宣传页，通过行政村（社区）宣传橱窗向社会公布，行政村（社区）涉农收费公示率100%。

（王　伟）

【价格市场检查】 2014年，区发改局以落实惠民价格政策为目标，开展涉农、汽车销售、医疗收费专项检查。3～4月，组织检查涉农收费单位5家，发现个别单位存在收费不规范现象，要求立即停止违规收费项目并整改。5～6月，配合省物价局开展对汽车行业的反垄断调查，检查全区4S店40家；配合市物价局抽查3家，发现存在不按规定明码标价、价外收费、不履行价格承诺、强制服务、强制代理保险、违规收取PDI检测费、出库费等不正当价格行为，停止违规收费项目，并将违法所得退还消费者。9～10月，开展对辖区内乡镇公立医疗机构收费情况的检查，发现均存在扩大范围收费、超差率销售药品、自立项目收费等突出问题，要求整顿并处罚。全年受理价格举报咨询43件，协调处理1件，退还消费者5400元；行政处罚3件，没收违法所得504元，退还消费者2万元，罚款55520元，举报办结率100%。

（蒋盛杰）

食品药品监督管理

【概　况】 全区有药品生产企业15家，药品包装材料生产企业16家，药品批发经营企业7家，零售药店705家，医疗机构336家，医疗器械生产企业188家，医疗器械批发、专营（含隐形眼镜）企业290家。2014年，全区药监部门坚持“监管保平安、服务促发展”理念，优化食品药品安全监管网络，实施食品、药品安全预警监测，开展药品和器械专项整治行动，完善数字药监平台体系，深化药品不良反应监测，规范执法行为，保障群众饮食用药安全。推行社会共治，开展“食品安全宣传周”“药品安全宣传月”和食品安全科普，通过报刊、广播、电视、互联网等媒体，传播食品药品安全知识，增强公众食品药品安全意识。全年完成食品抽样检查4640批次，合格4512批次，合格率97.24%；药品监督抽验322批次，合格293批次，合格率90.99%。数字药监系统、医疗器械不良事件监测网络与风险管理体系建设2个项目被列为区科技发展计划项目，并通过市、区信息化项目专家组评审。

【食品、药品安全预警监测】 （1）食品安全预警监测。根据《2014年武进区重点食品及相关产品监测计划》，区食安委组织区农业、质监、工商、卫生部门每季度实施食品抽样检测，汇集形成食品安全监测情况通告，在《武进日报》、政府网站等媒体上公布食品安全监测结果。（2）药品安全预警监测。区药监局加强药品监督抽样工作，在完成日常监督抽样任务的同时，增加中药饮片专项监督抽样，制定《2014年度武进区药品抽验工作方案》《2014年度武进区中药饮片专项抽验工作方案》，确保基本药物抽验覆盖面100%，药品生产企业、批发企业和乡镇级别以上医疗机构抽验覆盖面100%。全年监督抽验药品322批次，收到抽验反馈报告322份，其中不合格报告29份，抽样不合格率9.01%。区药监局立案调查抽样不合格单位，督促被抽样单位及时整改，均完成整改。

【药品和器械专项整治】 *药品“春风行动”* 3～8月，区药监局在全区药品零售企业中开展中药饮片专项整治，全面检查有中药饮片经营资质的零售药店166家，规范中药饮片购进渠道和经营质量，当场处罚经营不规范药品零售企业11家，移交稽查处理12家。以农村和城乡结合部药品零售企业为重点，结合武进区食品药品监管系统中远程上传数据和上年信用等级评定情况，突击检查药品质量管理较薄弱的药品零售企业，严肃处理查出问题，并督促企业整改到位。其间，检查药店161家次，查处有违法行为药店11家。推进新版GSP（2014版《药品经营质量管理规范》）实施，举办药品零售企业从业人员GSP培训3期，按照要求开展新版GSP认证。至8月末，完成GSP现场检查药店7家。

器械“五整治”专项行动 根据《武进区医疗器械五整治专项行动实施方案》，区药监局成立行动小组，以重点产品、重点企业、重点案件线索为突破口，采取集中排查、暗访调查、突击检查相结合的方式，整治虚假注册申报、违规生产、非法经营、夸大宣传、使用无证产品五种行为。3～8月，开展对全区医疗器械生产、使用、经营等环节的专项检查，检查诊断试剂经营企业14家、医疗器械生产企业45家、医疗机构使用单位33家、角膜接触镜经营企业15家、医疗器械经营批发企业38家，移交稽查立案企业2家。5月16日，国家食品药品监督管理总局医疗器械“五整治”飞行检查组对创生医疗器械公司开展医疗器械“五整治”飞行检查，未发现严重违法违规问题。

加强对基本药物的质量监管 区药监局推进基本药物生产企业质量评估，督促辖区内基本药物生产企业针对药品生产、中标和销售、质量控制、产品被抽验、不良反应监测和投诉召回等情况，按品种对中标药品完成年度质量评估和风险排查，防范基本药物生产质量风险。推进基本药物全品种电子监管，要求基本药物生产企业严格按规定加贴药品电子监管码并上网“核注、核销”，同时安排专人负责药品电子监管网的日常监管和报警处理。加强对基本药物生产企业的监督检查，共检查基本药物生产企业27家次，防控基本药物质量安全风险。

【药品不良反应监测深化】 2014年，区药品不良反应监测中心建立健全监测网络，根据药品生产企业、经营企业以及医疗机构的运行情况，督促指导新开办单位在国家药品不良反应监测系统注册和上报，新注册用户32家。开展病例调查，完成可疑药品不良反应死亡病例现场调查4例，可疑新的、严重的药品不良反应核查62例，可疑药品不良反应报告真实性核查234例，可疑严重医疗器械不良事件现场调查4例。与省药品不良反应监测中心合作承担国家医疗器械不良事件重点监测课题，确认武进人民医院为哨点医院，接受国家药品不良反应监测中心的现场检查，并获好评。选派1人参加全国药品与医疗器械不良反应监测专题研究班，选派2人参加省药品不良反应监测中心承担的课题研究。全年累计上报药品不良反应1390例，其中新的严重的不良反应273例，分别增长22.1%、10.1%；上报医疗器械不良事件1046例。

【数字药监科学监管】 区药监局根据《数字药监“十二五”发展规划》要求，在上年年末数字药监平台基本建成投运的基础上，扩展功能模块，重点开发GSP认证系统、行政审批、举报投诉、综合查询等子系统，至2014年年末基本建成。综合数字药品监管平台，集日常办公、基础信息、远程监控、监督检查、行为监督、协管信息、药师考勤、预警信息、环境监测、电子地图十大模块于一体，基本实现行政办公与执法监管的信息化。加强网络监督管理，在全区所有药品、医疗器械生产净化车间安装新一代微环境监测仪，全面实施温湿度、压差数据的实时远程监控。加强对药品经营单位药学技术人员的管理，在对其实施指纹考勤的基础上，再增设视频截图考勤，有效提高药师在职在岗率。系统运行以后，有102家药店主动申请变更不能到岗药师，30家药店由于药师不到岗被予以警告处罚。建立完善药品、医疗器械生产经营使用单位基本信息库，建成食品药品监管信息网络基础设施和应用支撑体系，基本实现对药品、医疗器械生产经营使用全过程的动态监管。完善数字药监平台，完成移动监管系统开发，实现监管信息化零障碍。

【国务院应急办等联合调研武进食品药品安全应急管理体系】 2014年5月22日，国务院应急办与国家食品药品监管总局、卫生计生委、农业部等部门组成联合调研组，在武进调研食品药品安全应急管理体系。该联合调研组先后到常州华森医疗器械有限公司和区药监局，实地调研武进食品药品应急队伍建设、应急装备、预案体系及数字监管等应急管理工作建设情况，对武进食品药品安全应急管理体系予以肯定。武进区认真贯彻落实上级关于食品药品安全应急管理工作的决策和部署，从2008年起，建立健全食品药品相关应急预案，出台《常州市武进区食品安全事故应急预案》《武进区食物中毒事故调查应急预案》《武进区农产品质量安全应急预案》等文件。从2010年起，将“食品安全工程”列入为民办实事项目，通过整合食品检验检测资源，逐步形成统一的检验检测网络体系，提高食品安全保障水平。加强药品不良反应监测，辖区内药品和医疗器械生产、经营企业均在国家药品不良反应监测系统平台上完成注册，并配备人员负责。

（王作雪）

5月22日，国务院应急办调研武进食品药品安全应急管理体系（区药监局 供稿）

公共资源交易管理

【概　况】 2014年，区公共资源交易管理部门以“优化提升”为主线，完善公共资源交易管理体制，整合公共资源交易市场，提升公共资源交易管理水平和服务质量。优化交易平台，镇公共资源交易管理站全面建成，国有资产产权交易开始实施，政府购买服务项目全面启动。优化交易方式，非国有资金投资项目招标成本实现降低，医药采购服务范围得到拓展。优化交易程序，交易制度化、标准化、信息化建设持续推进。优化市场秩序，招标人、投标人及供应商、招标代理人、评委专家“四位一体”诚信评价管理体系初步形成。全年完成工程类、政府采购类进场交易项目1868项，交易金额155.9亿元，节约资金16.79亿元。其中：完成工程建设项目889项，交易金额151.02亿元，节约资金15.71亿元，公开招标、邀请招标项目（不含BT项目）节约率11.99%；完成各类政府采购项目979项，交易金额4.87亿元，节约资金1.08亿元，资金节约率18.15%。完成医药采购金额2.39亿元。年内，该中心被评定为“江苏省一类建设工程交易中心”。

【镇公共资源交易管理站全部建成】 2014年，武进区在上年度试点建立3个镇级公共资源交易管理站的基础上，于1月16日召开全区镇级公共资源交易站建设推进会，下发《关于加快镇级公共资源交易平台建设的意见》《镇公共资源交易管理站标准化建设规程》，推进镇公共资源交易站建设。区公共资源交易管理中心与区监察局、财政局、住建局、档案局等单位联合举办镇公共资源交易管理业务培训班，指导相关工作人员开展业务。10月，全区14个镇公共资源交易管理站全部挂牌成立。各镇均成立公共资源交易管理领导小组，镇长任组长，镇分管领导任副组长，设站长1人，专职工作人员2～3人。年内，进镇公共资源交易管理站交易项目共122个，交易金额5774.42万元，节约资金1318.3万元，资金节约率18.59%。

8月1日，武进区召开镇级公共资源交易管理站建设大会

（区公共资源交易管理中心 供稿）

【国有资产产权交易实施】 2014年，区公共资源交易管理中心做好国有资产集中进场交易筹备工作，完成《我区国有资产产权交易方案调研情况报告》，配合区财政局制定《常州市武进区区级国有资产交易管理暂行办法》，起草《武进区区级国有资产交易管理实施细则》，开发建设产权交易电子竞价系统，新建电子竞价室。业务三科（国有产权交易科）于10月组建完成，开始实施全区国有资产产权交易。12月11日，沿江高速嘉泽段、常武南路、常金线、新312国道和淹城路沿线等15处广告泊位使用权项目在该中心拍卖成功。

【政府购买服务项目全面启动】 2014年，根据《中华人民共和国政府采购法》有关规定，区公共资源交易管理中心全面启动政府购买服务工作，通过公开招标，扩大采购竞争性，做到公开透明、竞争择优；创新评标办法，对投标人服务方案和承接单位服务能力的综合评分，确保采购物有所值。全年完成85个政府购买服务项目，项目类型从软件开发服务、环境服务等常见项目逐步向水利管理、文化体育等公共服务领域延伸，逐步实现应采尽采。

【公共资源交易业务管理创新】 （1）优化交易方式。区公共资源交易管理中心优化工程建设项目交易方式，简化民营项目招标程序，一次性集中办理招标方式和组织形式备案、招标文件备案、合同备案等事项，降低非国有资金投资项目招标成本，年内完成8个民营项目的简化程序招标；推荐采用综合评估法、合理低价法，打击围标串标行为，促进投标报价合理化；推行工程建设小型项目合理价随机确定法选择中标人，简化招标程序。创新政府采购方式，采用归类集中采购和年度集中采购相结合的方法，提升采购批量，扩大规模效益；试行实物配发，简化采购流程，提高服务效率。（2）优化操作程序。建立单一来源方式审批制度、项目会办制度、评委回避制度，从刚性约束上保障阳光交易；制定政府采购货物（通用）标准化文本和《招投标样品管理办法》，从管理规范上保障阳光交易；开发交通水利电子交易系统，启用网上代理抽签系统，优化保证金收退系统，从技术支持上保障阳光交易。（3）优化市场秩序。加强对招标人、投标人和供应商、招标代理以及评委专家的管理，初步形成“四位一体”诚信评价体系；根据全区中药饮片与医用耗材集中采购标后管理办法，每季度开展对各公办医疗卫生机构以及供应商执行2014年药品和医用耗材集中招标采购的标后履行情况的执法检查和考核，通报供应商标后履约、医疗卫生机构标后执行的存在问题，处罚提供非中标产品或以次充好的供应商。出台《常州市武进区水利工程建设项目招标投标信用管理实施办法（试行）》，全面启动水利工程诚信管理。联合区监察局、财政局，重点整治供应商失信行为，净化交易市场。

（蒋秋玉）

统　计

【概　况】 2014年，区统计局以“统计能力有新提升，统计管理有新突破，统计服务有新成效”为主线，推进以企业“一套表”为核心的统计“四大工程”（基本单位名录库、企业一套表制度、数据采集处理软件系统、联网直报系统）建设，全区纳入企业“一套表”上报平台法人单位累计2799家。抓好第三次全国经济普查工作，于5月通过省级经济普查现场质量抽查。推进统计基层基础建设，统计规范化建设、统计教育培训、统计文化建设成效明显，统计法制建设有效加强。建设服务型统计，编发《统计分析资料》29期、《统计快讯》26期、《统计内参》8期、《武进统计年鉴-2014》，发布《2013年武进区国民经济和社会发展统计公报》，与区科技局联合发布《2013年武进区科技创新主要数据统计公报》等，反映全区经济社会科学发展成果。通过《武进政风热线》《武进日报》和武进统计信息网等渠道，向社会公众公布主要经济指标基本情况。推进重点领域统计方法制度改革和完善，落实全区地区生产总值核算制度改革和数据修订等工作，新增89家规模以上服务业企业纳入“一套表”联网直报范围，完善工业成本费用调查、高新技术产业、文化产业统计制度，农村低收入调查如期完成。7月25日，全省统计基层基础建设现场观摩会在武进召开。区统计局被列为全省基层基础工作推进会交流发言单位，被省统计局评为“2014年度县级统计局规范化建设示范单位”。

【企业“一套表”制度推行】 区统计局于10月出台《武进区“一套表”调查单位增减变动审核确认工作规范》，规范调查单位统计工作，建立健全统计台账，确保源头数据客观真实。抓好新增单位的联网直报，年内新增规模以上服务业单位89家纳入联网直报范围。加强区级、各镇（开发区）企业“一套表”平台维护管理，调整镇（开发区）统计网络连接方式，提升网速，提高效率，加强网络管理、网络安全维护。做好单位新增和变更工作，审批企业“一套表”单位34家，新增法人单位4043家、产业活动单位425家，全区纳入企业“一套表”上报平台法人单位累计2799家。

【统计基层基础建设】 (1) 推进统计规范化建设。区统计局于4月下发《2014年武进区统计基层基础建设工作意见》，完善村级、企业统计规范化建设标准，加强对村级、企业统计规范化工作的指导与督促。至年末，全区各镇（开发区）均通过省级统计规范化达标验收，郑陆、横山桥、遥观、邹区、武进高新区5个镇(开发区) 创成“江苏省统计规范化创建示范镇”，并获省统计局规范化建设专项资金奖励。创成省级统计规范化建设示范企业74家、省统计部门规范化示范单位2家（区交通局、经信局）。(2) 加强统计教育培训。与区委组织部联合举办“统计形势分析与统计改革”专题研讨班1期，各部、委、办、局分管领导，各镇、开发区主要领导及分管领导和统计科长共120多人参加；聘请企业一线财会专家英特曼财务总监张小方为区、镇两级统计人员讲解会计统计知识；与上海交通大学联合举办全区统计干部能力提升培训班，参训70余人；集中举办上岗培训班5期，参训518人；推进统计网上继续教育，全区继续教育人数6942人。(3) 加强统计法制建设。于3月出台《2014年区统计法制工作意见》，并下发年度统计法制宣传教育目标任务。年内，组织全区“四上”（规模以上工业、资质以上建筑业和房地产业、限额以上批零住餐业、重点服务业）企业负责人及统计人员共5784人参加省统计“六五”普法测试；开展企业“一套表”联网直报专项整治行动，通过对企业“一套表”联网单位真实性和准确性、数据质量情况的全面自查和核查，有效整改发现问题；结合《江苏省统计条例》颁布契机，开展“送条例上门”活动，做到“四上”企业统计人员、镇统计科全体人员、行政村（社区）会计人手一册，共计发放3480册。各镇(开发区)运用现代媒体、广告牌、悬挂横幅等形式，开展统计法制教育宣传。

【武进区第三次全国经济普查圆满完成】 2014年，武进区第三次全国经济普查领导小组办公室（简称区经普办）结合上年工作基础，以“查清单位总数、查实经济总量”为目标，完成经济普查登记、数据处理、审核、查询等工作，主要指标数据与第二次全国经济普查、2013年年报衔接到位，形成《第三次全国经济普查基本情况》《民营经济发展情况》《武进产业结构现状及思考》等材料，于5月通过省级经济普查现场质量抽查，经济普查工作质量、数据质量得到上级普查机构认可。12月，区经普办被评为省经济普查先进集体。至2013年年末，全区从事第二产业和第三产业活动的法人单位31170家，比2008年年末（2008年是第二次全国经济普查年份）增加12375家，增长65.8%；产业活动单位33576家，增加13926家，增长70.9%。全区第二产业和第三产业法人单位从业人员987991人，比2008年年末增加256550人，增长35.1%。

（蒋利全）

行政审批服务

【概　况】 2014年1月26日，区行政服务中心由武宜路1号迁至花园街1号亚泰财富中心办公。新办公大楼建筑面积8085平方米，设有基本建设项目大厅、企业登记注册大厅和出入境办事大厅3个，配套停车位200个。该中心创新服务机制，推进“三集中三到位”（部门行政审批职能向一个科室集中、承担审批职能的科室向行政审批服务中心集中、行政审批事项向电子政务平台集中，做到审批事项进驻落实到位、授权到位、电子监察到位），新增区公安局出入境管理大队和区环保局环保开发科成建制进驻，累计26个，部门进驻率92.9%。推行第六轮行政审批制度改革，全区行政审批事项由279项精简至156项，精简率44%。创新服务举措，推行企业注册“四证联办”，开展重点项目代办服务、内部流转预审，完善工业项目联合验收审批程序，缩短审批时限，提高审批服务效率。创新服务方式，推出“武进区行政服务中心”公众微信账号，提供服务指南、办件查询、在线咨询等服务，提升服务水平。该中心办理行政许可和非行政许可事项共251项，事项应进尽进率89.75%，项目授权率73.4%，承诺件平均承诺时限为5.9个工作日。全年办结审批事项187953件。其中，即办件106479件，承诺即办件81474件，即办率83.45%。窗口办理审批事项实现零违规，无行政纠纷，群众服务满意度达99%。

【重点项目代办服务推行】 5月，武进区在区行政服务中心和各镇（街道）、开发区分别成立区、镇两级重点项目代办服务中心，组建区、镇两级代办员队伍共80名。区行政服务中心举办重点项目代办业务培训班，建立重点项目审批代办服务分工联系制度、重点项目进度月通报制度，指导开展全区重点项目审批环节的领办、陪办、代办服务。年内，全区178个重点工业项目中进入代办程序的113个，代办率63%。

【企业注册“四证联办”模式创新】 参见《综合管理》栏目p154相关条目。

（张彩霞）

重点项目后续审批现场　　（区行政服务中心 供稿）

（栏目编辑　张新辉）

科学技术

综　述

【概　况】 2014年，武进区继续实施创新驱动发展战略，启动苏南国家自主创新示范区建设，增强企业自主创新能力，实现产学研金融联动，推进以“一城三区四园”（常州科教城，武进高新区、武进经发区、武进绿建区，智能装备产业园、节能环保产业园、电子信息产业园、新材料产业园）为核心的科技创新体系建设，推动全区重点产业、战略新兴产业发展和传统产业转型升级，形成创新发展一体化格局。全区研究与开发经费支出占地区生产总值的2.65%，省级及以上科技项目立项208个（国家级44个、省级164个），争取上级科研经费2.27亿元，全区科技项目获各级科技进步奖62个，其中省级6个。新增国家高新技术企业59家，累计388家；新增工程技术研究中心省级21家、市级53家，分别累计107家、180家；新增国家重点新产品5个、省级高新技术产品350个；申请专利15822件，获授权8012件。年内，全区借助省、市级科技人才项目，引进科技创新和产业发展急需的高端人才24人，区科技部门组织科技对接活动15次，新增产学研合作项目92个。武进高新区通过省知识产权试点园区验收，并被确定为苏南国家自主创新示范区“八区一园”之一，长江龙城科技有限公司被认定为国家级科技企业孵化器，全国首个国家级石墨烯产业化基地落户西太湖科技产业园，湖塘镇、洛阳镇、礼嘉镇获评第四批“江苏省创新型试点乡镇”。区科技局被省知识产权局评为省知识产权工作先进集体、宣传培训工作先进单位和执法维权工作先进单位。

【武进高新区被确定为苏南国家自主创新示范区“八区一园”之一】 2014年11月3日，国务院批复同意支持南京、苏州、无锡、常州、昆山、江阴、武进、镇江的高新技术产业开发区和苏州工业园区（简称“八区一园”）建设苏南国家自主创新示范区，参照执行《国务院关于同意支持中关村科技园区建设国家自主创新示范区的批复》中确定支持中关村示范区的各项政策及配套措施，计划至2020年初步形成创新驱动发展的体制机制，建设1～2个世界知名新型科研机构，聚集一批具有世界水平的科技人才和科技企业家，掌握一批事关国家竞争力的核心技术，形成1～2个国际一流的新兴产业集群，主要创新指标达世界创新型国家和地区园区的水平。武进高新区于1996年由省政府批准设立，2012年升级为国家级高新区，规划控制面积182平方千米。至2013年年末，引进20多个国家和地区的企业4000多家（上市企业9家），拥有世界500强企业投资项目17个，园区综合实力强劲、集聚效应明显、科技创新快速、平台功能完善，是全市乃至苏南地区新兴产业发展的主力军和对外开放的主阵地。2014年，武进区、武进高新区按照苏南国家自主创新示范区目标和要求，制定《武进国家高新技术产业开发区创新型特色园区建设方案》和专项计划，开展创新型特色园区创建工作，投资3亿元建设机械及智能装备应用技术研究中心、半导体照明产业研究院等创新平台，发展以智能装备、石墨烯、绿色建筑为重点的战略性新兴产业，打造智能装备科技产业园、石墨烯科技产业园、绿色建筑

7月15日，武进高新区举行科技企业加速器启动仪式　（区科技局 供稿）

产业集聚示范区等12个重大创新载体，构筑“一区多园”的一体化创新格局，建设以战略性新兴产业为主导，创新创业环境一流的科技新城区。

【规模以上高新技术企业完成产值1803亿元】 2014年，武进区打响产业培育战役，重点培育智能装备制造、先进碳材料、半导体照明等高新技术产业，发展武进高新区、西太湖科技产业园两大创新龙头，形成电子信息、先进装备制造、新材料、新能源及生物医药为主导的高新技术产业集群和高新技术企业集群。5月，区委、区政府出台《先进碳材料产业发展的若干政策》，重点支持先进碳材料产业发展。至年底，全区碳材料产业链企业库新增企业13家，引进石墨烯及相关产业高科技企业10家、项目团队12个，完成碳材料产业产值7.2亿元，增长45.3%。年内，区科技部门组织高新技术产业企业实施国家科技型中小企业创新基金项目13个、国家火炬计划项目14个、省科技支撑（工业）计划项目14个、省科技型中小企业创新资金项目11个、省科技成果转化专项资金项目2个；新增国家高新技术企业59家、省级高新技术产品350个。全区有规模以上高新技术企业289家，完成产值1803亿元，增长10.2%，占规模以上工业企业产值的42.24%。其中，智能装备制造业完成产值774.99亿元，新材料制造业完成产值570.18亿元，电子及通讯设备制造业完成产值324.21亿元，分别增长9%、12.4%和10.2%。

【四大专题园区实现营业收入616.57亿元】 2014年，武进区按照《国家创新型科技园区建设指南》要求，建设智能装备产业园、节能环保产业园、电子信息产业园、新材料产业园四大专题园区。园区企业全年投入研发资金21.75亿元，争取各级补助资金5098万元，有新开工项目41个、在建重点项目66个，分别投资177亿元和395亿元。园区加快培育高新技术企业，完善创新创业平台，实施产学研合作，新增国家高新技术企业12家、创新平台24个、创业平台2个，大中型工业企业研发机构累计41个，科技企业孵化器和加速器面积累计189万平方米；引进创新创业人才(团队)22人，研发人才总数超4900人；新增产学研合作项目32个，产学研合同金额2000万元。至年底，四大专题园区实现营业总收入616.57亿元，增长18.5%。其中，智能装备产业园实现营业收入339.5亿元，列全市各专题园区首位。

（胡满朝）

科技项目

【概　况】 2014年，区科技部门在制约产业发展的关键技术领域深挖项目信息源，争取上级政策资源，扶持企业自主创新，引领产业向高端攀升。全年组织企业申报市级及以上科技项目992项，立项459项，争取项目经费超2.61亿元。其中，国家级科技项目立项44个，省级科技项目立项164个，市级科技项目立项251个，分别获项目经费3452万元、1.93亿元和3385.5万元。区科技局重点支持高新技术研究开发、科技成果转化和农业及社会公益科技研究开发等项目，编制区级科技发展计划项目申报指南，立项680个，支持经费2887万元。

【农业及社会发展科技项目立项78个】 2014年，武进区推进科技富民行动，打造民生科技，针对农业、公共卫生、生态环境、公共安全等领域的重大科技需求，申报农业及社会发展科技项目，立项78个，发挥科技创新的支撑引领作用。区科技部门推荐“农业废弃物基质化利用新技术集成示范与推广应用”项目申报国家星火计划项目，获得立项；申报“智能玻璃温室高档花卉生产关键技术集成与创新”等省级农业科技项目13个，获批2个；申报“工厂化栽培杏鲍菇菇渣的资源化再利用研究”等市级农业科技项目32个，获批15个，获项目经费265万元；组织实施区级农业科技项目15个，支持经费105万元。组织申报“武进绿色建筑综合示范工程”等省级社会发展项目25个，获批1个，获项目经费100万元；申报“生物发酵法制备4AD的研究及应用”等市级社会发展项目40个，获批11个，获项目经费180万元；组织实施区级社会发展项目33个，支持经费125万元。

（胡满朝）

国家级科技项目

【国家级科技项目武进区新增44个】 2014年，全区申报国家级科技项目103个，立项44个，获项目经费3452万元。44个项目中，有国家创新基金项目21个、国家中小企业发展专项资金中欧国际合作项目3个、国家火炬计划项目14个、国家星火计划项目1个。21个国家创新基金项目共获项目经费2112万元，项目数和经费数位居全市县区级第一。

2014年武进区新增国家级科技项目情况

表47

项目类型	项　目　名　称	承　担　单　位
国家中小企业发展专项资金中欧国际合作项目	新能源电动车新型电机驱动系统关键技术研究	常州市裕成富通电机有限公司
	地源热泵结合冷梁技术在绿色建筑中的合作研发与应用	常州营特绿色建筑技术管理有限公司
	槽式聚光太阳能热发电高温集热管生产关键工艺技术与装备的联合研发	常州龙腾太阳能热电设备有限公司
国家星火计划项目	农业废弃物基质化利用新技术集成示范与推广应用	江苏科力农业资源科技有限公司
国家火炬计划项目	基于物联网的无源无线声表面波温度监测模块	常州市盈能电气有限公司
	压纱型多梳电子提花经编机	常州市润源经编机械有限公司
	轨道交通智能化门机构系统产业化	今创集团股份有限公司
	利用废弃油脂生产生物柴油和生物增塑剂	江苏卡特新能源有限公司

续表 47

项目类型	项　目　名　称	承　担　单　位
国家火炬计划项目	太阳能槽式热发电采光系统研发及产业化	常州龙腾太阳能热电设备有限公司
	新一代高效节能无极荧光灯	常州华岳电子有限公司
	硅衬底氮化镓基大功率 LED 发光二极管	晶能光电（常州）有限公司
	新型一次性可吸收生物钉肛肠、胃肠吻合器	常州华森医疗器械有限公司
	印信瑞科电子印章平台的研究及产业化	江苏印信通达电子科技有限公司
	基于物联网的定量配料与机器人码垛生产线	江苏中科友特机器人科技有限公司
	超高速节能型塑料平膜拉丝机组	常州市永明机械制造有限公司
	常州半导体照明技术研发及公共服务平台	常州市武进区半导体照明应用技术研究院
	常州材料表面工程装备与技术公共服务平台	大连理工常州研究院有限公司
	武进新型装饰板材产业基地公共服务平台建设	常州市新型装饰板材生产力促进中心
国家重点新产品计划项目	多级液压机械式垃圾焚烧炉	光大环保设备制造（常州）有限公司
	高感度酮肟酯类光引发剂 PBG-305	常州强力电子新材料股份有限公司
	Flexbot 多体位智能虚拟现实康复训练机器人	常州市钱璟康复器材有限公司
	高性能 32 位柴油机电子控制单元（ECU）	常州易控汽车电子有限公司
	高导热人工合成石墨膜（TGS 系列）	常州碳元科技发展有限公司
国家创新基金项目	基于单表位多聚抗原肽负载的新型抗肿瘤 DC 疫苗的研发	江苏和泽生物科技有限公司
	基于 3D Max 技术的真人化的医学（护理）临床实践技能教育培训的产业化服务平台（3D-2M-PaaS）	常州千一软件科技有限公司
	路灯智能管理系统	常州国邦新泰电子科技有限公司
	耐酸碱高效液相色谱硅胶填料	常州嘉众新材料科技有限公司
	基于声表面波技术的无源无线智能电网测温系统	常州智梭传感科技有限公司
	微流控高灵敏度液芯波导手持式光谱仪	常州博世伟业生物科技有限公司
	采用电穿孔 CAR 编码 RNA 激活 T 淋巴细胞靶向治疗肿瘤	江苏艾信兰生物医药科技有限公司
	一种全人源抗 HER2/IGF-IR 双特异性抗体— 药物偶联物（ADC）的临床前研究	江苏匡亚生物医药科技有限公司
	高性能聚酰亚胺纤维制备工程化和产品开发	江苏先诺新材料科技有限公司
	高强度复合材料道面垫板	江苏博泓新材料科技有限公司
	高质量石墨烯薄膜的制备	常州二维碳素科技有限公司
	超塑性耐热铜包铝锆合金线的制造	江苏银盛电缆科技有限公司
	新型环保节能造粒流化床干燥机的研发	常州力马干燥工程有限公司
	江苏省机器人与智能装备中小企业公共技术服务平台补助	常州先进制造技术研究所
	新光源材料技术工程化服务机构补助	常州化学研究所
	光电感知与智能系统技术服务平台补助	常州光电技术研究所
	面向江苏省中小企业技术转移转化服务能力提升机构补助	常州常大技术转移中心有限公司
	面向中小企业知识产权一体化服务机构补助	江苏佰腾科技有限公司（江苏省产业知识产权公共技术服务中心）
	国家创新基金创投机构补助	常州武岳峰创业投资管理有限公司
	国家创新基金创投机构补助	江苏津通创业投资有限公司
	国家创新基金创投机构补助	常州龙城英才创业投资有限公司

【国家中小企业发展专项资金中欧国际合作项目武进区入选 3 个】 2014 年 6 月，武进区申报的“新能源电动车新型电机驱动系统关键技术研究”等 3 个项目被科技部列为国家中小企业发展专项资金中欧国际合作项目，占全市立项数的 75%，获项目经费 800 万元。项目重点倾向新能源和可再生资源、节能、清洁技术等领域，借助财政资金无偿资助国内中小企业和欧盟企业及研究单位，开展联合研发、技术引进消化吸收再创新、成果转化等科研合作，促进技术进步和产业升级。

新能源电动车新型电机驱动系统关键技术研究 由常州市裕成富通电机有限公司承担实施，合作方为英国科研单位。该项目投资1.5亿元，获项目经费300万元，研究设计无刷直流电机驱动系统。该系统是新能源汽车关键核心技术，具有高效、高功率密度、控制方法简单的特点，对电动汽车动力性、安全性及经济性有重要作用。项目获专利授权50件，其中发明专利5件，入选江苏省《新能源汽车产业发展行动计划(2013年)》重点跟踪服务的新能源汽车产业项目，成为全省6个新能源汽车产业项目之一。常州市裕成富通电机有限公司是省高新技术企业、省电动汽车产业基地骨干企业，专业生产电动自行车用轮毂电机、摩托车启动电机和汽车电机，有国家火炬计划项目产品2个、省高新技术产品5个，2014年生产各类电动自行车用轮毂电机260万台。

地源热泵结合冷梁技术在绿色建筑中的合作研发与应用 由常州营特绿色建筑技术管理有限公司承担实施，合作方为芬兰科研单位。该项目投资8000万元，获项目经费200万元。地源热泵系统将空调的冷凝器或蒸发器延伸至地下，使其与浅层岩土或地下水进行热交换，利用低温浅层地能对建筑物内部供暖或制冷，是一种节能、环保型的新能源利用技术。冷梁技术无须使用电机，利用盘管内水和盘管外空气的温差，驱动形成气流循环，实现制冷、供热和通风，具有冷却和加热能力高、安装简便、噪音低、节省能源的优点。项目将地源热泵系统和冷梁技术运用于建筑设计、建造和使用中，把建筑物与环保、高新技术、能源紧密结合，创造符合环境保护要求的工作和生活空间。常州营特绿色建筑技术管理有限公司致力于节能减排和绿色建筑的开发和管理，拥有各类专业技术人员200余人，与同济大学、中国建筑科学研究院等机构建立长期战略合作伙伴关系，先后开发各类建筑面积100余万平方米，管理办公、医院、学校、酒店、住宅、厂房等工程建设项目面积580余万平方米。

槽式聚光太阳能热发电高温集热管生产关键工艺技术与装备的联合研发 由常州龙腾太阳能热电设备有限公司（简称龙腾公司）承担实施，合作方为德国科研单位。该项目投资1.3亿元，获项目经费300万元，主要研究槽式太阳能光热发电设备核心组件的关键技术及生产装备的产业化发展，研发玻璃与金属的非匹配封接工艺装备，设计和制造不锈钢管镀膜用大型磁控溅射设备，可补充工业化生产中大型真空磁控溅射镀膜机的设计理论和经验，增强高温真空集热管选择性吸收膜系涂层的可靠性和稳定性，为高温真空集热管商业化生产提供保障。龙腾公司致力于聚光太阳能技术研发与应用，与德国弗劳恩霍夫太阳能系统研究所、德国宇航中心、西班牙阿尔梅里亚太阳能测试平台等著名光热发电科研机构合作，拥有完备的研发、生产、测试等科研体系，计划于2015年建成符合国际标准的高温真空集热管生产线，达产后可年产高温真空集热管10万支。

【“农业废弃物生物腐解处理研发育秧基质及产业化”项目入选国家星火计划项目】 8月，被科技部列为国家星火计划项目。该项目由江苏科力农业资源科技有限公司实施，以畜禽粪便、农作物秸秆等农业废弃物为处理对象，生产优质有机肥和育秧基质，提高农业废弃物转化利用效率，建立新的农业废弃物循环利用产业发展模式。江苏科力农业资源科技有限公司是“太湖流域大型养殖场污染治理工程——分散式养殖场粪便集中处理及有机肥加工”项目建设单位，致力于解决畜禽粪便面源污染，被省农委认定为具备商品有机肥定点生产资格的企业和省农业科技成果生物有机肥转化基地。2014年，该公司消化农业有机废弃物6万多吨，生产优质有机肥和育秧基质近4万吨，年产值3000多万元。

（胡满朝）

省级科技项目

【省级科技项目武进区新增164个】 2014年，全区申报省级科技项目382个，立项164个，获项目经费1.93亿元，立项数和经费数分别增长157.89%和66.38%。其中，“年产2万吨蒽醌型染料清洁生产成套工艺技术研发及产业化”“新一代醛固酮抑制剂类抗高血压药物依普利酮的研发和产业化”2个项目获省科技成果转化专项资金项目立项，获项目经费1800万元；“大型五轴高速精密龙门加工中心全生命周期绿色制造”等14个项目获省科技支撑（工业）项目立项，获项目经费2030万元。常州先进制造技术研究所和北京化工大学常州先进材料研究院分别获省级科技项目立项9个和11个。

2014年武进区新增省级科技项目情况

表48

项目类型	项目名称（人名）	承担单位
2011年度省企业知识产权战略推进计划项目后续资金项目	江苏省企业知识产权战略推进计划项目	常州玉宇电光器件有限公司
	江苏省企业知识产权战略推进计划项目	江苏南方轴承股份有限公司
省前瞻性研究专项资金项目（援疆）	观赏实用百合高产栽培示范基地和农牧区科技信息网络平台建设	常州南农农业科技服务有限公司
省前瞻性研究专项资金项目（第二批）	武进绿色建筑综合示范工程	住房和城乡建设部（武进）绿色建筑产业集聚示范区管理委员会
省前瞻性研究专项资金项目（第三批）	经编织造生产线智能物联技术开发与应用	常州机电职业技术学院
	康复轮椅铝构件机器人3D协焊自动生产线关键技术的研究	常州机电职业技术学院
	全自动LED贴片机系统开发	常州先进制造技术研究所

续表 48

项目类型	项 目 名 称（人 名）	承 担 单 位
省前瞻性研究专项资金项目（第三批）	非织造材料汽车内饰件智能机器人水切割关键技术与系统研究	常州先进制造技术研究所
	粉体配料包装及智能机器人码垛系统关键技术研究	常州先进制造技术研究所
	车辆离合自动件机器人自动化制造系统研发与产业化	常州先进制造技术研究所
	实用性焊接机器人及焊接制动化生产线	常州先进制造技术研究所
	120KW 双螺杆压缩机转子精密制造及产业化	常州先进制造技术研究所
	高性能中间相沥青基碳纤维的研制	北京化工大学常州先进材料研究院
	新型彩色光阻用高感度光引发剂及清洁生产技术	北京化工大学常州先进材料研究院
	微 / 纳米氧化锌及其复合材料的制备及在有机染料废水深度处理中的应用	北京化工大学常州先进材料研究院
	基于 LED 日光灯在线热测设备的可靠性筛选技术研究	常州光电技术研究所
	多重晶型控制剂辅助碳酸化法合成碳酸钙晶须研究	常州合肥工业大学研究院
	基于 R2 短轴窄体开发项目的深化研究	常州湖南大学机械装备研究院
	全数字总线式碳纤维多辊恒张力智能牵伸系统关键技术研究	常州数控技术研究所
	活性屏氮化过程等离子诊断与监控技术	大连理工常州研究院有限公司
	超薄高导热石墨膜的研发	江南石墨烯研究院
省重大科技成果转化贷款贴息项目	优质高效抗逆肉鸡新品种雪山鸡的繁育与产业化	江苏立华牧业有限公司
	中国蓝光高清激光视盘机（CBHD）研发及产业化	江苏新科数字技术股份有限公司
	远程可感知高精度陶瓷活塞杆液压启闭装备的研发与产业化	江苏武进液压启闭机有限公司
省科技专项资金分年度拨款项目	多功能冗余自由度双臂工业机器人开发及示范应用	常州先进制造技术研究所
	酶转化甜菊糖低值副产品的绿色精深加工技术与新产品开发	常州市牛塘化工厂有限公司
	江苏农村科技服务超市武进特色畜禽分店、便利店建设	江苏立华牧业有限公司
	常州半导体照明产业产学研联合创新服务平台建设	常州滨湖建设发展集团有限公司
	北京化工大学常州先进材料研究院建设	北京化工大学常州先进材料研究院
	江苏省知识产权公共服务平台网络	江苏佰腾科技有限公司
省科技成果转化分年度拨款项目	具有生物活性可降解吸收的医用镁合金骨植入器件研发与产业化	创生医疗器械（中国）有限公司
	固废对苯二甲酸生产有机锌关键技术研究与产业化	江苏爱特恩高分子材料有限公司
	高散热人工合成网状石墨导热膜的研发与产业化	常州碳元科技发展有限公司
	工程机械液压系统核心高精密铸件的研发与产业化	江苏恒立高压油缸股份有限公司
	全成型智能化经编技术及装备研发及产业化	常州市五洋纺织机械有限公司
省自然基金（青年人才）项目	聚酰亚胺的可控金属化及其微观结构与性能关系研究	北京化工大学常州先进材料研究院
	治疗 2 型糖尿病的新型多肽及其动物实验研究	江苏艾信兰生物医药科技有限公司
	Nrf2 信号通路对糖尿病冠状动脉 BK 通道功能调节的机制研究	常州市武进人民医院
	沸石分子筛用于丙烯腈工业含氰 VOCs 选择性催化燃烧基础研究	北京化工大学常州先进材料研究院
	碳包覆金属氟化物纳米结构的原位合成及储能研究	北京化工大学常州先进材料研究院
	LaCuSeO 基纳米热电陶瓷的制备及运输机制研究	北京化工大学常州先进材料研究院
	高刚度全复合材料筒体用缠绕树脂基体化学结构的多级设计及其实现机制研究	北京化工大学常州先进材料研究院
	胃肠道机器人微型化电路设计与关键技术研究	常州先进制造技术研究所
	计算机辅助 HPLC 梯度条件的建立及在中药分析中的应用	常州南京大学高新技术研究院
	温度 /pH 值双重敏感性三嵌段共聚物的合成与性质研究	常州南京大学高新技术研究院
省条件建设与民生科技专项资金项目（第一批）	江苏省产业技术研究院机器人与智能装备技术预备研究所建设	常州先进制造技术研究所
	江苏省产业技术研究碳纤维应用技术预备研究所建设	北京化工大学常州先进材料研究院
省条件建设与民生科技专项资金项目（第二批）	江苏省科技服务示范区	常州市科教城管理委员会
	企业研究生工作站	灵通展览系统股份有限公司

续表 48

项目类型	项 目 名 称（人 名）	承 担 单 位
省条件建设与民生科技专项资金项目（第二批）	企业研究生工作站	常州铭赛机器人科技有限公司
	企业研究生工作站	江苏美森环保科技有限公司
	企业研究生工作站	常州华联保健敷料有限公司
	企业研究生工作站	江苏新洛凯机电有限公司
	企业研究生工作站	江苏洛基木业有限公司
	企业研究生工作站	常州欧密格光电科技有限公司
	企业研究生工作站	上海振华港口机械（集团）常州油漆有限公司
	企业研究生工作站	常州华森医疗器械有限公司
省条件建设与民生科技专项资金项目（第四批）	江苏省产业知识产权公共技术服务中心	江苏佰腾科技有限公司
	江苏省湖塘色织产业公共技术服务中心	江苏湖塘纺织科技发展有限公司
	江苏省（常州）石墨烯研究院	江南石墨烯研究院
省软科学研究项目	专利导航常州机器人产业发展的研究与实践	常州机电职业技术学院
	江苏战略性新兴产业发展市场环境建设研究	常州机电职业技术学院
	常州市智能制造产业现状与发展策略研究	江苏中科院智能科学技术应用研究院
省知识产权服务能力提升工程项目	贯标试点单位	常州维益专利事务所
省涉外知识产权维权援助项目	涉外知识产权境外维权援助项目（胜诉）	常州市凯迪电器有限公司
省企业知识产权战略推进计划项目	江苏省企业知识产权战略推进计划项目	今创集团股份有限公司
	江苏省企业知识产权战略推进计划项目	常州新亚电机有限公司
	江苏省企业知识产权战略推进计划项目	常州铭赛机器人科技有限公司
	江苏省企业知识产权战略推进计划项目	江苏尼高科技有限公司
省知识产权示范区域建设项目	国家级示范单位	常州市武进区
	省级试点示范单位	常州市武进高新技术产业开发区
省专利实施（专利运营）专项资金项目	江苏省专利实施计划项目	常州常大技术转移中心有限公司
省技术标准项目	工业用叔丁醇钾、工业用叔丁醇钠行业标准的制定	亚邦投资控股集团有限公司
	石墨烯透明导电薄膜材料及粉体材料测试方法标准体系研究	江南石墨烯研究院
省国际科技合作项目	常州中德国际技术转移创新中心	江苏中德创新中心有限公司
	江苏夏博士节能工程股份有限公司	江苏夏博士节能工程股份有限公司
	江苏恒立高压油缸股份有限公司美国研发中心建设	江苏恒立高压油缸股份有限公司
	纳华生物科技（常州）有限公司美国研发中心建设	纳华生物科技（常州）有限公司
	地源热泵结合冷梁技术在绿色建筑中的合作研发应用	常州营特绿色建筑技术管理有限公司
	新型聚苯并咪唑纳米复合膜在氢气分离和纯化中应用的联合开发	江南石墨烯研究院
省产学研联合重大创新载体项目	机械科学研究总院江苏分院建设	机械科学研究总院江苏分院
省科技成果转化资金项目	新一代醛固酮抑制剂类抗高血压药物依普利酮的研发和产业化	常州佳尔科药业集团有限公司
	年产2万吨蒽醌型染料清洁生产成套工艺技术研发及产业化	江苏亚邦染料股份有限公司
省科技支撑（工业）计划项目	大型五轴高速、精密龙门加工中心全生命周期绿色制造	新誉集团有限公司
	高速精密五轴联动大型龙门加工中心的应用示范	新誉集团有限公司
	大型五轴高速精密龙门加工中心绿色生产技术研究	江苏新瑞重工科技有限公司
	大功率永磁直线电机关键技术研究与应用	江苏常牵电机有限公司
	面向五轴联动龙门加工中心的高速高精节能型数控系统的研制	常州数控技术研究所
	21% 转换效率超薄N型双面晶硅太阳能电池技术	江苏顺风光电科技有限公司

续表 48

项目类型	项 目 名 称（人 名）	承 担 单 位
省科技支撑（工业）计划项目	单机容量 80 万千瓦以上超大型水轮机组用接力器关键技术的研究	常州液压成套设备厂有限公司
	柴油发动机尾气排放高温传感器的研发与产业化	常州腾龙汽车零部件制造有限公司
	会展用大幅面 LED 导光板关键技术研发	灵通展览系统股份有限公司
	微棱镜型柔性反光膜的研发	常州华日升反光材料股份有限公司
	自成纳米孔隙光学增透膜用聚合物制备	江苏晨光涂料有限公司
	高隔热连接结构的超深井临界隔热油管的研发	江苏胜大石油设备制造股份有限公司
	AP1000 核电机组用 N08367 超级不锈钢焊管的研发	江苏武进不锈钢股份有限公司
	齿形链轮温挤压精密成形关键技术与工艺装备的研发	常州东吴链传动制造有限公司
	超高压共轨系统超精密喷油器锻件制造关键技术研究	江苏龙城精锻有限公司
	国产 CCF-3/CCF-4 碳纤维配套高强高韧树脂体系及航天应用	北京化工大学常州先进材料研究院
	国产 CCF-1/CCF-3 碳纤维大宗预浸料制备技术及推广应用	江苏欧亚铂瑞碳复合材料有限公司
	快速光固化韧性树脂研制及其轻量化汽车件示范应用	常州强力电子新材料股份有限公司
省创新资金计划项目	新型纤维增强复合材料大型桥梁防撞装置	江苏博泓新材料科技有限公司
	通购供应链电子商务交易与金融服务系统	江苏通购网络科技有限公司
	基于云计算的 ICT 电子商务系统项目应用与运营	江苏蓝火翼网络科技有限公司
	超细旦高速牵伸变形系统装置开发	江苏法华纺织机械有限公司
	基于移动网的智能化无极灯照明在线远程监控与管理系统的开发	常州菲尔普照明电器有限公司
	耐酸碱高效液相色谱硅胶填料的研发	常州嘉众新材料科技有限公司
	电机预警式预紧限力主动安全带的研发	常州博万达汽车安全设备有限公司
	基于数字电源技术的光伏并网智能微型逆变器研发	常州新智源电子科技有限公司
	基于交互的智能化在线医学教育服务系统的开发（PaaS）	常州千一软件科技有限公司
	机场飞行区智能安全监控系统	常州欧开通信技术有限公司
	家用净水中空纤维超滤膜研发	常州市美纤膜技术有限公司
省创投引导基金风险补助项目	创投引导基金风险补助	常州龙城英才创业投资有限公司
	创投引导基金风险补助	常州五岳峰创业投资管理有限公司
	创投引导基金风险补助	常州龙城英才创业投资有限公司
	创投引导基金风险补助	常州红土创新创业投资有限公司
	创投引导基金风险补助	常州武岳峰创业投资管理有限公司
	创投引导基金风险补助	江苏格瑞石墨烯创业投资有限公司
	创投引导基金风险补助	江南石墨烯研究院
	创投引导基金风险补助	江苏新材料产业创业投资企业（有限合伙）
	创投引导基金风险补助	常州金茂新兴产业创业投资合伙企业（有限合伙）
省创新人才项目	郑　震	常州铠甲智能科技有限公司
省企业博士计划项目	李连地	常州苏瑞纳碳科技有限公司
	汪　洋	江苏汉莱科技有限公司
	唐琪雯	江南石墨烯研究院
	张　睿	半导体照明产业研究院
	时　磊	半导体照明产业研究院
	韦　嘉	半导体照明产业研究院
省科技副总项目	任玉荣（常州大学）	常州美欧电子有限公司
	沈萍萍（南京大学）	常山生化药业（江苏）有限公司
	夏爽（上海大学）	江苏武进不锈股份有限公司
	张驰（中科院宁波材料技术与工程研究所）	新誉集团有限公司

续表 48

项目类型	项 目 名 称（人 名）	承 担 单 位
省外资研发机构项目	常州至精精机有限公司电机传动控制工程技术研究中心	常州至精精机有限公司
	光宝光电（常州）有限公司研发中心	光宝光电（常州）有限公司
	常州顺风光电材料有限公司研发中心	常州顺风光电材料有限公司
	常州凯达重工科技有限公司技术中心	常州凯达重工科技有限公司
	博世力士乐（常州）有限公司研发中心	博世力士乐（常州）有限公司
	光大环保设备制造（常州）有限公司研发中心	光大环保设备制造（常州）有限公司
省产业技术创新中心项目	江苏省智能装备产业技术创新中心首期产业技术研发联合资金	江苏省智能装备产业技术创新中心(江苏中科院智能科学技术应用研究院)
省农村科技服务超市项目	农村科技服务超市	江苏立华牧业有限公司
	农村科技服务超市	常州家绿林果园艺有限公司
省工程技术研究中心项目	江苏省大中型高性能无缝管工程技术研究中心	常州腾跃不锈钢管有限公司
	江苏省电气化铁路接触网零部件技术装备工程技术研究中心	中铁建电气化局集团轨道交通器材有限公司
	江苏省固废无害化和资源化工程技术研究中心	光大环保设备制造（常州）有限公司
	江苏省电动汽车驱动电机及控制系统工程技术研究中心	常州市裕成富通电机有限公司
	江苏省航空航天铝合金异性零部件工程技术研究中心	常州市蓝托金属制品有限公司
	江苏省环保节能新型柴油机工程技术研究中心	常州科普动力机械有限公司
	江苏省固废资源化利用与节能建材工程技术研究中心	江苏尼高科技有限公司
	江苏省助行类康复辅具工程技术研究中心	常州中进医疗器材有限公司
	江苏省植物提取干燥技术及装备工程技术研究中心	江苏宇通干燥工程有限公司
	江苏省配电安全智能监控装备工程技术研究中心	常州市科能电器有限公司
	江苏省工程机械用特种轴承工程技术研究中心	常州克劳诺斯特种轴承制造有限公司
	江苏省可吸收降解敷料工程技术研究中心	常州美杰医疗用品有限公司
	江苏省汽车安全智能约束系统工程技术研究中心	常州博万达汽车安全设备有限公司
	江苏省数字化三维打印植入物工程技术研究中心	常州华森医疗器械有限公司
	江苏省微型 LED 封装应用工程技术研究中心	常州欧密格光电科技有限公司
	江苏省轨道车辆空调系统工程技术研究中心	江苏新誉空调系统有限公司
	江苏省高效 N 型太阳能电池及其应用工程技术研究中心	江苏顺风光电科技有限公司
	江苏省大型塑料检查井系统工程技术研究中心	常州市河马塑胶有限公司
	江苏省绿色节能纺织机械工程技术研究中心	卡尔迈耶（中国）有限公司
	江苏省数控功能部件工程技术研究中心	常州市新墅机床数控设备有限公司
	江苏省功能型橡塑复合新材料工程技术研究中心	江苏爱特恩高分子材料有限公司

说明：表内收录项目为已下发经费项目

【省科技成果转化资金项目武进区新增 2 个】 10 月，“年产 2 万吨蒽醌型染料清洁生产成套工艺技术研发及产业化”“新一代醛固酮抑制剂类抗高血压药物依普利酮的研发和产业化”2 个项目被省科技厅列为省科技成果转化专项资金项目，总投资 2 亿元，获项目经费 1800 万元。

年产 2 万吨蒽醌型染料清洁生产成套工艺技术研发及产业化 由江苏亚邦染料股份有限公司承担实施，总投资 1.25 亿元，获项目经费 900 万元。该项目主要研究高效钯 / 炭专用催化剂生产技术，优化高品质分散红 60、还原蓝 4# 和溴氨酸等工业染料的生产工艺，提升产品质量；建设年产 1 万吨 1- 氨基蒽醌的液相催化加氢生产装置，调整优化工艺参数，实现 1- 氨基蒽醌转化率达 99%，污水排放量下降 95%。目标产品为基于液相催化加氢技术生产的高品质 1- 氨基蒽醌及下游分散红 60、溴氨酸和还原蓝 4# 等大吨位蒽醌染料，用于纺织纤维染色、塑胶着色及油墨行业。项目实施期内，申请发明专利 3 件，发表论文 4 篇，达产后可年产 1- 氨基蒽醌和下游染料及其中间体 2 万吨。

新一代醛固酮抑制剂类抗高血压药物依普利酮的研发和产业化 由常州佳尔科药业集团有限公司承担实施，总投资 7500 万元，获项目经费 900 万元。该项目重点确定自制依普利酮片对高血压患者的疗效，收集药代动力学数据，为报批生产做准备；主要研究片剂中主要杂质含量及杂质溶出曲线数据，确定合

成关键工序和工艺参数，制订起始原料、原料药及片剂质量标准；利用生物氧化制备开展原料替代研究，重点解决关键工艺参数控制问题。目标产品为新一代选择性醛固酮抑制剂，用于治疗高血压和充血性心力衰竭，降压效果尤其是收缩压下降效果显著，不良反应较少、耐受性好。项目实施期内，申请发明专利2件，达产后可年产依普利酮原料药（含中间体）20吨、制剂1亿片。

（胡满朝）

科技奖励

【概　况】2014年，区科技部门落实科技奖励政策，组织企业申报各级科技奖励项目，加快科技创新步伐，培育新的经济增长点，创造更多支撑和引领全区经济社会发展的科技成果。全区获各级科技进步奖62个，其中省级6个、市级16个。区财政拨款64万元，奖励区级自然科学研究、技术发明、技术开发、重大工程、科学技术基础、社会公益和软科学方面科技成果40个，其中机械类11个、材料类10个、医疗卫生类10个、电子类8个、农业类1个。江苏（武进）水稻研究所、江苏悦达卡特新能源有限公司、常州市武进人民医院积极开展科研攻关，分获各级科技进步奖2项、3项和11项。常州市润源经编机械有限公司获省企业技术创新奖。

【省科技进步奖武进区获一等奖1个】12月，“大型桥梁船—桥碰撞机理与复合材料防撞系统研究及应用”项目获省科技厅授奖。该项目由江苏博泓新材料科技有限公司、南京工业大学、中铁大桥勘测设计院集团有限公司和江苏省交通规划设计院股份有限公司联合实施，针对国家重大工程需求，经过10多年试验研究和技术攻关，发明格构增强型复合材料的结构及其防撞系统，破解工业化成型工艺、耐久性提升及拼装连接技术等难题，显著增强防撞系统消能能力，保护船舶免遭毁损，实现大型桥梁和航运船舶双保护的重要突破。项目单位申请国际PCT（专利合作协定）专利2件，获国家发明专利授权11件，发表相关学术论文75篇，其中38篇被美国《科学引文索引》《工程索引》收录。

【省科技进步奖武进区获二等奖2个】2014年12月，武进区企业实施的“生物质替代石油原料制备环保增塑剂关键技术及产业化应用”“电子废弃物全组分高值化绿色利用关键技术与工程示范”2个项目被省科技厅授予省科技进步奖二等奖。

生物质替代石油原料制备环保增塑剂关键技术及产业化应用　由江苏悦达卡特新能源有限公司、江南大学、江阴市向阳科技有限公司和南通海珥玛植物油脂有限公司联合实施。该项目借助国家、省部级纵向资助和产学研横向联合优势，主要研究对人体安全、符合国际标准的环保增塑剂产品及其生产工艺，利用化学工程、催化、分离等科学原理，实现环保增塑剂清洁生产技术工程化，建立化工过程中高品质调控技术体系，形成环保增塑剂的多种清洁生产工艺。项目单位主持完成国家、省部级课题和产学研开发课题8项，获发明专利授权13件，在国内外重要学术刊物发表研究论文28篇，主编出版学术专著2部。项目在江苏悦达卡特新能源有限公司、江阴市向阳科技有限公司、南通海珥玛植物油脂有限公司投产后，品种不断增多，规模持续扩大，2012～2014年新增利润共1.43亿元。

电子废弃物全组分高值化绿色利用关键技术与工程示范　由常州翔宇资源再生科技有限公司（简称翔宇公司）、江苏理工学院和扬州宁达贵金属有限公司联合实施。该项目在翔宇公司专利技术基础上，采用带有导线和元器件的废线路板自动拆解和分类技术、废线路板专用密闭回转焚烧炉及烟气二次燃烧速冷技术、多金属绿色分离和深加工技术，建成年处理电子废弃物1万多吨的生产线，有利于提高废旧电视机、电脑的处理利用效率，缓解国内有色金属资源短缺情况。项目单位先后获发明专利授权4件、实用新型专利授权12件。

【省科技进步奖武进区获三等奖3个】2014年12月，武进区企业实施的“团头鲂循环水清洁高效养殖关键技术示范与推广”等3个项目被省科技厅授予省科技进步奖三等奖。

团头鲂循环水清洁高效养殖关键技术示范与推广　由常州市武进区水产技术推广站、中国水产科学研究院淡水渔业研究中心、通威股份有限公司和宜兴市水产畜牧站联合实施。该项目采用循环水清洁高效养殖关键技术，实现清洁高效养殖，建成高效生态养殖基地3个，获团头鲂无公害农产品证书4件，制定团头鲂养殖规程技术操作规程4项，研制开发功能饲料2种、微生态制剂2种。项目成果在苏南等团头鲂主产区大规模示范推广，2011～2013年累计推广养殖面积2.73万公顷，新增产值14.64亿元、利税3.88亿元。项目单位获发明专利授权7件、实用新型专利授权3件，发表论文51篇，出版著作5部。

超（超）临界火电机组用高性能不锈钢管　由江苏武进不锈股份有限公司和常州大学联合研制，利用公司专利技术，攻克热轧穿孔、高温软化等难题，采用超（超）临界火电机组用高性能不锈钢管生产技术，生产超（超）临界电站锅炉用耐超高温度（大于等于600摄氏度）和超高压力（大于等于30兆帕）的奥氏体不锈钢管。经检索，产品性能指标达国际先进水平。项目单位先后获发明专利授权2件、实用新型专利授权8件，江苏武进不锈股份有限公司参与制定国家标准GB5310-2008《高压锅炉用无缝钢管》，在国内率先建成年产5000吨超（超）临界火电机组用高性能不锈钢管生产线。

家禽质量安全控制关键技术研究与应用　由江苏立华牧业有限公司、江苏省家禽科学研究所和扬州口缘食品有限公司联合实施。该项目针对禽产品质量控制的必要性及现状，探讨禽产品质量安全控制存在的主要问题，从法律法规、检测技术、追溯体系和质量认证体系等角度，研究建立禽产品质量安全保障体系，提出实现家禽养殖业可持续发展的具体对策。

【市科技进步奖武进区获一等奖2个】2014年8月，武进区企业实施的“废弃油脂清洁化生产生物柴油和生物增塑剂关键技术及产业化应用”“超级稻‘武运粳24号’的选育与应用”2个项目被市科技局授予市科技进步奖一等奖。

废弃油脂清洁化生产生物柴油和生物增塑剂关键技术及产业化应用　由江苏悦达卡特新能源有限公司承担，利用地沟油等废弃动植物油脂为原料，通过工业化生产装置，研究生产生物柴油及生物增塑剂，产品可替代邻苯二甲酸酯类增塑剂。该项目弥补传统生物柴油制备技术对原料油精制指标要求较高、产品酸值偏高等缺陷，有效缓解石化柴油能源供应紧张和地沟油等废弃动植物油脂回流至餐桌的情况，达产后可年产清洁化生产生物柴油和生物增塑剂10万吨。经检索，项目技术处国内领先水平。至2014年5月，项目单位获发明专利授权8件、实用新型专利授权5件。

超级稻“武运粳24号”的选育与应用 由江苏（武进）水稻研究所承担，将分子标记辅助选择等分子育种技术与常规育种技术结合，借助日本佐竹公司的米饭食味仪检测，育成高产优质、抗条纹叶枯病水稻新品种“武运粳24号”。该品种属迟熟中粳类型，株型集散适中，长势较旺，穗型中等，分蘖力较强，易脱粒，抗倒性中等，米质达国标二级优质稻谷标准，适合在苏南、苏中丘陵地带种植。2010～2013年，“武运粳24号”推广种植面积累计达74.31万公顷，成为苏中稻区应用面积最大的超级稻品种。该品种2010年通过江苏省品种审定委员会审定，2011年3月被农业部认定为超级稻品种，2014年1月被省农委评为江苏好品种。

【市科技进步奖武进区获二等奖6个】 2014年8月，武进区有6个项目被市科技局授予市科技进步奖二等奖。

挖掘机用整体式多路阀阀体铸件 由江苏恒立高压油缸股份有限公司研发，属先进装备制造工程机械关键核心零部件技术领域。该产品为高精密液压铸件，利用精炼铁水、精制砂芯、砂芯应变均化、均化涂料、数字化铸造过程分析、潮模砂造型等具有自主知识产权的先进铸造技术进行生产，具备高精密、耐高压和高抗疲劳等优点，可满足工程机械液压系统元件的工作要求，获国家专利授权7件、国际PCT专利授权2件。

高效节能低成本电转炉炼钢技术开发与应用 由中天钢铁集团有限公司承担，属冶金行业钢铁冶炼技术领域。该项目利用容量90吨超高功率电弧炉，研究开发电炉转炉化生产工艺技术，改造电炉炉壁水冷板结构、上料系统、铁水兑入装置及电弧炉炉盖结构，使电炉冶炼生产中铁水兑入比例从40%提高至95%，实现铁水连续兑入电炉加热钢水。与原有通电升温方法相比，电炉炼钢工序降低电炉冶炼电耗和电极消耗，提高生产效率，降低生产成本，每吨钢材生产能耗降低至28.16千克标煤。

固废对苯二甲酸生产有机锌关键技术研究与产业化 由江苏爱特恩高分子材料有限公司、华东理工大学、常州市五洲化工有限公司和江苏爱特恩东台新材料科技有限公司联合实施。该项目从碱减量废水中大宗固废回收苯二甲酸做原料，采用碱溶絮凝除杂、钙析缩核反应结晶、锌活性位组装、超声分散与形貌控制、粉体加工等关键技术，提取环保、低密度硫化活化剂有机锌，与传统氧化锌相比，有重金属含量低、密度低等优点，可广泛用于轮胎生产。项目生产过程无“三废”（废气、废水、固体废弃物）排放，资源综合利用效率高，产品通过中策橡胶集团有限公司、北京首创轮胎有限责任公司、新疆昆仑轮胎有限公司等国内外50余家轮胎企业的准入认证。

节能环保预制组合检查井 由江苏河马井股份有限公司研制。该产品采用全塑料部件分体组装，部件部分选用HDPE（高密度聚乙烯）、GRP（玻璃增强热固性塑料或玻璃钢）等高分子材料，经电脑三维模拟建模、实验室受力分析、分子材料结构及产品造型力学结构调整，在超大型注塑设备中成型。产品可任意调节井体高度并在筒体打孔接管，配以鞍型接口调节方向，不受施工时方向性的制约，各部件连接处采用柔性连接，既防止污水渗漏，又保护井体不受建筑物及路面微量沉降所产生的应力影响，应用于北京奥运村、上海世博会、南京大屠杀纪念馆、广州亚运会等100多个城市重点工程，在首创置业股份有限公司、万科企业股份有限公司、保利房地产（集团）股份有限公司等知名地产公司推广使用。

优质鸡品质控制关键技术研究与应用 由江苏立华牧业有限公司和江苏省家禽科学研究所共同实施。该项目培育抗逆性强、适应性高的优质鸡新品种，制定优质鸡加工与品质评价标准，创建肉鸡品种性能测定与鉴定技术体系、优质鸡生产HACCP（危害分析的临界控制点）管理体系和可追溯技术体系，创新禽产品质量安全监测和控制快速检测技术平台，提高优质鸡质量安全和产业化水平，填补中国在优质鸡加工与品质评价领域的空白。项目单位参与制定国家标准3个、行业标准2个、地方标准5个，申请专利9件，发表论文40篇，出版专著4部，培训相关人员3200人次。2012～2014年，江苏立华牧业有限公司推广雪山鸡4.3亿只，中试雪山黄鸡、青脚麻鸡共3500万只，新增产值98.8亿元，为养殖户创造利润7.1亿元。

狭窄空间中氮氧化物中毒损伤的基础研究及临床救治 由常州市武进人民医院研究应用，属灾害急诊医学领域。该项目提倡普及狭窄空间医学知识，研究狭窄空间事故类型、特点、应急救援办法，利用新技术、新方法制定切实可行的临床救治，入编国家军用标准GJB-FL5340，被中国中西医结合学会灾害医学会列为全国推广项目，其中2项关键技术被省卫生厅列为2013年度城乡适宜技术推广项目。项目单位发表论文16篇，获专利授权3件、医疗器械注册证1件，主编《狭窄空间医学》《突发灾害事故急救》专著2本。

【市科技进步奖武进区获三等奖8个】 8月，武进区企业和科研单位实施的8个项目、产品被市科技局授予科技进步奖三等奖，分别为江苏博力电气科技有限公司、东南大学联合研制的低压大电流有源电力滤波APF装置，常州市盈能电气有限公司研制的节能恒温智能组件柜，柳工常州挖掘机有限公司承担的“CLG922D液压挖掘机开发”项目，常州市武进五洋纺织机械有限公司研制的GE2298全成形3D织物经编机，常州先进制造技术研究所、常州市钱璟康复器材有限公司联合研制的多功能模块化肌力测评与康复训练机器人，常州先进制造技术研究所、常州中科煜明科技有限公司联合研制的高灵敏度智能型金属分离器，常州市武进人民医院承担的“内皮脂肪酶基因多态性及表达与急性冠脉综合征的相关性研究”项目，晶能光电（常州）有限公司承担的“大尺寸硅衬底上氮化镓基高亮度LED的外延制备研发”项目。

表 49　2014 年武进区科技进步奖项目情况

获奖等级	项　目　名　称	承 担 单 位
特等奖	人工合成高导热石墨膜	常州碳元科技发展有限公司
一等奖	DSM21/30 型分纱整经机	江苏润源控股集团有限公司
	用于柔性生产线的重型桁架式机器人	金石机器人常州有限公司
	废弃油脂清洁化生产生物柴油和生物增塑剂关键技术及产业化应用	江苏悦达卡特新能源有限公司
	MCP-1 血清水平、A-2518G 多态性和 ACS 发病风险的相互关系	常州市武进人民医院
	超级稻武运粳 24 号的选育与应用	江苏（武进）水稻研究所
二等奖	轨道交通先张轨道板模具及张拉系统技术研究	江苏圣乐机械有限公司
	大直径液压拉弯式高速超薄超宽无纺布热轧机	常州市武进广宇花辊机械有限公司
	铅黄铜的连续挤压方法和设备的研发	常州日月机械有限公司
	M28 型高性能稀土永磁直流电动机	常州市昊升电机有限公司、常州昊源电子科技有限公司
	高寒抗风沙动车组空调系统	江苏新誉空调系统有限公司
	新型脂肪族混凝土减水剂工艺的合成与应用	江苏尼高科技有限公司
	Ⅲ ROWS 系列一次性使用三排钉吻合器	常州华森医疗器械有限公司
	子母螺钉研制及固定冠突生物力学及临床研究	常州市武进人民医院
	类风湿关节炎患者外周血单核细胞 TLR4 的表达与血清 IL-18 水平变化的相关性研究	常州市武进人民医院
	狭窄空间中氮氧化物中毒损伤的基础研究及临床救治	常州市武进人民医院
三等奖	伺服驱动多功能夹色提花一体编织机	常州众创腾飞纺织机械科技有限公司
	CF16 型单缸柴油机	常州常发动力机械有限公司
	双滚动轴承起动机	常州天发动力总成制造有限公司
	多晶硅生产线尾气回收净化处理装置	江苏宏远科技工程有限公司
	高速纸张设备压花辊	常州市武进广宇花辊机械有限公司
	风电叶片的疲劳和强度试验装置系统	常州市华立液压润滑设备有限公司
	高效节能燃生物质往复炉排蒸汽锅炉	常州市锅炉设备有限公司
	智能化高效节能低频无极灯	常州菲尔普照明电器有限公司
	骨骼专用快速成型机	常州华森三维打印研究院有限公司
	高速分体式数控花样缝缝纫机	常州市工业缝纫机有限公司
	JLRSP 尖峰综合谐波保护器	江苏莱宝电力滤波有限公司
	节能恒温智能组件柜	常州市盈能电气有限公司
	环保型煤机专用底面合一涂料	江苏兰陵高分子材料有限公司
	PVC-B 磁卡面层	常州百佳薄膜科技有限公司
	新型喷绘专用反光膜（光王膜）制造方法的研究	常州市日月反光材料有限公司
	环保型纺织品有机三防剂	常州市灵达化学品有限公司
	废酸废渣低碳利用技术研究及产业化	常州友邦净水材料有限公司
	工业尾气吸收氯化钠生长及废水处理回用装置	江苏海鹏防腐设备有限公司
	血必净对严重胸部外伤肺挫伤患者应急及免疫状态的影响	常州市武进中医医院
	桥近段冠状动脉粥样硬化与心肌桥—壁冠状动脉形态学相关性研究	常州市武进中医医院
	长度测量球囊在消化道的临床研究	常州市武进人民医院
	miRNA 表达谱及 smac、cea 等分子标志物及其组合在肺癌早期诊断中的意义	常州市武进人民医院
	实施基本药物前后武进区一级医院抗菌药物临床应用情况分析研究	常州市武进人民医院
	缺血性脑卒中二级预防与远期预后的临床研究	常州市武进人民医院

（胡满朝）

高新技术企业

【概　况】 2014年，武进区企业加大科技投入，提高自主创新能力，依靠科技创新实现转型升级。全区新增国家高新技术企业59家，累计388家，占全市认定总数的39.31%，列全市县区级第一；新增省高新技术(后备)企业39家。年内，388家国家高新技术企业投入研发经费35.73亿元，申请专利2852件，获授权1682件，其中发明专利获授权281件，占全区发明专利授权总数的35.57%；完成销售收入855.25亿元（高新技术产品收入586.42亿元），实现净利润72.49亿元。

【常州汉迪机器人科技有限公司】 2014年被认定为国家高新技术企业。该公司成立于2009年1月，由美国麻省理工学院人工智能实验室孵化企业美国康星科技公司机器人核心技术团队发展创立，主要技术发明和专业人才出自美国康星科技公司，创始人胡建军曾入选第九批国家“千人计划”项目，获2008年度常州市科技领军人才创业计划奖和2009年江苏省创新创业人才奖。公司占地面积1.5万平方米，有员工500人，其中科技人才100人，主要从事人工智能机器人的技术开发、产品制造和市场推广，在全向移动可控机器人、远程临境机器人、机器人灵巧操控、人机交互作用、机器人感知系统、人形机器人操控等方面拥有国际性领先技术，产品广泛应用于家庭教育、医疗保健、工业生产等领域。2014年，完成产值2.5亿元，实现销售收入2.45亿元。

【苏文电能科技有限公司】 2014年被认定为国家高新技术企业。该公司成立于2007年4月，占地面积2公顷，注册资金5000万元，有员工650人，其中科技人才150人，是全市首家具有电力行业送（变）电工程专业设计乙级资质的高新技术企业，具备电力工程全过程技术咨询、勘察设计、总承包资质，通过国家质量管理体系、环境管理体系、职业健康安全管理体系认证。公司实行勘察设计、工程总承包并举，先后在全省16个地区完成送、变电工程勘察设计项目1万余项，实施工程总承包项目30余项，完成江苏理工大学、常州新北万达广场、常州武进万达广场、常州武进新城吾悦广场、常州地铁1号线和2号线等送（变）电工程设计项目3277项。2012年，开展太阳能发电和并网工程的咨询、设计、施工业务，完成常州科教城1.1兆瓦太阳能发电并网、京沪高铁常州站太阳能发电并网等工程设计，成为江苏省光伏产业协会会员单位和中国太阳能产业研究会诚信会员。2014年，中标国网江苏省电力公司设计项目，在南通、苏州、盐城等市开展110千伏输（变）电工程设计项目，完成产值3.1亿元，实现销售收入2.96亿元。

【三鑫重工机械有限公司】 2014年被认定为国家高新技术企业。内容参见《镇（街道）情要览》栏目p246相关条目。

2014年武进区新增国家高新技术企业情况

表50

企　业　名　称	所在地	企　业　名　称	所在地
金石机器人常州有限公司	高新区	常州同泰光电有限公司	高新区
常州市格里森前进齿轮有限公司	高新区	常州市斯威芙特制针科技有限公司	经发区
江苏中科机器人科技有限公司	高新区	江苏东瑞磁材科技有限公司	经发区
常州众创腾飞纺织机械科技有限公司	高新区	常州东基数控机械有限公司	经发区
常州英诺激光科技有限公司	高新区	常州神鹰碳塑复合材料有限公司	经发区
常州嘉众新材料科技有限公司	高新区	江苏博泓新材料科技有限公司	经发区
常州驰网智能检测技术有限公司	高新区	常州鼎健医疗器械有限公司	经发区
常州市开源水处理科技有限公司	高新区	常州朗诣节能技术有限公司	经发区
常州顺风光电材料有限公司	高新区	苏文电能科技有限公司	经发区
常州众洁新材料科技有限公司	高新区	常州市延陵电子设备有限公司	经发区
常州百隆微创医疗器械科技有限公司	高新区	常州迪力卫生材料有限公司	经发区
常州武进三晶自动化设备有限公司	高新区	江苏银盛电缆科技有限公司	湖塘镇
江苏法华纺织机械有限公司	高新区	江苏道宁药业有限公司	湖塘镇
常州美胜生物材料有限公司	高新区	常州辰盛绝缘新材料有限公司	湖塘镇
常州崇高纳米材料有限公司	高新区	常州友邦净水材料有限公司	牛塘镇
常州汉迪机器人科技有限公司	高新区	常州康普瑞汽车空调有限公司	牛塘镇
机械科学研究总院江苏分院	高新区	常州欧凯电器有限公司	洛阳镇
常州品正光电科技有限公司	高新区	江苏常意电机科技有限公司	洛阳镇
常州市拓源电缆成套有限公司	高新区	常州市月仙冷藏设备有限公司	洛阳镇
常州英贝通信息技术有限公司	高新区	常州容天乐东方轴承有限公司	遥观镇
江苏武进汉能光伏有限公司	高新区	常州市武进中天机房设备有限公司	横林镇

续表 50

企　业　名　称	所在地	企　业　名　称	所在地
大澳电器（江苏）有限公司	横山桥镇	江苏华瑞重工机械有限公司	雪堰镇
常州新能自控设备有限公司	横山桥镇	常州敏杰电器有限公司	前黄镇
常州瑞禧电力设备有限公司	横山桥镇	常州市南泰气弹簧有限公司	前黄镇
江苏金陵自控技术有限公司	横山桥镇	常州市腾驰机械附件有限公司	礼嘉镇
江苏新中天塑业有限公司	横山桥镇	中铝稀土（常州）有限公司	邹区镇
江苏长盈不锈钢管有限公司	横山桥镇	江苏巨弘捆带制造有限公司	邹区镇
常州市伟宇精密机械有限公司	郑陆镇	三鑫重工机械有限公司	嘉泽镇
常州宇宙星电子制造有限公司	郑陆镇	常州海宏液压设备有限公司	奔牛镇
江苏恒泰泳池设备有限公司	雪堰镇		

（胡满朝）

科技创新创业服务

【概　况】 2014 年，武进区围绕高新技术产业、新兴产业和特色产业发展，支持科技公共服务平台、科技创新服务平台和科技创业服务平台建设。区科技部门落实各项科技激励政策，引导企业加快建设研发机构，提升自主创新能力。全区有江苏省湖塘色织产业公共技术服务中心等省级科技公共服务平台 5 家，有江南现代工业研究院等市级五大产业重大公共技术平台 13 家（10 家通过验收、3 家在建）。全年新增省级工程技术研究中心 21 家、省级科技服务示范区单位 1 家、省级产业技术研究院 3 家、省级企业研究生工作站 9 家、市级工程技术研究中心 53 家、市级重点实验室 4 家、市级科技创业平台 3 家、市级科技服务体系单位 8 家，省、市级工程技术研究中心分别累计 107 家和 180 家，省、市工程技术研究中心武进区新增数分别占全市新增数的 51.2% 和 58%。区科技部门通过政策引导，引导全区科技企业探索孵化培育体制机制，完善创新创业的市场化职能和制度体系。全区新增国家级孵化器 1 家、省级加速器 1 家、市级孵化器 3 家、市级加速器 1 家，累计国家级孵化器 6 家、省级孵化器 6 家、省级加速器 2 家、市级孵化器 17 家、市级加速器 5 家。全区产业发展十大载体平台全年实现营业收入 71.3 亿元。

【产业发展十大载体平台完成营业收入 71.3 亿元】 3 月，区委、区政府出台《产业培育战役工作方案》，部署实施工业经济“四十四百”提升计划，石墨烯科技产业园、西太湖大学科技园、武进科创中心、半导体照明联合创新国家重点实验室（常州基地）、绿色建筑产业集聚示范区、武澄工业园、武进工业设计园、常州信息产业园、创新产业园和医疗器械孵化园 10 家单位被确定为全区产业发展十大载体平台。5 月，区科技局制定《2014 年区十大载体平台建设推进工作方案》，建设公共研发平台，服务碳材料、半导体照明、绿色建筑、医疗器械、工业设计、电子信息等战略新兴产业。年内，区政府投入 7000 万元专项资金，重点打造半导体照明联合创新国家重点实验室（常州基地），提升半导体照明的智能控制、封装、可靠性及创新应用领域的创新能力。该实验室引进研发人员 21 人，承担国家、省级科技项目 8 项，支持常州国星电器有限公司等武进企业开发项目。石墨烯科技产业园全年完成投资 2 亿元，建成石墨烯薄膜材料、石墨烯新能源等重点实验室 11 个。12 月，常州国家石墨烯新材料高新技术产业化基地获科技部批准落户西太湖科技产业园，成为全国首个国家级石墨烯产业化基地。至年底，产业发展十大载体平台引进创新企业 295 家，投入 35.3 亿元，实施重点项目 29 项，完成营业收入 71.3 亿元。

【长江龙城科技有限公司被认定为国家级科技企业孵化器】 2014 年 12 月，获科技部认定。该公司成立于 2007 年 9 月，由常州投资集团有限公司和江苏武进经济发展集团有限公司出资设立，注册资本 2.65 亿元，主营业务是转化科技成果，培育科技企业，发展高新技术产业，

7 月 30 日，西太湖科技产业园科技项目集中入驻签约　（区科技局 供稿）

为科技企业孵化和建设孵化链条提供保障。至2014年年底，公司有在孵企业83家、中介服务机构18家，累计毕业企业28家。公司投资建设的常州低碳高新技术创业服务中心占地面积126.67公顷，包含科技企业苗圃、孵化器、加速器和综合服务区，具备完整的创业孵化链条，经省科技厅批准，改称常州科教城国际创新基地孵化器，投入运营孵化面积18万平方米。年内，长江龙城科技有限公司以孵化为核心，优化创业苗圃和加速器功能，完善“苗圃—孵化器—加速器”一体化科技创业孵化链条，在孵企业实现营业收入1.29亿元，毕业企业实现营业收入2.98亿元。

【江南石墨烯研究院累计孵化培育企业16家】 江南石墨烯研究院成立于2011年10月，是江苏省重大研发机构，有员工57人，其中博士15人，建成综合性研发基地面积1.4万平方米，建有石墨烯生长机理研究中心、先进碳材料工程技术研究中心等重点实验室11个，拥有原子力显微镜、拉曼光谱仪、高温导热仪、元素分析仪等仪器设备50台（套）。该研究院坚持“搭建平台、引进人才、孵化企业、培育产业”思路，建设科技创新、企业孵化、创业投资、成果转化、国际交流五大功能平台，至2014年年底，累计孵化培育石墨烯行业企业16家，承担各级各类科研项目23个。其中，常州二维碳素科技有限公司建成年产20万平方米石墨烯透明导电薄膜的生产线，实现销售收入250万元；常州第六元素材料科技股份有限公司年产100吨氧化石墨（烯）/石墨粉体生产线投产，实现销售收入300万元；常州碳元科技股份有限公司高导热石墨膜产销情况良好，年销售收入3.36亿元，增长29.11%。

（胡满朝）

产学研合作

【概　况】 2014年，区科技部门组织企业与浙江大学、西安交通大学等高校及科研院所开展科技对接15次，参加省、市产学研活动10次，共签订合作意向项目336个，新增产学研项目92个，新增项目投入5.2亿元，新建产学研基地和研发中心16家。组织申报“微/纳米氧化锌及其复合材料的制备及在有机染料废水深度处理中的应用”等省级产学研项目25个，获批17个，获项目经费460万元；申报“先进塑胶地板生产装备关键技术研究”等市级产学研项目31个，获批14个，获项目经费80万元；受理区级产学研合作项目38个，下达34个，支持项目经费368.3万元。新增国际科技合作项目国家级3项、省级6项、市级8项，分别获项目经费800万元、350万元和130万元。

【2014年武进区“科技创新推进月”活动】 2014年6～10月举行，分预热期、实施期、延展期三个阶段开展。6月，区科技部门根据园区建设情况加快科技资本引进，搭建创新平台，与中国科技大学、中南大学、湖南大学等重点院校开展对接交流，排查各镇、各园区重点项目，为“科技创新推进月”活动做准备。7月3日，武进区科技创新推进大会召开，表彰2012～2013年度全区有突出贡献科技人员8人、区优秀专业技术工作者151人、省科技进步奖获奖单位7家和区科技进步奖获奖单位85家，持续推进科技创新。7月，区科技部门宣传活动方案，出台创新政策，围绕半导体照明、石墨烯新材料、绿色建筑等重点新兴产业开展重点活动近40次，建设科技创新创业平台，引进高层次创新创业人才，开展专题对接，组织科技培训。8～10月，中科院常州绿色科技产业园入驻武进绿色建筑产业集聚示范区，仕泰隆集团入驻湖塘科技产业园，全区近30家企业参加“中德创新园区”节能环保产业投资说明会暨污染治理专题论坛，与德国埃森市科技企业开展节能环保及装备制造项目对接。活动期间，区科技部门组织实施科技创新创业平台建设、产学研对接、科技论坛、人才对接引进、科技金融对接、创新大赛等十大类项目57个，其中单项活动54项、系列活动3项，吸引国内外专家及各类人才5000余人次参加，引进科技成果或签订合作协议80多项，重大项目开、竣工39个，培训科技创新人才近1000人次。

【百名专家教授走进百家企业活动】 2014年，区科技部门组织河海大学、四川大学、西安交通大学、南京航空航天大学、江苏大学、南京理工大学、南方医科大学等高等院校的112名专家教授，走进武进区103家企业开展对接。专家教授分别走进智能装备产业园、节能环保产业园、电子信息产业园、新材料产业园四大专题园区，走访遥观、横林、横山桥、湟里、邹区、礼嘉等镇，考察新誉集团有限公司、常州华森医疗器械有限公司、常州市科协减速机制造有限公司、常州盛拓电子科技有限公司、常州欧密格光电科技有限公司等企业，围绕智能装备、节能环保、电子信息、新材料等关键技术领域开展对接，达成合作意向128项。

【武进电子科技代表团西安产学研活动】 9月23～25日，瑞声声学科技控股有

10月28日，区科技局组织环保企业参加“中德创新园区”节能环保产业投资说明会暨污染治理专题论坛
（区科技局 供稿）

限公司、常州紫寅电子电路有限公司、常州福达电子有限公司、常州盛拓电子科技有限公司、江苏英特曼电器有限公司等13家企业的负责人组成武进电子科技代表团，在西安交通大学和西安电子科技大学开展产学研对接活动。该代表团参观西安电子科技大学的超高速电路设计与电磁兼容教育部重点实验室和西安交通大学的电力设备电气绝缘国家重点实验室，交流武进电子信息工业发展情况和两校12名专家教授的科研成果，达成合作意向16项，涉及医疗电子和光电子等领域的高档元器件、信号传输自动检测及电工器材等产品。

【第九届中国常州先进制造技术成果展示洽谈会武进专题活动】 5月17～24日，第九届中国常州先进制造技术成果展示洽谈会在常州科教城举行。开幕式上，武进区4家单位与高校、科研机构签约重大项目4个，其中西太湖科技产业园与银基烯碳新材料股份有限公司签约20亿元基金项目。洽谈会期间，全区开展美国国家工程院院士雷伊鲍曼院士工作站签约仪式暨高层次院士论坛等专题报告会3场，组织武进高新区和邹区镇企业分别走进常州大学、常州信息职业技术学院开展对接活动，组织9家高校院所的36名专家教授走进武进区4个科技产业园、2个特色产业基地和2个乡镇的29家企业，开展交流对接8次，举行开、竣工揭牌仪式与政策发布会5场。武进区400多家企业的代表与85家高校、30多家中科院研究院所的专家教授开展对接洽谈，达成合作意向232项。

（胡满朝）

区科技企业与高校院所在第九届中国常州先进制造技术成果展示洽谈会上进行项目对接

（区科技局 供稿）

知识产权管理

【概　况】 2014年，区科技部门结合重点产业发展方向，完善专利政策，发掘企业群体尤其是高新技术企业的专利需求，提升知识产权管理工作实效。全区立项省、市知识产权项目36个，获项目经费532万元。组织申请专利15822件，获授权8012件。其中，申请发明专利4400件，获授权790件。全区有效发明专利拥有量2402件，万人有效发明专利拥有量14.97件，专利申请量、获授权量和有效发明专利拥有量三项指标均位列全市县区级第一。区科技部门加大知识产权管理与专利保护力度，推进武进高新区创建国家专利导航产业发展试验区，依托省产业知识产权公共技术服务中心建立专利信息库；联合区法院、工商局、文广新局和知识产权中介机构等单位举行世界知识产权日宣传咨询活动；配合市科技局调查知识产权侵权案件10余起，取证涉事企业10余家；在永辉超市万达店、国美电器万达店、孩子王万达店等大型超市和商场开展专利产品执法检查，规范专利标识，严格专利商品管理等。年内，江苏省知识产权研究中心在武进科创中心设立省知识产权研究中心产业导航基地，武进高新区通过省知识产权试点园区验收，江苏佰腾科技有限公司被认定为全国知识产权服务品牌机构，区科技局被省知识产权局评为省知识产权工作先进集体、宣传培训工作先进单位和执法维权工作先进单位。

【武进高新区通过省知识产权试点园区验收】 参见《产业园区》栏目p57同名条目。

【江苏佰腾科技有限公司被认定为全国知识产权服务品牌机构】 2014年7月，被中国知识产权研究会、中华全国专利代理人协会、中华商标协会、中国知识产权杂志社联合认定为全国知识产权服务品牌机构。江苏佰腾科技有限公司成立于2006年，总部位于常州科教城内，在江苏南京、无锡和广东东莞等地建有子公司或办事处7家，服务企业12万家，服务场所总面积4000平方米，有员工149人，其中中高级职称人员18人，向国内外用户提供专利信息检索、个性化专利数据库开发、专利预警分析、专利战略研究、知识产权贯标辅导、知识产权管理、专利技术成果转化交易等服务，建设运营的佰腾网是全国首个以互联网形式为企业创新提供专利技术支撑和增值服务的平台。公司先后获评国家知识产权战略实施工作先进集体、国家知识产权分析评议服务示范创建机构等，2012年6月，被国家知识产权局确定为首批全国知识产权服务品牌机构培育单位（培育期2年）。2014年，公司打造的江苏省知识产权公共服务网络平台升级为江苏省科技公共创新服务平台，提供“七国两组织”（中国、美国、英国、日本、德国、法国、瑞士、欧洲专利局、世界知识产权组织）所有专利文献的专业检索、数据管理、统计分析、竞争对手技术跟踪、失效专利利用、专家在线技术咨询、个案增值服务等，提供并开发个性化专利数据库、区域性特色产业专利专题数据库。全年完成专利交易业务21笔、46件，自主收购发明专利95件，自主运营发明专利134件（出售16件），专利运营到账总收入353.8万元。

（胡满朝）

（栏目编辑　陈　蓉）

综　　述

【概　况】 2014年，武进区按照全面提升教育现代化水平目标要求，加快改革创新，促进内涵提升。至年末，全区独立建制以上公办、民办学校107所。其中，小学49所（含民办小学2所），初中29所（含民办初中3所），九年一贯制学校9所（含民办九年一贯制学校1所），高级中学和完全中学11所（含民办高中1所），职业教育中心校、开放大学、幼儿师范学校、特殊教育学校各1所，省重点成校5所。中小学（含职中）、幼儿园在校生17.79万人，教职工9066人，其中中小学专任教师8583人。年内，区教育部门统筹安排教育经费，夯实教育基础，做到保运转、保重点、保发展，全区教育经费投资总额27.53亿元。其中，公用经费、校舍维修、安保、校车和设备购置经费1.5亿元，学校各类项目经费1.5亿元，基本建设经费2.6亿元。易地新建学校2所，新建和翻建教学用房竣工面积6.6万平方米。区教育系统抓住创建省学前教育改革发展示范区、省义务教育优质均衡发展区两大工程，创新开展流动人口子女积分制入学管理等工作，进一步提升学校教学质量，提高学生素质能力，加强教师队伍建设。全区幼儿园、小学、初中的教育教学质量不断提升，省级优质比例分别达75%、84.5%和92.5%，有四星级高中8所，高中阶段优质率100%。6125名中学毕业生被各类高等院校录取，高考录取率96.52%，初中毕业生升学率（高中阶段毛入学率）99.05%，学龄儿童入学率100%。全区有省特级教师28人、特级教师后备人才19人，市级学科带头人308人、骨干教师492人、教学能手252人，区级学科带头人510人、骨干教师962人，幼儿园和小学教师中具有大专以上学历的，分别占92.76%和97.5%，初中、高中、职中教师中具有本科以上学历的，分别占92.72%、99.23%和97.8%。教职工接受各类岗位和实用技术培训教育36.4万人次。武进中等专业学校教师杨永年获“全国优秀教师”称号，星河小学校长庄惠芬获“全国优秀教育工作者”称号，潘家小学少先队辅导员李永清、杨区小学校长王华英、遥观中心小学办公室主任居佳华3人获“江苏省优秀教育工作者”称号，漕桥初级中学退休教师孙国华获“江苏最美人物”称号。全区教育事业成绩显著，先后获“全国义务教育发展基本均衡县（市、区）”“全国教育改革创新示范区”“第三批全国社区教育示范区”称号。区教育局获2014年全国新技术支持下的个性化学习应用成果展示活动优秀组织奖、2013年全民终身学习活动周优秀组织奖2项全国性荣誉，获第26届“国际科学与和平周”全国中小学生（江苏地区）金钥匙科技竞赛团体赛一等奖、第26届“国际科学与和平周”全国中小学生（江苏地区）金钥匙科技竞赛青少年科技教育先进单位、江苏省第15届中学生田径运动会（苏南）初中男子组团体总分第一名、江苏省第14届中学生田径运动会（苏南）初中女子组团体总分第一名、江苏省第26届“教海探航”征文活动先进集体奖5项省级荣誉。

【武进区获“全国教育改革创新示范区”称号】 2014年5月17～19日，第十三届中国教育改革论坛暨中国教育改革成就颁奖典礼在厦门举行，武进区被中

漕桥初级中学退休教师孙国华与学生愉快交谈　　（区教育局 供稿）

国教育协会和中国教育发展促进会授予“全国教育改革创新示范区”称号。武进区从2006年起大胆探索教育改革，重点突破区域教育均衡发展、教育现代化进程、校长教师队伍建设、校车接送运营管理、教育行风建设等关键领域和重点难点问题，先后实施“312”教育均衡发展工程、教育信息化建设、省学前教育示范区和省义务教育优质均衡发展区创建，开展“三做三当”（做学问、当专家，做管理、当行家，做事业、当大家）“三讲三比”（讲政治、比师德，讲学习、比师能，讲奉献、比贡献）等主题教育实践活动，取得显著成果。完成30所义务教育阶段相对薄弱学校“改薄创优”工作，培训教师1000多人，惠及学生2万余人；全区267辆校车实现公司化运营和规范化管理，为82所中小学、幼儿园的2.2万名有乘车需求的中小学生和幼儿提供安全保障。区教育系统先后获首届中国当代特色学校卓越领导奖、第二届全国教育改革创新优秀奖、全国教育改革卓越成就奖等。

【教育工程7个项目完成投资11.75亿元】 2014年，武进区稳步推进教育工程项目7项，投入资金11.75亿元。花园小学扩建、鸣凰中心小学扩建、洛阳初级中学易地新建、东安实验学校改建、礼嘉中心小学文体活动中心建设项目均完工并投入使用，分别完成投资0.8亿元、0.71亿元、1亿元、0.5亿元和750万元；奔牛高级中学易地新建、前黄高级中学活动中心建设项目基本建设完成，分别完成投资7.8亿元和0.86亿元，计划2015年9月投入使用。

【流动人口子女入学实行积分管理】 参见《法治》栏目p47相关条目。

【全国新技术支持下的个性化学习高峰研讨和应用成果展示活动在武进举办】 10月31日～11月3日，在星河小学、湖塘桥中心小学、新城阳光幼儿园、湖塘实验中学、前黄高级中学5所学校举行。这次活动由中国教育技术协会中小学专业委员会主办，江苏省电化教育馆、常州市教育局、武进区人民政府、英特尔（中国）有限公司、北京天仕博科技有限公司协办，武进区教育局承办，全国各地中小学校、教研部门、电教系统代表共800多人参加。在高峰研讨会上，中央电教馆副馆长王晓芜、省教育厅副厅长苏春海、中国教育技术协会秘书长刘雍潜、教育部基础教育二司副处长吴菁分别作专题报告，华东师范大学副校长任友群、常州市教育局局长丁伟明、北京市丰台师范附属小学校长田昆升分别作主题发言，武进区教育局副局长钱文玉作《数字化学习的实践与思考》主题报告。在应用成果展示活动中，全国各地学前、小学、初中、高中四学段的107节数字化课堂精彩展示，武进教师全面展示武进区教育信息化发展新成果，宣传全新教育理念，获一等奖15项、二等奖3项，区教育局获优秀组织奖。武进区高度重视教育信息化建设，至2014年，全区有师生用计算机3.2万台、计算机网络教室313个、多媒体教学设备4800多套、电子白板900多套，所有学校实现网络“班班通”，建成“一对一”平板教室20多个、智能录播系统20多个；区教育局利用省级基础教育公共服务平台丰富完善武进教育信息网，增加龙源电子期刊、中国知网、凤凰优课数字化教学平台、华师京城虚拟仿真实验室软件等电子资源，促进优质教学资源的共建共享。

（陆　琪）

学前教育

【概　况】 2014年年末，全区登记注册各级各类幼儿园（班）60所，其中公办幼儿园20所、集体幼儿园28所、民办幼儿园12所；在园幼儿40756人，幼儿入园率学前1年100%、学前2年100%、学前3年99.7%；教职工3720人，其中专任教师2505人，有市、区级教学能手（骨干）及学科带头人138人，市特级后备教师1人，省“人民教育家”培养对象1人，省特级教师3人。7月，按照区政府办《关于印发武进区无证托幼园（点）专项整治工作实施方案的通知》要求，全区健全“政府主导、乡镇主体、部门联动”的管理体制，加大力度整治无证托幼点，实现长效管理，进一步规范学前教育办学行为。全年取缔无证托幼点139个，规范审批民办简易托幼机构41个，区财政拨款1100万元改造提升村办幼儿园21所。区教育系统积极创建省学前教育改革发展示范区，创新体制机制，推进学前教育稳步发展，年内新增省、市级优质幼儿园各3所，分别累计43所和6所，幼儿教育资源市级及以上优质率达81.67%。东青幼儿园被评为省幼儿园课程游戏化基地，机关幼儿园教师蒋清、新城阳光幼儿园教师沈旦华均获省第七届幼儿园优秀教育活动评比一等奖。

【省级优质幼儿园新增3所】 2014年5月，武进区3所幼儿园被省教育评估院确认为江苏省优质幼儿园，累计43所。

武进区运村幼儿园　位于武进区前黄镇运村村，创建于1986年，2000年7月由集体办转制为民办。全园占地面积6926平方米，建筑面积4120平方米，户外活动场地面积4046平方米，绿化面积2425平方米。设大、中、小班共6个，在园幼儿200多人，教职工25人，教师队伍爱心浓、素质高、业务精。园内环境优美，设图书室、建构室、科探室等专用活动室，配备钢琴、空调、彩电、刻录机、实物投影仪、广播系统、监控设施等现代化保教设备，玩沙池、塑胶跑道、动物饲养角、种植园地等公共活动区布局合理，能满足幼儿游戏、学习和生活需要。该幼儿园秉承“一切为了孩子，让在园的每个孩子健康发展”的办园宗旨，着眼幼儿潜能开发、能力锻炼、兴趣培养、习惯养成和生命成长，向“家长欢迎、幼儿热爱、教师向往、社会赞誉”的现代化精品幼儿园目标迈进，先后创成市食品卫生A级信誉度单位、市示范性实验幼儿园、省巾帼文明岗、省托幼机构卫生保健示范幼儿园等。

武进区南宅幼儿园　位于雪堰镇南宅街振兴南路68号，创建于1975年，2000年易地新建，2007年由民办转制为集体办。全园占地面积7950平方米、建筑面积3950平方米，有9个班级，在园幼儿约350人，有教职工29人（专任教师20人），其中一级教师14人、市骨干教师1人、区骨干教师2人。园内环境优美，有玩沙池、嬉水池、塑胶跑道、动物饲养角、种植园地等活动场地，设图书室、创意美工室、科探室、多功能室等专用活动室，配备钢琴、空调、彩电、电脑、实物投影仪、广播系统、监控设施等现代化保教设备。该幼儿园秉承“快乐生活，健康成长”的办园理念，发展生活教育、艺术教育特色，开展国学启蒙教育，先后创成市优质幼儿园、市平安学校、省巾帼文明岗，获武进区幼儿园三年目标管理评估一等奖。

武进区滆湖科技幼儿园　位于武进经发区，创建于1976年8月，2012年9月易地新建，隶属湖塘阳光幼教集团。全园占地面积1.32公顷，建筑面积1.02万平方米，户外活动场所面积2537平方米，绿化面积4342平方米。有班级12个，在园幼儿396人，教职工42人（专任教师27人），其中具备小学高级教师资格的2人、一级教师6人、二级教师7人、区骨干教师1人。园内配套中央空调系统、地暖系统、清风系统和热水系统，设活动室和专用室，设施齐全。该幼儿园秉承"创科技特色、育创新人才、建一流园所、为家长服务"的办园目标，发掘和弘扬经发区得天独厚的科技资源和花木文化，培养"好奇、好问、好思考，爱学、爱做、爱创造"的幼儿，建构"绿色科技、智慧科技、多元科技、快乐科技"的园本课程，先后创成市平安学校、省托幼机构卫生保健优质幼儿园，获武进区幼儿园三年目标管理评估一等奖。

【5所幼儿园获全国比赛奖项271项】 2014年，武进区湖塘中心幼儿园等5所幼儿园师生充分展现自身特色，在全国各类比赛中获奖271项。湖塘中心幼儿园获第14届"星星河"全国少年儿童美术书法摄影大赛集体一等奖，庄天宇、周子涵等6名幼儿的作品获金奖；湖塘中心幼儿园45名大班幼儿获"成长的足迹"全国幼儿绘画大赛金奖，孙雨萌、李泽呈、邵陈赟等14名幼儿绘画作品入选《"成长的足迹"幼儿画册》；鸣凰中心幼儿园教师和幼儿在"崧泽杯"全国师生陶艺创新邀请赛中获一等奖2项、二等奖5项，幼儿园获全国创意美术大赛教育成果一等奖；湖塘中心幼儿园教师李瑛、新城阳光幼儿园教师吴珺珺、漕桥幼儿园教师冯赛兰均获2014年全国新技术支持下的个性化学习应用成果展示活动一等奖；横林中心幼儿园幼儿获第11届"童画之星"世界华人幼儿创意美术大赛特金奖11项、金奖66项、银奖102项、铜奖27项，幼儿园获世界华人幼儿创意美术教育成果一等奖；新城阳光幼儿园教师吴静、承怡敏、吴珺珺设计制作的"大班益智类玩教具：百变游戏桌"在第3届"永嘉杯"全国幼儿园优秀自制玩教具展评活动中获优秀作品三等奖。

【武进高新区两所幼儿园开园】 9月，武进国家高新区十里幼儿园和武进区机关幼儿园高新区分园两所幼儿园开园。内容分别参见《产业园区》栏目p58、《镇（街道）情要览》栏目p250相关条目。

【东青幼儿园获评省级幼儿园课程游戏化建设项目幼儿园】 11月11日，被省教育厅认定为全区学前教育系统首个省级幼儿园课程游戏化建设项目幼儿园。从9月起，按照省教育厅、财政厅联合启动的省幼儿园课程游戏化建设项目要求，根据教育部《幼儿园教育指导纲要》《3～6岁儿童学习与发展指南》，东青幼儿园在剖析园情、师情、生情的基础上，深入开展"优化一日"活动，完善作息时间安排，架构游戏活动区域，转变活动实施方式，巧用孩子、家长、教师等资源，有效规划与创设幼儿园种植区、积木区、阅读区、美工区、益智区、表演区、角色区等区域环境；在课程设置上，将基础课程（语言、科学、健康、社会、艺术、综合）、手指游戏园本课程与阳湖南拳园本课程相融合，增长幼儿认知，丰富幼儿体验。该项目建设有利于促进幼儿游戏需求的满足、家长教育观念的逐渐转变、教师课程意识的形成和幼儿园社会影响力的增长。

【江苏省名幼儿园特色教育文化巡礼活动在武进举行】 6月4日举行。这次活动由省教育学会名校文化研究中心、区教育学会共同主办，中国教育学会教育学分会会长、人民教育出版社副总编吕达，省教育学会副会长叶水涛，省名校文化研究中心常务副主任唐继延、葛和生，全省部分县（市、区）幼儿园园长和骨干教师等200余人参加。在活动中，李公朴幼儿园园长吴彩娟和东青幼儿园园长蒋惠娟分别作《奥尔夫音乐教育特色文化》《实践中的东幼，手指上的智慧》主题报告。与会代表观摩东青幼儿园的手指游戏、阳湖拳表演，观看李公朴幼儿园的奥尔夫音乐教学展示——《快乐洗衣》和2014年奥尔夫专场音乐会汇演，武进区幼儿园特色教育得到与会专家领导的赞赏。

（陆　琪）

九年义务教育

【概　况】 2014年年末，全区独立建制以上小学49所，下辖办学点10个，九年一贯制学校小学部9个。学年招生16447人、毕业13144人，年末在校学生92049人。全区小学适龄儿童入学率100%、残疾儿童入学率100%、巩固率99.87%、毕业生升学率100%，初中入学率100%、巩固率99.86%、毕业生升学率99.87%。区教育系统开展省义务教育优质均衡改革发展示范区创建工作，加强学校管理和校园文化建设，坚持义务教育公办学校不择校政策，促进义务教育优质均衡特色发展。全区实施流动人口子女积分入学管理，3626人实现积分入学。区教育部门推进义务教育学段各校教育质量提升工程，"小海粟"课程基地建设项目获省级小学特色文化建设项目立项，星辰实验学校实施的"五百工程"（每位学生在校就读期间，能阅读一百部经典名著，欣赏一百首经典名曲，赏析一百幅经典名画，观赏一百部经典电影，认识一百位杰出大家）课程基地获市基础教育课程基地评选第一名，湖塘桥中心小学成为"民进彩虹行动"教育实践基地。全区小学、初中积极参加各级各类竞赛和活动，获国际级奖项7项、国家级奖项22项，其中奔牛实验小学获评"全国影视教育先进集体"，校长刘军英获评"全国校园影视教育研究工作先进个人"。

【花园小学新校落成】 2014年5月9日落成。花园小学创办于1956年，前身为湖塘桥中心小学下属村级完全小学，2010年8月单独建制，更名为武进区花园小学。学校改扩建工程启动于2011年，至2014年5月改扩建一期工程建设到位，全校师生完成搬迁。新校一期工程占地面积2.31公顷、校舍面积2.78万平方米，设教学班26个，有学生1175人、在编教师47人。学校环境优美，各类教育教学设施配套完备，有现代化体育馆和按省级Ⅰ类建设标准配备的图书馆、实验室、美术室、音乐室、舞蹈房等专用教室，配备校园网络系统、多媒体系统、音响系统、监控系统、录播系统等设施。

【戴溪初中和洛阳初中合并】 戴溪初级中学成立于1956年，位于戴溪集镇；洛阳初级中学成立于2013年7月，前身为洛阳中学初中部。2014年7月，区政府批复同意两校合并为常州市武进区洛阳初级中学，整体搬迁至新校区。新校区位于洛阳镇环镇南路南侧，由洛阳镇政府投资1.5亿元建设，2013年5月开工，2014年8月建成投用。学校占地面积8.6公顷、建筑面积3.67万平方米，教学楼、行政楼、实验楼、食堂楼、图文艺术楼和会议中心等建筑和设施配备齐全，有班级28个、学生近1300人、教职工119人。学校以“健身健心”为校训，倡导快乐学习，促进学生身心全面健康发展。

【运村实验学校成立】 2014年1月22日，运村实验学校挂牌成立。2012年8月15日，区政府批复同意运村初中、运村小学两校合并，筹建九年一贯制运村实验学校。学校在原运村初中校址实施校舍改、扩建工程，2013年3月开工，2014年底全面竣工，总投资约3500万元，校舍总面积8986平方米，新建小学教学楼和综合实验楼各1幢、300米塑胶跑道运动场和硅PU篮球场地6面，扩建师生食堂。新校舍环境优美，设施齐全，布局合理，达现代化校舍省级Ⅱ类建设标准。

【清英外国语学校获评“全国新教育实验示范学校”】 7月10～13日，在全国新教育年会上，清英外国语学校被新教育研究院、新教育实验总课题组评为“全国新教育实验示范学校”。新教育实验是由中国教育学会副会长、苏州大学教授朱永新发起的一项民间教育改革行动，以教师发展为起点，通过营造书香校园、师生共写随笔、培养卓越口才、聆听窗外声音、构筑理想课堂、建设数码社区六大途径实施教育实验，是全国教育科学“十五”计划重点课题。该校从3月起启动新教育实验，实施教室文化和课程设置等改革。将每班学生和任课教师组成教室共同体，参与班级管理，每班设小古文课程、石头文化课程等不同班本课程，每间教室布置不同教室文化，实现班班有特色。整合国家课程、地方课程和校本课程，设置阅读与表达、思维与探究、艺术与审美、体育与健康、人格与品德五大必修课程体系，提高学生基本素养；增设《走进新加坡》《体验茶文化》《认识昆曲》《西方音乐剧》等精品课程、选修课程和实践课程，邀请中外教师、家长和社会人士授课，实现学生个性化发展。与四川省乐山市的柏杨小学、高桥小学、水口小学及西藏自治区拉萨市第一小学结成新教育“同学少年”学校发展联盟，实施“同学少年”项目，联合开展“打造书香校园、教师专业发展、研发卓越课程”等方面的新教育实验，构建东西部教育联盟发展。

【“小海粟”课程基地建设项目启动】 6月26日，由刘海粟小学实施、清英外国语学校配合共建的“小海粟”课程基地建设项目被省教育厅确定为省级小学特色文化建设项目，从7月起启动。年内，刘海粟小学围绕“以美育人”理念，先后投入约100万元创建课程基地。(1)建设海粟文化体验中心。完善海粟馆、尚美堂等特色场馆设施，重修书法长廊、艺术长廊，新建小海粟乐团排练厅、“出彩海小娃”草根舞台、地域特色艺术长廊、数字化艺术体验区等。(2)打造海粟校本资源中心。利用校园网开发网上艺术交流平台，建设校园数字化艺术博物馆，以艺术顾问、音乐、书法工作室为支点，开发国画、书法、小提琴等课程并汇编校本教材。(3)构建面向个体的课程体系。实施“走班制”艺术选修，由学生根据各自艺术爱好自主选择课程。(4)打造持续发展的教师团队。通过内修、外引、联合的方式，加大对校内艺术师资的培养，鼓励教师利用假期进行器乐培训。(5)开展独具特色的艺术体验。提供学生社团、校园艺术节等活动平台，为学生施展艺术才华提供空间和舞台。清英外国语学校作为共建单位，利用自身优势为刘海粟小学提供国外艺术课程资源支持，两校结为艺术联盟学校，共研艺术教育，扩大成果辐射。

【湖塘桥中心小学实施慕课“翻转课堂”试点】 慕课（MOOC）即大规模在线开放课程，是由哈佛大学、斯坦福大学、麻省理工学院等世界名校掀起的教育风暴，由网络学习平台提供免费课程，创新教学模式，促进教育公平。2014年2月28日，湖塘桥中心小学加入华东师范大学C20小学慕课联盟，利用联盟优势深化课程改革，探索数字化学习背景下的教与学，以“翻转课堂”为特色实施慕课。年内，湖塘桥中心小学以数学学科为试点实施“翻转课堂”，把数学教材的知识点分领域、分单元做成微视频，上传至市教育局“青果在线”学习社区。课外，学生利用网络自学，在学习社区记录思考和体会，教师及时阅览后根据学情分析制定课堂讨论内容；课上，教师根据学生知识检测情况进行针对性讲解，夯实基础，学生围绕问题进行小组讨论，加强理解。“翻转课堂”把学习决定权由教师转移给学生，推动课堂教学改革，提高课堂效率。

【星河小学发起成立省新学校发展联盟】 2014年4月7日，江苏省新学校发展联盟在常州市武进区星河小学（简称星河小学）成立。该联盟遵循自发组织、自愿参加、自由活动的原则，吸引并联合江苏省投入运行不久的新学校，进行跨区域校际合作交流，深入开展教育教学研究，探索“以生为本、以学定教”的教学改革，推广“轻负担、高质量”的典型经验，全面推进义务教育课程改革。星河小学作为发起单位，与苏州市昆山高新区西塘实验学校、淮阴师范学院第二附属小学、镇江市句容市崇明小学、南通市崇川区崇川学校、南通市海安县城南实验小学、淮安市周恩来红军小学和连云港市新浦区苍梧小学7所启运不久的新学校结成省新学校发展联盟，签订《新学校发展联盟盟约》。星河小学于2013年9月建成开学，校长庄惠芬是省人民教育家培养工程对象、省特级教师，是新学校发展联盟发起者，学校坚持“创想无界，心筑未来”的教育理念，设人文、体育、数理、艺术、外语、科学、少年农学七大学院，有小班化资源教室48个、社团室12个，配备室内恒温游泳池、数字体验馆、陶艺室、空手道馆、创意图书馆、机器人室等特色场馆，具备特色鲜明的课程体系、育人环境和育人模式，成为区域教育改革先行者，实施省“十二五”规划课题3项，先后获省科普示范基地、省少年科学院、省教科研先进集体、省小学数学基地学校、中国语文教师专业化发展工程基地校等称号。

【庙桥小学篮球自编操《阳光少年》获评省中小学优质大课间体育活动资源】 8月，庙桥小学的篮球自编操《阳光少年》被省体育教学指导委员会、省学生体质健康促进研究中心评为“江苏省中小学优质大课间体育活动资源”，被《江苏省中小学大课间体育活动的设计与实施》一书录用，在全省推广。《阳光少年》由教师李建新、张伟主编，共12节，时长4分25秒，涵盖伸展、下蹲、体转、扩胸、吸腿、体侧、换位、跳跃等运动动作和滚球、搓球、传球、投篮等篮球动作，采用《各国儿童心连心》为主音乐，篮球部分插入音乐《快乐崇拜》。该自编操迎合童趣、寓健于乐，可帮助生长发育期小学生形成正确的身体姿态，培养学生节奏感、韵律感、协调性和灵活性。

【坂上小学《梨园星光》获省首届少年儿童才艺大赛曲艺类特等奖】 2014年6月7日，江苏省首届少年儿童才艺大赛在南京艺术学院举行，比赛由江苏省好家长杂志社、江苏省新华网、江苏省电视台等单位联合举办，坂上小学组织35名学生表演的锡剧曲目《梨园星光》获曲艺类特等奖。锡剧主要发源于武进，有200多年历史，其音乐抒情优美、悦耳动听，具有江南水乡风格和特色。2012年3月，坂上小学成立锡剧培训班，成为武进区锡剧培训基地，首批招收学员41名，由武进锡剧团专业演员和学校音乐教师提供免费辅导。至2014年12月，该培训班共培养学员70名，先后参加全市纪念著名锡剧表演艺术家梅兰珍名家演唱会、武进花都水城水上大舞台周周演、马杭锡剧节等活动，成为弘扬地方戏曲艺术、培养锡剧接班人的重要摇篮。

【洛阳中心小学少工委成立】 2014年5月9日，洛阳中心小学少先队工作委员会（简称少工委）成立，成为全省首家学校少工委。年内，洛阳中心小学少工委深入实施《全国少先队活动课程纲要》，推进全国少先队“十二五”课题《依托“三院文化”阵地分层构建少先队校本特色活动体系的实践与研究》，为全校少先队活动课程全国试点工作提供指导，在校内外领导开展少先队核心价值观“小先锋”行动、少先队日文化特色建设等活动，充分发挥少先队组织凝聚力和服务性，为少先队员健康成长创造良好环境和氛围。

【武进两所学校成为国家曲棍球奥林匹克后备人才基地学校】 2014年7月15日，牛塘中心小学、鸣凰中学两所学校被国家体育总局手曲棒垒球运动管理中心和中国曲棍球协会认定为国家曲棍球奥林匹克后备人才基地学校。

牛塘中心小学　2009年，谋划创建少儿曲棍球特色，投资6.45万元在西校区建设标准曲棍球训练场地1面，占地面积4300平方米，铺设人工草坪，购买配套设施。区体育局向学校赠送球门、曲棍球杆、曲棍球等训练装备，为学校聘请省队退役的曲棍球运动员做教练。2012年1月16日，牛塘中心小学少儿女子曲棍球队成立，队员常年保持40人左右，以培养国家、省、市优秀女子曲棍球队员为主要目标，兼顾培养少儿运动兴趣、运动习惯、运动能力及运动意志，开展专项技术训练或模拟比赛练习。2014年，牛塘中心小学少儿女子曲棍球队参加全国青少年曲棍球锦标赛，获女子U12组团体总分第三。

鸣凰中学　2004年，筹建女子曲棍球队，有U18组和U15组2支后备队伍，运动员30人。2012年，联合区体育局改建标准化训练球场，加大装备投入，运动器械增至球棍60多根、曲棍球300多个、护腿板50多套、守门员护具2套。球队有专职教练2人、教练员3人、助理教练员1人，采取体教结合办法培养运动员，分别向国家队和省队输送队员3人、16人。2014年，学生屠一丹、沈洋作为国家队主力队员参加第二届青年奥林匹克运动会女子曲棍球比赛，获世界冠军。校女子曲棍球队U18组和U15组分获全国青少年曲棍球锦标赛团体总分第一、第三，U18组实现“五连冠”。

坂上小学学生表演锡剧曲目《梨园星光》　（区教育局 供稿）

【鸣凰中学获国际机器人比赛奖项7项】 2014年，鸣凰中学师生在两次国际机器人比赛中获奖7项。4月，在美国加利福尼亚州阿纳海姆市举行的第八届VEX机器人世界锦标赛上，学生张柯、朱宇飞、上官红阳、徐嘉组成的鸣凰中学机器人代表队获高中组VEX机器人工程挑战赛三等奖。12月，在中国广东省东莞市举行的第八届亚洲机器人锦标赛上，学生褚一帆、王天林组成的人形机器人队获高中组人型机器人全能挑战赛金奖，学生王雯婷、任鹏峰、郑明华组成的VEX-A队和学生周浩、蒋一帆、俞帅冰组成的VEX-B队，均获高中组VEX机器人工程挑战赛银奖；指导教师吴国健、王伟、张皓栋均获优秀教练员称号。

【湟里初中获全国跳绳联赛华东赛区比赛奖项20项】 2014年11月，湟里初级中学（简称湟里初中）花样跳绳队17人参加“培林杯”2014～2015年全国跳绳联赛华东赛区比赛，获集体项目第一名4项、第二名1项，获个人项目第一、二、三、六名各1项，第五名3项。

学生陶华峰、张幼竹、赵琴琴、曹天晟和孔维龙均获全国跳绳大众锻炼标准四级证书，陶华峰获优秀运动员奖，教师田燕芳、高建春均获最佳教练员奖。湟里初中大课间活动以花样跳绳为主，有车轮跳、朋友跳、三人车轮跳、三人朋友跳、绳操展示、“乘风破浪”“梅花”“绳中绳”“天罗地网”等跳法，形式多样，动作丰富。

【星辰实验学校获全国青少年建筑模型教育竞赛奖项17项】 2014年12月5～9日，星辰实验学校选派学生13人、辅导教师2人组成代表队，参加2014年“三圈霸道”杯全国青少年建筑模型教育竞赛总决赛，共获奖项17项。其中，获综合比赛金牌1枚、银牌3枚、铜牌1枚，获“巴黎春天”欧式建筑创意赛、“缤纷童年”涂装木屋赛、“城市梦想”区域规划赛、“绿野春天”花园别墅赛四大项目比赛奖项12项。星辰实验学校从2009年开始模型教育，开设车辆模型、航空模型、航海模型、建筑模型等教育项目。2010年，选定2名美术教师担任建筑模型教育辅导员，深入研究建筑创意、建筑结构，建立建筑模型兴趣小组，形成中低年级利用纸工造型夯实基础、高年级利用陶艺提升创造能力的学习模式。

（陆 琪）

高中教育

【概 况】 2014年，武进区继续实施普通高中教育质量提升工程，坚持特色多样化发展方向，鼓励部分高中与高校合作、开设国际优质课程等，培养拔尖后备人才，提高学校国际化发展能力，为学生多元发展提供丰富资源和机会。至年底，全区有普通高中10所，其中高级中学9所、完全中学1所。普通中学招生5598人、毕业5830人，年末在校学生16788人。年内，6125名学生被各类高等院校录取，高考录取率96.52%，高考成绩在全市、全省持续领先。万人进线率43.54，高等教育毛入学率52.67%。新增省级普通高中课程基地2个，累计5个。洛阳高级中学晋升为省四星级普通高中，横林高级中学（简称省横中）通过省四星级普通高中复评，全区累计有省四星级普通高中8所。

【高考本科达线率68.61%】 2014年，武进区参加高考6346人，万人进线率43.54，高考成绩创历史新高。其中，本科达线4354人（普通类3495人、艺体类859人），达线率68.61%，增长10.1个百分点，增长率居全市县区级第一；本科录取5285人，录取率83.28%，增长7.79个百分点，比全省平均录取率高32个百分点。全区文、理科状元分别是前黄高级中学（简称省前中）学生蒋正聿和陈玉芸，奔牛高级中学西藏班学生87人均达本科线，省前中国际分校国际高中课程班学生84人均被国外一流大学录取，武进高级中学（简称省武高）GAC（全球评估证书）国际课程班学生26人均被国外名校录取。

【省级普通高中课程基地新增2个】 2014年6月29日，省横中、省前中国际分校分别被省教育厅批准为文学教育课程基地和外语课程基地，全区累计有省级普通高中课程基地5个。

省横中成立于1945年，是省四星级普通高中。该校坚持文学教育办学特色，开发出版《文学与人生》《文人与山水》等校本课程，实行分年级教学。2004年，江苏省写作协会在省横中成立青少年写作指导中心，指导文学写作。学校文学教育师资力量雄厚，语文教研组有教师28人，其中中、高级教师26人，教师张玲琴为苏教版高中语文课程标准实验教科书实验工作先进个人、省青年读写名师、市学科带头人，市级骨干教师张秋萍等主持研究多项省、市级课题。学校先后创立文学社、戏剧社、书画社、辩论社、演讲社、小记者社、半亩方塘诗社等文学类学生社团，常年开展文学性特色活动。创办于的1983年新槐文学社累计吸收社员2800余人次，举办文学讲座、读书活动、征文比赛、文学采风等活动，开设“新槐”广播文学专栏，丰富学生文学素养，先后被评为全国中学十佳文学社、省优秀社团、全国示范校园文学社。

省前中国际分校创办于2007年，是全日制民办普通高中。该校外语教学特色鲜明、氛围浓厚，聘请外籍教师和中方助教开设国际高中课程。学校不断改进教学方式，在高一年级探索双语教学，在各年级开设原版欧美文学阅读课程，开发国际理解教育校本课程，开展外语特色社团活动，推行选修课程“走班制”，引导学生高效学习，提升外语听、说、读、写能力。联合省前中连续举办11届国际高中SAM（国际高中毕业证书暨大学入学考试）、AP（大学预修）课程班，培养学生800多人，部分毕业生进入美国耶鲁大学、英国剑桥大学等国际一流高校深造。2011年，该校外语教育课程基地被评为市外语教育特色课程基地。

【省前中获省青年物理学家锦标赛金奖】 2014年7月7～9日，省前中组织学生周义杰、刘曲洋、张聪、张阳、朱子文、刘沁怡6人组成银河战舰队，参加第二届江苏省青年物理学家锦标赛并获金奖，总分位列全省第二。省青年物理学家锦标赛是一项以团队对抗为形式的物理竞赛，参赛团队根据给定的17个开放性物理问题，用半年至一年进行实验研究，运用理论知识设计研究方案，进行实验分析，得出结论并制作PPT展示，以辩论形式进行现场比赛。省前中物理教研组有省物理特级教师6人、省“333工程”培养对象2人、市名教师工作室领衔人2人、市学科带头人和骨干教师6人。2010～2014年，先后有5人在全国中学生物理竞赛中进入全国奥赛冬令营，79人获省中学生物理竞赛一等奖。

【省前中成为省级华文教育基地】 2014年5月23日，被省侨办、省教育厅认定为“江苏省华文教育基地”，12月3日获授牌。2004年，省前中与南澳洲高考局合作开办SAM课程班，利用课程班外籍教师和毕业生资源，推动教育国际化交流，实施海外华文教育，向华裔青少年传播民族语言和中华文化。2011～2014年，接待英国伊顿公学访华，承办海外华裔青少年“寻根之旅”夏令营活动2次，开展海外华文教育理论研究和民族语言教育，增进中外友好。

【省前中成为国家级南京师范大学教育学实践教育基地】 11月12日，国家级南京师范大学教育学实践教育基地和南京师范大学·江苏省前黄高级中学共建点在省前中挂牌成立，省前中成为首批3个国家级南京师范大学教育学实践教育基地之一。在共建合作中，南京师范大学投资200万元在省前中建设录播教室等设施，用以录制上课内容，可实现在线点播、远程交互学习等，为教师提供自我剖析、同行交流的平台。省前中为南京师范大学实习学员提供见习、实习场所，由3名教授级高级教师和15名特级教师提供全方位培训辅导，帮助学员完成教育实践任务。

【洛阳高级中学成为省四星级普通高中】 2014年3月6日，被省教育厅认定为江苏省四星级普通高中。该校前身为武进县洛阳初级中学，创建于1956年，1968年增设高中部，更名为武进县洛阳中学。2013年5月，学校初、高中分设，在原址成立洛阳高级中学，占地面积8公顷，建筑面积约5万平方米，有教学班31个，在校学生1200多人，在编教职员工114人，其中中高级职称教师82人、校培省特级教师1人、市学科带头人7人，在省级及以上刊物发表论文176篇。该校坚持“让学生收获成功”的办学理念，积极探索艺术教育特色，建有面积7000平方米的艺术楼1幢，设音乐和美术专用艺术活动室、数字媒体实验室、多功能录播室、智能录播室、艺行坊、图例室等。学校于1997年率先在武进区开办音乐美术特色班，与中央音乐学院联办吴伯超音乐班，为学生提供先进、优质的艺术教育，先后成为《中国美术教育》理事单位和实践基地、武进区锡剧教育培训基地。至2014年，全校考入中国美术学院、中央美术学院、上海戏剧学院、西安美术学院、西安音乐学院等全国知名艺术院校学生450多人。学校连续九年获武进区高中教育教学质量评估普通类、艺术类两个一等奖，承担国家级课题7个、省级课题3个、市级课题2个、区级课题10个，先后被评为全国百强特色学校、全国读书育人特色学校、全国科研兴教先进单位、省艺术教育特色学校、省实施素质教育先进学校等。

【三河口高级中学成为全国青少年集邮活动示范基地】 2014年5月23日获中国集邮协会认定。三河口高级中学重视发展校园文化，注重培养学生兴趣，张扬学生个性，促进学生特长发展。2010年，成立集邮俱乐部，开展集邮知识讲座、邮票欣赏与点评、青少年主题邮展、生肖个性化邮票设计大赛等符合青少年特点和学校实际的校园集邮文化活动，获《江苏教育报》“社团秀场”栏目采编。2014年10月9日，省集邮协会、市邮政局在三河口高级中学举行全国青少年集邮活动示范基地授牌仪式暨教师节邮票首发仪式，发行“放飞希望”“师恩难忘”纪念邮票2枚，赠送纪念邮册200本。

【横山桥高级中学“真人图书馆”开馆】 2014年3月27日开馆。“真人图书馆”由横山桥高级中学心理成长中心构建，通过“真人图书”与读者面对面互动交流，促进多元对话，有利于消除读者偏见与隔阂，建立良好人际关系，促使学生体验生活、感悟生活、珍惜生命，进而丰富校园文化，增加校园人文情怀。年内，学校邀请“一加”青年志愿者服务队队长王德林、江苏东方项目管理公司项目管理工程师裴伟明等讲述自己在逆境中成长的心路历程，介绍各自从事爱心公益活动，引导学生形成正确的世界观、人生观。

【王林元双百万教育基金在礼嘉中学设立】 王林元是礼嘉中学1975届高中校友、国家著名援外专家、苏杰国际建筑工程有限公司董事长。2009年4月，王林元捐资100万元，设立礼嘉中学王林元奖学基金。2014年7月，王林元再次捐资100万元，设立礼嘉中学王林元双百万教育基金，每年9月颁发一次，用于奖励品学兼优且家庭贫困的优秀学生和乐于奉献、成绩卓著的优秀教师。

（陆　琪）

职业技术教育

【概　况】 2014年，武进区中等职业学校有江苏省武进职业教育中心校（简称武进职教中心校）和常州幼儿师范学校。武进职教中心校包括武进中等专业学校、武进技师学院、武进卫生职工中等专业学校，常州幼儿师范学校包括江苏教育学院常州学前教育分院、武进女子中等专业学校。区职业技术教育系统围绕省职业教育创新发展实验区创建工作，加强专业课程、师资队伍和信息化建设，提升中外合作办学和学生职业技能水平，建立高水准的现代职教体系。全区职业类学校招生4365人，其中中等职业类学校招生3369人、毕业3932人，年末在校学生17282人；拥有高级以上执业（职业）资格的专业教师265人，教师参加国家级、省级培训154人，出国培训9人；学生参加普通高校单独招生考试203人，考取本科141人、专科61人，本科录取率69.46%。职业教育体制改革取得突破，武进中等专业学校的建筑工程施工专业被省教育厅批准为中职与本科（3+4）分段培养项目；武进女子中等专业学校的会计、计算机平面设计2个专业被省教育厅列入中职与高职（3+3）分段培养项目，计算机平面设计专业被认定为省职业教育特色专业，全区省级职业教育品牌（特色）专

7月22日，王林元（右）向礼嘉中学捐赠教育基金　（区教育局 供稿）

业累计达6个；武进职教中心校公共基础课程获省职业学校“两课”评比示范课2节、研究课3节。10月28日，武进职教中心校与江苏顺风光电科技有限公司签订校企战略合作协议，将高职11611班命名为“顺风光电”班，培养机电一体化专业学生44人。年内，武进女子中等专业学校成为省四星级中等职业学校；武进中等专业学校获省职业教育先进单位，教师杨丽萍获省职业教育先进个人；武进职教中心校在省级及以上职业技能大赛中获奖78项；常州幼儿师范学校健美操队获省第五届职业学校健身操、啦啦操大赛自选自由舞蹈啦啦操第一名和舞蹈啦啦操团体一等奖。

【中德诺浩高技能汽车人才国家级教师培训示范基地在武进职教中心校成立】 2014年10月22日成立，教育部职业教育与成人教育司司长王扬南为该基地授牌。武进职教中心校2013年6月与中德诺浩（北京）教育投资有限公司（简称中德诺浩公司）合作启动中德合作培养高技能汽车人才项目，开办中德诺浩班，招生115人，培养拥有汽车新技术、熟练专门技能，具有国际服务理念的汽车行业高端技能型人才。2014年，作为被教育部认定的首批中德诺浩高技能汽车人才国家级教师培训示范基地（全国仅5家），承担与中德诺浩公司合作的105所院校的师资培训任务，引进国外职业教育模式和教育理念，依托先进教学模式和设备、人才优势，运用中德诺浩高技能汽车人才培养服务体系，培养具有国际视野、适应行业发展的高端技术技能人才，发挥示范基地功能，为国内汽车类专业教师搭建交流平台。

【武进职教中心校获省级及以上职业技能大赛奖项78项】 2014年，武进职教中心校师生在省级及以上各类职业技能大赛中表现突出，获奖78项。3月24～30日，武进职教中心校技能代表队101名师生参加江苏省职业学校技能大赛十大类28个项目的比赛，获金牌13枚、银牌23枚、铜牌31枚，学校获团体优胜奖；4月26～30日，学生戴蕾参加第二届江苏技能状元大赛，获电子商务学生组银牌；6月，选派7人参加全国职业院校技能大赛，学生杨春、顾冬银在数控机床装调与维修项目中获金牌1枚，学生应苛成在液压与气动设备装调与维修项目中获金牌1枚，学生胡振植、魏嘉诚在户式中央空调制冷安装与调试项目中获银牌1枚，学生汤晨、梁坤在模具制造技术项目中获铜牌1枚；9月15～19日，维修工中职师生组教师陈丽和学生杨春参加第六届全国数控技能大赛江苏选拔赛，获数控机床装调第一名；12月12～14日，机械部师生获2014年“中望杯”全国机械职业院校“零部件测绘、三维数字建模与制图”技能大赛二等奖1项、三等奖3项。

【武进职教中心校建筑工程施工专业成为中职与本科分段培养专业】 5月，经省教育厅批准，武进职教中心校建筑工程施工专业与常州大学土木工程专业成功对接，成为中职与本科（3+4）分段培养专业。建筑工程施工专业是武进职教中心校建筑工程专业部主打专业之一，是“十一五”期间新一轮首批江苏省示范专业、“十二五”期间首批江苏省品牌专业、江苏省建筑专业课程改革实验点。9月，该专业面向全市招生45人，主要学习建筑施工管理、工程监理、项目管理、工程造价等课程，就业方向为建筑施工企业、工程监理公司、工程造价咨询公司、房地产公司、建筑管理部门的相关专业技术岗位和管理岗位。学生在武进职教中心校就读三年后，符合条件即可直接升入常州大学本科段深造，无需参加高考，在常州大学就读四年后，符合毕业条件即可获常州大学颁发的全日制本科毕业证书。

【武进职教中心校两个机械装置获国家专利】 2014年，武进职教中心校机械部教师自主研发的两个机械装置被国家知识产权局认定为实用新型专利。

一种快速装夹自锁式平口钳 1月获认定，由教师叶星、汪健、姜晓霞、张大伟、潘立强、白云合作研发。该产品是一种在机械加工中用于夹持、紧固工件的夹具，利用滑动与旋转运动相结合、棘轮机构和圆柱凸块机构相结合的办法，由固定钳座和活动钳身组装而成，实现工件快速装夹后自锁，具有效率高、装夹可靠、操作方便、结构简单的优点。

一种零件尺寸精密测量装置 5月获认定，由教师蒋翰成、叶星、钱屹、吴建平联合研发。该产品在普通高度游标划线尺上配合安装测量基准表、基准表安装座和测量表，扩大高度游标划线尺的测量功能，实现零件内外尺寸的测量精度小于0.2毫米，具有结构简单、生产成本较低的优点，用于需测量精度较高零件的维修类企业。

【《数控车床编程与操作》获评省技工院校精品课程】 6月，获省人社厅评定。该课程由武进技师学院机械工程部实施，负责人为机械工程部主任蒋翰成，主讲教师徐晓俊、周海良、王润、王小飞、倪贵华。课程实践性强，主要内容是数控车实训车间的实际操作训练规程，可帮助学生了解数控机床的组成、性能、结构和特点，掌握数控车床的基本操作、日常维护保养和简单故障排除，熟悉数控车床加工零件的全过程，熟练使用数控车床的全部功能，完成中等复杂程度及以上零件的加工，初步具备现场分析、处理工艺及程序问题的能力，普遍达到中级（国家职业资格四级）资质。教师教学时，结合企业数控加工的应用实际，融入技能竞赛训练的理念、方法，采用模块式、项目化的教学方法，引导学生自主学习，培养学生科学探索精神和创新能力，形成“学中做、做中学”的教学特色，深受学生欢迎。

【常州幼儿师范学校获评省职业教育德育特色学校】 2014年12月4日，被省职业教育学会德育工作委员会评为省职业教育德育特色学校。该校创建于1956年，长期坚持管理队伍、班主任队伍、学生干部队伍“三位一体”德育教育，有效整合社会教育资源，形成德育管理多方合力。通过道德讲堂、心理辅导、主题演讲、志愿活动等德育教育主题活动，提升学生综合素质；开办家长学校，成立家长委员会，定期开展家长活动，引导家长树立正确的家庭教育新观念；挖掘校友、成功创业者等资源，开展专题讲座，以榜样的力量激励学生；成立德育名师工作室，带动德育科研，以“自主德育”为课题开展心理关爱月活动，开设创业指导课程，设立学生勤工助学岗位等，提升德育工作科学性、艺术性和智慧性。

（陆　琪）

高等教育

【概 况】 武进开放大学、江苏城市职业学院武进办学点是武进区属唯一地方高校，办学项目涵盖全日制学历教育（普通专科、五年制高职）、业余学历教育（开放本专科、奥鹏远程教育）和业余培训。武进开放大学成立于2013年12月，前身为江苏广播电视大学武进学院，为首批全国示范性基层电视大学之一，位于武进经发区，占地面积21公顷，建筑面积10.4万平方米，有机电工程系、艺术信息系、文经管理系和高职基础部“三系一部”，设机电一体化、数控技术、商务英语、财会、电脑艺术设计等专业16个，有财经、机电、信息、艺术等教研室8个。2014年，在籍成人学历教育学员2954人，高职学生4054人；教职工299人（专任教师216人），其中高级职称教师74人、硕士以上学历教师128人。学校面向全省招收全日制新生966人、成人学员1127人，其中开放教育学员710人、奥鹏远程教育学员417人；向社会输送高职毕业生843人，毕业生一次就业率达98.84%。年内，武进开放大学获第十一届全国中等职业学校“文明风采”竞赛优秀组织奖、全省办学系统工作先进集体，教师、学生在省级及以上各类比赛中获奖6项。

【武进开放大学成立】 2013年12月，根据《国家中长期教育改革和发展规划纲要（2010～2020年）》精神和《省政府关于筹建江苏开放大学的通知》《江苏省人民政府办公厅关于同意部分市县开放大学建设方案的通知》要求，武进区依托江苏广播电视大学武进学院筹建武进开放大学，结合地方特色制定建设方案，将广播电视大学系统内封闭式办学改革为面向社会、服务社会的开放大学，建设以现代信息技术为支撑、办学网络立体覆盖城乡、学历教育与非学历教育并重、实施远程开放教育的新型高等学校。2014年7月4日，区机构编制委员会批复同意江苏广播电视大学武进学院更名为武进开放大学。2014年10月23日，武进开放大学挂牌。该校与江苏城市职业学院武进办学点实行“一校两牌，多类教育并举”，举办高职教育、本科（专科）学历继续教育和非学历继续教育，以开放模式和信息化手段搭建武进全民学习、终身学习网络平台，加强学习资源建设，指导社区服务等相关业务，为地方培养高素质高技能应用型人才。

【武进开放大学获POCIB大赛团体一等奖】 4月16日～5月9日，第三届POCIB全国大学生外贸从业能力大赛（简称POCIB大赛）举行，由商务部中国国际贸易学会、全国外经贸职业教育教学指导委员会主办。该比赛属网络竞赛，采用国际贸易从业技能综合实训课程评价方法评定成绩，主要考量磋商函电撰写、成本核算、利润、业务多样性，履约流程和单据制作的正确性以及熟练程度，磋商函电项目由POCIB全国培训中心指导教师评分，其余项目由计算机自动评分。武进开放大学选派20人参赛，获个人一等奖1项、二等奖7项、三等奖10项，学校获团体一等奖。

武进开放大学挂牌 （区教育局 供稿）

【武进开放大学获省级及以上比赛奖项6项】 2014年，武进开放大学师生在省级及以上各类比赛中获奖6项。4月，机电工程系学生曾凯和羌铭杰在江苏省职业学校技能大赛中分获高职组加工制造类装配钳工项目一等奖、二等奖，艺术信息系学生赵春蕾获高职组艺术类平面设计项目二等奖。5月，文经管理系学生柏旋获全国高职高专英语写作大赛江苏赛区一等奖。9月，学生梅静怡获江苏省第十八届运动会高校专科组田径比赛女子七项全能第二名。12月，教师殷飞创作的微电影《未知的梦》获第十一届中国中小学校园影视奖节目类金奖。

（陆 琪）

社区教育

【概 况】 2014年年末，武进区有社区培训学院1所、镇级社区教育中心16所，其中标准化社区教育中心省级8所、市级7所。年内，区教育部门坚持完善全民终身教育体系和建设学习型社会目标，开展城乡社区教育，推进社区教育内涵建设，促进群众整体素质和文明程度的提高。组织参加省“5112”教育富民工程（全省“十五”期间通过职业教育与成人文化技术培训，转移500万名农村劳动力，培养100万名农村致富骨干，重点推广1000个农村科技致富示范项目，培训200万名下岗转岗职工，全面提高城乡劳动者科学文化技术素质，使接受教育培训人员年收入高于全省从业人员年均收入的10%以上），培训人数超12万人次。其中，参加农村新增和剩余劳动力转移教育培训2.58万人次，参加农村致富骨干培训7.52万人次，参加下岗（失业）转岗职工培训1.62万人次。全区有社区教育志愿者1.44万人，常年帮助开展各级各类培训，累计培训人数86.1万人次。24个民办非学历教育机构通过年检。武进区被教育部认定为第三批全国社区教育示范区，雪堰镇、郑陆镇社区教育中心通过省级社区教育中心标准化建设达标单位验收，嘉泽镇社区教育中心成为市级标准化社区教育中心，洛阳镇、横山桥镇被评为常州市社区教育示范镇，湖塘镇、横林镇被评为常州市数字化学习先行镇，雪堰镇雅浦村村民学校等18个居民（村民）学校创成市级社区教育合格居（村）民学校。12月，武进社区培训学院承担的“社区学校标准化建设的实验”和“建设社区企业员工学习点的实验”2个全国社区教育实验项目通过教育部职业教育与成人教育司评审。

【《社区教育提升社区居民幸福指数的研究》结题】 2014年12月，通过省专家组鉴定，顺利结题。该课题是江苏省成人教育协会“十二五”重点立项课题，由武进社区培训学院院长言俊主持，2013年立项，主要研究采用先进科学理念指导社区教育，通过开展标准化社区教育实验满足不同居民的学习需求，为社区居民提供有针对性的教育服务。课题组通过抽样调查、座谈研讨等形式了解社区居民学习需求，选派基层社区教育干部外出学习，组织研究人员听取专家讲座，开展各类专题研究和专题培训，先后有3篇论文发表于《中国社区教育》杂志，5篇论文发表于《常州终身教育》杂志。该课题进一步完善社区教育发展的管理机制和工作机制，促进社区教育培训活动和学习型组织建设的深入开展，有效提升社区居民的幸福指数。

【艺林园通过省高水平农科教结合富民示范基地验收】 2014年12月，经省高水平农科教结合富民示范基地考核组考核验收，艺林园通过“江苏省高水平农科教结合富民示范基地”验收。艺林园位于嘉泽镇厚余片区，由常州市厚余花木有限公司建设，早在2002年就被确认为省级农科教结合示范基地，占地面积56.67公顷，由观赏植物科技示范园、花木精品园和大树古树移栽示范园三大块组成；拥有管理和技术专兼职人员36人，电力配套设施、科研用房、大棚基地、道路沟渠等设施设备齐全，建立股份合作制，实行“公司＋基地＋合作社＋农户”的合作经营模式。从2012年起，该基地加大对花木经纪人、种植技术、劳动力转移等培训力度，每年举办讲座20多期，参训人数达1.3万人次，推广新品种、新技术，直接带动农户近万户，并辐射到邻近乡镇；开展大树、鲜切花花木新品种和容器育苗等新技术研究、示范和教育培训，发展“林家乐”旅游项目，为地方农业经济发展做出新贡献。

【两所镇级社区教育中心通过省级标准化社区教育中心验收】 2014年12月，郑陆镇、雪堰镇两社区教育中心均通过省教育厅组织的标准化社区教育中心验收。

雪堰镇社区教育中心　创建于1984年，前身是雪堰镇成人教育中心校，建筑面积2500多平方米，有专职教师3人、兼职教师60人，2011年成为常州市乡镇成人教育中心校标准化建设达标单位。该中心秉承“以人为本，服务社会”办学宗旨，举办机械加工、纺织、会计等岗位技能培训班，开展农村劳动力转移、创业、农村实用技术等为民培训，与江苏广播电视大学武进学院和江南大学等高校合作开设适合农村的大中专、本科等学历培训，开办围棋、舞蹈、器乐、书画、太极拳、健身等兴趣培训班，2014年培训各类人员4万多人次。中心开展符合地情的教研活动，水蜜桃种植、会计上岗培训等特色培训项目获市级评比三等奖，《孝道文化》特色课程获市三等奖。

艺林园技术人员指导农户开展容器育苗　（区教育局 供稿）

郑陆镇社区教育中心　创建于1985年，前身是郑陆镇成人教育中心校，占地面积6666.67平方米、建筑面积3200平方米，有专职教师3人、兼职教师40人，2007年成为省农科教结合示范基地，2009年成为常州市乡镇成人教育中心校标准化建设达标单位。该中心坚持“务实高效，服务社会”的办学宗旨，结合地方特色、产业特点，挖掘季子文化、舜虞文化、林果文化、古村落文化、诗词文化、职场文化等人文教育资源，常年举办办公自动化、CAD制图、会计上岗、会计继续教育、大专学历教育等培训，协助农业、文化、教育、体育等职能部门，开展林果栽培技术、诗词创作鉴赏等培训，提高企业职工技能，丰富社区文体活动，传承乡土文化等，2014年培训各类人员5万余人次。

【湖塘镇和横林镇成为市数字化学习先行镇】 2014年7月，市教育局从辖市区遴选8个镇作为全市数字化学习先行试点镇，推进全市社区教育信息化进程，武进区湖塘镇、横林镇入选。湖塘镇和横林镇是“全国社区教育示范乡镇”，两镇党委、政府高度重视试点工作，2012～2014年分别制定社区教育数字化学习规划，从宣传发动、添置硬件、推广自主学习理念、开发乡土课程等方面作出详细部署。在社区教育中心和文化站建立网络教室、数字化学习专用教室及可移动的数字化学习设备，各村（社区）设电子阅览室或网络学习专区，镇村两级投资超过百万元。两镇采用会议、短信、QQ群、村务公开、微信、网络平台等形式宣传发动村（社区）群众登录常州终身教育在线、江苏学习在线等网络平台进行在线学习；在社区教育中心、文化站的数字化学习教室开展网络知识和会计知识等继续教育课程、新型农民信息化应用培训、企业职工安全培训、高技术人才网络学习等；积累并开发阳湖拳、淹城文化、李公朴传记等一批数字化学习资源。12月，两镇通过市教育局验收，成为市数字化学习先行镇。

（陆　琪）

（栏目编辑　陈　蓉）

综　　述

【概　况】 2014年，全区文化部门坚持“为人民服务，为社会主义服务”（简称两为）方向，推进文化强区建设。举办2014江南滩簧展演、武进区第二届市民艺术节、周末文艺汇演，开展送综艺节目下乡、送戏下乡、“2131”工程农村电影放映、流动图书惠民服务活动。区博物馆、文化馆、图书馆、名人馆、晓园艺术馆等公益性文化场所免费对外开放，全年接待观众71万人次。广播电视全年安全播出零事故。年末，全区有民办博物馆8家，数字影院13家。年内，区锡剧团被省委宣传部评为“第四届江苏省服务农民、服务基层文化建设先进集体”。全区100多件文艺作品在省级及以上发表或获奖。

【2014江南滩簧展演】 5月9日至6月底，在凤凰谷大剧院举行的2014江南滩簧展演，由区政府主办，展演剧目主要有：5月9日，由梅花奖、白玉兰奖得主周东亮领衔主演的锡剧《草命天子》；5月18日，由梅花奖、文华奖得主王锦文担纲主演的甬剧《典妻》；5月29日，苏剧、锡剧折子戏专场；5月30日，由梅花奖、文华奖、白玉兰奖三奖得主王芳和获白玉兰戏剧配角奖榜首的张唐兵联袂主演苏剧《柳如是》；6月7日，由白玉兰主角奖得主寿建立主演的姚剧《严子陵》；6月14日，由国家一级演员程臻、朱俭主演的沪剧《日出》；6月底，武进锡剧团团长、国家一级演员沈惠兰主演《风雪寒梅李三娘》。观众累计1万余人。

【第八届中国曲艺牡丹奖全国曲艺大赛武进赛区】 6月21～23日举行。中国曲艺牡丹奖两年一届，是经中宣部批准，由中国文联、中国曲艺家协会主办的全国曲艺专业奖项。武进赛区作为第八届中国曲艺牡丹奖全国曲艺大赛第二个赛区，承担该届牡丹奖评弹、滑稽和小品类复赛。21～22日，武进赛区比赛在武进电视台演播厅开赛，来自江苏省、上海市、甘肃省和中国人民解放军的评弹、滑稽和小品类入围节目共30个参赛。6月23日晚，第八届中国曲艺牡丹奖全国曲艺大赛武进赛区颁奖仪式暨“送欢笑”惠民演出在凤凰谷大剧院举行。在颁奖仪式上，有21个节目和个人获得中国曲艺牡丹奖表演奖、文学奖、节目奖、新人奖提名奖，4家单位获组织奖。“送欢笑”惠民演出在开场舞蹈《牡丹花开》中开始，姜昆、戴志诚、王汝刚、籍薇、盛小云、张志宽、刘全利、刘全和、孙涛、邵峰、唐爱国、尚大庆等曲艺名家同台献艺，为观众送上了一台充满欢笑的曲艺盛宴。

（王元霆　钱　峰）

群众文化活动

【概　况】 2014年，区文广新局组织周末文艺演出30场，区锡剧团送戏下乡演出210场，区凤凰艺术团送综艺节目下乡演出252场。实施农村电影“2131”工程，在全区各地放映电影累计3468场。举办阳湖大讲堂12期，开展流动图书服务136次。快板《晒钱包》获全国少儿曲艺大赛二等奖。

【武进区第二届市民艺术节】 6月27日晚，“花都水城·浪漫武进”武进区第二届市民艺术节开幕式暨武进印象特色文艺专场演出在凤凰谷大剧院举行。该届艺术节由区委宣传部、区文广新局主办，以“花都水城·浪漫武进”为主题，武

6月27日，武进区第二届市民艺术节举行　（区文广新局 供稿）

进印象特色文艺专场演出器乐舞《高山流水》（奔牛镇文化站）、《祈福大典》（淹城艺术团）、音诗画《季子归来》（武进凤凰艺术团），以及《调犟牛》（南杨桥古文化研究会）等节目，市民800多人观看。该届艺术节还推出年K歌大赛、广场舞蹈大赛、文化管理员技能大赛三大比赛。10月24日晚，2014武进区第二届市民艺术节三大比赛颁奖晚会在新天地公园水上舞台举行，有31人获K歌大赛、文化管理员技能大赛奖项，17个基层文化单位获广场舞蹈大赛奖项。

【生态文化弘扬】 2014年，区文广新局联合环保、科协等部门实施“生态宣教强化工程”，传播、弘扬生态文化，培育公众生态文明价值观。5月23日晚，“生态文明，你我同行”文艺晚会在新天地公园水上舞台举行，区文化馆组织演出女生小合唱《地球你好吗》、舞蹈《茶山情歌》、方言快板《晚年四有乐淘淘》、相声《笑谈新农村》等提倡环保节能的节目，其间穿插环保知识现场抢答，吸引市民5000多人观看、参与。区文广新局选取生态文明建设题材的文艺节目列入凤凰艺术团送综艺下乡节目单中，由其在全区巡回演出200场。区图书馆、文化馆、博物馆，以及各镇文化站等公益性文化单位，开展环保知识图片巡展、环保知识竞赛、“生态文明，你我同行”摄影展等活动。

（王元霆　钱　峰）

文化阵地建设

【概　况】 2014年，全区新增文化阵地2个，刘海粟夏伊乔艺术馆于3月29日开馆，滆湖民俗博物馆建成开放，中国画学会常州西太湖创作基地于11月25日揭牌成立。全区各公益性文化场馆免费向群众开放。区图书馆举办阅读推广主题活动项目18个共190次，接待读者19万人次，外借图书24.3万册次。区博物馆举办大型临时展览活动21次，接待观众30万人次。区文化馆开设钢琴、交谊舞、声乐、国画、书法、摄影等30个门类共61期培训班，培训文艺骨干2万多人次。武进名人馆、恽南田美术馆、晓园艺术馆共接待观众120万人次。

（王元霆　钱　峰）

3月7日，春秋吴越青铜器特展开幕　（区文广新局 供稿）

【刘海粟夏伊乔艺术馆开馆】 3月29日开馆。刘海粟夏伊乔艺术馆是国内唯一一个以夫妻二人名字命名的艺术馆，位于花博园雅集园西北角，设有展厅6个，展示刘海粟作品12件、夏伊乔作品84件和刘海粟女儿刘蟾画作30件以及刘海粟、夏伊乔、刘蟾合作作品1件。年内，该艺术馆接待观展人员5000人次。

【中国画学会常州西太湖创作基地揭牌】 11月25日揭牌成立。中国画学会常州西太湖创作基地由中国画学会设立于花博园雅集园内的“叶嫩馆”，建筑面积近2000平方米，用于全国顶尖书画家创作、交流的场所，以此更好地挖掘优秀传统文化，培养城市独有的文化基因，将常州武进打造成为真正意义上的文化艺术之城。

（徐舒洁）

【滆湖民俗博物馆建成开放】 滆湖民俗博物馆位于西湖街道聚新社区职工活动中心二楼，由聚新社区提供场地、武进博物馆出借199件民俗文物、民间资本参与共建的武进首家民俗博物馆，于2013年10月开工建设，2015年元旦对外开放。该博物馆总投资约300万元，内设农耕文化展示区、捕鱼文化展示区和市井街道展示区，采用中国传统建筑材料和蜡像拟真杂货铺、茶馆、花絮店、布店药店、南货店和园作铺等，高度还原了武进滆湖地区人们生活实景，让参观者切身感受到传统文化的魅力。

（王　薇）

【春秋吴越青铜器特展在武进举行】 3月7日在区博物馆开幕，展期60天。春秋吴越青铜器特展由武进区文广新局主办，苏州东吴博物馆、武进区博物馆承办，展出最具代表性的吴越青铜器珍品共50件（套），其中有苏州东吴博物馆的镇馆之宝吴王剑、越王剑，以及提梁盉、吴王夫差鉴、吴王光鉴等重器。这些吴越青铜器有的造型奇特、精巧秀丽，有的凝重浑厚、气势雄伟，具有重要历史、文化价值。其间，主办方还特邀江西省博物馆名誉馆长彭适凡、江苏省吴文化学会副会长肖梦龙，在武进区博物馆学术报告厅作青铜文化讲座。参观这次特展观众累计2万多人次。

【镜华流光——扬州博物馆藏汉唐铜镜展在武进举行】 9月20日在武进区博物馆开幕，至10月12日结束。镜华流光——扬州博物馆藏汉唐铜镜展由江苏省文物局、武进区文广新局主办，系省文物局2014年全省馆藏文物巡回展项目，展出汉唐名镜精品60面。汉唐古镜，古朴典雅，具有重要历史、艺术和科学价值，在中国铜镜史上极负盛名。参观这次展览观众累计1.5万人次。

【抹不去的印迹——王挺琦艺术作品回顾展在武进举行】 4月6日在武进博物馆开幕，展期1个月。抹不去的印迹——王挺琦艺术作品回顾展由武进区政府、上海戏剧学院主办，展出王挺琦水粉、水彩作品共55幅，均为王挺琦小型画作，展现20世纪50年代常见的大工业场景和湖滨、海滨景色，以及城市风景、公园一隅、奇山秀水。王挺琦，武进礼嘉人，毕生致力于艺术教育，1938年就读于国立艺专绘画系，1943年到美国耶鲁大学学习美术专业，回国后先后在上海美专、新华艺专、上海戏剧学院任教，成为上海戏剧学院绘景专业开创者、全国第一份绘景课教学大纲制订者。在开幕式上，王挺琦夫人向武进区博物馆捐赠王挺琦艺术作品，由上海人民美术出版社出版的《抹不去的印迹：王挺琦》首发。参观这次展览观众累计2万多人次。

（金廷尉）

5月31日，“艾草悠悠端午情”非遗民俗风情展举行　（区文广新局 供稿）

文化遗产保护

【概　况】 2014年，区文化部门加强对全区文物保护单位的管理、修缮与日常巡查。完成第七批省级文物保护单位、第七批国家级文物保护单位“四有”（即有保护范围和建设控制地带、有标志碑说明碑、有记录档案、有专人管理）工作。按照全国第一次可移动文物普查工作统一要求，调查文物保护单位373家，新发现文物308件（组）。启动武进高新区新能源汽车基建项目、新沟河疏浚工程的文物保护工作，完成宋剑湖湿地公园、轨道交通一号线（武进段）的文物勘查工作。武进象牙雕刻入选国家级非物质文化遗产（简称非遗）保护名录。年末，全区有文物保护单位419家，其中国家级2家、省级10家。

【武进象牙雕刻入选第四批国家级非物质文化遗产代表性项目名录】 2014年11月11日，入选第四批国家级非物质文化遗产代表性项目名录。象牙雕刻作为一门古老的传统艺术，始于明代，盛于清代。武进地区以象牙浅刻表现书画艺术的传统源远流长，明末出现象雕牙“皮雕法”大家张希黄，晚清以后又相继出现周之礼、张楫如、吴昆、薛佛影、闵雅兴、杨雪芳等名家，发展到当代已与北京立雕、广东镂雕一起成为中国象牙雕刻的三大流派之一，涌现出萧剑波、陈桂方、倪久晋、王清源、王建海等象牙浅刻名家。

【“艾草悠悠端午情”非遗民俗风情展】 5月31日，在区博物馆广场举行。“艾草悠悠端午情”非遗民俗风情展由区文广新局主办，以传承非遗为主题，开展非遗项目图片展览、非遗静态类项目现场展示、现场展演、专场文艺演出等活动，实物展示和现场制作“掐丝珐琅画”“常州烙画”“武进面塑”“武进糖画”“焦溪扣肉”等20个非遗静态类项目，邀请8所小学组队参加包粽子比赛，演出歌伴舞《中国梦》、男女对唱《万泉河水清又清》、锡剧《双推磨》选段等节目，穿插端午知识问答和非遗知识问答环节与市民互动，参与活动人数2000多人。

（王元霆　钱　峰）

文化产业管理

【概　况】 2014年，全区有文化市场经营单位1100余家，网吧协会、娱乐协会2个。区文广新局全年办理文化行政审批事项226件，通过区“三合一”平台提前办结率100%。开展乡镇节场大篷演出整治、校园周边文化环境治理、“扫黄打非”专项行动、擅自安装卫星电视接收设施整治，全年出动执法人员2980人次，检查网吧980家次、娱乐场所248家次、印刷复制企业540家次、出版物经营场所110家次，受理群众举报18件，处理举报率100%，查处各类违规经营行为28起，结案28起。武进工业设计园、光辉文化艺术创意园入选第三批常州市文化产业示范园区，江苏环太湖文化艺术城发展有限公司、江苏超凡标牌股份有限公司入选第三批常州市文化产业示范基地。

【文化产业引导资金】 2014年，区文广新局组织12家文化企业申报上级文化产业引导资金，申报项目涵盖文化艺术服务类、广播影视类、出版发行和版权服务类、动漫和网络文化类、文化艺术精品类共7个领域。年末，嬉戏谷项目获中央文化产业发展专项资金330万元，江苏环太湖文化艺术城发展有限公司、鸿邮包装（常州）有限公司分获江苏省文化产业引导资金100万元和70万元。

（王元霆　钱　峰）

文 学 艺 术

【概　况】 2014年3月，区文联所属文艺协会统一更名为文艺家协会。8月中旬至9月底，区文联所属8个协会依次完成换届工作。年末，全区有文艺家协会8个、基层文联14个、挂靠社团2个，共有会员2000名，其中国家级协会会员60名、省级协会会员160名、市级协会会员1000余名。年内，全区文艺工作者遵循“两为”方向、“百花齐放、百家争鸣”方针，按照“贴近实际、贴近生活、贴近群众”原则创作文艺作品。全年出版专著12本，出刊《武进文艺》4期，101件作品在省级及以上发表或获奖。《走进真实的雷锋》《女检察官手记》《清流飞花——女法官办案纪实》《江南旧闻录》4部作品获常州市第七届精神文明建设“五个一工程”奖，长篇小说《刘炳和正传》由中国作家出版社出版。

【区文联第八次代表大会】 12月16日，武进区文学艺术界联合会（简称区文联）第八次代表大会召开，全区文艺工作者代表220多人出席。区委书记周斌在会上号召全区广大文艺工作者积极肩负起时代赋予的神圣使命，勇立时代潮头，投身火热实践，努力为武进经济社会发展和现代化建设伟业挥洒激情、贡献力量。大会通过上届文联工作报告和《常州市武进区文学艺术界联合会章程》。陶可当选为区文联第八届委员会主席，王小伟、羌云庆、沈惠兰、萧剑波、钱臣当选为副主席。

【长篇小说《刘炳和正传》研讨会在武进召开】 2014年12月27日，在武进区行政中心举行。陆涛声长篇小说《刘炳和正传》研讨会由江苏省作家协会主办，常州市作家协会、武进区文联承办，中国作家协会副主席、书记处书记何建明，江苏省作家协会主席、党组书记范小青，人民日报社文艺部副主任、著名评论家王必胜，文学报社社长兼总编陈歆耕，常州市作家协会主席胡军生、武进区文联主席陶可等20余人参加研讨。何建明在发言中称："《刘炳和正传》是一部展示江南独特的农民形象的画卷，保留和弘扬了苏南的语言特色，展现了当代中国改革开放发达地区文学现象的独特艺术魅力。"陆涛声创作的《刘炳和正传》分12章、101节，共29万字，2014年9月，由中国作家出版社出版，向全国公开发行。

【举办第十期文艺工作者读书班】 11月21日，在区行政中心会议室举办，区各文艺家协会会员、基层文联代表共150人参加。第十期文艺工作者读书班，区文联特邀常州大学艺术学院副教授叶康宁做题为《艺术品的欣赏和收藏》的讲座，特邀常州大学国学研究院院长、中华孝道文化研究院执行院长张戬炜做题为《文化·地方文化·常州地方文化》讲座，促进文艺工作者开阔视野，提升艺术修养，增添创作灵感。

区图书馆读者服务活动一角　　（区文广新局 供稿）

2014年武进区文艺创作主要成果选录

表51

类别	作品名称	形　式	作　者	发　表、获　奖　情　况
文学	《刘炳和正传》	长篇小说	陆涛声	中国作家出版社出版
	《彼岸是家》	散文集	吴振宇	江苏凤凰文艺出版社出版
	《回归》	散文集	邹晓慧	宁夏人民出版社出版
	《鹧鸪天词集》	诗词集	姚树元	中国文联出版社出版
戏剧曲艺	《风雪寒梅李三娘》	锡剧	戏曲协会	2014江南滩簧剧目展演、南京博物院口头表演类非遗项目展演
	《窦娥冤》	锡剧	戏曲协会	南京博物院口头表演类非遗项目展演
	《晒钱包》	曲艺	杨秀妹	全国少儿曲艺大赛二等奖
	《午夜心语》	小戏	文化馆锡剧团	江苏"五星工程奖"银奖
	《十字路口》	小品	李梦璐	江苏"五星工程奖"铜奖
音舞	《爷爷奶奶在乡下》	舞蹈	王晓艳	江苏"五星工程"银奖
摄影	《绽放》	照片	刘建中	江苏"五星工程"金奖
	《乐居》等22幅	照片	摄影协会	"第八届花卉博览会"全国摄影大赛优秀作品奖等
工艺美术	《父亲》等23件	象牙浅刻	陈桂方等	中国国际文化产业博览交易会金奖等
	《碧水轻舟》等13件	留青竹刻	徐文博等	第十五届中国工艺美术大师展金奖等
	《喜鹊登梅》等9件	牙刻	潘卫民等	第十五届中国工艺美术大师展银奖等
	《和美尽染》	掐丝珐琅	黄洪德	第十五届中国工艺美术大师展银奖
	《刘海粟肖像》	烙画	毛怀青	第十五届中国工艺美术大师展优秀奖
美术	《林谷清涧》	国画	朱利群	第三届全国少数民族美术作品展优秀奖
	《古垣之源》等12幅	国画	周晓东等	入选新中国成立65周年江苏美术作品展等

（葛　岩）

（栏目编辑　金祥勋）

大众传媒

报　　纸

【概　况】 2014年，武进日报社深耕本土，服务大局，以实现报业“有内涵、有体面、有潜力”的发展为目标，以“品牌化打造、团队化运作、多元化经营”为导向，引领主流舆论，推进报业转型。开设“践行群众路线，争当先行表率”专栏，全方位、多角度、高频次反映全区党的群众路线教育实践活动进展情况，刊发各类图文稿件280余篇。围绕“产业培育、城乡一体、改革创新、生态文明”四大战役，重点推出“透过现象看转型”“如何打赢产业培育战役”“年

表52　　2014年《武进日报》获省级报纸奖项作品情况

作品名称	作者	体裁	奖项	等次
《武进改装2万盏LED灯不花一分钱》	何泽宇　鞠燎原　马叶星　周　健	消息	江苏省报纸优秀作品	二等奖
《湖光山色咏乡愁》	孙泽新　鞠燎原　马叶星	通讯	江苏省报纸优秀作品	二等奖
2013年4月22日05版	陆　卓　郭明珍　黄晓倩	版面	江苏省报纸优秀作品	二等奖
《政府与市场跳好“双人舞”》	葛长青　鞠燎原　张　丽	消息	江苏省报纸优秀作品	三等奖
《武进十年摘取八项“生态桂冠”》	葛长青　鞠燎原　诸丽琴	通讯	江苏省报纸优秀作品	三等奖
《家庭赡养与抚养》	吴海涛	新闻漫画	江苏省报纸优秀作品	三等奖
《凸显新闻人文关怀，提升纸媒影响力》	葛长青　诸丽琴	新闻论文	江苏省报纸优秀作品	三等奖
《孤岛人家》	陆　新	图片	江苏省报纸优秀作品（江苏省新闻摄影学会）	三等奖
《夺冠瞬间》	高　岷	图片	江苏省报纸优秀作品（江苏省新闻摄影学会）	三等奖
《微博时代》	荆和平	散文	江苏省报纸副刊优秀作品	二等奖
《温暖的手》	虞红霞	散文	江苏省报纸副刊优秀作品	三等奖
《都市农夫》	张羊羊	散文	江苏省报纸副刊优秀作品	三等奖
《一副对联蕴何深意？》	梅子雨	杂文	江苏省报纸副刊优秀作品	三等奖
《武进改装2万盏LED灯不花一分钱》	何泽宇　鞠燎原　马叶星　周　健	消息	江苏省县市报新闻作品	荣誉奖
《湖光山色咏乡愁》	孙泽新　鞠燎原　马叶星	通讯	江苏省县市报新闻作品	荣誉奖
《政府与市场跳好“双人舞”》	葛长青　鞠燎原　张丽	消息	江苏省县市报新闻作品	一等奖
《“卡特”登陆大连再生资源交易所》	何泽宇　鞠燎原　马叶星	消息	江苏省县市报新闻作品	二等奖
《孙国华捐出毕生积蓄190万助教》	王　燕　周　健	通讯	江苏省县市报新闻作品	二等奖
《武进开创全国新市民学校管理新模式》	何泽宇　王　燕	消息	江苏省县市报新闻作品	三等奖
《武进率先发布城乡一体化指标体系》	马叶星	消息	江苏省县市报新闻作品	三等奖
《武进十年摘取八项“生态桂冠”》	葛长青　鞠燎原　诸丽琴	通讯	江苏省县市报新闻作品	三等奖
《她，为何如此受人尊崇？》	张　莉	通讯	江苏省县市报新闻作品	三等奖
《横林镇机关大院：“年过花甲，仍在服役”》	陆　新	图片	江苏省县市报新闻作品	三等奖
《生活比蜜甜》	高　岷　谢瑞发	图片	江苏省县市报新闻作品	三等奖

中看转型，项目促升级”“适应新常态，打好攻坚战”等系列报道，深度透析全区经济社会发展。全年出报305期，报纸日发行量在3.8万份左右，实现经营总收入3500万元（其中广告收入2500万元）。年内，《武进日报》24件次新闻作品获省级奖项。

【《湖塘社区报》创办】 1月29日，武进日报社创办《湖塘社区报》月刊，深化“走基层、转作风、改文风”活动，助推中心城区社区建设。年内，该报社领导班子成员带领全体记者，以推进“武报记者驻社区”新闻实践活动为载体，进驻湖塘镇44个社区，把触角深入到“身边人身边事”，挖掘社区新闻，服务百姓生活。《湖塘社区报》全年出刊12期，设有“社区·焦点”“社区·关注”“社区·文化”等版块，受到基层群众欢迎。此项工作成果被《常州宣传》第64期刊发，被列入区《联系服务群众典型案例汇编》。

【民生服务宣传】 2014年，武进日报社积极履行社会责任，推出“圆梦微心愿”公益活动。以报纸为载体，搭建汇聚社会各界力量的爱心平台，为困难群众实现心愿55件。开展“岁末温暖行动”“贫困大学生圆梦行动”，为前黄、牛塘两地200户贫困家庭送去爱心年货，为10名贫困学子“圆梦大学”。《好人善行》专栏报道30多名身边好人的义举善行，重塑向善理念，引导向善行为。年内，还与相关部门合作，推出《3·15消费特刊》《6·5环保特刊》《阅武进特刊》《悦武进特刊》，组织“中秋五大联展”“首届金牌理财师评选”“新少年网络作文大赛”等活动，彰显主流媒体引导作用。

【新媒体建设推进】 年初，武进日报社将“新媒体传播提速增效”列入年度重点项目，定人定责定目标，优化报社网站、数字报、官方微博和微信的运作，实现微信公众号每日推送正常化。9月，成立新媒体运营工作室，负责新媒体设计、采集、推送、维护和互动等工作。年底，《武进日报》官方微信粉丝逾5000名，推送的新闻类作品《面里有“乾坤”》阅读量超过6500人次，商业类信息《玩转武进万达》阅读量4万多人次，被上千名微友转发、收藏。“武进日报小记者”“武进日报微金融”“武进日报微健康”3个子微信相继上线运营。

【首届武进民间球王羽林争霸赛】 4月14日～7月12日，由武进日报社联合区体育局举办，羽毛球爱好者1000多人参与。首届民间球王羽林争霸赛设海选、分区赛、总决赛三个阶段，采用三局两胜制，设男子双打、女子双打、混合双打、男子单打、女子单打、团体比赛项目。5月11日在区健身广场羽毛球馆正式开赛。经过多轮对抗，总决赛在区健身中心落幕，刘士民获男单冠军，钱祯昀获女单冠军，邵正喜、朱建军获男双冠军，王安安、方嘉敏获女双冠军，顾德祥、展云获得混双冠军，新城地产代表队获团体冠军。此次比赛在全区开创由政府牵头、媒体主办大型赛事之先河，被评为“江苏省县市报优秀经营案例之最佳实践案例”。

（王名球）

广播电视

【概　况】 2014年，区广播电视台秉持“深耕本土、放眼全市、兼济天下”主旨，践行“离你最近，与你最亲”理念，以服务全区“产业培育、城乡一体、改革创新、生态文明”四大战役为工作主题，稳中求进加快转型升级，广播电视各项事业持续稳定发展。全年制播《武进新闻》313档，刊播新闻4225条。自采新闻中当日、昨日新闻占75%以上，开设专栏或系列报道20多个。制播《生活连线》313档，刊播新闻4069条。播出《武进政风热线》335档，有86个部门共180位嘉宾走进直播室，接受群众来电咨询投诉累计1453个，回复率98.6%，满意率95%。全年完成“服务中心、服务群众”7场主题问政。全台有39件作品获省、市级奖项，16件作品被江苏卫视《江苏新时空》录用，33件作品被常州电视台《常州新闻联播》《新闻广场》录用，100多件作品被上海经济区协作网、黄河电视台录用。区广播电视台获中国《神州瞭望》电视外宣优胜奖，广播剧《天佑中华》获江苏省第九届精神文明建设“五个一工程”奖，《生活连线》《生活超视》栏目获第二届“银河杯”全国市县电视台优秀节目一等奖。

【电视新闻宣传】 2014年，区广播电视台围绕区委、区政府中心工作展开电视节目宣传。《武进新闻》发挥舆论引导主流优势，以“今日头条”“时政要闻”版块报道全区重点工作、重大活动、重要决策，并通过新闻策划，以系列报道、连续报道、专栏等形式，做好背景报道、深度报道和经验典型报道。全年策划播出“年华2013”“新春走基层”“咬定新目标，开启新征程”“春涌武进”“观法治，看文明”“践行群众路线，争当先行表率”“全面打响四大战役”等专栏或系列报道20多个，播出反映全区产业培育、城乡一体、生态文明、改革创新等方面报道150多篇，推出“拆迁三年，造路三年”“规划好的幼儿园为何两年难开工”“区级公立医院改革调查”“个人光伏发电站的前景”“单独两孩新政解读”“注册资本新政”“家庭农场兴起”“世界读书日你还读书吗”等视点报道40多档。民生新闻《生活连线》栏目组优化组合、合理配置新闻资源，推出“舌尖上的武进（3）”“指尖上的武进”“探班青奥会”等系列报道。《连线帮帮团》栏目组开设“波波志愿服务”，招募社会上有一定技能、乐于奉献的志愿者团体，进社区开展义务帮扶活动。《武进政风热线》栏目组重点突出“问政、问责”，在优化设置政情、政风、政策、政论4个版块的基础上，开辟子栏目《今日关注》《透视窗》，围绕“服务中心、服务群众”开展主题问政4场，区委书记周斌、区长臧建中分别参加“加强改革创新，促进领先发展”“加速生态文明，共建大美武进”问政活动。围绕城市长效管理、干部作风建设、水环境治理、路边设摊整治等热点问题，播出《透视窗》10期。

【电视节目改版运行】 2014年，区广播电视台按照“维持总量，提高质量”的原则，统筹频道编排，创新节目样态。新闻频道通过整合《武进新闻》《青春派》《生活连线》《连线帮帮团》《新闻BRT》《武进政风热线》栏目，使观众在2个半小时内遍览包括武进在内的全

表 53 2014 年武进区广播电视台获省级以上奖项作品情况

作品名称	奖项	授奖部门
《天佑中华》	江苏省第九届精神文明建设“五个一工程”奖	省委宣传部“五个一工程”评选办公室
《将一生积蓄 190 万献教育》	江苏电视新闻长消息二等奖	省广播电影电视协会
常州市首届锡剧戏迷票友电视大赛	2013 ～ 2014 年度江苏电视文艺戏曲节目二等奖	省广播电影电视协会
《百年史家赵翼》	江苏广播电视播音社教类三等奖	省广播电影电视协会

球热点信息。生活频道以《嚼百趣》《开门 7+7》《标榜汽车》《龙城房产》栏目为主，从每晚 7:30 开始连播电视剧。人文频道以纪录片为主，每天 3 小时，传播全球文化。将《武进新闻》周日版由原来《壹周看》改为《青春派》，成为一档人物访谈类节目，讲述青春创业者人生故事，给年轻观众以深刻启迪。《开门 7+7》衍生出《标榜汽车》和《龙城房产》2 个独立栏目。将《嚼百趣》主持方式改为双主持，内容上在原来“谈古”的基础上增加“论今”部分，时间延长至 25 分钟。保留《周日戏相逢》戏曲节目，吸收戏迷意见，增加周六 1 小时《过把瘾》。完成《生活连线》《连线帮帮团》栏目节目包装，将《新闻 BRT》图片、图表、动画等图文内容与大屏幕充分结合，使节目更大气、现代、活泼、丰富。

【“名嘴下基层，欢乐进万家”活动】 6 月 13 日晚，在南夏墅街道南河花苑健身广场启动，区广播电视台播音员、主持人为社区居民表演文艺节目，向社区居民发放“武进电视台节目调查表”，征询意见和建议。这次活动由区广播电视台广告中心（活动部）策划，新闻中心、广播中心、技术中心等部门合作，历时 1 个月，先后到湖塘、遥观等 10 个乡镇巡演，为群众献上歌曲、舞蹈、曲艺、小品、戏剧等节目 120 多个，参加活动群众累计 5 万多人次。

【媒介融合质量提升】 2014 年，区广播电视台加快推进传统媒体和新兴媒体融合发展，建设形态多样、手段先进、具有较强传播力和竞争力的新型主流媒体。（1）传统嫁接新媒。从转型传统广播入手，与常州化龙巷、蜻蜓 FM、分众传媒，通过开展平台合作、资源互换，提高武进电台城市生活调频知晓率，并开通栏目公众微信、主持人个人微信、QQ 群、微博等，使传统媒体优势与新媒体平台得到有效嫁接。（2）平台纵深延伸。新增社区电子屏 2 个、移位 4 个，累计开通运行社区电子屏 160 个。完成区广播电视台官方微博和微信注册、认证，出台实施双微运行方案。推进手机客户端 APP 和电商开发，形成多平台互动、全方位传播的运作系统。（3）网络优化升级。以“数字电视惠民行，优质服务进万家”为抓手，推进高清互动、数据宽带和高清技防项目增值业务。全年完成营业收入 18529 万元、利润总额 3792 万元，分别增长 4.5%、5%。新发展高清互动用户 4.5 万户，累计 9.6 万户。投入网络升级改造经费 1500 万元，拓展光点 600 个，改造用户 2 万户。完成 1.6 万户（500 个光点）新住宅小区公寓房线路建设。完成“上海文广”和武进资讯平台技术对接，引进上海文广视频点播。完成“智慧社区”平台栏目内容建设，形成公益性和商业性两种对外推广模式，遥观镇“智慧社区”上线运行。

（潘燕萍）

新 闻 网

【概　况】 2014 年，武进新闻网站围绕区委、区政府中心工作，坚持正确网络舆论导向，传播正能量。做强视频直播访谈，及时传递政府声音，特邀区科协、区网安大队、区林业站、南都社区负责人等走进视频直播间，与网友面对面交流、沟通。组织新老网友开展“走进前黄镇”“亲子早教”等系列互动活动，增强网站与网友之间的互动。加强外宣工作，向新华网、人民网、中江网刊发原创稿件共 3500 篇。武进新闻网百度权重达到主站 6、论坛 3 的成绩，在同级别网站中位列前茅。

【“热点聚焦”报道】 2014 年，武进新闻网围绕全区中心工作，推出“2014 武进两会”“践行群众路线，争当先行表率”“困局突围”“政企同心”等专题 24 个，加强对重点项目推进、食品安全、科技创新、城乡建设等重点工作以及特色工业、现代农业和新农村建设、民生幸福等方面的新闻报道，形成持久宣传热潮。2 ～ 10 月，加强党的群众路线教育实践活动报道，重点聚焦增强政治责任、深化学习教育、找准“四风”问题、抓好“立行立改”等内容，开展新闻报道，采写新闻稿件 80 多篇。

【“武进论坛”人气提升】 2014 年，武进新闻网“武进论坛”紧扣“加力城乡一体，加速生态文明”战略、“产业培育、城乡一体、改革创新、生态文明”四大战役主题，开展议论。武进论坛注册网名会员超过 17 万名，日均浏览量 36000PV（页面浏览量），每天 UV（不同的、通过互联网访问、浏览网页的自然人）平均稳定在 4000 以上，各版块更新内容质量和可读价值较上年有明显提升。

【“掌上武进”有优势】 2014 年，武进新闻网更新优化“掌上武进”手机客户端，与新华社江苏分社保持相关内容与技术合作，通过合理的接口导入模式、网页重编译模式，实现武进新闻网手机客户端与网站页面每日同步增加相关第一手新闻 80 条。开发武进新闻网和武进论坛的手机触屏版本，实现手机浏览自动切换版本与自动内容推荐。

（张　军）

（栏目编辑　金祥勋）

体育

群众体育

【概　况】 2014年，武进区推进体育基本现代化建设，举办品牌赛事，开展全民健身活动，适应群众体育需求。全区新增社会体育指导员300人，累计3628人，其中二级780人、一级152人、国家级45人。新增区自行车运动协会、体育文化交流协会、户外运动协会3个，累计单项体育协会28个。区体育部门在巩固特色民间体育项目风筝、舞龙、登山、马灯的基础上，推出第六套健身秧歌、转盘健身操、相约舞步等健身项目。会同区教育局、区委农工办、区总工会、区级机关工委等部门举办健身活动和综合性体育赛事共40次，举办科学健身大讲堂10次、区级健身项目培训班10期。区体育局获省“2014年业余训练人才输送奖”第一名。

【“裕惠杯”中国常州国际体育舞蹈公开赛在武进举行】 8月24～25日在武进体育馆举行。“裕惠杯”中国常州国际体育舞蹈公开赛由武进体育文化交流协会主办，比赛项目设拉丁舞、摩登舞、民族民间舞、街舞、爵士舞、芭蕾舞、肚皮舞，全国51支队伍共1500多名选手参赛。在开幕式上，举行《摩登少年》集体舞表演、拉丁舞冠军展演，及“让爱通过舞蹈传递，让舞蹈插上爱的翅膀”现场义捐和裁判员授牌仪式等。经过比赛，选手赵彦武、朱惠娟、刘忠健、戚钰杰获职业组摩登舞第一名，戚旭东、王菁菁、肖凯、罗薇获职业组拉丁舞第一名。

【2014年中华龙舟大赛武进站比赛】 4月19～20日在武进太湖湾国家旅游龙舟赛基地举行。2014年中华龙舟大赛武进站比赛由国家体育总局社会体育指导中心、中央电视台体育频道、中国龙舟协会、江苏省体育局主办，中视体育娱乐有限公司、江苏省社会体育管理中心、江苏省龙舟协会、武进区人民政府承办，分设职业组男子（女子）23人龙舟200米、500米直道赛，大学生组男子（女子）12人龙舟200米、500米直道赛等项目，来自上海、广东、河南等32支队伍共750名运动员参赛。经过激战，广东顺德乐从男队和广东南海九江女队分获职业男子组、女子组总成绩第一名，吉林北华大学男队和天津师范大学女队分获大学生男子组、女子组第一名。中央电视台现场直播这次比赛。

4月19日，2014中华龙舟大赛武进站比赛在武进太湖湾举行（区体育局 供稿）

【第七届“光威钓王杯”全国钓鱼巡回赛江苏站比赛在武进举行】 4月13日在武进竞技钓鱼比赛训练基地举行。第七届“光威钓王杯”全国钓鱼巡回赛江苏站比赛，由威海光威集团、中国钓鱼协会主办，武进竞技钓鱼协会承办，分设小鲫鱼1场、中鲫鱼1场、混养1场3个项目，为时各70分钟，来自全省各地200名钓鱼选手参赛。此项赛事是武进竞钓基地投入使用以后承接的第二次全国性钓鱼比赛。武进选手秦定荣以总积分6.5的成绩获得亚军。

【2014常州武进西太湖国际半程马拉松赛暨“欢乐跑中国”常州站比赛】 10月25日在西太湖畔开赛。这次比赛由中华全国体育总会、江苏省体育总会和常州市体育总会指导，西太湖科技产业园（武进经发区）管理委员会、武进区体育局、常州市体育竞赛管理中心、盈方体育传媒（中国）有限公司和江苏常奥体育文

10月25日，2014国际半程马拉松赛暨“欢乐跑中国”常州站比赛在西太湖畔开启

（区体育局 供稿）

化传播有限公司共同主办，包括半程马拉松、“欢乐跑中国”（10千米）、万人健步行（3千米）三大项目。其中，国内外选手共2000多名参与半程马拉松，中国选手程乾育以1小时8分10秒的成绩夺得男子组冠军，肯尼亚选手艾莫斯·查格和中国选手李少壮分获亚军和季军；中国选手李文杰以1小时18分2秒的成绩获女子组冠军，中国选手孙腊梅和肯尼亚选手艾恩斯·基米提格分获亚军和季军。

【“新城地产杯”民间羽林争霸赛】 参见《大众传媒》栏目p196相关条目。

（徐霄燕）

竞 技 体 育

【概　况】 2014年，武进有在训运动员148名，教练员11名。全年承办国际性比赛4次、全国性比赛6次、省级比赛1次、市级比赛2次。组队参加江苏省第十八届运动会，获金牌116.75枚，并获两项指标（金牌榜获得名次和人才输送排名）第一名。组队参加2014年江苏省青少年县组田径比赛，取得团体总分190分、金牌3枚，并获“体育道德风尚奖”。组织66支代表队、812名运动员参加市级比赛16次，获奖牌432枚，其中金牌155枚、银牌147枚、铜牌30枚。区教育局与体育局共同组织全区中小学生体育竞赛13次，408支队伍5000多名运动员参赛。

（徐霄燕）

【第五届环太湖国际公路自行车赛武进（春秋淹城—西太湖）赛区】 11月6日举行，世界五大洲共20支车队、111名职业车手参赛，完成113千米赛程。澳大利亚BFL洲际队塞缪尔获得该段比赛第一名及冲刺积分奖，并夺得个人总成绩积分榜第一名，荷兰国家队于尔根、土耳其TRK洲际队奥肯分获第二、第三名。

【2014中国热气球公开赛】 11月7～9日在西太湖畔举行。这次公开赛是中国航空运动协会重点推广赛事，由国家体育总局航空无线电模型运动管理中心主办，常州广播电视台承办，西太湖科技产业园（武进经发区）管委会协办。30支热气球60名飞行员参赛，飞行员莫庆宏组以1000分的成绩获得冠军。

（徐舒洁）

【2014年361°中国乒乓球俱乐部超级联赛在武进举行】 6月14日，在武进体育馆举行。2014年361°中国乒乓球俱乐部超级联赛（武进体彩赛区），有国内20个乒乓球俱乐部参加，武进作为江苏中超电缆紫砂队主场承担9场主场比赛中的6场，分别是6月14日对战广东陈静、6月17日对战山东鲁能、6月24日对战宁波海天塑机、7月8日对战上海金迈驰、7月19日对战霸州海润、7月26日对战山东魏桥。在首场比赛中，江苏中超电缆紫砂队以奥恰洛夫、崔庆磊、张超，对阵广东陈静队的刘亚楠、尹航、刘吉康，经过4局激战，以3∶1获胜。

【江苏女曲（省队区办）获2014年全国女曲冠军杯赛亚军】 5月10～16日，在甘肃临洮举行。2014年全国女子曲棍球冠军杯赛，甘肃、广东、上海、吉林、四川、江苏、内蒙古、辽宁8支队伍参赛。这次比赛采用单循环决定名次的办法，分为小组赛和交叉赛两个阶段。江苏女曲（省队区办）以年轻队员为班底，秉承江苏女曲优良传统，团结协作，敢打敢拼，获得亚军。

（徐霄燕）

体育设施及体育产业

【概　况】 2014年，武进区加大镇、村体育健身场所建设扶持力度，投入健身工程（点）建设资金1500万元。推进城乡一体“十分钟健身圈”建设，新增镇级全民健身中心5个，新（改、扩）建村（社区）室内外体育健身场所110个，全区各类公共体育健身场地累计4611个，体育设施面积601万平方米。全区学校体育场地开放率95%。全年完成体育彩票销售总量3.87亿元，名列全省前列。

【体育健身市场多元发展】 2014年，区体育部门推进体育社会化、产业化发展新模式，将区健身广场的乒乓球馆、羽毛球馆委托区乒乓球和区羽毛球协会经营管理，获得社会效益和经济效益双提升。开展省级体育产业引导资金申报工作，“国内首台等速运动康复模式综合肌力测试训练期研发推广项目”等4个项目获得省级体育产业引导资金300万元。区体育局向南方美邦（常州）护理有限公司“兰盾运动护理保健项目”、郑陆镇牟家村“青田马会项目”等8个项目发放区级体育产业引导资金150万元。武进区体育场馆管理公司、常州市钱璟康复器材有限公司被省体育局命名为省级体育产业基地。

（徐霄燕）

（栏目编辑　金祥勋）

医疗卫生

综　述

【概　况】 2014年，武进区深化卫生改革创新，提升城乡居民健康水平。40%的乡镇卫生院与三级公立医院组建为医疗联合体。全年财政口径卫生经费支出6.82亿元，占当年全区预算内财政支出的5%。完善基层基本药物制度，全年完成基本药物采购2.07亿元。出台《关于调整武进区基层医疗机构绩效工资分配方案的意见》《2014区级医院、公共卫生单位和镇卫生院绩效工资总量浮动管理考核暂行办法》。年末，全区有医疗卫生机构340所。其中，区级卫生机构4所，区级医院3所，乡镇卫生院22所，社区卫生服务中心3所，社区卫生服务站38所，村卫生室176所，民营医院3所，企事业单位医务室（卫生所）43所，个体诊所48所。有医疗床位4423张，其中，区级医院2260张、乡镇卫生院（社区卫生服务中心）2043张、民营医院120张，平均每千名常住人口拥有床位2.75张。有卫生技术人员5944名，其中执业（助理）医师2899名，平均每千名常住人口拥有卫生技术人员3.71名、执业医师1.81名。镇级以上医疗机构全年诊疗539.45万人次，其中门急诊526.7万人次、住院12.75万人次，门急诊与住院人次分别增长6.5%和8.8%。镇、村医疗机构门急诊量占全区门急诊总量的75%，乡镇卫生院住院人数占全区住院总人数的40%，区域内就诊率达86.7%。全面加强公共卫生工作，全区传染病总发病率94/10万，下降6%。区卫生局开展党的群众路线教育实践活动，加强医德医风教育，召开“坚守底线，平安是福”廉政教育大会，组织全系统领导干部和重点岗位人员500余人至常州市预防职务犯罪教育基地接受警示教育。深化“三型”机关创建，参与“问政面对面”、《武进政风热线》节目6期。在全区28家基层医疗机构、公共卫生单位开展出院病人和服务对象满意度问卷函调，群众综合满意度94.6%。武进人民医院任敏获评常州市首届“医德之星”，横林人民医院梅章林获评第二届江苏省“百名医德之星”、第二届江苏省优秀基层医师和常州市首届“医德标兵”。

【公立医院改革全面展开】 从3月1日起，区政府在武进人民医院、武进中医医院、武进第三人民医院3家区级公立医院启动医药价格综合改革。所有药品（不含中药饮片、医院制剂）取消加成，实行零差率销售。药品差价70%通过调整医疗服务价格弥补，20%通过财政补助，10%通过医院提升管理自我消化，彻底破除以药补医的运行机制。按照总量控制、结构调整、有升有降的改革原则，下调高值医用耗材和磁共振、CT等大型仪器检查费用，提高体现医务人员劳务价值的护理、诊疗等服务价格，使公立医院通过提供优质服务得到合理补偿。完善财政补偿机制，对符合区域卫生发展规划的公立医院基本建设、大型设备购置、重点学科建设等发展建设支出，由区财政统筹安排。深化公立医院运行机制和管理体制改革，完善用人和收入分配激励机制，确定武进人民医院为法人治理结构建设试点单位。3家公立医院全年门急诊诊疗137.11万人次、出院69633人次，分别增长7%和2.66%。

【区域卫生信息化建设】 2014年，区卫生局推进区域卫生信息化项目建设。投资2275万元，为乡镇卫生院和村卫生室配备计算机、打印机、读卡器、交换机和3G上网卡等硬件设备，为基层医疗单位开展综合网络布线；投资280万元，完成公共卫生应急指挥中心建设；横林、高新区和湟里3家卫生院（医院）完成移动查房建设；完成25家镇卫生院（社区卫生服务中心）医生工作站、护士工作站、居民健康档案、电子病历、药品管理等40多个应用子系统建设，以及214家村卫生室（社区卫生服务站）全科医生工作站建设。武进人民医院建成供应室追溯管理系统，开展病区无线覆盖及护理终端设备选型论证。武进中医医院结合公立医院改革，开发和修改各类接口程序。区卫生局还完善区域卫生信息平台建设，将建成的健康档案管理、新农合管理、妇幼保健管理、医院管理等信息系统通过区域卫生信息平台进行联网，实现与常州市卫生信息平台的对接，全年上传卫生信息175万条。11月5日，区域卫生信息平台建设通过省卫计委的考核验收。

【“双百双千”特色援疆工程参与】 2014年，区卫生局在选派第八批援疆医务人员的基础上，参加全区“双百双千”（“双百”，即组织全区100家左右的机关部门、乡镇街道，与尼勒克县对口部门、单位深化结对互助；动员全区100家左右民营企业，利用武进区光彩基金平台，定向募集资金。“双千”，即充分利用所募集资金，对尼勒克县困难人员资助不低于 1000 人，每年每人资助不低于 1000 元）特色援疆工程，扩大对尼勒克县的卫生援建。实施短期柔性人才援疆，选派 4 名卫技人员，开展为期一个月的对口支援，协助尼勒克县加强肾内科、麻醉科、ICU、儿科等医疗学科建设。接受 20 名援建单位医务人员到武进挂职锻炼和专业进修。捐资 12 万元援建尼勒克县人民医院规范化示教室，捐赠 4 万元为尼勒克县妇幼保健院购置紧缺医疗设备。

【潘中来向区康复医院捐赠 100 万元】 12 月 3 日，远宇集团董事长潘中来向区康复医院捐赠 100 万元，用以改善医院康复设施设备。区康复医院位于湖塘镇淹城中路 9000-17 号，是全区首家专业性康复医院，依托于区康复中心，隶属武进中医医院，有床位 140 张，配备专业康复医师、治疗师及针灸理疗医师共 30 名，拥有护理人员 30 名，2010 年开诊。至 2014 年年末收治病人 3867 例，出院 3767 例，总有效率 95% 以上，患者满意度 100%。

（张雪平）

医疗卫生机构建设与管理

【概　况】 2014 年，全区卫生系统完成基本建设投入 1137.45 万元，购置 10 万元以上医疗仪器设备 90 台（件）、价值 5994.2 万元。湖塘镇鸣凰卫生院、马杭卫生院分别更名为湖塘镇鸣凰社区卫生服务中心和马杭社区卫生服务中心。武进人民医院外科综合病房大楼、武进中医医院门诊住院综合大楼项目加快推进，武进人民医院医疗中转房启用。武进高新区人民医院被确定为二级综合医院建设单位，横林人民医院被确定为二级中西医结合医院建设单位，区妇婴医院、区红房子医院被市卫生局确定为二级妇产医院建设单位。新增郑陆、礼嘉、洛阳、潘家、奔牛、邹区、前黄、漕桥 8 家镇卫生院（医院）具备部分三级手术权限。武进高新区人民医院消化科、横林人民医院偏瘫科和手外科、横山桥镇卫生院手外科、郑陆镇卫生院普外科、湟里镇卫生院妇产科成为省级乡镇卫生院特色科室重点建设单位。区卫生部门加强全区医疗质量管理，开展基层医疗机构专项检查、定期检查和夜急诊检查，促进医疗核心制度落实。加强医疗机构药品管理，建立抗生素药物采购使用每月通报制度，并与年终考核挂钩，促进抗生素药物合理使用。开展药品及部分医用耗材标后管理考核，从源头控制药品及耗材质量安全。4 月，全区区域化集中消毒供应模式实施，由武进人民医院南院消毒供应中心承担全区可重复使用医疗器械物品的回收、清洗、包装、灭菌、发放和运送，保障临床医疗需求。推进优质护理服务示范工程，武进中医医院康复病区的“Nice.home——让生命再次律动”被评为常州市优质护理服务品牌。

【医疗联合体建设】 2014 年，区卫生部门加快医疗联合体建设，将同一个区域内的医疗资源整合在一起，实现大医院对基层医院的帮扶，促进优质医疗资源合理流动。年内，前黄、郑陆、潘家、漕桥、横林、横山桥、鸣凰、芙蓉 8 家镇卫生院（医院），与武进人民医院、阳湖医院、常州市第七人民医院组建成医联体。医联体单位间主要围绕对口支援、领建专科、双向转诊 3 个方面开展合作。大医院和基层医院签订对口支援协议，通过带教、培训、进修、定期选派专家到基层坐诊等形式将专家资源和技术引入对口支援的基层医院，并建立检验检测资源设备共享制度；由大医院帮助基层医院打造特色专科，提升基层特色服务水平；大医院与基层医院间构建双向转诊绿色通道，方便群众看病就医。全年大医院共选派 30 名医疗专家到基层坐诊，门诊诊疗 4196 人次；领建基层专科 13 个；双向转诊住院病人 155 人次，实施会诊 144 人次。

【6 家镇卫生院成为中心卫生院】 9 月 10 日，前黄、潘家、奔牛、湟里、横山桥、郑陆 6 家镇卫生院被常州市卫生局确认为中心卫生院。该 6 家卫生院均创成江苏省示范乡镇卫生院，诊疗环境良好，科室设置齐全。业务用房面积均在 6600 平方米以上，按照辖区每千服务人口 0.6 张～1.2 张标准配备医疗床位。能够开展以基本医疗、预防、保健、健康教育、计划生育技术服务、康复等为主要内容的综合服务，并具备开展省卫计委核准的部分三级手术服务项目的能力。各中心卫生院均有 2 名以上副主任医师及以上职称执业医师，10 名以上主治医师及以上职称执业医师。中心卫生院在承担自身医疗卫生服务职能的同时，还具有协助区级医院对辐射区域范围的乡镇卫生院进行技术指导的职责。

（张雪平）

医学教育与科研

【概　况】 2014 年，全区卫生系统科研立项 31 项，其中 2 项被列入江苏省自然科学基金项目、国家高新技术研究发展计划课题项目；科研项目成果获江

1 月 14 日，武进人民医院举行法国汉斯大学医学院中国实习基地揭牌仪式

（区卫生局 供稿）

苏省医学新技术引进奖2项、常州市科技进步奖2项、武进区科技进步奖10项；获科研立项匹配及科研成果奖励资金36.69万元。在核心期刊上发表论文50篇，其中被SCI（科学论文索引）收录7篇。引进医学博士后1名，公开招录高学历人才33名、紧缺专业卫生人才12名、医卫专业大中专毕业生78名。9名青年医师入选第六批“青苗工程”培养对象，武进人民医院石红建、武洪林和史红雷、周燕娟、李勇，分别入选常州市重点医学创新人才二阶段培养对象、常州市青年医学创新人才二阶段培养对象。乡镇卫生院临床医生到区级医院参加务实进修培训23名，新招录全科医生规范化培训学员14名。横林人民医院、湟里镇卫生院被国家中医药管理局列为首批中医类别全科医生规范化基层培养基地。武进人民医院急诊医学科、心内科、肿瘤科、影像科、泌尿外科、心胸外科通过市级临床重点专科复核。武进人民医院成为法国汉斯大学医学院中国实习基地、同济大学医学院教学基地。

【第十届全国中西医结合灾害医学学术大会等在武进召开】 9月13～14日，第十届全国中西医结合灾害医学学术大会，江苏省中西医结合学会灾害医学、重症医学专业委员会成立大会暨健康产业成果展示洽谈会在武进召开。来自全国急诊、公共卫生、创伤、重症医学等领域的500余名专家与会，交流在各种灾害事故处理中的经验和教训，探讨中国灾害医学最新观点和最前沿研究成果，以提高中国灾害医学救援及危重病救治水平。在会上，中国协和医科大学北京协和医院外科学系主任、中国工程院院士邱贵兴，军事医学与药物化学专家、国家反化学恐怖重大课题首席专家、中国工程院院士陈冀胜，分别作《胸腰椎骨折与脊髓损伤》《灾害医学》演讲，法国Arnal，Jean-Michel教授、武进人民医院教授岳茂兴等45位专家分别作专题讲座。大会宣布成立江苏省中西医结合学会灾害与救援医学协同创新研究基地，挂设在武进人民医院。

【武进人民医院肿瘤生物免疫治疗中心启用】 9月19日启用。该中心由武进人民医院与常州兰茵生物技术有限公司合作建立，是医院与企业联手的产学研技术创新联盟，配备生物安全柜、高速离心机、倒置显微镜等高端进口设备，建立标准层流净化实验室。中心主要开展细胞免疫治疗技术，即一种以现代生物技术手段激发自身免疫系统，用以对抗肿瘤的新型治疗方法，是当前肿瘤生物免疫治疗中发展最完善的抗原负载的免疫细胞过继治疗技术，具有靶向性强、治疗效果好、毒副作用小等优点，已在恶性黑色素瘤、肾癌等肿瘤治疗上取得一定的临床效果。

（张雪平）

中医工作

【概　况】 2014年，全区卫生系统实施“中医药服务能力提升工程”，推进中医“治未病”健康工程，对65岁以上老年人和0～3周岁儿童开展中医药健康管理服务。组织“中医药就在你身边”中医药文化科普巡讲活动，开展义诊惠民活动15场次，服务群众4800人次。郑陆镇卫生院、邹区镇卜弋卫生院中医科创成常州市乡镇卫生院示范中医科。奔牛人民医院和雪堰镇漕桥卫生院被省卫计委、省中医药局确定为省级乡镇卫生院示范中医科建设单位。奔牛人民医院张丽丽、前黄人民医院葛鹏程入选第二批省农村优秀中医临床人才培养工程。年末，全区有三级乙等中医医院1家、中医门诊部20家、中医诊所9家，综合医院1家、乡镇卫生院22家、社区卫生服务中心3家均设有中医科。有中医执业（助理）医师275名，以中医药专业知识为主的乡村医生375名，省、市、区级名中医15名。

【武进中医医院成为省中西医结合医院技术协作医院】 2014年11月12日，武进中医医院与江苏省中西医结合医院举行医疗技术合作签约仪式。江苏省中西医结合医院是一所技术实力雄厚，以“中西医结合、医药教研相融”为特点，集医、药、教、研为一体的综合性三级甲等中西医结合医院，以治疗甲状腺疾病为主的内分泌科在全国具有较强影响力和知名度。武进中医医院2012年创成三级乙等中医医院后，致力于改善诊疗环境，引进多种大型医疗设备，加强人才队伍和专科建设，以多元化发展模式，谋求多方位、多领域合作，不断提高医疗技术服务水平及科研能力。这次与省中西医结合医院开展技术合作，依托省中西医结合医院内分泌专科的突出优势，重点加强甲状腺疾病专科的建设与发展，造福武进人民。

（张雪平）

初级卫生保健

【概　况】 2014年，区卫生局按照《武进区加快推进全区镇村医疗卫生机构建设的实施意见》，实施镇村医疗机构提档升级工程。前黄人民医院、雪堰镇漕桥卫生院创成省级示范乡镇卫生院，新（改、扩）建村卫生室6家，横山桥镇五一村卫生室、邹区镇卜弋琵琶村卫生室、前黄镇寨桥灵台村卫生室、前黄镇祝庄村卫生室、湟里镇后坊村卫生室被省卫计委确认为省级示范村卫生室，湖塘镇张家坝社区卫生服务站、湖塘镇新城南都社区卫生服务站、湖塘镇长安蒋湾社区卫生服务站、湖塘镇聚湖社区卫生服务站被市卫生局与财政局联合确认为市示范社区卫生服务站。城乡居民合作医疗年人均筹资535元，全区58.18万人参保，参保率100%。调整优化门诊补偿方案，完善区内双向转诊补偿政策，将金坛市儒林镇卫生院中医妇科等32个特色专科纳入武进城乡居民医保镇级定点医院报销范围。对各定点医疗机构开展住院、门诊费用考核和重大疾病救治病例核查及一般诊疗费监管，建立定点医疗机构药品、诊疗服务项目对照核查制度。全区全年门诊补偿263.8万人次，补偿金额3557.23万元；住院补偿72508人次，补偿金额2.83亿元。区、镇两级政策范围内住院补偿比80.03%，实际补偿比55.15%。城乡居民20种重大疾病医疗保障救治8519人次，补偿金额4758.58万元。城乡居民大病保险补偿8636人次，补偿金额3861.78万元。年末，鸣凰社区卫生服务中心被省卫计委确认为规范化社区卫生服务中心。

【省级示范乡镇卫生院武进新增2家】 2014年12月9日，前黄人民医院、雪堰镇漕桥卫生院被省卫计委确认为省级示范乡镇卫生院。前黄人民医院创建于1951年，为一级甲等医院，有医疗床位150张、职工168名，下设分院1个和村卫生室9个，年门诊量约20万人次、住院5000余人次。雪堰镇漕桥卫生院创建于1950年，为一级甲等医院，有医疗床位70张、职工75名，下设村卫生室3个，年门诊量约16万人次、住院2000余人。年内，该两家卫生院对照《江苏省示范乡镇卫生院评估标准》，从机构设置、总体布局、科室设置、人员配备、经济管理、业务管理、基础管理、人事管理、信息管理、服务绩效10个方面展开创建活动，实现辖区内传染病报告率100%，儿童“五苗”接种率99%，居民电子健康档案建档率90%以上，群众满意率和职工满意率95%以上。

【“大学生村医”工程推进】 8月23日，《武进区加快推进“大学生村医”工程的实施意见（2014～2018年）》出台，确定2014～2018年，全区通过招聘、定向培养等途径，招录大学生村医200名，充实到村卫生室（社区卫生服务站），从事医疗卫生和公共卫生工作。招聘对象为户籍或实际居住地在所招聘镇（开发区），且年龄在18周岁以上、30周岁以下，全日制普通高等医学院校毕业，具有医学类专业大专以上学历。具有执业（助理）医师资格人员，年龄可放宽到35周岁以下，学历放宽到中专及以上。“大学生村医”为签订劳动合同的聘用制人员，被聘用后由区人力资源有限公司实行代理，并由当地镇卫生院参照企业单位有关规定办理各项社会保险和住房公积金。年内，全区招录大学生村医27名。

（张雪平）

疾病防控

【概　况】 2014年，武进区按人均40元标准落实基本公共卫生服务经费，面向城乡居民免费开展11类43项基本公共卫生服务。全区累计建立居民健康档案127.27万份，常住人口建档率80.5%。老年人体检11.09万人，体检率74%。规范管理高血压患者14.77万人、糖尿病患者31702人、重性精神病患者6224人，规范化管理率分别为94.6%、94.5%和97.19%。规范全区疫苗冷链管理，为全区贮存疫苗冰箱统一安装温度监控仪，累计建成数字化预防接种门诊17个，全年免费接种一类疫苗432046针次。儿童口腔疾病筛查11719人，实施窝沟封闭8352人、氟化泡沫预防龋齿18358人。开展饮用水卫生安全、学校卫生、非法行医和非法采供血实地巡查25161次。开展职业健康监护体检17933人，检测职业病危害因素企业227家。全区无甲类传染病发生，乙类传染病发病1526例，发病率94/10万，下降6%。12月18日，常州市政府血地防领导小组办公室确认武进区达到《疟疾控制和消除标准（GB26345-2010）》规定的消除疟疾标准。

【重大传染病防控】 2014年，区卫生部门共发现肺结核病人544例（阳性病人129例），选择31名阳性病人开展结核病耐药监测。在公安监管场所被监管人员中开展HIV抗体检测2227人次，艾滋病自愿咨询检测门诊1562人次，美沙酮药物维持治疗门诊服药人员442人，对全区公共娱乐场所服务人员开展高危行为干预5415人次，完成国家级艾滋病哨点监测任务800人。完成2个麻风疫点的普查工作。常住麻风代养员25人，无新增病例。对现症麻风病人开展规则服药治疗和麻风查菌体检。对治愈病人及家属开展每半年一次随访、体检工作，随访323人。完成血防查螺调查面积678.68万平方米，查到有螺条块6个，有螺面积1.88万平方米，药物灭螺面积2.48万平方米，药物巩固灭螺面积5.36万平方米，血防监测查病6433人。

【急性传染病防控】 2014年，区卫生部门加强霍乱病防治，于4月1日至10月31日在各医疗机构开设肠道门诊，共登记腹泻病人11608例，开展霍乱检索1790例，无霍乱病例报告。报告麻疹疑似病例82例，开展应急接种2857人，无确诊病例。报告手足口病3669例（其中重症病例3例），上升159.8%，发生在学校或托幼机构的聚集性疫情54起。登记狂犬病暴露人群20394例，有效处理率100%。完成人感染H7N9禽流感暴露人群血清检测120人，无确诊病例。

【武进区创成省卫生应急工作示范区】 12月22日，被省卫计委确认为江苏省卫生应急工作示范区。武进区对照《江苏省卫生应急工作示范区评估标准》，围绕应急组织体系、指挥协调、预案体系、应急准备、监测预警、应急处置、总结评估、社会动员8个方面开展创建工作。区政府完善创建工作机制，组织全区各镇（街道）开展卫生应急示范创建活动，区财政安排年度卫生应急储备金100万元、院前急救保障经费86万元。区卫生部门健全巩固急救网络，建成具备数字化决策指挥功能的公共卫生应急指挥中心。完善预案体系，制定或更新政府专项预案、部门单项预案和重点单位预案，覆盖率达100%。加强培训演练，开展人感染H7N9禽流感防控、埃博拉出血

12月21日，创建省卫生应急工作示范区考核现场　　（区卫生局 供稿）

热疫情防控等综合实战演练，组织325名紧急医疗救援人员参加院前急救上岗培训。健全传染病监测预警机制，突发公共卫生事件网络直报率100%。强化卫生应急知识宣传教育，培训群众性现场急救人员5000人次。

（张雪平）

卫生监督

【概　况】2014年，区卫生部门严格各类卫生行政许可证发放和复核，新发3522张，复核8749张。监督检查餐饮单位8000户次，开展节日期间餐饮、旅游景区餐饮、餐饮具集中消毒和河豚等专项整治10次，138家学校食堂、18家餐饮单位被评为食品卫生量化分级管理信誉度A级单位。监督检查学校卫生198家、公共场所卫生4950户次。完成3家集中式供水及151家二次供水单位的监督抽检。开展打击非法行医专项行动，取缔非法行医场所596户次。加强“五小”（小餐饮店、小浴室、小网吧、小歌舞厅、小旅馆）行业管理，对2300余家“五小”单位开展轮回式检查3次，检查覆盖率100%，清理“无证”单位586家。举办餐饮单位、公共场所业主及管理人员培训班22期，累计培训39631人次。完成区“两会”、中高考、郁金香节、龙舟赛、西太湖车展等全区重大活动医疗卫生保障任务30项。受理投诉举报302起，及时处理率100%。区卫生监督所被省卫生监督所表彰为“基层卫生监督工作先进单位”。

【整顿医疗秩序专项行动】2014年，区卫生部门开展深化医疗秩序整顿，打击非法行医专项行动。建立日常监督检查、乡镇专项整治、打非成员单位联合执法、对非法行医者二次处罚后案件移送、信息通报等工作模式，取得良好效果。全年出动执法人员1134人次、车辆287车次，开展联合执法行动32次，取缔非法行医场所596户次，行政处罚92起，移送公安部门18人，没收用于非法行医的药品3560千克。将非法行医者立案查处信息录入省无证行医黑名单库。

（张雪平）

妇幼保健

【概　况】2014年，区卫生部门加强全区妇女儿童健康管理，开展母乳喂养宣传周和预防出生缺陷宣传周活动，对60家托幼机构开展儿童服药专项检查，对19所托幼机构开展卫生保健评估，对设立产科的14家医疗单位开展新一轮爱婴医院评估。从1月16日开始，全区启用新版出生医学证明，年内发放新版出生医学证明12922份。年末，全区孕产妇系统管理率96.83%，3岁以下儿童系统管理率96.33%，7岁以下儿童保健管理率97.52%，无孕产妇死亡，婴儿死亡率2.72‰，5岁以下儿童死亡率4.54‰，出生缺陷发生率2.51‰。区妇幼保健所获国家卫计委办公厅通报表扬。

【基本妇幼卫生服务】2014年，区妇幼保健机构做好基本妇幼卫生服务。完成孕产妇早孕建册6152份，早孕建册率97.37%。产前健康管理6218人，健康管理率98.42%。产后访视6204人，访视率98.2%。0～6岁儿童健康管理57919人，管理率92.26%。新生儿访视6283人，访视率99.45%。开展托幼机构工作人员体检2000人，儿童入托入园体检4266人。

【重大妇幼卫生服务】2014年，区妇幼保健机构做好重大妇幼卫生服务。农村孕产妇住院分娩补助4682人，补助金额234.1万元。孕前孕早期妇女补用叶酸8882人。妇女宫颈癌、乳腺癌检查共3.1万人，查出乳腺癌6例、宫颈癌5例。开展艾滋病、梅毒、乙肝母婴传播阻断项目，共检查孕产妇12790人。免费婚检1.85万人，婚检率96.29%。

（张雪平）

爱国卫生

【概　况】2014年，区爱卫办组织开展全国第26个爱国卫生月活动、省第18个健康教育宣传月活动，发放健教宣传资料30万份，举办义诊18场、卫生知识讲座68场，受益群众20万人次。推进卫生镇、村创建，郑陆镇新沟村、三皇庙村、和平村与前黄镇祝庄村获评省卫生村。采取每月暗访检查形式，加强对卫生镇、村的长效管理，遥观镇、雪堰镇通过国家卫生镇复审，53个省卫生村通过省爱卫会复审。做好病媒生物防治工作，投放灭鼠、灭蟑药共2.93万千克，新建灭鼠毒饵站5278个，礼嘉、牛塘、横林、洛阳、遥观、郑陆、横山桥、邹区8个镇被命名为“灭鼠、灭蟑、灭蝇”先进镇（5年一次重新命名）。全年举办居民健康知识讲座322场、健康生活方式主题巡讲17场。全区建成健康主题公园（广场）2个、健康步道3条、健康走廊2条。完成全国居民健康素养监测点工作，监测对象涉及牛塘、雪堰、遥观镇共6个村居民450人。10月22日，嘉泽镇创建“国家卫生镇”通过省爱卫办、环保厅、卫生监督所、健教所等组成的专家考核组考核验收。12月30日，武进中医医院被常州市爱卫委确认为全市首批健康促进医院之一。

（张雪平）

【嘉泽镇通过“国家卫生镇”验收】2014年10月22日，嘉泽镇创建“国家卫生镇”工作通过省爱国卫生运动委员会现场考核验收。按照《国家卫生镇标准》，嘉泽镇自2013年4月起启动创建工作，在镇村环境整治、健康教育、病媒生物防制、食品安全、生活饮用水、公共场所卫生等方面先后投入1.56亿元，完成河道清淤、道路修复、市场改建、拆迁安置、植树护绿等工程。到2014年6月，全镇垃圾清运率100%，镇区生活垃圾和粪便无害化处理率100%，工业废水、废气达标排放率100%，生活污水处理率97.1%，绿化面积累计55万平方米，绿化覆盖率38.3%。空气、声、水环境质量均达到功能区和环境规划要求，鼠、蝇、蟑螂密度达到国家规定的标准，蚊密度不超过国家标准三倍，群众对卫生状况满意率为96.4%。

（蒋　洁）

（栏目编辑　金祥勋）

社会生活

居民生活

【概　况】 2014年，武进区继续实施城乡一体化发展战略，城乡居民收入持续稳步增长。全区居民人均可支配收入32678元，增长9.3%。其中，城镇常住居民人均可支配收入41363元，增长8.7%；农村常住居民人均可支配收入21777元，增长10.8%。

【农村居民人均可支配收入增长10.8%】 2014年，全区农村常住居民人均可支配收入21777元、人均生活消费支出14140元，分别增长10.8%、10.6%。四项收入全面增长，其中农民工资性收入增长是推动农村居民人均可支配收入增长的关键所在。全区农村居民人均工资性年收入12954元，增长9.8%；人均家庭经营年净收入5271元，增长11.1%；人均财产性年纯收入575元，增长12.1%；人均转移性年纯收入2977元，增长14.3%。

【农村居民人均生活消费支出增长10.6%】 2014年，全区农民人均生活消费支出14140元，增长10.6%。八大类消费支出全面增长，食品消费支出4702元，增长10.7%；衣着消费支出787元，增长11.3%；居住消费支出3044元，增长9.4%；家庭设备用品支出947元，增长2.5%；交通和通讯消费支出1766元，增长12.2%；文化教育、娱乐用品及服务支出1433元，增长14.8%；医疗保健消费支出1066元，增长6.2%；人均其他商品和服务支出395元，增长33%。

【城镇居民人均可支配收入增长8.7%】 2014年，全区城镇居民家庭收入增长平稳，消费质量日趋提升。城镇居民家庭人均可支配收入41363元、人均消费支出22317元，分别增长8.7%、7.3%。城镇居民总收入四构成呈全面增长态势，其中工资性收入28844元、经营性收入4944元、财产性收入2573元、转移性收入5002元，分别增长9%、3.5%、11.9%和10.7%。工资性收入是居民增收主体。

【城镇居民家庭人均消费支出增长7.3%】 2014年，全区城镇居民人均消费性支出22317元，增长7.3%，八大类消费呈“七增一减”的态势，人均食品消费支出7075元、衣着消费支出1685元、居住消费支出3975元、交通通信消费支出3352元、文教娱乐消费支出2830元、医疗保健消费支出1621元、其他用品和服务支出556元，分别增长9.3%、3.5%、3.3%、15.4%、9.2%、6.6%、8%，人均生活用品及服务消费支出1223元，下降7.8%。

（蒋利金）

2014年武进城镇、农村居民每百户拥有耐用消费品情况

表54

指　标	单　位	数　值		指　标	单　位	数　值	
		城镇	农村			城镇	农村
住房面积（人均）	平方米	47.2	72.8	住宅电话	部	54	54
洗衣机	台	96	93	移动电话	部	228	203
电冰箱	台	96	97	摩托车	辆	31	59
空调机	台	212	157	家庭轿车	辆	36	21
彩　电	台	200	152	家用计算机	台	82	44
热水器	台	94	84				

人口和计划生育

【概　况】 2014年，全区人口计生部门以中共中央、国务院《关于调整完善生育政策的意见》为指针，重点实施“单独两孩”（适用于一方为独生子女的夫妇）政策，提升人口计生依法行政、社会管理和公共服务水平。全年出生8243人，人口出生率6.4‰，自然增长率15.3‰，计划生育率99.51%，孕前－围孕期保健率90%以上。依法管理、优质服务率92%，政策兑现率100%，群众满意率95%以上。区人口计生局获评“全省免费孕前优生健康检查工作先进集体”。

【稳定低生育水平】 2014年，区人口计生局围绕“促进人口长期均衡发展”目标，提升计生工作水准，稳定全区低生育水平。（1）推进人口计生信息化建设。开展“数据质量巩固年”活动，更新网络设备，提高网络运行维护能力，强化网络与信息安全，全区人口计生数据库信息完整率、准确率达到95%以上。（2）执行人口计生政策。办理《常州市生育服务联系单》8124张，办理独生子

女父母光荣证3869张。规范再生育审批，发放《批准再生育一个孩子》生育证3020张。(3)加强新型生育文化建设。以“5·29”协会活动日、“7·11”世界人口日、“9·25”公开信发表纪念日等活动为契机，集中宣传文明进步的新型婚育观念，解读人口计生政策。(4)加强计生均等化服务。为在武进居住3个月以上、持有常州市流动人口计划生育服务证的已婚育龄妇女10万人次，提供计划生育基本项目免费服务。扩大区域协作范围，与河北省邢台市桥东区等182个县（市、区）确立流动人口计划生育双向管理意向。

【“单独两孩”新政实施】 3月，区人口计生局按照省、市统一部署，推进“单独两孩”新政实施。在全区开展“单独两孩”生育意愿及影响因素问卷调查，了解符合“单独两孩”新政的群体数量。开展新政宣传解读，有针对性地进行“单独两孩”政策入户随访工作，使新政家喻户晓。规范“再生育一孩”审批工作流程，简化办证手续。年内，全区办理“单独两孩”2332例，其中符合新政的城镇“单独两孩”657例。

【计划生育困难家庭帮扶】 2014年，区人口计生局开展“春晖送暖”活动，为计划生育困难家庭提供精神慰藉和物质关怀。中秋、重阳前夕，开展“微孝、微帮扶”行动，区、镇两级走访慰问“失独家庭”100户，向每户发放1000元慰问金。在横林镇、西湖街道分别建立“阳光爱心屋”，开展“失独家庭”帮扶工作。开展村（社区）计生干部、志愿者与“失独老人”“空巢老人”“病残老人”结对帮扶活动，启动2015年度女性安康疾病保险赠送工作，为只生育一个女孩的贫困母亲赠送女性安康疾病保险。年末，向计划生育困难家庭49户发放公益金共19.7万元。

【人口和计划生育依法行政】 2014年，全区人口计生部门加强网络舆情监管与“三合一”（行政服务、法制监督、行政监察）网络维护，推进“三合一”网络平台建设。按照《江苏省社会抚养费征收管理办法》，加强社会抚养费征收和管理，出具社会抚养费征收决定书180份，申请法院强制执行19起。实行凭证定点引产、出生实名登记制度，会同区卫生、药监等部门，从源头防治非医学需要胎儿性别鉴定、选择性别人工终止妊娠现象。年内，处理安徽省移交“两非”案件6起。

【计划生育服务水平提高】 2014年，全区人口计生部门做好计生服务工作。为2800对夫妇提供免费孕前优生健康检查服务；开展避孕节育知情选择和随访服务，累计上报各种避孕药具不良反应459例；对初次使用避孕药、皮埋的育龄妇女，以及在计生系统内上环的育龄妇女，实行首诊登记，对使用避孕药、针剂5年以上的育龄妇女实施体格检查；开展“RTI综合防治”，与卫生部门联合开展“妇女两癌”筛查，免费为育龄妇女提供妇科病检查，开设生殖健康免费讲座，提高育龄妇女生殖健康认识和水平。

4月2日，武进区“单独两孩”政策实施工作培训班举办　（区计生局 供稿）

【计划生育利益导向机制建设】 2014年，区人口计生局把人口计生工作融入民生大局，全面落实奖励、扶助等法定政策和优惠政策。向符合条件的26496人次，发放农村部分计划生育家庭奖励扶助金2393.7万元。根据农村部分计划生育家庭享受“特别扶助金”被列入区2014年为民办实事项目，向符合条件的1463人发放“特别扶助金”共771.88万元。开展2014年度企业持证（独生子女父母光荣证）退休人员一次性奖励金登记审核工作，全区新增符合条件对象7156人。完成2014年度城镇持证非从业居民一次性奖励金登记审核工作，向符合条件的121人发放一次性奖励金43.56万元。

（王　璀）

民　政

【概　况】 2014年，全区民政部门以增强自治和服务功能为导向，围绕“现代民政示范区”创建主线，推进民政事业发展。全区城乡居民最低生活保障标准提高至每人每月500元。社区“减负增效”和“政社互动”在全区推广，“一委一居一站一办”（党委、居委会、管理服务站、综合治理办公室）建成率99%，城镇、农村和谐社区达标率分别达99%、98%。区社会组织培育发展服务中心大楼投入使用，进驻社会组织35家。全区有各类社会组织2886家，每万人拥有社会组织28家。全区有“五保”（保吃、保穿、保住、保医、保葬）对象709名，其中集中供养对象670名、分散供养对象39名，集中供养率达94%。自7月1日起，全区城市散居“三无”（无劳动能力、无收入来源、无法定赡养人）老人保障标准为每人每月1230元。年末，全区城市“三无”老人累计44名。全年办理结婚登记9615件、离婚登记2481件，补办结婚登记1549件、离婚登记88件，出具婚姻登记记录证明4199件，婚姻登记合格率100%。区民政局被评为区级机关综合考评优胜单位。

【社区“减负增效”与“政社互动”推广】 2014年，武进区加快社区工作转型升级，制定下发《关于推动村（社区）“减负增效”的实施意见》《关于在全区推行“政社互动”推动社会管理创新的意见》《关于印发武进区和谐（平安、文明）村（社区）考评暂行办法的通知》《关于印发〈“社区建设先进地区”考核任务分解表〉的通知》《关于统一城乡社区标牌标识的通知》等7个社区减负文件，理清社区职责，减轻社区负担。区民政局在湖塘镇先行试点的基础上，下半年在全区启动“政社互动”工作，全面完成《村（居）委会依法履行职责事项》《村（居）委会协助政府工作事项》两份清单公布，以及《2015年度基层群众自治组织协助政府工作协议书》签订工作。年末，全区达到和谐社区建设标准的城镇社区121个、农村社区240个。

【双拥优抚】 2014年，区民政局组织26个双拥成员单位共筹资63.5万元，用于为驻军办实事。重大节日期间，为驻武进部队赠送慰问金、慰问品价值共计269万元。为全区542名伤残军人换发新伤残军人证，为262名烈士家属换发新版烈士证书。全年接收退役士兵486名，发放安置金共2594万元。推出退役报到、培训登记“一站式”服务，退役士兵培训结束时“双证”获取率100%。

【社会福利】 2014年，全区新增福利彩票电脑票销售站点36个，新设江苏“快3”站点16个，累计福利彩票销售点303个，全年销售福利彩票3.27亿元。其中，电脑票销售（含江苏“快3”销售）2.1亿元，即开票“刮刮乐”销售3078万余元，“中福在线”销售8611万元。全区有福利企业81家，全年完成销售额98.62亿元。年末，在福利企业就业的残疾人达3771名。

【社会组织管理】 2014年，区民政局开展对全区社会组织、民办非企业单位的年检，年检率和年检合格率均达100%。12月，开通武进社会组织网。年末，全区有区级社会组织228家，民办非企业单位105家，社区社会组织2553家。区老年体育协会、区总商会等5家社会组织通过5A级评估，区光彩事业促进会、区新闻摄影协会等23家社会组织通过4A级评估，邹区镇商会、尚德社会工作服务中心等13家社会组织通过3A级评估，洛阳镇天井村社会矛盾调解协会、湖塘镇东方社区维权协会等60家社会组织通过2A级评估，雪堰镇曹家村法律咨询服务中心等1178家社会组织通过1A级评估。

【地名管理】 2014年，全区批准地名64条。其中，新命名道路名20条、居民区名30条、建筑物（群）名6条，调整道路名8条。办理地名预登记7条。

表55

2014年武进区新命名地名情况

序号	标准名称	方位
1	万泽太湖城	位于雪堰镇太滆村地域中，东至雅浦村存东巷村民小组，南至太湖，西至太滆水产养殖场，北至太滆水产养殖场
2	国茂新家园	位于湖塘镇北庙桥社区地域中，东至长沟河，西至凤林北路，北至春秋路
3	御龙山花园	位于湖塘镇花园社区地域中，东至玉塘路，南至定安中路，西至长沟河，北至古方路（规划）
4	湟墅花园	位于湟里镇北隍村地域中，东至北隍河，南至湟里南环路（暂定），西至北隍第十、第七村民小组，北至经纬一路（暂定名，位于新都以南）
5	诺丁花园	位于西湖街道地域中，东至西太湖婚礼堂，南至滆湖，西至翡丽湾花苑以东，北至揽月路
6	三河佳苑	位于郑陆镇三河口村地域中，东至三河口村第三村民小组，南至文昌路，西至河横路，北至三河路
7	星河城市花园（调整）	东至武宜中路，南至长虹中路、长沟路，西至玉塘路，北端由广电西路调整至定安中路
8	香颂花园	位于湖塘镇原聚湖村地域中，东至峰云汇花园，南至大通河，西至长沟河，北至湖塘东路
9	绿地香奈花园	位于西湖街道地域中，东至武进星韵学校、湖滨怡景花苑，南至稻香路，西至绿杨路，北至禾香炉
10	红墅岭山庄	位于雪堰镇城湾村地域中，东至太北路以西，南至竺山路，西至竺山湖度假村，北至庙堂山
11	金东方花园	位于牛塘镇卢家巷村地域中，东至湖滨南路，南至大寨河，西至牛溪路，北至延政西大道
12	华星锦苑	位于洛阳镇洛东社区地域中，东至洛东村东街村民小组，南至江苏南方通信科技有限公司，西至岑村路，北至东都东路
13	绿城玉兰广场	位于湖塘镇吾悦广场西侧地域中，东至玉塘路，南至人民中路，西至长沟河，北至大通河
14	东青雅苑	位于郑陆镇东青村地域中，东至常郑中路，南至东青实验学校以北，西至青松村湾塘村民小组，北至沪宁高速以南。
15	嘉泽玫瑰园	位于嘉泽镇嘉泽村、甘荡村地域中，东至嘉泽环镇路以西（夏溪河支流），南至茶泽街，西至花海大道（暂定），北至夏溪河。
16	金域东郡花园	位于郑陆镇施家巷村地域中，东至寺墩路，南至常郑东路，西至草塘浜，北至北塘河。
17	新春天里佳苑	位于高新区喜盈门社区地域中，东至火炬北路，南至人民中路，西至星火北路，北至喜盈门花苑
18	板桥嘉苑	位于雪堰镇曹家村地域中，东至吴韵路，南至汇民路，西至太北路，北至腾业路（规划）以南
19	中奥花园	位于湖塘镇府南社区地域中，东至凯尔锋度花园，南至滆湖中路，西至府南路，北至武进健身中心
20	紫廷名苑	位于高新北区十里社区地域中，东至星火北路，南至前黄高级中学教师宿舍区、世佳紫缘公寓，西至降子路，北至广电西路

续表 55

序号	标准名称	方　　位
21	顺天花苑	位于湖塘镇永安社区地域中，东至梅园路，南至澳新风情街住宅区，西至澳新风气街商业区，北至永胜中路。
22	瑞景花园	位于前黄镇商贸中心西侧地域中，东至文雅路，南至前黄交警中队，西至红星村苟家塘村民小组，北至永胜河。
23	领秀江南花苑	位于横山桥镇省庄村地域中，东至232省道，南至常州市顺达电气照片有限公司，西至省庄村第十三村民小组，北至省庄村第二十村民小组
24	南宅名苑	位于雪堰镇南宅社区地域中，东至岸里浜河，南至南宅粮管所，下孩子南潘路，北至盛南路
25	振鑫花园	位于前黄镇寨桥社区地域中，东至寨桥村委会，南至前黄供电所，西至振兴路，北至前寨公路
26	珍珠名苑	位于洛阳镇洛东社区地域中，东至珠光街，南至农贸南路，西至洛阳农贸市场，北至新科东路
27	旷达太湖花园	位于雪堰镇城东村地域中，东至邀贤山山坡，南至邀贤山山坡，西至太北路，北至规划中的邀贤山公园
28	逸兴聚缘公寓	位于湖塘镇张家坝地域中，东至淹城中路，南至宝林寺，西至东宝南路，北至长虹中路，淹城新苑
29	文雅苑	位于前黄镇前黄村、前进村地域中，东至文雅苑，南至敬业路，西至规划中的凤翔路延伸段，北至新园路（暂定）
30	津通雅苑	位于西湖街道地域中，东至西太湖风情街，南至稻香路，西至西太湖大道，北至原经发区二分场
31	丽都家园	位于嘉泽镇夏溪社区地域中，东至华夏溪香园，南至夏溪新东街，西至夏溪卫生院，北至花溪路
32	武进万达广场	位于湖塘镇东方社区地域中，东至花园街，南至聚湖东路，西至湖塘河以东、华都馨苑，北至人民中路以北
33	邹区时代广场	位于邹区镇龙潭、邹区村地域中，东至岳津河，南至新西路，西至邹区东方路，北至振中路
34	京顺大厦	位于高新区东庄社区地域中，东至东庄新村，南至打通东路，西至常武北路，北至常州龙城花鸟古玩市场
35	裕坤美城大厦	位于湖塘镇武进体育馆北侧地域中，东至武进特殊教育学校，南至滆湖中路，西至常熟宜必思酒店有限公司常州分公司
36	邹区灯贸中心	位于邹区集镇区，东至东方路，南至邹区兴隆东街，环镇路，西至北大街、邹区发得灯具广场，北至312国道
37	澜月湾中心	位于西湖街道地域中，东至西太湖揽月湾广场，南至滆湖大堤，西至腾龙路（延伸）段以东的市政绿地，北至揽月路
38	劲港路	位于奔牛镇顾庄村地域中，东西走向，东至239声道，经奔牛港港口木材市场，西至奔牛港港口作业区。
39	顺港路	位于奔牛镇顾庄村地域中，南北走向，南至奔牛港仓储配送区门卫，经奔牛港仓储配送区停车场，北至239省道。
40	长虹东路（调整）	调整后的长虹东路，东至武进区、无锡惠山区交界处（横林镇新东方村），经232省道，西至青洋南路，道路全长12.9公里。
41	西太湖风情街	位于西太湖科技产业园西湖街道地域中，东至绿杨路，南至稻香路，西至津通雅苑，北至原经发区二分场。
42	汇业路	位于潘家工业园区，东至太北路，经江苏武东机械有限公司，西至常州逸盛再生胶有限公司，全长1550米；
43	众业路	位于潘家工业园区，南至腾业路，经常州市龙瑞机械有限公司，北至周南路，全长750米；
44	周南路	位于潘家工业园区，东至太北路以东（胜利桥），经圣烈村荒田里村民小组，西至潘北街，全长1560米。
45	景业路	位于潘家工业园区，东太北路，经常州铭锦弹簧有限公司，西至潘北街，全长1800米；
46	聚业路	位于潘家工业园区，东至太北路，经常州市龙瑞机械有限公司，西至潘北街，全长1220米。
47	潘北街（调整）	位于潘家工业园区，南至潘家影剧院，经潘家建筑公司，北至342省道，全长2470米。
48	亭山路（调整）	位于潘家村地域中，南至永新路，经潘家菜场，北至兴政路，全长620米；
49	潘东街（调整）	位于潘家村地域中，东至旷达路，经潘家中学，西至潘家影剧院，全长700米；
50	汇通路（调整）	位于规划中的雪堰中心镇区，东至邀沿河东，经佳源城市广场，西至旷达路，全长860米。
51	太北路（调整）	位于太湖湾旅游度假区和规则中的雪堰中心镇区，南至环太湖路，经嬉戏谷、佳源城市广场，备至24省道，全长10300米。
52	金三角东路（调整）	位于漕桥、夏庄、城西回民村地域中，东至232省道，经黄堰桥，西至漕桥汽车站转盘，全长7550米。
53	邹区兴隆街（调整）	位于邹区集镇，东至邹区村施家村民小组（常泰高速公路下面），西至工业路（邹区），全长1950米。

续表 55

序号	标准名称	方位
54	殷村路	位于殷村村地域中，南北走向，南至常州城建高等职业学校，经殷村村委会，北至常金路；
55	富裕路	位于殷村村地域中，南至嘉泽镇三星村交界处，经殷村路（常州市甜玲旅游用品有限公司）东转志学府路（暂定）；
56	和裕路	位于殷村村地域中，东西走西，东至学府路（暂定），经常州城建高等职业学校北门，西至富裕路；
57	和丰路	位于殷村村地域中，东西走向，东至学府路（暂定），经常州市艺术高等职业学校，西至殷村路。
58	前庙路	位于前黄村地域中，南至前黄村寺桥（前黄实验中学），经前黄镇常骏车业公司，北至前进村浜头村民小组
59	敬业路	位于红旗村地域中，东至常武南路，经红旗村北庄村民小组，西至新知路。
60	文雅路	位于前黄村地域中，南至景德西路，经瑞景花园，北至前进村后黄苑村民小组
61	祝庄路	位于祝庄村地域中，东至运村幼儿园，经祝庄大桥（暂定），西至祝庄村潘家圩村民小组；
62	前灵路	位于前黄镇前黄村、丁舍村、大成村、观咀村、寨桥村、联庆村、灵台村地域中，北至景德西路，经前黄镇政府、寨桥影剧院，北至灵台村苗头村民小组
63	蒋排路	位于蒋排村地域中，南至前灵路，经前黄镇坊前电镀有限公司，北至蒋排村委会。
64	前市路	位于蒋排村地域中，南至蒋排村委会，蒋蒋排村前市村民小组，北至蒋排村楼下村民小组。

（赵洪波）

民族　宗教

【概　况】 2014年，区民宗局贯彻《江苏省少数民族权益保障条例》《宗教事务条例》，团结全区少数民族和宗教界人士保持与党同心同行，在安全稳定、团结致富、文明创建等方面做好管理和服务工作，促进民族宗教和谐稳定。年末，全区有常住少数民族38个族别共2902人，流动少数民族38个族别约1.8万人。有少数民族流动人口管理和服务站（点）13个，少数民族致富基地12个，回民聚居村1个，清真拉面馆292家。全区有佛教协会、道教协会、天主教爱国会、基督教“三自”爱国运动委员会等爱国宗教团体4个。依法登记的宗教活动场所70处，其中佛教46处、道教8处、基督教15处、天主教1处。全区经过资格认定的宗教教职人员200人。其中，佛教僧尼154人，道教道士16人，基督教牧师、长老及传道共28人，天主教神甫、修女共2人。区民宗局被评为“常州市民宗系统宣传信息调研工作先进集体”。

【加强宗教场所管理】 2014年，区民宗局联合区公安局、安监局，将全区70个宗教场所纳入区安全生产网络隐患排查监管系统和安全网格化管理体系，实现宗教场所安全生产网上培训教育、网格化隐患排查、全天候动态监管。清明节前夕，组织宝林寺、南城寺、大林寺、白龙观等场所教职人员到烈士纪念馆缅怀革命先烈。4月，武进道教协会、天主教爱国会完成换届选举，组建新一届领导班子。年末，全区13处宗教场所档案室创成省“三星级”档案室。

【民族宗教文化建设】 2014年，区民宗局组织开展宗教文化建设活动，促进全区宗教文化进步。开展“宗教慈善周”活动，组织民族宗教界人士参加社会公益慈善活动，募集善款10万元，用于资助贫困学生。加强宝林禅寺、白龙观等场所门户网站建设和管理，提升网站知名度和知晓率。宝林禅寺举办宝林文化讲堂、武进区首届观音文化节。白龙观举办王西安拳法研究会、2014横山道教论坛——财神文化研讨会，成立道教书院上善书院。全年出刊《武进佛缘》4期，累计27期。奔牛高级中学、横山桥白龙观、湖塘宝林寺3个场所获“常州市同心文化示范基地”称号。

（李美娟）

就业创业

【概　况】 2014年，区人社局实施积极的就业创业政策，在扩大就业规模的同时，实现就业人员层次与水平的提高。全区新增就业岗位74429个，新增城镇就业29200人，完成市目标任务的105.4%。下岗失业人员再就业6912人，就业困难对象再就业1506人。办理用工备案手续116251人。新增城镇失业人员17384人，城镇登记失业率1.91%。辖区内登记失业的被征地农民就业率99%。新增农村劳动力转移就业6258人。全年吸纳苏北地区劳动力22820人，其中对口地区农村劳动力3798人。

【“智慧化就业”服务】 2014年，区人社局确立“智慧化就业”工作主线，开通新版武进人力资源网，同时开通“武进人力资源网”微博、微信等公众平台，把现场招聘和网络招聘紧密结合，为企业和求职者提供招聘信息、求职信息、职业介绍等服务。网站注册企业会员3500余家，提供就业岗位10余万个，1.53万名个人求职者注册，上传求职简历1.4万余份。

【人力资源交流合作】 2014年，区人社局发挥区就业创业促进协会、人力资源市场服务功能，拓展人力资源交流合作。全年组织现场招聘会147场次，进场单位11005家，提供岗位231166个，进场求职205032人次，达成就业意向68584人。组织乡镇专场招聘会30场，进场企业1024家，提供就业岗位17683个，达成就业意向4646人。组织企业赴外参加高层次人才招聘，参会单位344

5月17日，长三角地区（武进）人才交流会举行　　（区人社局 供稿）

家，提供岗位4256个，达成意向4983人（其中博士16人、硕士869人、本科生3473人、大专生625人）。区职业介绍服务中心全年采集空岗信息80210条，登记求职23052人次，向企业推介13544人次，其中推介成功13404人次。

【创业就业工作推进】 2014年，区人社局坚持“创业培训、政策扶持、典型引领”方略，推进创业就业工作。(1)开展人力资源经理进校园活动。采用“创业就业大讲堂”形式，邀请国茂减速机集团等知名HR经理走进常州轻工职业技术学院、武进开放大学等，宣讲创业就业的典型事例，激励大学生创业就业热情。(2)建立“青年创业导师制度”。挑选一批具有行业经验及资源的企业家、职业经理人作为青年创业导师，建立“特聘青年创业导师”专家团，为创业青年提供辅导。全年扶持创业903人（其中大学生创业186人），创业带动就业5621人（其中大学生创业带动就业551人）。为87名创业者发放小额担保贷款2940万元。(3)实施“一站式”服务。发挥区创业指导服务中心和17个镇级创业服务指导站作用，配备专门人员对创业者开展“点对点”“一对一”服务，在创业项目申报、创业培训指导、扶持政策落实等方面实施一站式服务。(4)规范基地运作。完善大学生创业园、创业实训基地、创业孵化基地管理办法，加大基地考核力度，发挥武进科创中心省级大学生创业示范基地的示范引领作用，实现创业带动就业的倍增效应。年末，新增高校毕业生就业见习891人，发放见习生活补贴270万元。

【就业困难人员帮扶】 2014年，区人社局加强就业援助工作，把城镇零就业家庭人员、农村零转移家庭人员，以及特困职工家庭人员列为再就业援助重点对象；将全区1482名就业困难人员纳入就业援助范围，实行实名制动态管理。全年开发公益性岗位652个，新增灵活就业人员享受社保补贴1340人。

（匡　瑾）

社会保障

【概　况】 2014年，全区城乡社保覆盖面持续扩大。年末，企业养老保险参保人数480796人，医疗保险参保人数498246人，失业保险参保人数313216人，工伤保险参保人数307413人，生育保险参保人数294531人。机关事业单位养老保险、城乡居民养老保险参保人数分别为10121人和289201人。全区企业养老保险离退休人员105898人，增加8216人；发放养老金（含丧葬抚恤费）20.9亿元。年末，基本养老保险费累计结余111.6亿元，机关事业单位养老保险结余7449万元，基本医疗保险费（不包括个人账户的个人部分）结余19.1亿元，失业保险费结余54271万元，工伤保险费结余1338万元，生育保险费结余10012万元。全区人社部门简化社保服务经办手续，实行业务网上经办。完善内控机制，研发探索“微社保”建设，为参保人员提供个性化服务，社保服务稳步向“网厅一体化”迈进。将原县属企业退休人员2万余人统一纳入社会化管理。

【大病保险结算升级】 4月9日，武进区职工医保大病保险软件上线运行，实现为参保人员提供“一站式”即时结算服务的目标。参保人员在统筹区内就医，在出院结算时直接就可享受大病保险相关待遇，无需个人先付再二次报销；统筹区外就医，在携带相关资料到社保中心办理报销业务时，符合大病保险政策的当场即可享受大病保险的报销。2014年，全区大病保险享受44927人次，总支出6280万元。

【常武医保定点单位互通工程实施】 区人社局于6月启动常武医保定点单位互通工程，对338家医保定点单位全面摸底，举办项目情况通报会3次、网络运行协调会10次，分期分批实现武进医保卡在各区的所有定点机构、药店的刷卡使用。投入资金200余万元，对在常州定点医疗机构刷卡系统实施免费改造，满足常武地区参保人员就医、购药实际需求。10月，首批申报武进医保定点的90家市区医疗机构开通上线。年底，实现“常武医保互通”全覆盖。

【省社保卡项目建设推进】 2014年，区人社局按照上级统一部署，实施业务系统改造升级，与省社保卡管理系统对接。统一做好用卡环境改造，全面完成新卡机具布点。成立社会保障卡管理服务中心，设立区、镇两级共18个社保卡服务网点。12月9日，江苏省社会保障卡武进首发仪式在区行政中心举行，向全区新增参保人员制发新社保卡，存量发卡工作全面启动，全年共发放省社保卡30万张。

【和谐劳动关系构建】 (1)加强宣传指导。5月，“武进劳动监察”微信公众平台上线运行。年内，该平台用户达810余名，推送各类资讯560余条，累计阅读量超过10万人次。(2)开展专项行动。全区人社部门在春节期间开展农民工工资支付情况专项行动，直接参与处理欠薪案件57起，为1725名农民工追讨回工资共2525.93万元。开展清理整顿人力资源市场秩序专项行动，查处非法经营中介机构2家，对6家违规操作单位提出整改意见，将4家涉嫌非法用工单位移送工商部门处理。开展规范劳务派遣用工情况调查，协同区住建局、总工会、公安局等部门开展清理欠薪专项行动，共排查问题单位15家。(3)调处劳资纠纷。发现欠薪逃匿案39起，其中18起得到妥善处置。区劳动人事争议仲裁院全年受理案件1497起，开庭处理1482起，结案率95.06%；调解撤诉案件1112起，调解撤诉率75.03%。(4)派驻劳动监察中队。8月，向湟里镇下派劳动监察中队，全面建成“定点驻扎、区镇联动、上下对接”派驻式劳动保障监察执法体系。

【镇级人社平台“提档升级”】 2014年，区人社局启动镇级人社平台“提档升级”工程，以人社部经办服务要求为标准，在全区建立邹区镇、湟里镇、牛塘镇、横林镇和郑陆镇5家镇级人社服务平台示范点。14个镇级人社平台建立独立的标准化档案室，逐步承接退管人员档案属地化管理服务。全区368个村(社区)人社服务站全部建成。举办村(社区)协理员业务培训班，组织相关人社协理员参加省劳动保障协理员职业资格鉴定考试。开展第三轮人社工作业务下沉工作，把出具养老和医疗保险参保缴费凭证、失业保险待遇领取卡的发放、出具养老保险缴费情况证明、劳动事务代理、20人以上退工审批以及失业保险待遇的审批等五项业务经办权限下放给镇（街道）人社所，至此29项人社业务下沉到基层,通过下放职权,再造流程,将“服务窗口”向一线拓展、经办服务向基层延伸，方便群众。

（匡　瑾）

住房保障

【概　况】 2014年，武进区开工建设公租房783套，完成任务的111.9%；基本建成公租房5693套，完成任务的118.6%；开工建设限价商品住房1681套，完成任务的105.1%；开工建设棚危旧房改造安置住房1717套，完成任务的214.6%；基本建成棚危旧房改造安置住房3214套，完成任务的107.1%；发放廉租住房租金补贴家庭95户，完成任务的105.6%。取得中央和省补助公共租赁住房专项资金858万元，累计收缴20个开发项目的廉租房和公租房3%异地移建款共3.3亿元。审批购房补贴4人次，面积300平方米，补贴金额86550元；补差审批8人次，面积490.79平方米，接轨费14723元。审批公有住房买卖2户,面积121.54平方米,购房款21876元。

【住房保障提标扩面】 从3月3日起，武进区与常州市区同步放宽住房保障申请受理条件。(1)廉租住房。申请家庭人均月可支配收入由1480元（含）以下调整为1540元（含）以下。年内，全区新增廉租住房家庭6户，涉及13人；廉租住房房租金补贴转实物配租2户；累计88户家庭享受廉租住房保障政策，其中80户享受租金补贴共697732元、8户困难家庭享受实物配租。(2)经济适用住房。申请家庭人均月可支配收入由2800（含）以下调整为3080（含）以下，继续实施10万元购房货币补贴。全年受理经济适用房货币补贴申请45份，涉及95人；受理34家开发公司报来补贴款结算申请，涉及35户家庭购房补贴款共348万元。(3)公共租赁住房。申请家庭月可支配收入由2300元（含）以下调整为3080元（含）以下。全年受理公租房租金补贴申请24户，涉及48人；累计99户家庭享受公共租赁住房保障政策，其中75户享受租金补贴共377184元，24户困难家庭享受实物配租。

（储东巍）

慈善事业

【概　况】 2014年,区慈善总会围绕“保民生、促稳定”主题，以“积极实施救助”为重点展开慈善工作，新增慈善资金6015万元，年末慈善资金总量8.89亿元。其中，企业认捐资金51755万元，“慈善一日捐”资金4218万元，中小企业捐款及定向捐款18031万元，积余资金增值收入14925万元。直接下拨救助金3242万元，用于社会公益事业的补助资金836万元，救助困难群众11339人。在第二届“中华慈善突出贡献奖”评选中，新城控股集团有限公司董事长王振华、中天钢铁集团有限公司董事长董才平获中华慈善突出贡献（个人）奖，常州天禄建设开发有限公司、江苏九洲投资集团有限公司、江南农村商业银行股份有限公司获中华慈善突出贡献（单位）奖，区慈善总会获中华慈善突出贡献（组织）奖。

【大病慈善救助金发放】 9月2日，武进区举行2014年大病慈善救助金发放仪式，向全区3000户因病致贫家庭每户发放慈善救助金5000元。区领导周斌、臧建中、张建新、黄汉林、徐萍到湖塘镇，为该镇大病救助对象发放救助金，向受救助家庭表示慰问，勉励受助对象与疾病作斗争，争取早日康复，希望受助对象有朝一日脱贫致富后，也向社会奉献一份爱心、贡献一份力量。全区连续九年开展大病慈善救助，发放大病救助金共11553万元，累计惠及困难家庭23461户。

【慈善救助】 2014年，区慈善总会坚持“公平救助、有效救助、直接救助”原则，按照“个人申请、镇村审核、社会公示、总会把关、集中发放”的慈善救助程序开展工作。调整部分项目救助标准，孤儿救助金由每人每年4000元提高至每人每年5000元，“五保户”救助金由每人每年600元提高至每人每年800元，“三老人员”救助金由每人每年1000元提高至每人每年1200元。全年救助因病致贫困难家庭3817户，发放大病慈善救助金2100万元；救助贫困大学生、高中生、初中生共504人，发放助学资金147.6万元；慰问“三老人员”“五保户”共847人，发放助老资金121.3万元；救助残疾人100名，发放助残资金20万元；救助孤儿54人，发放助孤资金27万元；救助困难家庭6017户，发放助困资金722万元。

（李晓玲）

关心下一代

【概　况】 2014年，区关工委加强“五老”（老干部、老专家、老模范、老教师、老战士）队伍建设、活动阵地建设，推进“五有五好”关工委先进示范村（社区）创建、未成年人零犯罪村（社区）创建，促进关心下一代工作制度化、规范化。组织283个宣讲团进村（社区）、进学校、进企业，开展思想道德教育和法制教育，在全区青少年中开展“践行中国梦,三爱见行动”主题教育活动，培育社会主义核心价值观，促进青少年健康成长。年末，全区有区、镇、村（社区）、民营企业、学校、区级机关部门关工委共1225个，镇、村（社区）关爱工作团（组）共386个，“五老”志愿者队伍14876人。

【“践行中国梦，三爱见行动”主题教育活动】 3～9月，由区关工委和区教育局联合在全区青少年中开展。“践行中国梦，三爱见行动”（爱学习、爱劳动、爱祖国）主题教育活动中，组织主题教育宣讲员339名，编写宣讲材料420篇，听讲人数7.46万人次；播放市关工委以“感动中国道德模范和美德少年先进事迹”为主题的“阳光365”电视期刊碟片566场次，观看人数7.07万人次；参加读《常州名人》丛书活动的学生5.28万人，参加《做自豪的常州人》征文、演讲活动的学生13.36万人次；举办“八礼四仪”文明礼仪讲座339场次，参加人数2.8万人次；举办道德讲堂315场次，参加人数2.59万人次；组织图片展览、文艺演出共294场次,参加活动人数5.67万人次；“学雷锋，见行动”做好人好事共7208人次。年内，区关工委还组织全区中小学生参加江苏省“三爱”书签制作大赛，获奖学生148名，其中特等奖1名、一等奖14名、二等奖57名、优秀奖76名，区关工委、郑陆镇关工委均获全省中小学生“三爱”书签制作大赛组织奖。

【村（社区）校外教育辅导站建设】 2014年，区关工委加强校外教育基础设施建设工作，全区建成配置有6台以上电脑的村电子阅览室52个，增加22个。这些村电子阅览室为中小学生暑寒假、节假日学习培训和应用电脑创造了条件。雪堰镇新康村在全省城乡校外教育辅导站电子阅览室优秀活动计划和优秀活动视频案例评选中，分获省关工委颁发的一等奖和二等奖。

【帮困助学】 2014年，区关工委以“确保没有少年儿童因贫困无助而失学、辍学”为主旨，依托“关爱工作团（组）”和“五老”志愿者，动员和组织社会力量开展对青少年中特殊群体和弱势群体的关爱帮扶活动，为关爱重点对象解决生活、就学困难，使其受到应有教育。全年资助贫困生、特困生共2344名和孤残青少年285名，受助资金共1054.35万元。全区村（社区）“爱心助学基金会”增至68个，专项基金累计7573万元。对品学兼优学生实行校外奖励，全区有251个村（社区）召开“三好学生”“优秀学生”年度表彰大会，表彰“三好学生”共计6550名，奖励金额共计241.5万元。奖励升入高一级学校的优秀生特别是重点资助优秀的贫困生926名，奖励金额共计102.6万元。

（陈国全）

残疾人工作

【概　况】 2014年，区残联围绕武进区“加力城乡一体，加速生态文明”战略，推进残疾人保障、康复、教育、就业工作，优化残疾人生存环境。开展以“为民、务实、清廉”为主要内容的党的群众路线教育实践活动，展开系列助残活动。完善残疾人维权工作网络，与常州市日月泰律师事务所签订免费法律援助协议，向残疾人提供无偿法律援助20起。走访区内贫困残疾人家庭3965户，发放慰问物品价值242万元。成立武进区同心助残驿站，开展针对170户贫困残疾人家庭的“爱心一帮一”结对扶残助残活动。全区助残志愿者累计达2550人。区残联与雪堰镇南宅村结对，支持该村“帮扶资金”10万元；区残联工作人员全年义务献血5100毫升。区残联获评省残疾人组织建设“强基育人”工程先进集体。

【白内障免费复明手术全覆盖项目实施】 白内障免费复明手术全覆盖项目作为2014年武进区30件为民办实事项目之一，由区残联组织实施。5月15日，在坂上眼科医院举办“创建全国白内障无障碍区”启动仪式，确立白内障防治工作长效机制，开展国家级“白内障无障碍区”创建工作。经对全区2万余人进行白内障筛查，确定符合白内障手术指征人数2667例，年内完成手术2500例。累计投入资金230.4万元。

【残疾人生活保障水准提高】 2014年，区残联实施“残疾人幸福生活推进计划”。从7月1日起，全区4869名重度残疾人生活救助金标准由每人每月450元提高至每人每月500元。向全区残疾人机动轮椅车主620名按每人每年260元标准发放燃油补贴，为全区符合条件的持证残疾人2.25万名按每人50元标准办理意外伤害保险。向残疾学生和困难残疾人家庭学生共168名发放助学金27万元。向全区一户多残、依老养残家庭共184户发放补贴88.24万元，另向一户多残、依老养残家庭共155户发放救助金15.5万元，并按每户500元标准办理家庭综合保险。

5月20日，区残联举行吴韵流芳——全国助残日戏曲演唱会　（区残联 供稿）

【残疾人康复救助工程实施】 2014年，区残联投入经费600万元,组织实施“三助一免”（助视、助听、助行、精神病人免费提供药品救助）康复救助工程。向贫困残疾人发放轮椅400辆，向32家卫生服务中心发放轮椅108辆，向贫困家庭发放轮椅30辆；向贫困残疾人发放拐杖200副、盲杖100根，装配假肢15个；助听器筛查125人，核定发放助听器80台，发放低视力适配助视器627副；为贫困肇事肇祸精神病人340名办理入院治疗手续（234名长期住院）。为0～14周岁符合条件的残疾儿童68名施行抢救性康复训练。区残疾人康复医院扩容工程完成，残疾人康复中心公益服务效能增强，全年在该康复中心参加各类培训及文体活动的残疾人800多名。

【残疾人就业扶持】 2014年，区残联举办“美甲”“丝网花”“林果种植”“毛线编织”“电脑操作”“苗木修剪”等培训班7期，共培训残疾人335名。通过培训学习,10多名残疾人开办“美甲”“丝网花”等手工店，用以自食其力。全年发放创业扶持金10万元，扶持31名残疾人自主创业。采取多渠道推介就业方式，分片举办“残疾人就业援助”专场招聘会3场。区残联网站发布招聘信息，主动联系招聘企业36家，提供工作岗位196个，促成51名残疾人就业。年末，区向日葵残疾人艺术培训中心被评为省级残疾人就业创业基地，郑陆镇横沟村林果合作社被评为市级残疾人扶贫基地。

【残疾人文体活动】 2014年，区残联以“给残疾人一个梦”为主旨，组织适合残疾人参与、符合残疾人特点的文体活动。5月20日，举办“吴韵流芳”全国助残日戏曲演唱会，武进区钱璟残疾人艺术团演员、残疾人家属和助残志愿者共100多名登台献艺，表演锡剧、沪剧、越剧等节目。组织武进区残疾人艺术团走进湖塘镇长安大巷社区、遥观镇宋剑湖家园等8个社区，巡回演出“爱如阳光”。8月14～16日，举办武进区残疾人坐地排球赛，136名残疾人参赛。选拔6～18周岁残疾人25名参加游泳特训，培养残疾人体育优秀人才。组队参加常州市残疾人羽毛球比赛，武进代表队获总成绩第一。10月，选拔区特殊教育学校8名运动员代表江苏省参加澳门特殊奥运会第二十一届城市田径邀请赛，获金牌7枚、银牌4枚、铜牌4枚。

（张　露　许　蕾）

红十字会工作

【概　况】 2014年,区红十字会遵循“人道、博爱、奉献”宗旨，加强组织建设，开展生命救护、人道救助、志愿服务，为建设“大爱武进”贡献力量。特邀中国红十字总会筹资部处长陈启洪为全区红十字专兼职干部作“新形势下公益筹资政策环境及能力的培养”讲座。开展扶贫帮困活动，发放红十字救助款物价值173万元。举办各类应急救护培训班87期，初级救护培训1052人次，普及救护培训8037人次。年末，全区有基层红十字组织187个，其中镇级红十字会19个、学校红十字会101个、医院红十字会33个、企业红十字会2个、社区红十字服务站22个，有红十字会会员14.2万名、红十字志愿者4200余名。区红十字会获常州市红十字宣传工作先进集体奖、《江苏红十字》报刊先进单位三等奖。

【区红十字会第九次会员代表大会】 12月19日，武进区红十字会第九次会员代表大会在区行政中心召开。常州市红十字会党组书记、常务副会长钱斌和区委书记周斌出席会议并讲话。区领导张建新、黄汉林、孙金才、陆雅芬，区辖各部门分管领导、红十字会主要负责人，以及区各红十字会会员代表、特邀嘉宾、“爱心企业”代表等共250余人出席大会。大会听取并审议通过区红十字会第八届理事会工作报告，选举产生区红十字会第九届理事会和新一届领导班子，聘请周斌为名誉会长，选举陆雅芬为会长、王云芬为常务副会长、王伟国为专职副会长，牟维英等11人为兼职副会长。大会表彰全区红十字会系统先进集体、先进工作者，向今创集团股份有限公司、新誉集团有限公司等10家企业颁发“红十字爱心企业”奖。

【武进红十字会百年华诞纪念】 2014年5月，区红十字会以武进红十字会百年华诞为契机，结合第67个“世界红十字日”，举办“博爱天使，大爱武进”系列活动。召开武进红十字百年华诞暨“5·8世界红十字日”纪念大会，开展“博爱杯”红十字知识竞赛和“博爱杯”武进红十字会百年华诞有奖征文活动，发放“博爱天使，大爱武进”红十字白血病特困家庭救助金，表彰“2013年度武进区十佳博爱集体”及“十大杰出志愿者”，举行反映武进红十字会百年工作实践的文集《人道博爱奉献》首发式。

【“博爱天使”人道救助】 1月10日，区红十字会在横山桥镇举行“博爱天使，情暖武进”系列活动之红十字博爱送万家启动仪式，向该镇67户困难家庭发放慰问金3.6万元、棉被30条及救助物资价值2万余元。在“博爱送万

9月12日,区红十字会举办第一届“博爱杯”应急救护技能大赛（区红十会 供稿）

家”系列活动中，区红十字会组织人员走访慰问太湖医院麻风病疗养人员、湖塘镇湖塘社区和奔牛镇陈巷村困难家庭共20户，看望全区0～10周岁困难白血病患儿，累计发放各类救助款物价值18万元。向全区65户困难家庭发放慰问金共32.5万元，向101户白血病特困家庭发放慰问金共30.3万元。根据“暑期圆梦行动”标准，向6名救助对象发放助学金共2.4万元，向特殊教育学校困难学生发放救助金5万元。全年累计发放各类社会救助款物价值173万余元。“博爱天使”服务品牌被区委组织部、区级机关工委联合命名为“优秀服务品牌”。

【博爱筹资】 2014年，区红十字会开展红十字“博爱一元捐”活动，开具捐款发票，将票号在区红十字会网站公布，让捐赠单位、个人及时了解捐赠款物使用情况。开展云南鲁甸地震灾区募捐活动，及时将19.46万元爱心捐款通过市红十字会汇往灾区，用于灾后项目援建。协调江苏润源控股集团有限公司，通过区红十字会向奔牛镇九里村捐赠16万元，定向用于村级道路硬化与拓宽，改善村民出行条件。在专项业务费中列支20万元设立博爱天使救助基金，用于区内白血病特困家庭专项救助。全年募集各类爱心款物价值84万元，其中“红十字一元捐”筹集爱心款15.16万元、各类定向捐赠款40.5万元。

【红十字“三献”活动】 2014年，区红十字会与相关部门联合开展“三献”（无偿献血、捐献造血干细胞、捐献遗体与器官）活动。印发红十字“三献”倡议书6000份，制作以“天使相髓志愿队”“成功捐献造血干细胞志愿者风采”“献血英雄”为主题的展版在公共场所展出，累计开展“三献”宣传活动61次。联合区文明办、区级机关党工委开展“三献”志愿活动，区级机关部门141人参加无偿献血。联合区教育、公安等部门为造血干细胞捐献志愿者胡南、吴爱萍（江苏省第400例、武进区第12例捐献者）举行赴宁捐献欢送仪式。全区参加无偿献血者10005人次，无偿献血量共358万毫升。完成造血干细胞血样采样入库180人次，新增成功捐献造血干细胞志愿者2例，累计成功捐献12例。

（许　屹　陶美娟）

老龄事业

【概　况】 2014年，全区各级老龄组织贯彻《江苏省关于进一步加强老年教育工作的意见》，展开“普及老年健康知识，提高生命生活质量”宣传教育活动。开展“孝满武进，德润万家”主题活动，加强“民乐”“民安”工程建设。充分发挥区老年活动中心示范作用，启动区“三老中心”项目建设。区老年大学提升文史专业，增加大众专业，办强特色专业，开设书法、绘画、文学等专业11个，办班59个，学员2040人次。年末，全区60周岁及以上老年人口24.40万人，占全区户籍总人口的23.95%；80周岁及以上老年人口3.45万人，占全区老年人口的14.14%；百岁老人93名。于乔铣获评第六届“全国孝亲敬老之星”，钱仲法获评常州市第三届“十佳老有所为人物·爱心助老之星”。

【居家养老事业推进】 2014年，全区建成综合性养老服务中心18家，新增区级居家养老服务中心1家，村（社区）居家养老服务站全区覆盖，区、镇、村三级居家养老服务网络初步建立。15家敬老院、7家民办养老机构成为基础支撑。武进启动农村养老院改造提升工程，加大对养老机构的投入力度，5家敬老院被评为省星级农村“五保”供养服务机构。引导民间力量参与养老机构建设，庙桥老年公寓、聚湖老年公寓投入运营，牟家村颐养园、金东方颐养园一期项目建成，太湖湾旷达颐养园项目建设启动。年末，全区养老床位总数9476张，每千名老年人拥有机构养老床位43张。

【区第五个“敬老月”活动】 2014年，区老龄委根据省、市老龄委要求，结合武进实际开展全区第五个“敬老月”活动。9月29日，区领导臧建中、张建新、江建文等分两路，走访慰问全区部分老年人；区民政局领导分六路走访慰问各镇敬老院、福利院，以及百岁老人，向年度新增的23名百岁老人每人赠送1辆轮椅。“敬老月”期间，区慈善总会为658名集中供养的“五保户”每人发放慰问金800元，区卫生部门在湖塘镇举办为老年人义诊活动。区体育局、老龄办等部门在区老干部活动中心举办武进区湖塘杯老年人门球比赛，20支队伍共100多名老年人参赛。

表56　2014年年末武进区百岁老人名单

姓　名	性别	出生年月	镇（街道）、开发区、村（社区）	姓　名	性别	出生年月	镇（街道）、开发区、村（社区）
白阿珍	女	1913年10月	湖塘东升	庄凤英	女	1915年8月	高新北马杭
刘秀宝	女	1914年4月	湖塘三勤	卞琴华	女	1909年1月	南夏墅石柱
张良铭	男	1913年11月	湖塘周家巷	金荷娣	女	1911年3月	南夏墅三河
壮祥英	女	1914年4月	湖塘周家巷	花琴珍	女	1913年7月	南夏墅桐庄
周仁娣	女	1911年6月	湖塘周家巷	张产娣	女	1914年4月	南夏墅
蒋三妹	女	1911年3月	湖塘聚湖	杨银吁	女	1914年3月	南夏墅南河
王美大	女	1911年9月	湖塘丰乐	陆仁秀	女	1915年11月	南夏墅高新苑
邱秀珍	女	1909年10月	湖塘南街	沈中兴	男	1915年10月	高新区大学新村
欧产贤	男	1912年3月	湖塘长安	冯琴娣	女	1915年12月	南夏墅三河

续表 56

姓　名	性别	出生年月	镇（街道）、开发区、村（社区）	姓　名	性别	出生年月	镇（街道）、开发区、村（社区）
祝佩芬	女	1912 年 11 月	湖塘	蒋孚中	男	1915 年 1 月	南夏墅高新南苑
孟大保	男	1913 年 1 月	湖塘永安	奚凤英	女	1915 年 7 月	奔牛新市
陈祥秀	女	1914 年 7 月	湖塘永安	杨双培	男	1915 年 3 月	奔牛桥东街
万淑静	女	1915 年 11 月	湖塘花东	张毓南	女	1915 年 9 月	奔牛中街
许凤秀	女	1915 年 7 月	湖塘华家	姜龙娣	女	1915 年 3 月	湟里村西
王爱珍	女	1915 年 5 月	湖塘社区	刘根宝	男	1911 年 7 月	湟里西鲁
周爱珍	女	1915 年 12 月	湖塘东华	吴兰娣	女	1912 年 3 月	湟里后坊
管杏英	女	1915 年 2 月	湖塘南街	吴兰英	女	1908 年 2 月	郑陆黄天荡
刘秀锦	女	1914 年 10 月	雪堰圣烈	牟产娣	女	1912 年 8 月	郑陆徐家
陆凤金	女	1915 年 12 月	雪堰雅浦	朱杏娣	女	1914 年 2 月	郑陆武城
余全娣	女	1909 年 11 月	雪堰城湾	张菊凤	女	1915 年 9 月	郑陆梧岗
秦进法	男	1915 年 9 月	雪堰谢家	庄贵英	女	1912 年 11 月	遥观孽墅巷
管瑞芳	女	1913 年 8 月	雪堰潘家	刘妹娣	女	1913 年 9 月	遥观渔庄
陈祥生	男	1914 年 6 月	雪堰城西	曹彩英	女	1907 年 9 月	洛阳岑村
许锡初	男	1915 年 12 月	雪堰共建	陆菊妹	女	1913 年 12 月	洛阳岑村
苏红梅	女	1912 年 9 月	雪堰夏墅	殷小梅	女	1913 年 5 月	洛阳翟家村
蒋彩仙	女	1915 年 9 月	雪堰楼村	秦银娣	女	1913 年 2 月	洛阳马鞍
袁凤英	女	1915 年 1 月	雪堰雪西	张阿大	女	1910 年 11 月	洛阳汤墅
王巧珍	女	1911 年 11 月	横林狄坂	沈桂英	女	1915 年 12 月	洛阳马鞍
查友文	男	1911 年 6 月	横林红联	袁美大	女	1910 年 7 月	礼嘉武阳
丁祥生	男	1911 年 5 月	横林庆丰	唐炳耀	男	1913 年 11 月	礼嘉建东
王凤珍	女	1914 年 12 月	横林下塘	朱小青	女	1914 年 10 月	礼嘉建东
薛友芬	女	1913 年 12 月	横林新东方	孙巧秀	女	1914 年 10 月	礼嘉蒲岸
费秀娟	女	1915 年 9 月	横林江村	时 吉	女	1915 年 8 月	礼嘉何墅
汤金娣	女	1915 年 10 月	横林红联	庄凤仪	女	1912 年 11 月	礼嘉政平
章月娥	女	1915 年 10 月	横林崔桥	赵赠熊	男	1912 年 10 月	嘉泽嘉兴
顾祥官	女	1913 年 1 月	邹区桥东	俞玉仙	女	1915 年 8 月	嘉泽丰杨
王晓英	女	1914 年 3 月	邹区龙潭	高生奎	男	1915 年 10 月	嘉泽夏庄
潘全梅	女	1914 年 3 月	邹区卜戈	龚领娣	女	1915 年 10 月	嘉泽西城
丁金寿	男	1915 年 3 月	邹区新屋	王产娣	女	1915 年 8 月	嘉泽成章
杜仁道	男	1915 年 3 月	邹区琵琶	刘桂英	女	1915 年 5 月	嘉泽夏溪
殷怀生	男	1914 年 3 月	前黄灵台	潘金娣	女	1915 年 4 月	嘉泽满墩
陈宜大	女	1909 年 9 月	前黄高梅	查金妹	女	1912 年 8 月	横山桥芙蓉
王凤秀	女	1913 年 10 月	前黄祝庄	陈秀英	女	1913 年 12 月	横山桥梁家桥
闵荷梅	女	1913 年 9 月	前黄农场	孙寿英	女	1912 年 11 月	牛塘厚恕
陈玉妹	女	1915 年 10 月	前黄坊东	赵正行	男	1914 年 11 月	西湖聚新
朱金	女	1915 年 7 月	前黄联庆	冯美玉	女	1914 年 2 月	西湖塔下
王福林	男	1915 年 6 月	前黄运村				

（钱焕根）

（栏目编辑　金祥勋）

镇（街道）情要览

雪堰镇

【概　况】雪堰镇位于武进区东南部，东接无锡马山，西临宜兴，南濒太湖，总面积104.75平方千米，辖行政村25个、社区4个，2014年年末总人口79269人。境内有太湖岛屿椒山，春秋阖闾城、宋代龟山书院、南山寺、吴稚晖故居等人文景观，与国际动漫嬉戏谷、中华孝道园等现代旅游景点交相辉映。农特产品有太湖“三白”（白鱼、白虾、银鱼）、水蜜桃、柑橘、杨梅和绿茶等。先后获“全国千强镇”“全国环境优美乡镇”“国家卫生镇”等称号。

产业发展　推进区域特色农业，以谢家千亩桃园、城西千亩梨园、夏庄千亩葡萄园等示范基地为主体，辐射带动周边村规模种植，扩大三大林果主打品种规模，打造果品种植示范园区。全镇高效农业面积3380公顷，林果种植面积占全区林果种植的40%，太湖明珠水产专业合作社创成国家级示范社。有工业企业1202家，新增规模以上工业企业10家，累计101家，完成规模以上工业产值112亿元，占全镇工业产值的64%。发展精密机械产业，实施江苏凯邦重工科技有限公司标准厂房、江苏旷吉附件汽车有限公司标准厂房等区重点工业项目，完成工业投入10.6亿元。新增高新技术企业2家，累计25家，完成高新技术产业产值28.1亿元，占全镇规模以上工业产值的25%；申请专利371件，获授权90件；通过省级工程技术中心认定2家。发展农业观光、休闲旅游，太湖湾旅游度假区、城西农家乐风情街、太滆渔家乐一条街吸引各地游客前来观光。全年完成服务业投入12.11亿元，实现服务业增加值40亿元、限额以上批零业销售额10.5亿元、重点服务业单位营业收入5.8亿元，分别增长25.8%、5.9%、4.2%、2.3%。

镇村建设　加强小城镇建设规划设计，编制完成生态文明建设规划、镇村体系布局规划、镇区地下综合管线规划、被撤并镇整治规划、新镇区吴韵公园规划、重点工业集中区标准厂房规划等，以及城西回民村、南山村省级整治试点规划，结合美丽乡村建设开展雅浦村、南山村、城西回民村规划设计。完善城镇功能，完成核心区安置房工程，推进佳源中心广场、太湖国际颐养庄园等项目建设，配合做好川气东送江苏配套一期工程、青洋路延伸工程、夹山垃圾填埋场续建等项目实施，新（扩）建潘家派出所、潘家农贸市场，雪堰供电所交付使用。完善基础设施，完成新镇区5条道路粗粒子沥青混凝土铺设，同步实施雨污水管道、燃气管网、强弱电管道和35千伏高压线入地改造工程，安装路灯288盏；完成3条重点工业集中区道路水稳层铺设，同步实施雨污水管道和强弱电管道工程，工业集中区（东区）道路白改黑工程交付使用；实施农村公路提档升级，完成雪旺线、雪雅线提档升级，改造弓堰桥、新桥和绣衣桥3座；推广天然气应用，在雪西、雪东、夏庄、雅浦、南山和太滆6个村安装天然气，新增用户2100户。实施生态综合治理工程，完成村级工业区整体污水管网改造、南宅片区管网提升和太滆临湖地区生态林修复，推行在建工程“绿色施工”，开展生态拦截和农村分散式生活污水处

表57　2014年雪堰镇主要经济社会指标完成情况

指　标	单　位	数　值	比2013年（±%）
地区生产总值	亿　元	73.86	2.3
公共财政预算收入	万　元	34352	5.9
农业总产值	亿　元	5.55	5.8
多种经营产值	亿　元	4.92	7.3
粮食总产量	万千克	1959	-13.7
工业销售收入	亿　元	171.82	0.7
实际利用外资	万美元	—	—
自营出口额	万美元	16336	35.9
第三产业增加值	亿　元	39.98	5.9
农民人均纯收入	元	22370	8.7

理，全年疏浚河道12条、河塘68个，新建防渗渠道里程12.74千米，整治驳岸里程1300米，建设标准化电站34座。推进国家级生态文明示范镇创建，率先完成区级生态村创建，周桥、浒庄两村创成省级生态村，太滆村创成国家级生态村，雪堰初中通过省级绿色学校验收，全镇有省级生态村23个、国家级生态村6个。推进美丽乡村建设，雅浦、城西、太滆、南山4个村被确认为市美丽乡村创建单位。

社会事业　发展教育事业，潘家初中综合楼、雪堰中心小学教学楼交付使用，潘家初中通过区义务教育质量评估，漕桥小学通过市优质学校复评，潘家初中、雪堰中心小学获区教育质量评估一等奖，雪堰、潘家、南宅幼儿园获区第三轮幼儿园三年目标管理评估一等奖。加强文体建设，建有健身场所、健身点392个，学校运动场地全面对外开放。夯实卫生公共服务基础，扩建潘家卫生院，创成武进人民医院潘家分院。提高社会保障，全镇医疗保险净增979人，工伤、生育、失业保险净增916人，城乡低保参保缴费人数达12955人。开展慈善救助，发放慈善救助金120万元、助残扶残经费265万元。村村建有居家养老服务站，常年为1556名老人提供居家养老服务。

【太湖明珠水产专业合作社创成国家级示范社】 2014年11月，被农业部、国家发改委、财政部、水利部、国家税务总局、国家工商总局、国家林业局、中国银监委、全国供销总社联合公布为“国家农民合作社示范社”。太湖明珠水产专业合作社位于雪堰镇太滆街77号，创办于2004年，有社员506人，其中专业技术人员16人、高级工程师2人，拥有标准化厂房面积6000平方米、水产养殖面积400余公顷、捕捞水面面积21.33万公顷和和特种水产、良种繁育基地66.67公顷，每年带动渔民3000多户。该合作社集太湖水产品养殖、捕捞、加工、科研和销售为一体，主要经营“太湖三白”、甲鱼、凤尾鱼、鲢鱼、河蟹、河蚬等太湖水产，江南牌和太湖雪堰牌水产先后获得国家专利8件（其中发明专利2件），被评为省、市名牌产品，获得“武进十大农家招牌菜和特色菜”称号，水产品畅销日本、韩国、新加坡等东南亚国家和中国台湾及香港地区，远销西班牙、荷兰、澳大利亚、加拿大、美国等国家。该合作社获农业部健康养殖示范场、上海海洋大学产学研基地、江苏省现代渔业示范场（基地）、江苏省“菜篮子”水产品生产基地、江苏省农业产业化经营重点龙头企业、江苏省放心消费创建活动先进单位、江苏省农业科技型企业、江苏省科普惠农服务站、江苏省“五好”农民专业合作示范社、江苏省“四有”农民专业合作经济组织、江苏省级示范农民专业合作经济组织等称号。年产水产品5000吨，实现产值7000余万元。

【雪堰新开工重点工业项目2个】 （1）江苏凯邦重工科技有限公司标准厂房项目。位于雪堰镇潘家重点工业集中区，于2014年1月开工，占地面积9.47公顷，总投资3.5亿元。其中，一期投入1.5亿元，新建标准厂房面积6.6万平方米，用于船舶机械、电力设备、机械零部件、金属结构件等生产和加工。（2）江苏旷吉附件汽车有限公司标准厂房项目。位于雪堰镇潘家重点工业集中区，于2014年3月开工，占地面积1.47公顷，新建生产用房面积2万平方米，总投资6600万元，投产后可形成年产高档针织面布500万米、针织底布5000万米、纺织品2000万米、机械零部件加工2000套的规模。

【雪堰新增高新技术企业2家】 2014年10月，雪堰镇2家企业被省科技厅、财政厅、国税局、地税局联合认定为高新技术企业。

江苏恒泰泳池设备有限公司　位于雪堰镇雪堰工业集中区，成立于2002年，占地面积8000平方米，建筑面积5000平方米。该公司从事游泳池循环水处理装备制造与工程实施，为中国游泳协会五星级会员、中国建筑金属结构协会喷泉水景委员会会员、中国建筑学会建筑给水排水研究分会会员，具备机电设备安装工程专业承包二级、体育场地设施工程专业承包三级、环保工程专业承包三级资质和泳池、喷泉、水景乙壹级设计施工资质，以及制冷空调设备维修安装A类Ⅱ级、特种设备制造许可证（压力容器D1、D2），通过ISO 9001质量管理体系认证、ISO 14001环境管理体系认证和OHSAS 18001职业健康安全管理体系认证，所产泳池循环水处理系统设备、石英砂压力式过滤器、硅藻土压力式过滤器均为高新技术产品，拥有泳池核心设备国家专利14件，“恒泰”商标为省著名商标。2014年，实现产值7500万元。

江苏华瑞重工机械有限公司　位于雪堰镇潘家重点工业集中区，成立于2001年，建筑面积5万平方米。该公司作为全国橡胶设备及轮胎模具生产和重型机械设备加工及制造的骨干企业，拥有加工设备300余套，专业制造全钢工程轮胎硫化机，生产立式高压硫化罐、轮胎模具，重型机械加工船舶、港口、矿山、冶金、电力、水利等设备。2014年，完成销售收入超8000万元。

【雪堰城镇重点项目建设】 （1）佳源中心广场项目推进。佳源中心广场位于雪堰镇新镇区，由常州金源房地产开发有限公司开发，规划用地面积5.87公顷，建筑面积21万平方米，主要建设集酒店、超市、影院、住宅于一体的城市综合体，总投资6亿元，于2013年8月开工，计划2015年8月一期工程商住楼可基本完工，2014年完成投资2亿元。（2）核心区安置房一期项目主体完工。该项目位于雪堰镇新镇区，太北路以东、吴韵路以西、腾业路以南、汇民路以北，规划用地面积8.11公顷，总建筑面积17.5万平方米，其中地上建筑面积为14.1万平方米，包括住宅建筑面积12.2万平方米、公建建筑面积1.9万平方米，地下车库建筑面积3.4万平方米，同步实施小区道路、环境绿化及水、电、气等综合配套设施，总投资6.3亿元，其中2013年投资2.9亿元、2014年投资3.4亿元，2014年10月主体完工。（3）太湖国际颐养庄园一期工程完工。太湖国际颐养庄园坐落于雪堰邀贤山麓，由江苏旷达控股集团有限公司投资建设的老年人养生文化社区，总用地面积41.73公顷，总建筑面积119万平方米。一期工程总投资4.2亿元，建筑总面积7.6万平方米，主要建设老年公寓、老年生活服务中心及公建配套设施，于2013年10

月开工建设，2014 年 10 月开盘，完成投资 2 亿元。

【城西伊斯兰风情农家乐开工】 2014 年 11 月开工。该项目位于雪堰镇城西回民村陡门塘村，总投资 4000 万元，利用农户现有房屋改造成农家乐 15 家，使其成为独具伊斯兰风情的休闲村庄。年内完成投资 2000 万元，开展对村庄污水管网、天然气安装、墙体立面的全面改造。

【太滆村创成国家级生态村】 2014 年 12 月，通过国家级生态村验收。太滆村位于雪堰镇南端太湖之滨，虎咀头山脚下，东南与无锡国家旅游度假区相连，西与武进太湖湾旅游度假区接壤，南频太湖，总面积 1.2 平方千米，有农户 835 余户、人口 2792 人。该村从 2009 年起开展生活污水处理，使全村生活污水处理率达 95% 以上；2014 年投入 250 余万元，种植香樟、海棠、红枫、红叶石楠、红花榉木等花木，实现村庄绿化覆盖率达 68%；配备人员专门负责环境保洁，对全村餐饮业实行“门前三包”，群众对环境测评满意率达 98.7%。

【雪堰供电所服务中心新大楼启用】 2014 年 11 月启用。雪堰供电所服务中心新大楼位于雪堰镇兴政路 180 号，于 2014 年 6 月 30 日开工建设，总建筑面积 1700 平方米，总投资 600 万元。该供电所可为雪堰、潘家、漕桥、南宅、太滆提供供电和用电等一站式服务，提供 24 小时故障报修服务。

【周桥、浒庄两村创成省级生态村】 2014 年 12 月，通过省级生态村考核验收。

周桥村　位于雪堰镇北部，由原周桥、前龚两村合并而成，总面积 4.25 平方千米，有农户 1393 户、人口 3692 人。该村自 2009 年起开展生态村创建，先后创成区、市级生态村，到 2014 年累计投入 2000 余万元，新建污水处理站 1 座，硬化主干道 12 条，安装路灯 250 盏，建造封闭式垃圾箱 142 个，完成河道清淤 9.4 万立方米、绿化面积 30.13 公顷，道路硬化率、路灯亮化率、自来水普及率、改厕率、农作物秸秆综合利用率均达 100%，绿化覆盖率达 38.17%，村级工业污水实现全面达标排放。

浒庄村　位于雪堰镇中西部，鹁鸪山、夹山南面，总面积 3.7 平方千米，有农户 875 户、人口 2380 人。该村对照江苏省生态村硬件建设达标要求，先后累计投入 780 余万元，完善基础设施，建设生态环境。到 2014 年，全面完成自来水改造工程、无害化卫生户厕改造，硬化主干道 8 条，拆除断墙残壁 60 处，完成河道清淤 3.43 万立方米、绿化面积 1037 公顷，安装路灯 260 盏，新建健身广场 3 处，建成垃圾中转站 1 处和垃圾箱 151 个，全村自来水普及率、改厕率、主要道路硬化率、路灯亮灯率、垃圾清运率均达 100%，绿化覆盖率达 35.5%，村内企业实行雨污分流达标排放。

表 58　2014 年雪堰镇各村（社区）基本情况

村（社区）	户数（户）	户籍人口（人）	中共支部（总支、党委）书记	村委（社区）主任	经济总收入（万元）
雅浦村	833	2718	张伟德	陆育峰	28996.75
谢家村	907	2954	秦伟新	杨建林	23453
阖闾城村	970	2837	蒋荣刚	姚正国	109137
雪东村	942	3091	管立新	李瑞元	74195.34
雪西村	746	2328	徐建欣	—	82061.72
南山村	987	3072	钱亚清	邵季香	46754.39
共建村	1475	4438	龚建生	吴乐平	60957.5
绣衣村	1010	3356	王建明	—	65401
太滆村	835	2792	单小兵	单小兵（兼）	22253
城湾村	741	2076	夏金海	高俊立	12579
城西回民村	984	2906	殷旭东	吴卫丰	24710
城东村	760	2080	陈正元	蒋　平	26251.73
曹家村	1352	3547	曹建祖	汪云飞	91863.2
潘家村	1079	2732	丁建华	李惠全	13675.6
周桥村	1393	3692	钮建明	陈革新	30407.5
圣烈村	1099	3197	刘小明	王敏丰	52782
王允村	1432	4149	徐敖良	盛建军	37179.54
夏墅村	708	2082	丁卫东	孙国才	19311.92
凤凰村	651	1900	王曙东	王光辉	25902
南宅村	1659	4570	蒋全茂	尹卫国	32405
漕桥村	1670	3740	李卫星	王岳良	33686.35
楼村村	1127	3335	边伟光	蒋颖涛	87532.35
夏庄村	1224	3622	陆自强	刘勤贤	120148
浒庄村	875	2380	陆建伟	董全荣	16392.9
新康村	1299	3614	金建新	刘建平	90794.3
雪堰社区	980	2061	徐建欣	—	—
潘家社区	—	—	丁建华	—	—
南宅社区	—	—	蒋全茂	—	—
漕桥社区	—	—	李卫星	王岳良	—

说明：社区属村居合一，有关数据并入相关村统计

【漕桥村被评为省民主法治示范村】 2014年9月，通过省民主法治示范村验收。漕桥村位于雪堰镇西部，总面积0.6平方千米，有农户1670户、人口3740人。该村重视民主法治建设，健全以村民自治章程和村规民约为主要内容的民主管理制度，完善以村务、财务、事务公开和民主评议党员干部等为主要内容的民主监督制度，由民主监督小组负责监督和检查村级财务，建有法制广场、法制宣传长廊、警务室、调解室和村民阅览室，联合漕桥派出所经常性开展普法宣传活动，联合漕桥小学和漕桥中学开展帮困助学和青少年普法宣传教育活动，完善暂住人口登记，加强刑释、矫正人员教育，全村实现组织建设有力、民主建设规范、法治建设扎实、社会和谐发展的目标。

（李　忠）

前　黄　镇

【概　况】 前黄镇位于武进区南部，东临太湖，西濒滆湖，南与宜兴市和桥镇接壤，北依武进高新区，总面积107.15平方千米，辖行政村20个、社区4个，2014年年末总人口67012人。有“前黄”有机稻米、“绿天使”食用菌、“尊龙”酱鸭、“红高”螃蟹、“碧水”青虾等名特农产品。获得“国家农业科技推广和应用示范工程建设基地”“江苏省外向型农业生产基地”“无公害蔬菜生产基地”等称号。

产业发展　发展生态高效农业，新增高效设施农业面积153.33公顷，累计672公顷。夏熟作物丰收，小麦单产355千克，油菜单产170千克，水稻单产670千克。提升农机装备质量，新增中型拖拉机31台、全喂入联合收割机2台、秸秆还田机22台、秸秆打捆机81台，分别累计178台、126台、199台和93台。开展“小型灌溉站标准化改造”建设工程，新建、翻建灌溉站16座，更换机泵设施5台。推进农村集体经济组织股份合作制改革，全镇股东资格界定工作任务基本完成。有工业企业298家，其中规模以上企业92家，完成规模以上工业产值102亿元，占全镇工业总值68.9%。推进灵达玉米纤维、鑫和泰内燃多缸机、常灵科技工程机械覆盖件、云通管业不锈钢焊接管、档案装备等工业重点项目，完成工业投入30亿元。申请专利205件，获授权183件。全年完成服务业投入8.05亿元，实现服务业增加值36亿元。

镇村建设　完成新一轮镇村布局规划和前黄、寨桥、运村3个集镇区控制性详细规划编制，明确小城镇建设新“十个一”项目。做好“1660”地块、凤翔路赵家塘地块、常武路拓宽工程、青洋路道路工程的拆迁工作，共完成拆迁面积13.3万平方米。建设交通路网，维修前庙路、工业路、丁坊路、寨坊路等道路15条面积共计1.5万平方米，创建灵圆线、运东线文明样板路2条；武宜南路、龙资路、南环线等道路工程年内均竣工通车。改建红波桥、南寨桥、姚亨桥3座，协助做好北寨桥重建和武宜运河坊前、寨桥段驳岸修建。推进生态建设，完成区挂牌督办的灵台区域废气整治，集镇区污水收集建设的截流泵站和截流井工程基本完工，湾里浜整治基本完成，后西巷浜截流泵站工程和前黄浜截流井工程全面完成，清淤镇级河道2条里程共2.5千米和村庄河塘34个。开展农村环境综合整治，前黄村、前进村各有两个自然村完成生活污水接入主管网，运村村、杨桥村和寨桥村各有两个自然村建设农村分散式污水处理设施。探索建立秸秆收储服务体系，做到“镇有收储中心、村有收储点”，实时监控重点区域秸秆焚烧情况，有效控制夏季秸秆焚烧现象。

社会事业　坚持教育优先发展，全镇高考、中考成绩喜人，前黄初中通过省义务教育优质均衡发展区、市优质学校复评的考评，寨桥小学、寨桥中学通过区督导评估验收。开展送电影下乡、秋季文化巡演、“社区天天乐”等活动，举办羽毛球、乒乓球、篮球、健身秧歌等比赛，丰富群众业余生活。建立居民健康档案6.6万份，慢性病规范化管理5439人。提高社会保障水平，扶持“4050”、双失业、困难人员就业，为94人办理灵活就业人员社保补贴；新增城镇居民社会养老保险262人；办理社会保险1260人；净增公积金扩面人数518人。加大扶贫帮困力度，向344户特困家庭发放慈善基金共51.6万元，向“三老”对象24人发放救助金共2.88万元，向100户边缘困难群众发放扶助金共15万元，向50户困难家庭发放临时救济金共1.8万元，向5名孤儿发放救助金共2万元；向185人发放低保助残金共12.94万元，向350户贫困残疾家庭发放慰问金共17.9万元。

2014年前黄镇主要经济社会指标完成情况

表59

指　标	单　位	数　值	比2013年（±%）
地区生产总值	亿　元	66.5	5.23
公共财政预算收入	万　元	16040	-12.5
农业总产值	亿　元	11.28	4.65
多种经营产值	亿　元	10.06	4.53
粮食总产量	万千克	37320	-4.8
工业销售收入	亿　元	108.52	10.77
实际利用外资	万美元	58	5.5
自营出口额	万美元	12326	30.45
第三产业增加值	亿　元	36.8	3.09
农民人均纯收入	元	22584	12

【前黄工业重点项目开（竣）工5个】 灵达玉米纤维项目　2014年12月投产。该项目由常州灵达特种纤维有限公司于2013年投资2亿元建设，租用前黄镇标准厂房面积2.2万平方米，采用德国原装纺丝机等生产设备，形成年产2万吨玉米纤维的生产能力。

鑫和泰内燃多缸机项目　2014年10月投产。该项目由江苏鑫和泰机械集团有限公司于2013年投资9000万元建设，利用厂区原有土地，新建厂房面积1万平方米，购置静压铸造线等设备，形成年产内燃机缸体15万台的生产能力，年内完成产值2000万元。

常灵科技工程机械覆盖件项目 2014年12月投产。该项目由江苏常灵科技有限公司于2013年投资1000万元建设，利用原有闲置土地，新建厂房面积2万平方米，购置大型油压机、激光机器人等生产设备，竣工后将形成年产20万套工程机械覆盖件的生产能力。

云通管业不锈钢焊接管项目 该项目由常州市云通管业有限公司投资1.2亿元建设，于2014年5月开工，占地面积1.33公顷，新建厂房面积7000平方米，购置卷管生产线等设备，形成年产5000吨不锈钢焊接管的生产能力。

档案装备项目 该项目由常州市鸥迅智能科技有限公司实施，于2014年3月开工，一期投资6000万元，新建厂房面积7500平方米，购置喷涂流水线等生产设备，竣工后将形成年产3万立方米档案装具的生产能力。

【前黄初中通过省义务教育优质均衡发展区考评】 2014年10月22日，通过“江苏省义务教育优质均衡发展区”督导评估组的考评。前黄初中创建于1939年，前身为武进县前黄中学初中部，1991年因初、高中分设而易地新建。学校占地面积3.85公顷，建筑面积2万多平方米。在校学生629名，在编教职工82名，市、区级五级阶梯教师共23名，占专任教师的31.5%。其中，常州市学科带头人4名、常州市骨干教师5名、常州市教学能手1名、常州市教坛新秀3名，武进区骨干教师10名。1999年11月通过省首批教育现代化示范初中的评估验收，2002年被评为省现代教育技术示范学校。学校积极实施第三轮主动发展《文化育人，个性发展，让师生分享学校》，努力营造儒雅、和谐的“怡文化”氛围，精心打造校园特色文化名片；倡导“教学即研究，研究即学习”的教科研氛围，坚持教育教学与课题研究相结合，在教育实践中开展课题研究。先后成为江苏大学教育科研实习基地、武进区史地教科研基地，被评为常州市中小学校本培训工作先进集体。

（徐　波）

表60　2014年前黄镇各村（社区）基本情况

村（社区）	户数（户）	户籍人口（人）	中共支部（总支、党委）书记	村委（社区）主任	经济总收入（万元）
运村村	1072	2949	史伟烈	王华敏	46592
运村社区	—	—		张少一	
农场村	883	2651	郭建伟	胥晓宏	16720
祝庄村	874	2584	叶建新	杨伯平	21265
谭庄村	933	2839	胥国华	卢小东	57430
杨桥村	1703	4983	徐全海	徐全海（兼）	73780
大成村	1316	3604	张益明	朱全良	32185
丁舍村	1456	4141	王洪法	何建明	41531
前黄村	2193	5598	孙　俊	吴亚光	69765
前黄社区	—	—		杨春凤	
红旗村	832	2363	周晓芳	杨建明	21070
前进村	805	2392	徐尔成	陈国民	67550
漳湟村	985	2803	鲍建中	沈细波	38671
坊东村	1215	3410	柏益平	钱青全	47440
联庆村	1448	4161	丁全民	张立成	28297
灵台村	1749	5245	蒋国忠	蒋祥松	183885
寨桥村	1263	3174	李志祥	吉建平	107289.43
寨桥社区	—	—			
观咀村	1221	3285	姚国强	石燕良	41650
高梅村	917	2783	杨国兴	陈建良	11408.8
坊前村	1003	2819	蒋志文	李国富	25770.3
红星村	874	2373	李越飞	吴正南	29990.4
红星社区	—	—		李越飞（兼）	
蒋排村	1053	2855	赵　杰	宣晓南	36338

礼　嘉　镇

【概　况】 礼嘉镇位于武进区东南部，东临洛阳镇，西接武进高新区，南靠锡溧漕河，北依武进中心城区，总面积57.84平方千米，辖行政村14个、社区3个，2014年年末总人口48301人。有葡萄、水蜜桃等名特农产品。获“国家卫生镇”“国家级生态镇”“全国环境优美镇”等称号。

产业发展 推进现代农业建设，政平村、毛家村国家级高标准农田建设项目入选2015年度农业综合开发农业部项目滚动计划；秦巷优质葡萄产业园列入市级现代农业产业园，常州礼新果品专业合作社入选“江苏省菜果茶标准园”。推进收购运贮基地建设项目，新建预冷库300立方米、100立方米各1座。全镇11个村完成股份制改革，新组建农民专业合作社1家（常州市何墅林果种植专业合作社），累计46家。武南现代农业产业园完成油用牡丹种植面积133.33公顷，其智能温室基础建设竣工。有工业企业1100余家，其中规模以上企业78家，完成规模以上工业产值163.28亿元，占全镇工业总产值的79.7%。完成全社会固定资产投资28.5亿元，其中工业投入22.39亿元，分别

表 61

2014 年礼嘉镇主要经济社会指标完成情况

指　标	单　位	数　值	比 2013 年（±%）
地区生产总值	亿　元	82.08	12
公共财政预算收入	万　元	20604	10
农业总产值	亿　元	4.25	29.97
多种经营产值	亿　元	3.66	33.09
粮食总产量	万千克	1799	-2.22
工业销售收入	亿　元	200.72	8.74
实际利用外资	万美元	221	-26.3
自营出口额	万美元	49756.73	9.02
第三产业增加值	亿　元	34.33	9.6
农民人均纯收入	元	22915	11.7

增长 6.86%、1.54%。新增高新技术企业 1 家，累计 15 家；申请专利 931 件，获授权 290 件；礼嘉镇被确定为省科技创新型试点乡镇。“百兴”获评中国驰名商标，累计 3 件。江苏常发实业集团有限公司和新加坡 ChanHon 私人控股有限公司合资设立常州宝通融资租赁有限公司，常州市武起常乐电机有限公司在上海 Q 板上市。完善新农贸市场与百兴商业街的配套设施，形成镇商业核心区。全年完成服务业投资 6.11 亿元，增长 35.8%；实现服务业增加值 34.33 亿元、重点服务业收入 7929 万元。

镇村建设　推进集镇区域改造提升工程，年内竣工项目 63 个建筑面积共计 14.13 万平方米，在建项目 12 个。完成工业集中区及青洋路南延工程民房拆迁面积 10.15 万平方米。开展“两违”专项整治，拆除“两违”面积 1.08 万平方米。提升基础设施，完成周城桥、东流桥、汤家桥、创业桥 4 座交通桥及宋家漕桥、上阳桥 2 座农危桥改造，完成道路提档升级里程 2.13 千米，新增文明样板路里程 0.43 千米。建设水利设施，完成十车浜、城河浜、政平大河河道整治和标准化电灌站建设，疏浚整治村庄河塘 114 个、面积 23.27 公顷，清淤土方 19 万立方米。改善镇村环境，完成新辰村工业小区和政平、坂上集镇的污水接管工程，建设污水管网长度 8.7 千米。加强环境保护，对辖区内 30 个重点污染源实行常态化监督检查，相关企业处理设施运转率达 95%、处理达标率达 92% 以上，创建区级环境友好企业 1 家，完成重点企业污染整治 2 家、电镀企业整治验收 4 家。

社会事业　深入开展“同心共建光彩行动”，新增光彩基金 5 个，全年到账光彩基金 600 多万元。发展文体事业，创办期刊《聚焦礼嘉》，组织开展“社区天天乐”活动 81 次，举办首届职工运动会，丰富群众文体生活。建设镇村文化设施，坂上体育馆、礼嘉文体中心竣工投用，礼嘉双桥修缮工程基本竣工。改善学校设施，提升教育质量，礼嘉中学普通类本二以上达线率达 51.8%，辖区内 3 所小学通过省义务教育阶段优质教育资源均衡发展评估。关注民生健康，为 87 名白内障患者提供免费手术，组织 5600 多名妇女参加“两癌”筛选、175 对夫妇参加孕前优生优育健康体检，为流动人口提供孕检 722 人次。年内，发放重残救助金 164.44 万元、大病慈善救助金 71.5 万元，镇商会向困难家庭发放帮困救助爱心基金 44.5 万元。

【礼嘉镇被确定为省创新型试点乡镇】　2014 年 12 月 26 日，省科技厅公布第四批江苏省创新型试点乡镇，礼嘉镇名列其中。从 2013 年起，该镇以“科技兴镇，实业强镇”为发展核心，积极推进全镇科技创新工作，加强产业创新规划与布局，深化产学研合作，建设科技公共服务平台，推动区域经济健康快速可持续发展。根据《江苏省创新型乡镇认定管理办法（试行）》的相关规定，制定《礼嘉镇创建“江苏省创新型乡镇”发展规划方案（2013 ～ 2016 年）》，该规划将从优势产业发展、高新技术产业培育、高端人才引进、创新政策制定等各方面整体规划礼嘉镇三年内的科技创新工作，大力提升全镇自主创新能力和特色产业核心竞争力，推动区域经济健康快速可持续发展。到 2014 年年末，全镇有高新技术企业 15 家，占规模以上企业的 19.23%，高新技术产业产值占规模以上企业产值的 59.27%。

【武南现代农业产业园建设】　武南现代农业产业园位于礼嘉镇南部（万顷良田区域内），占地总面积 356.67 公顷，其中核心示范园区占地面积 12.4 公顷，计划总投资 5.65 亿元。该产业园设有核心示范园区、光伏大棚种植区和油用牡丹种植区三大功能区，以绿色智能为主要特点，以促进区域农业产业升级和农民持续增收为目标，集科技开发、教育实践、示范推广和观光旅游于一体。2014 年，完成示范园智能温室基础建设，种植油用牡丹面积 133.33 公顷，与中国农科院达成建立石斛研究中心的合作意向，与云南省龙陵县政府签订石斛产业发展协议，与雷利新能源科技（江苏）有限公司签订建设光伏大棚面积 133.33 公顷协议。

【礼新果品专业合作社入选省菜果茶标准园】　2014 年 12 月，被省农委认定为“江苏省菜果茶标准园”。礼新果品专业合作社位于礼嘉镇毛家村，共有社员 203 户，注册资金 258 万元，种植鲜食葡萄面积达 73.33 公顷。该合作社与南京农业大学、武进区林桑站等科研院所建立长期的协作关系，常年聘用技术人员按照无公害食品鲜食葡萄标准开展技术推广与培训，生产的礼新牌鲜食葡萄 2014 年被评为常州市名牌产品，礼新牌夏黑葡萄获评“神园杯”“中山杯”优质果品评比金奖、银奖等奖项，2014 年实现销售收入 1320 万元、利润 260 万元。

【武起常乐公司在 Q 板挂牌】　2014 年 7 月 25 日，在上海股权托管交易中心 Q 板挂牌，股权代码“201252”。常州市武起常乐电机有限公司（简称武起常乐公司）位于礼嘉工业园，组建于2003年，注册资金1000万元，是一家集生产车用电机、发电机、控制器为一体的规模企业，通过ISO/TS 16949:2009质量管理体系和ISO 14001:2004环境管理体系认证，主导产品车用电机全国市场占有率16%，低速电动汽车电机及控制器全国市场占有率25%以上。该公司与江苏大学、南京航空航天大学等院校签订合作协议，共同研发新产品。2014年，实现销售收入6000多万元。

【腾驰机械附件公司被认定为高新技术企业】 2014年9月，被省科技厅、财政厅、国税局、地税局联合认定为高新技术企业。常州市腾驰机械附件有限公司（简称腾驰机械附件公司）位于礼嘉镇蒲岸村，成立于2000年12月，建筑面积1万多平方米，设有专门的生产研发部门，主要从事汽车、摩托车车用弹簧，机械密封件的压簧、拉簧、扭簧，以及机械紧固件的研发、生产及销售，产品出口到东南亚、北美国家和地区。2014年，实现销售收入2760万元。

【“百兴”商标被评定为中国驰名商标】 2014年1月，百兴集团有限公司的“百兴”商标被国家工商总局商标局评定为中国驰名商标。百兴集团有限公司创建于1988年，是集工业制造、房地产、商贸、金融、物业、物流、酒店于一体的大型企业集团，总占地面积200多公顷，总注册资金达10亿多元，职工5000余人。有下属公司和控股公司20多家，获得“中国最具成长性企业”“中国房地产先进单位”“中国信用企业认证体系五星级示范单位”“全国最佳经济效益乡镇企业”等称号，2012年位列中国企业500强第342位、全国民营企业500强第77位。2014年，实现销售收入34.8亿元。

【礼嘉镇审计所获评全国内部审计先进集体】 2014年9月，被中国内部审计协会授予“2011～2013年全国内部审计先进集体”称号。2011～2013年，礼嘉镇审计所审计工程项目277个，送审金额15367.44万元，审定金额12239.18万元，核减3128.26万元。三年中对14个行政村支部书记和10个事业单位负责人开展经济责任审计，审计金额1.38亿元，查出违纪金额5.6万元，追缴违规资金5.6万元。通过经济责任审计，问责处理村干部2名，党纪处理事业单位负责人1名、财务人员1名。5项审计建议得到区、镇两级党委政府的采纳。

【礼嘉新设光彩基金5个】 *龙城精锻平安武进百万光彩基金* 2014年2月17日，由江苏龙城精锻有限公司捐资300万元设立。该基金主要用于平安武进建设涉及区公安局110指挥中心电子显示屏改造。

龙城精锻关爱教育百万光彩基金 2014年6月16日，由江苏龙城精锻有限公司捐资15万元设立。该基金通过奖优扶贫的形式，支持坂上小学、坂上初中、区机关幼儿园、清英外国语学校、南夏墅中心小学、湖塘桥中心小学发展。

礼嘉中学王林元双百万教育基金 参见《教育》栏目p187相关内容。

武阳村同心共建五百万光彩基金 2014年11月，由武阳村委牵头，江苏龙城精锻有限公司等企业、社会团体、贤达人士共捐赠500万元设立。该基金用于武阳村扶贫济困、捐资助学、扶老爱幼、农村合作医疗保险补贴、新农村提升工程等社会公益性事业。

常发集团千万光彩基金 2014年12月8日，由江苏常发实业集团有限公司捐资1000万元设立。该基金主要用于新农村建设、科教文卫、慈善救助等社会公益事业。

【礼嘉双桥修缮工程基本竣工】 礼嘉双桥位于礼嘉镇乐安东街老街，是一横一竖相毗连的两座石梁桥，分别是礼嘉桥和太原桥，均为单孔平桥。礼嘉桥东西走向，太原桥南北走向。礼嘉桥原名李家桥，最初建于明洪武年间；太原桥建于明末清初。礼嘉双桥是常武地区少见的保存较为完好的具有双桥首尾相接的单孔古石桥。2011年1月5日，常州市政府将其公布为市级文保单位。从2014年10月起，礼嘉镇政府启动礼嘉双桥修缮工程，在武进公路管理处配合下，组织桥梁专家制定梁桥加固维修方案，并按照修旧如

表62

2014年礼嘉镇各村（社区）基本情况

村（社区）	户　数（户）	户籍人口（人）	中共支部（总支、党委）书记	村委（社区）主任	经济总收入（万元）
新辰村	895	3350	陆其中	李永祺	75157
秦巷村	928	3004	唐文成	王仲新	85000
礼嘉村	805	2812	钟浩靖	李　强	32853
建东村	1123	3875	黄国法	沈锡忠	443940
陆庄村	813	2785	史仕兴	史新杰	46880
毛家村	1017	3588	陆梦惕	张　进	53720
何墅村	902	3011	周伟良	何文超	13296
蒲岸村	2015	3308	殷德强	王建良	79855
武阳村	1052	3821	吴振宇	张仲新	166510
坂上村（社区）	895	2770	何庆伟	李建一	39280
大路村	1261	3935	李晓锋	顾建洪	56660
庞家街村	893	2828	庞新良	周文浩	34691
华渡村	1275	3881	谢永良	王文燕	33950
政平村（社区）	1397	4120	蒋伟江	姜文明	64979
礼嘉社区	1200	2535	史一平	—	—

旧的原则加固、修缮，至年末基本竣工，完成投资 8.4 万元。

【礼嘉三自然村拆迁消失】 2014 年 4 ～ 6 月，礼嘉工业集中区房屋拆迁项目实施，涉及青洋路以西前漕桥、后漕桥、杨家村 3 个村民小组（自然村），共计民房 87 户，建筑面积 46222.59 平方米。这 3 个自然村从此消失，礼嘉工业集中区将发展成为以动力机械和电子信息产业为主的现代化工业集中区。

【坂上小学少儿锡剧节目获省首届艺术大赛特等奖】 参见《教育》栏目 p185 相关条目。

【礼嘉镇首届职工运动会】 11 月 1 ～ 15 日，由礼嘉镇工会、团委、商会等联合举办。该届运动会设篮球、乒乓球、羽毛球、拔河、跳绳、负重接力等 10 余个比赛项目，全镇共 570 余人次参赛，有效落实了全民健身计划，丰富了职工生活。

（谈海燕　陈　逸）

湖　塘　镇

【概　况】 湖塘镇是武进区政府驻地，总面积 80.9 平方千米，辖社区 44 个，2014 年年末总人口 147761 人（含集体户人口 1439 人、常州科教城人口 4032 人）。境内有全国重点文物保护单位春秋淹城遗址和恽南田纪念馆、李公朴故居。有“中国百强乡镇”“中国乡镇之星”“中国织造名镇”之称，获“全国环境优美镇”“国家级生态镇”“中国纺织面料之都”“中国针织面料基地”“中国纺织品贸易基地”等称号。

产业发展 有工业企业 2332 家，其中规模以上企业 138 家，完成规模以上工业产值 148 亿元，占全镇工业总产值的 46%。完成工业投入 19 亿元，32 个超千万元重点技改项目完成投资超 10 亿元。发展重点板块经济，湖塘科技产业园工业坊一期标准厂房面积 28 万平方米投用，仕泰隆机床商城武进湖塘科技产业园店、常州朗奇威电器有限公司、常州美赫航空技术服务有限公司等 11 家新兴产业企业签约入驻，常州市优耐特精密钣金有限公司等 4 家独立用地企业开工建设；科创园发挥“国家科技企业孵化器”的政策资源优势，集聚以智能电气、医疗器械、电子科技为代表的高新技术和高成长型企业，累计入驻企业 41 家，包括高新技术企业 9 家、拟上市企业 5 家和“龙城英才计划”领军型创业团队 15 个；南田文化城总体规划编制基本完成，花都水城和生态酒店股权转让顺利完成，三勤现代农业产业园各项工作有序开展。新增高新技术企业 3 家，累计 20 家，完成高新技术产业产值 16.44 亿元，占全镇规模以上工业产值的 11.09%；申请专利 1492 件，获授权 690 件；新增省民营科技企业 27 家、授权高新技术产品 18 个。湖塘镇获批省创新型试点乡镇。壮大集体经济，小留、三勤、聚湖等 6 个股份合作社开展农村产权交易试点，拓展集体资产增值保值渠道。组建“祥保贷”项目，服务全镇中小微企业贷款补充担保、转贷。推进现代服务业发展，武进万达广场开业，东华汽车城服务中心竣工，三勤会务中心主体竣工，万科城、银谷广场开盘。全年完成服务业投入 158 亿元，实现服务业增加值 116 亿元，分别增长 11%、16%。

城镇建设 推进拆迁安置，攻坚绿城、常发、四季青、小庙、夏城路西侧等地块遗漏拆迁，开展轨道交通一号线等新开项目征收，累计完成房屋拆迁面积 30 万平方米；分配长河花园、南田家园、中奥珑郡等安置房和商品房共 2500 套，货币化安置 406 人。实施老小区改造工程，投入资金 6500 万元，总改造建筑面积约 65 万平方米，惠及居民 1 万余户。推进生态环境建设，清洁能源替代改造工程全面完工，废气、扬尘等污染源整治效果明显，中水回用工程在纺织印染规模企业全部运用，新建排涝站 5 座，疏浚整治河道、支浜共 2 条，新增绿化面积 70.93 公顷。加强城市长效管理，推进环境综合整治，实现整改率达 97.3%，永定、府东两社区创成省城市管理示范社区。

社会事业 加快幼儿园建设，南田幼儿园主体竣工，完成村办幼儿园改造提升 5 所。开展流动人口子女入学积分管理试点，受理申请 1310 名。发展文化事业，深入开展第二届社区文化节、“社区天天乐”活动，成功举办“湖塘好声音”职工歌咏比赛、“幸福赞歌”大型主题晚会、“相约梨园”锡剧票友大赛。深入推进全民健身阳光工程，社区健身场地设施得到完善，学校体育场地向社会开放，“湖塘杯”“新城地产杯”等系列体育赛事成功举办，湖塘镇被评为省群众体育先进单位。完善公共卫生服务，户籍居民健康档案基本建立，新建社区卫生服务站 5 家，累计建成 22 家。落实保障政策，城乡低保标准提高至每人每月 500 元补差，全年发放被征地农民基本生活保障金、原镇办集体企业退休工人退休金和补贴共计 6000 多万元，发放慈善救助金、补助金共计 1550 万元。

2014 年湖塘镇主要经济社会指标完成情况

表 63

指　标	单　位	数　值	比 2013 年（±%）
地区生产总值	亿　元	178.15	10.9
公共财政预算收入	万　元	194281	3.0
农业总产值	亿　元	0.28	-4.1
多种经营产值	亿　元	0.28	1.16
粮食总产量	万千克	86	-20.37
工业销售收入	亿　元	315.35	-0.3
实际利用外资	万美元	3459	15.3
自营出口额	万美元	59000	11.1
第三产业增加值	亿　元	116.02	16.2
城乡居民人均纯收入	元	24036	11.0

同步发展居家养老和社会养老，实现社区居家养老服务站全覆盖。

【湖塘科技产业园4家独立用地企业开工】 常州市润达照明电器有限公司 2014年3月1日开工。该公司成立于1991年11月，主要为美国市场提供灯具产品，此次在湖塘科技产业园开工项目占地面积2.67公顷，建筑面积3.5万平方米，总投资10850万元，预计2015年6月投产。

常州市优耐特精密钣金有限公司 2014年4月1日开工。该公司成立于2011年8月，主要从事铁板、不锈钢板、铝板等金属原料的精密切割、折弯、焊接，为卡尔迈耶（中国）纺织机械有限公司和玉柴重工等大型企业配套生产钣金产品，此次在湖塘科技产业业园开工项目占地面积3.06公顷，建筑面积6.8万平方米，总投资1.56亿元，预计2015年6月投产。

常州市武进马杭锅炉设备有限公司 2014年4月开工。该公司成立于1988年3月，因广电东路改造拆迁，于2013年6月在湖塘科技产业园新征用地面积2.33公顷，规划建设厂房面积1.4万平方米，引进加工中心7台，购置国产数控机床等设备57台（套），设计年产电厂锅炉联合上煤、联合出渣配套设备800套，总投资1.05亿元，其中设备投资3000万元，预计2015年1月投产。

常州市新城光大热处理有限公司 2014年底开工。该公司成立于1994年，坐落于湖塘鸣凰工业园区内，主要从事各类机械产品的热处理加工、工件无损探伤以及覆膜砂型铸造，是中国南车集团、中国航空航天集团及西门子公司等定点协作单位，此次在湖塘科技产业园开工项目占地面积4.67公顷，建筑面积4万平方米，总投资1.68亿元，预计2016年6月投产。

【湖塘镇被确定为省创新型试点乡镇】 2014年12月26日，省科技厅公布第四批“江苏省创新型试点乡镇”，湖塘镇名列其中。从2013年起，湖塘镇以加快发展高新技术产业和纺织特色产业为主，推进全镇科技创新工作，加快特色产业更好更快发展，深化与高校院所产学研合作，推动科技创新园区建设，引领区域经济健康可持续发展。根据《江苏省创新型乡镇认定管理办法（试行）》相关规定，制定《湖塘镇创建“江苏省创新型乡镇”发展规划方案(2014～2016年)》，切实把握好科技、产业、人才、组织、制度、文化等现代要素的整合优化和协调创新，追求新发现，探索新规律，创造新方法，实现新跨越。到2014年年末，全镇有高新技术企业20家，占规模以上企业的14.5%，拥有有效发明专利141件。

【湖塘新增高新技术企业3家】 2014年，湖塘镇有3家企业被省科技厅、财政厅、国税局、地税局联合认定为高新技术企业。

常州辰盛绝缘新材料有限公司 2014年6月被认定为高新技术企业。该公司成立于2002年，占地面积1.4万平方米，建筑面积2.1万平方米，专业从事电力电容器用绝缘油生产，先后通过ISO 9001质量管理体系认证、ISO 14001环境管理体系认证，为绝缘油国家标准GB/T 21221-2007的主要起草单位和起草人，拥有国家发明专利2件、实用新型专利15件，产品二芳基乙烷绝缘油、低温二芳基乙烷、苄基甲苯绝缘油均被国家电网和南方电网指定在国家重点工程上使用，远销韩国、日本和印度等国家和中国台湾地区。2014年，实现产值6031.5万元。

江苏银盛电缆科技有限公司 2014年9月被认定为高新技术企业。该公司成立于2011年，占地面积10753.8平方米，建筑面积10974.58平方米，从事网络线、音视频线、电缆线、铜铝镀锡线的生产和制造及加工，建立产品质量管理和跟踪管理体系，产品应用于有线电视信号传输，大容量通讯网络信号传输、控制信号电缆、轻体车辆电缆、焊接电缆、紧急移动电缆、电视机激励线圈、偏转线圈、镇流器线圈、汽车线束、屏蔽层编织线、音视频线缆、低压电源线和漆包线等方面。2014年，实现产值1800万元。

江苏道宁药业有限公司 2014年11月被认定为高新技术企业。该公司2009年9月由常州道宁商贸有限公司与比利时Kalitek有限公司共同投资成立，占地面积4000平方米，建筑面积5000平方米，专业生产药用级乳糖，开发筛分乳糖、粉碎乳糖、喷雾乳糖、直压乳糖以及乳糖复合物，产品符合CP、BP、USP、JP、EP等多国药典标准。2014年，实现产值4222.9万元。

【湖塘新增高新技术产品25个】 2014年，湖塘镇有25个产品被省科技厅认定为高新技术产品。分别是：常州市中迈源纺织机械有限公司的弹力网眼提花经编机、数字提花立体成型经编机，常州市盈能电气有限公司的小区变综合监控系统，常州市久虹医疗器械有限公司的一次性使用活体取样钳、非血管腔道导丝，江苏旷达汽车织物集团股份有限公司的防紫外/抗菌功能性汽车内饰面料，常州市武进广宇花辊机械有限公司的皮纹压花辊、非织造布热轧粘合机、微电脑控制金属压花机，常州市金致机械制造有限公司的石材切割机专用减速器，江苏莱宝电力滤波有限公司的智能型电容器控制集成装置（JL-ZMJ）、有源电力自动化滤波装置（JL-APF）、尖峰综合谐波保护器（JLRSP），常州安康医疗器械有限公司的一次性使用肛肠吻合器、一次性使用管型吻合器、一次性使用直线型切割吻合器及其组件、一次性使用直线型吻（缝）合器及其组件，常州汇拓科技有限公司的全自动导流盖压盖机泵盖旋盖机（全自动喷枪泵盖旋盖机，泵盖智能旋合式封口机），常州气弹簧有限公司的套管可锁定气弹簧、高速车辆用气弹簧，常州市常超电子研究所有限公司的TOFD超声衍射法探头、TRH型测厚探头，常州市金致机械制造有限公司的特种饲料机械专用减速器，常州市武进阳湖模具有限公司的无缝隙贴合鼓。

【武进万达广场开业】 2014年8月8日开业。武进万达广场位于聚湖路与花园街交叉口西南角，由常州武进万达广场投资有限公司投资建设，总投资38亿元，占地面积11.53公顷，建筑面积59.2万平方米，由购物中心、步行街、酒店、写字楼、住宅和商铺组成。开业当天，实现总客流达290517人次。其中，万达百货107625人次，万达影城7737人次，大歌星KTV8824人次，大玩家超乐场8682人次，永辉超市49257人次，孩子王商店18924人次，大白鲸世界儿童乐园13163人次。

【湖塘新开楼盘2个】（1）银谷广场。2014年10月12日开盘。该楼盘位于武宜中路以东、凤栖路以西、鸣新中路以南、武南路以北，为小城镇商业综合体，由常州惠琪置业有限公司投资建设，占地面积约2公顷，建筑总面积12万平方米，其中地上建筑面积9万平方米、地下室（人防）面积3万平方米，总投资6.5亿元，工期约2年，计划2015年年底前全面投入运营。（2）常州万科城。2014年12月6日开盘。该楼盘位于武宜路与滆湖路交汇处、阳湖二院斜对面，由常州万科房地产开发有限公司投资建设，为全国首个绿色建筑示范区，占地面积9.38公顷，总建筑面积29.95万平方米，设计总户数1807户，总投资12亿元。

【湖塘“祥保贷”项目组建】“祥保贷”是由担保公司担保，江苏武进国经投资发展有限公司（简称国经公司）、当地镇政府共同补充担保，银行放款的一种模式。2014年7月，国经公司、湖塘镇政府各出资500万元，设立“祥保贷”专户基金。年内，该项目通过国经公司牵头，银行负责贷款资金，担保公司负责担保，专户基金负责补充担保，向3家中小微企业发放贷款共计800万元，帮助解决转贷资金难题。

【湖塘镇被评为省群众体育先进集体】2014年9月19日，获“2010～2013年度全省群众体育先进集体”授牌。湖塘镇于2011～2013年连续三年实施全民健身阳光工程和文化惠民雨露工程，全镇44个社区于2012年年底全部创成“常州市十分钟体育健身圈”达标社区，在全镇全面建立文体管理员队伍，成立九大单项体育运动协会，基本形成“以中心城区大型全民健身中心为引领，镇全民健身指导站(全民健身俱乐部)为枢纽，社区全民健身点（晨晚练健身点）为基础，学校及企事业单位向社会开放”的四级全民健身设施网络，2014年将全民健身阳光工程列入政府为民办实事工程，持续推进各级竞技赛事和群众体育活动开展，丰富和优化全镇居民文体生活。

2014年湖塘镇各社区基本情况

表64

社　区	户　数（户）	户籍人口（人）	中共支部（总支、党委）书记	社区主任
聚湖社区	2747	7423	王建方	王　承
北街社区	1364	3458	周太娣	周太娣（兼）
南街社区	3297	9149	陈产文	王　华
花园社区	1464	4063	李曙霞	李曙霞（兼）
花东社区	2130	5357	夏　伟	赵　红
东方社区	2418	7032	李建元	李建元（兼）
湾里社区	2457	6552	王国妹	王国妹（兼）
新天地社区	561	1333	叶坚峰	叶坚峰（兼）
中凉社区	3340	8624	高伟新	高伟新（兼）
降子社区	2390	5968	蒋文新	徐　春
湖塘社区	939	2751	王建法	张立荣
夏雷社区	1511	4035	袁刚平	袁刚平（兼）
烈帝社区	912	2373	盛超英	徐洪兴
蒋公岸社区	695	1874	张亦婷	张亦婷（兼）
周家巷社区	742	1913	吴　振	邹　健
华家社区	511	1470	卞丽霞	费小明
马家巷社区	725	1944	陈国平	钱佳明
沙塘岸社区	446	1304	周玉萍	吴东伟
长虹社区	1063	3121	宋建国	宋建国（兼）
东华社区	1049	3020	杨国伟	伍柏明
采菱社区	1039	3184	管建新	沈伟刚
长安蒋湾社区	1224	3201	周国明	周国明（兼）
长安大巷社区	735	1942	马志新	马志新（兼）
南田社区	669	1974	吴　松	吴　松（兼）
东升社区	573	1878	沈小利	杨雪峰
东新社区	1018	3035	李忠新	杨仲俭
三勤社区	1083	3290	王国锋	曹燕方
江村社区	153	436	缪建峰	缪建峰（兼）
龙潭社区	565	1704	宋燕玲	宋燕玲（兼）
永定社区	592	1437	庄亚娟	庄亚娟（兼）
鸣南社区	1758	3802	李菊妹	李菊妹（兼）
鸣北社区	812	2167	丁志超	张伟兴
晓柳社区	1397	3766	王益民	王益民（兼）
大学新村一社区	795	5108	夏　英	史析清
大学新村二社区	980	2827	虞建中	陈　渝
丰乐社区	412	935	姜　倩	严惠忠
永安社区	1318	3720	张　炜	张　炜（兼）
南都社区	1243	3079	周惠琴	周惠琴（兼）
北庙桥社区	457	1359	杨建华	杨建华（兼）
何留社区	1299	3363	王小珍	王中华
淹城社区	1112	2820	曹建浩	曹建浩（兼）
张家坝社区	643	1652	吴国强	许　宁
府东社区	216	542	徐小琴	徐小琴（兼）
府南社区	869	2305	邹　松	邹　松（兼）

（张　骅）

牛 塘 镇

【概 况】 牛塘镇东临武进中心城区，西连西太湖科技产业园，南接武进高新区，北依常州主城区，总面积42.21平方千米，辖行政村9个、社区5个，2014年年末总人口41518人。

产业发展 优化农业结构，推动多种经营生产，巩固农业基础地位。推进农村集体产权制度改革，厚恕、卢西、漕溪、塘口4个村完成农村股份制改革，漕溪村土地承包经营权确权登记颁证试点顺利展开。全年完成生猪防疫4.3万头次、家禽防疫7.2万羽。有工业企业1226家，其中规模以上工业企业74家，完成规模以上工业产值348.34亿元，占全镇工业总产值的91.1%。推进重点项目，企润建材项目建成投产，万意钢扣项目一期、二期建成。实施工业技改项目166个，其中千万元以上项目63个，完成工业有效投入19.6亿元。常州龙腾太阳能热电设备有限公司与中广核太阳能开发有限公司签订战略合作协议，江苏亚邦染料股份有限公司在上海证券交易所挂牌上市。成功申报高新技术企业2家、民营科技企业40家、省高新技术产品3个，累计高新技术企业19家，完成高新技术产业产值303.8元，占工业总产值的79.5%；申请专利176件，获授权83件；实施产学研对接项目4项。稳步发展第三产业，启动红星国际广场、湖滨新街等商业街建设，完成服务业投资24亿元，增长20%。

城镇建设 改造提升镇区面貌，全镇首个大型现代商业综合体湖滨新街建设过半，牛塘中心公园项目拆迁全面完成。完善基础设施，新建贺家路、卢政街等道路建设工程，完成新乐路、延政桥改造，厚恕陶井王家线道路提档升级工程于12月16日通过验收。实施农村自来水改造工程，南片区自来水管网基本改造到位。推进拆迁安置，完成绿建区、虹西路、牛塘中心公园等项目拆迁，涉及卢西、高家、漕溪3个村委和民房683户及企业22家，拆迁面积达40万平方米；建成卢家新园、牛塘新园两大安置区安置房4000余套，安置拆迁户2200余户、房屋3200余套；完成绿建区拆迁项目定向商品房分配340户420套。推进生态文明建设，实施专项整治，完成区下达的清洁能源改造任务和跃进河、大寨河、周家浜等河道整治，以及10家重点污染企业的专项整治，取缔环境污染小作坊3家，集中整治畜禽养殖场20户。

社会事业 新增中国永拓民族鼓乐队专项光彩基金、苏润“教育共建”百万光彩基金2个，累计15个，基金总额达5600万元。沈家弄幼儿园建成投用，白家社区幼儿园、丫河村幼儿园和塘口村幼儿园完成改造提升，长虹幼儿园主体工程竣工。青云园文体中心建设工程稳步推进，常州市体校拳击队人才选拔基地于8月15日在牛塘挂牌设立，牛塘敬老院项目于9月28日开工建设。开展“社区天天乐”活动，组织“文化惠民生、欢乐牛塘行”社区优秀文艺节目巡回演出，满足群众日益增长的文化发展需求。实施村级卫生室标准化提升改造，按省级示范卫生室标准新建漕溪村卫生室。健全社会保障，新办失地保障人员4018人，企业净增城镇职工参保人员500余人，新办住房公积金800多人，新增就业岗位621个。全镇纳入被征地农民基本生活保障人数达23329人，城乡居民养老保险缴费人员达2649人。全年发放慈善救助金29万元、慈善大病救助金60万元。

表65 2014年牛塘镇主要经济社会指标完成情况

指 标	单 位	数 值	比2013年（±%）
地区生产总值	亿 元	117.8	13.9
公共财政预算收入	万 元	40844	20.4
农业总产值	亿 元	2.29	16.2
多种经营产值	亿 元	2.28	16.3
粮食总产量	万千克	139	-38.3
工业销售收入	亿 元	378.9	9.9
实际利用外资	万美元	290	408.8
自营出口额	万美元	36007	4.1
第三产业增加值	亿 元	49.5	19.2
农民人均纯收入	元	22596	10.3

【企润建材项目建成投产】 5月26日建成投产，成为全市首家绿色环保型搅拌站。该项目由位于牛塘镇厚恕村的常州企润建材有限公司实施，建有全封闭绿色环保4.5立方米全自动商品混凝土生产线2条，具备年产150万立方米商品混凝土的能力。常州企润建材有限公司还引进先进的分离和污水处理设备，将废弃混凝土分离、过滤后用于混凝土再生产，实现废水废渣零排放，率先迈出传统产业转型升级关键的第一步，2014年实现销售收入5942万元。

【牛塘新增高新技术企业2家】 2014年，牛塘镇2家企业被省科技厅、财政厅、国税局、地税局联合认定为高新技术企业。

常州康普瑞汽车空调有限公司 位于牛塘工业园区，成立于1999年，占地面积3.2公顷，集研发、制造、销售、服务为一体，主要生产SR-96旋叶式压缩机、SR-7B10斜盘式压缩机，汽车空调总成和旋叶式压缩机专用叶片。2014年，实现销售收入3096万元。

常州友邦净水材料有限公司 位于牛塘镇人民西路105号，成立于2001年，占地面积1.3公顷，为亚邦集团有限公司下属企业，主要生产聚合氯化铝、聚合氯化铝铁和新型立净灵等系列混凝剂，获得常州市首批循环经济试点企业、江苏省民营科技企业称号和省环保厅颁发的危险废物经营许可证，拥有自主创新专利4项，产品高效复合混凝剂被评为省高新技术产品。2014年，实现销售收入4912万元。

【亚邦股份公司在上交所挂牌上市】 9月9日，江苏亚邦染料股份有限公司（简称亚邦股份公司）在上海证券交易所（简称上交所）挂牌上市，股票名称“亚邦股份”，股票代码“603188”。亚邦股份公司是国内染料制品行业的标杆企业之一，主营业务为纺织染料及染料中间体的研发、生产、销售及相关技术服务，此次发行A股7200万股，发行后总股本2.88亿股，发行价20.49元/股，对应市盈率22.75倍，募集资金总额约14.75亿元，拟投入年产2万吨商品染料项目、年产8000吨还原染料技改项目等。

【牛塘新设光彩基金2个】 9月10日，苏润“教育共建”百万光彩基金、中国永拓民族鼓乐队专项光彩基金揭牌成立。苏润“教育共建”百万光彩基金由常州苏润机械有限公司捐资100万元设立，每年拨款10万定向用于牛塘镇3所中小学和2所幼儿园教师队伍的能力提升、教育培训。中国永拓民族鼓乐队专项光彩基金由常州市永拓装饰有限公司出资设立，金额总计40万元，主要用于牛塘中心小学鼓乐队的培训、音乐制作、民族鼓更新、服装、奖励等。

【牛塘三大安置区竣工交付】 (1) 卢家巷安置区（二期）续建。该项目占地面积6.98公顷，总建筑面积12.36万平方米，其中住宅建筑面积8.98万平方米，其他车库、公建配套、商业等设施面积3.38万平方米，总投资额约3亿元，建成安置房13幢861套，先后于2013年5月、2014年10月两次交付分房。(2) 卢家新园。该项目占地面积16.73公顷，总建筑面积27.41万平方米，其中安置房面积20.57万平方米，其他车库、公建配套、商业等设施面积6.84万平方米，总投资6.5亿元，建成安置房24幢18层、公建1幢五层共1938套，于2014年3月底交付分房。(3) 牛塘新园。该项目位于东龙路东侧、聚湖路南侧、贺家路北侧，占地面积8.69公顷，总建筑面积19.3万平方米，其中安置房面积14.99万平方米，其他车库、公建配套、商业等设施面积4.31万平方米，总投资5亿元，建成安置房1364套。该项目于2011年11月开工建设，2014年1月竣工交付。

【湖滨新街项目开盘】 10月26日，牛塘镇首个大型现代商业综合体——湖滨新街项目开盘销售。该项目位于人民西路和湖滨路的交汇处，占地面积2.4公顷，总建筑面积3万平方米，由6栋纯沿街三层联排商铺和1栋6层独立大厦组成，配套近千平方米绿化休闲广场、地下停车场及非机动车位等公共设施。项目首次开盘推出3#4#（共计17套）商铺，开盘当天去化过半。11月加推5#6#（共计29套）商铺。截止2014年年底，4栋联排商铺共计去化30套，总销售金额破亿元。

【牛塘两社会事业项目开工建设】 (1) 长虹幼儿园。2014年8月6日开工建设。该项目位于牛塘镇长虹花苑南侧，总用地面积9559.2平方米，总建筑面积8635.09平方米，规划总投资3600万元，计划于2015年8月底竣工。建成后将用于安置长虹花苑及周边的适龄儿童，可招收15个班共555人。(2)牛塘敬老院。2014年9月开工建设。该项目位于牛塘镇长虹花苑南侧，总用地面积7370.2平方米，总建筑面积11483.72平方米，其中地下建筑面积2693.85平方米、地上建筑面积8789.87平方米，规划总投资4000万元，计划于2015年12月底竣工。牛塘敬老院集康复治疗、居家养老和全护理于一体，建成后设有房间98间，其中康复治疗室6间、疗养室80间、全护理室12间，总计床位228个。

（解　佳）

2014年牛塘镇各村（社区）基本情况

表66

村（社区）	户　数（户）	户籍人口（人）	中共支部（总支、党委）书记	村委（社区）主任	经济总收入（万元）
牛塘一社区	1153	3784	柏小平	邵　强	75000
牛塘二社区	1478	3423	张志東	张志東（兼）	—
竹园社区	798	2410	汤国刚	许　峰	118320
沈家弄村	615	1688	郭方兴	周淑玉	43914
漕溪村	1039	3384	王玉蓉	张岳文	59693
白家社区	785	2433	王　健	闻红燕	25380
青云村	1029	3407	蒋文清	肖建咏	66308
丫河村	934	3111	张小鸣	潘小平	35200
厚恕村	914	3093	张亚平	李志刚	30336
塘口村	908	3170	王建强	狄东明	28986
卢家巷社区	440	496	荆文泽	荆文泽（兼）	—
卢家巷村	1025	3756	荆文泽	王九峰	78269
高家村	1210	3780	万如生	张文林	45762
卢西村	1092	3583	徐　伟	徐　伟（兼）	145866

洛阳镇

【概　况】 洛阳镇位于武进区东南部，东临无锡市，西接礼嘉、遥观镇，南靠雪堰镇，北依横林、遥观镇，总面积55.75平方千米，辖行政村18个、社区3个，2014年年末总人口52598人。有淡水珍珠、水蜜桃、葡萄和戴溪青鱼等名特农产品，享有“中国珍珠之乡”之誉。先后获“全国千强镇”“全国小城镇建设示范镇”“全国群众体育先进单位”“国家卫生镇”“国家园林城镇”等称号。

产业发展　发展现代农业，新增高效农业面积25公顷，累计530公顷；做强林果和水产等优势产业，全镇水蜜桃、葡萄种植和淡水鱼种养面积共1420公顷；组建家庭农场17家，新增市级农民合作示范社1家，汤墅农副产品专业合作社“湖桑产业园”申报为区农业产业园，通过省名牌产品、市名优农产品复审3个；建设农田水利和防汛基础设施，完成马鞍大圩内河疏浚清淤工程，疏浚整治河道5条、村塘129个，完成圩堤加固里程900米、护坡护岸里程350米，新建排涝站2座，新、改建电灌站8座，

表 67

2014 年洛阳镇主要经济社会指标完成情况

指　标	单　位	数　值	比 2013 年（±%）
地区生产总值	亿　元	106.57	14.10
公共财政预算收入	万　元	24952	7.90
农业总产值	亿　元	3.22	8.70
多种经营产值	亿　元	3.01	11.10
粮食总产量	万千克	609.6	-25.40
工业销售收入	亿　元	303.52	10.00
实际利用外资	万美元	2790.45	23.60
自营出口额	万美元	32000	24.00
第三产业增加值	亿　元	33	20.00
农民人均纯收入	元	23707	11.80

启动今冬明春重点县水利工程。开展农村产权制度改革，18 个村全部完成登记工作，量化集体资产 3.09 亿元，界定股东 4.77 万人，在全区率先成立农村产权交易站。有工业企业 1580 家，其中规模以上企业 85 家，完成规模以上工业产值 284.5 亿元，占全镇工业总产值的 90.5%。开工建设超千万元工业项目 40 个，完成投资 21 亿元，智能型高、低压电器项目和年产 10 万吨精密铜管一期项目建成投产。新增高新技术企业 3 家，累计 15 家，完成高新技术产业产值 119 亿元，占全镇规模以上工业产值的 42.7%；申请专利 780 件，获授权 300 件，有效发明专利 17 件。提升招商质量，巴西万高公司并购新亚电机项目获批，引进常州迈腾机械有限公司、常州协圣金属制品有限公司、江苏利农农机科技有限公司 3 家。推进金融创新，启动全区首个“资托贷”项目，10 家企业获金融支持。发展服务业，完成服务业增加值 32 亿元、限额以上批零销售 72.6 亿元，分别增长 16.4%、11.4%。

镇村建设　优化规划布局，调整《洛阳镇总体规划（2011 ～ 2030 年）》《洛阳镇中心北区修建性详规》《洛阳镇中心北区控制性详规》等专项规划，编制保留村庄、特色村庄平面布局规划，率先在全区开展镇区地下管线规划编制试点。完善城镇功能配套，推进珠光街北延工程，完成武进大道东延工程征地拆迁，建成跨大闸河桥梁桥台和戴毛路提档升级工程，创成横洛东路、创盛路 2 条区文明样板路，改造农村桥梁 3 座，新增、更换路灯共 3411 盏，新增 3311 路公交线路；完成戴溪变电所 11 条 10 千伏线路改造工程，新增天然气用户 2543 户。开展国家生态文明示范镇创建，实施农村环境连片整治，新增农村分散式生活污水处理设施 11 套，建成东尖引河、宣家坝引河清淤、生态护坡及氮磷拦截工程，完成西庄浜和聚荣制药专项整治及 5 家企业强制性清洁生产、11 家工业点源整治工程，实现秋季秸秆禁烧零火星。

社会事业　发展光彩事业，新设圻庄、天井 2 个村级百万光彩基金，协议捐资达 500 万元。推进教育现代化，洛阳高中晋升为省四星级高中，洛阳初中与戴溪初中平稳合并，新建洛阳初中和洛阳中心幼儿园扩建工程建成投用，王诤电子科技馆布馆基本完工。发展文体事业，镇全民健身中心建成运营，十分钟体育健身圈加快建设，“美丽洛阳”系列活动和“社区天天乐、同心大舞台”“送戏下乡”、农村电影“2131”放映工程活动深入开展，洛阳镇第一届全民健身运动会成功举办。健全公共卫生、人口与计划生育服务体系，向全镇居民免费提供十大类 43 项基本公共服务和五大类公共卫生服务。提高社会保障，全年新增社保人员 677 人、住房公积金人员 550 余人，发放救助金 180 万元、最低生活保障金 76 万元和尊老金 120 万元。

【洛阳组建家庭农场 17 家】　9 ～ 12 月，洛阳镇先后组建家庭农场 17 家，其中由区工商部门认证 2 家、农村工作部门

表 68

2014 年洛阳镇新组建家庭农场情况

名　　称	成立时间（月）	面　积（公顷）	经营内容	负责人	所在村
洛阳镇建国畜牧养殖家庭农场	10	0.2	畜牧养殖	虞建国	圻　庄
洛阳镇凤三种养结合家庭农场	9	5	淡水鱼养殖	黄凤三	圻　庄
洛阳镇国京畜牧养殖家庭农场	11	0.2	畜牧养殖	孙国京	圻　庄
洛阳镇曹华波畜牧养殖家庭农场	9	0.2	畜牧养殖	曹华波	管　城
洛阳镇汪法根水产养殖家庭农场	9	5	淡水鱼养殖	汪法根	戴　溪
洛阳镇杨庆华畜牧养殖家庭农场	10	0.2	畜牧养殖	杨庆华	天　井
洛阳镇鑫鑫畜牧养殖家庭农场	10	0.2	畜牧养殖	易建清	天　井
洛阳镇陈永金畜牧养殖家庭农场	9	0.2	畜牧养殖	陈永金	民　丰
洛阳镇陈兴荣畜牧养殖家庭农场	10	0.2	畜牧养殖	陈兴荣	民　丰
洛阳镇梅建林水产养殖家庭农场	12	5	淡水鱼养殖	梅建林	虞　桥
洛阳镇红太阳果园家庭农场	10	8	林果种植	夏阿大	瞿　家
洛阳镇陈周新畜牧养殖家庭农场	10	0.2	畜牧养殖	陈周新	小留桥
洛阳镇嘉华家庭农场	9	4	林果种植	梅解红	马　鞍
洛阳镇南苑家庭农场	12	6	淡水鱼养殖	杨福兴	戴　溪
洛阳镇金盛丰家庭农场	10	7	林果种植	顾宝焕	管　城
洛阳镇锦程家庭农场	10	6	淡水鱼养殖	周桂琴	圻　庄
洛阳镇许氏家庭农场	9	7	林果种植	许小兰	管　城

认证15家。这17家家庭农场经营面积累计55公顷，从业人员共40人。其中，林果种植5家、畜牧养殖8家、水产养殖3家、种养结合1家，年产林果75万千克、成鱼20万千克、生猪4200头，实现纯收入达162万元。

【洛阳建成投产工业重点项目2个】 智能型高、低压电器项目　2014年7月建成投产。该项目由江苏新洛凯机电有限公司实施，于2011年11月开工，建设厂房面积5万平方米，其中生产用厂房面积3万平方米、办公用房面积8000平方米、辅助性用房面积1.2万平方米，购置设备133台（套），总投资1亿元，投产后形成年产各类高、低压智能型断路器核心部件25万台（套）和各类断路器附件10万台（套）的规模。2014年，公司完成产值4.8亿元。

年产10万吨高效精密铜管一期项目　2014年11月建成投产。该项目由常州南海铜业有限公司投资2亿元实施，2014年1月开工，利用空置厂房面积1500平方米，新增高效水平连铸机组、铣面机、三辊行星轧机等生产设备，采用电解铜为主要原料生产精密铜管，配套用于空调机组、冰箱、冷柜、展示柜等。2014年，公司生产精密铜管300吨、电解铜97494吨，实现销售收入130.43亿元。

【巴西万高公司并购新亚电机项目获批】 3月22日，常州新亚电机有限公司与巴西万高公司签约，由万高公司整体受让常州新亚电机有限公司全部股权，初级投资额1.4亿元，于4月30日获得区商务局批准。年内，常州新亚电机有限公司全面引入国际市场销售网络，融入万高公司高新科技、先进管理理念和生产制造工艺，2014年实现销售收入5.5亿元。

【洛阳新增高新技术企业3家】 2014年，洛阳镇3家企业被省科技厅、财政厅、国税局、地税局联合认定为高新技术企业。

江苏常意电机科技有限公司　位于洛阳镇马鞍村，前身为常州常意电机有限公司，创建于1989年，占地面积3公顷，建筑面积2万平方米。集科技开发、生产制造、营销服务于一体，专业设计和制造直流有刷电机、直流无刷电机、交流电机、齿轮电机和发电机冲片（包括定子铁芯和铸铝转子）及汽车零部件，电机产品应用于升降装置、传动装置、轮椅车、代步车、高尔夫球场车、地面清理机及其他特种车辆，定子和转子冲片应用于各类发电机和电机，主要为艾默生、尼得科等世界五百强企业配套生产，产品主要销往美国和欧洲。2014年，实现销售收入9200万元。

常州市月仙冷藏设备有限公司　位于洛阳镇虞桥村，创建于1993年，占地面积3公顷，建筑面积2.8万平方米。主要生产PU（聚氨酯）保温板、PU库门，承接从设计、施工到调试的成套工程项目，冷库电动双开平移门于2013年11月被认定为省高新技术产品，为江苏省食品集团成功建设上海、苏州、南京及淮安食品加工配送中心冷库，建设广州易初莲花物流库、上海光明集团食品加工冷库、台州展望集团5000吨气调库、厦门金日集团药材成品库、南京众彩农副产品物流中心等大型冷库工程。2014年，实现销售收入1亿元。

常州欧凯电器有限公司　位于洛阳镇岑村村，原名振华空调器厂，创建于1984年，2002年新建，占地面积4公顷，建筑面积5.8万平方米。集科研、开发、生产于一体，下辖电机事宜部、管组件和热交换器事业部、模具事业部3个，形成年产步进、同步电机3000万台和管路组件1000万套、热交换器500万套的规模，研发精密塑料模具及备品备件。产品主要用于家用空调配件及汽车、火车、船舶等空调用热交换器，与美的、格力、海尔、LG、三星、松下等品牌企业建立供应商关系，"OUCK"商标2010年被认定为省著名商标。2014年，完成产值2.3亿元，实现销售收入2.1亿元。

【全区首个"资托贷"项目在洛阳启动】 6月20日，武进区中小微工业企业融资

2014年洛阳镇各村（社区）基本情况

表69

村（社区）	户　数（户）	户籍人口（人）	中共支部（总支、党委）书记	村委（社区）主任	经济总收入（万元）
洛阳村（社区）	844	2904	秦建新	支俊杰	115032.52
洛东村（社区）	1227	3546	秦建文	顾德林	119945.78
戴溪社区	—	—	张东卫	张东卫（兼）	—
天井村	1059	3268	高　阳	卢新荣	49087.27
管城村	1102	3748	邵益斌	罗　兴	37645.86
岑村村	982	3037	蒋　健	蒋燕峰	124364.8
东尖村	355	1112	沈建忠	沈建忠（兼）	41734.19
戴溪村	691	2224	顾俊伟	杨如英	45151.45
汤墅村	745	2435	王建平	陆玉石	77823.5
阳湖村	593	2276	张新益	费小方	11566.01
朝安村	1089	3174	沈国忠	施介清	36998.53
谈家头村	1028	3486	马晓峰	梅才洪	93203.69
小留桥村	586	2174	朱金良	王小峰	17657.33
圻庄村	970	3430	杨红亮	冯建新	60763.01
瞿家村	632	2314	杨冬兴	瞿　虎	47214.31
民丰村	649	2140	陈小华	杨迪宇	75432.06
马鞍村	826	2685	蒋玉清	蒋玉清（兼）	86010.08
虞桥村	825	2569	蒋建洪	李晓东	57840.99
友谊村	1138	3626	叶　青	上官立	73544.39

创新模式推进会暨洛阳镇“资托贷”项目启动仪式在洛阳举行，标志全区首个“资托贷”项目在洛阳启动。“资托贷”项目是武进区中小微企业担保互助基金运行机构与金融机构、洛阳镇政府三方共同推出的融资担保项目，企业可将土地与房产、机器设备、无形资产(包括商标、专利等)及其他有效资产，委托洛阳镇政府指定的常州市洛阳企业发展服务中心托管，由该中心根据托管企业资产的评估价值为企业提供融资担保，解决中小微企业融资担保难题。在这次推进会上，区企业发展服务中心和洛阳镇政府与12家银行、7家担保公司签订合作协议，常州市新盛电器有限公司与洛阳镇政府、中信银行武进支行签订相关贷款协议，获得“资托贷”项目首个贷款1000万元。至12月，全镇有10家企业获得金融支持，融资规模超8000万元。

【洛阳初级中学新建工程建成投用】 参见《教育》栏目p184相关条目。

【洛阳高中晋升为省四星级高中】 参见《教育》栏目p187相关条目。

（沈建兴）

遥 观 镇

【概 况】 遥观镇位于武进区东南部，东临横林镇，西接湖塘镇，南靠洛阳镇，北依戚墅堰区，总面积44.7平方千米，辖行政村15个、社区7个，2014年年末总人口45284人。获得“全国先进基层党组织”“国家新型工业化产业示范基地”“国家卫生镇”“国家级生态镇”“全国环境优美镇”“中国轨道交通产业集群名镇”等称号。

产业发展 新增高效农业面积13.87公顷，累计396.8公顷。蒋记食品有限公司被确立为市级农业龙头企业，新东方农业生态观光园、渔庄生态农业园和宋剑湖农业生态园3个项目顺利推进。有工业企业1896家，其中规模以上工业企业130多家（产值超亿元企业45家），完成规模以上工业产值355亿元，占工业总产值的86%。实施1000万元以上重点项目30个，17个项目相继竣工，今创设计中心、灵通国家广告产业园、长海玻纤、光大环保二期等项目推进顺利。“中韩”商标被认定为中国驰名商标，累计6件。新增高新技术企业1家，累计27家，完成高新技术产业产值177.6亿元，占规模以上工业产值的50%；新增省级工程技术研究中心1家、省级高新技术产品20个，27家企业获省民营科技企业称号；申请专利539件，获授权519件。常州华通焊材股份有限公司、常州市震华干燥设备有限公司、灵通投资集团有限公司主起草或制定国家标准和行业标准共4个。实施“商贸兴镇”战略，加速打造集镇北大门，皇冠商业综合体建设持续推进，大润发超市商业项目开工建设，全镇商住项目建设总量面积13.5万平方米（其中商业建筑面积4万平方米），全年完成服务业投入12.72亿元，实现服务业增加值42.3亿元，分别增长56.4%、23.5%。

表70

2014年遥观镇主要经济社会指标完成情况

指 标	单 位	数 值	比2013年(±%)
地区生产总值	亿 元	136.43	10.6
公共财政预算收入	万 元	50476	18.2
农业总产值	亿 元	0.77	2.4
多种经营产值	亿 元	0.61	5.2
粮食总产量	万千克	0.44	0
工业销售收入	亿 元	400.1	11.3
实际利用外资	万美元	474	—
自营出口额	万美元	63703	22.1
第三产业增加值	亿 元	42.3	22.4
农民人均纯收入	元	22845	10.5

镇村建设 加强规划引领，启动《宋剑湖科技创新城发展战略规划》编制，完善《武进区新型镇村布局规划研究及编制》。完善城镇功能，加速打造集镇北大门，开展宋剑湖生态绿城建设，宋剑湖湿地郊野公园建设初具规模，核心区已建成。完善基础设施，改造完成常遥路、遥坂路2条和青城桥等农危桥8座，维修遥洛路、横南线、南岸路等主干道路，创成剑马路等区级文明样板路3条；优化调整公交线路2条，协调新增公交线路1条；完成华通东路、观湖北路、遥观老街等道路亮化工程。推进清水工程，整治立新河、钱家河，实施对大岸头泵周边22家企业的污水接管；疏浚河塘15个，达标圩堤里程2千米，沿岸绿化里程4千米。完成5家钢管企业、3家电镀企业等工业污染点源整治，关停化工企业1家。提升改造公共绿地、道路绿化工程项目共13个，新增绿化面积45.33公顷，建成省级绿化示范村12个。完善镇村环境长效管理工作考核办法，全面提升镇村环境面貌，顺利通过国家卫生镇复审。启动国家级生态文明示范镇创建工作。

社会事业 全年募集光彩基金512万元，其中通济村企业和个人捐赠200多万元。遥观初中和宋剑湖小学获区教育教学质量综合评估三等奖。开展文化惠民活动，组织“社区天天乐”演出100多场，名列全区前列。建成健康主题公园和健康步道里程1600米，开展健康知识讲座78次。改进全镇医疗卫生、公共卫生服务体系，卫生应急工作示范镇创建通过区级验收。健全保障体系，实现新型农村养老保险、新型农村合作医疗保险、残疾人意外保险全覆盖，为全镇6393名老年人办理意外保险，发放低保慰问和困难群体保障、优抚、尊老等救助资金共350多万元。

【宋剑湖农业生态园项目开工】 2014年1月开工。宋剑湖农业生态园位于遥观镇建农村、宋剑湖湿地东畔，由常州宋剑湖农业生态园有限公司实施，项目总投资1.01亿元，规划占地面积49.87公顷，以宋剑湖湿地自然景观为依托，建设生态果园、盆景培育场、苗木种植区、水产养殖场、生产设施用房及相关配套设施等，建成后将形成集水产、林果及科普观光为一体的特色产业园。

【遥观工业重点项目开（竣）工3个】 今创设计中心项目 2014年6月开工。该项目由今创集团股份有限公司实施，总投资2.8亿元，占地面积1.47公顷，建筑面积5万平方米，涵盖今创工业设计中心（大楼）、国家级实验室，集轨道交通产品设计、检测检验、展示于一体，计划2016投入使用。

轨道交通内装饰品项目 2014年4月开工。该项目由常州剑湖金城车辆设备有限公司实施，总投资3亿元，占地面积4.8公顷，新建标准厂房面积6万平方米，计划2015年上半年竣工投产。

灵通展览展示用品生产线项目 2014年11月竣工。该项目由灵通投资集团有限公司实施，总投资3.8亿元，于2013年5月开工建设，总占地面积8公顷，其中一期占地面积3.93公顷，新建厂房面积10万平方米。该项目通过购置金属加工生产线、板材生产线、画图制造生产线，打造常州市国家广告产业园灵通基地，引领广告和会展行业在展示技术、展示器材和创意应用的发展，促进文化与科技融合、制造与信息化协同发展。

【光大环保（常州）管理中心成立】 12月30日，在光大环保技术设备（常州）有限公司揭牌成立。光大环保（常州）管理中心，由中国光大国际有限公司对在遥观镇、武进高新区和常州市新北区实施的涵盖垃圾焚烧发电、光伏发电、环保装备制造和危废处理等五大项目进行区域整合后成立，旨在更好地集中展现企业品牌形象，提升项目整体合力，提高管理效能。光大环保技术研究院焚烧技术研究院、光大环保技术研究院水环境技术研究院一并揭牌。江苏省固废无害化和资源化工程技术研究中心、江苏省外资研发机构同时在光大环保技术设备（常州）有限公司落户。

【常州容天乐东方轴承有限公司被认定为高新技术企业】 2014年12月，被省科技厅、财政厅、国税局、地税局联合认定为高新技术企业。常州容天乐东方轴承有限公司位于遥观镇工业大道10号，由武进特种轴承厂于2009年改制组建，总部在湖塘镇，先后通过ISO 9002、QS 9000、ISO/TS 16949质量管理体系认证，已形成汽车水泵轴连轴承、汽车变速箱轴承、摩托车滚针轴承3条生产线，生产各类滚针、短圆柱和水泵系列轴承达2000余个品种，主要与一汽、二汽、长安、奇瑞、江淮、航天三菱等汽车主机厂，以及轻骑、建设、隆鑫、宗申、力帆等摩托车厂配套，自营出口至意大利、俄罗斯、美国、韩国等10多个国家和地区。2014年，实现产值5200余万元。

【光大环保技术装备（常州）有限公司被认定为省级工程技术研究中心】 2014年10月，被省科技厅认定为江苏省固废无害化和资源化工程技术研究中心。光大环保技术装备（常州）有限公司成立于2011年5月，由中国光大国际有限公司投资建设，集环保设备研发、制造、销售为一体，依托光大国际涉及的垃圾焚烧发电、污水处理、污泥处理、生物质发电、太阳能发电、风力发电、沼气发电和污水源热泵等领域，积极引进国际先进管理理念，以技术创新为重点，自主研发、引进消化、联合开发，开发行业领先的环保研发和制造项目，并获得国家发改委2012战略新兴产业（节能环保）项目中央专项资金支持。该公司于2013年通过高新技术企业认定，在生活垃圾焚烧炉排炉、烟气净化系统、生活垃圾渗滤液系统等相关领域已获得授权专利16件，其中发明专利3件，拥有软件著作权1件。2014年，实现销售收入2.19亿元，成为亚洲地区最大的垃圾处理设备供应商之一。

【遥观新增省高新技术产品20个】 2014年，遥观镇工业企业有20个产品先后被省科技厅认定为江苏省高新技术产品。分别是：常州市武进华联电控设备有限公司的光伏逆变机柜，常州鹏鸣数控机械设备有限公司的固体YAG激光切割机，常州同创医疗器械科技有限公司的刻度指示型一次性使用直线吻（缝）合器，常州华通焊业股份有限公司的高速列车用高端铝合金焊材，江苏盛伟过滤设备有限公司的AKM环锁型快开盲板，常州运河新瑞焊材有限公司的钛—氟—铝原位反应渣系新型药芯焊丝，常州剑湖金城车辆设备有限公司的铁路餐车用冷冻柜，常州市常华电机有限公司的交流电机，江苏安普特防爆科技有限公司的LNG橇装加气装置和阻隔防爆橇装式加油装置，常州强力电子新材料股份有限公司的9-取代吖啶和光刻胶引发剂9-苯基吖啶（9-PA），常州市建国电器有限公司的LED球泡灯和SMD-LED灯珠(GP-2835W1-D1)，常州华通新立地板有限公司的37球钢结构活动地板和架空活动地板用挤压管支架，常州容天乐东方轴承有限公司的摇臂轴承和滚柱轴承，光大环保技术装备（常州）有限公司的生活垃圾渗滤液处理系统和生活垃圾焚烧烟气净化处理系统。

【“中韩”商标被认定为中国驰名商标】 2014年9月，由中韩科技有限公司注册的“中韩”商标被国家工商管理总局商标局认定为中国驰名商标。中韩科技有限公司成立于2009年，前身是江苏德莱仕电器有限公司，占地面积13.5公顷，总建筑面积8万平方米。该公司从韩国、德国、日本、美国全套引进世界一流的生产设备，主要生产两门、三门、对开门、多门等中高端冰箱，拥有专利技术82项，其中“双循环双系统”制冷技术和彩晶面板工艺技术是中国冰箱企业中唯一拥有自主研发和自主知识产权的发明专利技术。2014年，实现产值13亿元。

【武进第二家大润发超市落户遥观】 参见《商贸流通业》栏目p130相关条目。

【遥观新增省级森林生态示范村和省级绿化示范村各1个】 通济村创成省级森林生态示范村 2014年7月通过省级森林生态示范村考核验收。通济村位于遥观镇东北部，面积2.23平方千米，人口1614人。该村加强绿化建设和管理，先后投入210万元，建成广场绿地5处，村庄绿化覆盖率达41%，形成村容整洁、环境优美、景色宜人的绿色村庄。

勤新村创成省级绿化示范村 2014年7月通过省级绿化示范村考核验收。

勤新村位于遥观镇北部，面积2.5平方千米，人口2495人。该村在创成省级卫生村和市级生态村的基础上，加大绿化投入，实施村庄绿化建设和美化提升工程，共建有绿化广场9个和小游园多个，做到道路、河道、房前屋后应绿尽绿，村庄绿化覆盖率达40%，形成常绿植物与落叶树种、乔灌草有机结合和合理配置的绿化景观。

【钱家塘社区创成省级民主法治村】 2014年6月通过考核验收。钱家塘社区位于遥观镇北部，有居民596户、1803人。该社区强化法制观念，提高依法办事能力，于2010年6月建立以社区主任为组长、社区调解员为副组长，吸收社区积极分子和文艺骨干的普法队伍，每月更换普法宣传栏法制挂图，不定期上门发放普法材料，包括社区居民关心的土地、拆迁、养老、保险、婚姻、邻里纠纷等法律知识，开展以“学雷锋日”为主题的法律便民服务活动和法律援助宣传活动，促进居民法制意识提高。

【遥观社会管理创新成效显著】 （1）在全区率先开设“法润遥观护企行”系列讲座。该系列讲座由遥观镇党委、政府主办，采用集中培训和分散培训相结合的形式，从3月起至12月，每月一讲，分批次开展对全镇各企业的全面轮训，首堂讲座于3月28日开讲，全镇规模企业法人代表、企业中高层管理人员、镇相关职能部门负责人共500人次参加，听取“企业中层职务犯罪警示教育”“知识产权保护”“企业金融风险的防范与应对”主题讲座，有效引导企业合法规避各类风险，促进企业健康发展。（2）建成全区首个镇级法治文化广场。该法治文化广场由遥观镇政府实施，依托镇文体广场，投入80万元于4月建成，主要由“法治绽放幸福花”的球形标识、彰显宪法精神的法治文化柱、讲述法治故事的铁艺窗花、展现廉政文化的宣传牌、健身区鹅卵石小径两边的花格文化墙以及书有《正气赋》的竹筒造型石墙组成，集生态美化、法律文化熏陶、休闲娱乐等功能于一体，使群众在潜移默化中接受法制教育，增强法治意识。

表71　2014年遥观镇各村（社区）基本情况

村（社区）	户　数（户）	户籍人口（人）	中共支部（总支、党委）书记	村委（社区）主任	经济总收入（万元）
渔庄村	482	1540	周　斌	周利钢	42482
桥南村	720	2032	吴政国	白新南	69614
塘桥村	780	2338	黄建国	杨建新	200074
东方村	927	2825	王　丹	—	43480
洪庄村	529	1551	董国华	张玊峰	122095
建农村	639	1918	周永军	周永军（兼）	78010
东村村	722	2220	居震民	居国清	37625
遥观村	1304	3578	傅文俊	刘华伟	330180
薛墅巷村	611	1750	吴建洪	吴景伟	122082
通济村	585	1614	吴南武	顾斌洲	92346
剑湖村	1161	3246	邹　文	张志钢	48265
前杨村	804	2026	杨鸣豪	杨　军	223505
新南村	1311	3760	王　赟	倪　宋	183687
勤新村	918	2495	张华兴	周建明	144786
郑村村	590	1533	张华兴	朱雨生	117843
印墅社区	656	1585	徐雪伟	戴　勤	46170
芳庄社区	548	1491	张中海	张中海（兼）	251174
留道社区	512	1583	濮耀明	戚建平	151148
钱家塘社区	596	1803	奚赛明	方产祥	81526

说明：遥观社区、剑湖社区、剑苑社区未列入表内统计

【“风筝王”许兴南赠送著作《志在蓝天》8500册】 “风筝王”许兴南是遥观镇遥观村人，从父辈那里学习传承风筝制作技艺，2004年担任中国黄河风筝协会副主席。为传承好风筝制作技艺，许兴南深入到幼儿园、中小学和大学讲课，组织师生放飞风筝，在总结实践经验的基础上，撰写风筝教材《志在蓝天》（2012年5月由南京大学出版社出版），并率先向全国各地赠送2000多册，与省、市教育部门联系确定向全省各地中小学赠书的计划。2014年12月22日，省教育厅派人从许兴南家中取走《志在蓝天》5450本。至此，许兴南共赠送《志在蓝天》8500册。

（沈澎澎）

横　林　镇

【概　况】 横林镇位于武进区东部，东临无锡市，西接遥观镇，南靠洛阳镇，北依横山桥镇，总面积46.67平方千米，辖行政村15个、社区6个，2014年年末总人口51405人。3月25日，在第二届中国林业产业创新奖颁奖暨新闻发布会上，该镇获“中国强化木地板之都”授牌，实现继2006年、2010年后的中国林产系统特色区域命名“三连冠”。

产业发展　建设现代农业，顺庄南江生态园、贝尔种植园提升农业生产经营水平，阳湖鹅业专业合作社创成区级示范社，吴建兴家庭农场申报“武进区示范农场”。有工业企业1485家，其中规模以上工业企业187家，完成规模以上工业产值232.5亿元，占全镇工业总产值的76.3%。常州市凯迪电器有限公司、江苏赛拉弗光伏系统有限公司等新兴产业企业发展良好，全年完成新兴产业产值20亿元。实施千万元以上重点项目50个，其中市、区重点项目6个，年内竣工投产率达87.23%。特色园区初具规模，东和科创园一期进展顺利，华

大国际住宅产业园一期标准厂房面积3万平方米、住宅公园5幢样板房及道路等配套设施主体竣工，恒润科创园的“电子电器公共技术服务平台建设”、东渊科创园的“创业平台服务能力提升”项目被列为市级科技创业平台，江苏省地板产品质量监督检验中心完成扩建搬迁。新增高新技术企业1家，累计19家，完成高新技术产业产值80.2亿元；新增省高新技术产品18个，累计81个；申请专利600件，获授权432件。江苏华大集成房屋有限公司“模块化结构的可循环式绿色集成房屋示范工程项目”、常州市美特精密电机有限公司“新型汽车废气再循环利用阀项目”分别被立项为2014年常州市社会发展项目、创新基金项目。“科利达及图”商标被认定为中国驰名商标，累计3件。新增省名牌产品1个，市名牌产品3个，省、市名牌产品分别累计14个、34个。电子商务成为发展新亮点，崔北村成为常州市首个省农村电子商务示范村，全镇实现电子商务网上直报交易额2.6亿元。第八届（中国·横林）国际地板博览会顺利举行。横林、崔桥两大消费品综合市场实现成交额3亿元。

镇村建设　完善城镇基础设施，横林大道东联朝阳路工程全线贯通，戚横路“白改黑”东联朝阳路工程全面完工，横林东桥改造工程、横林西桥新建工程和运河“四改三”横林段航道整治工程开工建设，横南线（红联路）大修工程、河坂滩农桥拓宽改造工程、15个公交站篷新建工程和崔桥集镇路灯亮化提升工程完成，新工线（孟墅工业园）文明样板路创成，运北片连接常州BRT站公交线路前期规划设计完成；220千伏顺通变电所新建工程主体建设完成，110千伏崔北变电所新建工程开工，低压电网改造工程进场施工，高压线路改造工程完工；移动4G网络实现镇域范围全覆盖，天然气进村入户工程新增用户2000户。完善农田水利设施，建成黄桥港南站、黄桥港北站、蓉丰、黄埯桥、曹家桥排涝站5座和圩堤防洪墙工程里程360米及内河石驳工程里程850米，完成55座排灌站和里程25.5千米达标圩堤三年建设工程目标，成为常州市首个三年目标两年实现的乡镇。增强集镇功能，横林高中体育馆（横林全民健身中心）项目成功签约，上林国际商圈面积2万平方米大型商超、健身俱乐部、同步同线影院等开业，高档住宅小区上林国际、上林君悦等楼盘开盘，瑞丰花苑二期续建工程开工。实施污染防控行动、水环境整治行动和大气污染综合治理，推行“绿色施工”，全镇工业污染源达标排放率达92%以上，综合能耗控制在6.31万吨标煤以下，黄桥港、京杭运河、武进港及五牧断面下半年水质明显改善，沿江高速、沪宁高速横林段黑烟囱得到有效整治，辖内所有建筑施工现场均设置全封闭围挡，完成6个港口码头物料堆场的扬尘整治。开展生态创建行动，新建运河北片新横崔路、赵家路、戚横线污水主管网长度4.6千米和处理能力3万立方米/日污水提升泵站1座，新建新东方、顺庄、南方、崔北、崔桥、庆丰和崔桥综合市场7个村级生活污水净化处理工程，累计25个。实施城乡绿化工程，新增绿化面积2万平方米，崔桥村、南方村创成省级绿化示范村。推进垃圾分类试点，筹建废弃电器电子产品回收点，对镇区夜排档、烧烤店实行堵疏结合的清理整治。

社会事业　发展教育事业，横林实验小学、崔桥小学、横林中心小学通过省优质学校、区教育局督导评估及优质学校复评，流动人口子女积分入学试点完成。新增文体活动场地面积8000多平方米，累计44.81万平方米。全年组织开展“我为横林发展献一计”征文比赛、“人杰地灵，最美横林”演讲比赛、村村演、送电影下乡及其他文体活动60余场次。卫生事业持续发展，创建“江苏省卫生应急示范镇”通过现场考核。扩大社会保障范围，全年完成社保扩面622人、住房公积金扩面909人；兑付失地保障补贴2200万元、农村合作医疗保险784万元、新农保补贴361万元、城镇老年补贴110万元，共计3455万元；发放低保、尊老金、大病救助、重残救助等帮扶资金共830万元。

2014年横林镇主要经济社会指标完成情况

表72

指　标	单　位	数　值	比2013年(±%)
地区生产总值	亿　元	110.55	12.8
公共财政预算收入	万　元	30428	-12.2
农业总产值	亿　元	0.95	10.4
多种经营产值	亿　元	0.81	10.5
粮食总产量	万千克	430.9	-0.3
工业销售收入	亿　元	299.5	6.5
外贸进出口总额	万美元	119010	13.9
第三产业增加值	亿　元	50.2	24.3
居民人均可支配收入	元	23013	11.4

【第八届（中国·横林）国际地板博览会】 3月25～27日在上海新国际博览中心举行。第八届（中国·横林）国际地板博览会由常州市武进区人民政府、中国林产工业协会地板专业委员会、江苏省木材行业协会地板专业委员会主办，武进区横林镇人民政府、常州市地板协会承办，江苏洛基木业有限公司、江苏贝尔装饰材料有限公司、江苏中鑫成功木业有限公司等横林50家品牌地板企业参展，设置展会面积3000多平方米，参展产品30多个系列、600多个花色，吸引专业观众3万多人次，其中国外客商2万多人次。横林地板企业现场达成初步合资合作、贸易订单意向金额累计超2亿美元。

【横林镇特色产业园区初具规模】 东和科创园一期进展顺利　东和科创园位于横林镇工业集中区，于2013年4月开工，占地面积4.47公顷，规划建筑面积10万平方米，计划总投资2亿元，主要建设研发办公和生产用标准厂房以及相关配套设施。其中，一期占地面积3公顷，建筑面积 62985 平方米，将于 2015 年 7 月下旬竣工，吸引恒润科技、三恒电气等 30 余家企业意向入驻。

华大国际住宅产业园一期建设成效明显 华大国际住宅产业园位于 312 国道横林段南侧，一期占地面积 9.5 公顷，规划建筑面积 3 万平方米，于 2013 年 9 月动工，建设住宅公园、体验中心、培训中心和标准厂房，2014 年 12 月标准厂房面积 3 万平方米、住宅公园 5 幢样板房及道路等配套设施主体竣工。

江苏省地板产品质量监督检验中心完成扩建搬迁 该中心始建于 2006 年，2014 年 9 月由原址横林镇崔桥崔蓉路 87 号搬迁至横林国际地板城 A-15，投资近 300 万元重新扩建，占地面积 2000 平方米，配备恒温恒湿房面积 30 平方米，新增万能材料试验机、甲醛气候箱等设备，年底完成计量认证和国家实验室认可迁址验收。该中心是经省质监局批准成立的全省唯一地板专业检测部门，有实验检测设备 114 台套，工作人员 16 名（其中高级工程师 6 名、省质检系统“121”工程人才 2 名），其强化木地板等 22 项产品和 38 项参数通过省级资质认定和国家实验室认可。

【常州市武进中天机房设备有限公司被认定为高新技术企业】 2014 年 9 月，被省科技厅、财政厅、国税局、地税局联合认定为高新技术企业。常州市武进中天机房设备有限公司位于横林镇卫星工业区，成立于 1988 年，拥有主体产品生产基地 4 个，总占地面积 14 公顷。主要生产机房抗静电通路活动地板和 OA 楼宇智能化活动地板，产品规格有 600×600、500×500、610×610，年产量达 250 万片。公司通过 ISO 9002 质量体系认证，产品被信息产业部评为优等品，多次中标国家重点机房工程配套建设，产品 70% 外销至东南亚和南美。2014 年，实现销售收入 19948 万元。

【横林新增省高新技术产品 18 个】 2014 年，横林新增省高新技术产品 18 个，分别是：江苏赛拉弗光伏系统有限公司的 SRP-250-6PB 太阳能光伏电池组件，常州市武进中天机房设备有限公司的导向型通风铝合金机房地板、新型高承载力架空地板支架，常州天安尼康达电器有限公司的新型结构爆米花机、带双安全装置的齿轮直流减速电动机、高安全性直流推杆升降系统，常州市翰琪电机有限公司的 GDS 双头高效电主轴，常州综研加热炉有限公司的高安全性强制循环联苯加热炉、大功率双曲面燃煤熔盐加热炉，江苏福昌环保科技集团有限公司的免助燃有机化工废渣焚烧炉（焚烧炉）及配套装置，常州市锅炉设备有限公司的往复炉排蒸汽锅炉，常州市奥琳斯邦热能设备有限公司的生物质燃料锅炉、立式蒸汽发生器、燃油（气）蒸汽锅炉、电加热釜，常州里戈勃劳伊特新亚电机有限公司的变频电机，常州佳辰地板集团有限公司的防静电地板、OA 网络地板。

【“科利达及图”商标被认定为中国驰名商标】 2014 年 12 月，江苏科利达装饰材料有限公司的“科利达及图”商标被国家工商总局商标局、商标评审委员会认定为中国驰名商标。该公司位于横林镇北工业区，成立于 1995 年，总建筑面积 7.5 万平方米，拥有德产强化木地板自动生产线 1 条，配备德产全自动倒角真空油漆喷涂线，以及凹版印刷生产线 5 条、卧式浸胶线 3 条、强化地板压贴线 8 条、威力全自动强化地板开槽线 5 条，先后获得由国家知识产权局授予的以静音木地板（专利号 200620073778.6）、拼装木地板（专利号 200620073779.0）为代表的专利技术，拥有特有防伪技术 4 项，形成木纹纸设计研发、印刷、基板压贴、地板开槽至成品自动化包装等完整产业链，年产科利达牌八大系列强化复合地板 700 万平方米，年加工生产强化地板大板 150 万张，年产各种装饰用纸地板面纸 3500 吨，年生产高档木线条 300 万米。2014 年，实现销售收入 9654 万元。

表 73

2014 年横林镇各村（社区）基本情况

村（社区）	户数（户）	户籍人口（人）	中共支部（总支、党委）书记	村委（社区）主任	经济总收入（万元）
余巷村	488	1439	胡卫春	朱根元	109077
狄坂村	509	1531	王建平	蒋黎清	62690
顺庄村	545	1542	诸建伟	诸建伟（兼）	86760
江村村	892	2593	周正虎	沈建伟	169458
红联村	896	2317	张　宏	黄定金	286323
新东方村	1333	3671	钱宇城	施建国	346674
林南村	850	2544	秦荣伟	谈兴国	124371
南方村	933	2600	朱锡荣	王　超	119775
青司塘村	836	2255	张永其	陈卫东	87378
镇西村	1261	3344	钱凤媛	钱孝明	181828
崔桥村	738	2343	刘惠杰	陶卫刚	283362
庆丰村	1153	3565	苏耀松	蔡东晓	199631
卫星村	801	2553	孟小兴	顾建丰	262736
双蓉村	1221	3749	谢　杨	沈林兴	198278
崔北村	1041	3457	张剑青	张尧法	439201
横林社区	1255	3147	戚晓峰	周惠芬	34281
牛塘社区	1402	3344	朱洪亮	李建伟	88120
崔桥社区	426	717	张亚敏	陶卫刚	—
昌盛社区	593	1531	谈耀兴	谈耀兴（兼）	—
下塘社区	1161	2886	谢忠明	谢忠明（兼）	—
瑞丰社区	763	2365	潘国良	潘国良（兼）	—

【横林三大交通设施项目开工】 (1) 横林东桥（朝阳路大桥）改建工程。位于横林镇横林东桥东侧47米处，跨越苏南运河、京沪铁路及沪宁城际铁路，桥梁全长804.2米、桥宽19.5米，按航道三级标准和城市次干道标准设计，工程总造价6085.81万元。2014年8月动工，计划2015年12月建成通车。(2) 横林西桥新建工程。位于中天钢铁热电厂散热塔东侧，起、终点分别与中吴大道和戚横公路相接，跨越苏南运河、京沪铁路及沪宁城际铁路，桥梁全长869.2米、桥宽19.5米，按航道三级标准和二级公路标准设计，工程总造价6229.01万元。2014年8月动工，计划2015年8月建成通车。(3)苏南运河常州东段(横林段)航道整治工程。参见《交通》栏目p112同名条目。

【崔北村成为全市首个省农村电子商务示范村】 参见《信息化建设》栏目p118同名条目。

【崔桥、南方两村创成省级绿化示范村】 2014年6月，被省绿化委评为“江苏省绿化示范村”。

崔桥村　位于横林镇北部，全村总面积3.5平方千米，有农户738户、常住人口3133人，外来人口5000余人。该村自2012年起，按照省级绿化示范村创建标准，结合争创区级生态文明村，加大村庄绿化投入，推进健身广场绿地、企业和村民家前屋后绿化、沿路沿河绿化建设。到2014年，完成绿化总面积9.47公顷，实现全村绿化覆盖率37.5%、家前屋后应绿尽绿率96%、河道绿化率97%、道路绿化率98%和农田林网化率97%。

南方村　位于横林镇南首，全村总面积2.3平方千米，有农户933户、户籍人口2600人，外来人口2200余人。该村自2012年起，按照省级绿化示范村创建标准，结合农业基础设施完备的实际，加大村庄绿化投入。到2014年春，新增绿化面积1.5公顷，累计绿化总面积11.26公顷，实现全村绿化覆盖率36.98%、家前屋后应绿尽绿率98%、河道绿化率98%、道路绿化率98%和农田林网化率97%。

（赵　艳）

横山桥镇

【概　况】 横山桥镇位于武进区东北部，东临无锡市，西接常州市戚墅堰区，南靠横林镇，北依郑陆镇，总面积58.23平方千米，辖行政村19个、社区4个，2014年年末总人口59425人。境内横山风景区已形成大林寺、白龙观等景点15处。有“横山”百页、“横山”肉松、“横山”芹菜、“常润”栝楼籽、日本砂梨、“芙蓉”鲜螺、“芙蓉”珍珠等名特农产品。先后获“全国重点镇”“全国小城镇综合改革试点镇”“全国农业旅游示范点”“全国环境优美镇”等称号。

产业发展　现代农业提档升级，新增高效农业面积73.33公顷，累计675公顷；千亩高标准粮田建设和5千亩中低产田改造项目通过省、市验收；龙潭湖生态园功能更趋完善，一帆生态园与中信集团成功合作，江南普罗旺斯项目加快推进。依托重点县水利工程项目，新翻建标准电灌站25座、排涝站2座，石驳圩堤里程2.3千米，整治排涝沟道里程5.07千米。创新发展集体经济，率先完成农村集体经济股份制改革及农村土地确权试点。有工业企业1500余家，新增规模以上企业10家，累计151家，完成规模以上工业产值288亿元，占全镇工业总产值的85%。改造传统产业，累计完成技改投入37.7亿元，推进超千万元工业投资项目84个，江南集团彩铝薄板等重点项目建成投产。新材料、涂料、汽车配套以及电动车四大特色产业初具规模，完成投资20亿元，实现产值102.4亿元。新增高新技术企业6家，累计18家，完成高新技术产业产值101亿元，占规模以上工业产值的35.1%；新增发明专利授权14件、市名牌产品1个。壮大服务业，完成服务业投资13.5亿元、增加值58.2亿元，分别增长19.8%、14.6%。集镇核心区星级酒店、大型超市、高档影院、特色餐饮、品牌服饰集聚发展，实现限上批零住餐业销售额26亿元。顺丰运输(常州)有限公司横山桥分公司实现年营业收入2.38亿元，恒耐耐材物流中心一期建成运营，横山桥汽车城建设有序推进。房产开发顺利，领秀江南、广嘉东郡建成交付，颐景苑主体工程基本完工，荣鹤楼项目启动建设。

镇村建设　完善镇区路网，常芙路、文明路、革新路、西崦路改造提升工程竣工通车，完成农危桥改造4座、文明样板路创建3条。加强电网建设，完成“省级农村一流配电网示范镇”建设布局规划，投入8000万元实施集镇和重点片区高低压电力设施优化改造及道路架空线改电缆等工程，新增变压器20台。提升集镇功能，常州汽车客运东站一期竣工运营，新建（改造）公交站台6个。开展集镇环境综合整治，完成文明路老街立面改造及232省道和潞横路交叉口景观提升工程，横山老街道路改造、健身广场建设等工程全面完工，新安综合便民服务中心投入使用，芙蓉河沿岸步行街投运营业。推进拆迁安置，完成新庄、广嘉东郡、武澄西路等项目拆迁面积共10.03万平方米，建成交付紫霞花苑三期、荷怡花苑二期、新怡花苑二期安置房面积共14.07万平方米，在建山水花苑面积17.9万平方米，安置京沪高铁、集镇改造等9个拆迁项目涉及拆迁户553户。推进生态建设，实施下圩河等8条河道清淤工程，共计里程10.93千米；实施污水处理厂提标改造工程，脱泥系统改造竣工投运；完成芙蓉集镇区污水主管网延伸及芙蓉工业园、芙蓉河污水截流等工程，新建污水管网长度7.1千米；深入整治废气、噪声、烟尘粉尘等点源污染，规模以上企业能耗总量持续下降。深化村庄环境整治提升，东周、东风两村通过省级生态村验收，星辰村创成省级新农村建设示范村，五一、东风、东城湾三村入围市级“美丽乡村”创建示范点，芳茂和星辰两村创建省级绿化示范村通过市、区级验收。

社会事业　深化文明创建，开展“道德讲堂”“党员志愿服务”等主题活动30余场次。发展教育事业，阳光幼儿园建成投用，新安幼儿园创成市优质幼儿园，横山桥高中、横山桥初中均获全区教育质量评比一等奖，横山桥镇创成市级社区教育示范乡镇。推进文化建设，全年放映电影240余场次，开展群众性文体活动80余场次，成功举办“社区天天乐”、青年职工歌手大赛等活动。完善公共体育设施，新建塑胶篮球场7面、健身路径8个，实现学校体

2014 年横山桥镇主要经济社会指标完成情况

表 74

指　标	单　位	数　值	比 2013 年（±%）
地区生产总值	亿　元	124.2	12.3
公共财政预算收入	万　元	39892	2.0
农业总产值	亿　元	1.91	10.6
多种经营产值	亿　元	1.67	11.5
粮食总产量	万千克	721.5	-5.09
工业销售收入	亿　元	325.3	1.7
实际利用外资	万美元	280	-41
自营出口额	万美元	21202	3.4
第三产业增加值	亿　元	58.4	19.7
农民人均纯收入	元	23071	11.6

育设施向社会全面开放。提升卫生服务能力，横山桥卫生院、芙蓉卫生院分别与常州二院和常州七院签订医联体合作框架协议；落实国家基本药物制度及重大公共卫生服务项目，建立居民健康档案。横山桥镇获评省卫生应急示范乡镇，五一村卫生室创成省示范村卫生室。拓展社会保障，完成社会保险扩面 1742 人、住房公积金扩面 903 人，新增城乡居民保险 109 人，社会保险综合覆盖率达 98%。开展社会救助活动，年内发放尊老金 117 万元，发放城乡低保、大病救助、重残补助等救助金共 368 万元。

【中信逸农示范区启动】 2014 年 11 月 20 日启动。中信逸农示范区是中国国际信托投资公司旗下专注农业投资的中信逸百年资本有限公司联合横山桥镇东风村共同开发的有机农业示范区，由其组建的江苏横山桥中逸农业发展有限公司投资建设，村民以土地方式入股，总投资 5.8 亿元，分三期占地面积共 280 公顷规划建设，即一期（2014 ～ 2015 年）有机转换水田面积 104 公顷、二期（2015 ～ 2017 年）待有机转换面积 82.67 公顷、三期（2017 ～ 2020 年）有机农产品栽培区面积 80 公顷，主要从事以有机大米为主和当地特色“横山桥”百叶为辅的有机农产品种植、制造和销售。该项目全部达产后，可为长三角地区 2 万个家庭提供有机农产品，同时为当地 1000 名农民提供不离家、不离地的就业岗位。

【横山桥建成投产工业重点项目 4 个】 江南节能型彩铝型材扩能项目　由江苏江南实业集团有限公司实施，利用原有土地面积 9 公顷，新建厂房面积 6.2 万平方米，购置生产线等设备，形成年生产彩铝型材 5 万吨的生产能力。该项目于 2013 年 8 月开工，2014 年 9 月建成投产，完成投资 4.8 亿元。2014 年，公司实现产值 3 亿元。

明澳玻璃纤维制品项目　由常州明澳电器有限公司实施，用地面积 2.13 公顷，新建厂房面积 1.5 万平方米，购置玻璃纤维生产线 2 条等生产设备，形成年生产玻璃纤维棉及制品 2.4 亿平方米的生产能力。该项目于 2013 年 8 月开工，2014 年 12 月建成投产，完成投资 9900 万元。

安德紧固件扩能项目　由常州市安德紧固件有限公司实施，用地面积 1.12 公顷，新建厂房面积 7500 平方米，购置冷镦机、搓丝机等设备，形成年产紧固件 2 万吨的生产能力。该项目于 2014 年 4 月开工，12 月建成投产，完成投资 5500 万元。

格林液压阻尼器及管道支吊架项目　由常州格林电力机械制造有限公司实施，用地面积 2.31 公顷，新建厂房面积 1.7 万平方米，购置数控切割机、数控车床、数控加工中心等设备，形成年产液压阻尼器 5000 台、管道支吊架 6000 吨的生产能力。该项目于 2014 年 2 月开工，12 月建成投产，完成投资 9800 万元。

【横山桥新增高新技术企业 6 家】 2014 年，横山桥镇有 6 家企业被省科技厅、财政厅、国税局、地税局联合认定为高新技术企业。

江苏长盈不锈钢管有限公司　位于横山桥镇东洲村，占地面积 5 公顷，专业生产不锈钢无缝钢管。该公司通过 ISO 9001:2000 质量管理体系认证和二级计量确认，通过国家钢铁产品质量监督检验中心审核并取得中华人民共和国特种设备制造许可证，是中石化框架供应商、中石油能源 1 号网供应商、海军装备部定点供应商；通过美国 ASME、英国劳氏、欧盟 PED 认证，以及美国船级社、法国船级社、英国船级社认证；具有生产国内外不锈钢管高端市场（高压锅炉管、石油裂化管）的产品生产条件。产品主要应用于锅炉、石化、核工业、化工、电力、航空航天、医药、医疗器械、食品机械、环保等行业，销往韩国、日本、英国、荷兰、法国、俄罗斯、乌克兰及独联体等 20 多个国家和地区。2014 年，完成产值 2.6 亿元。

大澳电器（江苏）有限公司　位于横山桥镇东柳塘村，占地面积 3.6 公顷，专业从事高效永磁直流电机及控制器研发与制造，先后通过 ISO 9001、ISO 14001、CCC 等管理体系认证，年生产电机达 350 万台，产品被评为省名牌产品，公司获得省民营科技企业称号。2014 年，实现销售收入 5400 万元。

常州瑞禧电力设备有限公司　位于横山桥镇东柳塘村，占地面积 9000 平方米，专业从事电力产品的研发、生产、销售和服务。该公司拥有专业的技术团队，与科研单位长期合作，加工设备精良、检测设备齐全、管理理念先进，产品销往云南、贵州、四川、江苏、重庆、广东等省市。2014 年，完成产值近 1000 万元。

江苏金陵自控技术有限公司　位于横山桥镇东洲村，占地面积 1.6 公顷，建筑面积 1.2 万平方米，集科研、开发、生产、经营为一体，已形成年产阀门电动装置和电动阀门成套整机 3.5 万台（套）的生产能力，产品应用于煤炭、石油、化工、天然气、电力、冶金、船舶、制药、水利、自来水、污水处理和市政环保等行业，相关产品被认定为国家专利、高新技术产品，并取得国家防爆产品检测中心“ExdI矿用产品防爆合格证和ExdII隔爆产品防爆合格证”、安标国家中心“MA矿用产品安全标志证书”和防爆电气产品“QS全国工业产品生产许可证”。2014年，完成产值3500万元、销售收入3000万元。

常州新能自控设备有限公司　位于横山桥镇新安村，占地面积4000平方米，专业研制生产各类阀门电动装置，是中国阀门协会成员、江苏省质量信得过企业，通过ISO 9001质量管理体系认证，取得国家防爆电气产品质量监督检验中心“防爆产品生产合格证及煤安证”，年产各类阀门电动装置6000余台。2014年，完成产值近1000万元。

常州市新中天塑业有限公司　位于横山桥镇西柳塘村，占地面积7公顷，建筑面积4万多平方米，专业生产摩托车、汽车空气滤清器、机油箱、冷却水箱、塑料燃油箱，是中国汽车工业协会会员单位、中国汽车内燃机滤清器理事单位和中国塑料燃油箱专业生产厂家，通过ISO 9001:2000质量管理体系认证，质量标准均达到欧Ⅱ和欧Ⅲ标准，油箱系列均通过欧洲EMAK认证和美国DOT认证，产品远销世界各地。2014年，完成产值2.1亿元。

【常州汽车客运东站投运】　参见《交通》栏目p115同名条目。

【恒耐耐材物流中心一期建成运营】　参见《商贸流通业》栏目p128相关条目。

【横山桥建成交付楼盘2个】　(1)领袖江南商业地产项目。位于横山桥镇省庄村232省道和老东方大道交汇处，于2012年10月10日开工建设，2014年10月建成交付。该项目由常州江南创佳房地产有限公司开发，利用江苏江南创佳型材有限公司所在厂区用地面积3.5公顷，实施“退二进三”，规划用地面积3.3公顷，总建筑面积7万平方米，由2栋高层楼房、4栋花园洋房、4栋叠加别墅和沿街商铺组成，其中沿街商铺面积1.22万平方米。(2)广嘉东郡商业地产项目。位于横山桥镇区潞横路旁，于2012年8月开工建设，2014年11月竣工。该项目由常州广嘉东郡置业有限公司开发，总投资42305万元，总用地面积3.99公顷，总建筑面积8.61万平方米（其中住宅面积5.67万平方米、商业面积2.94万平方米），地下车库面积10985平方米，由6栋18层高层楼房，4栋11层小高层楼房和4栋沿街商铺组成，其中沿街商铺面积1.4万平方米。

【东周、东风两村通过省级生态村验收】　2014年12月，通过省级生态村验收。

东周村　位于横山桥镇东南部，2010年4月完成村级区域调整，由原郭家村、东周村、西周村成立新的东周村，总面积3.98平方千米，有农户1240户、人口4198人。该村在2012年创成市级生态村的基础上，开展省级生态村创建。到2014年10月，自来水入户率达100%，改厕率达100%；全村绿化面积49.23公顷，绿化覆盖率38%；全村主要村干道路硬化面积9.5万平方米，硬化率100%。建有生活污水处理站3座，铺设管网长度3000多米，生活污水处理率63%；全面控制工业污染物排放，达标率100%；生活垃圾实现无害化处理，做到垃圾日产日清。全村建有村公共服务中心和室外健身广场5个及室内活动室，有大型超市3家、医疗服务站1所、便民菜场1个。

东风村　位于横山桥镇东北部，2010年4月完成村级区域调整，由原韩地村与董村村合并成为东风村，总面积2.8平方千米，有农户878户、人口2795人。该村在创成省级卫生村、省级绿化示范村和市级生态村的基础上，开展省级生态村创建。至2014年10月，全村道路硬化面积8.3万平方米，硬化率100%；绿化面积16.13公顷，绿化覆盖率38%；建有生活污水处理站2座，铺设管网长度3500多米，污水处理率达63%以上；全面控制工业污染物排放，达标率100%；生活垃圾实现无害化处理，做到垃圾日产日清；耕地由村集体统一耕种、统一管理，无公害、绿色、有机农产品基地占农田面积的83%；秸秆还田率和自来水、天然气入户率均达100%。

【星辰村创成省级新农村建设示范村】　2014年1月，被省农村工作领导小组授予“江苏省社会主义新农村建设示范村”称号。星辰村位于横山桥镇南部，与横林镇接壤，总面积2.2平方千米，有农户650户、人口2053人。该村在创成2012年度省和谐社区建设示范村的基础上，全面推进村庄环境综合整治，加大整改和修复力度，拆旧建新房屋95间，修理墙面面积3000平方米，墙面涂白面积1.7万平方米，硬化道路面积3500平方米，新增村庄绿化面积3500平方米，清理陈年垃圾30吨；村综合服务中心内设综合办公室、综合活动室、综合服务室、卫生室、文化室、警务室、调解室等，健身广场设有羽毛球场、长廊等场所。

【横山桥农村集体经济股份制改革率先完成】　横山桥镇按照武进区有关农村集体经济股份制改革的文件精神，围绕“摸清家底、明晰产权、公开透明、保值增值”的改革目标，早在2013年就开展农村集体经济股份制改革试点，至2014年7月底，全面完成20个村的股份制改革，建立农村社区股份合作社20个，界定股民52092人，股本总额3.6亿元，其中集体股股金1.6亿元、个人股股金2亿元，成为武进区率先完成农村集体经济股份制改革的乡镇。

【五一村卫生室创成省级示范村卫生室】　2014年12月2日，经省卫生厅专家组验收，创成省级示范村卫生室。五一村位于横山桥镇东北部，总面积5.1平方千米，有农户1293户、人口4674余人，获得“全国文明村”“全国模范村民委员会”“全国绿化造林千佳村”“中国农村改革典型村”和“江苏省康居示范村”“江苏省文明标兵村”等称号。该村卫生室建筑面积630平方米，基本医疗设备齐全，内设诊查室、治疗室、观察室、药房、健康教育室、输液室等，各项制度健全，有大学生村医及乡村医生共5人，为辖区居民提供基本医疗、预防、保健、康复、计生指导和健康教育等服务；由镇卫生院统一管理其设置、业务、人员、行政四方面，实行国家基本药物制度、零差率销售药品；自2009年起开展国家基本公共卫生服务项目，到2014年12月建立居民健康档案4783份、建档1275户，规范管理高血压、糖尿病及重性精神病患者，每年组织村65岁以上老年人免费体检，定期为居民开展健康知识讲座，为适龄儿童接种国家免疫规划疫苗。

表 75　2014 年横山桥镇各村（社区）基本情况

村（社区）	户　数（户）	户籍人口（人）	中共支部（总支、党委）书记	村委（社区）主任	经济总收入（万元）
东洲村	780	2333	任华强	任华强（兼）	125577
横山桥村	781	2233	杨剑波	杨剑波（兼）	80932
芳茂村	667	2289	是蓉珠	是国炳	118220
西崦村（社区）	580	1725	殷金兴	殷克强	124270
星辰村	650	2053	王银瑞	金晓勇	259913
省庄村	812	2330	周志军	方晓军	172983
金丰村	849	2812	杨祖华	高忠度	201289
奚巷村	646	2146	章晓伟	张岳忠	83205
五一村	1401	4674	梅鹤康	朱才兴	1002479
新安村	1340	3939	刘加平	刘仁均	105327
东城湾村	526	1665	吴文飞	徐志刚	13253
东风村	874	2795	张协良	丁耀强	106975
双庙村	857	3069	岳阳波	赵海平	58029
东周村	1270	4198	胡孟进	胡孟进（兼）	155108
东柳塘村	580	1960	单立波	刘国忠	54369
西柳塘村	730	2336	刘建群	刘兴春	102437
梁家桥村	750	2340	梁晓东	刘永红	73088
芙蓉村	880	2886	张荣兴	陆志强	107719
蓉湖村	876	2881	钱小平	管全明	121502
朝阳村	874	2825	高炳敏	张中华	165574
横山社区	2209	4399	管建本	管建本（兼）	—
新安社区	665	1280	舒　遥	舒　遥（兼）	—
芙蓉社区	1825	4296	张建刚	沈爱青	—

（韩曙东）

郑　陆　镇

【概　况】 郑陆镇位于武进区东北部，接壤天宁区、新北区、戚墅堰区和江阴市，总面积 89.82 平方千米，辖行政村 26 个、社区 4 个，2014 年年末总人口 85474 人。境内有江苏省文物保护单位寺墩良渚文化遗址、中国历史文化名村焦溪古村等。黄天荡清水蟹、“二花脸”母猪、葡萄、翠冠梨等名特农产品闻名全国。2014 年，郑陆镇被列为常州市中心镇，获第三批“江苏省创新型试点乡镇”“江苏省散装水泥应用示范镇”称号。

产业发展　建设现代农业，新增高效农业面积 141 公顷，累计 2179.6 公顷；万亩示范片和百亩示范方通过市、区级验收，舜溪果品交易市场等农业园区运行良好。全面完成农村集体经济产权制度改革，镇农村产权交易站于 11 月成立，舜北村农村土地承包经营权确权登记颁证试点启动，完成“一事一议”项目 12 个。成功申报农业“三品”3 个，新增农民专业合作社 1 家，累计 94 家，焦溪二花脸猪专业合作社创成国家级示范社，苏南土种猪专业合作社创成市级“三好三强”示范社。有工业企业 1652 家，其中规模以上工业企业 155 家（含产值超亿元企业 42 家），完成规模以上工业产值 182.5 亿元，占全镇工业总产值的 81.1%。完成全社会固定资产投资 50.8 亿元，其中工业投资 38.5 亿元。创成郑陆不锈钢管产业集群江苏区域名牌，成立郑陆一次性医疗器械同业公会。新增高新技术企业 2 家，累计 37 家，完成高新技术产业产值 100.66 亿元，占规模以上工业产值的 55.11%；申请专利 681 件，获授权 473 件，其中发明专利 19 件。获得中国驰名商标 2 件、省著名商标 2 件、省名牌产品（区域品牌）3 个，分别累计 5 件、17 件、8 个。发展现代服务业，完成服务业投资 12.3 亿元，实现限上贸易业销售额 8.9 亿元、重点服务业营业收入 3.5 亿元。焦溪古村、季子文化公园、牟家生态园等成为旅游新景点。

镇村建设　健全规划体系，修编《郑陆镇总体规划》，编制《郑陆镇旅游专项规划》《美丽乡村建设规划》《焦溪古村保护规划》和《中华舜山文化生态旅游区总体规划》。完善镇区服务功能，消费品综合市场运行良好，全民健身中心对外开放，郑陆中小学、金源商贸综合体、洁丽宾馆、金域东郡楼盘等加紧建设，全镇商住项目建设面积总量达 27.7 万平方米。完善基础设施，常郑路西延工程加快实施，完成郑陆桥等农危桥改造 3 座、中心河路提档升级里程 4.39 千米，创成溪河路、舜平路 2 条区级文明样板路；新增公交线路 1 条、公交站棚 10 个，优化调整公交线路 2 条；配合完成丁塘江、北塘河整治，新（改）建标准电灌站 4 座、节制闸 1 座，疏浚村级河道（河塘）41 处，完成河塘石驳里程 1130 米；新增配变 60 台，增容配变 75 台，累计容量 3.7 万千瓦。推进郑野公园核心功能区扩建工程，实施绿化达标提升工程，新增绿化面积 100 公顷，建成区绿化覆盖率达 31%。保护生态环境，整治港口码头物料堆场 5 家，建成郑陆工业集中区等污水管网长度 7 千米，新建农村分散式生活污水处理设施 13 个，完成农村环境连片综合整治项目 8 个，以及重点工业企业 11 家、电镀企业 3 家、化工企业 6 家、不锈钢企业 11 家的专项整治，取缔非法加工作坊 14 家。启动国家级生态文明示范镇创建，舜南村、东青村创成省级绿化示范村，舜南村、三河口村创成省级生态村，三皇庙村、新沟村、和平村创成省级卫生村。

社会事业　优先发展教育，开展常州市学前教育示范乡镇创建，承办省名

表 76

2014 年郑陆镇主要经济社会指标完成情况

指　标	单　位	数　值	比 2013 年（±%）
地区生产总值	亿　元	111.9	6.37
公共财政预算收入	万　元	43018	7.22
农业总产值	亿　元	12.19	10.32
多种经营产值	亿　元	11.56	10.10
粮食总产量	万千克	1801.3	-6.90
工业销售收入	亿　元	205	5.83
实际利用外资	万美元	191	-91.12
自营出口额	万美元	35650	10.82
第三产业增加值	亿　元	54.7	9.40
农民人均纯收入	元	22013	12.36

幼儿园特色教育巡礼活动，三河口高中高考成绩优异。实施文化惠民工程，开展社区天天乐活动 142 场次。举办纪念季子诞辰 2590 周年暨第六个诚信日活动，成立武进区舜文化研究会，基本建成“10 分钟体育健身圈”。提升卫生计生服务，郑陆卫生院与武进人民医院组建医疗联合体，创成市中心卫生院。加强民生保障，落实为民实事工程 10 件，成立郑陆人力资源市场，设立劳动争议仲裁庭，全年累计发放第三、第四年龄段失地农民保障金额 1164 万元，新增社保扩面 803 人、公积金扩面 905 人、新农保扩面 192 人，举办招聘会 8 场，成功职业介绍 2515 人。办理低保 397 户，发放慈善救助金、独生子女农村奖扶金、义务兵优抚费、退役士兵安置金、重残人员补助金等共计 936 万余元，为老年人 17242 人办理意外保险，向 2632 人发放尊老金。牟家村颐养园开园运行，丰北村民办非企业居家养老服务站建成。

【焦溪二花脸猪专业合作社创成国家级示范社】 2014 年 11 月 22 日，被农业部等九部委联合公布为“国家农民合作社示范社”。焦溪二花脸猪专业合作社成立于 2005 年 4 月，发展至 2014 年，有成员单位 117 个，其中农民社员 105 户；技术人员 12 名，其中高级职称 1 名、中级职称 3 名、初级职称 3 名；建成二花脸母猪基地 7 个、公猪基地 1 个，肉猪基地 1 个，猪肉加工基地 1 个，二花脸猪专业市场 1 个，畜牧科技有限公司 1 家，二花脸猪肉专卖店 2 家；初步形成二花脸猪保种、选育、科研、扩繁与利用的一体化模式，为社员提供二花脸猪养殖所需原材料，收购和销售社员及同类生产经营者的二花脸猪及定型包装扣肉、猪肉及其产品，引进新技术、新品种，开展与生产经营有关的技术培训、技术交流和信息咨询服务，主营产品有纯种二花脸种母猪以及纯种二花脸猪的猪肉加工产品。该合作社注册“焦溪舜山二花脸母猪”和“焦溪舜溪猪肉”两个原产地证明商标，2013 年获得省级农民专业合作示范社称号，“焦溪二花脸猪”2010 年获得农产品地理标志登记，二花脸猪肉 2011 年通过江苏省无公害畜禽产地认定和农业部无公害农产品认证。郑陆镇 2010 年 7 月被武进区政府划定为二花脸猪品种资源保护区，2011 年 5 月被农业部确认为国家级太湖猪（二花脸）保护区。

【郑陆建成投产工业重点项目 2 个】 (1) 武进不锈项目。由江苏武进不锈股份有限公司实施，2 月开工建设，12 月建成投产，总投资 10.5 亿元，年内投资 2.5 亿元。该项目利用原有盘活存量东瑶纺织地块和存量土地，新建厂房面积 2 万平方米，购置 720 串孔机组、720 冷轧机组、3500 吨水压机组、行车等装备 151 台（套），新增 2.5 万千伏和 5000 千伏变电间 2 个，形成年产特种不锈钢管 10000 吨的生产能力，新增产值 3 亿元。(2) 强力先端高感度 UV 固化材料和配套原材料项目。由常州强力先端电子材料有限公司实施，3 月开工建设，12 月建成投产，总投资 3.5 亿元，年内完成投资 1 亿元。该项目用地面积 2 公顷，新建厂房面积 2.9 万平方米，购置检测设备 1 套、生产线 2 条，形成年产 3070 吨次世代平板显示器及集成电路材料关键原料生产线的生产能力，新增产值 1 亿元。

【郑陆不锈钢管产业集群获评江苏区域名牌】 2014 年 12 月 24 日，经现场评审，被江苏省名牌战略推进委员会公布为江苏区域名牌。郑陆不锈钢管产业集群以产业高端化、规模化、国际化为发展目标，努力向“百亿级”产业集群迈进，2011 年 4 月被省质监局增补为“江苏省优质产品生产示范区培育区域”，2012 年 9 月被省经信委认定为“江苏省中小企业产业集聚示范区”，2013 年 1 月被省质监局认定为“江苏省优质产品生产示范区”，2014 年形成集产业基地（常州市不锈钢管优质产品示范区）、工业园区（和平工业集中区和武澄工业园）和公共服务平台（常州市郑陆企业发展服务中心、常州市武澄创业服务中心、江苏省锅炉用特种不锈钢管工程技术研究中心、江苏省企业技术中心、热电不锈钢企业工程技术中心、武进区郑陆镇钢管同业公会等）为一体的示范基地。2014 年年底，该产业集群企业数 32 家（其中规模企业 15 家），年销售收入 31.2 亿元，上交税金 1.05 亿元，用工人数 2700 多人。

【郑陆新增高新技术企业 2 家】 2014 年，郑陆镇 2 家企业被省科技厅、财政厅、国税局、地税局联合认定为高新技术企业。

常州市宇宙星电子制造有限公司位于郑陆镇和平工业集中区，创办于 1997 年，占地面积 1.5 公顷，厂房面积 3000 平方米。该公司专业从事柔性电路板（FPC、FFC）设计、开发和生产，通过 ISO 9001 : 2000 质量管理体系认证，具备单面、双面柔性印刷线路板的规模生产能力，产品广泛应用于计算机、通讯、消费电子产品、野外测量仪器、仪表等领域。2014 年，实现销售收入 4178.2 万元。

常州市伟宇精密机械有限公司　位于郑陆镇和平工业集中区三河口片区，成立于2000年，占地面积3.33公顷，车间面积2.5万平方米。该公司拥有先进的专业数控加工设备、数控车床、数控切割设备及6米长的油漆烘箱，通过ISO 9001:2000质量管理体系认证，专业生产集装袋、塑料编织袋、吨袋、柔性集装袋、土工布整厂设备，产品具有高强度、防老化、耐热、耐寒、装卸方便和周转使用可靠等特点，远销欧洲、北美和日本等国家和地区。2014年，实现销售收入3392.5万元。

【郑陆新增中国驰名商标2件】　2014年9月，常州市华立液压润滑设备有限公司的“华润HUARUN及图”商标和常州一步干燥设备有限公司的“一步YIBU及图”商标被国家工商行政管理总局商标评审委员会认定为中国驰名商标。

常州市华立液压润滑设备有限公司位于郑陆镇牟家村，始建于1984年，占地面积12公顷，建筑面积近8万平方米，固定资产1.5亿元、流动资产1.5亿元，拥有专利25项，建有ERP计算机网络管理系统，具备生产240立方米以内超大型油箱的能力，形成润滑系统、液压系统、自动控制电控柜和其他配套产品系列化，广泛应用于冶金、建材、电力、石化、轻工、矿山等行业，主要出口印度、巴西、伊朗等国家。该公司连续多年被评为江苏省AAA级重合同守信用企业、AAA级资信企业，2014年实现销售收入3.97亿元。

常州一步干燥设备有限公司　位于郑陆镇查家村，始建于1995年，占地面积5公顷，建筑面积3.8万平方米，拥有专利20多项（发明专利2项），是中国干燥设备行业协会副理事长单位、中国制药装备行业协会副理事长单位，具备年产各类制粒、干燥、混合等设备2000多台（套）的能力，产品已形成28个大类、200多种规格，广泛应用于中西制药、食品、化工、农副产品、水产品、农药、饲料等领域，远销美国、伊朗、俄罗斯等50多个国家和中国香港及台湾地区。该公司为高新技术企业，被评为国家、江苏省AAA级重合同守信用企业和江苏省知名企业及江苏省民营科技企业，通过ISO 9001质量管理体系认证和ISO 14001环境管理体系认证以及欧盟CE认证，2014年实现销售收入1.26亿元。

【郑陆镇创成省发展散装水泥示范镇】　9月，被省经济和信息化委员会授予“江苏省发展散装水泥示范镇”称号。郑陆镇于4月制定《2014年关于开展散装水泥示范镇创建工作的实施意见》，与26个行政村及5家企业签订管理目标责任书。年内，全镇在建工地总建筑面积35.94万平方米，竣工面积14.71万平方米，均使用散装水泥，返退散装水泥专项基金14万元。

【郑陆一次性医疗器械同业公会成立】　10月31日，经郑陆镇商会牵头，由江苏康进医疗器材有限公司、常州市双马医疗器材有限公司、常州市润德医用材料有限公司等10家企业发起成立，入会企业36家。该同业公会成立后，一方面推动会员之间的资源共享、优势互补、信息互通，推进产品创新、质量创优和品牌培育，提升企业竞争力；另一方面

表77　**2014年郑陆镇各村（社区）基本情况**

村（社区）	户　数（户）	户籍人口（人）	中共支部（总支、党委）书记	村委（社区）主任	经济总收入（万元）
石堰村	712	2336	朱加林	丁飞顺	25104
焦溪村	1094	3378	刘元兴	刘伟成	65378
省岸村	682	2216	苏进方	苏伟明	35135
横沟村	966	3584	翟才龙	顾和平	42549
舜南村	645	2371	顾卫明	尹金方	46564
查家村	534	2004	顾相才	查仁义	38697
粮庄桥村	653	2300	顾明球	魏　国	33212
舜北村	969	3176	徐志虎	顾华方	31371
翟家村	542	1998	翟文杰	翟学军	87589
三河口村	1198	3878	姚涵荣	姚建英	222967
丰北村	961	3117	徐建刚	钱海华	74194
梧岗村	905	2867	孙　波	沈雪宝	180983
牟家村	613	2246	袁洪度	马金良	273921
新沟桥村	1096	3658	徐亚红	李江民	28604
宁河村	1163	3489	黄文林	刘红林	104724
徐家村	923	2628	韩霄鸿	王志法	29484
董墅村	784	2425	陈祥英	薛　平	52218
施家巷村	1110	2935	陈卫兴	陆怀均	71876
三皇庙村	2048	5624	江金南	季亚甫	67062
黄天荡村	1284	3779	沈建清	程　亮	120532
羌家村	1390	4215	羌燕明	狄伟文	158009
花园村	1036	2745	黄洪清	刘国云	62578
东青村	1088	2906	潘铁峰	潘镇安	77751
和平村	1465	3837	周良华	吴法明	91941
青松村	771	2389	陈建伟	王明庆	54864
武城村	1295	3703	陈晓雄	陶小金	93141

说明：焦溪、三河口、郑陆、东青4个社区未列入表内统计

作为政府与会员之间的桥梁和纽带，代表并维护会员合法权益，协调会员与会员、会员与其他市场主体之间的关系，聚集同业优势，促进同业联合，进一步规范市场，提升整体素质，推动产业持续健康发展。2014年年末，全镇有医疗器械企业71家，其中产值千万元以上的规模企业30家。

【武进区舜文化研究会成立】 7月2日，常州市武进区舜文化研究会在郑陆镇查家村召开成立大会，讨论通过该研究会章程，选举产生第一届理事会，王益中被推选为会长。郑陆镇查家村与舜有着深厚渊源，留存着舜山、舜河、舜田、舜井等舜的遗迹，并流传着许多关于舜的历史传说和历代文人赞颂舜帝的诗词歌赋，舜文化资源十分丰富。该研究会有会员60名、会员单位20个，成立后将进一步发掘和研究舜帝在舜山脚下开挖舜河、开垦舜田、挖掘舜井等历史，深入研究舜文化，纪念舜帝，弘扬、传承舜帝的道德文化精神。

【焦溪古村入选第三批中国传统村落名录】 11月25日，入选住建部、文化部、国家文物局、财政部、国土部、国家旅游局等联合公布的第三批中国传统村落名录，成为继杨桥村之后的武进第二处中国传统村落。焦溪古村地处武进、无锡、江阴交界处，依山傍水，历史最早可追溯至中华民族人文始祖尧舜禹时代。其传统特色肌理保存较为完整，尚存“一河、四桥、五街、十三弄”，“一河”为穿村而过的龙溪河，“四桥”为三元桥、中市桥、咸安桥与青龙桥，“五街”为东街、中街、南街、老新街、北新街，“十三弄”为东街的殷家弄、大桥弄，中街的奚家弄、仇家弄，南街的是家弄，西街的强家弄、奚家弄，东下塘的牛马弄、汪家弄、蔡家弄等。古村街巷多形成于清朝和民国时期，路面保留原有的金山条石，当时商贸十分繁荣，有众多大商家与老字号，包括布庄、粮食行、典当行、银楼、药店、茶馆等，成为江南明清商贸传统市镇的典型代表。建筑地方特征鲜明，众多民居东西山墙、前后包檐约有一半用黄石砌就，形成“黄石半墙”的独特建筑风格，体现出南地北风的江南水乡传统村落特色。

【牟家颐养园开园运行】 2014年9月29日开园运行。牟家颐养园位于牟家村东，东邻牟家农业旅游观光园、西接牟家文体公园，周边有健身广场、门球场、网球场、篮球场、大戏台等文体娱乐设施，于2012年筹建，总投资约2000万元，用地面积3000平方米，内设餐厅、老年活动室和室外运动场所等，可容纳安置老人近百位。同日，设在牟家颐养园内的牟家村志愿服务站运行，提供扶贫助残、居家养老、法律援助、医疗保健、文体健身等方面服务。年内，已有10位老人入住。

（徐佳俊）

奔 牛 镇

【概　况】 奔牛镇位于武进区西北部，东与新北区薛家镇、钟楼区新闸镇及北港街道接壤，西与丹阳市吕城镇及皇塘镇蒋墅社区毗邻，南与邹区镇相连，北与新北区罗溪镇衔接，总面积56.31平方千米，辖行政村12个、社区4个，2014年年末总人口52698人，常住人口68463人。京沪铁路、沪宁城际铁路、沪宁高速公路、312国道、239省道、京杭大运河和奔牛港等水陆交通干线贯通镇域，有“千年运河古镇”之称。先后获“全国千强镇”“国家卫生镇”“国家级生态镇”等称号。

产业发展 推进现代农业发展，新增高效农业面积96.67公顷，累计1253.33公顷；建成区级农业科技示范园2个，完成区级重点农业投资项目1个，新申报“农哆哆”“五兴”等农产品品牌4个。农村改革实现突破，新建农村社区股份合作社12家和农地股份合作社1家、专业合作社1家、家庭农场5家。有工业企业436家，新增规模以上企业8家，累计54家，完成规模以上工业产值106.93亿元，占全镇工业总产值的95.9%。完成全社会固定资产投入29.04亿元，其中工业技改投入19.51亿元，分别增长22.5%、10.9%。派尼曼家具工业园一期项目竣工投产，阳光医药产业园等项目加快建设。新增高新技术企业1家，累计11家，完成高新技术产业产值30.26亿元，占全镇规模以上工业产值的28.3%；申请专利190件，获授权132件（其中有效发明专利52件、获授权8件）；新增省级研发机构1家。发展现代服务业，加紧建设奔牛港二期工程，奔牛港与郑州商品交易所完成铁合金交割仓签约。全年完成服务业投入9.53亿元，实现服务业增加值37.57亿元，完成限额以上批零业销售额34.84亿元、重点服务业单位营业收入15.13亿元，分别增长19.2%、55.8%、15.4%、2%。

镇村建设 深化镇村规划，编制新一轮村庄布局规划和特色村庄规划，开展与周边乡镇衔接道路的“四线规划”编研。完善基础设施，完成南新路、南观路西延与239线连接段道路建设，创建文明样板路2条，建设村级道路面积近5万平方米，改造张市桥、何家桥2座，在运南西路两侧安装路灯104盏；配合完成22万伏东岱—凤运线立塔迁移工程，建成工业园区北区污水管网一期。推进环境综合整治行动，拆除“两违”建筑面积4000多平方米，清理“五乱”2500多处，规范整治废塑料加工点200多户，清运垃圾2万多吨。推进拆迁安置，完成奔牛港扩能、面粉厂安置地块和田舍村拆迁面积共计6万多平方米，妥善解决运河“四改三”拆迁历史遗留问题，面积近12万平方米安置房四期主体封顶。深化生态创建，东桥村创成省级生态村，祁家村、何家塘村创成省级绿化示范村。

社会事业 发展教育事业，省奔牛高级中学新校区和奔牛实验幼儿园金牛分园建设加快，省奔牛高级中学连续八年获区高中教育教学质量评估特等奖，奔牛实验小学和中天实验学校获区义务教育阶段学校素质教育质量评估一等奖。润源经编百万光彩基金1月启动，用于奔牛镇奖励优秀教师、资助优秀贫困生的公益性教育事业。完善公共文体、卫生服务体系，加快建设城乡一体10分钟体育健身圈，新设奔牛医院康复科，开展各类文体活动，五兴苑社区获常州市“社区天天乐”活动优秀奖，镇门球队获常州市“中体杯”门球比赛冠军。建设宗教文化，原观音堂更名为能仁寺，能仁寺易地新建项目5月18日奠基。提高社会保障水平，全镇基本实现常武医保互通，养老、医疗、失业三大保险综合覆盖率达98%。全年完成城镇社会养老保险扩面490人，累计9346人；新增新型农村社会养老保险49人，累计6128人；

表 78

2014 年奔牛镇主要经济社会指标完成情况

指　标	单　位	数　值	比 2013 年（±%）
地区生产总值	亿　元	61.28	13
公共财政预算收入	万　元	14636	2
农业总产值	亿　元	3.02	4.18
多种经营产值	亿　元	2.22	2.09
粮食总产量	万千克	2418.2	-2.83
工业销售收入	亿　元	108.92	11.16
实际利用外资	万美元	2060	-7
自营出口额	万美元	17800	10.23
第三产业增加值	亿　元	37.57	19.2
农民人均纯收入	元	22141	10.9

新增农村养老补贴 84 人，累计 6359 人。全年发放低保金 198 万元，发放慈善救助资金 136 万元，救助户数 550 多户。

【奔牛农村集体产权制度改革完成】 5 月起，奔牛镇按照武进区有关农村集体经济股份制改革的文件精神，围绕“摸清家底、明晰产权、公开透明、保值增值”的改革目标，推行农村社区股份合作制改革。到年末，完成农村集体产权制度改革，组建农村社区股份合作社 12 家，持股农民 3.8 万人，其中量化股东 800 人，量化集体资产 72.25 万元。全镇农村社区股份合作社集体资产达 1.38 亿元，负债总额 0.59 亿元，资产负债率 42.75%，结构良好。

【奔牛组建家庭农场 5 家和合作社 1 家】 2014 年，奔牛镇先后组建家庭农场 5 家和合作社 1 家。

武进区奔牛华飞家庭农场　位于五兴村，2014 年 5 月成立，负责人叶飞，以果品种植为主，流转土地面积 8 余公顷。

武进区奔牛刘伟家庭农场　位于祁家村，2013 年 11 月成立，负责人刘德永，以果品种植为主，流转土地面积 10.67 公顷。

武进区奔牛正佳家庭农场　位于祁家村，2014 年 3 月成立，负责人隆正清，经营范围包括粮食作物、果品种植和水产养殖，流转土地面积 6.8 公顷。

武进区奔牛建波家庭农场　位于金联村，2014 年 4 月成立，负责人陈波，以果品种植为主，流转土地面积 12.67 公顷。

武进区奔牛小芳家庭农场　位于五兴村，2014 年 6 月成立，负责人张小芳，经营范围包括粮食作物、苗木种植和水产养殖，流转土地面积 3.33 公顷。

武进区奔牛五兴村农地股份合作社　2014 年 3 月成立，由集体参股经营，法人代表谢红军，注册资本 99.8 万元，成员人数 6 人，入股面积 66.6 公顷。年内实现优质大米销售额 35 万元、利润 5 万元。

【“新能源电动车新型电机驱动系统关键技术研究”被列入中小企业发展专项资金中欧国际合作项目】 参见《科学技术》栏目 p169 相关条目。

【常州市阳光药业有限公司医药扩建项目开工】 2014 年 1 月 8 日开工。该项目是常州市阳光药业有限公司在收购常州神马药业的基础上，投资建设的国家鼓励类项目（生物医药项目），被列入 2014 年区重点项目，计划用地面积 10 公顷，总投资 8 亿元，分三期实施，建设一个集生物医药研发、生产、销售于一体的花园式生物医药园区。项目一期投资 2 亿元，建设综合制剂车间、质检研发大楼及公用工程设施等，建筑面积 34653 平方米，2014 年 8 月开始设备安装及调试，计划 2015 年上半年通过国家新版药品 GMP 现场验收。

【常州海宏液压设备有限公司被认定为高新技术企业】 2014 年 6 月 12 日，被省科技厅、财政厅、国税局、地税局联合认定为高新技术企业。常州海宏液压设备有限公司位于奔牛工业集中区北区，占地面积 32 公顷，建筑面积 2 万平方米，主要从事工程机械液压油缸的市场经营，已为国内外 1600 多个工程项目提供配套产品。产品应用于四川铜街水电站、广西桂平船闸、青海李家峡水电站、黑龙江莲花水电站、山西万家寨水利枢纽、吉林丰满水电站、新疆引额济克工程、浙江紧水滩水电站、黄河小浪底水利枢纽工程、长江三峡水利枢纽工程等，并出口叙利亚、伯里兹、塞拉里昂、缅甸等国家；在工程油缸方面为上钢一厂、上钢五厂、宝钢梅山集团、鞍钢、沙钢等钢铁企业配套并替代进口产品；为上海板机厂、昆明板机厂、西北板机厂、上海船厂、大连重机、徐州重机等行业提供产品，部分产品出口韩国、越南、巴基斯坦、尼伯尔和德国。2014 年，实现产值近 6000 万元，上缴税收 780 多万元。

【奔牛新增省级工程技术研究中心 1 家】 2014 年 10 月，常州市裕成富通电机有限公司被省科技厅认定为江苏省电动汽车驱动电机及控制系统省工程技术研究中心。该中心由常州市裕成富通电机有限公司投资 1300 万元组建，位于该公司综合办公大楼内，面积 2600 平方米，可容纳工程开发技术人员 100 名；配置信息化系统、三维设计系统，购置引进德国 POLYTEC 激光速度长度检测仪、日本 X － RAY/X 光透视监测分析设备、丹麦 B&K/PULSE/ANALYZER 射频分析仪、美国联盟国际先进的电机组装系统、英国 VISION/ENGINERING/HAWK 三坐标投影仪、惠普 HP4149A 材料分析仪等检测仪器，以及研究开发、试验设备共 46 台套；配有可靠性试验室、理化性能测试室、型式试验室、材料分析测试室、环境试验室，基本满足电机及驱动控制系统产品的研发、检测、试验和试制需要；开展自主研发，并与上海交通大学、中国矿业大学、英国谢非尔德大学开展产学研合作，研究和开发产品系列包括交流变频、开关磁阻、永磁同步、他励直流等系列电动汽车驱动电

表 79

2014 年奔牛镇各村（社区）基本情况

村（社区）	户　数（户）	户籍人口（人）	中共支部（总支、党委）书记	村委（社区）主任	经济总收入（万元）
东桥村	1156	3981	周　敏	—	123885
何家塘村	1008	3563	李仁贤	陈亚东	29932
南观村	1116	4356	王国忠	王忠林	12459
新市村	1146	3688	吴亚平	王仁和	27969
祁家村	1352	4906	包建国	包建国（兼）	29626
九里村	583	1824	张洪伟	张洪伟（兼）	7323
金联村	888	2900	蒋春玉	薛伟斌	33081
贺家村	864	3305	冯　康	冯　康（兼）	10091
顾庄村	921	3465	沈惠娟	—	14007
奔牛村	845	2245	万建光	刘亚红	19151
五兴村	1200	4928	潘　嘉	谢红军	58849
陈巷村	684	2416	叶才兴	叶坚栋	14262
奔南社区	1133	3400	路亚南	路亚南（兼）	28874
金牛社区	3890	8694	薛步青	薛步青（兼）	—
中街社区	1132	2695	贺益平	贺益平（兼）	—
五兴苑社区	1878	1568	王华明	王华明（兼）	—

机及控制系统，拥有专利 38 件，其中发明专利 5 件、实用新型专利 29 件。

【祁家、何家塘两村创成省级绿化示范村】 2014 年 8 月、11 月，祁家村、何家塘村先后通过省级绿化示范村验收。

祁家村　位于奔牛镇镇郊结合东部，总面积 7.2 平方千米，有村民 1352 户、人口 4906 人。祁家村在 2013 年创成省三星级康居乡村、省卫生村的基础上，对照省级绿化示范村各项指标，增加投入 200 多万元，实施道路硬化、改水改厕、河道清淤、村庄绿化、村庄亮化等工程。到 2014 年 7 月，新浇筑道路及硬化里程 1500 多米，清淤河道里程 850 多米，房屋出新面积 5.5 万多平方米，新增绿化面积 3650 多平方米，圈围特色篱笆长度 7500 多米，完成清运乱堆放任务，全村自来水和无公害厕所普及率均为 100%，绿化覆盖率达 60% 以上。

何家塘村　位于奔牛镇东南部，总面积 4.9 平方千米，有村民 1008 户、人口 3563 人。2014 年 3 ～ 8 月，该村在原有基础上，对照省级绿化示范村各项标准，加大人力、物力投入，逐一解决村庄环境重点难点问题，共投入资金 500 余万元，全村绿化面积 1.8 公顷，公共绿化面积 1.48 公顷，实现村庄绿化覆盖率 36% 和道路绿化率 95%、家前屋后绿化率 100%。

【东桥村创成省级生态村】 2014 年 11 月，经考核验收，创成“江苏省生态村”。东桥村位于奔牛镇南门，与邹区镇相邻，总面积 5.5 平方千米，有村民 1156 户、人口 3981 人。该村在创成省卫生村、市生态村和三星级康居村的基础上，投入 1100 万元，完善基础设施，实施环境整治和生态富民等工程。到 2014 年 11 月，全村硬化道路面积 2.47 万平方米，做好垃圾清理和河塘清淤工作，建有小型污水处理站 3 座，全村绿化覆盖率 53%，自来水普及率 100%，卫生厕所覆盖率 100%，生活污水处理率 63.5%，做到企业污染源处理 100%。

（蔡文娟）

邹　区　镇

【概　况】 邹区镇位于常州市西大门，东临钟楼经济开发区，西与丹阳市接壤，南濒武进经济开发区，北枕京杭大运河，总面积 60.86 平方千米，辖行政村 17 个、社区 4 个，2014 年年末总人口 58546 人，常住人口 9.6 万人，外来流动人口近 10 万人。有“中国灯具城”之称，江苏凌家塘农副产品批发市场闻名全国。

产业发展　提升现代农业，邹区现代农业产业园区被命名为省级现代农业产业园区；新组建家庭农场 3 家，累计 5 家；完成 12 个社区股份合作社改革，常州市领先苗木合作社和常州海翔农机专业合作社创建市级示范社，龙潭、新屋两村创建农地股份合作社，农村合作社累计 56 家，入社农户达 78%。有工业企业 1500 余家，其中规模以上企业 75 家，完成规模以上工业产值 108.27 亿元，占全镇工业总产值 76%。全年完成全社会总投资 48.43 亿元，其中完成工业投资 21 亿元，实施 1000 万元以上技改项目 49 个，昌吉轧辊新厂投入使用，畅韵高铁声屏障项目厂房面积 5 万多平方米竣工。新增高新技术企业 2 家，累计 22 家，完成高新技术产业产值 62.62 亿元，占规模以上工业产值的 57.83%；申请专利 760 件，获授权 344 件（发明专利 13 件）；有省级工程技术研究中心 7 家。发展现代服务业，凌家塘物流中心投运，邹区灯贸中心项目一期等 4 个商贸项目竣工。全镇有服务业经营单位 7207 个，物流经营户 520 余家，登记注册物流企业 105 家，从业人员达 2.48 万人。全年完成服务业投资 25.89 亿元，实现服务业增加值 78.85 亿元，分别增长 51.4%、20.2%。凌家塘农副产品批发市场和邹区灯具城分别完成营业额 285 亿元和 88 亿元。

镇村建设　推进小城镇建设，邹区泰富时代广场综合体运行良好，华佳时代金街项目、邹区灯贸中心项目一期和铭源消费品市场主体封顶，华日升家居广场项目开工；邹区中心公园、振中路改造项目投入使用，金洲花城四期、泰富嘉园一期竣工交付，泰富嘉园二期建设进展顺利，东方大道商业街设施更趋完善。推进拆迁安置，完成拆迁面积 15 万平方米，邹新花园 B 区三期面积 6 万平方米安置房主体封顶，戴安花园安置房一期工程、泰村花园安置房二期工程前期工作展开。推进旧城改造，实施以会灵山禅寺和兴隆古桥为中心、鹤溪河两侧的老街风貌街区工程，推进 312 国

表 80

2014 年邹区镇主要经济社会指标完成情况

指　标	单　位	数　值	比 2013 年（±%）
地区生产总值	亿　元	109.57	10.72
公共财政预算收入	万　元	33180	16.91
农业总产值	亿　元	4.07	4.90
多种经营产值	亿　元	4	5.39
粮食总产量	万千克	201.3	-28.21
工业销售收入	亿　元	187.65	26.35
实际利用外资	万美元	2160	8.0
自营出口额	万美元	23600	11.85
第三产业增加值	亿　元	78.85	20.20
农民人均纯收入	元	22222	12.06

道两侧环境综合整治，城镇综合服务功能提升。完善基础设施，完成泰文线里程 1.5 千米改造工程，创建振中路、岳杨线文明样板路；原址翻建泰村南闸站，新建前王电灌站；加快自来水改造工程，安装 HDPE 管长度 84.3 千米、球管长度 16.7 千米，修复道路面积 1.7 万平方米；新增天然气居民用户 426 户，基本完成全镇改水工作。巩固提升新农村环境，殷村村通过国家级生态村验收、入选“常州市十大最美乡村”，邹区、鹤溪、戴庄、殷村 4 个村通过省级卫生村复评，安基、桥东、鹤溪、林场、新屋、殷村 6 个村完成第一批农村环境连片整治。深化生态文明创建，新增绿化面积 20 公顷，全镇建成区绿化覆盖率 30% 以上；完成支溪河、小夏溪河疏浚和村庄河道清淤 56 条，新建鹤溪河驳岸里程 800 米；完成 2 个混凝土堆场、9 个港口码头物料堆场扬尘整治，无害化处理垃圾 5.2 万吨；15 家企业实施提标整治，2 家企业通过 ISO 14000 认证；新建污水管网长度 4.5 千米，污染治理设施运转率 98%，工业污染源达标排放率 92% 以上。

社会事业　发展教育事业，殷村职教园作为常州城西职教园区开始形成集聚效应，常州艺术高等职业学校正常运行，常州城建学校 10 月成功开学；邹区中心小学扩建工程加快实施，邹区中学综合楼竣工。加强文化建设，建成镇文体活动中心，完善城乡居民 10 分钟体育健身圈，成立邹区镇文联，新建华日升舞蹈健身文艺团队和泰村花园社区天天乐文艺团队，主办“邹区大舞台”广场文艺演出，打造文化惠民品牌。巩固“医疗联合体”成果，在全区率先完成江苏省“数字化预防接种门诊信息管理系统”建设，泰村社区卫生室投入使用，农村卫生室建设全面达标。完善社会保障，完成社会保险扩面 300 人、住房公积金扩面 400 人，新增城乡居民养老保险 256 人，全镇养老、医疗、失业三大保险参保率保持在 98% 以上；发放尊老金、救助金、低保金、优抚金共 700 多万元。

【邹区现代农业产业园区被认定为省现代农业产业园区】　参见《农业》栏目 p87 同名条目。

【邹区重点工业项目竣工投产 2 个】　常州畅韵工程材料有限公司　于 2014 年进入邹区工业园区，2 月 26 日动工，12 月竣工投产，总投资 4.7 亿元，占地面积 6.39 公顷，建筑面积 5.3 万平方米。该公司主要生产新型声屏障及防水材料，交通隔音屏障产品应用于高速公路及铁路，防水卷材产品应用于高速公路、铁路隧道及地铁。

常州市昌吉冶金轧辊有限公司　前身为常州市轧辊厂，因拆迁整体搬迁到邹区工业园区，于 2014 年 1 月开工，11 月竣工投产，总投资 1.18 亿元，占地面积 2.46 公顷，建筑面积 1.93 万平方米。该公司成立于 1980 年，通过 ISO 9001 质量管理体系认证，获得省冶金行业质量管理奖，主要生产单支净重 10 吨以下各种规格材质的中、低合金铸铁轧辊及珠光体球墨铸铁轧辊和针状贝氏体球墨铸铁轧辊，以及各种规格材质的离心复合铸铁轧辊、辊环，年生产能力 10000 吨。2014 年，实现产值 4500 万元。

【邹区新增高新技术企业 2 家】　2014 年，邹区镇 2 家企业被省科技厅、财政厅、国税局、地税局联合认定为高新技术企业。

中铝稀土（常州）有限公司　位于邹区镇龙潭村，前身为江苏卓群纳米稀土股份有限公司，于 2011 年 6 月加入中铝集团旗下中铝稀土（江苏）有限公司，主要从事高纯稀土氧化物、稀土金属物、稀土纳米氧化物、稀土三基色荧光灯粉、长余辉发光粉制造。该公司集科研、开发、生产于一体，拥有“串级萃取一步法稀土分离技术”“纳米稀土氧化物制备工艺”等核心技术，2014 年实现产值 2001 万元。

江苏巨弘捆带制造有限公司　位于邹区镇友谊北路 32 号，成立于 2010 年 9 月，占地面积 1.2 公顷，拥有年产 2 万吨生产能力的打包带生产车间、自动 PET 带生产线和涂漆复绕钢带生产线，从事包装用捆带、塑料制品、快速热电偶及配件、机械零部件、五金件制造、加工，钢带轧制和包装机械制造、销售，产品畅销全国各地。该公司按照 ISO 9001-2008 质量管理体系操作，通过 ISO 14001:2004 环境管理体系认证，2014 年实现产值 5069 万元。

【凌家塘物流中心投运】　参见《商贸流通业》p128 同名条目。

【邹区重大商贸项目开工（竣）工 3 个】　邹区灯贸中心项目　2013 年 12 月开工，2014 年 9 月 30 日该项目一期封顶。该项目占地面积 14.67 公顷，总建筑面积 53 万平方米，其中一期面积 15 万平方米，包括户外灯照明馆面积 8 万平方米、室内精品照明馆面积 7 万平方米。

华佳时代金街项目　2014 年 11 月 28 日主体封顶。该项目位于邹区镇东方大道西侧，占地面积 2.52 公顷，总建筑面积 4.89 万平方米。

常州铭源消费品市场 2013年10月开工，2014年12月主体封顶。该项目占地面积3.33公顷，建筑面积3万平方米，总投资2.8亿元，是以菜场为主体的消费品市场。

【殷村村通过国家级生态村验收】 2014年11月，通过国家级生态村验收。殷村村位于邹区镇西部，与丹阳市皇塘镇接壤，常金线340省道穿村而过，总面积1.89平方千米，有农户647户、人口2100人，常住人口约8000人。该村按照国家级生态村标准和要求开展创建工作，先后投资5500万元完成村主干道白改黑工程、绿化工程和亮化工程，投资350万元开挖村民集中居住区景观河，投资80万元建造农桥、排涝站和高标准公厕。到2014年11月，全村村庄绿化率达38.8%，生活污水处理率达90%，饮用水合格率、工业污染达标排放率、清洁能源普及率、农作物秸秆综合利用率、生活垃圾处理率均达100%，村民集中居住区505户新型绿色低碳住宅房建成，殷村职业教育园区建设稳步推进，综合服务中心、休闲广场等配套齐全，生态环境显著改善，村民生活舒适，成为远近闻名的宜居、宜学、宜游之村。

【邹区镇文体活动中心主体竣工】 2014年11月主体竣工。邹区镇文体活动中心位于该镇中心公园南侧，由镇政府投入1200万元建设，建筑面积3650平方米，集舞蹈房、多功能厅、图书室、电子阅览室等功能于一体，计划2015年4月投入使用。

【邹区镇文联成立】 5月8日，邹区镇文学艺术界联合会（简称文联）成立大会召开，通过《邹区镇文学艺术界联合会章程》，选举产生邹区镇文联委员和领导班子。该镇文联下设摄影、音舞、戏迷、书画、文学协会5个，会员共有265人。年内，该镇文联举办邹区镇“羽林杯”争霸赛、“瑞源杯”“琵琶杯”夏季篮球联赛、“迎国庆”职工乒乓球比赛；书画协会开展“翰墨飘香迎新年”送春联活动，举办龚迪清书画展；摄影协会举办“光辉杯”摄影赛、“邹区大舞台”广场文艺演出摄影展；音舞、戏迷协会

2014年邹区镇各村（社区）基本情况

表81

村（社区）	户　数（户）	户籍人口（人）	中共支部（总支、党委）书记	村委（社区）主任	经济总收入（万元）
邹区村	1318	4378	孔祥坤	吕金方	233103
杨庄村	1059	3576	张文庆	刘春	119245
龙潭村	1136	3917	杨文光	袁玉平	118487
戴庄村	656	2244	陆佰民	陆志向	96832
安基村	749	2520	樊贤伟	徐柏兴	32364
前王村	1355	4304	梅国宪	李超	65854
鹤溪村	830	2732	孙文魁	夏建安	71806
刘巷村	1634	4978	张建良	张建良（兼）	80347
泰村村	667	2358	陈志良	张立新	31839
殷村村	647	2100	陈礼斌	袁荣新	139561
杏塘村	555	1592	朱建中	贺昕东	32711
于家村	1245	3324	吴洪兴	石国平	22751
琵琶墩村	1135	3388	江大海	龚春明	29598
桥东村	1337	3479	陈国平	陈克勤	35429
卜弋村	1718	4381	张光华	梁仁林	84490
新屋村	1441	3743	王建平	羊建平	106319
林场村	698	1892	蔡浩方	张惠明	24668
邹区社区	1116	2767	卜晓琴	卜晓琴（兼）	—
邹新花园社区	—	—	周红兴	周红兴（兼）	—
卜弋社区	796	1155	张光华	张光华（兼）	—
泰村社区	174	199	薛网息	薛网息（兼）	—

参加“花都水城·浪漫武进”武进印象特色文化专场演出，开展“邹区大舞台，展现新风采”大型广场文艺演出8场和“社区天天乐”活动115场，获武进区广场舞蹈大赛优胜奖。

（岳云虎）

嘉　泽　镇

【概　况】 嘉泽镇位于武进区西南部，东临滆湖，西接金坛市尧塘镇，南接湟里镇，北靠邹区镇，总面积104.3平方千米，辖行政村19个、社区5个，2014年年末总人口75463人。境内湖岸线长12千米，多为自然保护湿地。有“全国花木之乡”“全国环境优美镇”“全国花卉生产示范基地”“全国农业旅游示范点”“绿色生命的摇篮”“中国花博镇”之称。

产业发展 2014年，全镇花木种植面积4137公顷，占耕地面积90%以上，种植农户19547户，花木经纪人8000多人，实现花木销售40.9亿元。有农业专业合作社80家，创成省示范社1家、市示范社15家。新增一级以上资质园林绿化企业5家、二级以上资质园林绿化企业2家，累计国家一级资质企业13家、二级资质企业20家。夏溪花木市场首摘中国驰名商标，成为全国首个获此殊荣的花木市场，并与《中国花卉报》签订战略合作协议，全年完成交易额145亿元。完成夏庄桥国家中低产田改造和三星、周庄、南庄3个村国家高标准农田改造，以及闵市村市级高标准农田改造。深化农村改革，组建农村股份合作社19个，三星村率先试点农村土地承包经营权确权登记颁证。有工业企业206家，其中规模以上企业24家，

完成规模以上工业产值16.03亿元，占全镇工业总产值的67.5%。完成全社会固定资产投资13亿元，其中工业投入2.15亿元、高新技术投入1.2亿元。太阳宝新能源有限公司被列入区100家创新型企业和省两化融合试点企业。发展现代服务业，溪五路花木商业街竣工投用，泰富山庄加紧建设，嘉泽味道暨“十大特色农家菜”评选活动成功举办，艺林园、成塘书院、晨山农庄被评为武进十佳放心消费农家乐。

镇村建设　加强规划整合，完成全镇农村道路规划布局，优化中心村发展规划。推进功能性项目向镇区集聚，邹区人民法庭易地新建项目（嘉泽人民法庭）、嘉泽供电所基本竣工。完善基础设施，疏浚整治河道里程6.6千米、河塘116条，清淤土方41万立方米，建设节水渠里程18.6千米、驳岸里程600米和标准化排灌站6座，加固圩堤里程1300米；实施完成11个村农村改水任务的75%，新建花市路和溪五路污水管网长度共计1.6千米、提升泵站1座，建设农村污水处理设施26座；提档升级夏湟线、厚余线里程共计6.5千米，创建样板路里程34千米，改造和维修农桥15座，嘉泽镇创成全市唯一的省农路管养及安保示范镇；全面完成农村电网改造。做好拆迁安置工作，完成延政路西延和金武路拓宽等项目拆迁累计面积5.4万平方米，开工建设大名北苑安置区一期工程，完成花溪家苑二期分房149套，达成商品房定向安置49套协议，房权换股权房屋累计215套。加强镇村管理，成立社区管理办公室，推行小区网格管理，强化便民服务、和谐文化建设、公共设施维护；开展环卫长效管理、基础设施管护、绿化管养、农村污水集中处理、农贸市场整治、健教宣传等工作，完善硬件设施，强化综合治理，嘉泽镇高分通过“国家卫生镇”验收，名列全区镇村环境卫生长效综合管理考评第二、河道管理考评第一。

社会事业　年内投入300余万元，改善学校、卫生院设施设备。嘉泽中心小学、夏溪初中获区素质教育质量评估二等奖，镇社区教育中心创成常州市标准化社区教育中心。建成综合文体室1个、文体广场65个，文体服务志愿者达286人。姬山书院组织各类文化公益活动，发展乡土文化。开展基本公共卫生和医疗服务，全镇参加新型农村合作医疗人数5.2万人。构建社会兜底保障网络，全年向6055人次发放生活保障金787万元，向1166人次发放抚恤补助金678万元，全镇城乡居民社会养老保险覆盖率达97%。天禄老年公寓竣工投用，入住老人70多名。满墩、甘荡、士桥3个村成立慈善基金，基金总额达360万元。

【花木市场东扩工程实施】 参见《产业园区》栏目p61同名条目。

【2014年中国（夏溪）花木节】 参见《产业园区》栏目p62同名条目。

表82　2014年嘉泽镇主要经济社会指标完成情况

指　标	单　位	数　值	比2013年（±%）
地区生产总值	亿　元	60.1	6.4
公共财政预算收入	万　元	19670	7.3
农业总产值	亿　元	13.1	4.8
多种经营产值	亿　元	13.1	4.8
粮食总产量	万千克	13.8	12.2
工业销售收入	亿　元	23.13	33.6
实际利用外资	万美元	—	—
自营出口额	万美元	11.49	-23.30
第三产业增加值	亿　元	42.1	9.3
农民人均纯收入	元	23182	11

【“夏溪花木市场及图”商标被认定为中国驰名商标】 参见《产业园区》栏目p62同名条目。

【嘉泽镇花木种植协会成立】 2014年5月23日成立，首批花木种植大户60户入会。嘉泽镇花木种植协会由嘉泽镇从事花卉苗木和盆景盆花生产及园林绿化、经营、科研、信息服务的种植大户，以及从事技术服务的科技工作者自愿组合并依法登记成立，搭建起嘉泽镇花木人相互交流、相互学习、相互促进、共同进取、共谋发展的平台，对于引导全镇花木产业持续健康发展、促进花木产业转型升级、提升产业总体水平具有重要意义。年内，该协会为农户提供市场信息、技术服务，引导规模种植，促进休闲经济发展。

【南京苏夏能源高新技术产业园项目签约落户嘉泽】 11月7日，嘉泽镇政府与南京苏夏工程设计有限公司在花木服务中心签订南京苏夏能源高新技术产业园项目。该项目位于嘉泽成章工业园区，由南京苏夏工程设计有限公司投资，其全资子公司——江苏龙英管道新材料有限公司负责建设及生产运行管理，规划建设期10年，主要依托南京苏夏工程设计有限公司的技术优势、人才优势、行业优势和区域优势，打造长输热网及热水采暖产业基地，形成研发、生产、销售三位一体的上下游产品链。

【三鑫重工机械有限公司被认定为高新技术企业】 2014年11月，被省科技厅、财政厅、国税局、地税局联合认定为高新技术企业。三鑫重工机械有限公司位于嘉泽镇夏溪北路，成立于2008年，占地面积10公顷，总投资5亿元。该公司集重工机械、冶金轧辊和大型铸件制造及科研为一体，具备年产冶金轧辊5万吨、大型模铸钢锭10万吨、铸钢件1万吨的生产能力，通过ISO 9001质量管理体系认证、ISO 14001环境管理体系认证、OHSAS 18001职业健康安全管理认证，还通过CCS、DNV、LR、KR、RINA、NNK、ABS、GL8个国家船级社认证，是英国BRC英轧轧辊公司的生产基地，产品畅销全国21个省、市、自治区，远销美国、德国、意大利、日本等20多个国家。2014年，投入300多万元完成技术升级改造，通过法国道达尔、FMC公司合格供应商审核，跻身国内一流机械制造行业，全年实现销售收入4.7亿元、利税2137万元。

【嘉泽两大功能性项目基本竣工】 （1）嘉泽供电所工程。位于嘉泽镇嘉泽路以东、110千伏嘉南变电站以北的地块，规划总用地面积6180平方米，总建筑面积2800平方米，主要建设1幢3层的主楼和1幢1层的辅房，总投资908万元。该项目于2014年3月18日开工，年内基本竣工。（2）邹区人民法庭易地新建项目。该项目为嘉泽人民法庭，位于嘉泽镇人民路西侧、嘉成路北侧的地块内，总用地面积9738平方米，总建筑面积3277平方米，总投资1024万元，于2014年3月开工，年内基本竣工。

【大名北苑安置区一期工程建设】 大名北苑安置区一期工程位于嘉泽中心小学以东、环湖西路以西、茶泽街以南、文卫路以北的地块内，规划总用地面积3.41公顷，总建筑面积16.3万平方米（其中地上总建筑面积13.29万平方米、地下总建筑面积3.01万平方米），主要建设3幢24层住宅、2幢27层住宅、3幢30层住宅，以及文体中心等配套设施，总投资43640万元。该项目桩基工程于2014年9月20日开工，土建工程于12月1日开工，计划于2016年年底竣工。竣工交付后，可安置户数1067户。

【嘉泽味道暨“十大特色农家菜”评选】 7月15日，嘉泽味道暨“十大特色农家菜”评选活动结果在艺林园揭晓，评选出“10+1”特色农家菜，分别是：艺林园的艺林园麻糕、干烧老鹅，香满楼的干蒸草鸡，庆兰楼的下婆鱼、庆兰猪爪，明都紫薇花园酒店的嘉泽三鲜锅，明都枫泽山庄的农家煨扎肠，花海人家土菜馆的农家豆腐，成塘书院的虎皮蛋焖狮子头，晨山农庄的脆皮蛋卷，阿兴鸭头。这次活动由嘉泽镇政府主办、夏溪花木市场赞助，历时1个多月，全镇星级酒店、农庄和特色餐饮店共11家参加，挑选能体现嘉泽特色的29道菜肴纳入网络评选，再参加在艺林园举办的现场评比，挖掘了嘉泽乡村餐饮文化资源，对于提高全镇农家菜水准、带动乡村旅游发挥了积极作用。

【嘉泽镇通过省乡村公路管养及安保工程示范镇验收】 12月8日，通过省检查组考核验收。嘉泽镇从1月起开始创建“江苏省乡村公路管养及安保工程示范镇”，主要实施对厚余线、夏湟线、南三线等5条道路的提升改造。到11月，累计完成大中修里程13.5千米，水泥、沥青路面修补面积95220平方米，沥青灌缝长度68.53千米，改造、维修桥梁15座；路肩培土土方20万立方米，开挖边沟长度30.65千米，新增绿化面积9.53公顷；设置引导标志532块、防撞护栏长度4130延米、警示桩3980多根，路面标线面积2508平方米；提档升级道路里程6.5千米，创成文明样板路里程53千米。通过创建，全镇农村公路基础设施得到明显改观，好路率由74.1%跃升为90%。

【艺林园通过省高水平农科教结合富民示范基地验收】 参见《教育》栏目p190同名条目。

【第二届全国网络会员小型、微型盆景精品展暨山水盆景、花卉园艺展在嘉泽举行】 参见《产业园区》栏目p62同名条目。

表83 2014年嘉泽镇各村（社区）基本情况

村（社区）	户　数（户）	户籍人口（人）	中共支部（总支、党委）书记	村委（社区）主任	经济总收入（万元）
嘉泽村	2610	6890	唐金彪	索卫中	19821
观庄村	937	2686	闵伟昌	祁和根	8849
丰杨村	968	2931	杨志明	吴建林	10500
士桥村	818	2286	李向阳	李向阳（兼）	11768
夏庄村	1809	5155	蒋志江	蒋建忠	19077
闵市村	1752	5420	田卫忠	王继业	87934
成章村	2350	8865	庄旭东	蒋自强	50158
西城村	1868	5395	薛文伟	孙全方	18688
晨山村	1963	5650	张建益	唐亚中	36820
捕捞村	225	556	仲　贞	刘国元	2762
甘荡村	1095	3180	蒋益明	蒋益明（兼）	23821
夏溪村	4132	13702	高亚平	徐建兴	14465
跃进村	815	2190	张建荣	肖建华	9773
南庄村	1045	3229	高　华	倪明华	11535
周庄村	767	2290	夏春兰	张建才	7600
三星村	930	2400	王　华	王　华（兼）	8850
厚余村	1362	4885	潘留根	强国平	12902
朝东村	2230	5860	朱林峰	杨福良	18128
满墩村	1575	4410	庄　伟	谢九龙	50006
嘉泽社区	—	—	唐俊彪	丁文新	—
夏溪社区	—	—	高亚平	徐　标	—
厚余社区	—	—	潘留根	秦春霞	—
成章社区	—	—	庄旭东	蒋自强	—
嘉新社区	—	—	缪金方	张小英	—

说明：嘉泽、夏溪、厚余、成章四个社区的户数、户籍人口数以及经济总收入与相应村的合计在一起，嘉新社区居民为各村拆迁安置居民，数据仍计入各村里

【嘉泽镇通过“国家卫生镇”验收】 参见《医疗卫生》栏目p195同名条目。

【天禄老年公寓建成投用】 天禄老年公寓位于嘉泽镇夏溪新东街107号，由嘉泽镇政府筹资1000余万元、常州天禄建设开发有限公司投入近3000万元建设的公办（国有资产）保障性养老机构，于2011年4月开工建设，2014年1月主体工程通过验收，7月底基本完成装修装饰，9月试运行。该老年公寓占地面积近1.4公顷，总建筑面积1.07万平方米，设有卧室118间、活动室（阅览室和棋牌室）5间、健身房16间、食堂餐厅18间、办公室9间、接待室(会议室)6间、医疗护理室4间及其他辅助用房65间等，床位400余张（其中护理型床位200张），年内入住老人70多名。天禄老年公寓建成后，标志嘉泽镇居家养老助残服务中心正式投入运营，极大改善了全镇及周边老年（残疾）人入院居住条件，为老年（残疾）人安度晚年创造了良好环境。

【花朝节暨嘉泽首届花木民俗文化庙会】 3月12日，由嘉泽镇文联联合嘉泽各社会组织举办的花朝节暨嘉泽首届花木民俗文化庙会开幕，持续至4月17日。花朝节，又称“花朝会”，起源于春秋，以花神娘娘的生日（农历二月十二）为时间起点，盛行于唐宋年间，迄今已有千余年历史。这次花朝节融合嘉泽花木文化、传统文化、道教文化和状元文化，着力打造具有嘉泽独特风韵的民俗文化庙会。期间，嘉泽镇花神宫举行龙抬头、庆祝花神圣诞、王母蟠桃会等道教活动，嘉泽各社团开展财神爷、走马灯、腰鼓、荡湖船等文体活动，常州市地方文化研究会在状元坊古戏台举办锡剧、萨克斯独奏、琵琶弹唱、歌舞等演出，积极营造民俗文化氛围。

（蒋　洁）

湟　里　镇

【概　况】 湟里镇位于武进区西南部，东濒滆湖，西接金坛市，南与宜兴市隔涨河港相望，北邻嘉泽镇，总面积86.1平方千米，辖行政村16个、社区3个，2014年年末总人口63404人。湟里又名杨柳埠，俗称埠头，是全国闻名的水产养殖和花卉苗木生产基地，先后获“全国综合实力千强镇”“国家卫生镇”“国家级生态镇”等称号。

产业发展　全镇高效农业面积达3600公顷，占耕地面积的98%，花木、草坪种植面积分别达1266.67公顷、1733.33公顷，基本形成北片花卉苗木、南片草坪的格局。组建农民专业合作社5家，累计63家。全面完成农村股份经济合作社改革，农村土地确权登记试点启动。有工业企业530家，其中规模以上企业82家，完成规模以上工业产值326亿元，占全镇工业总产值的94%。实施千万元工业技改项目30个，完成工业投资25亿元。完成规模以上高新技术产业产值29.2亿元；申请专利500件，获授权300件。江苏圣乐机械有限公司、常州市美华电杆有限公司、江苏金鼎腾新机械装备有限公司、常州市武进骏宇汽配涂料有限公司被评为省信用贯标企业，常州市东方特钢有限公司被评为省两化融合试点企业。实施服务业提速计划，完成服务业投入6.2亿元，实现服务业增加值56.2亿元，完成限额以上批零住餐业销售额88.6亿元、重点服务业营业收入27.6亿元。

镇村建设　深化城镇规划，优化修编镇总体规划和编制新型镇村布局规划，做好列入小城镇建设的S239线东侧、湟里镇核心区、桃苑新都西侧3个地块项目的启动工作，优化设计桃苑新都二期地块方案、湟墅花园安置小区二期地块方案。完善基础设施，金湟河沿线绿化改造一期工程基本完成，嘉东线和丰张线道路提档升级，创成东方路、和谐路、小下线样板路3条，改造南星桥、安欢渎桥、河南桥、大木桥、团结二桥5座，完成国亚路及卜东线道路局部修补和育才桥、镇隆桥等4座桥梁维修，以及鑫瑞线绿化工程和夏石线道路拓宽、绿化及安保工程。加快安置房建设，安置小区湟墅花园一期完工，湟墅花园二期主体封顶，松坟头、西塘农场222户拆迁户分到新房。

社会事业　湟里高中、湟里初中、湟里中心小学均获2013～2014学年区教育教学质量评估一等奖，东安实验学校初中部和村前小学分获2013～2014学年区教育教学质量评估二等奖和三等奖，湟里成校开发的乡土特色课程《苗木种植技术》分获江苏省、常州市乡土特色课程优秀奖。发展文体事业，先后于3月23日、5月30日成立镇戏曲协会和镇文联，开展“社区天天乐”活动，举办“迎新春”书画作品展、第十七届“建亚杯”乒乓球比赛、第二届职工歌手大赛等文体活动。提升社会保障水平，完成企业职工社保扩面612人，做到新型农村养老保险应保尽保。做好优抚、扶贫、救灾、救济工作，向836户、1173名城乡居民发放最低生活保障资金共284万元，发放大病患者慈善救助经费97.5万元，发放临时救济经费44.7万元，为2260名80岁以上老人发放尊老金共145万元，为481名重

2014年湟里镇主要经济社会指标完成情况

表84

指　标	单　位	数　值	比2013年（±%）
地区生产总值	亿　元	122	10
公共财政预算收入	万　元	19600	6.96
农业总产值	亿　元	8.80	2.4
多种经营产值	亿　元	8.78	2.4
粮食总产量	万千克	56	-13.3
工业销售收入	亿　元	298	10.5
实际利用外资	万美元	2139	536
自营出口额	万美元	14000	10
第三产业增加值	亿　元	50.1	5
农民人均纯收入	元	22928	11.2

度残疾人发放重残补贴共260万元。投入近60万元，完成对敬老院设施、设备的提升改造。

【湟里五洲旺农业生态园初具规模】 湟里五洲旺农业生态园位于湟里镇后坊村，2013年4月注册成立，占地面积8.06公顷，规划建设枫树观赏园、樱花观赏园、高杆月季观赏园、牡丹观赏园和水果采摘园五大种植园，鲫鱼、青草鱼、特种鱼类三大养殖示范区，以及餐饮区、停车场、木屋休憩区，2014年10月被列为常州市级休闲观光农业项目，至年末该生态园餐饮区和鳙鱼及鲫鱼垂钓区、停车场、高档大树园竣工。

【东方特钢精品型材生产线全线贯通生产】 参见《工业》栏目p69同名条目。

【金湟河湟里镇区段沿两岸石驳景观风光带建成】 2014年7月底，金湟河湟里镇区段沿两岸石驳景观风光带建成，其中湟里小商品市场段沿南岸景观风光带增设一条长280米、宽1.5米的慢行绿道，总投资达1000万元。湟里镇从2010年起就着手滨河风光带建设，组织动迁河边的坟墓、乱树林，拆除违章建筑，整合岸线资源，让出景观空间；改造防洪设施，提升金湟河泄洪能力；构建岸地护坡绿化，配套观光、运动、休闲设施，打造集旅游、观光、商务、休闲为一体的现代化滨河新岸线。

【西墅村创成省级生态村】 11月20日通过省级生态村考核验收。西墅村位于湟里镇中部，面积6.63平方千米，人口4190人。2014年，该村积极开展生态村创建，在做好教育、宣传和发动工作的同时，先后投入近700万元，完成道路硬化面积1万多平方米，改造农村节水渠里程8000多米，完成大墩、年余头村庄连片整改和污水净化工程，以及河道驳岸、村庄绿化工程和河道清淤工程，亮化全村主干道，严格控制和全面整改工业污染源，完成自来水二次改造，新建年余头、大墩两个自然村生活污水处理装置和塑胶健身广场2个，购置垃圾清运车2台，试点推行农村生活垃圾房改垃圾箱收集处理的运营模式，全村饮用水合格率100%、生活污水处理率70%以上、垃圾收集转运率100%。

【湟里镇文联成立】 5月30日，湟里镇文学艺术界联合会（简称文联）成立大会召开，通过《湟里镇文学艺术界联合会章程》，选举产生镇文联主席、副主席、秘书长、副秘书长。该镇文联下设摄影、舞蹈、音乐、书画、戏曲和舞龙协会6个，会员共计350多人。年内，开展义务送春联、“和美湟里”书画比赛、优秀书画作品展览、“杨柳古韵”戏迷演唱会，举办“杨柳古镇、和美湟里”第二届职工歌手大赛和舞龙比赛等活动。戏迷协会参加武进电视台“戏迷过把瘾”栏目摄制，舞蹈协会获武进区“牛塘杯”健身秧歌比赛规定动作一等奖、自选动作二等奖和2014年江苏省老年人体育节常州分会场开幕式暨柔力球健身球交流展示大会优胜奖，以及2014年江苏省老年人体育节柔力球比赛规定套路优胜奖、自选套路优秀奖，严文浩获武进区文化管理员动态类技能大赛歌手大赛一等奖。

（李建新）

2014年湟里镇各村（社区）基本情况

表85

村（社区）	户数（户）	户籍人口（人）	中共支部（总支、党委）书记	村委（社区）主任	经济总收入（万元）
村前村	2255	5886	薛晓波	薛亚平	58343
岗角村	1826	5190	薛　敏	薛　敏（兼）	46069
西墅村	1635	4190	季文斌	程小平	92746
河南村	848	2469	蒋中君	周亚军	47271
北隍村	765	2289	吴伟忠	薛志平	86438
后坊村	971	2625	徐田明	储鲁英	21996
西鲁村	939	2329	储建军	孙小明	14232
葛庄村	808	2205	蒋红明	徐卫平	48671
村西村	867	2663	鞠　峰	鞠　峰（兼）	16814
湟里村	2746	7364	周　锋	史玉根	56775
东安村	1988	5855	蒋佰平	王建军	202516
武宜村	698	2123	万小明	梁建平	31933
西安村	1129	3063	华国强	华国强（兼）	16852
五巷村	1033	2870	张树华	郭维明	70278
蒋埝村	1320	4250	周志清	张献良	87090
香泉村	1170	3931	戴建伟	路建荣	50533
湟里社区	—	—	储留保	储留保（兼）	—
东安社区	—	—	余玉明	许海东	—
村前社区	—	—	骆国庆	骆国庆（兼）	—

说明：3个社区均村居合一

南夏墅街道

【概　况】 南夏墅街道位于武进区湖塘镇南，总面积70平方千米，辖行政村14个、社区9个，2014年年末总人口85879人、外来人口81119人。

服务高新区发展　按照年度新开工项目目标，推进拆迁安置，完成民房拆迁354户面积14.65万平方米和企业拆迁7家面积4.63万平方米，以及遗留拆迁户17户；分配南淳二期、学府东苑二期、南隆社区续建房共计安置房2205套面积23.5万平方米，为特殊困难安置户提前落实安置房81套。

农村工作和社区建设　推进农村集体经济股份制改革，13个村开展股份制改革，8个农村股份合作社完成换届。

加强水利建设与管理，完成河道清淤工程土方7万多立方米，建设渠系里程3800米，落实辖区内里程100多千米河道长效管护。实施环境提升推进工程，推行企业清洁生产审核，开展秸秆禁烧，从源头上减少污染物产生。改善农村交通，投入160万元维修、改造道路，设置校车等候站点38处。加强社区建设，完善社区功能室和基础设施配置，提升服务功能，南河社区创成“全国和谐社区示范社区”。

创新社会管理 南夏墅街道作为全市首个省级安全社区创建单位，开展“交通安全、消防安全、工作场所安全、居家安全、学校安全、涉水安全、社会治安”七大创建活动，10月中旬高标准通过省级安全社区验收。推进平安建设，巩固社区群防群治组织，开展法制宣传，营造安全治安环境。加强安全生产，年内未发生安全生产责任事故，连续六年被评为区级安全生产先进集体。加强食品药品安全管理，做好社会矛盾调解工作，实现食品药品监督率、矛盾调解成功率均达100%。

发展社会事业 加强文化建设，成立南夏墅街道文联，全年开展群众性文化活动40多场次。推进教育、卫生事业发展，机关幼儿园高新区分园建成投用，高新区人民医院实现ERCP治疗常规开展，社区计生实现公共服务管理全覆盖。健全社会保障，新增社保扩面人员8706人、住房公积金人员3939人，居民养老、医疗保险覆盖率均达98.6%；发放各类救助金300多万元。

【南夏墅街道创成省级安全社区】 2014年12月10日，经省安全社区创建促进办公室组织专家组评审，被授予“江苏省安全社区”称号，成为全市首个省级安全社区。南夏墅街道根据省安全生产委员会办公室《关于进一步深入推进安全社区创建工作的意见》，整合社区内各类组织资源，从上年6月起启动安全社区创建工作，开展“交通安全、消防安全、工作场所安全、居家安全、学校安全、涉水安全、社会治安”七大创建活动，在全街道构建起一张立体式、广覆盖的安全网络。到2014年10月，该街道实现生产安全事故下降60%、火灾事故下降75%。

【南夏墅街道文联成立】 3月21日，南夏墅街道文学艺术界联合会（简称文联）成立大会召开，通过《南夏墅街道文学艺术界联合会章程》，选举产生街道文联领导班子。南夏墅街道文联下设戏曲、舞蹈、美术、摄影、书法、乡土文学和收藏协会7个，会员共有300多人。年内，该街道文联开展义务送春联、“和谐南夏墅书画”比赛、群众路线教育实践活动进社区戏曲演唱会，举办“新誉杯”青年歌手大赛等活动。戏迷协会参加武进电视台“戏迷过把瘾”栏目摄制。

【武进机关幼儿园高新区分园建成投用】 武进机关幼儿园高新区分园位于站北路南侧、东华路东侧，由武进高新区投资7500万元，按照省级示范幼儿园标准建设，于2012年12月动工，2014年5月通过竣工验收，9月开学。全园按36班12轨规模设置，占地面积2.65公顷，总建筑面积1.42万平方米，绿化率达37.85%，由办公教学区、室外活动区、后勤生活区三大功能区组成，已开设涉及托班、小中大班4个年龄段班级10个。该幼儿园倡导全语言教育，还开设阅读启蒙、数学启蒙、快乐英语、舞蹈课程、奥尔夫音乐等特色课程，满足孩子全方位发展需要。

【南河社区创成“全国和谐社区示范社区”】 2014年11月，被民政部确立为“全国和谐社区示范社区”。南河社区位于南夏墅街道北，东至武宜路，西至凤林路，南至沿江高速高架桥，北至西湖路，

表86

2014年南夏墅街道各村（社区）基本情况

村（社区）	户数（户）	户籍人口（人）	中共支部（总支、党委）书记	村委（社区）主任	经济总收入（万元）
戴家村	585	2025	冯冠华	冯冠华（兼）	33493
港桥村	479	1753	王如平	卢中兴	35600
河东村	712	2400	朱玉峰	万志伟	19624
华阳村	744	2793	恽建康	恽建康（兼）	47910
九华村	1128	3852	周　新	周曙光	108954
庙桥村	1120	3550	莫炳卫	庄伟兴	75009
南夏墅村	698	2091	胡德岳	胡德岳（兼）	24602
三河村	1015	3317	岳建波	王雄伟	39800
胜西村	881	2677	卞小中	卞小中（兼）	8595
石柱村	645	2426	李建伟	杨　凯	7161
塘洋村	1105	3215	蒋雪峰	蒋雪峰（兼）	59718
桐庄村	1036	3349	薛志寅	薛志寅（兼）	61633
万塔村	736	2275	陈永俭	岳加峰	70868
新联村	635	2164	杨同庆	潘小平	15165
庙桥社区	191	300	庄浩杰	庄浩杰（兼）	—
南苑社区	1995	5510	万建平	李同庆	—
南河社区	1868	4787	盛敏泽	潘　林	—
学府东苑社区	861	2374	周惠金	庄青松	—
南湖家苑社区	372	1097	岳效忠	岳效忠（兼）	—
大学新村三社区	1547	4459	曹　锋	曹　锋（兼）	—
南夏墅社区	666	1605	王如平	王如平（兼）	—
南淳社区	418	1161	管雪民	褚小英	—
学府家苑社区	417	1372	周岳成	周岳成（兼）	—

主要由大兴、西塘田、纪墅、孙家、凤墅、万塔6个行政村拆迁安置居民组成，占地面积66.71公顷，有安置房140幢和居民3790户、11000余人。该社区坚持“建设和谐社区，服务居民群众”的理念，以“三务”（党务、村务、组务）公开栏为平台，发扬民主，集思广益，民主决策社区重大问题，增强居民对社区的认同感、归属感；于2009年11月建成启用公共活动区域面积7000余平方米，配套便民服务大厅和社区图书室、健身房、棋牌室、塑胶篮球场、门球场等场所，提升便民服务质量；先后组建“绿色环保”“老年戏曲”等志愿者队伍，常年开展文体活动，丰富居民业余文体生活；开展走访活动，积极化解社区难点和热点问题，解决居民“微心愿”17个。该社区获评2008年武进区绿色社区、2009年常州市“平安家庭”示范社区和2011年常州市“绿色社区”及常州市“四星级社区”等称号。

（徐松华）

西 湖 街 道

【概　况】 西湖街道位于武进区西太湖畔，东临牛塘镇、武进高新区，西接嘉泽镇，南靠西太湖，北依邹区镇，总面积39.84平方千米，辖行政村6个、社区4个，2014年年末总人口25967万人。

服务园区发展 推进拆迁安置，完成多兴电子、高品农机等6家企业和牛塘镇代拆项目，以及普罗斯照明三期、科能电器、永华医疗器械等项目清表，启动滨湖污水处理厂一期工程民房拆迁，全年共完成拆迁面积18.5万平方米，签约拆除剩余户民房44户，清空地块14个，完成长顺家园分房244套。加强城市管理，取缔乱设摊、店外占道经营，加大抛洒滴漏、“两违”处置力度。开展已拆迁村环境整治，完成清水工程东中沟河、园区河清淤整治，积极为西太湖科技产业园创建国家级生态工业示范园提供保障。

服务民生幸福 推进增收富民，常州鑫河置业发展有限公司运作平稳，民营工业园厂房出租率达30%，鑫河农贸市场招租初步实现全覆盖。推进村级股份制改革，塘门、礼河、长汀完成村社区股份制改革，河头、塔下、仕尚进入人员界定阶段，已拆迁村村组各类资产结算方案初步制定。发展社会事业，世代服务中心、湖滨菜场改扩建项目建成投用，滆湖民俗博物馆建成开放，礼河实验学校中考成绩名列全区前茅，滆湖科技幼儿园通过省优质幼儿园验收。丰富居民业余文体生活，全年组织文艺汇演23场、社区天天乐18场、送电影下乡45场，举办第三届羽毛球比赛暨武进区民间球王争霸赛和“聚新杯”篮球邀请赛。提高社会保障水平，新增就业岗位1673个，新增社保扩面1583人，办理失地农民保障307人；发放优抚金、最低生活保障和优待金共计450余万元，向残疾人发放救助、补助200余万元。

维护社会和谐 推进矛盾化解，确立剩余户拆迁与信访积案化解相结合的工作机制，发挥村级调委会职能和警民联调作用，全年化解各类信访积案22起，调处各类矛盾纠纷133起，调处成功率达98%。加强法制教育，先后开展普法宣传月、综治宣传月等活动，组织社区服刑人员开展“集中读书”等社区矫正教育活动，增强民众法制意识。提升公共安全，完成安全生产标准化三级评审企业6家，开展食品药品安全专项检查24批次，辖区发案率同比下降25.4%。滆湖派出所被评为“全国执法示范单位”。

【西湖街道两民生项目建成投用】 (1)西湖街道世代服务中心。位于武进区经济开发区锦润路7～18号，于2013年10月5日开工建设，2014年7月建成投用，建筑面积约800平方米，投资总额约80万元。该中心内设服务大厅、药具仓库、微机室、咨询室、B超市等，承担宣传教育、技术服务、药具发放、人员培训、信息管理、行政服务“六位一体”的职能，为辖区居民提供优质计划生育服务。(2)湖滨菜场改扩建项目。位于武进区经济开发区稻香路119号，由湖滨社区居委会牵头于2013年12月实施升级改造，2014年8月26日重新对外营业，总投资约300万元，改造面积1684.8平方米。改造后的菜场分为肉禽、水产、蔬菜、卤菜、水果、粮油等经营区，在各分区间留出过道、消防通道等空间，配备监控摄像头、电子显示屏、农药残留检测处、公平秤、无障碍卫生间等便民设施，较好地满足了当地居民日常生活需要。

【滆湖民俗博物馆建成开放】 参见《文化艺术》栏目p192同名条目。

【西湖街道门户网开通】 2014年4月开通。西湖街道门户网（www.wjxh.gov.cn）总投资约3万元，设有“街道概况”“新闻中心”“凝心工程”“政务公开”“村居建设”和“政民互动”等功能模块，为社会各界了解西湖街道及各村、社区最新动态，查阅政府信息、为民服务项目和事项办理搭建了平台。

2014年西湖街道各村（社区）基本情况

表87

村（社区）	户　数（户）	户籍人口（人）	中共支部（总支、党委）书记	村委（社区）主任	经济总收入（万元）
聚新社区	2857	8836	曹志健	张洪大	89078
湖滨社区	1312	2986	翁金良	蔡　亮	—
塔下村	721	2236	黄小平	黄小平（兼）	8503
河头村	511	1910	徐才炳	蒋纪春	12581
礼河村	645	2275	陈国全	蒋志凯	17704
仕尚村	643	2317	展　毅	吴伟连	20661
长汀村	593	2168	吴　辉	周玉龙	12359
塘门村	1126	3093	周建忠	蔡小平	10247

说明：西湖家园、礼河社区两社区未列入表内统计

（祁　含）

（栏目编辑　万向阳）

组织机构与领导人名录

（2014-04-01～2015-03-31）

中共常州市武进区第十一届委员会

书　　记　周　斌
副 书 记　臧建中　凌光耀
常　　委　（书记、副书记在常委中不重复列名）
　　　　　叶明华　江建文　查　艳※（～2014-12）
　　　　　顾伟国　陈　虎（～2014-12）
　　　　　孙金才　单骏初　杨国成　徐　萍※
　　　　　傅宁汉（～2014-04）
　　　　　刘亦鸣（2014-04 任）
　　　　　崔　娟※（2014-05 任）
委　　员　（按姓氏笔画为序）
　　　　　王友东　王明昌　叶明华　吕　骏
　　　　　刘亦鸣（2014-04 任）
　　　　　刘宗凉　江建文　孙金才　杨华夏※
　　　　　杨国成　吴乐平　何　东　陆秋明
　　　　　陈　虎（～2014-12）
　　　　　金　刚　周　斌　郑全伟　郑政平
　　　　　单骏初　查　艳※（～2014-12）
　　　　　顾伟国　徐　萍※　凌光耀　黄剑明
　　　　　崔　娟※（2014-05 任）
　　　　　傅宁汉（～2014-04）
　　　　　谢国正　臧建中　潘桂林　薛健峰
候补委员　（以得票多少为序）
　　　　　夏建飞　孙泽新　冯旭江　杨云逸
　　　　　董才平

常州市武进区第十五届人民代表大会常务委员会

主　　任　周　斌
副 主 任　黄汉林（～2015-01）
　　　　　陈　虎（2015-01 任）
　　　　　邰建平（～2015-01）　张　美※
　　　　　郭志贤　朱建康（2015-01 任）
委　　员　（按姓氏笔画为序）
　　　　　万琴凤※　王伟强（2015-01 任）
　　　　　王锡敏　孔建华　史伟刚　曲东升
　　　　　朱鹏程（2015-01 任）
　　　　　杨华夏※　李洪兴　李　瑛※　汪立平
　　　　　张桂秀※　陈洪良　单虎林　胡裕良
　　　　　郝建成　查伟明　赵小平（2015-01 任）
　　　　　袁洪度　顾　芳※　徐成大　徐　伟※
　　　　　徐晓杰　萧剑波　蒋亚诚　蒋旭东
　　　　　蒋剑英※　程立力　强黎明　颜亚安

中共武进区人大常委会党组

书　　记　周　斌
副 书 记　黄汉林（～2015-03）
　　　　　陈　虎（2015-03 任）

武进区人民政府

区　　长　臧建中
副 区 长　顾伟国　陈　虎（～2015-01）
　　　　　王明昌　郑政平　陆雅芬※　谢国正
　　　　　石旭涌（2015-01 任）　薛建忠
　　　　　王朝晖（～2014-08）
　　　　　上官小夭（～2015-01）
　　　　　崔　娟※（2014-05 任）
　　　　　路宏伟（2014-08 任）

中共武进区人民政府党组

书　　记　臧建中
副 书 记　顾伟国

政协常州市武进区第十三届委员会

主　　席　张建新
副 主 席　王友诚　倪晓谦※　陆小玉（～2015-01）
　　　　　张志朝　周耀南　王友东
常　　委（按姓氏笔画为序）
　　　　　王中元　王国际（～2015-01）
　　　　　计小良　石明东　夷建良　吕　萍※
　　　　　朱志伟　朱晓承　刘寅妹※　祁　斌
　　　　　杜爱祥　李再生　严少华　杨康健
　　　　　杨鑫才　宋丹峰　张小虎　张克强
　　　　　张朝晖（～2015-04）
　　　　　陆永德　陆柏松　陆惠萍※　陈祖伟
　　　　　周　萍※　赵　明　赵忠明　夏荣伟
　　　　　钱　臣　徐　红※（～2015-01）
　　　　　徐全国　徐英杰（～2015-01）
　　　　　徐国忠　高国华　高桂芳※　谈　胜
　　　　　陶　锋　陶春健　桑　遥※　梅泽锋
　　　　　曹雄伟　蒋　华（～2015-01）
　　　　　蒋杏娟※　蒋金明（～2015-01）
　　　　　鲁　培※　慧　闻　薛红良
秘 书 长　蒋建社

中共武进区政协党组

书　　记　张建新

中共常州市武进区纪律检查委员会

书　　记　徐　萍※
副 书 记　朱志伟　朱鹏程
常　　委（书记、副书记在常委中不重复列名）
　　　　　龚青大　姜震宇　符毅梅※
　　　　　胡新诚（～2014-12）　章春军
委　　员（按姓氏笔画为序）
　　　　　卢中英　叶明华　朱志伟　朱鹏程
　　　　　张卫星　陈兴福　金旭兵　周庆中
　　　　　单虎林　胡新诚　柏琴雪※　姜震宇
　　　　　徐　萍※　龚青大　符毅梅※　章春军
　　　　　蒋政剑

武进区人民法院

院长、党委书记　潘桂林
党委副书记　张居一
副　院　长　张居一　高桂芳※（～2014-12）
　　　　　　许中伟　徐　光
　　　　　　邵建荣（2014-12 任）
纪委书记　杨文伟
政治处主任　纪建国
执行局局长　刘志鹏
专职委员　邵建荣（～2014-12）　金　峰

武进区人民检察院

检察长、党组书记　蒋国强
党组副书记　陈兴福
副检察长　陈兴福　周　力※（～2014-08）
　　　　　杨康健　吴汉忠　王　强
纪检组组长　石金祥
专职委员　潘德方　陈志东（2015-03 任）
反贪污贿赂局局长　顾忠泽
政治处主任　唐黎刚（2014-12 任）

中共武进区委工作机构及直属单位

区委办公室

主　　任　贾　东
副 主 任　吕腊根　许晓阳（～2014-11）
　　　　　左燕钢（2014-12 任）
　　　　　陶春健（2014-12 任）

区委研究室

主　　任　贾　东（～2014-12）
　　　　　左燕钢（2014-12 任）
副 主 任　殷宏远　孔令君

区委机要局（区国家密码管理局）

局　　长　吕腊根
副 局 长　王卫洪

区委督查室

主　　任　许晓阳（～2014-11）
副 主 任　左燕钢（～2014-12）
　　　　　陶春健（2014-12 任）

区委组织部

部　　长　孙金才
副 部 长　陈克明　单虎林　王元兵
部务委员　张军亮

区委新经济社会组织工作委员会

书　　记　陈克明（兼）

区委党的建设工作领导小组办公室

主　　任　王元兵
副 主 任　梅可佳

区委宣传部

部　　长　江建文
副 部 长　陶　可　顾　芳※（～2015-03）
　　　　　陆　浩　武为锋（～2014-10）
　　　　　张永波（2014-10 任）

区精神文明建设指导委员会办公室

主　　任　陆　浩

副主任　戚清萍※

区委对外宣传办公室
（区政府新闻办公室）

主　　任　顾　芳※（～2015-03）

副主任　周　栋　程　锦※

区文化产业发展办公室主任

主　　任　武为锋（～2014-10）

区委统一战线工作部
（区民族宗教事务局）

部　　长　查　艳※（～2014-12）

杨国成（2014-12任）

副部长　陈建荣　蒋金标　李建国

陶春健（～2014-12）

龚　黎※（2014-12任）

区民族宗教事务局

局　　长　蒋金标

副局长　薛怀德

区委政法委员会

书　　记　单骏初

副书记　谢国正（兼）　张永璧　刘　岩

江春明（～2014-10）

专职委员　徐晓东

区社会管理综合治理委员会办公室

主　　任　张永璧

副主任　金旭兵（兼～2014-10）　潘苏静※

区依法治区领导小组办公室

副主任　江春明（～2014-10）　潘宏光

区机构编制委员会办公室
（区事业单位登记管理局）

主　　任　丁志峰（～2014-10）

顾中琪（2014-10任）

副主任　奚向宁

区委农村工作办公室

主　　任　金　刚（～2014-10）

许勤丰（2014-10任）

副主任　许勤丰（～2014-10）

夷建良　杭　琰※　周小宇

区政府农村集体资产管理办公室

主　　任　许勤丰（～2014-10）

副主任　夷建良　杭　琰※　周小宇

区委台湾工作办公室
（区政府台湾事务办公室）

主　　任　陈建荣

副主任　李　新　朱小波※

区信访局

局　　长　金旭兵（～2014-10）

江春明（2014-10任）

副局长　许建平（～2014-12）　严　俊※

陈永康　王建华※（2014-10任）

李　杨（～2014-10）

蒲启城（2015-03任）

区委老干部局

局　　长　莫健新

副局长　钱颖旦※　丁映宇

区委区级机关工作委员会

书　　记　单虎林（兼）

副书记　王腊美※

区直属机关党委

书　　记　王腊美※

纪委书记　周志坚

区委党校

校长、党委书记　陆为农

副　校　长　王文辉　张利萍　李素君※

区行政学校

校　　长　陆为农

副校长　丁志峰（兼）　王文辉　张利萍※　李素君※

区委党史工作委员会
区地方志办公室

主　　任　恽永忠

副主任　范建军　吴　焰　贺小洁※　罗　燕

区档案局（馆）

局（馆）长、党组书记　恽　伟

副局（馆）长　陆飞跃※　王国波　张晓燕※

区广播电视台

台　　长　沈克强（～2015-03）

顾　芳※（2015-03任）

党委书记　祁贵根

党委副书记　沈克强（～2015-03）

顾　芳※（2015-03任）

副台长　李兆方（～2014-04）

朱建刚　王志坚（～2014-04）

杨富春　陈伟强（2014-12任）

纪委书记　朱建刚

武进日报社

总编辑、党组书记　孙泽新

副总编辑　葛长青　陆卫东

钱小松　何泽宇

武进新闻网站

总编辑　薛亚清

武进区人大常委会办事机构

办公室

主　　任　李洪兴

副 主 任　查伟明　万琴凤※

研究室

主　　任　查伟明

财政经济工作委员会

主　　任　史伟刚

副 主 任　黄盛英※

农业和农村工作委员会

主　　任　胡裕良

副 主 任　刘才保

内务司法工作委员会

主　　任　王锡敏

副 主 任　冯之礼

环境资源城乡建设工作委员会

主　　任　陈洪良

副 主 任　隋宏彬

教科文卫工作委员会

主　　任　郝建成

副 主 任　徐晓燕※

人事代表工作委员会

主　　任　蒋剑英※

副 主 任　蒋旭东（～2015-03）

民族宗教侨务工作委员会

主　　任　张桂秀※

副 主 任　王　恒

武进区人民政府工作部门及直属单位

区政府办公室
（区政府研究室、区政府外事办公室、区政府法制办公室、金融工作办公室、区应急管理办公室）

主任、党组书记　刘宗凉

副　主　任　黄学贤　冯　民（～2014-12）
顾枫华　金旭兵（兼～2014-10）
杜江帆　李　荣　张文伟
符　伟　陈　刚
陆建松（2014-12 任）

纪 检 组 长　管勇钢（2015-03 任）

区政府研究室

主　　任　符　伟（～2014-12）

区外事办公室

主　　任　张文伟（～2014-12）

副 主 任　眭怀福（～2014-12）

区政府法制办公室

主　　任　李　荣

金融工作办公室

主　　任　黄学贤

副 主 任　王阿娣※　罗君贤　庄　巍

区应急管理办公室

主　　任　冯　民（～2014-12）

副 主 任　张志平

区接待办公室

主　　任　刘宗凉（兼）

区信息中心

主　　任　顾枫华

副 主 任　曾文军

区发展和改革局
（区物价局、区粮食局、区服务业发展办公室）

局长、党委书记　吕　骏

副　局　长　陆际鹏　郑冠华　黄铁梅※
潘一航　周振浩　张庆九
杭小强　宦庆辉　祁　斌
汤　焱　李文俊　谢　健

纪 委 书 记　秦恒才

区物价局

局　　长　黄铁梅※

区粮食局

局　　长　陆际鹏

区服务业发展办公室

主　　任　郑冠华

副 主 任　王　芳※

区经济和信息化局
（区中小企业局）

局　　长　丁荣良

党委书记　池　渭

党委副书记　丁荣良（～2015-03）
恽益明（2015-03 任）　赵忠明

副 局 长　池　渭　李　婷※　陈伟平　李晋浦
周法根　蒋文华　欧毅华※

纪委书记　蒋文华

区中小企业局

局　　长　李　婷※

区教育局

局　　长　朱建康（～2014-12）
郑全伟（2014-12 任）

党委书记　夏建飞

党委副书记　朱建康（～2014-12）
郑全伟（2014-12 任）
傅宁汉（2014-09 任）

副 局 长　张志朝　张世善　钱文玉　谢建伟
李昇学

纪委书记　钱建忠

区科学技术局
（区知识产权局）

局长、党组书记　吴乐平

党 组 副 书 记　胡国忠

副　局　长　胡国忠　尤霄峰　张志华
蒋　华（～2014-04）
纪检组组长　于建伟

知识产权局

局　长　尤霄峰

区公安局

局长、党委书记　谢国正
党委副书记、政治委员　沈振华
副　局　长　周建荣　彭尧平　张继洪
耿昌华　周立夫　王敏东
副政治委员　胡文光
纪委书记　杨晓东
督察长　谢国正（兼）
政治处主任　徐建方

区维护社会稳定工作领导小组办公室

主　任　周建荣
副主任　刘建中

区监察局

局　长　朱志伟
副局长　符毅梅※　陈飞燕※
胡新诚（～2014-12）
章春军　袁　涛

区民政局

局　长　邹建中
党委书记　李国庆
党委副书记　邹建中　姚铭泽
副局长　姚铭泽　俞建东　陆俊阳
陈　鹰※
纪委书记　孙向东

区老龄工作委员会办公室

副主任　王秋华

区慈善总会办公室

主　任　陈　鹰※

区司法局

局长、党组副书记　韩毅伟
党组书记　夏征征※
副　局　长　沈　隽　赵阿兴　赵铁军

区财政局
（区国有资产监督管理办公室）

局长、党组书记　周庆中
副　局　长　姚　祥　刘荣光　胡文伟　倪耀忠
纪检组组长　陆志武
总会计师　戴春华※（～2014-08）

区国有资产监督管理办公室

主　任　周庆中

区人力资源和社会保障局

局　长　丁志峰
党委书记　顾中琪（～2014-10）
姜甫明（2014-10～2015-03）
丁志峰（2015-03任）
党委副书记　丁志峰（～2015-03）
副局长　许凤新※（～2014-08）
陈志华　叶全荣　赵忠明　许如新
冷亚春
纪委书记　严建平

区住房和城乡建设局
（区地震局）

局长、党委副书记　陈方根
党委书记　管向阳
副　局　长　张建明　张晓宇
吴元明（～2014-10）
贺　军　何雪峰　李　媛※
纪委书记　管向阳（～2014-10）
潘宏杰（2014-10任）

区地震局

局　长　张建明（～2014-12）

区城市管理局

局　长　单骏初（兼～2014-10）
金旭兵（2014-10任）
党委书记　许岳兴
党委副书记　金旭兵（2014-10任）
副局长　徐建峰　何国栋
朱敏亚※（～2014-08）
周志华　陈建纲　刘培良
纪委书记　刘培良

区交通运输局

局长、党委书记　赵和伟
党委副书记　戴小方　周　俊
副　局　长　周　俊　武华忠　周宏伟
顾　青
纪委书记　贾炎华

区水利局

局　长　是　峰
党委书记　倪璟叶
党委副书记　是　峰　王卫东（2014-09任）
副局长　严少华　徐　芳※　白士杰　朱献军
纪委书记　王忠逸

区农业局
（区农业机械管理局）

局　长　于志明
党委书记　陶建良
党委副书记　于志明　顾海平
副局长　顾海平　张小虎　诸东海　谈纪益
顾　文　奚宝良　蒋小刚

纪委书记　陆炳云

区农业机械管理局

局　　长　张小虎

区商务局

党组书记、局长　冯旭江

副　局　长　王利民（～2014-12）

董云峰　吴　嫔※　徐宏杰

周志青（2014-12 任）

纪检组组长　张金龙

武进投资促进服务中心

常务副主任　冯旭江

副　主　任　王利民（～2014-12）

董云峰（～2014-12）

吴　嫔※（～2014-12）

徐宏杰（～2014-12）

陆自力　王　宏

区文化广电新闻出版局

局长、党组副书记　范正洪

党组书记　韩家兴

副　局　长　蒋仲仁　沈惠兰※　符大荣

吴海涛

纪检组长　龚留钢

区卫生和计划生育局

局长、党委副书记　何　东

党委书记　章美娟※

副　局　长　杨亚萍※　顾东武　戴甫春

唐法荣　杨春玲※　狄旭东

王洪新　夏锡仪

纪委书记　刁　勇

区市场监督管理局
（区食品药品监督管理局、
区食品安全委员会办公室）

局长、党委副书记　朱小平

党委书记　朱正东

副　局　长　王金熔　濮文伟　孙东彧

张宝康　叶文华　罗士良

陆　俊　束建刚

纪委书记　张淮颖

区审计局

局长、党组书记　姚纪伟

党组副书记　柏琴雪※

副　局　长　柏琴雪※　王泽南　陈国仁

毛　兴

纪检组组长　郑小悟※

区环境保护局

局长、党组书记　张　龙（～2014-10）

张卫星（2014-10 任）

党组副书记　王明源

副　局　长　王明源（～2014-12）

周建江　宫春晖

纪检组组长　钱国金

区太湖水污染防治办公室

主　任　张　龙（～2014-10）

张卫星（2014-10 任）

区安全生产监督管理局

局　　长　薛健峰

党组书记　薛健峰（～2015-03）

曹雄伟（2015-03 任）

副　局　长　巢鸿泉　秦明方　杨志海

纪检组组长　曹蔚萍※

区体育局

局长、党组书记　毛建东

副　局　长　王　健　陈　新　陈海明

卞曙光

区统计局

局长、党组书记　吉晓阳※

副　局　长　何文阳（～2014-08）　李彩英※

陆亚健（2014-08 任）　谢伟洪

总统计师　石兰生

区旅游局

局长、党组书记　杨建伟

党组副书记　丁晓红※

副　局　长　丁晓红※　徐金荣　薛　鑫

区民防局

局长、党组书记　张卫星（～2014-12）

冯　民（2014-12 任）

党组副书记　吴元明（2014-10 任）

副　局　长　余志华　梁　强

陈　鹏（～2014-10）　顾宏亮

纪检组组长　陈　鹏（～2014-10）

吴元明（2014-10 任）

区政务服务管理办公室
（区政务服务中心、区公共资源交易中心）

主任、党工委副书记　刘建荣※

党工委书记　杜江帆

副　主　任　左小平　赵　英※　张志平

马建平　邹伟光　聂亚玉※

纪工委书记　龚建武

区政务服务中心

主　任　杜江帆

区公共资源交易中心

主　任　刘建荣※

副主任　赵　英※　马建平　邹伟光

区级机关后勤管理服务中心

主任、党委副书记　刘　鸣

党委书记　顾琴仙※

副　主　任　顾琴仙※（～2014-12）
王锁法（2014-12任）
是　建（～2014-08）钱平南
纪委书记　盛建辉

中共武进国家高新技术产业开发区工作委员会
武进国家高新技术产业开发区管理委员会

书　　记　周　斌
主　　任　臧建中
副 书 记　臧建中　凌光耀　陆秋明
副 主 任　凌光耀　陆秋明　路　琦
殷一民（～2014-12）王伟华
罗文祥　谢群丰　杨鑫才
施小平（2015-03任）
纪工委书记　龚青大
纪工委副书记　邵　彦※
监察局局长　邵　彦※

江苏省武进国家高新技术产业开发区北区党委
江苏省武进国家高新技术产业开发区北区管理处

书　　记　李文平
主　　任　周文彬
副 书 记　周文彬　陈方红（～2015-03）
蒋旭东（2015-03任）
副 主 任　顾　清　张　念　蒋海珍※　窦　敏
纪委书记　王建华※（～2014-10）
陈　鹏（2014-10任）

中共常州西太湖科技产业园（江苏武进经济开发区）工作委员会
常州西太湖科技产业园（江苏武进经济开发区）管理委员会

书　　记　石旭涌（～2014-12）
刘志峰（2014-12任）
主　　任　石旭涌（～2014-08）
刘志峰（2014-08任）
副 书 记　刘志峰（2014-08～2014-12）
沈　涛　张　琪
副 主 任　沈　涛　张惠良　张　铭　许春英※
黄哲斌　熊伟涛　凌光旭　束正俊
纪工委书记　潘　琪
纪工委副书记　钱志新
监察局局长　钱志新

常州国家动画产业西太湖基地管理办公室

主　　任　刘立鸿
副 主 任　王　乾　王　赟

中共常州市武进太湖湾旅游度假区工作委员会
常州市武进太湖湾旅游度假区管委会

书　　记　闵伟明
主　　任　许文涛
副 书 记　姜甫明（～2014-10）许文涛
胡新诚（2014-12任）
副 主 任　薛　锋　张亚良　陆　怡※
纪工委书记　胥仲华

中共常州市武进中国春秋淹城旅游区工作委员会
常州市武进中国春秋淹城旅游区管理委员会

书记、主任　王才中
副 书 记　张志龙
副 主 任　谈正刚　王岳群　张志杰
刘　坚　周晓东
纪委书记　张志龙

中共常州市武进绿色建筑产业集聚示范区工作委员会
常州市武进绿色建筑产业集聚示范区管理委员会

书　　记　陈　虎（兼～2015-03）
徐　宁（2015-03任）
主　　任　徐　宁
副 书 记　徐　宁（～2015-03）
陈　江（2015-03任）秦黎亮
副 主 任　沈晓伟　巢　强（～2014-08）
叶　青
纪委书记　秦黎亮

中共江苏省武进现代农业产业园区工作委员会
江苏省武进现代农业产业园区管理委员会

书　　记　施小平（2014-12任）
主　　任　戴志华
副 书 记　戴志华（～2015-03）
薛健峰（2015-03任）
路　锦（～2014-08）
蒋新民（2015-03任）
副 主 任　陈建东　夏坚远（～2014-08）
王　勃（～2014-09）
刘　毅　姚志平
纪委书记　曹燕霞※

江苏武进经济发展集团公司

董 事 长　周庆中（～2014-07）
李建平（2014-11任）
总 经 理　李建平（2014-11任）
副总经理　薛泽孟（2014-11任）
羊晓清（～2014-07）
沈　彬（～2014-07）
冯剑玉※（2014-11任）

常州武进国经投资发展有限公司

董 事 长　黄学贤（～2014-07）
徐亚娟※（2014-11任）
总 经 理　徐亚娟※（2014-11任）

副总经理　路　锦（2014-11 任）

武进区房屋征收与补偿办公室

主　　任　顾树民
副 主 任　雍　军　沈　轲　陈建波

武进工贸资产经营管理有限公司（供销合作总社）

董 事 长　刘祝全（2014-11 任）
党委书记　顾晓明（～ 2014-07）
党委副书记　朱华方　黄文耀
总 经 理　朱华方
纪委书记　黄文耀
副总经理　陶国仁（～ 2014-12）
监事会主席　戴春华※（～ 2014-12）

供销合作总社

主　　任　赵忠明（2014-12 任）

开放大学、国家级重点职业高中、省重点高中、医院

武进开放大学

校　　长　蒋卫山
党委书记　臧自安

江苏省前黄高级中学

校长、党委书记　孔建华

江苏省奔牛高级中学

校　　长　王奕飞
党总支书记　孙　俊

江苏省武进高级中学

校长、党委书记　杨云逸

江苏省武进职业教育中心校

校　　长　张伟贤
党委书记　邹　平

武进人民医院

院　　长　周培根
党委书记　黄优华（～ 2014-08）
　　　　　周培根（2014-08 任）

中共武进区委协助管理的单位

常州市国土资源局武进分局

局长、党委书记　卢中英
副 局 长　庄　铿　曹　荣　张碗忠
　　　　　卢翼波
纪委书记　贾建东

常州市规划局武进分局

局　　长　李再生
党支部书记　钱晓阳（2014-12 任）
副 局 长　汪志南　蔡　剑　司　歌

常州市住房公积金管理中心武进分中心

主　　任　陈丽君
副 主 任　田伟杰　董瑞峰

武进区国家税务局

局长、党组书记　曹　忠
副 局 长　袁建业　刘惠芳※　陈志斌
纪检组长　张宝明（2014-10 任）

常州市武进地方税务局

局长、党组书记　何国民
副 局 长　袁金才　金　红※（2014-07 任）
　　　　　杜　俊　周伟成
纪检组组长　许震宇（2014-07 任）

常州市武进区邮政局

局　　长　季建华（2015-01 任）
副 局 长　张宏茂（2014-04 任）

武进电信局

局　　长　张建军
副 局 长　戎文杰（2014-12 任）
　　　　　沈　俊（2014-12 任）

武进烟草专卖局（公司）

局长、党组书记、经理　汤俊文
副 局 长　钱汉新
纪检组长　丁　欣

常州海关武进办事处

主　　任　汤建强
副 主 任　陈新华

常州出入境检验检疫局武进办事处

主　　任　毛福群
副 主 任　陶小伟

中国人民银行常州市武进支行

行长、党组书记　翟晓佳（2015-03 任）
副 行 长　高立华　戴　晏
纪检组长　高立华

政协武进区委员会办事机构

办公室

主　　任　曹雄伟
副 主 任　张　磊　沙　芳

研究室

主　　任　曹雄伟

港澳台侨委员会

主　　任　吕　萍※

学习与文史委员会

主　　任　高国华

社会事业和法制委员会

主　　任　徐全国
副 主 任　鲜艳梅※（2014-12 任）

经济科技委员会

主　　任　夏荣伟

人　民　团　体

武进区总工会

党组书记、主席　蒋亚诚（～2014-10）
金　刚（2014-10 任）
副　主　席　许吉清（～2015-03）
陆惠萍※　唐国贤
张　勇（2014-09 任）

共青团武进区委员会

书记、党组书记　王伟强
副　书　记　宋丹峰　赵丽君※

武进区青年联合会

主　　席　王伟强
副 主 席　宋丹峰　赵丽君※　杨康健
梅泽锋　徐治国

武进区妇女联合会

主席、党组书记　杨华夏※
副　主　席　刘寅妹※　董建美※　朱宏英※

武进区科学技术协会

主席、党组书记　周　萍※
副　主　席　金华兴　汤淑娟※
张建刚（2014-09 任）
胡国忠（兼）　张世善（兼）
王洪新（兼）　顾海平（兼）
杨鑫才（兼）　陆亚建（兼）

武进区文学艺术界联合会

主　　席　陶　可
副 主 席　王小伟　羌云庆（2014-09 任）
陆　红※（～2014-08）
沈惠兰※（兼）　萧剑波（兼）
钱　臣（2014-12 兼任）

武进区工商业联合会

主　　席　王友诚
党组书记　李建国
副 主 席　李建国　桑　遥※　万宣东
董才平（兼）　茹伯兴（兼）　王振华（兼）
许小初（兼）　黄小平（兼）　梅鹤康（兼）
俞金坤（兼）　潘中来（兼）　鲁仲清（兼）
周立成（兼）　沈介良（兼）　陈礼斌（兼）
刘建伟（兼）　朱国良（兼）　杜爱祥（兼）
刘灿放（兼）　许新跃（兼）　白中泽（兼）
王阿根（兼）　吴伟良（兼）　石明东（兼）
徐国忠（兼）　陈祖伟（兼）　徐成大（兼）
汪立平（兼）　沈鸣生（兼）　蒋中敏（兼）

耿惠康（兼）

武进区人民政府侨务办公室
区归侨侨眷联合会

主　　任　倪晓谦※
副 主 任　杨美英※　许晓东
主　　席　倪晓谦※
副 主 席　杨美英※　方沛琪（兼）　白　科（兼）
贡　毅（兼）

武进区残疾人联合会

主　　席　王明昌（兼）
副　主　席　蒋建明　居敏俊（～2014-11）
周建定　赵美娟※　汪小龙（兼）
党 组 书 记　蒋建明
党组副书记　居敏俊（～2014-11）
理　事　长　居敏俊（～2014-11）
蒋建明（2015-03 任）
副 理 事 长　蒋建明（～2015-03）
周建定　赵美娟※　徐　良（兼）
徐志峰（兼）

武进区红十字会

会　　长　陆雅芬※（兼）
常务副会长　王云芬※
副　会　长　王伟国　姚　祥（兼～2014-12）
徐　伟※（兼～2014-12）
胡文伟（2014-12 兼任）
王洪新（2014-12 兼任）
李　荣（兼）　张世善（兼）
朱　黎※（兼～2014-12）
刘祥宜※（兼～2014-12）
胥国荃（2014-12 兼任）
陈立峰（2014-12 兼任）
年维英※（2014-12 兼任）
张浩新（2014-12 兼任）
胡丽敏※（2014-12 兼任）
周雪刚（2014-12 兼任）
李静珠※（2014-12 兼任）

镇、街道

雪堰镇

书　　记　姜甫明（～2014-10）
张　龙（2014-10 任）
副　书　记　张燕玲※　计朝阳
人 大 主 席　龚　黎※（～2014-12）
王宏强（2014-12 任）
人大副主席　周玲芳※（～2014-08）
镇　　长　张燕玲※

副镇长 吴国铧 胥国荃 蒋志刚
周新亚（～2014-10）
政协工委主任 计朝阳
纪委书记 董才新

前黄镇

书记 裴晓冬
副书记 沈筱飞（～2014-12）
居敏俊（2014-12任） 姚国强
人大主席 白建业
人大副主席 陈云良
镇长 沈筱飞（～2014-12）
居敏俊（2014-12任）
副镇长 周岳生 陈忠平 李俊
政协工委主任 姚国强
纪委书记 李国栋

礼嘉镇

书记 徐治国
副书记 王勇 王爱军※
人大主席 周亚明
人大副主席 吴婷※
镇长 王勇
副镇长 陆亚健（～2014-08）
吴小铭 时培红 秦能达
何庆伟（2014-12任）
政协工委主任 王爱军※
纪委书记 王爱军※（～2014-08）
郑东明（2014-08任）

湖塘镇

书记 蒋金明
副书记 蒋志龙 朱佳莉※ 贾国建
人大主席 徐伟※
镇长 蒋志龙
副镇长 陈立峰 孙震文 闻洁※
樊烨 苏建中（兼） 钱勤东
政协工委主任 朱佳莉※
纪委书记 朱佳莉※
阳湖街道办事处党委书记 周玉萍※
阳湖街道办事处主任 庄铠
鸣凰街道办事处党委书记 秦建法
鸣凰街道办事处主任 高军
马杭街道党委书记 朱明芳
马杭街道办事处主任 张建军

牛塘镇

书记 恽益明（～2015-03）
戴志华（2015-03任）
副书记 严晓国 朱军华
人大主席 柏馨芳
镇长 严晓国
副镇长 潘志峰 周波 乔正宽 冯云娟※
政协工委主任 朱军华
纪委书记 吴奋明

洛阳镇

书记 刘志峰（～2014-08）
朱红兴（2014-08任）
副书记 朱剑波 龚新宇 张群※
人大主席 姚祖生
镇长 朱剑波
副镇长 荆成 沈霞※ 李治国
朱慧峰 查亚新
政协工委主任 龚新宇
纪委书记 徐仁英※

遥观镇

书记 郑全伟（～2014-12）
薛建忠（2014-12兼任）
副书记 朱红兴（～2014-08）
冯晖（2014-08任） 刘团※
人大主席 丁坤
人大副主席 朱晓春
镇长 朱红兴（～2014-08）
冯晖（2014-12任）
副镇长 陈颖唯※ 姚鸿 叶平 诸立群
政协工委主任 刘团※
纪委书记 邹利红※

横林镇

书记 薛红霞※
副书记 徐海 顾向阳
人大主席 强黎明
人大副主席 是建（2014-12任）
镇长 徐海
副镇长 陆一 朱国清 张浩 张晓强
政协工委主任 顾向阳
纪委书记 蒋政剑

横山桥镇

书记 储小平
副书记 费晔※ 冯晖（～2014-08）
徐新波（2014-08任）
人大主席 邵汉羽
人大副主席 刘度兴
镇长 费晔※
副镇长 牟维英※ 顾建春 孙亚明 董庆
政协工委主任 冯晖（～2014-08）
徐新波（2014-08任）
纪委书记 张友山

郑陆镇

书记 曹志伟
副书记 杨康成 徐新波（～2014-08）

王宏强（2014-08 ～ 2014-12）
张　璀（2014-10 任）
人大主席　韩汉平
人大副主席　章仕杰
镇长　杨康成
副镇长　汤建伟　祁科郁※
王宏强（～ 2014-08）　姚元纲
胡志新（2014-12 任）
政协工委主任　徐新波（～ 2014-09）
张　璀（2014-12 任）
政协工委副主任　王宏强（2014-09 ～ 2014-12）
纪委书记　金志俊※

奔牛镇

书记　施小平（～ 2014-10）
张华锋（2014-10 任）
副书记　杨震乾　徐　惠
人大主席　谢新民
镇长　杨震乾
副镇长　季嘉南　袁　新　唐爱民　马二中
政协工委主任　徐　惠
纪委书记　梅卫峰

邹区镇

书记　周仲华
副书记　丁献忠　高文明
陈礼斌（～ 2014-07）
人大主席　颜亚安
镇长　丁献忠
副镇长　杨志坚　胡　灼　何文弋※　李文兴
政协工委主任　高文明
纪委书记　徐向前

嘉泽镇

书记　杨国成（兼～ 2014-10）
施小平（2014-10 任）
副书记　戴志华（～ 2015-03）
薛健峰（2015-03 任）　缪金方
人大主席　金岳中
人大副主席　张　颗※
镇长　戴志华
副镇长　刘剑峰　夏坚远（2014-08 任）
蒋松明
政协工委主任　缪金方
纪委书记　蒋新明（～ 2015-03）
杨志明（2015-03 任）

湟里镇

书记　黄一鸣
副书记　张华锋（～ 2014-10）
武为锋（2014-12 任）　乔　强
人大主席　王小炳
人大副主席　王唱东※
镇长　张华锋（～ 2014-10）
武为锋（2014-10 任）
副镇长　沈可南　王志坚　马建忠
鲜艳梅※（～ 2014-12）
薛晓波（2014-12 任）
政协工委主任　乔　强
纪委书记　乔　强

南夏墅街道

书记　路　琦（兼）
副书记　蒋　丽※　蒋黎明
人大工委主任　吴晓东
办事处主任　蒋　丽※
办事处副主任　张永波（～ 2014-10）　钱文俊
唐晓明　臧伟良　杨振宇
政协工委主任　蒋黎明
纪委书记　朱　宇

西湖街道

书记　虞钟清
主任　张学技
副书记　张学技　王锁法（～ 2014-12）
丁亚英※（2014-12 任）
副主任　卜万青（兼）　朱正正　羊　震※
王槐倩　贺鹏岳
人大工委主任　蒋旭明
人大工委副主任　金小庆
政协工委主任　王锁法（～ 2014-12）
纪工委书记　高兴国

说明：①中共 ×× 镇纪律检查委员会书记，简称纪委书记
②局和镇党委下的基层和村级党委不收其领导名录
③邮政、电信、国税、地税、烟草、国土、规划等部门的领导，由其上级业务主管部门任免，区委协助有关部门管理
④带 ※ 号者为女性

（宋志盘）

（栏目编辑　万向阳）

新任区级领导

石旭涌

2015年1月，任武进区人民政府副区长、党组成员。

常州市钟楼区人，1974年10月出生。1996年7月，南京航空航天大学工商管理工程专业本科毕业。1996年8月参加工作。1994年12月加入中国共产党。1998年8月任武进高新技术产业开发区管委会招商部副主任，1999年12月任武进市21世纪议程管理办公室副主任（兼），2000年2月任武进高新技术产业开发区管委会主任助理、招商部副主任，2000年9月任武进高新技术产业开发区管委会主任助理、招商局局长，2001年7月任武进高新技术产业开发区管委会副主任，2002年1月任武进高新技术产业开发区党工委委员，2008年3月任武进经济开发区党工委副书记、武进西太湖生态休闲区党工委副书记，2008年6月任武进经济开发区管委会主任，2012年1月任武进高新技术产业开发区党工委副书记、管委会副主任，2013年3月任常州西太湖科技产业园（武进经济开发区）党工委副书记、管委会主任，2014年2月任常州西太湖科技产业园（武进经济开发区）党工委书记。

（宋志盛）

全国先进个人

庄惠芬

星河小学校长、党支部书记，教育部国培特聘专家，江苏省教育学会小学教育专业委员会理事，常州市名师工作室领衔人，武进区学术委员会副主任，中学高级教师。2014年9月，被教育部授予“全国优秀教育工作者”称号。

武进礼嘉人，1973年10月出生。1992年7月江苏省武进师范学校毕业。1992年8月至1993年在武进政平小学工作，1993年9月至1996年8月在礼嘉中心小学工作，1996年9月至1997年8月在湖塘烈帝小学工作，1997年9月至2012年12月在湖塘桥中心小学工作，2013年1月在星河小学工作。2006年12月担任湖塘桥中心小学副校长，2010年12月取得教育硕士学位。2013年1月担任星河小学校长、党支部书记。庄惠芬从事小学教育工作20多年，坚持“融情于理、融情于智、润泽生命”的教育理念，积极探索儿童数学学习，形成相应的教学主张、实践模型和实施策略。2002年获江苏省小学数学课堂教学比赛一等奖，2005年获全国小学数学课堂教学大赛一等奖；在省级以上刊物发表论文100多篇，出版专著3部，出版校本教材《魅力数学》6册，在江苏、山西、山东、北京、四川、云南、贵州等30多个省、市执教公开课和专题讲座共100多场；获得省、市科研成果共7项，与英国、日本、美国、芬兰等国学者开展交流，研究成果在《人民教育》《江苏教育》等刊物上发表，并被《著名特级教师教学思想录》收录。庄惠芬曾获全国“十佳小学名师”、江苏省“五一劳动奖章”、江苏省“青年教师标兵”“江苏省小学数学特级教师”等称号。

（陆　琪）

杨永年

江苏省武进职业教育中心校电气工程专业部主任、党支部书记，高级讲师，江苏省教育学会心理教育专业委员会理事，常州市心理学会理事，江苏省职业教育教科研中心组成员。2014年9月，被教育部授予“全国优秀教师”称号。

江苏扬州人，1973年1月出生。1996年8月至1997年7月在江都市麾村成人中心校工作，1997年8月至2000年7月在武进市坂上中学工作。2000年8月至2008月7月在武

进技工学校工作，历任该校副校长、党支部书记。2008年8月任武进中等专业学校专业部主任、党支部书记。杨永年发挥专业带头人的模范作用，长期主持专业建设和课程开发工作，创建省级示范专业2个、省级品牌专业1个、省级重点专业2个。率先在全省把企业车间引进校园，设立英特曼实践园。参与国家级课题3项，主持省级课题3项、市级课题4项；在国家、省级刊物发表文章18篇，在各级各类论文评选中获奖25篇；主编或参编教材（专著）7部。杨永年曾获省法制教育先进个人、省教学名师、省优秀教练、省中小学优秀党员、省职业教育领军人才等称号，2014年被评为“常州市学科带头人”，获常州市华英奖。

（陆　琪）

蒋亚诚

武进区总工会主席兼党组书记。2014年获全国“五一劳动奖章”。

武进人，1958年9月出生。以崇高的事业心和强烈的责任感，带领全区各级工会干部不断加强对新形势下工会工作特点、规律的研究和探索，把上级工会对工会工作的要求和武进工会的实际有机结合，积极引领武进新时期工会工作思路和定位调整、工会工作的方法和手段的创新，工会工作的平台和载体的构建，全区工会工作呈现出紧贴中心、更富特色、极具实效的生动局面，为助推武进现代化建设、造福百万职工群众做出了积极的贡献。2011年被评为全国优秀工会工作者，2013年当选为中国工会十六大代表。

（张　昀）

薛向阳

常州市武进区人民法院横山桥人民法庭庭长。2013年3月，被最高人民法院授予“全国法院法庭工作先进个人”。

武进人，1966年9月4日出生。1987年7月进入武进法院工作。薛向阳长年坚持法院基层工作，先后被评为“常州市十佳法官”“江苏省法院审判监督工作先进个人”等。在担任人民法庭庭长期间，针对庭内案多人少矛盾突出，疑难复杂案件多的特点，坚持带头办案，积极主动协调，使法庭审结的民商事案件调撤率保持在70%以上，服判息诉率达90%以上，连续多年无重大涉诉信访案件发生。推行非工作时间预约诉讼服务制度，通过预约立案、上门立案、假日法庭等，方便群众诉讼。开通便民服务热线，设计发放便民服务卡，通过在上班前及下班后送达、在午间开庭、调解、执行等工作方式，贴近群众工作生活实际。开通并公布庭长电子信箱，每周阅看并回应群众意见，对人民群众的诉求及时作出处理。定期组织巡回审判，定期邀请人大代表、政协委员、镇村干部、村居民众参加“感知法庭”活动。牢固树立精细化管理理念，在业务、庭务、队伍三方面形成了全方位的精细化管理格局。积极打造法庭工作特色品牌，使横山桥法庭先后被评为“全省首批文化建设示范点”“全省法院推进社会管理创新和维护社会稳定工作先进集体”“全省法院系统先进集体”。

（储春平）

（栏目编辑　蒋　聆）

先进集体

武进区获得的综合荣誉（省级条线以上）

荣誉称号	授予单位
全国“六五”普法中期先进县（市、区）	全国普法办
全国民生改善典范城市	人民网
中国市辖区综合实力百强第三名	中小城市经济发展委员会和东北亚开发研究院
中国中小城市新型城镇化质量百强区第五名	中小城市经济发展委员会和东北亚开发研究院
2014 年最具投资潜力中小城市百强区第一名	中小城市经济发展委员会和东北亚开发研究院
全国义务教育发展基本均衡县（市、区）	国务院教育督导委员会
全国教育改革创新示范区	中国教育协会
第三批全国社区教育示范区	教育部
2011 ～ 2012 年度全省人才工作先进县（市、区）	省人才工作领导小组
江苏省绿色建筑示范城市	省财政厅、省住建厅
江苏省县级体育工作先进单位	省体育局
2013 年度江苏省妇幼卫生先进区	省卫生厅
江苏省卫生应急工作示范区	省卫计委
江苏省基层党员冬训工作示范县（市、区）	省委组织部、省委宣传部

全国（条线）先进集体

荣誉称号	获得单位	授予单位
2013 年度全国优秀农村经济动态监测点	区发改局	国家发改委
妇幼健康服务工作中表现突出的集体	区妇幼保健所	国家卫计委办公厅
国家级教学成果一等奖	湖塘实验中学	教育部
白蚁防治科技创新先进单位	区白蚁防治所	中国物业管理协会白蚁防治专业委员会
中国建筑业成长性百强企业	江苏武进建工集团有限公司	中国建筑业协会
全国检察宣传先进单位	区检察院	最高人民检察院
职工书屋	新誉集团有限公司	全国总工会

省级（条线）先进集体

荣誉称号	获得单位	授予单位
全省司法行政系统集体二等功	湟里镇司法所	省司法厅

荣誉称号	获得单位	授予单位
2013年全省工商联系统先进集体	武进轻工业商会	省工商联
2010～2012年农村环境连片整治示范工作先进集体	区环保局	省环保厅、省财政厅
江苏省基层卫生监督工作先进单位	区卫生监督所	省卫生监督所
2013年度江苏省教育宣传工作先进单位	区教育局	省教育厅
第26届“国际科学与和平周”全国中小学生（江苏地区）金钥匙科技竞赛团体赛一等奖	区教育局	省教育厅、省科学技术厅
第26届“国际科学与和平周”全国中小学生（江苏地区）金钥匙科技竞赛青少年科技教育先进单位	区教育局	省教育厅、省科学技术厅
江苏省第十五届中学生田径运动会（苏南）初中男子组团体总分第一名	区教育局	省教育厅、省体育局
江苏省青少年机器人竞赛团体一等奖	南夏墅中心小学	省科协、省教育厅、省科技厅
江苏省科技教育先进集体	南夏墅中心小学	省教育厅
江苏省健康促进学校铜奖	清英外国语学校	省卫生厅
江苏省青少年机器人竞赛团体一等奖	洛阳中心小学	省科协、省教育厅、省科技厅
“我是美丽江苏小主人”生态环保活动“优秀红领巾环保小社团”	庙桥小学“绿脚印”社团	团省委、省教育厅
江苏省首届基础教育教学成果一等奖	湖塘实验中学	省教育厅
江苏省第二十一届小学生国际数棋竞赛团体一等奖	星辰实验学校	省教育厅、省科协
“我爱祖国海疆”航模中学男子组、女子组金奖	礼河实验学校	省教育厅
全省职业教育先进单位	江苏省武进中等专业学校（武进技师学院）	省教育厅、省财政厅
江苏省中小学校先进基层党组织	江苏广播电视大学武进学院	省委教育工委
江苏省青年志愿服务事业贡献奖	江苏广播电视大学武进学院	团省委、省志愿者协会
全省建筑行业管理先进单位	区住建局质监站	省住建厅
江苏省安康杯竞赛优胜单位	常州新奥燃气发展有限公司	省总工会
妇女儿童工作先进集体	区妇联	省妇女儿童工作委员会
江苏省“维护妇女权益示范岗”	区法院少年庭	省维护妇女儿童合法权益联席会议暨“平安家庭”创建活动领导小组
省级巾帼现代农业科技示范基地	常州市宏宏果品专业合作社	省妇联、省妇女“双学双比”竞赛活动领导小组办公室
省级巾帼科技创新示范基地	新誉集团有限公司	省妇联、省妇女“双学双比”竞赛活动领导小组办公室
江苏省企业技术创新奖企业	江苏润源控股集团有限公司	省政府
江苏省科技进步奖企业	江苏博泓新材料科技有限公司	省政府
青少年维权岗	区劳动监察大队	团省委、省人力资源和社会保障厅
全省人力资源社会保障系统2011～2013年度优质服务示范窗口	区就业服务中心	省人力资源和社会保障厅
江苏省社区矫正工作先进集体	遥观镇司法所	省司法厅
江苏省检察机关先进集体	区检察院	省人民检察院
集体二等功	区检察院反渎职侵权局	省人民检察院
省级“青年文明号”	区检察院未成年人犯罪检察室	团省委
“五个一工程”奖	广播剧《天佑中华》、区委宣传部	省委宣传部
全省档案宣传工作先进集体	区档案局	省档案局
集体一等功	区法院少年庭	省高院
2013年度江苏省工会工作模范开发区（园区）	武进高新区总工会	省总工会
职工书屋	区公路管理处	省总工会
五一巾帼标兵岗	住房公积金武进分中心	省总工会
五一劳动奖状	江苏卡特新能源有限公司	省总工会

荣誉称号	获得单位	授予单位
五一劳动奖状	常州嬉戏谷有限公司	省总工会
工人先锋号	江苏明都汽车集团有限公司常州富豪4S店售后部	省总工会
工人先锋号	常州市武进地方税务局第一税务分局办税服务一股	省总工会
省地税局的依法行政示范单位	区地税局	省地税局

先进个人

全国（条线）先进个人

姓名	单位职务	荣誉称号	授予单位
仇海洁	横山桥中心小学教师	全国新教育实验优秀实验个人	新教育实验总课题组
庄惠芬	星河小学校长	全国优秀教育工作者	教育部
杨永年	江苏省武进职业教育中心校电气工程专业部主任	全国优秀教师	教育部
史克元家庭		第九届全国五好文明家庭	全国妇联
钱丽芳家庭		第九届全国五好文明家庭	全国妇联
蒋国强	区检察院检察长	2013年度全国检察理论研究优秀成果三等奖	最高人民检察院
薛向阳	区法院横山桥人民法庭庭长	全国法院法庭工作先进个人	最高人民法院
蒋亚诚	区总工会主席兼党组书记	五一劳动奖章	全国总工会
栾晓奇	区地税局十二分局督查一股科员	执法督察优秀工作者	国家税务总局督查内审司

省级（条线）先进个人

姓名	单位职务	荣誉称号	授予单位
周　晶	常州高压电力设备厂技师	江苏技能状元	省总工会
刘　琦	国瑞宾馆技师	江苏省五一劳动奖章	省总工会
梅章林	横林人民医院中医科主任	江苏省百名医德之星	省委宣传部、省文明办、省卫计委
梅章林	横林人民医院中医科主任	江苏省优秀基层医师	省医师协会
冯雅静	奔牛实验幼儿园园长	江苏省教育先进工作者	省教育厅
周　蓉	横山桥中心小学教师	江苏省青少年科技模型竞赛优秀科技辅导员	省教育厅、省科协
许　君	横山桥中心小学教师	江苏省青少年科技模型竞赛优秀科技辅导员	省教育厅、省科协
吴建东	寨桥小学教导处主任	江苏省青少年科技模型竞赛优秀科技辅导员	省教育厅、省科协
林　冲	寨桥小学教导处副主任	江苏省青少年科技模型竞赛优秀科技辅导员	省教育厅、省科协
孔雪峰	寨桥小学教导处副主任	江苏省青少年科技模型竞赛优秀科技辅导员	省教育厅、省科协
史新文	寨桥小学教师	江苏省青少年科技模型竞赛优秀科技辅导员	省教育厅、省科协
端敏明	洛阳中心小学副校长	江苏省青少年机器人竞赛优秀校长	省科协、省教育厅
殷立新	洛阳中心小学信息技术处主任	江苏省青少年机器人竞赛优秀裁判员	省科协、省教育厅
陈幼峰	洛阳中心小学教师	江苏省青少年机器人竞赛优秀教练员	省科协、省教育厅
李永清	潘家小学总辅导员	江苏省优秀教育工作者	省教育厅
王华英	杨区小学校长	江苏省优秀教育工作者	省教育厅
居佳华	遥观中心小学行政办主任	江苏省优秀教育工作者	省教育厅
曹文庆	礼河实验学校教科室主任	江苏省优秀科技辅导员	省教育厅、省科协
蔡建泉	洛阳高级中学工会主席	“农村教育烛光行动”先进个人	民盟江苏省委
上官海立	区建筑业安全监督站副站长	江苏省建筑工地扬尘集中整治先进个人	省住建厅
鲁　东	区住建局建管处主任	2013～2014年度全省建筑行业管理先进工作者	省住建厅
梅士员	区住建局办公室副主任	2014年度江苏省优秀测绘地理信息工程三等奖	省测绘与地理信息局

姓名	单位职务	荣誉称号	授予单位
刘建庆	区住建局房管科科长	全省城市环境综合整治先进个人	省城市环境综合整治工作推进小组
是蓉珠	横山桥镇芳茂村党总支书记	江苏省优秀女村官（小巷女总理）	省妇联
史克元家庭		江苏省五好文明家庭标兵	省妇联
钱丽芳家庭		江苏省五好文明家庭标兵	省妇联
周明达家庭		江苏省五好文明家庭	省妇联
蒋寒梅		江苏省十佳好孩子荣誉称号	省妇联
蒋小莉		江苏省十佳好妈妈荣誉称号	省妇联
白　艳	区妇联城乡部副部长	江苏省“平安家庭”创建活动先进个人	省维护妇女儿童合法权益联席会议暨“平安家庭”创建活动领导小组
丁志峰	区人社局局长	先进工作者	省人力资源和社会保障厅
周彩芳	遥观镇司法所所长	江苏省“六五”普法中期先进个人	省法制宣传教育工作领导小组
倪　俊	遥观派出所警长	个人二等功	省公安厅
何建华	遥观镇政府统计科科长	先进个人	省第三次全国经济普查领导小组
王建国	遥观镇政府统计科办事员	先进个人	省第三次全国经济普查领导小组
胡亚勇	原区检察院侦查监督科科员	追记个人二等功	省人民检察院
施彩萍	区档案局办公室副主任	全省档案宣传工作先进个人	省档案局
朱杏玉	区法院立案庭庭长	个人二等功	省高院
		优秀法官	省高院
朱　凯	区法院法警	全省司法警察业务能手	省高院
郝冬琳	武进人民医院神经内科主任、主任医师	五一巾帼标兵	省总工会
张　中	江苏长海复合材料股份有限公司车间主任	五一劳动奖章	省总工会
贺来健（日本）	母亲贝婴用品（常州）有限公司总经理	五一荣誉奖章	省总工会
倪可拉（法国）	江苏龙城精锻有限公司常务副总经理	五一荣誉奖章	省总工会
张智杰（中国台湾）	常州市盛辉药业有限公司总经理	五一荣誉奖章	省总工会
何国民	区地税局党组书记、局长	江苏地税20周年建功个人	省地方税务局
王向明	原区地税局九分局局长	最美江苏地税人	省地方税务局
郭　华	区地税局	2014年度参加税收执法督察和内部审计先进个人	省地方税务局
卜　佳	区地税局税政科科长	2014年度参加省局大企业税收风险管理工作先进个人	省地方税务局

（栏目编辑　蒋　聆）

坚持两加战略，深化四大战役，奋力推动经济社会发展迈上新台阶

——在区委十一届九次全体（扩大）会议上的报告（摘要）

中共常州市武进区委书记　周　斌

（2014 年 12 月 28 日）

一、深入学习、全面贯彻，以四中全会精神引领法治武进建设

中共十八届四中全委会对推进依法治国作出了全面部署，省、市委全会对贯彻落实四中全会精神提出了具体要求。我们要把思想和行动切实统一到中央和省、市委的部署要求上来，用四中全会精神指导和推动好法治武进建设。

1. 深刻领会精神实质。习总书记指出，全面推进依法治国，是深刻总结我国社会主义法治建设成功经验和深刻教训作出的重大抉择，是全面建成小康社会和全面深化改革开放的重要保障，是着眼于实现中华民族伟大复兴中国梦、实现党和国家长治久安的长远考虑。我们学习领会四中全会精神，必须从这样的高度，吃透精神实质，深刻理解把握全面推进依法治国的“一个总体目标”、“五大体系框架”、“五个坚持原则”和“六大工作任务”。我们不仅要熟读内容、做到知其然，还要研究内涵、知其所以然，不仅要细细领悟当中蕴涵的治理之“道”，还要善于运用赋予我们的治理之“术”，使法治精神根植于内心深处，法治思维贯穿于工作始终，法治力量彰显于发展全过程。

2. 正确把握目标导向。把四中全会精神贯彻到武进工作实际中去，就是要积极推进中国特色社会主义法治体系和法治国家建设在武进的实践和探索，全面推进依法治区，努力建设法治武进。围绕这一目标，我们要正确把握工作导向，坚持做到“四个更加注重”，即更加注重依规管党治党与加强党的领导相统一，既把加强党的领导作为全面推进依法治区的最根本保证，也把依规管党治党作为重要前提和政治保障，充分发挥其对依法治区的引领、带动和保证作用。更加注重加强法治建设与全面深化改革相衔接，既切实发挥法治的引领和规范作用，确保改革在法治轨道上推进；又坚定不移推进法治领域改革，从根本上解决法治建设中的突出问题。更加注重法治与德治相结合，认清“法律是成文的道德、道德是内心的法律”，既重视发挥法律的规范作用，又重视发挥道德的教化作用，实现法律与道德相辅相成、法治与德治相得益彰。更加注重创新地方治理与落实顶层设计相配套，既不折不扣落实顶层设计的大框架和各项部署不走样，又紧密结合武进实际，配套进行地方治理创新，努力使我区在社会治理法治化上形成特色、走在前列。

3. 扎实推进依法治区。全面推进法治武进建设，必须坚持法治政府、法治社会、法治队伍一体建设，严格执法、公正司法、全民守法一体加强。要加快打造法治政府。以转变政府职能为前提、加强制度建设为保障、规范权力运行为主线，进一步深化行政审批改革，实施政务信息公开，规范行政执法行为，落实行政首长出庭应诉规定，着力提升依法行政水平，切实做到“法无授权不可为、法定职责必须为”，全力打造职能科学、权责法定、执法严明、公开公正、廉洁高效的法治政府。要严格落实公正司法。按照中央和省市工作部署，有序推进司法制度改革，突出强化执法监督和执法评查，对内加强执法关键环节管理，对外推进警务检务审务公开，严格落实执法过错追究制度，加快构建开放、动态、透明、便民的阳光司法体系，让人民群众在每一个司法案件中都感受到公平正义。要着力优化法治环境。以提升全民守法自觉性为重点，进一步建设和运用好各类法治文化阵地，全面落实普法责任、强化普法宣传，大力培育法治精神、弘扬法治文化，在全社会形成人人学法用法、个个尊法守法的良好法治环境。

二、凝心聚力、克难奋进，经济社会实现持续平稳发展

今年以来，面对复杂多变的国内外经济形势和繁重艰巨的改革发展稳定任务，全区上下团结一致、拼搏攻坚，全面落实“两加战略”，全力推进“四大战役”，总体上保持了经济社会稳中有进的发展态势。

1. *积极作为促进了经济发展。*面对前所未有的严峻挑战，各级各部门强化“守土有责、履职尽责”的意识，积极行动、主动作为，深入开展“领导干部进企业、政企同心促发展”等活动，在保障企业要素供给、解决企业实际困难、优化企业发展服务等多个方面，采取了一系列有针对性的帮扶措施，有效营造了武进经济发展暖环境，确保了全区经济的稳中有进。预计全年完成地区生产总值1900亿元，增长10.1%；完成一般公共预算收入129.62亿元，增长3%；完成规模以上工业产值4250亿元，增长8.1%；完成全社会固定资产投资1000亿元，增长11.9%；完成协议注册外资超13亿美元、实际到账注册外资近9亿美元；完成进出口总额超100亿美元，其中自营出口同比增长10%，位列苏南前茅。主要经济指标基本完成预期目标，我区蝉联了全国最具投资潜力中小城市百强区第一名，并被评为中国综合实力百强区第三名。

2. *实践活动优化了党风政风。*党的群众路线教育实践活动在全区4800多个基层党组织和7.2万名党员中扎实开展，取得了实实在在的效果。全区广大党员干部接受了群众观念的再教育，党性观念和宗旨意识明显增强，干事创业的精气神明显提振，为民务实清廉的价值追求进一步坚定，同群众一块苦、一块干的自觉性也进一步提升。各级党组织认真召开高质量的专题民主生活会和组织生活会，既真诚坦率地交流谈心，也诚恳尖锐地批评与自我批评，起到了增进感情、排毒治病、加油鼓劲的作用。各级各部门以前所未有的坚决态度剑指“四风”，完成即知即改事项2037个，其中区级层面三批92个整改项目已完成82项，有效整改了文山会海、铺张浪费等现象，狠刹了餐桌腐败、会所腐败等歪风，严查了吃拿卡要、庸懒散拖等问题，规范了公务接待、因公出国等制度，促进了党风政风的明显好转。全区上下深入开展“三解三促”“双联双增”“群众路线我践行”“党员干部进万家”等活动，走访群众8万多户，办结实事2700多件，用扎扎实实的行动走近了群众、赢得了民心。

3. *改革创新激发了发展活力。*十大领域改革特别是以转变政府职能、完善现代市场体系、扶持民营经济发展等为重要内容的经济体制改革稳步推进，经济社会的发展活力得到了有效释放。企业设立“四证联办”和重点项目服务代办等机制创新实施，行政审批事项目录清单、政府行政权力清单、行政事业性收费目录清单即将公布，行政审批事项由279项精简为156项，精简率达44%。科技、金融、人才等服务支持企业发展的渠道更加通畅，全区新增高新技术企业59家，高新技术产业产值的比重提高到42.2%；新增金融机构8家、A股上市企业1家、新三板挂牌企业2家，金融机构本外币贷款余额比年初增加160亿元；新增中国驰名商标6件，总数达49件，列全国县区第二；新引进领军人才项目67个，新落户国家“千人计划”项目20个，新增各类产业人才2.2万人。我区还配合完成了土地出让金收支和耕地保护专项审计，解决拆迁历史遗留问题263个，完成拆迁265万平方米，成功创成省国土资源节约集约模范区。

4. *转型升级提升了产业水平。*工业经济“四十四百”提升计划和服务业“三四五”壮大计划有力实施，产业转型升级步伐不断加快。工业经济加速提升，北汽新能源汽车整车及零部件、斯太尔发动机、西门子电机、中国香精香料等一批重大项目成功引进，区十大产业链完成产值1345亿元，超额完成全年目标任务，瑞声科技加入百亿企业行列，6家企业入选中国民企500强。服务业进一步壮大，占GDP的比重提高到42%，旅游产业再攀新高，文化产业在全市继续保持领先。邹区（蔬菜）现代农业产业园升级为省级现代农业产业园区，我区成为全省首批基本实现农业机械化的地区。武进国家高新区被确定为苏南国家自主创新示范区“八区一园”之一，出加区有望在春节前后获批为国家综保区。西太湖成功创建为常州国家石墨烯新材料高新技术产业化基地，A股上市公司烯碳新材在西太湖设立20亿元先进烯碳材料产业基金。绿建区南京大学零碳馆、建筑垃圾资源化利用等项目建成投运，园区和产业发展得到了李克强总理等中央领导的批示支持。

5. *城乡共建实现了统筹发展。*城乡一体战役八大工程56项重点任务强势推进，我区顺利通过全省农村改革试验区中期评估，成功跻身全国农村改革试验区，并被评为中国中小城市新型城镇化质量区前五强。城乡基础设施体系进一步完善，青洋路南延、武进大道东延、新沟河延伸拓浚等一批沟通城乡、衔接板块的重点基础设施工程加快实施，县道公路优良率达到94%，名列全省第一。城区现代繁荣景象进一步凸显，地铁工程建设全面启动，120万平方米老旧小区改造、“9313”城市环境综合整治有序推进，万达广场成功开业，三大商圈人气渐旺，全区消费品零售总额同比增长12%。镇村统筹发展水平进一步提升，加快东部发展三年行动计划全面启动，新一轮镇村体系布局规划通过市级审批，新型城镇、美丽乡村建设如火如荼，农村社区股份制改革界定股东49.3万人、量化集体资产19.6亿元，农村土地承包经营权确权登记颁证工作启动试点，农村产权交易所建设、土地承包经营权抵押贷款等改革试验项目取得突破，村级集体年收入基本超过了100万元。

6. *民生工程增进了社会和谐。*高质量完成20件为民办实事工程，有力推进了民生事业的均衡发展。民生保障更加有力，就业社保服务体系进一步健全，城镇居民和农民人均可支配收入分别达到41660元和21800元，养老、医疗、失业三大保险综合覆盖率达98.7%，发放城乡居民大病保险补偿金超过6000万元，每千名老人机构养老床位数达43张，城镇社区居家养老服务中心实现全覆盖，慈善基金发放3500万元、救助1.3万人次，光彩资金协议额新增1.1亿元。社会事业蓬勃发展，流动人口子女入学积分管理成功实施，40%的乡镇卫生院与三级公立医院组建为医疗联合体，“社区天天乐”和“市民文化节”蓬勃开展，文联组织在全市率先实现乡镇全覆盖，西太湖国际半程马拉松赛等成功举办，我区被评为全国教育改革创新示范区、全国义务教育发展基本均衡区和第三批全国社区教育示范区。社会局面持续保持稳定，青奥安保“五大专项行动”等扎实开展，社会公众安全感和法治满意度居全省第一方阵，我区被评为全国民生改善典范城市。

7. *生态建设改善了环境质量*。强力推进生态文明建设十大工程，全区环境质量综合指数达到83.9分。大气污染防治和太湖水环境治理等治污减排工程深入实施，完成工业污染企业整治159家，全区饮用水源地水质达标率达到100%，万元GDP能耗同比下降5.5%。生态绿城建设“增核、扩绿、连网”三大行动全面推进，宋剑湖湿地郊野公园、常泰高速生态廊道等15项工程基本完成，8个村创成省级生态村，22个村创成省级绿化示范村。我区与国务院发展研究中心和省政府研究室签订战略合作协议，合力规划研究西太湖生态文明建设试验区，武进国家高新区和西太湖科技产业园顺利通过国家生态工业示范园区的考核验收。

8. *党的建设取得了新的成效*。扎实推进巡视反馈意见整改，中央巡视组巡视江苏、省委巡视组巡视常州反馈意见整改落实工作紧锣密鼓地推进，整改工作取得阶段性明显成效。理论武装工作创新开展，舆情导控积极有效，文明城市测评位列全市前列，武进在线、道德讲堂的影响力加速扩展，广播剧《天佑中华》获省“五个一工程奖”。组织工作坚强有力，从严落实干部工作新《条例》，从严开展清理超职数配备干部和党政领导干部在企业兼职等工作，抽调选派156名优秀干部挂职锻炼，创新开展基层服务型党组织建设“四大行动”，有效整顿软弱涣散党组织30个，新誉集团以党建引领企业发展的做法得到了中组部肯定。反腐倡廉纵深推进，在全市率先建立落实“两个责任”的工作报告、常态评估、问询质询、督责问责等四项制度，92家单位签订党风廉政建设主体、监督责任书并如实上报落实情况，全年查处违反八项规定22起22人，查处违反效能规定21个单位39人，查处各类违纪违法案件157件。统战工作迈上新台阶，香港武进同乡会隆重成立。区委常委会加强民主集中制建设，进一步完善了议事决策规则，强化了对“三重一大”事项的科学、民主决策。区人大、政协切实履行各自职能，积极开展视察、调研、督查、审议、听政、议政等活动，并围绕区委中心工作和群众关注热点，完成了一批高质量调研，在发扬民主、强化监督和建言献策、汇聚力量等方面发挥了积极而重要的作用。人民武装工作取得优异成绩，民兵高炮分队获得全省高炮实弹射击考核第一名。第八批援疆工作顺利开展，党史、档案、双拥、宗教、群团、老干部等其他各项工作也都取得了新成绩。

在肯定成绩的同时，我们也要清醒地看到发展中存在的问题和不足，主要是：经济下行压力加大，部分企业生产经营困难，经济增长特别是财税增长的动力不足；推动转型升级的力度不够大，在重大产业项目的引进建设上成效还不明显；改革举措落地见效不够快，少数单位存在本位主义和保守求稳倾向；社会稳定面临较大压力，各种不稳定因素相互交织；部分党员干部的担当精神需要进一步提振，干事创业的闯劲锐气需要进一步增强；作风建设仍需久久为功，反腐倡廉依然任重道远。对此，我们必须引起高度重视，在新的一年中通过积极有效的作为来尽快加以解决。

三、聚焦重点、改革创新，奋力实现“十二五”的精彩收官

明年是全面深化改革的关键之年，也是全面推进依法治国的开局之年，更是全面完成“十二五”规划的收官之年。我们必须以强烈的进取意识、机遇意识、责任意识，抢抓重大机遇，投身改革实践，努力以“四大战役”的全面胜利创造“十二五”发展的崭新辉煌。要顺应新常态的大势。总的来说，中国经济正在向形态更高级、分工更复杂、结构更合理的阶段演化，增长速度正从高速转向中高速，发展方式正从规模速度型粗放增长转向质量效率型集约增长，经济结构正从增量扩能为主转向调整存量、做优增量并存的深度调整，经济发展动力正从传统增长点转向新的增长点。对此，我们要正确认识新常态，主动适应新常态，积极引领新常态，努力克服“惯性思维”，尽力摆脱“速度情结”，在战略上保持定力，在战术上积极作为，把注意力进一步集中到提高发展质效上，汇集到改善环境民生上，聚焦到深化改革创新上，奋力实现符合经济规律的科学发展、符合生态规律的可持续发展、符合社会规律的包容性发展。要抢抓新常态的机遇。习总书记指出，新常态带给中国的既有挑战，更有机遇。从我区来看，尽管明年经济社会发展的宏观环境依然错综复杂，但苏南国家自主创新示范区的成功获批、全面深化改革的深入推进，绿色环保、轨道交通、住房保障等国计民生重点领域投资力度的不断加大，智能装备制造、先进新材料、绿色建筑等新兴产业的加速发展，都给我们带来了许多潜在的、难得的机遇。这些机遇稍纵即逝，抓住了就能变为看得见、摸得着的发展实效，一旦错失就会成为追不近、赶不上的发展差距。因此，我们必须始终保持头脑的高度清醒和精力的高度集中，切实发挥科技创新的驱动力、改革开放的推动力和生态环境的倒逼力，不断增强对机遇的预见性和敏锐性，善于在新常态下发现新机遇、捕捉新机遇、用好新机遇，真正把战略机遇转化为增长动力，转化为争先优势，转化为发展实效。要体现新常态的作为。新常态划出了新的起跑线，既是对我们的重大考验，也给了我们崭新的舞台。能不能更好更快地适应新常态、引领新常态，关键要看我们的状态，关键要比我们观念更新的程度、抢抓机遇的速度、攻坚克难的力度和工作落实的进度。而无论从发展导向还是工作重点看，我区推进的“四大战役”都与总书记提出的“经济强、百姓富、环境美、社会文明程度高”的要求相对应、相契合，因此，我们务必始终坚定发展方向，时刻牢记责任担当，倍加珍惜干事舞台，紧紧围绕“两加战略”和“四大战役”的深入推进，提振精气神，焕发新风貌，做到标准见状态、实干见状态、士气见状态，以积极向上的姿态和钉钉子的精神迎接新常态，以“新常态”下的新发展、新业绩来体现我们的新价值、新担当。

2015年全区工作的指导思想是：以中共十八届三中、四中全会精神为指引，认真落实习近平总书记视察江苏重要讲话精神，高举改革和法治大旗，围绕“迈上新台阶，建设新武进”的目标，突出“坚持两加战略，深化四大战役”的主题，坚持“稳中求进、稳中快转”的基调，贯彻“民生优先、环保优先、节约集约优先”的方针，主动适应发展新常态，紧紧把握法治新要求，全面激发改革新动力，统筹推进稳增长、促转型、强载体、优生态、惠民生等各项工作，确保完成“十二五”各项目标任务，努力建设经济强、百姓富、环境美、社会文明程度高的新武进。

2015年全区发展的主要预期目标是：地区生产总值增长9%左右；一般公共预算收入增长6%以上；全社会固定资产投

资达到1000亿元；高新技术产业产值占规模以上工业的比重达到45%；社会消费品零售总额增长12%左右；城乡居民收入增速高于经济增长；实际到账注册外资、进出口总额和节能减排等完成市下达任务。

围绕上述目标，我们要全力以赴推进好“六项重点工作”：

1.*以转型增动力，努力实现追求速度到提升质效的方向转变*。应对新常态，创新转型是必由之路，追求质效是重中之重。要围绕“经济强”的要求，把苏南国家自主创新示范区建设作为推进产业培育战役的重要驱动，通过“一核三区”一体化创新格局的全力打造，努力推动武进产业的“中高端”转型和经济的“中高速”增长。要深入实施创新驱动战略。按照《苏南国家自主创新示范区建设武进区实施方案》的要求，从增强自主创新能力和深化科技体制改革两个方面同步发力，借鉴“一个基础、六项机制、十条渠道”的中关村投融资模式，整合创新资源、优化创新环境、推进协同创新，有效拓展自主创新示范区的辐射范围，全面提升四大国家创新型科技园区、重点科创平台的建设水平，不断提高产学研合作力度和科研成果转化速度，努力构建创新主体高效互动、创新要素协调支撑的区域性科技创新合作体系，确保明年四大国家创新型科技园区营业收入超过700亿元。要积极落实“人才强区、人才强企”战略，不断完善人才引进、使用和评价体系，深入实施武进英才计划和万名产业英才集聚三年行动计划，确保明年新增各类产业人才超过2.2万人。要有效提升产业竞争优势。围绕市“三位一体”工业经济转型升级战略，按照扩优增量、盘活存量、创新驱动的思路，深入推进工业经济“四十四百”提升计划，重点发展新材料、绿色建筑、轨道交通、汽车及零部件、工程机械、医疗器械、通用航空等产业，加快推进产业结构优化、层次提升和品牌打造，明年要力争纳入省建筑产业现代化试点城市名单，并在特色产业集群建设上实现更大突破。要更加注重化工、纺织等传统优势产业的改造提升，通过全面提高技术装备、生产管理和品牌发展水平，推动传统优势产业向创新链前端、产业链两端、价值链高端迈进。要深入实施服务业“三四五”壮大计划，重点发展电子商务、金融服务、休闲旅游等产业，积极推进规上企业的主辅分离，有效推动现代服务业提质增效、集聚发展，确保服务业增加值占比再提高2个百分点。要按照数量质量效益并重、提高竞争力和注重可持续并举的工作要求，加快推进现代农业集约发展，努力实现农业“小比重、大发展、高效益”，确保农业现代化与工业化、信息化、城镇化同步发展。要跟踪落实国家出台的“微刺激”政策，深入实施大企业培育计划，创新推进工业企业综合效益评价，倒逼企业转型升级，鼓励广大企业建立现代企业制度，有效加快“个转企、小转规、规转股、股转市”的步伐，切实提升企业盈利水平和抗风险能力，力争明年新增上市企业2～3家、新三板挂牌企业3～5家，新增营业收入超百亿元企业1家、50亿元企业1～2家。要加快实现重大项目突破。按照全市“重大项目深化年”的工作要求，围绕我区产业发展方向，制定鼓励投资的“正面清单”，进一步加大招商选资力度，紧盯一批重点世界500强、央企国企、知名民企和区内上市企业的投资动向，深化完善以民引外、央企对接、外资并购、股权合作、增资扩股等工作举措，坚定民营企业的发展信心和投资决心，着力挖掘引进一批科技含量高、投资规模大、带动能力强的税源型、龙头型、基地型大项目，努力在超10亿美元或超百亿元项目上实现突破。要突出重大项目谋划和重点项目推进，不断加强对上争取和联动推进的工作力度，确保有更多项目列入省、市重点项目盘子。要全力推进要素瓶颈化解。全面推进集约高效用地“双提升”行动计划，着力推动控制总量、优化增量、盘活存量、用好流量、提升质量“五量调节”，切实提高土地利用效率和产出效益，加快推进拆迁历史遗留问题的有效化解，全力保障重点项目建设和经济社会发展需求。突出围绕服务实体经济发展，深化金融改革创新，加快中小企业金融服务中心建设，积极引进私募股权基金、证券公司、科技银行等金融机构，鼓励推动企业直接债务融资，稳步推进农村集体工业建设用地使用权流转和房屋确权登记发证工作，逐步化解中小企业融资难、融资贵问题，努力把武进打造成金融资源集聚区、金融创新先行区和金融运行安全区。进一步加强地方性债务的规范管理和风险化解，做好政府性资产的“挖潜、整合、提升”三篇文章，积极推进政府债券发行和筹资工作，不断加强债务资金使用的监管、问责力度，切实提升社会资本的引导合作水平，努力建立更加科学规范有效的政府债务管理和现代投融资体系。

2.*以载体强引领，努力实现产业集聚到产城融合的路径突破*。争先进位，园区要挑大梁；改革攻坚，板块要打头阵。要围绕“以产兴城、以城促产、宜居宜业、融合发展”的思路，不断加快各大板块差异化、特色化发展步伐，有效构筑以重点园区为先行示范、服务业板块为特色优势、镇工业集中区为有效补充的产城融合新格局。高新区要加快自主创新示范区建设。瞄准“创新驱动发展引领区、深化科技体制改革试验区、区域创新一体化先行区”的战略定位，加快落实国家综保区的获批，积极推进与前黄镇的一体化建设和特色产业园区、合作共建园区建设，大力推动主导产业特色化、传统产业高新化和重点企业国际化发展，全力打造创新活力迸发、产业实力雄厚、宜居魅力彰显的南部产业新城，力争在省开发区综合排位中再进1位，在科技部114个国家高新区综合排位中进入中上游。西太湖要提升特色产业能级。围绕“基本呈现现实模样”的总体要求，积极深化产城融合试点工作，加快临湖区域产城融合启动示范区、海峡两岸健康产业示范基地的规划建设，大力提升石墨烯科技产业园、中以创新园、国际医疗产业园、电子商务产业园等重点平台的发展水平，引进培育一批在整个产业链中起基础性、支撑性和决定性作用的功能项目，全力推动先进碳材料产业集聚提升和滨湖现代商贸业突破发展，力争早日成为省级高新区。绿建区要做靓绿色建筑品牌。紧扣“体现唯一、彰显特色、当好示范”的要求，确立绿色建筑全产业链发展思路，充分发挥绿色建筑产业联盟作用，积极争取部省政策、技术和人才支持，不断加快建筑产业现代化推进步伐，着力提升绿色建筑博览园、中科院绿色科技产业园、中芬绿色科技产业园、节能环保设备产业园等特色园区的建设水平，努力把绿建区打造成为绿色建筑的集中展示基地、集聚示范基地和集成创新基地。旅游板块要充实特色发展内涵。不断完善“一古一今一生态”的旅游产业布局，加快推进国家智慧旅游公共服务平台、宝林文化园二期、太湖湾露营基地等重点项目建设，全力推动太湖湾旅游度假区创建国家级旅游度假区、春秋淹城旅游区创建国家5A级景区，努力把我区打造成为长三角地区重要的旅游目的地和独具特色的“旅游胜地”。镇工业集中区要加快整合提升步伐。积极推进由重项目体量向重项目质量、由重空间拓展向重集约开发、由传统块状经济向现代产业集群等“三个转变”，有效整合土地资源，强化基础设施和标准厂房建设，努力做好重点园区的产业配套和产业承接，着力打造项目集群、分工明晰的特色产业基地，有效形成工业集中区与镇区良性互动、共赢发展格局。

*3.以生态为倒逼，努力实现专项整治与长效管理的有机结合。*要围绕“环境美”的要求，把环保优先真正落实到行动上，切实以国家生态文明建设示范区的创建攻坚为重要引领，有效带动全区生态文明建设水平整体提升，全力打响蓝天碧水绿地、宜居宜业宜游的生态文明品牌。要全面加快示范区创建。严格对照生态文明建设示范区指标体系要求，把难点指标突破与重点工作推进有机结合起来，加快启动西太湖生态文明建设试验区建设，深入推进“森林城市”和“生态绿城”创建，广泛开展生态文明宣传教育，促进生态文明理念融入政府行政体制、企业内部制度和公众行为规范，力争把武进建设成为全国生态体制创新基地、生态产业集聚基地、生态城镇示范基地和生态文化彰显基地，为创成首批全国生态文明建设示范区打下坚实基础，明年规划与重大决策环评执行率、环境信息公开率均要达到100%。要努力打造“花博蓝”品牌。严格落实项目能评和环评制度，加快淘汰钢铁、化工等行业的落后产能，大力推进公共设施节能改造、清洁能源替代工程，确保全面完成省市下达的各项减排任务。要突出PM2.5防控为主的区域性大气污染治理，全力狠抓工业废气防治、行业专项整治、秸秆禁烧利用等重点工作，努力让全体市民在蓝天下畅快呼吸，让“花博蓝”成为武进的崭新名片。要大力营造放心水环境。做好水系畅通、清淤活水、控源截污三篇文章，强化入太河道沿线及黑臭河道整治，加快乡镇污水管网建设，全力推进新沟河、永安河、新孟河等重点水利工程，积极落实河长制等长效管理措施，确保饮用水安全和太湖水域水质持续改善，明年超过70%的现代化考核断面要达到Ⅲ类以上水质。要坚决落实环保硬机制。积极落实主体功能区战略，严格执行生态红线区域保护规划，完善落实农村生态补偿机制、生态环境监管机制和责任追究制度，探索实施环保负面清单制度和污染防治区域联动机制，切实优化发展评价体系和考核导向，有效形成“源头严防、过程严管、后果严惩”的生态保护制度体系，以制度机制创新推动生产生活方式变革，提高生态文明建设成效。

*4.以功能提内涵，努力实现城市建设与镇村发展的统筹推进。*要将落实好全国、全省农村改革试验任务和国家新型城镇化综合试点工作作为推进城乡一体战役的重要抓手，在更高层面上统筹城乡发展。要强化城区集聚效应。要高水平优化城区规划设计，高质量完善城区功能设施，高标准打造宜居生活环境，大力推进城乡重点道路工程、老旧小区和城中村改造等重点项目，推动城区交通路网与重点板块连通、公共服务与先进地区接轨，有效增强中心城区的集聚力、辐射力和带动力。要巩固提升文明城市创建成果，积极深化城市环境综合整治“9313”行动成效，创新理顺物业管理机制，促进城市管理重心下沉、运转高效、水平提升，通过精品化建设和精细化管理的“两手抓”，让武进城区时时、处处都给人留下“美”的印象。要提升新型城镇内涵。按照优化空间、强化集聚、提升品质、放大特色的思路，以人的城镇化为核心，以提高城镇化质量为关键，以体制机制创新为保障，积极探索农民就地城镇化、服务社区化、生活市民化的有效路径。充分挖掘各镇区位条件、自然资源、人文景观和产业基础等特色优势，优化提升镇村体系布局规划和各镇建设规划，加快推进重点中心镇建设，进一步加大小城镇“新十类”工程和被撤并镇焕颜工程推进力度，全面增强城镇综合承载能力，全力打造各有强项、各展优势、各具特色的产业强镇、生态美镇和文化名镇。要增强农村发展活力。以实现强村富民为目标，以激发内生动力为方向，深入探索、稳步推进农村土地制度、产权制度和金融制度改革，创新实施土地承包经营权流转管理试点、农产品目标价格保险试点等试验项目，全力推进农村承包土地确权登记颁证工作，继续抓好基础设施等重点项目和富民增收等民生实事，有序开展农村集中居住试点，着力推动农民收入快增长、镇村功能快完善、城乡差距快缩小，明年力争50%以上的行政村集体年收入超150万元，争取一批省级美丽乡村建设项目，创成一批市级美丽乡村示范村。

*5.以民本促民生，努力实现普惠共享与平安稳定的和谐发展。*要像抓经济建设一样抓民生保障，像落实发展指标一样落实民生任务，围绕“百姓富、社会文明程度高”的要求，坚持尽力而为和量力而行相结合，共建共享与利民惠民相统一，着力创新破解民生发展难题，补齐民生急需短板，让广大城乡居民有更好的教育、更稳定的工作、更满意的收入、更可靠的社会保障、更高水平的医疗卫生服务、更舒适的居住条件、更优美的环境。要加快完善保障体系。以社会保障卡发放为契机，着力推进“智慧社保”建设，加快推进城乡医疗、养老、就业、社会救助等保障制度一体化，确保城乡社会保障应保尽保。要推动社会保障与社会救助制度相衔接，有效实施社会保障扩面提标，探索建立医保筹资稳定增长机制，充分发挥慈善基金的救助作用和光彩基金的引领作用，保质保量完成省市下达的住房保障任务。要通过营造环境、加强引导、提供支持等方式拓展就业增收渠道，全力打造“创富武进”品牌，大力开展“就业困难人员帮扶专项行动”，充分激发全社会大众创业、万众创新的活力，明年新增城镇就业2.6万人。要大力发展社会事业，围绕“供给有效、发展均衡、服务方便、群众满意”的目标，积极引导社会力量参与民生事业建设，均衡配置城乡公共服务资源，推动城乡公共服务更加均等化、优质化、便民化。要将培育和践行社会主义核心价值观作为文化建设的主心骨，善于从丰富的党史资源、优秀的传统文化和新时期的武进精神中汲取营养，不断强化价值引导力、文化凝聚力和精神推动力，持续开展文化惠民活动，大力完善现代公共文化服务体系，加快创建国家级公共体育服务体系示范区，年内确保城乡“10分钟体育健身圈”建成达标。要进一步优化教育资源配置，加快推进中小学教师管理体制改革，不断完善流动人口子女积分制入学政策，全力争创省教育现代化示范区。要加快建设现代医疗卫生体系，深化医药卫生体制改革，推进医疗联合体建设和医养结合试点，年内全面完成新“三老中心”建设工程。要创新规范社会治理。牢固树立运用法律手段实现社会有效治理的

理念，对于社会治理中遇到的各类矛盾问题，要按照法治观念和法治逻辑去观察分析，运用法治思维和法治方式去应对解决，积极推动信访纳入法治化轨道，加大依法打击非访力度，从根本上减少信访总量，切实提高社会治理法治化水平。坚持系统治理、综合治理、源头治理，在城乡社区全面推行“政社互动”、推进“减负增效”，切实加大社会组织培育发展力度和政府向社会组织购买服务力度，建立健全社会矛盾预警、公众利益表达、多元协商沟通、托底救济救助等相关机制，确保所有社区建成省级和谐社区。要全力确保社会稳定。围绕提升公众安全感这一目标，进一步深化平安武进建设，加快创新立体化社会治安防控体系，深入实施道路交通安全畅通工程，积极防控企业融资担保、非法集资、房地产市场变化等各类风险，切实强化食药安全、生产安全、环境安全、网络安全监管，及时化解突出问题，有效防范和严厉打击各类违法犯罪活动，全力保障社会大局和谐稳定和人民群众生命财产安全。

6. *以改革拓空间，努力实现先行先试与项目推进的扎实成效*。要将依法治区和简政放权作为推进改革创新战役的重要突破，切实加大政府职能转变、行政机构改革、预算管理、信息公开等改革关键环节的攻坚力度，着力破除制约经济发展和社会进步的深层障碍，确保改革取得实实在在的成效。要落实上级改革要求。要把《省委十二届六次全会重要改革举措实施规划(2014～2020年)》作为今后一个时期指导改革的总施工图，加强对上级改革意见的深入思考和系统研究，准确把握上级关于改革的新部署新要求，对上级已经明确的改革“规定动作”，结合武进发展实际，合理安排改革进度，科学把握改革任务的战略重点、优先顺序和主攻方向，同时切实强化改革的动力机制、协调机制、监督机制和法治保障机制，推动部门主动改、发动群众参与改、引导社会支持改，促进武进改革工作率先突破、走在前列。要抓好重大改革试点。以探索路子、积累经验为目标，加快推进重大改革试点试验，切实形成一批可复制、可推广的有效经验，明年简政放权“五张清单”要按照省市统一部署及时公布，行政机构改革要在3月底前全部到位，高新区行政审批制度改革要全面完成，市级中心镇扩权强镇试点要厘清事权、财权、人事权并逐步下放到位，西太湖科技产业园产城融合发展试点要实现“四规合一”，全国、全省农村改革试验区重点试验项目要多出实质性成果，市场监管机构体制改革要有序推进，传统媒体与新兴媒体融合发展要在构建现代传播体系上迈出坚实步伐。要推进更多改革项目。鼓励支持各级各部门从实际出发，积极探索实施一批改革新项目，大力推进一批改革新举措，重点围绕当前人民群众反映最强烈的领域，制约经济转型最突出的问题，阻碍社会发展最严峻的矛盾，加强调查研究，深入分析问题，推出改革举措，通过持续推进改革创新，全力为推动全区经济社会发展再解决一批难题、破除一批障碍、积累一批经验。同时要认真谋划编制好“十三五”发展规划，深入研究事关武进发展全局的重大项目、重大工程、重大政策，使“十三五”规划更加适应时代要求、符合区情实际、反映人民意愿。

四、巩固成效、从严治党，全力夯实改革发展的党建保障

习总书记强调，使命越艰巨、目标越宏伟、环境越复杂，越要全面从严治党。处在革故鼎新、深刻变化的重要历史时期，我们务必扎实推进全面从严治党，不断巩固提升教育实践活动成果，持续深化党的建设制度改革，着力提升党建工作整体水平，切实以优良的党风带动政风社风，为全区改革发展提供坚强政治保障。

1. *要坚决落实管党治党责任*。牢固树立“抓好党建是最大政绩”的观念，在党言党、在党忧党、在党为党，真正把管党治党责任落到实处。要增强党建责任意识。全区各级党组织务必从巩固党的执政地位的大局看问题，牢固树立正确政绩观，坚持党建工作和中心工作一起谋划、一起部署、一起考核，把每条战线、每个领域、每个环节的党建工作抓具体、抓深入。特别是党组织书记作为党建第一责任人，要时刻扪心自问，是不是都是从严治党的书记，是不是都做到了聚精会神抓党建，是不是都履行了分管领域从严治党的责任。要加快反馈意见整改。针对中央巡视组巡视江苏、省委巡视组巡视常州反馈的问题建议，区委分别制定了114条、89条整改措施，各级党组织必须持续把落实整改作为重要的政治任务，按照整改方案的部署要求，以最坚决的态度、最果断的措施，集中精力、不折不扣、一个不漏、一着不让抓好整改，确保整改落实全到位、真到位。同时要建立健全长效机制，确保各类问题不回潮、不反弹，使整改工作取得真正实效。要强化党建工作考核。要严格落实“三级联述联评联考”制度，坚持将党建工作情况作为评议党组织班子和党组织书记政治强不强、实绩好不好、作风正不正、工作称职不称职的重要标准，进一步提高党建工作在考核体系中的权重，防止出现重发展轻党建、一手硬一手软的状况，切实形成一级抓一级、层层抓落实的党建工作格局。

2. *要严守政治纪律政治规矩*。作为党员领导干部，我们必须严守政治纪律和政治规矩这根弦，在思想上讲自觉、在政治上讲忠诚、在组织上讲服从、在行动上讲纪律，任何时候任何情况下绝不越雷池一步。要综合运用中心组学习、理论宣讲团、党员轮训等各类教育载体，切实强化对党员干部的思想政治教育，不断加强各类媒体舆情导控，引导广大党员干部不断增强党的观念、党性观念和政治意识，进一步坚定对马列主义的信仰、对社会主义的信念、对发展使命的担当。要旗帜鲜明地反对政治自由主义，发现苗头性倾向性问题要及时提醒和纠正，对违反政治纪律政治规矩的行为要坚决制止。纪检部门要把维护党的政治纪律放在首位，加强对政治纪律执行情况的监督检查，让越线过界的人付出代价。

3. *要全力夯实党的基层组织*。紧紧围绕中央提出的“六个有”、省委提出的“五个进一步”、市委提出的“五个新提升”要求，努力推动基层党组织建设，激发基层组织活力。要强化基层组织教育管理。进一步规范“三会一课”、党员志愿服务日、民主评议党员等党内组织生活制度，强化党员教育管理，做到每半年组织一次组织生活会，每年开展一次民主评议党员活动，每年组织党员集中学习培训不少于32学时。要加强基层干部队伍建设。重点抓好基层党组织书记、党务工作者和党代表三支服务骨干队伍建设，选优基层党组织书记，抓好基层党组织书记轮训，着力培养一支素质过硬的基层骨干力量。要严把党员入口关，畅通党员出口关，形成不合格党员及时处置、有效转化和党员队伍吐故纳新的科学机制。要构建服务型党组织网络。全面推进社区党建网格化管理，努力拓宽联系服务群众渠道，积极构建全方位、全覆盖的服务型党组织网络，确保领导干部下基层“三解三促”常态化、机关党员“群众路线我践行”承诺制度化、“双联双增”活动持续化、“党员干部进万家”长效化、党员志愿服务经常化，切实发挥党组织推动发展、服务群众、凝聚人心、促进和谐的作用。

4. 要从严打造过硬干部队伍。要按照“管理要全面、标准要严格、环节要衔接、措施要配套、责任要分明”的要求，从严要求干部、从严管理干部、从严约束干部，着力打造既勤又廉、既干净又干事的高素质干部队伍。要牢固树立正确用人导向。认真贯彻落实干部工作新条例，严格对照“好干部”标准，牢牢把好用人标准关、识别考察关和选人用人关，突出强化对“德”的考察和运用，做到再能干的人“德”不行坚决不用。要着力提升干部能力素质。进一步畅通区镇之间、板块之间、部门之间的干部交流渠道，分批选派优秀干部到先进发达地区和上级部委挂职跟学，抽调年轻干部到招商引资、信访维稳、拆迁安置、镇村基层等前沿一线锻炼，不断强化各级干部引领科学发展、做好群众工作、驾驭复杂局面的能力。要全面提升领导干部法治素养，切实增强各级领导干部依法决策、依法办事的水平。要切实加强干部监督管理。加大带病提拔、跑官要官等选人用人问题专项整治力度，深刻反思“能人腐败”教训，规范干部权力运行，加强对干部特别是党政一把手的监督管理，健全落实干部经常性谈话、关爱提醒、重大事项报告等制度，切实提升干部监督管理工作的科学化水平。

5. 要持续深入优化作风效能。我们要深刻认识作风问题的顽固性反复性，以锲而不舍、驰而不息的决心毅力，踏石留印、抓铁有痕的胆识魄力，把作风建设不断引向深入。要聚焦问题狠抓作风。要清醒看到一些党员干部思想上行动上存在的“四风”复发潜在因素，严格执行中央八项规定，不断巩固和深化教育实践活动成果，充分发挥政风热线、问政面对面等平台的作用，在作风建设抓常、抓细、抓长上狠下功夫，让侥幸者丢掉幻想。要优化服务强化效能。进一步优化机关服务机制，大力推行清单式审批、联合式办理、一站式服务，不断提高机关服务效能。充分发挥“三合一”电子监察平台作用，继续加大效能建设明查暗访力度，突出狠抓“庸懒散拖”、“中梗阻”等问题整治，严肃追究违反效能规定相关单位和个人的责任。要动真碰硬严惩腐败。保持零容忍的态度不变、猛药去疴的决心不减、刮骨疗毒的勇气不泄、严厉惩处的尺度不松，深入推进反腐败斗争。要落实好纪检体制改革各项措施，确保党内监督不留死角。要抓住落实党风廉政建设“两个责任”不放松，严查各级有没有把责任真正落实到位。要加快打造“一馆两翼”廉政教育阵地，推动廉政观念、廉政文化广泛传播，让崇廉尚廉成为新时期武进干部的共性特征。要更有针对性地加大惩治和预防腐败力度，加强征地拆迁、工程建设等重点领域专项治理，使隐蔽化、智能化、多样化的腐败无处藏身。

6. 要全面提升民主监督水平。要进一步发展党内民主，严格执行《区委常委会关于加强民主集中制建设的意见》，切实提高民主决策、科学决策的质量和水平。要持续扩大人民民主，全力支持区人大及其常委会依法行使监督等各项职权，在全面推进改革和法治进程中更好地体现人民意愿、维护人民利益；充分发挥人民政协作为协商民主重要渠道的作用，推进协商民主广泛、多层、制度化发展，做到既坚持了党的领导，又发挥了各方面的积极作用，既坚持了人民主体地位，又贯彻了团结和谐要求。要巩固和提升“爱国爱党爱家乡，同心共建现代化”主题活动，发展和壮大爱国统一战线，充分发挥工青妇等群团组织的桥梁纽带作用，多层次多领域扩大公民有序政治参与，切实把党的群众路线贯彻到联系群众、服务群众、群策群力的全过程、各环节，为全区的改革发展凝聚广泛共识、汇聚磅礴力量。

政府工作报告（摘要）

——在武进区第十五届人民代表大会第四次会议上

常州市武进区区长　臧建中

（2015 年 1 月 7 日）

2014 年工作回顾

过去的一年，面对国内外经济形势复杂多变、下行压力日益增大、各种矛盾相互交织等严峻挑战，我们认真贯彻落实中共十八大和十八届三中、四中全会精神，牢牢把握稳中求进的工作总基调，主动适应经济发展新常态，全面落实“两加战略”，全力推进“四大战役”，科学应对，扎实工作，较好地完成了年度各项目标任务。我区获得 2014 年中国市辖区综合实力百强第三名、中国最具投资潜力中小城市百强区第一名等全国性荣誉。

1. 经济运行稳中有进。预计（下同）完成地区生产总值 1900 亿元，增长 10.1%；一般公共预算收入 129.62 亿元，增长 3%；全社会固定资产投资 1000 亿元，增长 11.9%。工业发展平稳有序。工业经济“四十四百”提升计划加快实施，实现规模以上工业增加值 960 亿元，增长 10.2%；规模以上工业总产值 4250 亿元，增长 8.1%。完成省标战略性新兴产业产值 1250 亿元、高新技术产业产值 1793 亿元，占规模以上工业总产值的比重分别达到 29.4% 和 42.2%，智能装备、新材料等新兴产业加速壮大。信息化发展水平指数达到 89 分，新认定省两化融合转型升级示范企业 3 家、省两化融合试点企业 21 家。西太湖国际医疗产业园、武进工业设计园被省行业部门列为共建产业园。三外质量明显提升。完成协议注册外资 13 亿美元、实际到账注册外资9亿美元，其中制造业和生产性服务业实际利用外资占比超过95%。完成进出口总额100亿美元，新签外经合同1.7亿美元，完成外经营业额1.1亿美元。服务业提档升级。服务业“三四五”壮大计划持续推进，实现服务业增加值798亿元，增长14%，占地区生产总值的比重达到42%。完成全社会消费品零售总额449亿元，增长12%；亿元市场成交额1121亿元，增长10%。旅游接待人数1468万人次，旅游总收入175亿元，分别增长10%和23%。文化产业增加值108亿元，增长14%。万达广场、环球动漫嬉戏海等项目建成投运，中华孝道园创成国家AAAA级景区。新增省服务业创新示范企业1家、省服务业重点培育企业2家，亚邦医药物流中心成为全市首家5A级物流企业。横林镇崔北村成为全市首个省农村电子商务示范村。现代农业大力推进。新增高效农业面积666.67公顷，新建高标准农田1133.33公顷，高效农业保险覆盖率达到68.7%，邹区（蔬菜）现代农业产业园升格为省级现代农业产业园区。新增农民专业合作社57家、家庭农场325家、国家级农民合作示范社3家，新型农业经济主体经营面积达到2.18万公顷。我区通过省基本实现农业机械化水平评价。

2. *发展后劲持续增强*。项目建设取得突破。重大项目突破年活动成效显著，北汽新能源汽车整车及零部件、斯太尔发动机、西门子电机、中国香精香料等一批重大项目成功落户。381个区重点项目完成投资600亿元，占全社会固定资产投资的比重达到60%。固定资产增值税抵扣达到10亿元。平台载体活力迸发。开发区的高新技术产业产值、省标战略性新兴产业产值、实际到账注册外资占全区的比重分别达到39%、50.5%和80%。高新区被列入苏南国家自主创新示范区和省行政审批制度改革试点单位。西太湖科技产业园深化产城融合发展，中以创新园升格为国家层面共建园区，全国首个国家石墨烯新材料高新技术产业化基地成功落户。绿建区发展框架全面拉开，引领行业发展的示范作用逐步显现。13个镇级重点工业集中区完成规模以上工业总产值900亿元。全区建成标准厂房面积100万平方米。科技创新深入推进。R&D经费支出占GDP的比重达到2.6%。新认定高新技术企业59家、省级以上研发机构30家，新建科技孵化器、加速器面积38万平方米，万人有效发明专利拥有量达到15件。万名产业英才集聚三年行动计划深入实施，新增各类产业人才2.2万名。新引进领军人才项目67个，落户国家千人计划项目20个；7名人才入选省双创计划，16名企业博士入选省博士计划。科技镇长团工作成效明显，3个镇成为省创新型试点乡镇。企业实力不断增强。新增工业销售超百亿元企业1家、超50亿元企业2家，累计分别达到6家和13家。6家企业入选中国民营企业500强，恒立油缸、碳元科技等4家民营企业受到全省表彰，润源控股获得市长质量奖。参与制（修）订并发布国家标准、行业标准各8项，新增中国驰名商标6件、省著名商标18件，“三名”商标数量继续保持全省县区领先。个转企、小升规、规转股、股转市工作扎实推进，191家个体户升级为企业，120家小微企业升级为规模以上企业，全区规模以上工业企业达到1900家；亚邦染料在上海证券交易所上市，募集资金14.7亿元，第六元素、通利农贷登陆新三板，43家企业在区域性股权交易市场挂牌；新增创投资金10亿元，累计达到79.2亿元；直接债务融资规模达到260亿元。完成企业主辅分离16家。江海化工、新亚电机等5家企业完成外资并购重组。

3. *发展环境明显改善*。简政放权优化服务。新行政服务中心投入使用。第六轮行政审批制度改革全面启动，“三集中三到位”不断深化，行政审批事项由279项精简到156项，精简率为44%；区级行政审批事项、政府行政权力、政府部门专项资金管理、行政事业性收费四张清单完成清理。注册资本登记制度改革加快推进，“四证一体”联合办证、重点项目代办等制度不断完善，累计联办企业570家、代办重点项目106个；全年新设市场主体1.9万户，增长15%，累计达到10.7万户。公共资源交易管理实现区、镇全覆盖，完成交易项目1870项，交易额达到156亿元。破解瓶颈保障发展。拆迁安置加力推进，完成征收拆迁面积265万平方米；妥善解决263个拆迁历史遗留问题，51个项目（地块）建设得到保障；分配安置房、商品房1.4万套。土地利用节约集约，新增规划流量指标1246.67公顷、用地指标460公顷，盘活存量土地533.33公顷，我区成为省国土资源节约集约模范区。金融创新成效显著，金融机构本外币各类存款余额2080亿元、贷款余额1550亿元，比年初分别增加150亿元和160亿元；新增金融机构及网点8家；中小企业金融服务中心启动运作；创新资托贷、资管保等融资担保服务模式，新增担保额41亿元；深化与政策性银行的银地共建工作，企业贷款余额超过70亿元。化解困难提振信心。深入开展“领导干部进企业、政企同心促发展”活动，召开行业座谈会11个，调研走访企业180多家，落实267个问题及建议的解决措施。加强应急专项资金管理，及时帮助风险企业解决资金链困难，为46家企业提供应急转贷资金238笔，累计28.9亿元。

4. *城乡统筹更加协调*。城乡规划持续深化。完成新一轮镇村体系布局、绿色建筑发展的规划修编，探索推进西太湖科技产业园“四规合一”编制。地下管线普查和综合管理信息系统项目荣获中国地理信息产业优秀工程金奖。加快东部发展三年行动计划启动实施，全面落实69项具体任务。基础设施更加完善。人民中路、大通东路等城市道路完成改造，延政西路西延、武进大道东延和金武路改造等交通工程按期推进。轨道交通武进段管线迁改基本完成，武进先行段启动建设。运河“四改三”横林段航道工程全面开工。南街、东方和花东等120万平方米老旧小区完成改造。中心城区建成健身绿道里程16.3千米，新增公共停车场2个。全区新辟、调整优化公交线路26条，建成公交站棚111个，常州汽车客运东站、横林公交枢纽中心建成投用。新建人防工程面积10万平方米。城镇管理不断加强。牛塘镇纳入中心城区管理。城市管理网格化巡查机制不断创新。9313城市环境综合整治行动有序推进，拆除两违建筑2万面积平方米，整治户外广告面积1.1万平方米，设置道路隔离护栏长度142千米，出新建筑立面面积16万平方米，整治高架沿线城中村71个、重要节点85个。建筑垃圾资源化利用水平全省领先。县道养护质量全省第一。城市文明程度和市民文明素养不断提升，在上级文明指数测评中保持全市领先。农村改革实现突破。我区成为全国农村改革试验区。农村集体产权制度改革进展顺利，组建社区股份合作社200个，界定股东49.3万人，量化集体资产19.6亿元；成立全市首家区级农村产权交易所。农村土地承包经营权确权登记颁证试点启动，奔牛镇和12个行政村完成试点任务。土地承包经营权抵押贷款取得突破。强基工程深入实施。所有行政村的村级集体经济年收入基本超过 100 万元，其中 10 个行政村超过 1000 万元。扎实开展村级债务风险防控和化解试点工作。镇村面貌逐步改善，嘉泽镇创成国家卫生镇，遥观镇、雪堰镇通过国家卫生镇复审，新增省级卫生村 4 个、省美丽乡村建设试点村 1 个。焦溪村入选中国传统村落。

5. 生态建设扎实推进。生态文明战役有序实施，十大工程 75 个项目全面推进，环境质量综合指数达到 84 分。生态创建持续深化。8 个镇完成生态文明建设规划，高新区、经发区通过国家生态工业示范园区国家级考核验收。生态绿城建设成效显著，西太湖重要湿地保护区、宋剑湖湿地郊野公园等 15 个项目基本完工，全区新增造林绿化面积 1200 公顷，林木覆盖率达到 23%。环境整治成效显著。新一轮清水工程全面启动，11 条重点污染河道完成整治，新沟河拓浚延伸工程按序推进，武南污水处理厂二期建成投用，新建污水主管网长度 62 千米；太湖水环境治理 13 类 135 项工程全面实施；饮用水源地水质达标率 100%。大气污染防治措施强力推进，拆除懒汉炉 1154 台，改造工业炉窑 27 台，年用煤量减少 2 万吨；319 家建筑工地、企业进行扬尘整治，71 家轧钢、印染等企业实施提标整治，空气质量优良率为 63.8%，PM2.5 平均浓度下降 4.3%。新一轮农村环境综合整治全面启动，洛阳镇农村环境连片整治项目主体完工。节能减排有序推进。单位 GDP 综合能耗下降 5.5%。5 家热电厂完成脱硫改造，39 个高耗能、重污染项目停批退批，45 家电镀企业、21 家印染企业、49 家合成类化工企业完成整治，285 家企业纳入危废处置规范化管理体系。清洁能源推广力度加大，新增天然气用户 2 万户，车用天然气消费量超过 2700 万立方米。

6. 各项事业协调发展。民生质量持续改善。农民收入倍增计划深入实施，城镇居民、农村居民人均可支配收入分别达到 41660 元和 21800 元。就业服务体系更加健全，新增城镇就业 2.9 万人，城镇登记失业率控制在 2%。养老、医疗等社会保障标准进一步提高，常武医保互通基本覆盖到位。建成公共租赁住房 5693 套、限价商品房 1681 套，发放廉租住房租金补贴 95 户；投放住房公积金贷款 15.5 亿元。全年新增慈善资金 6100 万元，发放慈善救助资金 3500 万元，救助 1.3 万人次；新增光彩协议资金 1.1 亿元，实施光彩项目 150 个。社会事业健康发展。奔牛高级中学新校区建设加快推进，无证幼托园所整治有序实施，我区获评全国义务教育发展基本均衡区、教育改革创新示范区和社区教育示范区。3 家区级公立医院改革启动实施，40% 的镇卫生院与三级医院组建医疗联合体。城乡一体 10 分钟体育健身圈加快建设，各项重大体育赛事顺利开展，我区在第 18 届省运会上蝉联县级金牌榜首位。文化惠民力度加大，“社区天天乐”等活动蓬勃开展；广播剧《天佑中华》获省“五个一”工程奖。老年大学启动建设，金东方颐养园等养老服务项目有序推进，每千名老人机构养老床位数达到 43 张，城镇社区居家养老服务中心实现全覆盖。出生人口素质持续提升。8 大类 16 项援疆工程扎实推进，10 个重点项目完成建设。侨台、民族宗教、人民武装、妇女儿童、双拥、文联、红十字、残疾人、保密、地方志、档案等工作都得到新发展。社会治理能力不断提升。流动人口管理进一步加强，群防群治工程和道路交通安全畅通工程强力推进，平安武进建设取得新成绩。整合利用各类调解资源，加大矛盾调处力度，畅通人民群众利益诉求的表达渠道，社会大局保持和谐稳定。社区管理服务不断强化，基层社区减负增效全面推进，98% 的城镇社区、96% 的农村社区达到省级和谐社区标准。社会组织培育发展服务中心投入使用，政社互动范围不断扩大。深入开展食品药品安全预警监测，监管网络持续优化。强化基层应急管理，组织开展应急演练百余次。安全生产标准化建设、隐患排查等体系进一步完善。国民经济和社会发展第十三个五年规划启动编制。

一年来，我们切实加强政府自身建设，健全行政决策机制，完善政府工作规则，提高依法行政水平。坚持向人大及其常委会报告工作，向政协通报情况，认真听取民主党派、工商联和无党派人士的意见建议，自觉接受监督。共办理人大代表建议 104 件、政协委员提案 286 件，办结率 100%。扎实开展党的群众路线教育实践活动，严格执行中央八项规定、国务院约法三章、省委十项规定和市、区委实施意见，认真查摆问题，坚持立行立改，建立长效机制。强化三公经费管理，全面推行职务消费公务卡结算，三公经费支出下降 30%；区级会议同比减少 21%，发文减少 27%。全面接受国家审计署土地出让金收支和耕地保护专项审计，积极配合做好省委对常州市的巡视工作，按照要求深入开展整改落实。

我们也清醒地看到，全区经济社会发展还面临着不少困难和问题：经济下行压力依然较大，企业投资信心尚未恢复，重大项目储备不足，经济工作的方式方法需要进一步转变；土地、资金、环境等瓶颈制约日益突出，企业互保的金融风险依然存在，政府谋划创新、破解难题的能力需要进一步提升；城镇管理的精细化水平不高，民生改善、社会治理的要求不断提高，政社良性互动的格局需要进一步优化；依法行政的意识亟待增强，“四风”问题还不同程度存在，政府转变职能、自我革新的力度还需要进一步加大。对此，我们将高度重视，采取更加有力的措施，积极加以解决，努力将各项工作做得更好。

2015 年工作任务

2015 年是奋力冲刺“十二五”目标任务的决战之年，也是全面规划“十三五”发展蓝图的重要一年。做好今年的政府工作，将以中共十八届三中、四中全会精神为指引，认真落实习近平总书记视察江苏重要讲话精神，高举改革和法治大旗，围绕“迈上新台阶，建设新武进”的目标，突出“坚持两加战略，深化四大战役”的主题，坚持“稳中求进、稳中快转”的基调，贯彻“民生优先、环保优先、节约集约优先”的方针，主动适应发展新常态，紧紧把握法治新要求，全面激发改革新动力，统筹推进稳增长、促转型、强载体、优生态、惠民生等各项工作，确保完成“十二五”各项目标任务，努力建设经济强、百姓富、环境美、社会文明程度高的新武进。

2015 年经济社会发展的主要预期目标是：地区生产总值增长 9% 左右；一般公共预算收入增长 6% 以上；全社会固定资产投资达到 1000 亿元；高新技术产业产值达到 2000 亿元左右；社会消费品零售总额增长 12% 左右；城乡居民收入增速高于经济增长；实际到账注册外资、进出口总额和节能减排等完成市下达任务。

围绕上述目标任务，2015年政府将着重抓好六方面工作：

一、突出质量效益，推进转型升级，促进经济健康发展

加快产业培育。坚定不移推进工业经济“四十四百”提升计划和服务业“三四五”壮大计划，进一步调整存量、做优增量，逐步增强战略性新兴产业和服务业的支撑作用，着力推动传统产业向中高端迈进，确保规模以上工业增加值突破千亿元，服务业增加值占GDP的比重达到44%；规模以上工业总产值达到4600亿元，省标战略性新兴产业产值超过1440亿元。全面推进企业梯队建设和主辅分离工作，新增工业销售超百亿元、超50亿元企业各1家。围绕市重大项目深化年活动的要求，全力以赴服务好落户项目，着力推进重点项目建设，区重点项目完成投资450亿元以上，服务业投资占全社会固定资产投资的比重达到40%，高新技术产业投资占工业投资的比重增加至45%。突出稳粮提质，转变农业发展方式，壮大农业经营主体，推进高标准农田建设，提升农产品质量、效益和竞争力。

强化创新驱动。充分发挥政府引导作用和市场主导作用，强化企业创新主体地位，引导创新要素、创新人才向企业集聚，高新技术企业达到400家，R&D经费支出占GDP的比重达到2.7%，新增中国驰名商标3件、省著名商标5件，取得专利授权5500件。充分发挥半导体照明国家重点实验室、江南石墨烯研究院等平台作用，全力推进四大创新型科技园区建设，新建“三站三中心”30个。进一步发挥科技镇长团作用，主动接受常州科教城辐射，鼓励企业与高校、科研机构开展以市场需求为导向的联合创新，转化产学研合作成果80个。加大人才引进力度，新增高层次创新创业团队50个、专技人员和高技能人才2.2万人。推行领军人才项目动态绩效评估制度，提升创新投入的产出价值。

扩大开放开发。围绕民营企业国际化、外资企业本土化，创新招商选资方式，强化产业链招商、园区特色招商，推进以民引外、以外引外，吸引跨国公司、大型国企、实力民企参与企业改造改组和兼并重组，大力引进先进技术、管理经验、智力资源等国际高端生产要素，进一步提升外资质量，力争在超10亿美元重大项目上实现突破。加大外贸扶持力度，加快出口基地和品牌建设，提升外贸公共服务平台功能，保持外贸良好增长态势。坚持引进来和走出去相结合，激发企业对外投资潜力，在全球范围内积极参与资源配置、市场开拓。

做强平台载体。全面放大苏南国家自主创新示范区的引导辐射效应，整合创新资源，优化创新环境，推进协同创新，持续提升开发区的支撑带动作用。高新区瞄准技术高地、产业高地、发展高地的定位，扎实推进综合保税区、特色产业园区、合作共建园区建设，培育壮大“3+3”产业体系，努力成为全区经济发展的技术引擎和示范力量。西太湖科技产业园突出产城融合理念，加快临湖区域产城融合启动示范区、海峡两岸健康产业示范基地建设，提升“4+1”产业水平，进一步提升发展内涵。绿建区围绕绿色技术集成、绿色建筑创新、绿色产业延伸，全力争取部省支持，尽快形成产业规模，将政策和品牌优势转化为发展优势。完善提升“一古一今一生态”三大旅游板块，不断营造区域旅游特色。各镇工业集中区以特色产业集聚为重点，加快标准厂房建设，提升开发利用效率，增强对镇域经济的带动作用。

二、突出改革创新，强化整体联动，增强发展内在动力

大力推进简政放权。统筹政府机构改革，深化事业单位分类改革，推进社会组织改革，稳步实施市级中心镇扩权强镇改革，扎实开展高新区省行政审批制度改革试点工作。严格厘清市场与政府的边界，加快向社会公开区级行政审批事项目录清单、政府行政权力清单、政府部门专项资金管理清单、行政事业性收费目录清单，探索建立投资核准事项目录清单，以服务企业为主线优化注册登记制度，以项目建设为重点改进项目审批服务，以规范市场为核心提升监督管理能力，以便民利民为导向加快民生事业建设。持续深化工业项目并联审批、重点项目代办服务，不断提高行政审批效率。加快构建“一办四中心”政务服务平台，逐步完善便捷高效的政务服务体系。加快政府向社会组织购买公共服务步伐。自觉接受各方面监督和评价，严格依法约束行政行为，以政府权力的“减法”换取市场活力的“加法”。

加快重点领域改革。以全国农村改革试验为统领，健全城乡发展一体化体制机制，加快启动农村土地承包流转管理、农产品目标保险两大试验项目，全面实施农村土地承包经营权确权登记颁证工作，稳妥推进农村集体工业建设用地使用权流转和房屋确权登记发证工作，加快镇级农村产权交易站建设，激活农村资源要素，释放基层发展活力。有序推进金融改革创新和资本市场建设，引导融资性担保行业健康发展，完善金融风险联动化解机制，切实维护区域金融生态环境；提升中小企业金融服务中心效能，加快建设金融超市；大力引进境内外金融资本，风创投资本达到90亿元；鼓励企业上市或赴区域性股权交易市场挂牌，新增上市企业2家、新三板挂牌企业3家，直接债务融资规模达到300亿元。全面推进节约集约用地双提升行动计划，加强耕地保护，清理批而未供用地，整顿违规用地行为，加大土地整治力度，提升开发建设标准，提高土地利用效率和产出效益。

全面优化营商环境。围绕建立公平、开放、透明的市场规则，推进法治化、国际化营商环境建设。进一步清理规范、有效整合扶持政策，创新产业扶持的方式方法，实现政策效用的最大化、规范化。优化公共资源配置，完善公共资源交易管理体制和监督机制，规范产权交易行为，依法保障市场主体合法经营秩序，激发大众创业、万众创新的活力。坚持宽进与严管并重，加快完善事中、事后监管机制，探索综合行政执法体系改革，实现重点领域跨部门综合执法。加强社会诚信体系建设，扩大信用管理范围和约束力，健全失信行为联合惩戒制度。

三、突出建管并重，统筹城乡发展，提升人居生活质量

完善基础设施功能。坚持规划引领，统筹推进经济社会发展规划、城乡建设总体规划、土地利用规划、生态环境保护规划等多规合一。启动编制城区停车设施布局、社区体育设施布局等民生规划，建设武进城建专题数据库。立足城市形象提升，有序推进湖滨路、横溪路等市政道路建设，实施长虹路高架地面道路、滆湖东路改造更新。完善城区慢行系统，推进淹城路等绿道工程，在中心城区建设137个自行车驿站。配合做好常州市轨道交通建设。继续推进武进大道东延、金武路改造等交通项目，启动常宜高速前期工作，加速实施运河“四改三”横林段航道工程。加快重点水利工程建设，继续推进新沟河延伸拓浚工程，启动永安河综合整治，建设好中央财政小型农田水利重点县项目。全面完成农村改水工程，强化供水保障。增加

人防工程建设总量，新建人防工程6万平方米。

优化城市功能品质。发挥重大商业设施、重点功能项目的带动作用，增强城市建设对高层次经济发展、高品质人居生活的支撑能力。围绕城市有机更新、功能不断完善，突出遗留问题化解，创新思路完善征收拆迁安置方法，努力实现拆迁安置同步推进。完成中凉、花东等34万平方米老旧小区整治改造任务。进一步理顺城市管理机制，消灭管理盲区，保持良好的城市面貌。深入实施“9313”城市环境综合整治行动，集中整治节点道路、城郊结合部等重点区域，建成城东、城南大型生活垃圾中转站，提升环卫保障能力，实现建筑垃圾资源化处理城区全覆盖。完善文明城市长效管理机制，提升城市文明水平。全面落实属地管理责任，切实加强物业管理工作。

提高镇村建设水平。围绕新型城镇化建设，强化小城镇规划应用，加快编制村庄平面布局规划，逐步完成特色村庄、规模较大集聚村的规划编制。加强政策引导，有序推进农村集中居住示范点建设。进一步完善农村基础设施，完成农路改建里程20千米、提档升级里程30千米，改造农桥20座。全面开展美丽乡村建设，力争8个村通过市级验收。积极探索以镇为单位组建股份合作社联社或集体资产经营集团公司，组织开展村级提速增效、减负增效行动，村级集体年收入增长10%，年收入超150万元的行政村达到50%，超千万元的行政村达到12个。

四、突出标本兼治，改善生态环境，建设绿色美丽武进

推动绿色发展。严控高耗能、高污染项目，改造和淘汰落后产能，全面完成COD、氮氧化物等主要污染物排放总量削减任务。大力发展循环经济，持续推进企业清洁生产，完成重点企业清洁生产审核20家以上。逐步完善资源综合利用体系，强化能源消耗总量和能耗强度双控制度，积极开展清洁能源替代工程，完成500台懒汉炉的改造。更大范围推广可再生能源建筑应用，提高可再生能源产业化水平。全面推进生态绿城建设，形成一批高品质亮点工程，努力构建城乡绿色生态网络。全面开展绿色创建活动，确保14个镇全部建成国家生态文明建设示范镇。加快推进西太湖生态文明建设试验区建设。

强化环境治理。狠抓大气污染治理，强化工业废气、汽车尾气、施工扬尘等专项整治，推进燃煤电厂脱硫脱硝及除尘技术设备改造，抓好垃圾焚烧、秸秆焚烧、餐厨油烟等污染治理，淘汰黄标车500辆，全年空气质量优良天数比例达到65%。突出水环境综合治理，加强对太湖、滆湖和重点河道三大领域的水环境整治，持续推进清水工程，有效整治一批重点污染河道，建成一批示范河道，切实改善区域整体水质。加大污水管网建设力度，进一步完善老集镇区、工业集中区污水接管网络，新建污水主管网长度60千米，全区污水日处理能力提高到34万吨。巩固提升农村环境连片整治成效，新建分散式污水处理设施70套以上。

加强长效管理。制订生态红线区域管理办法，加快生态文明建设规划修编，落实生态红线区域保护规划，建立农村生态补偿机制，实行最严格的源头保护、损害赔偿和责任追究制度。建立环境污染预警机制，健全生态监测网络，探索生态环境长效管理的社会化管理机制，督促企业完善环境应急制度，防止苗头性问题扩大，确保全区生态安全。落实联席会议、联合执法等各项制度，综合运用限期治理、停产整顿、行政约谈、媒体曝光及追究行政、刑事责任等多种手段，增强环境执法的刚性和威慑力。

五、突出民生幸福，增进社会和谐，提高群众幸福指数

努力增进民生福祉。以发展成果普惠共享为目标，继续推进为民办实事项目，着力扩大受益范围，提升居民幸福感受。全面落实各项政策措施，千方百计扩大就业，鼓励更多有劳动能力的人参与创新创业，新增各类经济主体1.5万户，新增就业岗位6万个，城镇登记失业率控制在2.5%以内。稳步提升社会保障水平，发放社会保障卡50万张，基本养老、医疗、失业保险综合覆盖率稳定在98.8%以上。全力实施被征地农民基本生活保障工程，不断提高被征地农民生活水平。继续扩大住房保障覆盖范围，开工建设公共租赁住房590套，投放住房公积金贷款13亿元，多渠道解决低收入家庭住房困难。坚持以居家为基础、社区为依托、机构为支撑，引导社会资本参与养老服务、家政服务、社区照料等事业；积极探索医养融合新模式，整合医疗机构和养老机构资源，逐步完善养老服务体系。切实加强社会救助体系建设，发放慈善救助资金3800万元以上，救助1.2万人次以上。筹集光彩基金3000万元。

全力繁荣社会事业。完善居住证管理制度，依法提升流动人口管理服务能力。加强民办简易幼儿园长效管理，有效增加学前教育和中心城区义务教育资源容量；扎实推进省教育现代化示范区建设，进一步提高教育优质均衡发展水平。深化医药卫生体制改革，推进医疗联合体建设，扩大医疗技术合作；加快实施武进人民医院和武进中医院扩建工程，做好武进人民医院三级甲等医院创建和托管武进高新区人民医院工作，完善卫生服务网络，提高群众医疗保障水平。着力加强基层公共文化设施建设，积极办好市民艺术节。全面建成镇级现代化全民健身中心和城乡一体10分钟体育健身圈，努力打造中华龙舟大赛、环太湖国际公路自行车赛等赛事品牌，争创省级公共体育服务体系示范区。扎实做好对口援建工作。有序推进省科普示范区建设。推动机关事务、侨台、双拥、民族宗教、妇女儿童、红十字、保密、人民武装、地方志、档案等工作健康发展。

着力创新社会治理。以增强自治和服务功能为导向，进一步推进城乡和谐社区建设，确保所有社区建成省级和谐社区。全面推进政社互动，建立村（社区）减负增效长效机制，进一步明晰社区职责。大力开展区级公益创投活动，出台政府职能转移目录，培育孵化一批公益性强、发展后劲足、有示范引领作用的社会组织，做好社会组织规范化评估升格工作。开展信访积案分类清理等三大专项行动，用法治的思维和法治的方式化解社会矛盾；全面规范重大行政决策社会稳定风险评估，从源头预防矛盾问题的产生。继续深化道路交通安全畅通工程，建立立体化社会治安防控体系，保持社会大局持续稳定。稳步推进食品药品体制改革，完善监测体系，确保广大群众饮食用药安全。按照党政同责、一岗双责、齐抓共管的要求，严格日常监管，狠抓专项整治，全面落实安全生产责任制度。加强应急队伍建设，健全突发公共事件应对机制。继续做好“六五”普法工作。

六、突出依法行政，加强自身建设，塑造人民满意形象

坚持依法行政。严格按照法定权限和程序行使权力、履行职责，切实提升依法行政水平，加快建设职能科学、权责法定、执法严明、公开公正、廉洁高效、守法诚信的法治政府。完善

依法决策机制，认真执行公众参与、专家论证、风险评估、合法性审查、集体讨论决定重大行政决策等法定程序，明确责任追究处理程序，确保决策制度科学、程序规范、责任明确。坚持严格规范公正文明执法，推进行政首长出庭应诉工作，不断提升司法公信力、社会法治化水平和全民守法自觉性，努力营造良好的法治环境。

推进政务公开。依据权力清单，健全多渠道、多介质的政府信息公开平台，推进行政权力网上公开透明运行平台向基层延伸，全面建设透明法治政府。进一步完善政府信息公开实施办法，明确操作流程，规范信息发布程序。推进财政预算、公共资源配置、重大建设项目批准和实施、社会公益事业建设等领域的信息公开，确保权力在阳光下运行。提升公共服务平台功能，畅通双向沟通渠道，以高效、便捷的方式与公众进行互动交流。定期召开新闻发布会，及时、准确、全面公开群众普遍关心、涉及群众利益的政府信息，推进决策公开、执行公开、管理公开、服务公开和结果公开。

切实改进作风。坚持群众路线、问题导向，充分发挥问政面对面、政风热线、透视窗等平台作用，深入开展三解三促活动，问政于民、问计于民、问效于民，提高政府服务基层、服务企业、服务群众的针对性和精准度。巩固和深化党的群众路线教育实践活动成果，深入贯彻中央八项规定、国务院约法三章、省委十项规定和市、区委实施意见，持之以恒加强作风建设，坚持不懈纠正"四风"问题，以作风转变的实际成效取信于民。

狠抓勤政廉政。树立法定责任必须为的理念，坚决反对庸政懒政，积极整治政风行风，全面构建惩戒不作为的制度体系。以作为求地位，以服务赢口碑，不断强化政府部门敢于担当、勇于创新、善于服务的责任意识。深化监审联动机制，严格用制度管权管事管人，从源头上预防和减少腐败现象的发生。牢固树立注重实效、不务虚功的导向，以"钉钉子"精神抓好对重大部署、重点项目、重要工作的跟踪落实，形成雷厉风行的政府执行力。大力推进廉洁政府、俭朴政府建设，切实做到为民务实清廉。

缩略语注释

1. 四证联办：工商营业执照、质监组织机构代码、国税登记证、地税登记证"一窗受理、一表填报、内部流转、统一发证"。

2. 八区一园：南京、苏州、无锡、常州、昆山、江阴、武进、镇江8个高新技术产业开发区和苏州工业园区。

3. 一核三区：一核即以"武进国家高新区（含科教城）"为核心区，三区即以"东区（遥观、武澄工业园）""中区（绿建区）""西区（西太湖科技产业园）"为辐射区。

4. 三位一体：通过十大产业链建设发展新兴产业，通过"双百"行动计划推动传统优势产业转型升级，通过培育"十百千"创新型企业提升科技创新能力。

5. 五张清单：行政审批事项目录清单、政府行政权力清单、政府部门专项资金管理清单、行政事业性收费目录清单、投资核准事项目录清单。

6. 四规合一：经济发展规划、城乡建设规划、土地利用规划与生态文明建设规划协调融合。

7. 一馆两翼：清莲馆和青少年诚信廉洁教育基地、法纪警示教育基地。

8. 中央"六个有"：有坚强有力的领导班子，有本领过硬的骨干队伍，有功能实用的服务场所，有形式多样的服务载体，有健全完善的制度机制，有群众满意的服务业绩。

9. 省委"五个进一步"：进一步强化服务意识，进一步提升服务能力，进一步拓展服务功能，进一步加强服务保障，进一步增强服务成效。

10. 市委"五个新提升"：服务理念有新提升，服务功能有新提升，服务本领有新提升，服务品牌有新提升，服务评价有新提升。

11. 两加战略："加力城乡一体，加速生态文明"战略。

12. 四大战役：产业培育、城乡一体、生态文明和改革创新四大战役。

13. 工业经济"四十四百"提升计划：发展十大行业、建设十大产业链、打造十大企业工业园、提升十大载体平台，培育100家工业大企业、推进100个工业重点项目、建成面积100万平方米标准厂房、培育100家创新型科技企业。

14. 服务业"三四五"壮大计划：提升三大现代购物商圈、完善三大景区，做强四大现代服务业集聚区、推进40个服务业重点项目，做大五大物流园、培育50家服务业重点企业。

15. 四证一体：对工商营业执照、组织机构代码证、国税登记证、地税登记证，实行一窗统收、分别办理、统一发证。

16. "9313"城市环境综合整治行动：对城郊结合部、城中村、棚户区、老旧小区、背街小巷、城市河道、低洼易淹易涝片区、建设工地、农贸市场九类重点区域进行集中整治，对占道经营、车辆停放、户外广告三类突出问题进行规范管理，提升城市长效管理水平，创建国家生态文明示范区、国家生态园林城区和国家历史文化名城。

17. 高新区"3+3"产业体系：智能装备、节能环保、电子信息三大核心产业和轨道交通、汽车制造、通用航空新三大产业。

18. 西太湖科技产业园"4+1"产业体系：以石墨烯为代表的先进碳材料产业、以医疗器械制造和高端医疗服务为代表的健康产业、以电子商务和软件开发设计为代表的智慧经济产业、以生态环境和文化创意为依托的休闲旅游产业四大特色产业，以中以创新园为载体的国际合作。

19. 生态绿城建设：2014年，常州市提出用3年时间，推进以"增核、扩绿、联网"为主要内容的生态绿城建设，内容包括生态园保护、郊野公园建设、城镇公园建设、生态细胞建设、生态廊道建设和生态绿道建设六大工程。

（栏目编辑　万向阳）

重要文件摘要

中共常州市武进区委员会
常州市武进区人民政府
关于印发产业培育战役工作方案的通知

武发〔2014〕43 号

为加快产业结构调整，培育经济新的增长极，提升产业发展水平和核心竞争能力，现将产业培育战役工作方案制定如下：

一、指导思想

深入贯彻落实科学发展观，坚持以市场为导向、企业为主体抢抓发展制高点，以培育大企业为主体夯实产业发展基础，以建设大平台为重点提升产业承载能力，以发展大产业为核心拉长产业链，以推进大项目为抓手增强产业发展后劲，全面实施工业经济“四十四百”提升计划、服务业“三四五”壮大计划，全力培育一批行业龙头企业、打造一批产业集聚基地，构建产业发展新高地。

二、主要目标

到 2015 年，形成“以重大技术突破为关键支撑、先导产业加速成长、优势产业加快做强、传统产业不断提升、重点领域跨越发展”的态势，传统优势产业的质量和效益同步提升，战略性新兴产业的份额和水平同步提高，初步形成以战略性新兴产业为主导、先进制造业和现代服务业为主体的发展格局。

1. 经济结构不断优化。到 2015 年，全区工业增加值达到 1063 亿元，服务业增加值达到 950 亿元，服务业增加值占地区生产总值达 45%。

2. 产业结构不断优化。战略性新兴产业发展不断加快，传统产业不断转型，竞争能力不断增强。战略性新兴产业产值年均增长 20% 以上，高新技术产业产值年均增长 15% 以上。到 2015 年，战略性新兴产业产值达 1500 亿元、高新技术产业产值达 2200 亿元，分别占规上工业总产值比重达 32%、46%。

3. 投资结构不断优化。至 2015 年，工业投资年均增长 15% 以上，其中高新技术产业投资占 50% 以上，企业研发投入占 GDP3% 以上；服务业投资年均增长 20%，占全社会固定资产投资比重超过 40%。

三、培育重点

（一）工业经济“四十四百”提升计划

1. 大力发展十大行业

（1）智能装备行业。突破轨道交通、汽车及零部件、通用航空与航天、智能专用装备等新兴装备，大力培育智能制造设备、智能数控、智能电网、机器人、农机和工程机械、高端纺织机械及其关键部件，提升高端装备自动控制、精密仪器仪表、信息传输控制等系统集成能力。到 2015 年，智能装备行业产值达到 1250 亿元。

（2）新能源行业。提升以太阳能利用为代表的新能源产业，加快新能源产业关键技术突破、核心装备研制、产业体系建设和重大示范应用，强化风电、光热设备制造和系统集成开发，加快推进分布式和建筑一体化光伏发电及生物柴油应用，积极创建国家新能源示范城市。到 2015 年，新能源行业产值达到 180 亿元。

（3）医药医疗器械行业。依托生物医药产业园和医疗器械城，加快承接国家重大新药创制等重大科技专项实施成果，发展新型疫苗、蛋白质药物等生物制药，开发具有国际先进水平的大品种化学药，打造高端诊疗仪器、生物芯片、医疗器械及关键部件特色产业集群。到 2015 年，医药医疗器械行业产值达到 150 亿元。

（4）新材料行业。发展以碳材料为引领的新材料产业，突破特种石墨材料、石墨烯、高性能碳纤维等先进碳材料，新型功能材料、复合材料和纳米、超导、智能等共性基础材料，新型半导体材料、磁性材料及器件、高强轻型合金、新型工程材料。到 2015 年，新材料行业产值达到 250 亿元，其中碳材料达到 40 亿元。

（5）电子信息行业。突破新一代移动通信、光机电一体化、传感网、移动互联网装备等智能终端产业，发展新型显示设备、应用芯片、智能传感器、电子元器件等电子核心基础产业，加快云计算、物联网服务等应用，提升创意设计、动漫游戏等基于新一代信息技术的文化创意产业，大力发展 LED 等新光源行业。到 2015 年，电子信息行业产值达到 400 亿元。

（6）绿色建筑行业。加强绿色建筑技术的研发、试验、集成、应用，提高自主创新能力和技术集成能力，以产业基地为载体，推广技术含量高、规模效益好的绿色建材，改造升级地板等传统优势产业，培育发展绿色建筑相关的绿色建材、环保设备等产业。到2015年，绿色建筑行业产值达到280亿元。

（7）金属制造行业。依托行业科技进步和自主创新，加强成套装备核心技术、关键工艺、系统集成等方面的协同创新，在关键成套装备与自动化、信息化和管理现代化、节能减排与资源综合利用等领域取得突破，优先发展优特钢、节能型彩铝型材，提升钢管、不锈钢管等金属制品产业水平，推进废铜等有色金属加工和循环利用，延长产业链，增加产品附加值。到2015年，金属制造行业产值达到1400亿元。

（8）精细化工行业。鼓励和支持发展先进生产能力，限制和淘汰落后生产能力，加快开发低污染、低排放产品，走清洁生产之路。加强行业整合，兼并重组，实现上下游一体化生产，打造一批具有重大影响力的领军企业。到2015年，精细化工行业产值达到200亿元。

（9）纺织行业。进一步发展化纤差别化和生物质新材料、家纺、产业用纺织品以及纺织品深加工，推进棉纺织、针织、色织、印染后整理等产业的改造与升级，整合行业优势，大力发展品牌服装等终端产品，培育纺织大企业大集团。到2015年，纺织行业产值达到250亿元。

（10）电机电器行业。大力发展节能型空调、高端冰箱、新型移动空调、洗衣机等现代电器，进一步提升空调电机、蒸发冷凝器等配套产品规模档次，形成以制冷系列、空调电器、家用洗衣机设备为主，以家用电机、五金配件、模具及塑料制品、家用电器接插件系列、外壳为辅的现代家用电器产业结构体系。到2015年，电机电器行业产值达到300亿元。

2. 重点建设十大产业链

（1）做强做大轨道交通产业链。在轨道交通车辆的关键零部件产业化和成套化、牵引传动和控制、电气总成、信号系统的研制上取得新突破，建设国内轨道交通关键零部件制造技术一流、品种齐全、整车配套能力最强的轨道交通装备生产基地。做大做强今创集团（产业园）、新誉集团，培育壮大中铁建、国丰机械等区内轨道交通骨干企业，推进遥观镇轨道交通装备产业基地、高新区轨道交通配件产业园、高铁电气化产业园等重点基地建设。到2015年，轨道交通产业链规模以上工业产值达到300亿元，年均增长20%左右。

（2）发展壮大汽车及零部件产业链。做大做强汽车零部件骨干企业，加快引进整车企业，提升汽车电子技术水平；鼓励企业提升技术创新能力，着力培育电动汽车电机、电控、电池等方面特色企业，大力发展汽车内饰、发电机爪极、发动机连杆、高压共轨喷油嘴等零部件，在发动机总成、变速箱、底盘、电气控制系统等关键零部件技术上取得突破。到2015年，汽车及零部件产业链规模以上工业产值达到230亿元，年均增长16%左右。

（3）加快提升农机和工程机械产业链。强化农机产业链间配套合作，重点发展科技含量高、市场容量大的大中马力轮式拖拉机，开发成长空间大、市场前景好的延伸产品；加强工程机械产业链间合作和零部件企业的提升，整合挖掘机、旋挖机等工程机械终端产品，发展高端液压部件，突破工程机械用动力系统、传动系统等关键零部件，形成较完善的工程机械产业链。到2015年，农机和工程机械产业链规模以上工业产值达到280亿元，年均增长9%左右。

（4）不断拉长太阳能光伏产业链。培育行业龙头企业，积极采用新工艺、新材料，建立从硅棒、切片、电池、组件到系统的完整的光伏产业链；参与国家“屋顶计划”、“金太阳工程”，推进太阳能光伏推广利用示范工程建设，做强顺风光电、格林保尔、天合亚邦、回天新材料等重点光伏相关企业，提升产业层次。到2015年，太阳能光伏产业链规模以上工业产值达到150亿元，年均增长12%左右。

（5）迅速壮大碳材料产业链。以技术突破为核心、资本为纽带，围绕特种石墨、碳/碳复合材料、大尺寸等静压石墨产品，依托碳纤维制造和应用重点企业，加快集聚领军人才和企业，开发智能终端用石墨烯透明导电薄膜等产品，适时整合上游资源型产业，集聚发展中下游应用型企业，大力培育核心企业，迅速壮大产业规模。到2015年，碳材料产业链规模以上工业产值达到40亿元，年均增长50%左右。

（6）大力培育新医药产业链。加快骨科植入类、手术器械类、卫生材料及敷料、康复器材等产业化步伐，加强原料药、医药中间体、成品药和保健品、生物制品制剂、药用辅料等产品群之间的协作配套，促进产业升级，建成全球骨科植入器械和一次性医疗器械的重要生产基地和新医药产业强区。到2015年，新医药产业链规模以上工业产值达到130亿元，年均增长20%左右。

（7）全力打造新光源产业链。在外延芯片环节瞄准LED背光、白光照明、车灯等重大应用领域，在封装环节发展大功率封装和SMD封装，在应用产品环节引进发展大尺寸LED背光产品、照明等项目，在关键材料及装备环节积极发展衬底材料、散热材料等制备和相关检测设备，形成LED上中下游全领域完整产业链。到2015年，新光源产业链规模以上工业产值达到100亿元，年均增长50%左右。

（8）稳步发展智能数控和机器人产业链。发展中高档数控系统和功能部件、机床核心附件，开发研制新一代经编机、新型纺纱设备和织物后处理设备，以及多轴联动加工中心、数控精密机床等产品以及高档刀架等相关部件，研发自动化控制、在线检测、数据采集和远程终端控制等系统，开发工业、医疗等专业服务类机器人设备及关键零部件，发展机电自动化、精密测控等智能设备产品。到2015年，智能数控和机器人产业链规模以上工业产值达到100亿元，年均增长20%左右。

（9）加快发展绿色家电产业链。依托中韩科技、丰润电器、新科科技等绿色家电生产终端企业，加强技术创新能力建设，加快技术升级，建立独立自主和具有国际水平的研发体系，在大力发展终端产品的同时，形成完整的产业配套体系。到2015年，绿色家电产业链规模以上产值达到150亿元，年均增长20%左右。

（10）大力发展绿色建筑产业链。以产业基地为载体，加强绿色建筑技术的研发和应用，推广技术含量高、规模效益好的绿色建材，培育绿色建筑相关的绿色建材、环保设备等产业，培育绿色建筑咨询、规划、建设、评估、测评等企业和机构，打造绿色建筑服务产业，提高自主创新能力和技术集成能力，初步形成上、中、下游配套的绿色建筑产业链。到2015年，绿色建筑产业链规模以上工业产值达到30亿元，年均增长50%左右。

3. 加快打造十大企业工业园

（1）中天钢铁工业园。以打造绿色钢城为目标，按照总体规划、分步实施的原则，全面启动北厂区技术改造工程，通过产学研合作采用先进技术，等量改造烧结、轧钢系统，建设大型高炉，开发H型钢等产业链延伸产品，提升装备等级，在钢铁行业中争做国内领先、国际一流的典范，打造成为全国的“绿色经济”示范企业。到2015年，实现营业收入1200亿元。

（2）恒立工业园。以建设全球最大的高压油缸生产基地、高精密铸件生产基地、高性能液压泵阀生产基地为目标，配备进口自动化加工设备，建成挖掘机油缸、重型装备非标油缸生产线，形成年产挖掘机高压油缸45万条、重型装备非标油缸15万条的生产能力，建成年产4.5万吨高精密铸件、2万吨高性能液压泵阀铸件、200万件高性能液压泵阀生产基地。到2015年，实现营业收入50亿元。

（3）长海玻纤产业园。完善玻纤产品产业链条，加快保温棉、防火层压板、电子薄毡、连续毡等产品创新。加快规划设计，启动园区建设，打造全国规模最大、实力最强、产业链最全的玻纤复合材料基地。2014年，产业园前期工作开始启动。到2015年，实现营业收入50亿元。

（4）国茂产业园。以打造全国规模最大的现代化减速机、电机研发制造基地为目标，围绕智能装备及关键零部件以及减速机相关产品，加大减速机和电机研发投入，加快斜齿减速电机等项目建设。不断延伸产业链，到2015年，实现营业收入100亿元。

（5）华大国际住宅产业园。建设集国际住宅技术孵化平台、标准体系平台、国家认证中心、中小住宅生产企业孵化器和电子商务平台为一体的综合性住宅产业园，启动体验中心、培训中心和标准厂房建设，打造国内独一无二的住宅公园，形成以集成房屋整体开发、生产、销售、建设、服务、咨询等为一体的产业园。到2015年，实现营业收入20亿元。

（6）东方金属新材料产业园。以“减量化、再利用、资源化”为原则，发展电梯导轨板块、管型材深加工板块、轨道交通装备板块等九大板块，实现废弃资源在园区内部资源化再利用。加快现代物流、专业配套服务、科研设计融合，建成特种钢产业区、特种钢深加工区、循环经济及配套产业区、电梯安装及售后服务区、商务办公区。到2015年，实现营业收入500亿元。

（7）亚邦生命科技产业园。推进亚邦医药营销总部基地、6大剂型生产车间及其配套设施、江苏省新型喹诺酮类药物工程技术中心、南京中医药大学—亚邦健康研究院及亚邦医药博士后工作站建设，建成大型创新药品、功能保健食品、新型医疗器械研发生产基地、综合性健康体验中心、生命科技产业人才培训基地。到2015年，实现营业收入150亿元。

（8）新纶光电材料产业园。拓展光电新材料产业链，引进精密涂布技术，购置电加热反应釜、精密涂布机和精密分条机等先进装备，开发硬化膜、OCA、窗膜、扩散膜等系列新产品，形成集研发、孵化、制造、销售于一体的光电新材料产业基地。到2015年，实现营业收入10亿元。

（9）福隆医疗器械产业园。围绕种植牙及口腔植入物、生物材料、抗菌材料制品、医用手术器械、生物诊断试剂、伤口敷料等医疗产业先进领域，购置针刺、水刺、涂布、镀银、水胶体和敷料复合等生产设备，建成集医用材料产品研发、生产、销售于一体的综合化医疗产业园。到2015年，实现营业收入10亿元。

（10）不锈钢管产业园。以研发生产先进高端不锈钢管为发展方向，升级改造企业研发中心，生产超超临界火电锅炉管和主蒸汽管道、核电管等特种钢管和油气输送用高性能不锈钢焊管，开发高性能复合管等新产品，打造技术国际领先、产能全国第一的高端不锈钢管产业园。到2015年，实现营业收入35亿元。

鼓励支持江南集团、瑞声科技集团、今创集团、华日升等企业建设企业工业园。

4. 全力提升十大载体平台

（1）石墨烯科技产业园。按照“一核三区”的总体布局，建设江南石墨烯研究院研发创新和公共服务平台、产业园孵化加速平台、西太湖碳谷科技园产业化基地及综合配套区，推进碳元科技、二维碳素、第六元素、二维光电、中超石墨烯电力科技等重点项目，建成国家级石墨烯产业技术研发和应用示范基地，成为省内最大的石墨烯生产基地、国家级石墨烯产业特色基地。到2015年，累计引进石墨烯相关企业20家以上，形成产销企业达到10家以上，营业收入超15亿元。

（2）西太湖大学科技园。结合西太湖科技产业园优势产业，通过高人才、高技术、高资本的有机结合，按照集创业、孵化、加速、科技产业于一体的要求，深入推动高校和科研院所与园区融合，加快技术成果转化。重点推进上海交通大学（常州）科技园、常州大学科技园等平台建设，成为常州市一流的高新技术成果转化基地、科技项目孵化基地、创新创业人才培育基地和产学研合作示范基地。到2015年，引进大学科技园5家以上，培育创业企业60家以上，营业收入达10亿元。

（3）武进科创中心。加快推进园区软硬件服务能力提升，借助龙城英才计划，重点引进孵化云计算、物联网、电子商务等电子信息行业内的领军型创新创业人才企业，由综合性孵化器向专业性孵化器转型；持续引进企业咨询管理、人才培训、知识产权服务、技术转移等知识服务中介机构，打造辐射全区乃至全市科技企业孵化器的“一站式”知识服务资源共享平台。到2015年，入驻企业70家，孵化毕业企业20家，其中高新技术企业5家。

（4）半导体照明联合创新国家重点实验室（常州基地）。依托半导体照明产业园，创新运行机制，与丰泰、光宝、汉莱等企业合作，在大功率封装、高价值农作物生长LED智能照明系统等项目上进行合作，开发半导体照明灯具10种以上，申请专利120项，制定标准或技术规范5项以上，在半导体照明产业链中下游和关键配套材料方面形成强大的创新能力。到2015年，新增授权专利20件，其中发明专利10件，开展孵化项目3个以上，营业收入达1000万元。

（5）绿色建筑产业集聚示范区。积极抢抓绿建区比照省级开发区管理的政策机遇，加大科研机构、绿色建筑企业的引进力度，加快建筑工业化、住宅产业化的发展步伐，做好产业集聚和示范引领，打造全省生态科技产业园和全国绿色建筑产业发展排头兵。到2015年，园区内绿色建筑企业达到50家，实现绿色建筑产值150亿元。

（6）武澄工业园。围绕“环保优先、节约优先、安全发展”的目标，完善配套设施建设，重点发展机械制造、新能源、新材料、环保产业、生物医药、精细化工等高新技术产业，加快建设卡特生物柴油、科威天使水处理药剂扩能改造、强力先端电子高感度UV固化材料和配套原材料等重点项目。到2015年，园区入驻企业20家以上，实现营业收入25亿元。

（7）武进工业设计园。加快聚集高端设计企业，提升园区知名度和服务能力；加强设计企业与制造业、服务业的对接，加快工业设计成果孵化；充分利用优质资源对工业设计的技术支撑，发挥工业设计在高端制造领域内的引领和推动作用；适时启动工业设计园二期建设，完善园区布局和服务功能。到2015年，园内企业达到30家，工业设计服务合同业务达5000万元，间接拉动产值20亿元。

（8）常州信息产业园。加快园区载体建设，加强招商引资，加大人才吸引力度，引进培育一批规模企业，建立人才培育储备库；构建协同对接，推进中小企业两化融合，利用园区嵌入式技术支撑平台，为智能装备企业进行嵌入式软件产品登记，鼓励有条件的智能装备企业组建独立软件公司。到2015年，园内企业达到50家，实现产值10亿元。

（9）创新产业园。积极探索政策优势、区位优势、产业资源、创新服务有效聚合的园区建设模式，引进和发展与产业运营价值链相关的现代服务业，为入驻高科技企业提供一流的功能设施、服务平台和管理支撑，从厂房、技术、资金、政策、配套等方面为入驻的科技型高成长企业打造完整的创新服务体系。到2015年，园内入驻企业达到20家，实现产值8亿元。

（10）医疗器械孵化园。以医疗器械产品研发、孵化、制造为核心，重点吸引以骨科植入器械、电子外科手术器械、医疗影像设备、医用敷料及耗材、老年康复器材、血液透析器材、植入式支架等医疗器械研发、孵化及制造企业入驻，建成初具规模的高标准医疗产业孵化平台。到2015年，园内入驻企业达到100家，实现产值30亿元。

5. 努力培育100家工业大企业。按照大企业培育三年行动计划，鼓励入库企业做强基地、并购重组、实施项目、自主创新，并通过两化融合、品牌战略、管理创新、引进人才等有效举措做强做大，加快培育一批掌握核心技术、规模优势明显、具有国际竞争能力的地标企业，确保到2015年，全区营业收入超1000亿元企业1家、500～1000亿元企业2家、100～500亿元企业10家、50～100亿元企业9家、10～50亿元企业78家；100家企业营业收入总量达到4300亿元，占全区规模以上工业营业收入的比重达70%。

6. 不断推进100个工业重点项目。立足优势产业的延伸与拓展，紧盯世界500强、行业龙头，着力引进、建设并储备一批有利于产业结构调优、单位产出较大的大项目，在项目审批、用地指标、资金扶持等方面给予优先支持，确保重大项目储备库投资总量保持在2000亿元以上，力争在超总投资100亿元或10亿美元项目引进上取得突破。到2015年，100个工业重点项目的投资占工业投资比重达20%。

7. 加速建成面积100万平方标准厂房。以“产业集中，产业集群、要素集聚，土地集约”为目标，以镇重点工业集中区为载体，积极探索标准厂房建设新模式，鼓励和引导社会资本参与投资建设，提高土地集约利用水平，优化工业生产布局，促进产业集聚发展。2014～2015年期间，确保每年新建成标准厂房面积100万平方米，到2015年，全区建成标准厂房面积达到735万平方米。

8. 积极培育100家创新型科技企业。突出企业技术创新主体地位，实施创新驱动，加快培育创新型企业。以提升企业自主创新能力为目标，集成科技创新资源，加大科技创新投入，深化产学研合作，完善提升企业研究开发的基础条件，支持创新型企业加快发展，围绕十大行业和十大产业链，加快培育以创新型领军企业为龙头、科技型上市后备企业为骨干、高新技术企业为主体的创新型企业集群。到2015年，100家创新型科技企业完成研发投入17亿元，申请专利3600件。

（二）服务业“三四五”壮大计划

1. 加快提升三大现代购物商圈。按照“一体化规划、一体化招商、一体化提升”的原则，完善商圈交通规划、优化路网结构、整合公共资源、加强经营管理、改善形象，以高端优质的专业品牌来塑造商圈亮点，优化富克斯流行广场、乐购超市、苏宁电器广场、武进购物中心（八佰伴购物中心）等定安路现代购物商圈，营造武进金鹰购物中心、大润发超市、新天地不夜城、新城上街、茂业、四季青服装城、武进万达广场等花园街综合消费商圈，培育新城吾悦广场、家乐福超市、人民商场、阳湖广场等人民路商圈，确保到2015年，三大现代购物商圈各引进国际、国内知名品牌1～2个，营业收入年均增幅超过15%。

2. 不断完善三大景区。围绕打造长三角高品质特色休闲旅游度假目的地，推进旅游与文化，旅游与体育，旅游与农业等深度融合，构建特色旅游品牌。确保到2015年三大景区营业收入年均增长15%左右。推进太湖湾旅游度假区争创国家级旅游度假区，嬉戏谷争创国家5A级景区。同时，推动太湖湾旅游度假区与周边农家乐、渔家乐的融合发展，打造“二日游”产品，拉长产业链；推进泛淹城旅游区建设，加快宝林文化园建设，打造佛教文化新亮点、淹城旅游新特色，提升春秋淹城旅游区周边环境、相关配套以及游客满意度，2015年力争春秋淹城旅游区创建5A级景区；推进西太湖以及嘉泽相关片区旅游产业的发展，完善旅游公共配套设施，打造生态休闲旅游新产品，使旅游与自然生态、健康养生、科技创新等相互促进，相得益彰，力争花博园在2015年创成4A级景区。

3. 努力做强四大现代服务业集聚区。完善现代服务业集聚区发展规划，明确产业定位、功能分区，在研发设计、信息服务、金融服务、专用技术服务、展示交易、中介服务等方面着力打造公共服务平台，提升发展档次，加快西太湖电子商务产业集聚区建设，完善科教城现代服务业集聚区，提升津通现代服务业集聚区，培育以世贸中心为代表的延政路现代商务服务业集聚区，确保到2015年建成1～2个优质服务业集聚区服务平台，四大集聚区营业收入年均增幅超过15%，营业收入占相关行业总收入的20%以上。

4. 全力推进40个服务业重点项目。进一步完善服务业重点项目区领导挂钩联系、协调推进、全程跟踪服务、督查考核等体制机制；加快武进万达广场、爱琴海购物公园、九洲金东方颐养园、环太湖艺术城、捷成数字媒体中心、智慧园公共服务平台、招商花园城、华日升家居广场等40个服务业重点项目建设，争取项目早开工、快建设、快投运。到2015年，确保15个项目竣工投运，重点项目完成投资300亿元以上。

5. 积极做大五大物流园。启动武南物流园建设，加快建设邹区物流园，全面推进奔牛港综合物流园建设，做大亚邦物流园，提升恒耐物流园。鼓励五大物流园区以引进国内外知名供应链物流管理企业为突破口，加强企业合作和信息化建设，吸引一批附加值高和技术含量高的环保项目落户园区。支持亚邦物流信息中心、奔牛港信息交易中心、恒耐物流信息交易中心等物流园区信息平台建设，推广物流园区电子商务认证体系、网上支付系统和配送管理系统。到2015年，武南物流园启动建设，邹区物流园、亚邦物流园、奔牛港综合物流园等一批物流项目竣工投运。五大物流园区新增物流企业50家。

6. 大力培育50家服务业重点企业。加大扶持力度，引导企业把服务理念创新、管理方式创新和商业模式创新进行有机结合，通过技术改造、产品研发、管理创新，实施技术研究和应用、高端产品开发和推广、配套设施改造和更新等创新项目，加快转型升级，提升综合竞争力。重点支持江苏明都汽车集团、新城集团、百兴集团、江苏亚邦医药物流中心、江苏嬉戏族有限公司、环太湖艺术城有限公司等6家企业成为江苏省内引领行业发展的服务业领军企业。到2015年确保50家重点服务业企业营业收入年均增长10%，3家企业列入省服务业企业百强，2家企业列入省服务业创新示范企业百强。

四、工作措施

1. 强化组织领导。在区四大战役推进工作领导小组的统一领导下，成立区产业培育战役指挥部，负责产业培育战役的实施，由区分管领导任总指挥和副总指挥，区各有关单位负责人为成员，日常工作由区发改局牵头，从区有关部门中抽调人员，组建具体推进班子，负责产业培育战役的推进。区各有关部门要根据各自职责，落实责任，细化措施，加快推进，形成合力。

2. 注重科技创新。强化企业在科技创新中的主体地位，建立健全鼓励原始创新、集成创新、引进消化吸收再创新的体制机制。加快推进节能环保产业园、智能装备产业园、电子信息产业园、功能新材料产业园四大专题园区建设，成为全区承载科技创新的平台。积极实施国家千人计划，引进一批高端人才。加强产学研合作，突出关键技术和共性技术攻关，以新技术带动产业培育。加强研发平台、创业平台和科技中介服务平台建设，促进自主创新、开放式创新和合作创新。

3. 推进重大项目。结合“重大项目突破年”活动，围绕工业经济“四十四百”提升计划和服务业“三四五”壮大计划，加强招商引资，确保在重大项目引进上取得突破。对区级以上重点项目，按照“一个项目（企业）、挂钩领导、责任单位、一抓到底”的要求，由各项目责任单位制定详细的年度推进计划，排好工作进度，把目标细化到每个季度，确保任务目标化、目标具体化、工作责任化、推进时序化。

4. 实行政策扶持。整合全区有关产业发展优惠政策，根据产业培育战役的内容，按照扶优扶强扶新的原则，研究制定相应的扶持政策，对产业培育战役涉及的有关重点对象进行扶持，充分发挥政策激励作用。积极帮助重点企业、重点项目向上争取政策扶持，形成配套完善、操作性强的产业政策体系。

5. 定期跟踪推进。建立产业培育战役工作例会制度，定期召开协调会，切实解决产业培育工作中存在的困难和问题；定期组织开展推进活动，通过领导集体督查、集中督办等有效举措，把产业培育战役不断深化；建立科学合理的统计指标体系，开展日常监测预测工作，加强对重点企业的跟踪服务，及时掌握企业的发展动态。

6. 落实资源保障。发挥多层次资本市场的融资功能，进一步加强银企合作，鼓励金融机构加大信贷支持，鼓励民间资本支持产业发展，发展创投基金、债券基金、担保基金等，落实资金保障；多渠道争取用地指标，加快推进土地盘活整理，新增建设用地计划优先向重点产业倾斜；建强载体平台，加快标准厂房规划建设，提高项目入驻率，为企业发展提供载体保障；加快推进企业上市工作，确保两年新增上市企业5家以上，场外市场上市企业10家以上，形成多种资本市场全面突破的良好格局。

7. 严格督查考核。把产业培育战役各项重点工作列入各镇、开发区和区各有关部门考核的重要内容，与镇、开发区年度工作和区级机关目标考核结合起来，严格考核。区督查办要建立定期督查制度，有计划有步骤地按阶段、分地区进行定期督查，及时发现、解决问题，通报相关情况，督促整改。各镇、开发区和区各有关部门也要建立内部考核制度，落实好目标和工作责任制。

(2014-03-04)

关于印发区加力推进城乡发展一体化工作实施方案的通知

武发〔2014〕46号

为深入贯彻中共十八届三中全会和中央、省、市农村工作会议精神，积极探索实践富有武进特色的城乡发展一体化道路，根据省委、省政府对农村改革试验区工作的总体要求，按照市委、市政府《关于深化农村改革加快推进城乡发展一体化三年行动计划（2014～2016年）》（常发〔2014〕1号）和区委、区政府《武进区城乡发展一体化三年（2013～2015年）行动纲要》（武发〔2013〕99号）文件精神，结合工作实际，特制定常州市武进区加力推进城乡发展一体化工作实施方案。

一、总体要求

以中共十八届三中全会精神为指引，紧紧围绕区委、区政府“加力城乡一体，加速生态文明”的发展主题，全面深化农村各项改革，切实加大城乡统筹力度，加快构建合理、公平、高效的城乡发展一体化体制机制，推进新型工业化、信息化、城镇化与农业现代化“四化”同步发展，力争到2015年全区人均地区生产总值达到14万元以上，城镇居民人均可支配收入、农村居民人均纯收入分别达到5.3万元、2.7万元，高标准完成城乡一体化制度建设改革试验任务，城乡发展一体化监测指标中期得分超过 90 分，争当苏南城乡发展一体化先行示范区。

二、重点工作

1. *推进城乡规划引领工程*。按照“四规合一”的总体要求，真正建立经济发展规划、城乡建设规划、土地利用规划与生态文明建设规划协调融合机制，着力深化新型城镇建设规划，制订实施东部地区发展规划，积极推进被撤并集镇环境提升规划，全面完成镇村体系布局规划，加快保留村庄规划覆盖，编制美丽乡村建设规划，优化现代农业布局规划，充分发挥规划在城乡发展一体化中的引领和统筹作用。

2. *推进现代农业提升工程*。深入推进农业发展方式转变，加快构建现代农业产业、农业科技创新、农业基础设施、农业社会化服务、农业支持保护等五大体系，发展乡村观光旅游业，推进现代农业产业园区建设，促进农业产业转型升级，到 2015 年，全区高标准农田比重达 65% 以上，新建现代农业产业园区 6 个以上，农业现代化水平不断提高。

3. *推进新型城乡建设工程*。积极推进中心城区建设，加快旧城整治改造步伐，大力实施“931”工程，集聚中心城区的人气和商机，有效提升以城带乡、以乡促城的能力。坚持走以人为核心的新型城镇化道路，扎实推进“新十类”工程，积极开展被撤并集镇焕颜工程，加快“三集中”步伐，启动美丽乡村建设，全面增强小城镇综合承载能力。稳步推进强镇扩权改革试点。建立健全城建设投融资机制，继续发挥光彩事业的独特作用，引导社会多元化投入。到 2015 年，打造 2 ～ 3 个特色鲜明、功能齐全、产业集聚、环境优美、全省一流的现代化示范名镇。

4. *推进村级经济提速工程*。积极开展农村集体经济提速增效活动，全面推进村级社区股份合作制改革，着力完善农村集体经营管理机制，切实加强村级经济发展平台建设，大力压缩村级开支，多渠道化解村级债务，做好新一轮经济一般村物业发展和挂钩帮扶工作，确保到 2014 年 100% 的行政村村级集体年收入达到 100 万元以上，到 2015 年全区年收入超千万元的村（涉农社区）达到 15 个以上。

5. *推进城乡要素互动工程*。按照十八届三中全会“推进城乡要素平等交换”的要求，建立健全城乡一体的劳动力、土地、资金、农村产权交易市场，加快形成农村要素市场体系和中介服务组织体系，促进生产要素平等交换、城乡互动，使之成为我区城乡一体化和改革发展的新亮点。

6. *推进民生保障富民工程*。牢固树立民生优先理念，完善社会保障和救助体系，切实做好各类保障扩面提标工作，全力推进农民收入倍增计划，建立健全多元化的收入增长机制，力争城镇居民人均可支配收入和农村居民人均纯收入每年增长 10% 以上、城乡居民收入比小于 2∶1。

7. *推进公共服务均衡工程*。把公共服务作为联接城乡的关键纽带，优化公共服务布局，完善公共资源配置，积极开展农村公共服务和社会管理支出纳入公共财政预算试点，加快推进城乡基础设施共建共享、社会事业均衡发展，形成点面合理、城乡一体、惠及全民的公共服务网络，促进人的现代化。

8. *推进社会治理创新工程*。坚持依法治理、综合治理、源头治理，强化政府主导作用，完善城乡一体的管理服务体制，加强基层组织建设，创新社区管理服务，充分激发社会组织活力，引导社会各方面有序参与，实现政府治理和社会自我调节、居民自治的良性互动，积极推进城乡社会治理现代化，到 2015 年，城乡和谐社区建设达标率分别达到 98% 和 95%。

三、保障措施

1. *加强组织领导*。区成立武进区“四大战役”推进工作领导小组，并设城乡一体战役指挥部，主要负责统筹、指导、协调全区城乡一体化工作；区委农工办牵头负责情况汇总、调查研究、督查考核等日常工作。各镇（开发区、街道）是推进城乡发展一体化的主体，要加快组建相应的领导班子和工作班子，完善工作机制，切实推进各项工作。继续选派机关年轻干部到城乡发展一体化重点工作一线锻炼，为加快全区城乡发展一体化提供组织保证和人力支持。加大舆论宣传力度，及时总结推广先进典型和先进经验，形成全社会关心、支持、参与城乡一体化的良好氛围。

2. *分解落实任务*。各镇（开发区、街道）要按照区委、区政府的部署要求，进一步细化和完善工作方案，尽快分解落实工作责任，按时完成各项重点工作。各相关职能部门要各司其职、通力合作、加强协调，全面掌握工作情况，及时研究解决改革中存在的问题和困难。建立健全联席会议制度，每季度召开 1 ～ 2 次工作会议，分析城乡发展一体化推进情况，督查工作进度，形成推进城乡发展一体化的合力。

3. *完善政策措施*。健全完善投入保障机制，积极创新多元化投入机制，调整优化财政投入重点，充分发挥财政的杠杆调节作用，加大对城乡发展一体化的扶持力度。设立城乡发展一体化财政专项资金、生态补偿基金，并按照总量持续增加、比例逐步提高的要求，逐年扩大专项资金规模。各级各部门要根据区委、区政府的总体部署，结合工作实际，制定出台专项实施细则，进一步细化政策措施和操作办法，确保城乡一体化工作扎实有序展开。

4. *强化督查考评*。建立推进城乡发展一体化的责任落实、跟踪评估、督查考核等工作机制，采取综合督查与专项督查、集中督查与跟踪督查、现场督查和调研督查相结合的多种方式，重点督查组织推进、政策落实、实际成效等情况，确保各项工作的组织到位、责任到位、措施到位、落实到位。以我区城乡发展一体化监测指标体系为依托，优化考评机制，充分发挥农村基层党组织和党员干部的作用，切实提高基层干部统筹城乡发展、化解“三农”问题的能力。

（2014-03-07）

关于进一步深化行政审批制度改革的实施意见

武政发〔2014〕45 号

为加快行政审批制度改革，提高行政效能，根据省、市推进简政放权深化行政审批制度改革的精神，结合我区实际，现就进一步深化行政审批制度改革实施意见制定如下：

一、指导思想

以中共十八大、十八届三中全会精神为指导，以高效便民为宗旨，简政放权，深化行政审批制度改革，减少和规范行政审批事项，健全监管长效机制，规范中介服务机构管理，处理好政府与市场、政府与社会的关系，优化服务环境，激发各类市场主体活力和创造力，打造法治型政府、服务型政府、效能型政府，充分发挥市场在资源配置中的决定性作用。

二、目标任务

通过“接、减、转”等措施，依托行政权力网上公开运行政务平台，全面清理和调整行政审批事项，优化行政审批流程，缩短审批时限，提高审批效率，创优发展环境，增强市场活力，为率先实现苏南现代化建设示范区提供有力保障。

三、基本原则

1. 市场主导原则。尊重市场在资源配置中的决定性作用，凡市场机制能够有效调节的，公民、法人及其他组织能够自主决定的，行业组织能够自律管理的，一律取消审批。

2. 简化优化原则。依法、科学、合理地配置行政审批权，细化工作标准，规范审批行为，简化审批环节，优化审批流程，实行“阳光审批”，不断提高服务水平。

3. 循序渐进原则。坚持统筹规划与分步推进相结合，侧重解决当前突出问题。条件成熟、能够解决的事项积极推进；条件不成熟的逐步研究解决。

4. 严格监管原则。坚持审批和监管并重，凡可以采用事后监管和间接管理的，不设前置审批，把更多的精力转移到事中事后监管上来，切实改变“重审批、轻监管”的状况。

四、工作重点

（一）简政放权，全面清理行政审批事项

1. 严格贯彻清理行政审批事项要求。凡上级政府决定取消的行政审批事项，自上级政府有关文件印发公布之日起，一律取消审批或停止办理；没有法律法规依据，未按法定程序设定的带有行政审批性质的登记、年检、年审、监制、认定、审定等管理措施，一律取消；以强制备案、事前备案等名义变相实施行政审批的，一律取消；政府部门以规范性文件设定的行政审批事项，一律取消；通过间接管理、事后监管可以达到管理目的的审批事项，一律取消；行政审批中涉及的专项评估、评审、预审等，无法定依据的，一律取消；政府部门自行设立的评比、达标、表彰及其相关检查活动，一律取消。

2. 全面清理行政审批事项。按照“七个一律”的要求，全面清理、评估论证审核和规范现行行政审批事项，承接上级政府下放的行政审批事项，制定、公示行政审批事项目录，确保审批事项在行政权力网上公开运行平台定制入网，由行政服务中心统一运行管理，逐步实现“目录之外无审批，大厅之外无审批”目标。建立最严格的行政审批项目准入制度，凡未列入行政审批目录的事项，各部门一律不得擅自设定、不得实施审批；对因法律法规调整等原因确需新设的事项，由区审改办和法制办严格按照新一轮行政审批改革的要求，加强合法性、必要性和合理性审查论证。

3. 逐步向社会转移职能。推进社会组织管理制度改革，加快建立和培育各类社会组织。除涉及重大公共安全、公共利益、经济宏观调控的事项外，对公民、法人和其他社会组织相关从业、执业资格、资质类审批事项逐步交由行业组织自律管理。加大力度向社会转移职能，将政府部门可由社会组织承担的事务性管理工作、适合由社会组织提供的公共服务、社会组织通过自律能够解决的事项，转移给社会组织。进一步精简和规范各类评优、评先、评级和评比活动，对确需要保留的，逐步转移给社会组织并依法加强监管。

4. 试行下放开发区行政审批相关权限。按照“扩权强园”的要求，根据“权力与责任同步下放、调控和监管同步加强、权力下放与能力建设同步推进”的原则，凡设定依据规定由区级行政机关实施的行政审批事项，除需区政府统筹协调、综合平衡的事项外，试行交由省级以上开发区管委会直接审批；对开发区暂不具备承接能力的事项，制定时间表，有序落实到位，切实做到“区级权限园区享，园区事项园区办”。

（二）优化流程，全面提升行政审批效能

1. 简化项目审批手续。按照投资项目简易审批、豁免审批项目目录，根据“能简必简，能并则并，可合即合”的原则，放宽投资项目审批条件，简化投资项目审批流程，压缩办理时限，建立岗位职责清晰、审批权限明确、工作标准具体的行政审批全流程。按照工商注册制度便利化的要求，精简工商登记前置审批项目，削减资质认定项目，由“先证后照”改为“先照后证”，把注册资本实缴登记制逐步改为认缴登记制，放宽市场主体住所登记条件，将企业年检制度改为年度报告制度，建立公平规范的抽查制度，提高政府管理的公平性和效能。

2. 实行重点项目审批并联制度。按照“一门受理、抄告相关、同步审批、限时办结、统一送达”的运作模式，全面开展建设投资等项目并联审批，大力推进联合审图、联合踏勘、联合验收、多证联办，实现项目审批“一门受理、集中审查、联合办理”；试行“容缺受理”制，推行“形式审查”制；减少、归并审批前置中介（技术）服务项目，压缩服务时间，降低服务收费。对企业设立涉及的工商注册登记、公章刻制备案、组织机构代码、税务登记及相关前置审批等项目同步推行并联审批，缩短办理时限。

3. 推行重点项目审批代办制度。按照“主动对接、自愿委托、无偿代办、高效便捷、上下联动”的原则，组建区重点项目审批服务中心和镇（开发区）重点项目审批代办服务机构，配备专门人员，全面推行重点项目代办制度，做好重点项目审批“一条龙”全程无偿代办，帮助协调解决项目报批过程中的困难和问题，逐步实现由项目建设单位分头向各职能部门申报，向由区重点项目审批服务中心牵头组织、镇（开发区）代办机构全程跟踪服务、相关部门协同配合的转变。

4. 试行重点项目审批流转制度。已预先安排或落实土地指标的区级以上重点建设项目（不含经营性房地产开发项目），在办理开工建设手续时，在区级权限内试行重点项目流转预审制度。由项目建设单位提出开工建设申请，项目所在地政府或主管部门确认该项目土地补偿安置工作已到位、不存在重大社会稳定风险，经重点项目流转牵头部门初审报区政府审核同意，由基本建设涉及的区各有关部门预审后，区住建部门办理项目登记管理手续。

（三）严格监管，全面完善行政审批体系

1. 加强中介服务机构管理。制定加强中介技术服务管理办法，对行政审批中涉及的中介服务项目进行全面清理，推进中介服务机构与行业主管部门的脱钩。各行业主管部门不得设置或借备案管理等变相设置区域性、行业性的中介服务执业限制，不得指定中介服务机构实施前置服务，不得委托中介服务机构变相实施行政审批和行政收费。加强对中介咨询机构的管理，规范其服务行为，禁止把指定机构的咨询作为审批的必要条件。建立中介服务机构监管体制和职业道德评估制度，制定中介服务组织行为规范和准则，完善中介服务机构失信惩戒机制、自律保障机制和退出机制。

2. 加强调整事项后续管理。建立行政审批责任追究制度，对取消或转移后仍需加强监管的事项，切实加强后续监管，避免因审批事项取消和转移而放弃或削弱监管职责。规范上级政府下放事项的管理，防止出现职能“缺位”或“不到位”等现象。对交由行业协会自律管理的项目，由区各有关部门加强指导，行业协会制定具体办法，规范行为，搞好服务，不得变相审批。

3. 加强综合考核评价。改进行政审批绩效考评办法，细化、量化考评指标，将行政审批绩效考评与目标管理、年度考评紧密结合。扩大公众评价范围，健全“第三方”评估机制，畅通公众投诉渠道，加强绩效考评监督检查。全面公开行政审批事项设定依据、审批流程、办理期限、审批结果、公众评价、投诉方式等服务信息，主动接受社会监督，确保行政审批公开透明运行。强化法制、监察、审计机关监督职责，鼓励新闻媒体、社会组织和公众开展外部监督。

4. 规范行政审批收费行为。全面清理整顿各类行政审批收费事项，进一步降低收费标准，规范收费行为。坚决遏制利用行政审批事项强制提供服务、强制收费行为。对保留的收费项目，公开收费依据及标准，落实审批服务减免政策。涉及行政审批的项目收费，按照收支两条线管理的要求，由区行政服务中心按照政策规定实行一票统收，进入财政专户，年终根据项目享受的优惠政策，由区财政部门返回。

（四）搭建平台，全面优化行政审批服务

1. 提升行政服务平台建设水平。按照建设“依法行政、高效办事的效能建设平台，转变作风、便民利企的优质服务平台，培养干部、提升能力的实践锻炼平台”的要求，整合部门职能，优化机构设置，减少职责交叉和分散，推进行政审批服务“三集中三到位”，即行政审批职能向一个科室集中、审批科室向行政服务中心集中、行政审批事项向电子政务平台集中，审批事项进驻行政服务中心落实到位、审批窗口授权到位、电子监察到位。探索启动房产交易、土地权属交易、婚姻登记等一条龙审批服务。

2. 开展行政服务平台标准化建设。按照行政审批标准化、办事制度标准化、服务内容标准化、内部管理标准化的要求，制定各项具体标准及考核办法，规范审批流程，规范服务模式，统一标志标牌，切实加强服务窗口的标准化管理，全力打造为民服务的“第一窗口”、“第一品牌”和“第一形象”。

3. 深入推进行政审批信息化。加快建立行政审批事项网上审批系统，降低公众申请审批事项的成本。依托行政权力网上公开运行政务平台，优化行政审批目录管理系统，建立统一的审批信息交换平台，并实现与各单位行政审批业务系统、行政审批电子监察系统、法制监督系统无缝对接，除依法应当保密的内容外，及时向社会公开行政审批项目的审批过程、审批结果等信息。充分利用信息化手段，加强行政审批数据分析，为政府决策和企业发展提供信息支撑。

五、保障措施

（一）加强组织领导。调整区行政审批制度改革领导小组成员，全面负责行政审批制度改革工作的组织领导、统筹协调、督促落实。领导小组办公室设在区编办，承担领导小组日常工作。各有关部门要把深化行政审批制度改革工作放到重要议事日程，主要负责人要亲自抓，组建工作机构，明确工作进度，落实工作责任，切实把深化行政审批制度改革工作落到实处。

（二）加强宣传引导。要及时总结推广行政审批制度改革中的成功经验，解读行政审批制度改革政策，加深对行政审批制度改革艰巨性、复杂性的认识，引导社会预期，回应群众关切，凝聚各方共识，形成改革合力，为深化行政审批制度改革营造良好的社会舆论环境。

（三）细化改革方案。各审改责任单位要根据上级要求和项目审批实际情况，对所涉及的改革内容和配套机制，及时制定工作方案，做好权力事项的调整、对接、落实工作，按“成熟先行”原则，逐步修改完善各项改革方案，加快法治政府建设进程。

（四）加强协调配合。区编办、监察、法制、行政服务中心等审改领导小组成员单位要充分发挥职能作用，密切配合，通力协作，确保全区行政审批制度改革上下衔接、整体推进。区各有关部门要从改革大局出发，协调联动、互相支持、落实责任。

（五）加强监督检查。区审改领导小组加强对行政审批制度改革工作的指导和监督，坚决防止搞形式、走过场。区审改办要采取联合检查、重点抽查、明察暗访等形式加强监督检查，积极受理投诉举报，及时发现和纠正违法设定、实施行政审批和收费的行为。对违法违规设定、实施行政审批项目的单位，要按照有关规定严肃处理，并追究当事人的责任。

（2014-03-08）

中共常州市武进区委员会办公室

常州市武进区人民政府办公室

关于全面对接上海自贸区、加快开放型经济发展的实施意见

武办发〔2014〕20号

中国（上海）自由贸易试验区（以下简称上海自贸区）的建立，是党中央、国务院做出的重大决策，是深入贯彻十八大精神，在新形势下推进改革开放的重大举措，其产生的要素集聚效应、改革示范效应、区域联动效应将对我区及周边城市产生直接和深远的影响。为抢抓机遇，有效应对，加快我区开放型经济发展，现结合我区实际，特制定如下实施意见。

一、准确把握，提高认识

（一）准确把握自贸区建设的重要意义

上海自贸区是推进改革和提高开放型经济水平的“试验田”，承担加快政府职能转变、扩大投资领域开放、推进贸易

发展方式转变、深化金融领域开放创新、完善法制领域制度保障五大任务，经过两至三年的改革试验，形成可复制、可推广的经验，并逐步向其他海关特殊监管区推广。武进已经拥有国家级高新区、国家级出口加工区、省级经济开发区等开放平台，应在第一时间呼应和对接上海自贸区建设，积极争取改革红利，加快构建更高水平的开放型经济体系，努力在新一轮改革开放中走在前列。

（二）深入研究自贸区建设对我区的影响

上海自贸区的建设将对促进我区体制机制创新、探索对外开放新路径、加快转变发展方式，起到积极的示范带动作用。区相关部门要围绕最大程度承接上海自贸区“溢出”、缓解“虹吸”，与上级条线加强沟通，及时了解政策动态，仔细研判自贸区制度创新对我区的借鉴意义和可能产生的影响，并提出积极的应对措施。

（三）主动抢抓自贸区建设发展新机遇

要全面学习上海自贸区改革创新举措，为承接可复制、可推广经验打好基础。密切关注省和周边市、区动态，积极向上争取政策覆盖，资源集聚。进一步加强正面宣传，营造良好舆论氛围，推动我区企业借道上海自贸区，加快引进国际高端人才、技术，提升国际竞争力。加快培育我区特色产业和优势产业，积极引导区骨干企业将总部扎根武进、做大做强。

二、统筹谋划，全面对接

（一）做好产业对接

坚持正确定位，错位竞争，做好承接自贸区产业转移准备。一是主动承接制造业转移。自贸区的建设将使上海区域范围内的要素稀缺进一步加剧，造成制造业企业生产成本大幅提升，部分制造业将被迫向周边成本洼地转移。对此，我区应坚定武进“对接上海，发展区域性节点城市”定位，坚持在制造业上进一步接受上海辐射，承接产业转移。对符合我区产业发展的自贸区溢出项目，优先保障供地，出台优惠政策，加强全程跟踪服务。二是积极拓展产业链配套。发挥我区加工制造业发达，人才资源丰富，进出口企业众多的优势，主动对接自贸区内企业，争取更多订单，为自贸区内企业提供上下游供应链产品、配套服务。三是加快提升服务业。发挥我区商务及生活成本优势，继续加大力度引入外资投资性公司、创投公司、融资租赁、商业保理等生产性服务业。整合科教城、西太湖科技产业园服务外包、电子商务资源，积极发展服务外包业，吸引自贸区数据单据处理、呼叫中心、金融后台系统等服务外包业务。

（二）争取功能对接

加快推进武进综合保税区申报工作，争取国家、省相应政策支持，力争在监管便利模式、国内货物进区退税、开票结算等方面取得突破。加快与上海自贸区在区域合作、政策配套、监管模式、人才引进上接轨。强化区港合作，加强与洋山港等港口开展互动合作，积极融入长三角通关一体化，不断简化相关手续，方便货物在区港和境内外之间快速流动。推动出口加工区与上海自贸区联动发展，带动区内相关贸易、物流、分拨、展示业务的发展，着力打造大宗物资、红酒、进口食品等配送中心。

（三）强化政策对接

密切关注自贸区动态，主动研究自贸区政策变化。要建立点对点、面对面的联系跟踪机制，在政策制定、制度设计、产业规划、营商环境等各个方面主动接轨自贸区。积极借鉴上海自贸区投资自由化改革及相关投资管理制度和理念，对我区能复制的政策，及时调整到位，对我区可借鉴的政策，认真研究、探索实施，对自贸区特有政策，努力做到最大化利用。

三、抢抓机遇，扩大开放

（一）进一步加大招商引资力度

充分利用上海自贸区对周边的辐射带动作用，借助与上海密切的互动合作优势，及早谋划、精心组织，在自贸区举办专题招商活动，推介武进优越的产业发展环境、完善的基础设施配套和独特的区位优势。充分发挥驻沪联络机构作用，成立自贸区办事机构，在自贸区建立招商代理网络，与上海行业中介、商协会等单位加强对接，深入挖掘人脉资源，结识客商，捕捉项目信息。

（二）进一步提升企业国际化程度

深入企业开展自贸区常识、基本政策等分类指导，一方面引导企业利用上海自贸区离岸金融和人民币资本项目开放功能，密切关注国际金融市场动态，积极开展境外融资等业务；另一方面鼓励企业扩大进口，利用自贸区窗口优势，有针对性地引进先进装备和技术，促进产业结构转型升级，提升国际竞争力。

（三）进一步推动更高水平“走出去”

鼓励和引导企业加快“走出去”步伐，提升武进经济国际化水平。鼓励有条件的企业在上海自贸区开设“窗口”，加强与自贸区内大型跨国公司沟通联系，学习先进经验，深入了解国外政策与法律法规，积极参与国际竞争，努力降低海外投资、并购及经营风险。

四、大胆探索，优化环境

（一）积极转变政府职能

积极对上争取，研究上海自贸区在现代服务业、外资、外贸、金融等方面新政对我省的借鉴意义，在“工商登记、行政审批、外商投资、金融监管”等方面争取上级对我区的审批权限下放。加大行政审批改革力度，一方面对上级取消和调整的审批事项要落实到位，另一方面在区级政府的权限内，对保留的行政审批事项要进一步简化审批手续、优化审批流程、缩短审批时间，为企业发展创造最优环境。

（二）着力提升开发园区建设水平

注重先进制造业与生产性服务业双轮驱动，筑牢对接上海自贸区、承接产业转移的基础。一是提升开发区建设水平。加快优化开发区空间布局，进一步推动中日科技产业园、中以产业园、中德创新中心、中美科技园等特色园区建设，强势推进战略性新兴产业和绿色产业的专题招商，加快构建以高新技术为引领、集群发展为特征具有国际竞争力的现代产业集聚区。二是扎实推进创新服务体系建设。加快完善园区功能，加快产业配套，瞄准新兴产业发展要求，大力引进自主研发、集成创新以及创投、风投基金等各类创新要素，着力增强园区创新与孵化能力。依靠上海自贸区的“溢出”效应，加快引进、储备培养能够与自贸区建设相适应、与国际通行规则相衔接的国际化人才，努力为园区企业提供优质高效服务，最大限度地满足企业发展需要，降低企业商务成本。

（三）努力改善通关环境

以上海自贸区内高效、快速的通关服务为标杆，进一步改善我区通关环境，探索“大通关”模式，大力推进我区联检部门通关、通检便利化，方便企业开展进出口贸易。同时，要紧抓苏南现代化示范区建设契机，积极提升出加区内涵，加快升级综保区，开展区区、区港联动，深化区域通关改革，力争打造“武进出加区—上海自贸区”绿色通道，实现无缝对接。

五、明确目标，落实责任

1. 强化领导、统筹协调。成立以分管副区长为组长的对接上海自贸区领导小组，区相关部门为成员单位，办公室设在区商务局。领导小组成员单位各司其职，具体落实各项对接任务。定期进行座谈研讨，协调解决遇到的困难和问题，做到职责明确、专人负责、加强协调、统筹推进。

2. 认真学习、加强宣传。各级各部门要认真学习研究自贸区政策知识和最新动态，主动对接、积极作为。要加大宣传引导，通过定向培训、“学习日”等活动平台，在全区上下营造对接上海自贸区的浓厚氛围。

3. 精心部署、狠抓落实。各级各部门要根据对接任务分解表（见附件），积极开展调研，制定本单位的具体实施方案、工作目标，认真落实相关措施，确保对接工作及时、高效。

（2014-03-05）

关于印发关于鼓励和促进科技创新、加快创新型武进建设的若干政策的通知

武办发〔2014〕66号

为深入实施创新驱动发展战略，优化科技资源配置，进一步发挥财政资金的引导和杠杆作用，根据国家、省、市有关规定，结合武进实际，现制订以下政策：

一、加强科技创新载体建设

1. 落实常州市支持国家创新型科技园区建设的各项政策。重点支持“四大专题园”企业的创新提升、产业资源集聚和高端服务业发展，对省级以上科技计划项目给予配套支持，对共性技术研发机构给予建设经费支持。

2. 鼓励科技企业孵化器（含加速器，下同）建设。对当年新认定的市级、省级、国家级科技企业孵化器，分别奖励10万元、30万元、50万元；孵化器建设过程中的工业用地所缴纳的市政基础设施配套费，可视其建筑物使用性质，经审批后予以先征后奖；对符合科技部《科技企业孵化器认定和管理办法》（国科发高〔2010〕680号）条件的在孵企业，自开业经营年度起三年内所交纳的增值税、营业税和企业所得税，我区地方财政留成部分的50%奖励孵化器，50%奖励企业；孵化毕业企业两年内所交纳的增值税、营业税和企业所得税，我区地方财政留成部分的50%奖励原孵化器；按照《武进区创业种子基金管理办法》（武政办发〔2010〕134号），对在孵企业给予创业种子基金支持。

3. 鼓励企业研发机构建设。对大中型工业企业和高新技术企业，认定为国家级、省级企业研发机构的，按相关匹配要求给予奖励匹配；认定为市级工程技术研究中心的，奖励5万元，认定为区级工程技术研究中心的，奖励2万元。

二、提升企业科技创新能力

4. 大力培育创新型企业。对首次列入省级“科技企业培育百千万工程行动计划”的创新型领军企业和科技型上市后备企业，分别一次性奖励20万元和5万元；对首次列入市级“十百千创新型企业培育计划”的创新型领军企业和科技型上市培育企业，分别一次性奖励10万元和5万元；对首次认定的高新技术企业，一次性奖励5万元；对首次认定的市级以上农业高新技术企业（含省级农业科技型企业），一次性奖励5万元。各项奖励不重复兼得。

5. 鼓励企业加大研发投入。积极落实企业研究开发费用加计扣除等鼓励企业研发投入的税收优惠政策，研发经费投入强度较高的企业可优先推荐申报各级科技计划项目。

6. 鼓励企业产学研合作。对产学研合作活动进行补助，支持由镇、开发区和行业商会组织的产学研合作对接活动，根据经费预算总额，给予活动支出经费（不包括参会企业人员的交通、住宿费用）30%的补助，一次活动最高不超过10万元；对产学研合作项目进行补助，在各级政府组织开展的产学研活动中企业与高校院所达成合作意向，签订的合同经费在50万元以上且已付款金额在20万元以上的产学研合作项目，根据经费预算总额，给予已付款金额20%的补助，一家企业最高不超过20万元。

三、促进自主知识产权创造

7. 鼓励专利发明创造。2014年1月1日以后提出申请并进入实质审查的发明专利申请，当年每满5件奖励申请人5000元；当年授权的发明专利，每满5件奖励权利人3万元。当年授权的各类专利，每满10件奖励权利人1万元，每满30件奖励权利人3.5万元，达到60件以上（含60件）奖励权利人9万元；当年拥有的有效发明专利，每满30件奖励权利人6万元，达到100件以上（含100件）奖励权利人20万元。其中各类授权专利不重复奖励，专利申请及授权的奖励经费不超过申请人（权利人）当年实际缴纳的官方规定费用和专利代理服务费总额，有效发明专利拥有量的奖励经费不超过权利人当年实际缴纳的专利年费总额。

8. 鼓励专利代理机构做大做强。当年代理本区范围内专利申请达到2000件以上、代理专利授权达到1000件以上、代理发明专利申请达到600件以上的，奖励10万元；当年代理专利申请达到4000件以上、代理专利授权达到2000件以上、代理发明专利申请达到1200件以上的，奖励20万元；当年代理发明专利授权达到100件（含100件）以上的，奖励10万元。各项奖励不重复兼得。

四、推进全社会科技进步

9. 区政府每两年召开一次全区科技大会，表彰5～8名有突出贡献科技人员和100～150名优秀专业技术工作者，分别奖励3万元/人和1000元/人（均含个人所得税）；区政府设立区级科技进步奖，每年表彰一次，设特、一、二、三等奖四个等级，分别对获奖单位给予5万元、3万元、2万元、1万元奖励。

五、组织实施科技发展计划

10. 围绕全区科技发展规划确定的目标和主要任务，定期

发布区级科技发展计划项目申报指南，重点支持高新技术研究开发、科技成果转化，以及农业和社会公益科技研究开发等项目，支持方式原则上以后补助为主。

11. 企业承担国家和省给予拨款支持并要求地方配套的科技计划项目，按照上级管理办法的要求给予匹配支持，匹配经费包括区级财政对该项目已立项支持的科技经费。

六、其 他

1. 本政策支持的企业，同一事项不重复支持，与区财政其它支持政策不重复享受；获得上级政策支持的企业和项目，按“就高不重复”和“不足部分补差”的原则执行。

2. 本政策涉及的操作细则，由区科技局会同相关部门另行制定。

3. 本政策由区科技局、财政局负责解释，自发布之日起执行。

(2014-07-01)

2014 年重要文件索引

中共武进区委员会

18 号 关于表彰 2013 年度区级机关综合考评先进的决定
21 号 关于表彰 2013 年度武进区文明镇的决定
23 号 关于表彰 2013 年度“五好镇党委”的决定
25 号 关于派出党的群众路线教育实践活动督导组的通知
42 号 关于表彰 2013 年度经济工作先进单位和先进个人的决定
43 号 关于印发产业培育战役工作方案的通知
44 号 关于鼓励扩大对外开放、加快转型升级的意见
46 号 关于印发区加力推进城乡发展一体化工作方案的通知
64 号 关于印发《常州市武进区党政主要领导干部和国有企业领导人员经济责任审计规定》的通知
76 号 关于印发加快东部发展三年行动计划的通知
78 号 关于认真做好 2014 年调查研究工作并下达重点调研课题的通知
87 号 关于表彰 2012 ~ 2013 年度全区“有突出贡献科技人员”和“优秀专业技术工作者”的决定
88 号 关于集中开展“迎青奥、保稳定”百日会战工作的实施意见
89 号 关于印发《中共常州市委常委会议事决策规则》的通知
90 号 关于区委常委会加强民主集中制建设的意见
107 号 关于开展农村土地承包经营权确权登记颁证工作的实施意见
108 号 关于印发武进区党政机关厉行节约反对浪费实施办法的通知
128 号 关于印发《关于开展党的群众路线教育实践活动“八大专项治理行动”的方案》的通知
129 号 关于印发 2014 年武进区重点目标的通知
133 号 关于授予孙国华同志“最美武进教育人”荣誉称号的决定
137 号 关于加快建设服务型政府的意见
138 号 关于落实党风廉政建设党委主体责任、纪委监督责任的实施意见（试行）
139 号 关于推动村（社区）“减负增效”的实施意见
140 号 关于推进军民融合式发展的实施意见
169 号 关于印发武进区安全生产“党政同责、一岗双责”暂行办法的通知
231 号 关于印发《常州市武进区人民政府职能转变和机构改革方案》的通知

武进区人民政府

2 号 关于深入推进物业管理工作的实施意见
3 号 关于表彰 2013 年武进区区长质量奖和武进区质量管理先进单位的决定
35 号 关于切实加强安全生产工作的意见
38 号 关于印发关于开展“重大项目突破年”活动的实施意见的通知
39 号 关于加快推进企业上市和挂牌工作的意见
45 号 关于进一步深化行政审批制度改革的实施意见
46 号 关于武进区城镇长效综合管理考核工作的实施意见
49 号 关于切实做好国土资源管理工作的意见
72 号 关于表彰 2011 ~ 2013 年度武进区劳动模范的决定
73 号 关于给予殷宏远等 347 位同志行政记三等功奖励的决定
97 号 关于 2014 年武进区工业经济稳增长促转型的意见
104 号 关于授予刘先恒等同志常州市武进区见义勇为先进分子荣誉称号的决定
120 号 关于加快融资性担保行业发展的意见
131 号 关于印发常州市武进区农村产权交易管理办法（试行）的通知
135 号 关于规范滆湖湖泊保护范围内建设项目的通告
150 号 关于印发关于促进企业加快利用资本市场建立现代企业制度的意见的通知
203 号 关于印发武进区住宅小区物业管理工作考核办法（试行）的通知
238 号 关于授予荒木伸弥等 8 人武进区荣誉市民称号的决定
276 号 关于授予人工合成高导热石墨膜等 40 个项目为 2014 年度常州市武进区科技进步奖的决定

中共武进区委员会办公室

3 号 关于公布 2013 年度全区“双政三零”竞赛活动三类“十佳科室”和区级驻行政服务中心优胜窗口的通知
4 号 关于继续做好机关挂钩帮扶工作的实施意见
6 号 关于印发《2014 年全区建设“学习型、创新型、效能型机关工作要点》的通知
8 号 关于 2014 年为民办实事活动的实施意见
11 号 关于印发《关于深入开展党的群众路线教育实践活动的实施意见》的通知
14 号 关于转发《市委办公室、市政府办公室关于严格机构编制管理确保财政供养人员只减不增的意见》的通知

19 号　关于印发全区开放型经济工作考核办法的通知
20 号　关于全面对接上海自贸区、加快开放型经济发展的实施意见
21 号　关于印发武进区加速生态文明建设实施方案的通知
23 号　关于印发常州市武进区国有公司财务总监管理办法的通知
24 号　关于深入推进区四套班子党员领导干部下基层“三解三促”活动的实施意见
29 号　关于印发武进区改革创新战役实施方案的通知
37 号　关于在区、镇两级建立党政工联席会议制度的实施意见席会议制度的实施意见
40 号　关于开展办公用房清理工作督查的通知
41 号　关于实施 2014 年全区人才工作十大重点项目的意见
45 号　关于印发《关于加强和改进全区督促检查工作的意见》的通知
47 号　关于印发《2014 年武进区督查工作重点》的通知
49 号　关于印发《2014 年全区学习型党组织建设工作要点》的通知
51 号　关于印发《关于切实改进学风的实施意见》的通知
53 号　关于常州市武进区对口支援伊犁州尼勒克县特色援疆“双百双千”工程的实施意见
56 号　关于印发行政审批优化服务月活动方案的通知
57 号　关于印发加快先进碳材料产业发展的若干政策的通知
59 号　关于印发《2014 年武进区双拥工作要点》的通知
60 号　关于开展全区十三五规划编制工作的意见
62 号　关于转发《武进区同心共建光彩行动项目和资金管理实施细则》的通知
66 号　关于印发关于鼓励和促进科技创新、加快创新型武进建设的若干政策的通知
71 号　关于印发《武进区 2014 年文明镇考评办法》的通知
72 号　关于推进全区志愿服务制度化的实施意见
75 号　区委办公室 区政府办公室关于建立武进区社会救助工作联席会议制度的通知
76 号　关于印发《2014 年度武进区镇党建工作目标考核细则》的通知
77 号　关于印发《关于加强作风建设情况监督检查的办法》的通知
81 号　关于转发《常州市行政机关负责人行政诉讼出庭应诉规定》的通知
82 号　关于全面开展政府职权清理推行权力清单制度的通知
84 号　关于印发关于开展美丽乡村示范村建设活动意见的通知
88 号　关于印发《关于加强基层服务型党组织建设的实施意见》的通知
89 号　关于印发《关于商务接待工作的暂行规定》的通知
90 号　关于印发《武进区公务接待工作暂行规定》的通知
92 号　关于印发武进区因公临时出国经费管理办法的通知
93 号　关于印发《武进区区级机关会议管理办法》的通知
97 号　关于印发武进区党政机关办公用房管理暂行办法的通知
98 号　关于印发关于完善党员干部直接联系群众制度的实施办法的通知
99 号　关于印发《关于加强和创新群众工作促进解决信访突出问题的意见》的通知
100 号　关于建立健全重大决策社会稳定风险评估机制的实施意见（试行）
101 号　关于印发武进区和谐（平安、文明）村（社区）考评暂行办法的通知
103 号　关于转发《市委办公室、市政府办公室印发 < 关于推进市级中心镇扩权强镇工作的意见 > 的通知》的通知
111 号　关于印发武进国家高新区创新型特色园区建设目标、主要任务、保障措施的通知
112 号　关于印发《武进区社会稳定和安全生产目标管理考核办法》的通知
120 号　关于全面启动武进区电子政务内网建设的通知
122 号　关于进一步推进社会组织改革发展的意见
123 号　关于严明纪律顺利推进我区政府机构改革的通知
129 号　关于开展 2014 年度落实党风廉政建设责任制和惩防体系建设检查考核及党政领导班子成员述职述廉述法活动的通知
130 号　关于在全区推行政社互动 推动社会管理创新的意见
134 号　关于开展清理欠薪专项行动的实施意见的通知
135 号　关于贯彻《中共中央办公厅、国务院办公厅关于严禁党政机关到风景名胜区开会的通知》通知
136 号　关于印发《武进区 2015 年经济和社会事业重点项目建设计划》的通知

武进区人民政府办公室

1 号　关于印发武进区公共资源交易活动举报投诉处理办法的通知
5 号　关于在全区房屋征收（拆迁）与补偿安置工作中推行“八公开一监督”制度（试行）的实施意见
9 号　关于印发常州市武进区扫雪除冰应急预案的通知
13 号　关于印发武进区地理信息公共服务平台建设管理办法的通知
16 号　关于切实做好春季防火工作的紧急通知
21 号　关于印发武进区 BT 工程建设管理暂行办法的通知
26 号　关于印发 2014 年安全生产工作要点的通知
30 号　关于印发 2014 年金融工作要点的通知
31 号　关于印发 2014 年全区公共资源交易工作要点的通知
40 号　关于印发武进区红十字公益性应急救护培训实施方案的通知
41 号　关于印发 2014 年武进区全民健身工作要点的通知
42 号　关于印发关于全区经济一般村物业项目管理的意见的通知
44 号　关于印发区级国有企业经营业绩考核暂行办法的通知
47 号　关于进一步完善政策性农业保险工作的通知
48 号　关于印发关于建立武进区农村集体产权交易平台的意见
50 号　关于加快推进土地整治工作的通知
51 号　关于印发国土资源节约集约模范区创建工作方案的通知
52 号　关于印发土地执法模范区创建活动方案的通知

53 号　关于印发 2014 年国土资源工作专项考核办法的通知
61 号　关于印发 2014 年全区财政工作要点的通知
70 号　关于进一步加强见义勇为人员权益保护的实施意见
72 号　关于印发 2014 年武进区食品药品安全工作要点的通知
78 号　关于印发 2014 年武进区应急管理工作要点的通知
79 号　关于印发 2014 年武进区人口和计划生育工作要点的通知
81 号　关于成立和调整安全监管相关联席会议制度的通知
82 号　关于印发武进区创建省卫生应急工作示范区实施方案的通知
83 号　关于印发武进区突发公共事件卫生应急处置多部门协调联动机制的通知
85 号　关于印发武进区流动人口子女积分入学管理暂行办法（试行）的通知
93 号　关于印发武进区公共体育服务体系建设实施计划的通知
94 号　关于印发进区城乡一体“10 分钟体育健身圈”建设实施方案的通知
95 号　关于实施重点项目代办服务制度的意见
97 号　关于开展全区城市危房和老旧房屋安全排查治理工作的通知
103 号　关于加快企业工业园建设的实施意见
106 号　关于公布 2014 年度区高成长型中小工业企业和小微上规模培育企业名单的通知
125 号　关于调整 2014 年度区重点项目建设计划的通知
126 号　关于印发区中小企业金融服务中心组建方案的通知
127 号　关于加快镇级公共资源交易平台建设的意见
128 号　关于印发镇级公共资源交易管理站标准化建设规程的通知
130 号　关于印发常州市武进区放宽市场主体住所（经营场所）登记条件实施细则（试行）的通知
134 号　关于印发《区电子政务网络平台向村（社区）延伸工作方案》的通知
135 号　关于印发常州市武进区农村产权交易规则（试行）的通知
137 号　关于印发武进区企业设立“四证一体”联合办证实施方案的通知
143 号　关于认定江苏枫华牧业有限公司等 10 家企业为常州市武进区农业产业化经营重点龙头企业的通知
146 号　关于印发《关于进一步规范全区城镇社区服务用房建设管理的办法》的通知
151 号　关于印发常州市武进区电子商务发展指导意见的通知
156 号　关于加强物流园区叉车安全管理的通知
162 号　关于做好全区财政预决算信息公开工作的意见
169 号　关于实施《江苏省职工生育保险规定》的通知

统　计　资　料

2014 年武进区国民经济主要指标

指　　标	单　位	2013 年	2014 年	指　　标	单位	2013 年	2014 年
年末总人口	人	1029302	1040004	工业销售收入	万元	47196336	50825376
其中：非农业人口	人	371955	373241	工业利税总额	万元	3432971	3821929
社会劳动者	人	982464	984475	工业利润总额	万元	2044547	2328209
第一产业	人	87666	86881	年末工业固定资产原值	万元	15065690	17965202
第二产业	人	591278	591947	全社会固定资产投资额	万元	9091073	10031354
第三产业	人	303520	305647	工　业	万元	5630340	5803402
地区生产总值	万元	17371000	19053300	社会消费品零售总额	万元	4010521	4490936
第一产业	万元	471800	490400	实际利用外资	万美元	102039	90500
第二产业	万元	9811700	10474600	自营出口总额	万美元	639819	700089
工　业	万元	9316100	9954200	财政收入	万元	3551765	3828366
第三产业	万元	7087400	8088300	财政支出	万元	2601092	2786277
人均地区生产总值	元	108244	118557	金融机构年末存款余额	万元	18640648	19698687
粮食总产量	吨	169777	162406	城乡居民储蓄存款余额	万元	8867427	9450663
肉类产量	吨	58516	58402	金融机构年末贷款余额	万元	13163223	14603712
水产品产量	吨	68105	70113	城镇居民人均可支配收入	元	38330	41363
年末耕地面积	万亩	61.42	61.96	农村居民人均纯收入	元	20565	21777
机械总动力	万千瓦	54	47.9	城乡居民年末人均储蓄存款	元	55228	58751
工业总产值	万元	45675649	49508094				

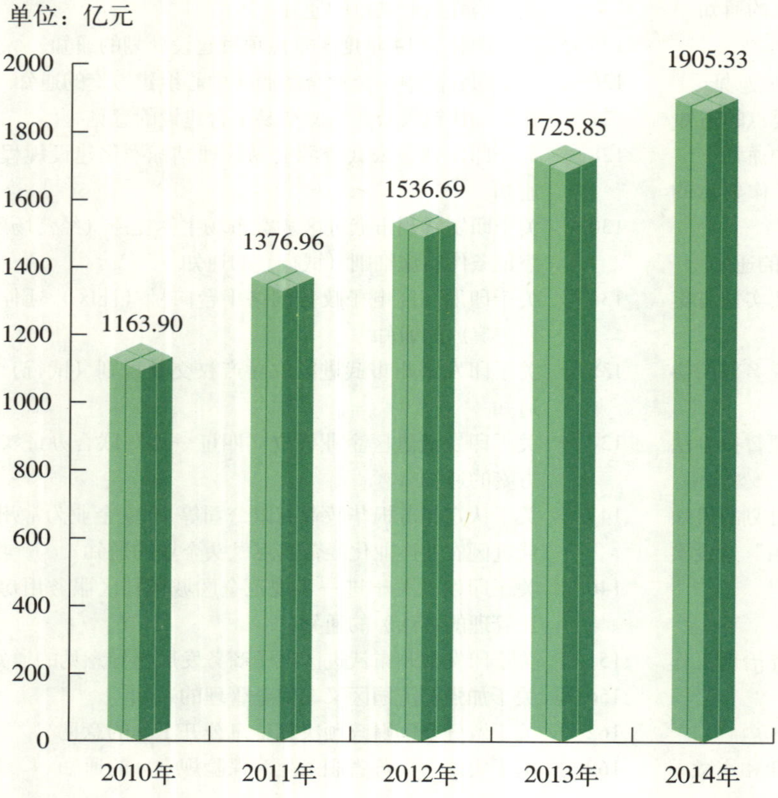

2010～2014年全区生产总值

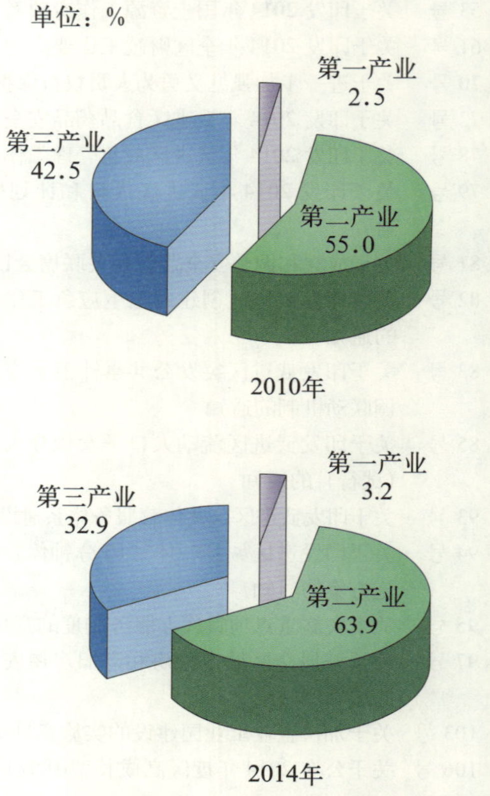

2010年、2014年全区三次产业构成

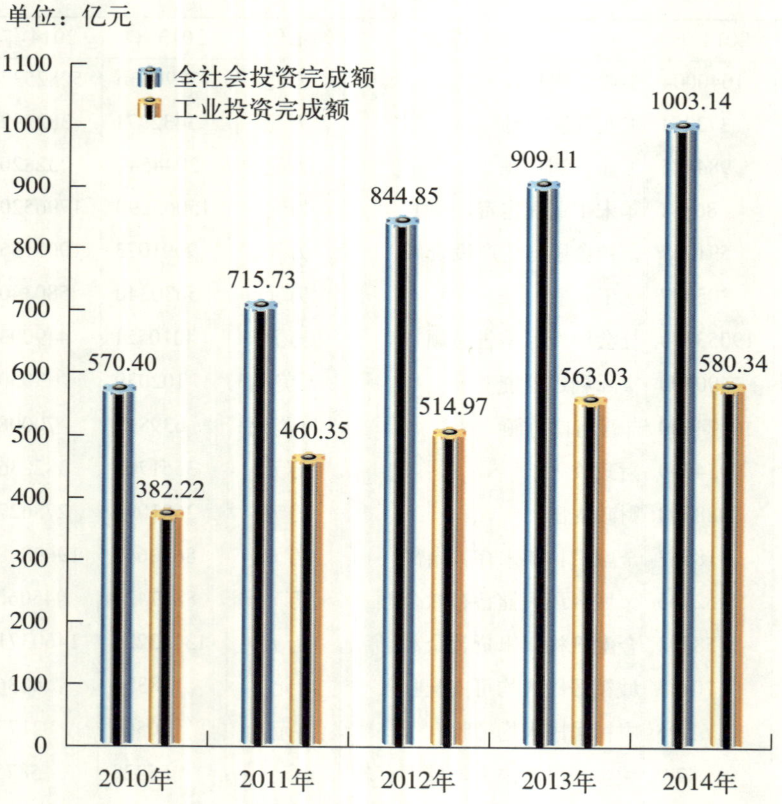

2010～2014年全区全社会固定资产投资完成额

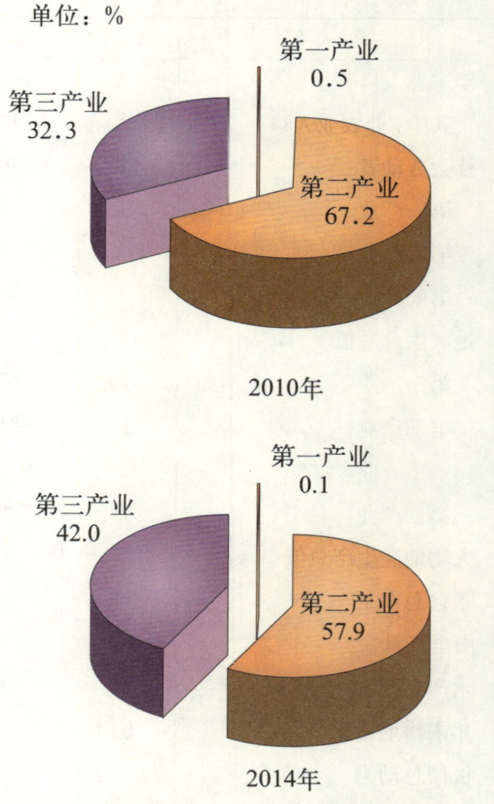

2010年、2014年全区固定资产投资构成

2014年全国沿海发达地区国民经济主要指标

区、县（市）	年末户籍总户数（万户）	年末户籍总人口（万人）	非农人口（万人）	常住人口（万人）	区域面积（平方公里）	地区生产总值（现行价）（亿元）	第一产业（亿元）	第二产业（亿元）	工 业（亿元）
江苏武进区	36.31	104.00	37.32	160.86	1245.80	1905.33	49.04	1047.46	995.42
江苏常熟市	32.95	106.88	—	150.97	1094.00	2009.36	43.27	1061.55	1011.19
江苏张家港市	33.38	91.98	69.25	125.25	986.73	2180.25	32.06	1186.63	1131.02
江苏锡山区	12.83	43.17	—	70.15	399.00	620.71	20.73	325.55	276.00
江苏江阴市	36.92	123.21	55.62	163.47	986.97	2753.95	54.36	1520.90	1453.57
江苏昆山市	25.96	76.97	—	165.03	931.51	3001.02	28.76	1687.75	1592.57
江苏宜兴市	37.68	108.19	59.95	125.16	1996.60	1233.89	49.93	643.15	547.32
江苏通州区	49.84	126.66	49.58	114.20	1525.74	860.73	57.05	446.99	367.49
江苏靖江市	21.47	66.81	36.54	68.65	655.58	712.00	21.08	381.93	344.39
江苏启东市	45.37	112.32	32.27	95.60	1233.80	739.13	68.55	369.03	287.41
江苏江宁区	34.53	97.28	—	118.32	1563.00	1405.58	53.21	778.79	659.59
江苏海门市	38.49	100.16	68.63	90.25	1148.70	836.50	54.55	443.16	365.88
江苏太仓市	14.79	47.74	27.27	70.85	809.00	1065.33	35.24	556.65	522.60
江苏吴江区	25.71	81.44	40.93	129.63	1176.60	1486.51	39.53	794.54	745.92
江苏惠山区	13.84	44.89	30.85	70.51	325.12	652.45	17.03	394.94	360.83
浙江柯桥区	22.02	64.98	—	1066.02	1137.61	32.92	630.74	556.05	473.96
杭州萧山区	37.48	125.54	56.44	154.20	1420.22	1728.32	61.35	934.04	861.66
浙江鄞州区	34.21	85.20	31.75	138.15	1346.00	1297.82	39.12	770.26	720.28
浙江余杭区	25.33	92.54	54.48	121.17	1228.23	1101.04	45.50	442.50	399.91
浙江诸暨市	41.02	108.04	15.86	115.79	2311.00	980.48	49.09	532.91	453.80
浙江慈溪市	42.17	104.59	19.67	148.91	1360.63	1111.56	48.48	633.31	583.07
广东顺德区	36.62	127.10	127.10	251.00	806.57	2764.98	43.92	1453.44	1402.96
广东南海区	39.08	126.52	126.52	266.80	1073.82	2373.08	48.97	1222.69	1173.77
广东三水区	12.55	40.49	40.49	63.63	827.69	920.75	31.40	700.37	694.70
广东高明区	8.56	30.13	30.13	42.85	937.81	608.09	17.43	472.56	460.75
上海嘉定区	21.33	58.83	50.88	156.62	463.16	1630.16	4.56	1137.45	1098.01
上海青浦区	16.81	46.94	33.66	120.83	668.52	827.43	9.33	442.64	422.71
山东莱州市	26.91	85.35	36.73	88.27	1928.00	685.09	68.29	364.94	345.86
山东荣成市	24.41	66.94	40.27	66.94	1526.00	971.02	82.21	480.31	450.30
山东滕州市	51.45	169.31	54.01	168.40	1496.00	981.75	74.38	515.85	448.25
福建晋江市	29.74	110.81	37.98	206.50	649.32	1492.86	18.64	998.96	942.44

续表

区、县（市）	第三产业（亿元）	交通运输业（亿元）	批发零售业（亿元）	房地产业（亿元）	金融保险业（亿元）	农林牧渔业总产值（亿元）	种植业（亿元）	粮食总产量（万吨）
江苏武进区	808.83	127.81	183.25	60.16	83.40	84.98	50.74	16.24
江苏常熟市	904.54	66.42	360.08	78.97	88.17	72.28	39.97	31.09
江苏张家港市	961.56	126.25	386.85	70.32	105.79	56.18	31.82	25.62
江苏锡山区	274.43	8.41	117.25	35.84	28.07	32.99	18.39	6.75
江苏江阴市	1178.69	67.09	493.44	114.51	115.00	88.61	40.12	19.78
江苏昆山市	1284.51	104.51	292.66	280.82	133.17	49.16	—	11.37
江苏宜兴市	540.81	19.89	152.33	64.47	71.49	88.45	49.56	47.18
江苏通州区	356.68	43.16	98.37	50.42	35.83	88.17	45.76	53.47
江苏靖江市	308.99	37.59	51.85	43.71	31.03	35.00	20.00	33.90
江苏启东市	301.55	18.39	89.72	32.84	33.27	121.52	40.58	24.98
江苏江宁区	573.59	38.96	76.92	99.30	100.51	90.21	53.54	23.76
江苏海门市	338.78	20.70	102.39	41.12	36.90	86.38	42.78	18.96
江苏太仓市	473.44	105.98	140.41	34.91	55.63	66.30	28.60	20.24
江苏吴江区	652.44	72.72	198.14	70.37	93.65	69.03	29.34	17.18
江苏惠山区	240.48	4.72	108.92	30.80	25.76	30.12	19.49	1.73
浙江柯桥区	30.70	239.06	41.78	56.29	48.50	30.75	17.27	15635
杭州萧山区	732.93	61.01	166.10	110.58	134.33	100.40	56.75	21.13
浙江鄞州区	488.44	21.40	114.09	101.95	89.89	57.65	41.18	16.24
浙江余杭区	613.04	12.37	41.02	68.38	52.27	72	39.58	17.5
浙江诸暨市	398.48	30.73	135.32	45.72	55.53	76.33	44.02	29.80
浙江慈溪市	429.76	32.10	146.49	65.54	45.76	72.26	45.56	11.11
广东顺德区	1267.62	119.10	228.88	213.64	94.86	84.75	18.18	—
广东南海区	1101.43	68.96	266.13	203.83	101.03	85.16	—	0.70
广东三水区	188.98	—	—	—	—	63.45	18.74	3.55
广东高明区	118.1	20.53	20	11.65	7.24	34.6	10.67	9.43
上海嘉定区	488.14	26.08	165.30	59.94	43.19	12.21	7.76	5.70
上海青浦区	375.45	25.22	121.34	51.24	38.62	23.75	15.55	9.33
山东莱州市	251.86	27.79	50.93	30.05	11.60	119.96	56.65	67.99
山东荣成市	408.50	111.00	56.28	28.97	10.90	147.90	25.03	24.21
山东滕州市	391.52	51.34	126.86	32.61	25.24	137.28	95.74	87.02
福建晋江市	475.26	95.12	137.94	63.54	49.13	37.00	7.53	5.16

续表

区、县（市）	全部工业单位总数（个）	规模以上（个）	全部工业总产值（亿元）	规模以上（亿元）	规模企业主营业务收入（亿元）	规模企业利润（亿元）	全社会固定资产投资（亿元）	工业投资（亿元）	房地产业投资（亿元）
江苏武进区	19069	1911	4950.81	4268.41	4402.38	208.90	1003.14	580.34	191.96
江苏常熟市	10592	1413	4581	3628.73	3642.64	172.77	650.44	344.30	147.81
江苏张家港市	10789	1172	5630.85	4961.82	5040.34	119.71	780.02	434.83	145.74
江苏锡山区	—	654	—	1127.95	1115.57	56.31	596.83	266.09	138.38
江苏江阴市	19877	1459	6523	6021.31	5763.83	353.71	1045.97	478.55	328.91
江苏昆山市	19707	1843	8708.49	8041.76	7951.38	393.4	850.05	271.16	371.8
江苏宜兴市	11789	943	3402	2812.88	2707.20	100.93	602.15	331.53	134.43
江苏通州区	—	750	—	1854.10	1818.49	126.86	520.12	311.14	67.79
江苏靖江市	4917	456	—	2018.68	1892.54	160.05	405.76	188.40	53.65
江苏启东市	19006	509	2097.25	1500.11	1486.23	105.27	483.41	301.94	47.03
江苏江宁区	—	677	—	2890.03	2450.15	292.74	900.10	475.02	135.98
江苏海门市	—	626	—	1801.62	1784.61	195.77	501.40	315.66	43.71
江苏太仓市	11973	1165	2630.27	2082.26	2024.79	113.22	530.42	287.99	71.74
江苏吴江区	—	1537	3802	3080.70	3065.24	106.51	757.29	350.20	197.10
江苏惠山区	8382	825	1527	1193.87	1150.14	77.95	517.10	173.06	208.65
浙江柯桥区	1223	4188	3546.74	3457.93	183.33	576.95	291.77	143.04	126.08
杭州萧山区	15792	1846	4718.10	4151.56	4096.61	223.51	850.85	288.75	318.74
浙江鄞州区	32023	1763	3221.64	2361.93	2288.58	144.82	593.33	173.32	306.63
浙江余杭区	20834	1259	2091.1	1492.28	1455.5	76.24	786.15	134.18	350.56
浙江诸暨市	—	1020	3531	2287.98	2223.89	136.74	568.77	252.73	166.70
浙江慈溪市	37103	1323	2982.15	1983.14	1874.32	82.43	636.07	248.75	227.99
广东顺德区	19777	1709	6440.36	5968.62	5390.80	354.81	550.38	131.83	195.83
广东南海区	—	2273	5425	4986.90	—	—	792.04	177.49	362.32
广东三水区	—	—	2898.57	2803.69	2722.66	186.71	500.11	336.04	68.99
广东高明区	1286	467	2579.39	2514.67	2447.03	256.4	305.62	256.32	24.35
上海嘉定区	—	1287	—	5163.38	5324.62	629.80	485.08	99.52	299.34
上海青浦区	—	906	—	1579.66	1594.82	89.26	409.33	52.99	238.45
山东莱州市	4155	389	—	1636.60	1631.03	132.55	443.07	196.94	17.93
山东荣成市	4377	529	2756.30	2669.30	2506.29	133.47	643.15	403.09	67.93
山东滕州市	—	453	1527	1360.10	1339.45	78.12	526.89	232.71	81.38
福建晋江市	—	1414	3715.08	3203.19	3040.26	224.40	765.87	269.02	174.63

续表

区、县（市）	进出口总额（亿美元）	出口总额（亿美元）	工商登记协议注册外资（亿美元）	到位注册外资（亿美元）	国内外旅游总收入（亿元）	国内外旅游总人数（万人）	社会消费品零售总额（亿元）	商品交易市场个数（个）	商品交易市场成交额（亿元）
江苏武进区	100.00	70.00	13.91	9.05	175.00	1468.00	449.09	—	1094.82
江苏常熟市	201.80	125.53	8.66	10.51	260.60	1843.37	615.63	132.00	1705.54
江苏张家港市	300.97	136.04	13.72	7.15	115.97	622.03	455.08	21	3246.61
江苏锡山区	46.22	35.63	8.16	3.30	8.14	525.00	195.98	6.00	583.32
江苏江阴市	223.04	130.23	22.44	8.55	218.57	50.18	643.07	—	—
江苏昆山市	847.91	535.77	13.51	12.8	223.5	1926.8	640.40	—	—
江苏宜兴市	55.46	36.76	4.17	1.85	178.92	1737.57	464.42	81.00	418
江苏通州区	33.19	29.38	6.05	3.31	32.63	269.59	297.01	7.00	616.48
江苏靖江市	27.35	12.71	1.86	0.26	—	—	152.20	37.00	120.00
江苏启东市	30.72	23.05	5.42	0.56	37.58	311.69	266.41	—	—
江苏江宁区	115.30	66.30	13.64	7.18	245.00	2100.00	379.58	—	—
江苏海门市	20.36	14.55	6.15	1.55	21.79	9.84	297.94	17.00	608.80
江苏太仓市	138.00	60.79	5.70	3.96	66.79	450.64	239.04	37	76.53
江苏吴江区	233.36	144.88	—	9.70	192.66	1757.26	388.91	—	1074.72
江苏惠山区	27.30	22.45	6.46	3.03	5.46	203.00	147.78	2.00	17.30
浙江柯桥区	110.14	1.91	2.10	141.50	1405.32	210.25	89.00	1286.73	145.09
杭州萧山区	138.48	99.93	19.10	12.58	213.64	1753.51	471.62	159.00	1002.20
浙江鄞州区	146.47	120.73	13.27	5.58	172.10	1677.72	404.96	103.00	255.40
浙江余杭区	60.14	55.79	4.89	10.78	125.79	1203.92	315.48	127	876
浙江诸暨市	56.52	49.14	3.53	1.00	150.77	1501.27	316.18	83.00	536.00
浙江慈溪市	113.55	93.71	9.77	4.37	69.00	909.26	484.86	18	455.00
广东顺德区	265.10	206.40	10.82	8.12	119.00	286.20	826.31	—	—
广东南海区	218.90	121.60	9.54	8.07	105.05	64.46	831.51	114.00	527
广东三水区	24.84	15.39	—	—	20.18	427.19	181.55	—	—
广东高明区	25.2	21.6	2.14	1.56	18.3	417.24	101.7	1	1.23
上海嘉定区	216.09	99.48	15.80	4.74	48.88	1407.6	714.08	96	270.09
上海青浦区	134.32	76.08	5.02	5.21	—	296.70	474.38	43.00	29.32
山东莱州市	20.26	11.64	2.08	1.84	45.30	306.00	271.96	—	—
山东荣成市	30.13	22.94	—	1.28	73.40	960.00	294.01	—	—
山东滕州市	5.28	4.10	—	0.63	69.70	1180.00	318.97	18.00	266.70
福建晋江市	145.17	75.93	—	5.05	100.04	574.09	454.12	—	—

续表

区、县（市）	财政总收入（亿元）	公共财政预算收入（亿元）	金融机构各项存款余额（亿元）	居民储蓄余额（亿元）	金融机构各项贷款余额（亿元）	农民人均纯收入（元）	农民人均生活消费支出（元）	城镇居民人均可支配收入（元）	城镇居民人均消费性支出（元）	城镇在岗职工平均工资（元）
江苏武进区	382.84	129.63	2050.29	947.63	1476.99	21777	14140	41363	22317	67363
江苏常熟市	380.89	147.40	2265.93	1021.99	1816.30	23767.00	17184	46571	27412	—
江苏张家港市	409.83	162.66	2418.91	881.92	2015.23	23722.00	15430.00	46852	27760.00	—
江苏锡山区	122.80	60.55	797.65	365.79	704.44	22489.00	13129	39820	19887	—
江苏江阴市	569.15	200.66	2942.15	943.29	2357.37	23965.00	15304	46880	24976	67689
江苏昆山市	661.11	263.66	3210.79	976.8	2257.18	23921	15374	46920	28332	—
江苏宜兴市	223.41	94.45	1758.86	822.90	1391.54	20178.00	13792	39492	25035	—
江苏通州区	182.01	70.44	1107.66	716.45	606.81	16835.00	12122	34565	20501	—
江苏靖江市	116.61	59.09	839.88	382.45	585.14	16570.00	13963	33864	23069	—
江苏启东市	168.40	67.25	951.17	639.67	562.52	16762	11931	31708	26249	—
江苏江宁区	343.76	166.82	1728.15	586.98	951.30	18108.25	14495	41331	26817	—
江苏海门市	161.88	68.57	1021.03	628.24	640.30	17419	12081	34280	22830	—
江苏太仓市	244.15	106.47	1172.26	459.79	1068.03	23590	15828	46377	29250	—
江苏吴江区	380.38	137.36	2040.87	738.30	1971.31	23411.00	14351	46741	31226	—
江苏惠山区	142.47	70.76	586.49	338.29	436.06	22564.00	11311	40478	22285	—
浙江柯桥区	82.01	1468.52	618.98	1285.19	26743	16340	46809	25885	—	178385
杭州萧山区	243.21	133.85	3106.86	1209.26	2849.58	26758	23511	47195	32581	—
浙江鄞州区	279.47	166.22	1767.26	821.95	1582.43	26682	18697	46324	30307	69872
浙江余杭区	240.78	148.8	1821.71	823.52	1305.61	26581	22521	45329	32668	75740
浙江诸暨市	109.54	66.34	1158.61	588.32	1111.24	25583.00	16992	45790	24935	54205
浙江慈溪市	196.92	100.02	1718.19	882.83	1839.49	25041	18118	43526	27714	64715
广东顺德区	552.73	173.93	3155.83	1952.90	2651.97	24536.50	17886.40	38767	29141.60	—
广东南海区	375.69	166.59	4062.77	2081.22	2317.44	23655.00	15377	36886	25895	—
广东三水区	204.55	39.39	558.81	322.34	381.65	18903	—	26143	15815	—
广东高明区	78.98	26.75	262.79	177.55	211.33	16673	—	25353	—	—
上海嘉定区	745.71	167.78	2068.55	1011.23	1031.42	23831	16143	40042	21422	81357
上海青浦区	308.43	104.14	1206.13	558.14	707.97	20530.00	14426	37624	21110	61119
山东莱州市	112.52	52.07	576.63	420.24	269.35	18060	10592	35977	22521	—
山东荣成市	118.21	60.00	564.94	372.40	395.97	16382	11973.66	32350	17000	—
山东滕州市	—	64.07	450.30	342.98	406.27	13493.00	8005	28791	18215	—
福建晋江市	198.02	114.10	1345.12	671.05	1021.70	16611	13223	37070	25195	44612

续表

区、县（市）	民用汽车拥有量（辆）	电信业务总收入（亿元）	邮政业务总收入（亿元）	在校学生数（万人）	专任教师数（人）	医院、卫生院技术人员数（人）	医院、卫生院床位数（床）	专利申请量（件）	专利授权量（件）
江苏武进区	293865	—	—	17.79	9177	5944	4423	15822	8012
江苏常熟市	313370	—	—	15.04	10078	6690	6743	12246	3990
江苏张家港市	269531	17.37	1.46	17.59	10128	8441	8588	13232	10086
江苏锡山区	—	—	—	5.96	4005	2728	2010	9716	3678
江苏江阴市	270622	—	2.14	16.64	14426	8435	7605	15790	6607
江苏昆山市	297668	345552	21436	15.22	10094	10894	6516	18302	9867
江苏宜兴市	203135	16	1.83	11.95	9118	8465	4880	34057	22147
江苏通州区	154135	9	1.65	8.84	6719	5480	5671	3596	2141
江苏靖江市	94198	7	1	7.06	5736	4011	4022	6248	2480
江苏启东市	122086	7.53	1.35	7.39	6405	3408	3815	3676	1378
江苏江宁区	—	—	—	13.10	10059	5758	5345	12016	6542
江苏海门市	109118	2.31	1.59	10.67	7876	3800	3480	1714	627
江苏太仓市	131039	11.22	0.91	8.14	5057	4143	3577	8046	4348
江苏吴江区	232901	22	1.59	14.61	8661	6310	5317	12010	6998
江苏惠山区	—	—	—	8.67	5391	2574	1639	7472	2582
浙江柯桥区	8.97	0.82	11.51	7210	4939	3455	6312	4437	—
杭州萧山区	372900	23.70	2.63	18.50	15845	10658	6948	4781	4019
浙江鄞州区	287106	18.12	0.60	16.74	8964	7572	3560	17224	12081
浙江余杭区	278337	17.34	—	16.12	9024	5960	3655	6696	4588
浙江诸暨市	—	11.79	1.64	1.32	11563	5258	5174	9140	5294
浙江慈溪市	251896	21.09	2.31	19.74	13189	7808	3783	9879	7867
广东顺德区	484725	452070	14900	30.80	18784	12814	9127	15562	12305
广东南海区	561280	56	13.28	36.64	20211	9976	8079	7238	5193
广东三水区	87474	8.83	1.87	9.94	4884	3741	2379	—	769
广东高明区	55335	5.71	1.24	7.3046	3711	2399	1715	1511	917
上海嘉定区	196803	9.13	1.47	8.36	5423	6275	4018	5892	3903
上海青浦区	175988	5.78	0.78	9.95	7970	3346	2151	3493	2478
山东莱州市	142300	6.06	0.64	8.23	6425	7625	7016	497	337
山东荣成市	132509	5.10	0.72	8.75	6421	4504	6100	1275	758
山东滕州市	140292	9	—	19.23	14378	8823	6401	1292	928
福建晋江市	—	25.21	2.03	33.11	13948	5143	3911	5966	3478

服务机构名录

信息、人才、劳务、就学、就业、民政管理服务机构

单位名称	电话	邮编	地址
武进区行政服务中心	86318003	213161	武进区花园街1号亚泰财富中心
武进区信息中心	86310857	213159	武进区行政中心1号楼12楼
武进区引进外国智力服务中心	86310306	213159	武进区行政中心4号楼3楼
武进区社会保障服务中心	86528708	213161	武进区高新区武南路518号
武进区就业服务中心	86529797	213161	武进区高新区武南路518号
武进区人力资源和社会保障档案管理中心（退管中心）	86529882	213161	武进区高新区武南路518号
武进区人力资源培训考试中心	86310911	213161	武进区高新区武南路518号
武进区劳动监察大队	86310915	213159	武进区行政中心4号楼3楼
武进区劳动人事争议仲裁院	86311160	213159	武进区行政中心4号楼2楼
武进职工服务中心	86315028	213159	武进区湖塘镇延政中大道65号
武进区残疾人就业管理中心	69695028	213159	武进区淹城中路
武进区民政局低保办公室	86310352	213159	武进区行政中心4号楼
武进区烈士陵园	86550823	213161	武进区淹城路
武进区澄西烈士陵园	88601989	213119	武进区横山桥镇
武进区殡葬管理所	86310343	213159	武进区行政中心4号楼
武进区横林殡仪馆	88720536	213101	武进区横林镇南方村委横洛路1号
武进区武南殡仪馆	86514868	213172	武进区南夏墅街道胜西村委武宜路50号
武进区民政局婚姻登记处	89615860	213159	武进区湖塘镇府南路2号
武进区慈善总会办公室	86318778	213159	武进区行政中心1号楼
武进区福利彩票管理中心	81169105	213159	武进区丰乐公寓二期62幢
武进区特殊教育学校	86709122	213164	武进区湖塘镇滆湖中路

科技、文化、医疗卫生、体育管理服务机构

单位名称	电话	邮编	地址
武进区科技信息中心	86311328	213159	武进区行政中心5号楼4楼
武进高新技术创业服务中心	86321791	213161	武进区人民东路158号
江苏省武进高新技术产业开发区项目服务中心	86220167	213161	武进区海湖路特1号
江苏省武进高新技术产业开发区规费征收中心	86220035	213161	武进区海湖路特1号
武进区21世纪议程项目管理中心	86310117	213159	武进区行政中心3号楼
武进区绿色建筑产业科技服务中心	81988000	213161	武进区延政路常发大厦
武进区档案馆	86310455	213159	武进区行政中心1号楼东侧
武进日报社	86598210	213161	武进区湖塘花园街155号传媒大厦
武进区广播电视台	86571020	213161	武进区湖塘花园街155号传媒大厦
武进新闻网站	86522805	213161	武进区湖塘花园街155号传媒大厦
武进书画院	86311237	213161	武进区延政中路凤凰谷
武进区文化馆	86311261	213161	武进区延政中路凤凰谷
武进区博物馆	86310992	213161	武进区武宜路淹城服务区
武进区图书馆	86311220	213161	武进区延政中路武进职工服务中心
武进区锡剧团	86311202	213161	武进区延政中路武进职工服务中心
晓园艺术馆	83756682	213161	武进区武宜路淹城服务区

续表

单位名称	电话	邮编	地址
武进区文学研究所	86312752	213161	武进区行政中心3号楼1楼
武进区文化行政综合执法大队	86311229	213161	武进区行政中心3号楼5楼
武进区红十字会	86310364	213159	武进区行政中心2号楼106室
武进区计划生育指导站	89857390	213161	武进区湖塘镇府南路2号
武进区游泳馆	86553285	213161	武进区常武路99号
武进区社会体育指导中心	86310382	213159	武进区行政中心事务局大楼5楼
武进区体育彩票管理中心	89980011	213161	武进职教中心内
武进区妇幼保健所	89856866	213164	武进区湖塘镇府南路2号
武进区卫生监督所	89856880	213164	武进区湖塘镇府南路2号
武进区疾病预防控制中心	89856905	213164	武进区湖塘镇府南路2号

经济开发、交通、建设管理服务机构

单位名称	电话	邮编	地址
武进区公路管理处	86642144	213161	常州市中吴大道1289号
武进区运输管理处	86599577	213161	武进区夏城北路115号
武进区航道管理处	86503518	213161	武进区府东路7号
武进区公路超限检测站	86927587	213161	武进区长虹东路389号
武进区交通建设工程质量监督站	86599725	213161	武进区府东路7号
武进区市政公用事业管理处	86502268	213161	武进区广电中路3号
武进区建设工程质量监督站	86319855	213159	武进区行政中心西侧建设苑
武进区房屋征收与补偿办公室	86313315	213159	武进区武宜中路1号天豪大厦3栋7楼
武进区建筑管理处	86310409	213159	武进区武宜中路1号天豪大厦3栋13楼
武进区建设工程造价管理处	86310412	213159	武进区武宜中路1号天豪大厦3栋18楼
武进区白蚁防治所	86313933	213159	武进区武宜中路122号
武进区建设工程施工图设计审查中心	86312527	213159	武进区武宜南路588号淹城长乐坊79号
武进区建筑业安全监督站	86310418	213159	武进区武宜中路1号天豪大厦3栋12楼
武进区城乡建设档案馆	86310401	213161	武进区行政中心西侧建设苑
武进区房地产管理处	86310428	213161	武进区行政中心西侧建设苑
武进区村镇规划管理处	86312503	213159	武进区武宜中路1号天豪大厦3栋14楼

司法、国土资源、物价管理服务机构

单位名称	电话	邮编	地址
常州市武进公证处	88310968	213161	武进区常武北路10号
武进区矛盾纠纷调处中心	86313809	213159	武进区行政中心机关事物局院内
武进区价格认证中心	86312627	213159	武进区行政中心3号楼5楼
武进区价格举报中心	12358	213159	武进区行政中心3号楼5楼
武进土地交易中心	86558008	213161	武进区延政中大道17号金源大厦
武进土地登记中心	86573860	213161	武进区延政中大道17号金源大厦
武进土地收购储备中心	86558007	213161	武进区延政中大道17号金源大厦
武进国土资源信息中心	89856929	213161	武进区延政中大道17号金源大厦
常州市国土资源监察支队武进监察大队	86574799	213161	武进区延政中大道17号金源大厦

农业、质量技术监督、环境监测、城市管理服务机构

单位名称	电话	邮编	地址
武进区林业工作站	85302437	213159	武进区武宜南路168号
武进区动物卫生监督所	85335900	213017	常州市飞龙东路24号
武进区动物疫病预防控制中心	85335900	213017	常州市飞龙东路24号
武进区水产技术推广站	86310727	213159	武进区行政中心2号楼3楼
武进区渔政监督管理站	86310727	213159	武进区行政中心2号楼3楼
武进区农业技术推广站	86311865	213159	武进区行政中心2号楼3楼
武进区植保植检站	88226286	213017	常州市新堂北路121号
武进区种子管理站	83125668	213159	武进区行政中心2号楼3楼
江苏（武进）水稻研究所	89623800	213175	武进区前黄镇运村集镇东
武进区农产品质量检验检测中心	86310547	213159	武进区行政中心2号楼5楼
武进区农业科技培训教育站	86310200	213159	武进区行政中心2号楼5楼
武进区农机安全监理所	69696188	213161	武进区礼嘉镇建设村（武南路与青洋路十字口）
武进区农机推广站	86593992	213161	武进区礼嘉镇建设村（武南路与青洋路十字口）
武进区农业执法大队	86310149	213159	武进区行政中心2号楼4楼
武进区生态农业服务站	86159058	213169	武进区雪堰镇太滆村
武进区粮油食品中心化验室	86311383	213159	武进区行政中心3号楼
武进区抗旱排涝总队	86596006	213161	武进区湖塘镇老坝村
武进区太湖堤闸工程管理处	67898806	213169	武进区雪堰镇阖闾城村新湖路36号
武进区水资源服务中心	67898808	213159	武进区延政中大道水务大厦18-1号
武进区水政监察大队	67898831	213159	武进区延政中大道水务大厦18-1号
武进区节水改水办公室	67898833	213159	武进区延政中大道水务大厦18-1号
武进区排水管理处	67898851	213159	武进区延政中大道水务大厦18-1号
武进区河道湖泊管理处	67898806	213159	武进区延政中大道水务大厦18-1号
武进区城区防洪工程管理处	86596006	213161	武进区湖塘镇老坝村
武进区水利工程建设处	67898998	213159	武进区延政中大道水务大厦18-1号
武进区环境监察大队	86310716	213159	武进区环府路18号
武进区环境监测站	86311029	213159	武进区环府路18号
武进区环境保护研究所	86312675	213159	武进区环府路18号
武进区固废与辐射环境管理中心	86310767	213159	武进区环府路18号
武进区太湖水污染防治办公室	86312530	213159	武进区环府路18号
武进市场监督管理稽查大队	86310739	213159	武进区延政中大道20号
武进区质量标准化服务中心	86318669	213159	武进区延政中大道20号
武进区环境卫生管理处	86502568	213161	武进区常武中路23号（常武路与长虹路交叉西南角）
武进区城市管理行政执法大队	67898685	213161	武进区延政中路大道18号（武进区水务大厦东侧）
武进区特种垃圾管理站	86596751	213161	武进区常武中路23号（常武路与长虹路交叉西南角）

（栏目编辑　蒋　聆）

说　　明

1. 本索引编有主题分析索引、人名索引、地名索引和书名索引。全部按汉语拼音顺序排列，同音字按声调排列，同音同调字按下一字的音序排列。

2. 标引词后的数字标示内容所在页码，字母 a、b、c 分别标示左栏、中栏、右栏。

3. 栏目、分目、子目标题款目用小五号黑体标示，正文款目用小五号书宋标示，表格、图表后分别注有“（表）”“（图表）”。

4. 本索引编有附见系统和参见系统，附见款目放在主款目下行缩 1 字编排；第二个页码开始为参见位置。

5. 索引标引词采用中心词简称，武进区区级党政机关、社会团体名称采用通行简称。

主　题　分　析　索　引

A

B

E

F

G

H

j

K

R

S

T

X

Y

Z

人　名　索　引

地　名　索　引

书　名　索　引

（栏目编辑　万向阳　周小红　张新辉　张怡菁）